Vis-à-vis

Beginning French

SEVENTH EDITION

Evelyne Amon

Judith A. Muyskens
Nebraska Wesleyan University

Alice C. Omaggio Hadley
Professor Emerita, University of Illinois, Urbana-Champaign

Mc
Graw
Hill
Education

VIS-À-VIS: BEGINNING FRENCH, SEVENTH EDITION

Published by McGraw-Hill Education, 2 Penn Plaza, New York, NY 10121. Copyright ©
2019 by McGraw-Hill Education. All rights reserved. Printed in the United States of
America. Previous editions © 2015, 2011, and 2008. No part of this publication may
be reproduced or distributed in any form or by any means, or stored in a database
or retrieval system, without the prior written consent of McGraw-Hill Education,
including, but not limited to, in any network or other electronic storage or transmission,
or broadcast for distance learning.

Some ancillaries, including electronic and print components, may not be available to
customers outside the United States.

This book is printed on acid-free paper.

3 4 5 6 7 8 9 BRP 21 20 19

ISBN 978-1-260-08524-2
MHID 1-260-08524-4

Contents

L'Arc de Triomphe, à Paris, en France

| CHAPITRE **1** | CHAPITRE **2** |

Une nouvelle aventure 6

Nous, les étudiants 30

APPENDIXES

LEXIQUES

INDEX

Preface

Vis-à-vis engages students with its unique integration of contemporary culture and communicative building blocks, providing tools to build a solid foundation in introductory French. The hallmarks of *Vis-à-vis* include:

- an easy-to-navigate chapter structure with four lessons in which vocabulary, grammar, and culture work together as integrated units;
- an abundance of practice activities that range from form-focused to communicative;
- a balanced approach to the four skills;
- diverse coverage of the Francophone world.

©Shutterstock/Jacob Lund

These features of *Vis-à-vis* support the core goals of the Introductory French course—communicative and cultural competence—and lay the groundwork for student success.

Building communicative competence with *Vis-à-vis*

One of the major challenges of the introductory language course is to give each student ample exposure to the language and sufficient opportunity to practice speaking, both in and out of the classroom. To parallel print versions of the text and Workbook/Laboratory Manual, we offer the same content on the Connect platform, where students have full access to the eBook, online *Workbook/Laboratory Manual* activities, LearnSmart, and all accompanying audio and video resources. In *Vis-à-vis*, the following resources work together to promote communicative competence:

- **Interactive vocabulary presentations** (Paroles) include audio recordings, allowing students to listen, record, and practice new vocabulary outside of class.
- **Interactive activities for vocabulary and grammar**, many of which are auto-graded, give students the opportunity to complete their assignments and come to class better prepared to participate in paired and group activities.
- **Prononcez bien! activities** include a recording feature and provide students with opportunities for discrete-word and contextualized practice that help students develop confidence in their speaking abilities.
- **Recordings of lively mini-dialogues** featuring the blog characters give students a spirited introduction to the new grammatical structure in context.
- **Seventeen Grammaire interactive tutorials**, each with a brief practice quiz, focus on structures that students typically struggle with, such as passé composé vs. imparfait.
- **LearnSmart modules for vocabulary and grammar** are available specifically for *Vis-à-vis*. This powerful adaptive tool helps students pinpoint their weaknesses and gives them an individualized study program based on their results. Audio prompts for vocabulary and grammar help students strengthen both their listening and writing skills.

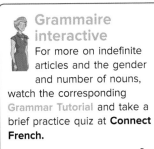

Grammaire interactive

For more on indefinite articles and the gender and number of nouns, watch the corresponding Grammar Tutorial and take a brief practice quiz at **Connect French.**

www.mhhe.com/connect

With these powerful tools, students have many opportunities to build their communicative skills, and instructors save valuable class time for interactive practice.

Cultural competence

The program's meaningful and extensive exploration of the rich culture of France and the Francophone world is fully supported throughout the program.

- Each four-chapter segment of *Vis-à-vis* focuses on a new French or Francophone character and region. The personal online journal entries in ***Le blog de…***, the related ***Reportage***, and the ***Bienvenue…*** readings that precede Chapter 1 and follow Chapters 4, 8, 12, and 16, expose students to contemporary language and the vast diversity of life and culture in France, Canada, Tunisia, and beyond.

- ***Le videoblog de…*** and the stunning ***Bienvenue*** video segments feature the bloggers and give students a window into the sights and sounds of eight different French-speaking regions/countries including France, Martinique, and Tahiti. Each video is accompanied by comprehension and cross-cultural comparison activities that encourage students to make connections between their culture and those of the French-speaking world.

- A brand-new feature has been added below the ***Reportage***, entitled ***Micro-trottoir***. *Micro-trottoir* provides students a chance to see everyday language in action through recorded "man-on-the-street" interviews featuring a diverse group of people. The interview questions are provided in the text and students will hear the interviewees respond to these questions in the video. Instructors can use these questions as a pre-viewing activity or have students ask and answer them after they watch the video. Additional activities based on the interviews are available in **Connect**.

- In the 7th edition, we also added a new feature entitled ***Sondages*** to all even-numbered chapters. *Sondages* are culture-based activities in which students look at statistics about French life and compare to their own lives. The results could serve as a basis for an end-of-semester cross-cultural comparison project.

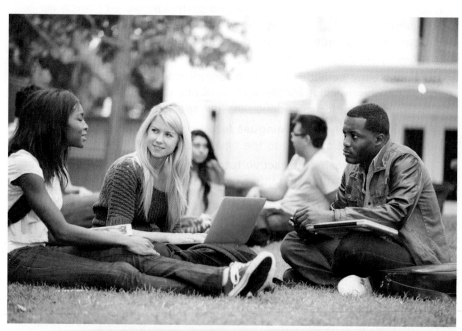

©Shutterstock/Monkey Business Images

About the Authors

Evelyne Amon studied at the Université de Paris-Sorbonne. She holds a DEA in modern literature, a Master in teaching French as a second language, and a CAPES in modern literature. She has taught French language and literature at the secondary and college levels, and for many years has led a training seminar in Switzerland for professors on advances in methodology and pedagogy. She has conducted several training sessions in teaching French as a second language for teachers at the French Institute Alliance Française (FIAF) in New York. As an author, she has written many reference volumes, textbooks, and academic studies for French publishers such as Larousse, Hatier, Magnard, Nathan, and Bordas. She is the author of the McGraw-Hill French reader *C'est la vie!* and has written for successive editions of *Vis-à-vis*.

Judith A. Muyskens, Ph.D., Ohio State University, is Provost and Professor of French at Nebraska Wesleyan University in Lincoln, Nebraska. She continues to visit French-speaking countries and teach French language courses when time allows, especially first- and second-year language classes. For many years, she taught courses in methodology and French language and culture and supervised teaching assistants at the University of Cincinnati. She has contributed to various professional publications, including the *Modern Language Journal, Foreign Language Annals*, and the ACTFL Foreign Language Education Series. She is a coauthor of several other French textbooks, including *Rendez-vous: An Invitation to French* and *À vous d'écrire*.

Alice C. Omaggio Hadley, Ph.D., Ohio State University, is a Professor Emerita of French at the University of Illinois at Urbana-Champaign. Before she retired in 2005, she was Director of Basic Language Instruction in French for 25 years, supervising teaching assistants and teaching courses in methodology. She is the author of a language teaching methods text, *Teaching Language in Context*. She has also written articles for various journals and contributed to other professional publications, has been a coauthor of several other French textbooks, and has given numerous workshops for teachers across the country.

About the McGraw-Hill Education World Languages product team: At McGraw-Hill Education, we're proud of the extensive experience and expertise held by our World Languages team. In collaboration with our authors, we build best-in-class content and digital tools to improve outcomes in language courses. At McGraw-Hill Education, our mission is to unlock the potential of every learner, and this group embraces that mission with intense passion.

Jorge Arbujas, Senior Marketing Manager: Jorge holds a Ph.D. in Spanish Applied Linguistics and a research background in Teaching Methods and Sociocultural Theory from the University of Pittsburgh and spent several years as the language coordinator at Louisiana State University, Baton Rouge. In 2006, he made the leap from academia into publishing where he continues to improve the lives of students and instructors in his role as Senior Faculty Development Manager for World Languages. With 22 years of experience in education and publishing, Jorge feels lucky to be in a position to help customers have the best experience possible and to help them reach their personal goals.

Janet Banhidi, Senior Director of Digital Content: Janet has a bachelor's degree in Civil Engineering and master's in Spanish Literature. She taught Spanish at Marquette University for nine years and English and Math at Sylvan Learning Center for seven. Janet is passionate about education with a special interest in adaptive and interactive content.

Shaun Bauer, Product Developer: As a language educator at heart, Shaun taught higher education Spanish and developed digital learning materials for his students for 10 years before being part of the MHE World Languages team. He has a Ph.D. from Tulane University, and has traveled to many parts of the Spanish-speaking world.

Katie Crouch, Senior Portfolio Manager: Katie Crouch has a B.A. in Comparative Literature, Creative Writing, and French from the University of Michigan. She studied and worked in France for three years before returning stateside to launch her publishing career in San Francisco. With seventeen years at MHE across four US cities, Katie is now based in Chicago and has spent over ten years as an editorial leader on the World Languages team. She enjoys collaborating with educators to create innovative solutions that inspire learners and open doors to new and exciting possibilities.

Sadie Ray, Senior Product Developer: Prior to joining the MHE World Languages team, Sadie taught at the University of Puget Sound. She holds a Masters from UCLA and a Ph.D. in Spanish and Spanish American Literature from The University of Texas at Austin.

Kim Sallee, Senior Portfolio Manager: Kim calls upon her 14 years of college-level Spanish teaching and coordinating experience at the University of Missouri Columbia and St Louis campuses every day in her role at MHE where she collaborates with authors, colleagues, faculty, and students to create and deliver quality solutions that inspire today's students. She holds a master's degree in Spanish from the University of New Mexico and has travelled, studied, and lived throughout Latin America and Spain.

Sylvie Waskiewicz, Product Developer: Sylvie holds a D.E.A. in socio-cultural history from the Université de Versailles Saint-Quentin-en-Yvelines and a Ph.D. in French Studies from New York University. Prior to her career in publishing, she spent two years as a *Maître de langues* at the Institut d'études politiques de Paris (Sciences Po) and taught French language and civilization at Bennington College, New York University, and Washington College. As a member of the MHE World Languages team, she was the development editor of the fifth edition of *Vis-à-vis*, among other titles. As a freelance editor and writer, she continues to develop her passion for languages and language education, working in English, French, and Italian.

Acknowledgments

The authors wish to acknowledge the team at McGraw-Hill for their continuing support and enthusiasm: Jorge Arbujas, Matt Backhaus, Janet Banhidi, Katie Crouch, Sue Culbertson, Kelly Heinrichs, Erin Melloy DeHeck, Melisa Seegmiller, Katie Stevens, and Sylvie Waskiewicz. We would also like to acknowledge our copyeditor, Katherine Gilbert, and our proofreader, Jean Philippe Graff. Special thanks as well to the **Connect French** and **LearnSmart** teams for their dedication and creativity in the development of our new digital tools, including Sarah Alem, Amber Bettcher, Rachel Collins, Allison Hawco, Ron Nelms, and Pennie Nichols.

The authors and the publisher would like to express their gratitude to the following instructors across the country whose valuable suggestions contributed to the preparation of this new edition. The appearance of their names in these lists does not necessarily constitute their endorsement of the text or its methodology.

LearnSmart® Beta Testers

Boston College
Sarah Bilodeau

College of Charleston
Shawn Morrison

Florida Atlantic, Boca Raton
Géraldine Blattner
Robyn Ezersky
Laurine Ferreira
Sophie Ledeme
Rosemary Rahill
Stephanie Sense

Kennesaw State University
Luc Guglielmi

Portland State University
Stéphanie Roulon

Texas State University, San Marcos
Sabrina Hyde
Moira Di Mauro-Jackson, PhD

University of Minnesota, Twin Cities
Adam T. Grant

University of Rhode Island, Kingston
Joann Hammadou Sullivan

Reviewers

Baruch College, CUNY
Ali Nematollahy

Boise State University
Jason Herbeck

Borough of Manhattan Community College, CUNY
Peter Consenstein
Valérie Thiers-Thiam

Broward College
Trent Hoy
Celia M. Roberts
Shirley E. Santry

Cabrillo College
Bette G. Hirsch, PhD
Robyn Marshall

Canisius College
Eileen Angelini

Central Michigan University
Amy J. Ransom
Daniela Teodorescu

City College of New York, CUNY
Maxime Blanchard

Clemson University
Amy Sawyer

College of Charleston
Shawn Morrison, PhD

County College of Morris
Nadir Kaddour
Lakshmi Kattepur
Gene Sisti

Dakota College at Bottineau
Linda Grover

Drury University
Catherine Blunk, PhD

Eastern Illinois University
Kathryn M. Bulver, PhD

Eastman School of Music, University of Rochester
Valérie Couderc

Furman University
William Allen

Gordon College
Damon DiMauro

Grand Valley State University
Dan Golembeski

Hostos Community College
Philip Wander

Houston Community College
Maurice Abboud
David Long, PhD

Howard Community College
Heidi Goldenman
Agnès Archambault Honigmann

Illinois Wesleyan University
Lisa Brittingham

Kalamazoo Valley Community College
Jonnie Wilhite

Keene State College
Brian Donovan
Julia Dutton

Kennedy-King College, City Colleges of Chicago
Sonia Elgado-Tall, PhD

Kennesaw State University
Luc D. Guglielmi, PhD

Lee University
James D. Wilkins

Lewis & Clark College
Claudia Nadine

Liberty University
Sharon B. Hähnlen, PhD

Lone Star College–CyFair
Georges Detiveaux

Louisiana College
Cecile Barnhart

Loyola University Chicago
Lisa Erceg

Luther College
Laurie Zaring

Manchester University
Janina Traxler

Mercy College
Alan G. Hartman
Jeanne Marie O'Regan

Mercyhurst University
Douglas Boudreau

Metropolitan State University of Denver
Ann Williams

Missouri Western State University
Susie Hennessy, PhD

Montana State University
Ada Giusti

Morgan State University
Helen Harrison

Morris College
Catherine Kapi

Mt. San Jacinto College
Jennifer S. Doucet

New Mexico State University
Claude Fouillade

New Paltz, SUNY
Mercedes Rooney

Norco College, Riverside Community College District
Dominique Hitchcock, PhD

North Carolina Central University
Debra Boyd, PhD

North Georgia College & State University
Elizabeth Combier, PhD

North Lake College
Cathy Briggs

Northern Essex Community College
Denise Minnard Campoli

Oakton Community College
Marguerite Solari, PhD

Ohio University
Signe Denbow

Oklahoma State University
Frédérique Knottnerus

Onondaga Community College
Mary-Ellen Faughnan-Kenien, PhD
Elizabeth O'Hara

Pace University
Rosemarie Cristina

Pasadena City College
Michèle Pedrini, PhD
Charlene Potter

Portland State University
Annabelle Dolidon
Jennifer R. Perlmutter
Stéphanie Roulon

Rutgers University
Myriam Alami

Saint Martin's University
Kathleen McKain

Samford University
M. D. Ledgerwood, PhD

San Diego State University
Edith Benkov

San José State University
Jean-Luc Desalvo

Shasta College
Eileen Smith

Southeastern Louisiana University
Aileen Mootoo

Southwestern University
Glenda Warren Carl

St. Catherine University
Jerome Tarmann

St. Cloud State University
María Gloria Melgarejo, PhD

St. Norbert College
Tom Connor

Stephen F. Austin State University
Joyce Carlton Johnston

Stetson University
Richard Ferland

Stony Brook University, SUNY
Madeline Turan

SUNY Fredonia
Kate Douglass
Edward Kolodziej

Tarrant County College
Mary Williams, Ph.D.

Texas A&M University
Cheryl Schaile

Union County College
Pamela Mansfield

University of Alabama
Isabelle Drewelow

University of Arkansas
Kathleen Comfort, PhD

University of California, Berkeley
Leslie Martin, PhD

University of California, Riverside
Kelle Truby

University of Cincinnati
Irene Ivantcheva-Merjanska, PhD
Aline Skrzeszewski

University of Denver
Terri Woellners

University of Hawaii at Manoa
Joan Marie Debrah

University of Houston
Christina Voulali

University of Louisville
Bonnie Fonseca-Greber

University of Maryland
Catherine Savell

University of Massachusetts, Lowell
Carole Salmon

University of Missouri–Saint Louis
Anne-Sophie Blank
Sandra Trapani

University of Nebraska at Omaha
Patrice J. Proulx, PhD

University of New Mexico
Marina Peters-Newell

University of North Carolina, Wilmington
Caroline Hudson

University of North Georgia
Elizabeth Combier, PhD
D. Brian Mann, PhD
Amye Sukapdjo

University of Rhode Island
Leslie Kealhofer-Kemp
Odile Mattiauda, Ph.D

University of Texas at Arlington
Antoinette Sol, PhD

University of Wisconsin
Andrzej Dziedzic, PhD

Ursinus College
Frances Novack

Utah State University
Sarah Gordon, PhD

Utica College
Marie-Noëlle Little, PhD

Valdosta State University
Ellen Lorraine Friedrich, PhD
Ofélia Nikolova, PhD

Wake Forest University
Elizabeth Barron, PhD

Westminster College
Ingrid Ilinca
Leslie Kealhofer, PhD

Wichita State University
Gail Burkett

William Jewell College
Michael Foster, PhD

Williams College
Brian Martin
Leyla Rouhi

Worcester State University
Judith Jeon-Chapman

Vis-à-vis

Bienvenue à **Vis-à-vis**

Welcome to *Vis-à-vis* and to **la francophonie,** the French-speaking world. In the **blog** sections between **Leçons 2** and **3** in each chapter, you will read the blogs created by four Parisians with different Francophone backgrounds—Léa, Hassan, Juliette, and Hector. You will also have the opportunity to read the comments of other French speakers on their blogs and to watch the videoblogs that they have posted on their sites. The *cartes d'identité** and short biographies of these four *blogueurs* are presented below.

©McGraw-Hill Education

Les blogueurs

Chapitres 1–4 feature the blog of Léa Bouchard.
Léa Bouchard, 19 (dix-neuf) ans,[3] étudiante en 1ère (première) année[4] de Lettres à la faculté de Paris IV Sorbonne. Elle réside avec sa famille, dans un appartement du 6e (sixième) arrondissement.
Sa personnalité: romantique, immature, gracieuse.

©McGraw-Hill Education

Chapitres 5–8 feature the blog of Hassan Zem.
Hassan Zem, 28 (vingt-huit) ans, jeune patron[6] d'un restaurant marocain du Quartier latin à Paris. Il occupe un loft du quartier Oberkampf, avec son copain,[7] Abdel.
Sa personnalité: charmeur, délicat, généreux.

[1]6ème = sixième (arrondissement) = *6th district of Paris*   [2]1M65 = un mètre soixante-cinq = *5 feet 5 inches*
[3]*years old*   [4]1ère... = *1st year*   [5]un mètre soixante-dix-neuf = *5 feet 10½ inches*   [6]*owner*   [7]*friend*

*The **carte d'identité** is an official national identity card. In addition to the photograph and signature of the cardholder **(titulaire),** it includes such information as date of birth **(né[e] le...),** gender **(sexe),** and height **(taille).** The card is not obligatory for French citizens, but it is free, and is the preferred card for identification purposes.

Chapitres 9–12 feature the blog of Juliette Graf.
Juliette Graf, 22 (vingt-deux) ans, étudiante en Master Multimédia Interactif à l'université de Paris I Panthéon-Sorbonne. Elle occupe une petite chambre au Quartier latin.
Sa personnalité: raisonnée, méthodique, active.

©McGraw-Hill Education

Chapitres 13–16 feature the blog of Hector Clément.
Hector Clément, 25 (vingt-cinq) ans, danseur professionnel. Il réside dans un appartement des Halles, avec des camarades.
Sa personnalité: original, susceptible, talentueux.

©McGraw-Hill Education

Les commentateurs

The following people offer their commentaries on the blogs.

 Alexis Lafontaine, 19 (dix-neuf) ans, étudiant en 1ère année d'économie, de sociologie et de géographie. Il est de Montréal. Il réside à Versailles avec son chien,[10] Trésor.
Sa personnalité: intellectuel, moraliste, solitaire.

 Trésor, 3 (trois) ans, chien d'Alexis Lafontaine. Il adore son maître.
Sa personnalité: intelligent, optimiste, indépendant.

 Mamadou Bassène, 28 (vingt-huit) ans, journaliste sportif, correspondant du journal[11] sénégalais «Le Soleil». Il est de Dakar. Il réside à Paris, dans le Marais.
Sa personnalité: plein d'humour, relax, charmeur.

 Charlotte Cousin, 30 (trente) ans, est traductrice[12] à l'OMS (Organisation Mondiale de la Santé).[13] Elle réside à Genève. Elle est mariée; elle a[14] un enfant.
Sa personnalité: raisonnable, compliquée, anxieuse.

 Poema Dauphin, 22 (vingt-deux) ans, étudiante en Master Protection de la nature à l'université de Paris XII. Elle est de Tahiti. Elle loge dans une résidence universitaire de Paris, à la Cité internationale du 14e (quatorzième) arrondissement.
Sa personnalité: idéaliste, généreuse, rêveuse.[15]

---

[8]un mètre soixante-dix = *5 feet 7 inches* [9]un mètre quatre-vingt-trois = *6 feet* [10]*dog* [11]*newspaper* [12]*translator* [13]OMS... *WHO (World Health Organization)* [14]*has* [15]*dreamy*

Les pays francophones°

Les... *Francophone countries*

More than 220 million people in the world speak French, either as their native language or as a second language used in the workplace. French-speaking regions are found throughout the world.

By following the blogs and videoblogs of Léa, Hassan, Juliette, and Hector in *Vis-à-vis,* you will learn more about the customs, traditions, lifestyles, and everyday routines that define France and many Francophone regions.

Pays: France (République française)
Nom des habitants: Français
Capitale: Paris
Langue officielle: français
Unité monétaire: euro
Fête nationale: 14 (quatorze) juillet

Pays: Canada
Nom des habitants: Canadiens
Capitale: Ottawa
Langues officielles: anglais, français
Unité monétaire: dollar canadien
Fête nationale: 1er (premier) juillet

Province (Canada): le Québec
Nom des habitants: Québécois
Capitale: Québec
Langue: 80 % (quatre-vingts pour cent) des habitants de la province de Québec parlent (*speak*) français.
Fête nationale: 24 (vingt-quatre) juin

Pays: Côte d'Ivoire (République de Côte d'Ivoire)
Nom des habitants: Ivoiriens
Capitale: Yamoussoukro
Langue officielle: français
Unité monétaire: franc CFA
Fête nationale: 7 (sept) août

Pays: Sénégal (République du Sénégal)
Nom des habitants: Sénégalais
Capitale: Dakar
Langue officielle: français
Unité monétaire: franc CFA
Fête nationale: 4 (quatre) avril

Pays: Belgique (Royaume de Belgique)
Nom des habitants: Belges
Capitale: Bruxelles
Langues officielles: français, allemand (*German*), flamand (*Flemish*)
Unité monétaire: euro
Fête nationale: 21 (vingt et un) juillet

Pays: Suisse (Confédération suisse)
Nom des habitants: Suisses
Capitale: Berne (siège [*seat*] administratif), Lausanne (siège judiciaire)
Langues officielles: allemand, français, italien
Unité monétaire: franc suisse
Fête nationale: 1er (premier) août

Département d'outre-mer (France): Martinique
Nom des habitants: Martiniquais
Capitale (chef-lieu et préfecture): Fort-de-France
Langue officielle: français
Unité monétaire: euro
Fête nationale: 14 (quatorze) juillet

Bienvenue en France

Un coup d'œil° sur Paris, en France Un... *A glance*

Paris, the City of Light, intrigues, astonishes, provokes, overwhelms, . . . and gets under your skin. For centuries, the city has served as a muse, inspiring artists, writers, and musicians alike with its beauty. Paris is the apex of architectural beauty, artistic expression, and culinary delight, and it knows it. As stately as the **Arc de Triomphe,** as disarmingly quaint as the lace-curtained bistros found in each neighborhood, Paris seduces newcomers to enjoy unhurried exploration of its picture-perfect streets.

It is a city of vast, noble perspectives and intimate, medieval streets, of formal **espaces verts** (green open spaces) and quiet squares. This combination of the pompous and the private is one of the secrets of its perennial pull. Another is its size: Paris is relatively small as capitals go, with distances between many of its major sights and museums invariably walkable. Paris is an open history book: a stroll through its streets will take you from the Middle Ages right up to the 21st century.

PORTRAIT **Astérix**

©StampCollection/Alamy

Astérix, the iconic French comic strip character, is a boisterous little Gaul* who lives in a small French village that is holding out against the might of the Roman Empire. Protected by the village druid Panoramix's magic potion, which gives him superhuman strength, Astérix takes the lead in the villagers' perilous attempts to conquer the invading Romans. He is a clever and level-headed warrior who knows when brain is better than brawn. The French see him as a symbol of themselves in his ability to outwit others.

The Eiffel Tower at night
©Photov.com/agefotostock RF

 Watch the *Bienvenue en France* video segment to learn more about Paris.

---

*an inhabitant of the ancient region of Gaul, a province of the Roman Empire including territory corresponding to modern France, Belgium, and northern Italy

Une nouvelle° aventure

°new

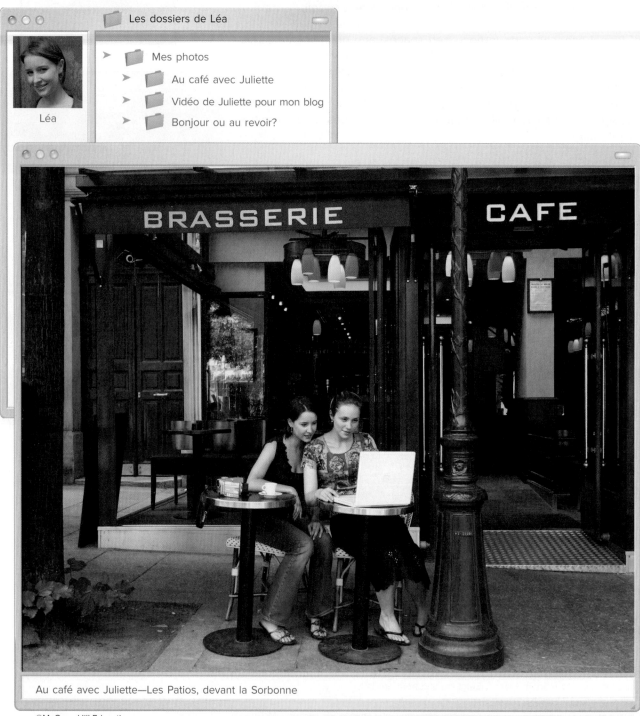

Les dossiers de Léa

Léa

➤ Mes photos
➤ Au café avec Juliette
➤ Vidéo de Juliette pour mon blog
➤ Bonjour ou au revoir?

BRASSERIE   CAFE

Au café avec Juliette—Les Patios, devant la Sorbonne

©McGraw Hill Education

Dans ce chapitre...

OBJECTIFS COMMUNICATIFS

➤ greeting people
➤ spelling
➤ giving numerical information
➤ introducing yourself
➤ identifying people, places, and things
➤ expressing the date
➤ learning to pronounce the alphabet and selected vowel sounds in French

PAROLES (LEÇONS 1 ET 2)

➤ Les bonnes manières
➤ L'alphabet français
➤ Les accents
➤ Les mots apparentés
➤ Les nombres de 0 à 60
➤ Les jours et les mois

STRUCTURES (LEÇON 3)

➤ Dans la salle de classe
➤ Les articles indéfinis et le genre des noms

CULTURE

➤ Le blog de Léa: *Un jour exceptionnel**
➤ Reportage: *Bisous!*
➤ Lecture: *J'ai une carte d'étudiant!* (Leçon 4)

Vidéo de Juliette pour mon blog

©McGraw-Hill Education

Bonjour ou au revoir?

©nullplus/Getty Images RF

---

*In **Chapitres 1–4** of *Vis-à-vis*, you will read Léa Bouchard's blog about her life in Paris and the comments of other Francophone characters about her blog. See **Bienvenue à** *Vis-à-vis* and **Les pays francophones** (on the preceding pages) for more information on this feature of *Vis-à-vis*.

www.mhhe.com/connect

Les bonnes manières°

Les... *Good manners*

In the French-speaking world, different greetings reflect the differing degrees of familiarity between people. Formality is the general rule; informal expressions are reserved for family, friends of long standing, and close associates and peers (for example, fellow students). All formal greetings are followed by a title: **Bonjour, madame.**

—Bonjour, mademoiselle.
—Bonjour, madame.

—Bonsoir, monsieur.
—Bonsoir, madame.

—Je m'appelle Lucas Martin. Et vous, comment vous appelez-vous?
—Je m'appelle Juliette Dupont.

—Comment allez-vous?
—Très bien, merci. Et vous?
—Pas mal, merci.

—Salut, ça va?
—Oui, ça va bien. (Non, ça va mal.) Et toi, comment vas-tu?
—Comme ci comme ça. (Ça peut aller.) (Moyen.)

—Comment? Je ne comprends pas. Répétez, s'il vous plaît.
—C'est Lise Bernard.
—Ah oui, je comprends.

—Oh, pardon! Excusez-moi, mademoiselle.

—Merci (beaucoup).
—De rien.

—Au revoir!
—À bientôt!

Allez-y!

A. Répondez, s'il vous plaît. Respond in French.

1. Je m'appelle Arthur Lenôtre. Et vous, comment vous appelez-vous?
2. Bonsoir!
3. Comment allez-vous?
4. Merci.
5. Ça va?
6. Au revoir!
7. Bonjour.

B. Soutenu ou familier? (*Formal or informal?*) Decide if each situation shown is formal or informal, then provide an appropriate expression for it.

1.

2.

3.

4.

5.

6.

Le parler jeune	
à plus (A+)	à plus tard; à bientôt
ça baigne	ça va très bien
tchao	au revoir
Wesh!	Salut! Ça va?

—Salut! —**À plus!**

—Comment ça va? —**Ça baigne!**

—Allez **tchao!** —À bientôt!

Wesh bien ou quoi?

C. Le bon choix. (*The right choice.*) Indicate if the following expressions are used in a formal or informal context. What cues tell you whether it is formal or informal?

1. Comment vous appelez-vous?
2. Et toi?
3. Répète, s'il te plaît.
4. Comment vas-tu?
5. Comment t'appelles-tu?
6. Bonjour, monsieur!
7. Et vous?
8. Salut!
9. Répétez, s'il vous plaît.
10. Comment allez-vous?

L'alphabet français

a	a	**h**	hache	**o**	o	**v**	vé
b	bé	**i**	i	**p**	pé	**w**	double vé
c	cé	**j**	ji	**q**	ku	**x**	iks
d	dé	**k**	ka	**r**	erre	**y**	i grec
e	e	**l**	elle	**s**	esse	**z**	zède
f	effe	**m**	emme	**t**	té		
g	gé	**n**	enne	**u**	u		

L'ALPHABET PHONÉTIQUE

[a]	**à, la**	[b]	**b**onjour
[ɑ]	p**â**té	[k]	**c**omme, **qu**atre, **k**ilo
[ə]	**je**, f**e**nêtre	[ʃ]	**ch**aise
[e]	r**é**p**é**tez, all**er**	[d]	**d**imanche
[ɛ]	tr**è**s, m**a**demoiselle, fen**ê**tre	[f]	**f**enêtre
[i]	**i**l, st**y**lo	[g]	**g**arçon
[o]	styl**o**, bientô**t**, bur**eau**	[ɲ]	espa**gn**ol
[ɔ]	p**o**rte	[ʒ]	**j**e, biolo**g**ie
[u]	v**ou**s	[l]	**l**a
[y]	t**u**	[m]	**m**ademoiselle
[ø]	d**eu**x	[n]	**n**euf
[œ]	s**œu**r, n**eu**f	[ŋ]	parki**ng**
[ã]	comm**en**t, écr**an**	[p]	**p**ardon
[ɛ̃]	bi**en**, ci**nq**	[R]	**r**épétez
[ɔ̃]	b**on**jour	[s]	**s**ix, **c**inq, français, cla**ss**e
[œ̃]	**un**	[t]	**t**able
[j]	bi**en**, mo**y**en, jui**ll**et	[v]	**v**endredi, **w**agon
[ɥ]	h**u**it	[z]	chai**s**e, dou**z**e
[w]*	**ou**i, **w**eek-end		

Les accents

Accents or diacritical marks sometimes change the pronunciation of a letter and sometimes distinguish between two words otherwise spelled the same. A French word written without its diacritical marks is misspelled.

é	e **accent aigu**
à	a **accent grave**
ô	o **accent circonflexe**
ï	i **tréma**
ç	c **cédille**

---

*The spelling **-oi-** as in "bonsoir" is pronounced [wɑ].

Allez-y!

A. **À vous!** Spell your name in French. Then spell the name of a city, and see if your classmates can figure out which one it is.

B. **Inscription.** Several students are signing up to live in the campus international house. Spell their names and cities for the resident assistant.

1. DUPONT Isabelle	Paris	**4.** GUEYE Jérôme	Dakar
2. EL AYYADI Allal	Rabat	**5.** HUBERT Sarah	Lille
3. GOUTAL Ariane	Papeete	**6.** PASTEUR Loïc	Montréal

Les mots apparentés°

Les... *Cognates*

French and English have many cognates, or **mots apparentés:** words spelled similarly with similar meanings. Here are a few patterns to help you recognize cognates.

FRANÇAIS	ANGLAIS	
-ant	*-ing*	amus**ant** → amus*ing*
ét-	*st-*	**ét**at → *st*ate
-ie, -é	*-y*	cit**é** → cit*y*
-eux, -euse	*-ous*	séri**eux** → seri*ous*
-ique	*-ic, -ical*	prat**ique** → pract*ical*
-iste	*-ist, -istic*	matérial**iste** → material*istic*
-ment	*-ly*	rapide**ment** → rapid*ly*
-re	*-er*	ord**re** → ord*er*

Be aware that there are also many apparent cognates, called **faux amis** (*false friends*). Here are a few examples along with the correct terms (**mots justes**).

FAUX AMIS		MOTS JUSTES	
collège	*middle school*	université	*college, university*
librairie	*bookstore*	bibliothèque	*library*
rester	*to stay, remain*	se reposer	*to rest*

Allez-y!

A. **Répétez, s'il vous plaît!** Pronounce these French cognates as your instructor does.

1. attitude	**4.** bracelet	**7.** injustice	**10.** parfum
2. police	**5.** passion	**8.** hôpital	**11.** magazine
3. balle	**6.** conclusion	**9.** champagne	**12.** présentation

B. **Les mots apparentés.** Figure out the English equivalents for the first five words. Then try to figure out the French equivalents for the last five.

MODÈLES: étranger → *stranger*
générally → *généralement*

1. logique	**6.** *imperialistic*
2. centre	**7.** *strange*
3. étude	**8.** *tender*
4. liberté	**9.** *logically*
5. courageuse	**10.** *historic*

Les nombres de 0 à 60°

Les... *Numbers from 0 to 60*

0	zéro	6	six	11	onze	16	seize
1	un	7	sept	12	douze	17	dix-sept
2	deux	8	huit	13	treize	18	dix-huit
3	trois	9	neuf	14	quatorze	19	dix-neuf
4	quatre	10	dix	15	quinze	20	vingt
5	cinq						

21	vingt et un	26	vingt-six	40	quarante
22	vingt-deux	27	vingt-sept	50	cinquante
23	vingt-trois	28	vingt-huit	60	soixante
24	vingt-quatre	29	vingt-neuf		
25	vingt-cinq	30	trente		

Un peu plus...°

Un... *A little more*

Combien de drapeaux y a-t-il?

(How many flags are there?) The French flag has great symbolic value for the nation. It appeared during the French Revolution in 1789 to replace the blue and white flag of the monarchy, the **fleur de lys.** The **drapeau tricolore,** as the flag is sometimes called, combines white with blue and red (the colors of Paris). The three colors are often associated with the principles upon which the French republic was founded: **liberté, égalité, fraternité.** The French flag is increasingly displayed alongside the flag of the European Union, blue with a circle of twelve gold stars. The number 12 is a traditional symbol of perfection, completeness, and unity. The circle formation represents solidarity and harmony. What does your national flag symbolize?

Le drapeau tricolore et le drapeau de l'Union européenne
©Hemis/Alamy

Allez-y!

A. Problèmes de mathématiques. Alternating with a partner, do the following math problems.

VOCABULAIRE UTILE

+ plus, et	− moins	× fois	= font

Combien font 3 plus 10?   *How much is 3 + 10?*

MODÈLE: 6 + 2 →

       É1*: Combien font six plus (et) deux?
       É2: Six plus (et) deux font huit.

1. 8 + 2
2. 5 + 9
3. 4 + 1
4. 3 + 8
5. 43 − 16
6. 60 − 37
7. 56 − 21
8. 49 − 27
9. 2 × 10
10. 3 × 20
11. 6 × 5
12. 7 × 3

B. Les numéros de téléphone. In French, telephone numbers are said in groups of five two-digit numbers. Look at Marine's contact list and, alternating with a partner, read aloud some of her most frequently called numbers.

MODÈLE: É1: Simon Beaujour?
            É2: 02 40 29 07 39

MES AMIS

nom	prénom	adresse	tél.
Duclos	Maxime	60, bd. de l'Égalité	02 41 48 05 52
Bercegol	Valentine	98, avenue Patton	02 41 46 42 60
de Bailleux	Bénédicte	83, rue des Renardières	02 41 57 13 44
Koehulein	Alice	7, rue de Verneuil	02 41 35 21 08
Beaujour	Simon	12, rue du Temple	02 40 29 07 39

---

*É1 and É2 stand for **Étudiant(e) 1** and **Étudiant(e) 2** (*Student 1* and *Student 2*). These abbreviations are used in partner/pair activities throughout *Vis-à-vis*.

Quel jour sommes-nous?° Quel... *What day is it?*

La semaine° de Claire

week

lundi	examen de biologie
mardi	examen de chimie
mercredi	dentiste
jeudi	tennis avec° Augustin
vendredi	laboratoire
samedi	théâtre avec Augustin
dimanche	en famille

°*with*

In French, the days of the week are not capitalized. The week begins with Monday.

—Quel jour sommes-nous (aujourd'hui)? / Quel jour on est (aujourd'hui)? — *What day is it (today)?*

—Nous sommes mardi. / On est mardi. — *It's Tuesday.*

Allez-y!

La semaine de Claire. Look over Claire's calendar. Then, alternating with a partner, tell what day of the week it is.

MODÈLE: Claire est au (*is at the*) laboratoire. →

  É1: Claire est au laboratoire. Quel jour on est? (Quel jour sommes-nous?)

  É2: On est vendredi. (Nous sommes vendredi.)

1. Claire va (*goes*) au théâtre avec Augustin.
2. Claire est chez (*at*) le dentiste.
3. Claire a (*has*) un cours de biologie.
4. Claire est en famille.
5. Claire joue au (*is playing*) tennis avec Augustin.
6. Claire a un examen de chimie.

Quelle est la date d'aujourd'hui?

LES MOIS (*m.*)

décembre	mars	juin	septembre
janvier	avril	juillet	octobre
février	mai	août	novembre

In French, the day is usually followed by the month: **Nous sommes le 21 mars** (abbreviated as 21/03). The word **le** (*the*) usually precedes the day of the month.

Dates in French are expressed with cardinal numbers (**le 21 mars**), with the exception of the first of the month: **le 1ᵉʳ (premier) janvier.**

Allez-y!

A. Fêtes (*Holidays*) **américaines.** What months do you associate with the following holidays?

1.
2.
3.

4.
5.
6.

7.
8.

🔊 Prononcez bien!

The vowels in *ci, les,* and *mai*

In French, vowels are shorter and pronounced with tenser muscles than they are in English. When you pronounce **ci** [i], **les** [e], and **mai** [ɛ], remember to keep the vowel brief and steady while gradually opening your mouth and relaxing your lips from a smiling position to a neutral shape. Notice the different spellings of each sound.

[i]: **jeudi, souris, stylo**

[e]: **les, et, janvier, répétez**

[ɛ]: **mai, c'est, merci, très, treize, fenêtre**

The vowel sound in **mai** is pronounced with less muscle tension and a mouth open wider than for the vowel sound in **les.**

B. Le voyageur bien informé. It can be useful to know the holidays of the countries you visit. Look at the following lists and compare the three countries. Note that the dates of some holidays vary from country to country and from year to year.

SUISSE		ÉTATS-UNIS		FRANCE	
1er janv.	Nouvel An	1er janv.	Nouvel An	1er janv.	Nouvel An
2 janv.	Fête légale	20 févr.	Anniversaire de Washington	27 mars	Lundi de Pâques
24 mars	Vendredi saint			1er mai	Fête du Travail
26 mars	Pâques	24 mars	Vendredi saint	4 mai	Ascension
27 mars	Lundi de Pâques	29 mai	Jour du Souvenir	8 mai	Armistice
4 mai	Ascension	4 juill.	Fête de l'Indépendance	15 mai	Lundi de Pentecôte
15 mai	Lundi de Pentecôte	5 sept.	Fête du Travail	14 juill.	Fête nationale (Prise de la Bastille)
1er août	Fête nationale	11 nov.	Fête des Anciens Combattants	15 août	Assomption
25 déc.	Noël	23 nov.	Action de Grâce	1er nov.	Toussaint
26 déc.	Lendemain de Noël	25 déc.	Noël	11 nov.	Jour du Souvenir
				25 déc.	Noël

1. Quelles fêtes aux États-Unis ne sont pas célébrées en France? en Suisse? Donnez (*Give*) la date de ces (*these*) fêtes.
2. Y a-t-il plus de (*more*) fêtes religieuses en France et en Suisse qu'aux (*than in the*) États-Unis? Nommez-les (*Name them*).
3. Donnez les dates des fêtes nationales dans les trois pays.
4. Quel est votre jour de fête préféré? Pourquoi? (*Why?*)

Le 14 juillet, la fête nationale, à Paris
©Steve Allen/Brand X Pictures RF

C. La fête des saints. (*Saint's day.*) In France, each day of the year is associated with a particular saint. Look over the list below, choose six names, and, with a partner, ask and answer questions about name days.

MODÈLE: É1: Quel jour célèbre-t-on les Georges?
É2: Le vingt-trois avril. Et les Guillaume?

fêtes à souhaiter°

a

Adam	16	mai
Adèle	24	déc
Adrien	8	sept
Agathe	5	fév
Agnès	21	janv
Ahmed	21	août
Aimée	20	fév
Alexandre	22	avril
Alice	16	déc
Alix	9	janv
Amandine	9	juil
Amélie	19	sept
André	30	nov
Anne	26	juil
Antoine	13	juin
Apolline	9	fév
Arnaud	10	fév
Arthur	15	nov
Audrey	23	juin
Augustin	27	mai
Aurélie	15	oct
Aurélien	16	juin
Axel	21	mars

b

Béatrice	13	fév
Benjamin	31	mars
Benoît	11	juil
Brigitte	23	juil

c

Camille	14	juil
Capucine	5	oct
Caroline	17	juil
Catherine	25	nov
Céline	21	oct
Charles	2	mars
Charlotte	17	juil
Chloé	5	oct
Christophe	21	août
Claire	11	août
Clément	23	nov
Constance	23	sept
Coralie	18	mai

d

Daniel	11	déc
David	29	déc
Delphine	26	nov
Denis	9	oct
Denise	15	mai
Diego	23	mai

e

Édouard	5	janv
Élisabeth	17	nov
Élisée	14	juin
Élodie	22	oct
Émeline	27	oct
Emma	19	avril
Emmanuel	25	déc
Enzo	13	juil
Éric	18	mai
Erwan	19	mai
Étienne	26	déc
Éva	6	sept

f

Florent	4	juil
François	4	oct
Françoise	9	mars

g

Gabin	19	fév
Gabriel	29	sept
Gaétan	7	août
Gaspard	28	déc
Geneviève	3	janv
Georges	23	avril
Gisèle	7	mai
Guillaume	10	janv
Guy	12	juin

h

Habib	27	mars
Hélène	18	août
Henri	13	juil
Hugo	1	avril

i

Inès	10	sept
Irène	5	avril
Isaac	20	déc
Isabelle	22	fév

j

Jacqueline	8	fév
Jacques	25	juil
Jade	29	juin
Jean	24	juin
Jeanne	30	mai
Joseph	19	mars
Julie	8	avril
Julien	2	août
Juliette	30	juil
Justine	12	mars

k

Karine	7	nov
Kévin	3	juin
Kylian	8	juil

l

Laetitia	18	août
Laure	10	août
Léa	22	mars
Léon	10	nov
Liam	10	janv
Lina	27	janv
Loïc	25	août
Louis	25	août
Louise	15	mars
Lucas	18	oct
Lucie	13	déc

m

Madeleine	22	juil
Maëlle	24	mai
Manon	15	août
Marie	15	août
Marine	20	juil
Martin	11	nov
Matéo	21	sept
Mathilde	14	mars
Maxime	14	avril
Mélanie	31	déc
Mélissa	21	sept
Michel	29	sept
Mila	16	sept
Morgane	8	oct

n

Nathalie	27	juil
Nathan	24	août
Nelly	26	oct
Nicolas	6	déc
Noah	10	nov
Noël/Noëlle	25	déc

o

Océane	2	nov
Olivia	5	mars
Olivier	12	juil
Oscar	3	fév

p

Pascal	17	mai
Pauline	26	janv
Philippe	3	mai
Pierre	29	juin

q

Quentin	31	oct

r

Raphaël	29	sept
Rayan	8	mars
Rémi	15	janv
René/Renée	19	oct
Robert	30	avril
Romain	28	fév
Rose	23	août

s

Samuel	20	août
Sarah	9	oct
Sébastien	20	janv
Simon	28	oct
Solène	25	sept
Sophie	25	mai
Stéphane	26	déc
Suzanne	11	août
Sylvie	5	nov

t

Tanguy	19	nov
Théo	9	nov
Thérèse	15	oct
Thibaut	8	juil
Thomas	3	juil
Timéo	26	janv

v

Valentin	14	fév
Valentine	25	juil
Valérie	28	avril
Véronique	4	fév
Victor	21	juil
Vincent	22	janv
Virginie	7	janv
Viviane	2	déc

w

William	10	janv

x

Xavier	3	déc

y

Yann	24	juin
Yasmine	5	oct
Yolande	11	juin

z

Zoé	2	mai

°fêtes... *celebrating saints' days*

Le blog de Léa

UN JOUR EXCEPTIONNEL° jour... *special day*

vendredi 13 mai

Bonjour! Ça va?

Je m'appelle Léa. Je suis[1] étudiante. Et voilà, je crée un blog avec mes amis[2]! C'est pour communiquer, exprimer[3] des idées, des sentiments, des secrets... Aujourd'hui, c'est le vendredi 13! Un jour exceptionnel. Un jour de chance[4]: Mon blog sera[5] un succès. C'est sûr!

Au revoir, à bientôt
Léa la blogueuse[6]

Vidéo de Juliette pour mon blog
©McGraw-Hill Education

COMMENTAIRES

Alexis

Léa, le vendredi 13, c'est de la pure superstition!

Mamadou

Léa, créer un blog un vendredi 13, c'est risqué! Le vendredi 13, c'est une combinaison fatale. ATTENTION.

Poema

Le vendredi 13: c'est le jour du Super Loto.[7]

[1]*Je... I am* [2]*avec... with my friends* [3]*express* [4]*jour... lucky day* [5]*will be* [6]*person who has a blog* [7]*jour... day of the French lottery drawing with a large cash prize*

Welcome to **Le blog de Léa.** Here, at the center of each chapter of *Vis-à-vis,* you will find:

· The blogs of four Parisians with different Francophone backgrounds. **Chapitres 1–4** feature **Le blog de Léa,** a 19-year-old student at the Sorbonne who lives in the **Quartier latin.** The blogs are followed by commentaries of other Francophone characters.
· The **Reportage** presents up-to-date information related to the chapter theme that depicts life in France, Quebec, North and West Africa, French-speaking Europe, or the Antilles.
· **Vous comprenez?** offers comprehension questions to accompany the **Reportage.**
· **Le micro-trottoir** features "man-on-the-street" interviews and gives students the opportunity to do pair and group work using informal, everyday language.

Reportage

Bisous!

"Bonjour! Ça va?" With these words, Arielle greets her friend Luc and kisses him on the cheek. This is how French friends typically greet each other.

In France, to say "hello" or "good-bye," you give two, three, or sometimes four kisses, depending on the region in which you find yourself. The **bise** is a kiss on the cheek. The term **bisou** has an affectionate connotation: You give a **bisou** to children, friends, and family in greeting.

In Belgium, a single kiss suffices, but three are necessary to celebrate joyful occasions.

In Quebec, the custom differs. Maria, who was born in Montreal, explains, "Like Americans, Canadians are warm and charming, but they often maintain a physical distance when greeting newcomers. Close friends and family members, however, share a **bisou.**"

Bonjour ou au revoir? Bise amicale (*friendly kiss*) ou bisou d'amoureux (*lovers*)? En France, en Belgique, au Canada, au Maroc ou au Sénégal? C'est difficile à dire (*to say*). Que pensez-vous? (*What do you think?*)
©nullplus/Getty Images RF

In Muslim countries, people typically do not touch but exchange friendly greetings such as **As-salaam'alaykum** (*Peace*) or **Que la paix de Dieu soit avec vous** (*God's peace be with you*).

Remember: You don't give a **bisou** to a person you are meeting for the first time. You politely say **bonjour** and shake his/her hand.

VOUS COMPRENEZ?

1. In France, what do you do when you meet someone for the first time? How do friends greet each other in France?
2. In which country does the number of kisses depend on the occasion? In which country does the number depend on the region?
3. In which culture do people keep a certain distance when they greet each other?
4. Among Muslims, how do people greet each other?

Micro-trottoir

Answer the following questions from your own perspective. Then, watch the video and note the similarities and differences between your responses and those of the people interviewed.

1. Quels termes est-ce que vous utilisez pour saluer vos amis? Et comment est-ce que vous dites «au revoir»?
2. Vous rencontrez une personne pour la première fois. Montrez-nous comment vous la saluez.
3. Comment se passe la bise en France?

Dans la salle de classe° Dans... *In the classroom*

3. un tableau
4. un écran
10. une télévision
6. une porte
7. une fenêtre
11. un ordinateur
8. un étudiant
12. un clavier
13. une souris
9. un crayon
5. un professeur
14. une table
15. un stylo
19. un portable
16. une étudiante
1. une chaise
2. un bureau
20. un smartphone
17. un livre
18. un cahier

Allez-y!

A. **Qu'est-ce que c'est?** (*What is it?*) **Qui est-ce?** (*Who is it?*) Alternating with a classmate, identify the people and objects in the illustration above.

> MODÈLE: É1: Le numéro un, qu'est-ce que c'est?
> É2: C'est une (*It's a*) chaise.
> É1: Le numéro cinq, qui est-ce?
> É2: C'est un professeur.

B. **Combien?** (*How many?*) Taking turns with a classmate, ask and answer questions about the number of people and objects there are in the illustration. Use the expression **il y a.**

> MODÈLE: étudiants →
> É1: Il y a combien d'étudiants?
> É2: Il y a quatre étudiants.

Mots clés

Using *il y a*

The expression **il y a** (*there is, there are*) is used to state the existence of something or to specify the quantity.

Il y a un cours de français. *There is a French class.*

Il y a quatre étudiants dans la classe. *There are four students in the classroom.*

Les articles indéfinis et le genre des noms

Identifying People, Places, and Things

Léa contacte Mamadou sur sa page Facebook (Messagerie instantanée).

 LÉA: Salut Mamadou! J'ai **un** blog et toi, tu as **une** page Facebook!

 MAMADOU: Oui! J'ai aussi **un** compte Twitter et **un** smartphone. Pour communiquer.

LÉA: Moi, j'ai **une** tablette, **des** cahiers et **des** livres. Pour étudier!

Vrai ou faux?

Léa étudie avec...

1. un blog
2. une page Facebook
3. un compte Twitter
4. un smartphone
5. une tablette
6. des cahiers
7. des livres

Mamadou communique avec...

1. un blog
2. une page Facebook
3. un compte Twitter
4. un smartphone
5. une tablette
6. des cahiers
7. des livres

Singular Forms of Indefinite Articles

In French, all nouns (**noms**) are either masculine (**masculin**) or feminine (**féminin**), as are the articles that precede them.

The following chart shows the forms of the singular indefinite article in French, corresponding to *a (an)* in English.

MASCULINE		FEMININE	
un ami	*a friend (m.)*	**une** amie	*a friend (f.)*
un accent	*an accent*	**une** action	*an action*

Un is used for masculine nouns and **une** for feminine nouns. **Un** and **une** can also mean *one,* depending on the context.

Voilà **un** café.   *There's a café.*
Il y a **une** étudiante.   *There is one student.*

The Gender of Nouns

Because the gender (**le genre**) of a noun is not always predictable, it is best to learn it along with the noun; for example, learn **un livre** rather than just **livre.** Here are a few general guidelines to help you determine gender; you will become more familiar with nouns in all of these categories as you work through the chapters of *Vis-à-vis.*

1. Nouns that refer to males are usually masculine; nouns that refer to females are usually feminine.

un homme	*a man*
une femme	*a woman*

2. Sometimes the ending of a noun is a clue to its gender.

MASCULINE		FEMININE	
-eau	un bur**eau**	**-ence**	une diffé**rence**
-isme	un pri**sme**	**-ion**	une réact**ion**
-ment	un monu**ment**	**-ie**	une librair**ie**
		-ure	une lect**ure**
		-té	une universi**té**

3. Nouns borrowed from other languages are usually masculine.

   un coca-cola, un couscous, un baklava

4. The names of languages are masculine. They are not capitalized.

   Elle parle un français impeccable!   *She speaks perfect French!*

5. Some nouns that refer to people can be changed from masculine to feminine by adding **e** to the noun ending.

un ami	*a friend (m.)*	une ami**e**	*a friend (f.)*
un étudiant	*a student (m.)*	une étudiant**e**	*a student (f.)*
un Français	*a French man (m.)*	une Français**e**	*a French woman (f.)*

   Note: Final **t, n, d,** and **s** are silent in the masculine form. When followed by **-e** in the feminine form, they are pronounced.

6. Many nouns that end in **-e** have only one singular form, used to refer to both males and females. Sometimes the gender is indicated by the article.

un touriste	*a tourist (male)*
une touriste	*a tourist (female)*

   Sometimes even the article is the same for both masculine and feminine.

un plombier	*a plumber (male or female)*
un médecin	*a doctor (male or female)*
une personne	*a person (male or female)*
une vedette	*a movie star (male or female)*

   [Allez-y! A]

   Note: The information between brackets refers you to an exercise for that grammar point. In this case, **Allez-y!,** Activity A, located on the following page, will allow you to practice this point.

Prononcez bien!

1. The vowels in *ci*, *les*, and *mai* (page 15)

A. Au café. While waiting to meet your French friends at a Parisian café, you hear the following conversation between a man and a woman sitting at the next table. Listen to their conversation and check the vowel in the right column that corresponds to the bold one in the left column.

	[i]: **ci**	[e]: **les**	[ɛ]: **mai**
1. Bonjour, je m'app**e**lle Éloïse.	☐	☐	☐
2. Moi, c'est Éric. Comment ça va?	☐	☐	☐
3. Ça peut all**er**.	☐	☐	☐
(*The server brings the bill.*)			
4. Ça fait tr**ei**ze euros, s'il vous plaît.	☐	☐	☐
5. Voi**ci**. À plus tard, Éloïse.	☐	☐	☐
6. À bientôt, **É**ric.	☐	☐	☐

B. L'alphabet français. Your housemate is also an international student who has just started taking French. You help him learn the French alphabet sounds by writing in one column the letters that are pronounced with a sound like the one in **les** and in the other, those that contain a sound like the one in **mai**.

Lettres: z, p, v, r, d, s, g, l, t, c, m, f, b, n

[e]: **les**	[ɛ]: **mai**

2. The sounds in *un* and *une* (page 21)

À l'aéroport. You and your friend are flying to Italy for the weekend. As you wait to board your plane, your friend tries to guess the occupation of the other passengers. Listen to what he says and decide whether he's referring in each case to a man or a woman.

	m.	f.
1.	☐	☐
2.	☐	☐
3.	☐	☐
4.	☐	☐
5.	☐	☐
6.	☐	☐

AVANT DE LIRE°

Avant... *Before reading*

Recognizing cognates. French is a Romance language—that is, it is derived from Latin. English was also heavily influenced by Latin, with the result that the two languages share vocabulary items similar in form and meaning. As you already know (see **Leçon 1**), these words are called cognates (**mots apparentés**). Here are two additional patterns:

FRANÇAIS	ANGLAIS		
-eur	*-or, -er*	vend**eur**	*vendor, seller*
-é	*-ed*	rembours**é**	*reimbursed*

Over the centuries, the French and English languages have borrowed heavily from each other. Although French has absorbed many words from English, some people view these **anglicismes** as threats to the integrity of the language and culture. Words such as **champagne** and **cologne** were borrowed directly from French. Can you think of any others?

Historical factors explain some borrowings. In 1066, the French-speaking Normans conquered the British Isles. French was imposed as the official language, and many words entered the English lexicon. Technological innovations have also played a role in borrowings: New technology introduced in one culture may cause a "vocabulary gap" in another; these new words are then borrowed. Prestige is another factor: If a culture is perceived to be prestigious, its vocabulary may be borrowed by another language.

The student card on the following page is based on an actual card used at the **Université Paris-Sorbonne**. Just like students everywhere, French students use their student card for identity purposes, access to university buildings, and student discounts.

Des avantages financiers means *financial benefits*. What do you think the expression **prix réduits** means?

Now read the text through. Then go back and underline all the words you recognize as cognates, and circle the words you don't understand.

À propos de la lecture...

This reading was written by one of the authors of *Vis-à-vis*.

J'ai une carte d'étudiant!

Je m'appelle Léa Bouchard. Sur ma carte d'étudiante, il y a le nom de mon université, Paris IV-Sorbonne, ma date de naissance, un code personnel et ma photo.

Un accès à la fac

Vous étudiez dans une université? La carte d'étudiant est un document administratif obligatoire: c'est un passeport pour les cours, le resto-U, la cafétéria, les activités sportives, la bibliothèque et... les salles d'examen.

Des avantages financiers

Elle offre des avantages financiers considérables: avec une carte d'étudiant, vous avez des réductions importantes dans les musées, les théâtres, les cinémas, les transports.

Dans certains magasins, il y a aussi des promotions spéciales, des coupons, des bonus, des offres irrésistibles pour les étudiants. Et des prix réduits dans des restaurants et des bars pour petits budgets.

A. Quel mot? (*Which word?*) Now that you have read the text, find the word in the text that means:

1. passport
2. museum
3. transportation
4. in some stores
5. there are special promotions
6. price
7. reduced

 # Écriture°

Writing

The writing activities **Par écrit** and **Journal intime** can be found in the Workbook/Laboratory Manual to accompany *Vis-à-vis*.

Pour s'amuser

LES MOTS CACHÉS°

Les... *Word search*

In this grid, find the following words: **avril, bisou, femme, homme, mardi, salut, semaine, soir.**

```
c  e  d  a  m  a  r  d  i  f  o  d

v  s  e  m  a  i  n  e  e  d  i  g

b  i  s  o  u  u  s  o  i  r  e  d

u  x  a  v  r  i  l  p  o  r  t  i

m  a  d  a  m  s  a  l  u  t  m  j

f  e  m  m  e  o  h  o  m  m  e  g
```

Le vidéoblog de Léa

En bref

In this scene, we first meet Léa and learn about her three friends Hassan, Juliette, and Hector. In her vidéoblog, Léa describes how French speakers typically greet each other and say good-bye.

Vocabulaire en contexte

un rendez-vous (*scheduled*) *meeting*

se serrer la main *to shake each other's hand*

des rencontres (*m.*) *meeting up with people*

se saluer *to greet each other*

une poignée de main *handshake*

une salutation *greeting*

s'embrasser *to hug, kiss each other*

se faire un (des) bisou(s) *to give each other a kiss (kisses)*

On fait la bise pour dire (*say*) «au revoir».

©McGraw-Hill Education

VISIONNEZ! ▶

Choose the correct response.

	Léa	Juliette	Hassan	Hector
1. Qui a (*Who has*) rendez-vous chez le dentiste?	☐	☐	☐	☐
2. Qui étudie le multimédia?	☐	☐	☐	☐
3. Qui a 28 ans?	☐	☐	☐	☐
4. Qui aime (*likes*) la danse?	☐	☐	☐	☐
5. Qui a créé (*created*) un vidéoblog?	☐	☐	☐	☐

ANALYSEZ!

Answer the following questions in English.

1. How do greetings differ in France?
2. What do you think the social consequences are of *not* greeting someone in a culturally appropriate way? What impressions can that leave?

COMPAREZ!

Compare appropriate greetings and gestures in your culture to those of a French-speaking culture for the following people: two young female friends, two young male friends, a young man meeting a young woman for the first time, a young man or woman meeting an older man or woman for the first time. What conclusions can you draw?

NOTE CULTURELLE

Juliette is working on her degree, *le Master Multimédia Interactif,* at the *Université Paris I Panthéon-Sorbonne.* This two-year specialization in computer science and multimedia was introduced into the curriculum in 2000. It allows students who have obtained *la licence* after three years of study to further specialize in their chosen field.

VOCABULAIRE

Les bonnes manières

À bientôt.	See you soon.
Au revoir.	Good-bye.
Bonjour.	Hello. Good day.
Bonsoir.	Good evening.
Ça peut aller.	All right. Pretty well.
Ça va?	How's it going?
Ça va bien.	Fine. (Things are going well.)
Ça va mal.	Things are going badly.
Comme ci comme ça.	So so.
Comment?	What?; How?
Comment allez-vous? / Comment vas-tu?	How are you?
Comment vous appelez-vous? / Comment t'appelles-tu?	What's your name?
De rien.	Not at all. Don't mention it. You're welcome.
Et vous? / Et toi?	And you?
Excusez-moi. / Excuse-moi.	Excuse me.
Je m'appelle...	My name is . . .
Je ne comprends pas.	I don't understand.
madame (Mme)	Mrs. (ma'am)
mademoiselle (Mlle)	Miss
Merci (beaucoup).	Thank you (very much).
monsieur (M.)	Mr. (sir)
Moyen.	All right.
Pardon.	Pardon (me).
Pas mal.	Not bad(ly).
Répétez. / Répète.	Repeat.
Salut!	Hi!
S'il vous plaît. / S'il te plaît.	Please.
Très bien.	Very well (good).

Les nombres de 0 à 60

un, deux, trois, quatre, cinq, six, sept, huit, neuf, dix, onze, douze, treize, quatorze, quinze, seize, dix-sept, dix-huit, dix-neuf, vingt, vingt et un, vingt-deux, etc., trente, quarante, cinquante, soixante

Dans la salle de classe

un bureau	a desk
un cahier	a notebook
une chaise	a chair
un clavier	a keyboard
un crayon	a pencil
un écran	a screen
un étudiant	a (male) student
une étudiante	a (female) student
une fenêtre	a window
un livre	a book

un ordinateur	a computer
un portable	a laptop
une porte	a door
un professeur	a professor, instructor (male or female)
une salle de classe	a classroom
un smartphone	a smartphone
une souris	a mouse
un stylo	a pen
une table	a table
une tablette	a tablet computer, an iPad®
un tableau	a (chalk)board
une télévision	a television

Les jours de la semaine

Quel jour sommes-nous / on est?	What day is it?
Nous sommes / On est... lundi, mardi, mercredi, jeudi, vendredi, samedi, dimanche.	It's ... Monday, Tuesday, Wednesday, Thursday, Friday, Saturday, Sunday.

Les mois (m.)

janvier	January
février	February
mars	March
avril	April
mai	May
juin	June
juillet	July
août	August
septembre	September
octobre	October
novembre	November
décembre	December

Mots et expressions divers

aujourd'hui	today
beaucoup	very much, a lot
bien	well
c'est un/une...	it's a (an) . . .
combien de	how many
et	and
une femme	a woman
un homme	a man
il y a	there is/are
mal	badly
non	no
oui	yes
quel/quelle	what; which
Quelle est la date?	What is the date?
Qu'est-ce que c'est?	What is it?
Qui est-ce?	Who is it?

CHAPITRE 2

Nous, les étudiants

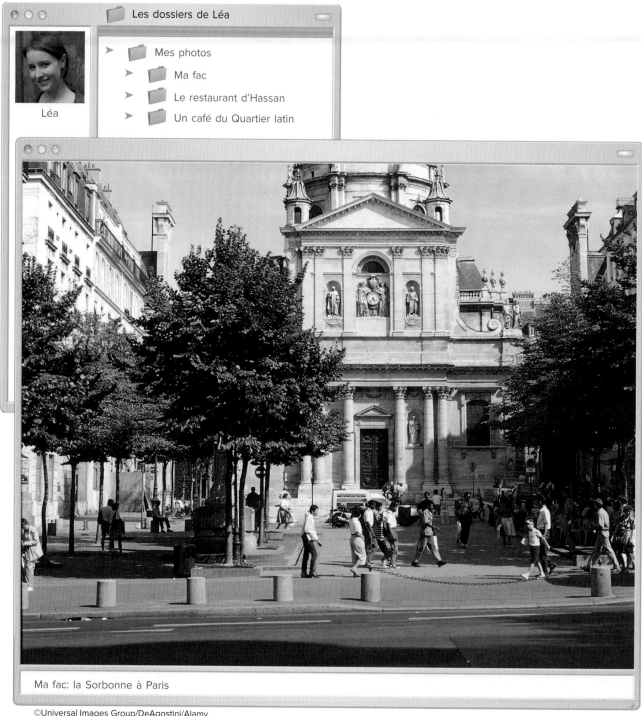

Les dossiers de Léa

Léa

➤ 📁 Mes photos
  ➤ 📁 Ma fac
  ➤ 📁 Le restaurant d'Hassan
  ➤ 📁 Un café du Quartier latin

Ma fac: la Sorbonne à Paris

©Universal Images Group/DeAgostini/Alamy

Dans ce chapitre...

OBJECTIFS COMMUNICATIFS

- ➤ identifying people, places, and things
- ➤ talking about academic subjects
- ➤ talking about nationalities
- ➤ expressing actions
- ➤ expressing disagreement
- ➤ learning to distinguish between and pronounce selected sounds in French

PAROLES (LEÇON 1)

- ➤ Les lieux
- ➤ Les matières
- ➤ Les pays et les nationalités
- ➤ Les distractions

STRUCTURES (LEÇONS 2 ET 3)

- ➤ Les articles définis
- ➤ Les verbes réguliers en **-er**
- ➤ Le verb **être**
- ➤ La négation **ne... pas**

CULTURE

- ➤ Le blog de Léa: *Salut tout le monde!*
- ➤ Reportage: *Quartier latin: le quartier général des étudiants*
- ➤ Lecture: *Apprendre le français au Québec* (Leçon 4)
- ➤ Sondages: *Les disciplines les plus populaires* (Leçon 4)

Le restaurant d'Hassan

©McGraw-Hill Education

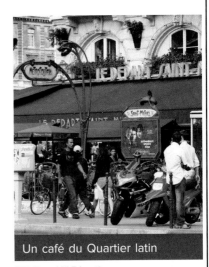

Un café du Quartier latin

©McGraw-Hill Education

www.mhhe.com/connect

Les lieux°

Les... (m.) *Places*

Voici l'amphithéâtre (l'amphi).

Voici la cité universitaire
(la cité-U).

Voici le restaurant universitaire
(le resto-U).

Voici la bibliothèque.

AUTRES MOTS UTILES	
le bureau	office
l'école (*f.*)	school
le gymnase	gymnasium
le laboratoire de langues	language lab
la librairie	bookstore
la salle de classe	classroom

Allez-y!

A. Une visite. Associate the following nouns with their location.

    MODÈLES: un examen de français → l'amphithéâtre
                   un coca → le restaurant universitaire

1. un dictionnaire
2. une tablette
3. un casque (*headset*)
4. un livre
5. une télévision
6. un cours de français
7. un sandwich
8. une encyclopédie

B. C'est bizarre? C'est normal? Give your opinion!

    MODÈLE: Un match de football dans le restaurant universitaire... →
               Un match de football dans le restaurant universitaire, c'est
               bizarre!

1. Un cours de français dans l'amphithéâtre...
2. Une tablette dans la bibliothèque...
3. Un examen dans la cité universitaire...
4. Un café dans l'amphithéâtre...
5. Un dictionnaire dans la bibliothèque...
6. Un magazine dans la librairie...
7. Un smartphone dans la salle de classe

Les matières°

Les... (f.) *Academic subjects*

À la faculté des lettres et sciences humaines, on étudie (*one studies*)...

la littérature
la linguistique
les langues (f.) **étrangères**
   (*foreign languages*)
   l'allemand (m.)
   l'anglais (m.)
   le chinois
   l'espagnol (m.)
   l'italien (m.)
   le japonais
l'histoire (f.)
la géographie
la philosophie
la psychologie
la sociologie

À la faculté des sciences, on étudie...

les mathématiques (les maths) (*f.*)
l'informatique (*computer science*)
la physique
la chimie (*chemistry*)
les sciences (*f.*) **naturelles**
    (**la géologie** et
    la biologie)

AUTRES MOTS UTILES	
le commerce	business
le cours	class
le droit	law
l'économie (*f.*)	economics
le génie	engineering

Allez-y!

A. Les études et les professions. Imagine what subjects are necessary for the following professions.

MODÈLE: un(e) diplomate → On étudie les langues étrangères.

1. un(e) psychologue
2. un(e) chimiste
3. un professeur de physique
4. un professeur d'histoire
5. un ingénieur

B. Mes (*My*) cours à l'université. Look back over the lists of **matières,** then tell about yourself by completing the following sentences.

1. J'étudie (*I study*)...
2. J'aime étudier (*I like to study*)...
3. Je n'aime pas (*don't like*) étudier...
4. J'aimerais bien (*would like*) étudier...

C. Et vos camarades? Find out what three classmates are studying this term.

MODÈLE: É1: Moi (*Me*), j'étudie le français, l'histoire et l'informatique. Et toi?

        É2: Moi aussi (*too*), j'étudie le français, et j'étudie la philosophie et la chimie.

Les pays et les nationalités°

Les... *Countries and nationalities*

la France

l'Allemagne

l'Espagne

les États-Unis

Prononcez bien!

Masculine vs. feminine forms of nationalities

Adding **-e** to the masculine forms of most nouns and adjectives of nationality makes them feminine. The final consonant is then pronounced.

alleman_de_, anglai_se_, chinoi_se_, libanai_se_

The addition of **-e** to masculine forms ending with the letter *n* denasalizes the vowel [ɛ̃]. It becomes [ɛ], and the *n* is pronounced.

améri_cain_ [ɛ̃] → **améri_caine_** [ɛn]

maro_cain_ → **maro_caine_**

mexi_cain_ → **mexi_caine_**

Note that when [ɛ̃] is spelled **-ien** in the masculine form, an extra *n* is added in the feminine form.

algé_rien_ → **algé_rienne_**

cana_dien_ → **cana_dienne_**

tuni_sien_ → **tuni_sienne_**

LES PAYS (*m.*)	LES NATIONALITÉS (*f.*)	
	PERSONNES	ADJECTIFS
l'Algérie	l'Algérien, l'Algérienne	algérien, algérienne
l'Allemagne	l'Allemand, l'Allemande	allemand, allemande
l'Angleterre	l'Anglais, l'Anglaise	anglais, anglaise
la Belgique	le/la Belge	belge
le Canada	le Canadien, la Canadienne	canadien, canadienne
la Chine	le Chinois, la Chinoise	chinois, chinoise
la Côte d'Ivoire	l'Ivoirien, l'Ivoirienne	ivoirien, ivoirienne
l'Espagne	l'Espagnol, l'Espagnole	espagnol, espagnole
les États-Unis	l'Américain, l'Américaine	américain, américaine
la France	le Français, la Française	français, française
l'Italie	l'Italien, l'Italienne	italien, italienne
le Japon	le Japonais, la Japonaise	japonais, japonaise
le Liban	le Libanais, la Libanaise	libanais, libanaise
le Maroc	le Marocain, la Marocaine	marocain, marocaine
le Mexique	le Mexicain, la Mexicaine	mexicain, mexicaine
le Québec*	le Québécois, la Québécoise	québécois, québécoise
la République Démocratique du Congo	le Congolais, la Congolaise	congolais, congolaise
la Russie	le/la Russe	russe
le Sénégal	le Sénégalais, la Sénégalaise	sénégalais, sénégalaise
la Suisse	le/la Suisse	suisse
la Tunisie	le Tunisien, la Tunisienne	tunisien, tunisienne
le Vietnam	le Vietnamien, la Vietnamienne	vietnamien, vietnamienne

The adjective of nationality is identical to the noun except that it is not capitalized. Example: un Anglais; un étudiant anglais.

l'Angleterre

le Mexique

la Chine

la Tunisie

---

*In 2006, the Canadian House of Commons recognized "that the Québécois (*people of Quebec*) form a nation within a united Canada."

Allez-y!

A. Les villes (*Cities*) **et les nationalités.** What nationality are the following people? Ask a classmate to name the nationality.

 Karim / Tunis Djamila / Tunis

la Tunisie

MODÈLES: É1: Karim habite à (*lives in*) Tunis.
É2: Ah! Il est (*He is*) tunisien, n'est-ce pas?

É1: Djamila habite à Tunis.
É2: Ah! Elle est (*She is*) tunisienne, n'est-ce pas?

1. Gino / Rome

2. Kai / Kyoto

  l'Italie

 le Japon

3. Mme Roberge / Montréal

4. Éva / Beyrouth

   le Canada

 le Liban

5. Léopold / Dakar

6. Aurélie / Bruxelles

 le Sénégal

 la Belgique

7. Salima / Casablanca

8. Zoé / Genève

 le Maroc

 la Suisse

Mots clés

The preposition *à* + *ville*

À indicates location or movement. Used before the name of a city, it means you are in the city or going to the city.

J'habite **à** Genève. *I live in Geneva.*

Vous allez **à** Montréal. *You are going to Montreal.*

Chapitre 2 Nous, les étudiants

B. Les nationalités et les langues. Working with a partner, give the nationality and probable language(s) of the people from Activity A.

MODÈLES: Karim → É1: Karim?
                        É2: Karim est tunisien. Il parle (*He speaks*) arabe et français.

            Djamila → É2: Djamila?
                        É1: Djamila est tunisienne. Elle parle (*She speaks*) arabe et français.

Langues: allemand, anglais, arabe, flamand, français, italien, japonais

Les distractions°

Les... (*f.*) *Entertainment*

Julien   Fatima   Rémi   Anne-Laure   Marc   Thu   Sophie   Allal

LA MUSIQUE	LE SPORT	LE CINÉMA
le jazz	le basket-ball	les films (*m.*) d'amour
la musique classique	le football	les films d'aventure
le rap	le football américain	les films d'horreur
le rock	le jogging	les films de
la world music	le ski	science-fiction
	le tennis	

Allez-y!

Préférences. What do these people like?

MODÈLE: Rémi → Rémi aime le rock.

1. Et Thu?
2. Et Sophie?
3. Et Julien?
4. Et Anne-Laure?

5. Et Allal?
6. Et Fatima?
7. Et Marc?
8. Et vous?

Les articles définis

Identifying People, Places, and Things

 LE JOURNALISTE ET L'ÉTUDIANTE

Léa contacte Mamadou sur sa page Facebook (Messagerie instantanée).

LÉA: Mamadou, tu étudies **le** journalisme?

MAMADOU: Non. Je suis journaliste sportif pour **le** journal sénégalais *Le Soleil*. Et toi, Léa, qu'est-ce que tu étudies?

LÉA: J'étudie **la** littérature et **les** langues étrangères à **la** Sorbonne.

MAMADOU: C'est une belle fac, la Sorbonne... il y a **le** grand amphithéâtre Richelieu, **la** superbe bibliothèque... et **la** cafétéria!

Complétez les phrases selon (*according to*) le dialogue.

1. Mamadou est spécialisé dans _____ journalisme sportif.
2. Léa étudie _____ littérature et _____ langues étrangères à _____ fac de _____ Sorbonne.
3. Mamadou apprécie _____ grand amphi Richelieu, _____ bibliothèque et _____ cafétéria de _____ Sorbonne.

Singular Forms of Definite Articles

Here are the forms of the singular definite article (**le singulier de l'article défini**) in French, corresponding to *the* in English.

MASCULINE		FEMININE		MASCULINE OR FEMININE BEGINNING WITH A VOWEL OR MUTE h*	
				l'ami	*the friend* (m.)
le livre	*the book*	**la** femme	*the woman*	l'amie	*the friend* (f.)
le cours	*the course*	**la** table	*the table*	l'homme	*the man* (m.)
				l'histoire	*the story* (f.)

---

*In French, h is either *mute* (**muet**, *nonaspirate*) or *aspirate* (**aspiré**). In **l'homme**, the **h** is called *mute*, which simply means that the word **homme** "elides" with a preceding article (**le** + **homme** = **l'homme**). Most **h**'s in French are of this type. However, some **h**'s are aspirate, which means there is no elision; **le héros** (*the hero*) is an example of this. However, in neither case is the **h** pronounced.

1. The definite article in French is used to indicate a specific noun.

Voici **le** resto-U.   *Here's the university restaurant.*

2. In French, the definite article is also used with nouns employed in a general sense.

J'aime **le** café.   *I like coffee.*
C'est **la** vie!   *That's life!*

[Allez-y! A]

Plural Form of Definite Articles

	SINGULAR	PLURAL
Masculine	**le** touriste	**les** touristes
Feminine	**la** touriste	
Before a vowel	**l'**artiste	**les** artistes

1. The plural form (**le pluriel**) of the definite article is always **les.***

le livre, **les** livres   *the book, the books*
la femme, **les** femmes   *the woman, the women*
l'examen, **les** examens   *the exam, the exams*

2. Note that in English, the article is omitted with nouns used in a general sense. In French, the definite articles **le, la, l',** and **les** are used.

J'aime **le** ski.   *I like skiing.*
Les Français aiment **le** vin.   *(Generally speaking) French people like wine.*

Les étudiants semblent (*seem*) contents de l'Université de la Sorbonne: Vous êtes d'accord?
©Odilon Dimier/PhotoAlto/Getty Images RF

> **Prononcez bien!**
>
> **The vowels in *le, la,* and *les***
>
> Be sure to clearly distinguish between the vowels in **le** (**de, je, fenêtre**), **la** (**ça, madame, ordinateur**), and **les** (**et, cahier, répétez**). Tighten the muscles in your mouth and do the following:
>
> Close your mouth and round your lips for **le.**
>
> [ə]: **le cours**
>
> Open your mouth wide and stretch your lips in a semi-smile for **la.**
>
> [a]: **la table**
>
> Close your mouth and stretch your lips in a wide smile for **les.**
>
> [e]: **les cahiers**

Plural of Nouns

1. Most French nouns are made plural by adding an **s** to the singular, as seen in the preceding examples. Here are some other common patterns.

- **-s, -x, -z** → no change

le cour**s** → les cour**s**	*the course, the courses*
un choi**x** → des choi**x**	*a choice, some choices*
le ne**z** → les ne**z**	*the nose, the noses*

- **-eau, -ieu** → **-eaux, -ieux**

le tabl**eau** → les tabl**eaux**	*the board, the boards*
le bur**eau** → les bur**eaux**	*the desk, the desks*
le l**ieu** → les l**ieux**	*the place, the places*

- **-al, -ail** → **-aux**

un hôpit**al** → des hôpit**aux**	*a hospital, hospitals*
le trav**ail** → les trav**aux**	*the work, tasks*

2. Note that the masculine form is used in French to refer to a group that includes at least one male.

   un étudian**t** et sept étudian**tes** → des étudian**ts**
   un Françai**s** et une Français**e** → des Français

[Allez-y! B-C]

Allez-y!

A. **Pensez-y!** (*Think about it!*) Figure out the gender of the following words. Then add the definite article.

   MODÈLE: femme → féminin; la femme

1. appartement	4. tableau	7. université	10. tourisme
2. division	5. coca-cola	8. aventure	11. science
3. italien	6. biologie	9. personne	12. homme

B. **Suivons le guide!** (*Let's follow the tour guide!*) Show your guests around campus, using the plural of these expressions.

   MODÈLE: la salle de classe → Voilà les salles de classe.

1. la bibliothèque	4. l'étudiant
2. l'amphi(théâtre)	5. le laboratoire de langues
3. le professeur	6. le bureau

C. **À l'université.** Create sentences using the following words. Then create a different sentence by changing the number and the place.

   MODÈLE: étudiante / salle de classe →
         Il y a une étudiante dans la salle de classe.
         Il y a des étudiantes dans la librairie.
   ou   Il y a des étudiantes dans les salles d'ordinateurs.

1. tableau / salle de classe	5. ordinateur / salle d'ordinateurs
2. une réunion (*meeting*) / amphi	6. Américaine / restaurant
3. télévision / laboratoire	7. dictionnaire / bibliothèque
4. cahier / bureau	8. écran / salle de classe

Les verbes réguliers en *-er*

Expressing Actions

Mamadou téléphone à Léa.

MAMADOU: **Tu aimes mieux** la littérature ou les langues étrangères?

LÉA: **J'adore** la littérature et les langues étrangères! Actuellement,* **j'étudie** le russe. Et dans ma classe, **nous commençons** le chinois au deuxième semestre.

MAMADOU: **Vous commencez** le chinois! Bravo! Les étudiants de la Sorbonne sont ambitieux...

LÉA: Et courageux! **Nous travaillons** beaucoup. Mais **nous aimons** aussi les distractions...

Des livres pour étudier
©Owen Franken

*Currently

Trouvez (*Find*) la forme correcte du verbe dans le dialogue.

1. Tu _____ la littérature ou les langues?
2. J' _____ la littérature.
3. J' _____ le russe.
4. Nous _____ le chinois.
5. Vous _____ le chinois!
6. Nous _____ beaucoup.
7. Nous _____ les distractions.

Subject Pronouns and *parler*

The subject of a sentence indicates who or what performs the action of the sentence: ***L'étudiant* visite l'université.** A pronoun (**un pronom**) is a word used in place of a noun (**un nom**): *Il* **visite l'université.**

SUBJECT PRONOUNS AND **parler** (*to speak*)			
SINGULAR		**PLURAL**	
je parl**e** *I speak*		**nous** parl**ons** *we speak*	
tu parl**es** *you speak*		**vous** parl**ez** *you speak*	
il parl**e** *he, it (m.) speaks*		**ils** parl**ent** *they (m., m. + f.) speak*	
elle parl**e** *she, it (f.) speaks*		**elles** parl**ent** *they (f.) speak*	
on parl**e** *one speaks*			

1. **Je.** Note that **je** is not capitalized unless it starts a sentence. When a verb begins with a vowel sound, **je** becomes **j'.**

En hiver, **j'aime** faire du ski.   *In winter, I like to go skiing.*

2. **Tu** and **vous.** There are two ways to say *you* in French: **Tu** is used when speaking to a friend, fellow student, relative, child, or pet; **vous** is used when speaking to a person you don't know well or when addressing an older person, someone in authority, or anyone with whom you wish to maintain a certain formality. The plural of both **tu** and **vous** is **vous.** The context will indicate whether **vous** refers to one person or to more than one.

Emma, **tu** parles espagnol?   *Emma, do you speak Spanish?*
Madame, où habitez-**vous**?   *Ma'am, where do you live?*
Vous parlez bien français,   *You speak French well, ma'am.*
    madame.
Pardon, messieurs (mesdames,   *Excuse me, gentlemen (ladies), do*
    mesdemoiselles), est-ce que   *you speak English?*
    vous parlez anglais?

3. **Il** and **elle.** As you know, all nouns—people and objects—have gender in French. **Il** is the pronoun that refers to a masculine person or object, and **elle** refers to a feminine person or object.

Paul travaille. **Il** travaille à la   *Paul works. He works at the library.*
    bibliothèque.
L'ordinateur est cher, mais **il** est   *The computer is expensive, but it is*
    aussi utile.   *useful as well.*
Agathe? **Elle** travaille au café.   *Agathe? She works at the café.*
La bibliothèque? **Elle** est ouverte   *The library? It is open on Saturdays.*
    le samedi.

The plural counterparts **ils** and **elles** are used in the same way as the singular forms. **Ils** corresponds to masculine plural nouns and to a group that includes at least one masculine noun; **elles** corresponds to feminine plural nouns.

Luc et Diane? **Ils** sont toujours   *Luc and Diane? They are always*
    ensemble.   *together.*

4. **On.** In English, the words *people, we, one,* or *they* are often used to convey the idea of an indefinite subject. In French, the indefinite pronoun **on** is used, always with the third-person singular of the verb.

Ici **on** parle français.   *One speaks French here.*
                                         People (They, We)
                                              speak French here.

On is also used frequently in informal French instead of **nous.**

Nous parlons français. → **On** parle français.

[Allez-y! A]

Le parler jeune

un mec	un garçon
une nana	une fille
un pote	un ami
speed	stressé

Ce **mec** étudie beaucoup. Il est très **speed.**

Voici Manon. C'est une **nana** sympa!

Allô? Non, pas ce soir, je regarde le foot avec mes **potes.**

Present Tense of -er Verbs

Most French verbs have infinitives ending in **-er: parler** (*to speak*), **aimer** (*to like; to love*). To form the present tense of these verbs, drop the final **-er** and add the endings shown in the chart.*

PRESENT TENSE OF **aimer** (*to like; to love*)			
j'	aim**e**	nous	aim**ons**
tu	aim**es**	vous	aim**ez**
il/elle/on	aim**e**	ils/elles	aim**ent**

1. Note that the present tense (**le présent**) in French has several equivalents in English.

Je **parle** français.
> *I speak French.*
> *I am speaking French.*
> *I do speak French.*

2. Other verbs conjugated like **parler** and **aimer** include:

adorer	*to love; to adore*	**fumer**	*to smoke*
aimer mieux	*to prefer (to like better)*	**habiter**	*to live*
		manger‡	*to eat*
chercher	*to look for*	**penser**	*to think*
commencer†	*to begin*	**porter**	*to wear*
danser	*to dance*	**regarder**	*to watch; to look at*
demander	*to ask for*	**rêver**	*to dream*
détester	*to detest; to hate*	**skier**	*to ski*
		travailler	*to work*
donner	*to give*	**trouver**	*to find*
écouter	*to listen to*	**visiter**	*to visit (a place)*
étudier	*to study*		

Vous **cherchez** le resto-U? *Are you looking for the cafeteria?*

Nous **étudions** l'informatique. *We're studying computer science.*

3. Some verbs, such as **adorer, aimer (mieux),** and **détester,** can be followed by an infinitive.

J'**aime écouter** la radio. *I like listening to the radio.*
Je **déteste regarder** la télévision. *I hate watching television.*

[Allez-y! B-C-D-E]

> **Grammaire interactive**
> For more on the present tense of **-er** verbs, watch the corresponding Grammar Tutorial and take a brief practice quiz at **Connect French.**

www.mhhe.com/connect

---

*As you know, a final **s** is usually not pronounced in French. The final **z** of the second-person plural and the **-ent** of the third-person plural verb forms are also silent.
†The **nous** form of **commencer** is **commençons**. The **cédille** is added to retain the soft **s** sound.
‡The **nous** form of **manger** is **mangeons**. The **e** is kept to retain the soft **g** sound.

Allez-y!

A. Dialogue en classe. Complete the following dialogue with subject pronouns or forms of **parler.**

LE PROFESSEUR:	Tout le monde (*Everybody*), _____¹ parlez français?
LA CLASSE:	Oui, nous _____² français.
LE PROFESSEUR:	Ici, en classe, on _____³ français?
JIM:	Oui, ici _____⁴ parle français.
GILDAS:	Marc et Marie, vous _____⁵ chinois?
MARC ET MARIE:	Oui, _____⁶ parlons chinois.
CHARLOTTE:	Jim, tu _____⁷ allemand?
JIM:	Oui, _____⁸ parle allemand.
CÉCILE:	Paul parle italien?
JAMEL:	Oui, _____⁹ parle italien.

B. *Tu ou vous*? A student guide is asking questions of various people at the Sorbonne. Complete the questions, using the appropriate pronoun (**tu** or **vous**) and the correct form of the verb in parentheses.

1. Madame, _____ _____ (habiter) près de (*near*) l'université?
2. Romain, _____ _____ (chercher) la faculté des sciences?
3. Paul et Lucie, _____ _____ (visiter) le Quartier latin?
4. Monsieur, _____ _____ (trouver) ce que (*what*) _____ _____ (chercher)?
5. Richard, _____ _____ (demander) des renseignements (*information*) sur la cité universitaire?

Étudier ou discuter au jardin du Luxembourg: elle est belle la vie des étudiants!
©Tom Craig/Alamy

Un peu plus...

Le jardin du Luxembourg

The Luxembourg Palace and Gardens were created in the seventeenth century on the initiative of Marie de Médicis, the widow of King Henry IV. The Luxembourg Palace is currently home to the French Senate and the surrounding park is a popular spot for families, joggers, and students from the nearby Sorbonne and other universities. The gardens contain over one hundred statues and feature prominently in Victor Hugo's novel, *Les Misérables*.

C. Portraits. State the preferences of the following people.

MODÈLE: Mon (*My*) cousin... → Mon cousin aime bien le football, mais (*but*) il aime mieux le basket. Il adore le rock et il déteste le travail!

Je...	aimer bien	le tennis
Mon (Ma) camarade...	aimer mieux	le jogging
Mes parents...	adorer	le cinéma
Les étudiants...	détester	la littérature
Le professeur...		les maths
		la physique

D. Une interview. Interview your instructor.

MODÈLE: aimer mieux danser ou (*or*) skier →
Vous aimez mieux danser ou skier?

1. aimer mieux la télévision ou le cinéma
2. aimer ou détester regarder la télévision
3. aimer mieux le rock ou la musique classique
4. aimer mieux la musique ou le sport
5. aimer mieux les livres ou les magazines

E. Curiosité. Find out how your classmate spends his/her free time by asking whether . . .

MODÈLE: il/elle écoute de temps en temps la radio →
　　É1: Tu écoutes de temps en temps la radio?
　　É2: Oui, j'écoute quelquefois la radio. Et toi?
　　É1: Moi, je n'écoute pas la radio.

1. il/elle regarde souvent ou rarement la télévision le week-end
2. il/elle aime le cinéma, en général
3. il/elle mange quelquefois au restaurant
4. il/elle adore ou déteste le sport
5. il/elle skie bien
6. il/elle danse souvent le week-end

Now say which response you find original or strange.

MODÈLE: Sonia déteste le cinéma. C'est bizarre!

Le blog de Léa

SALUT TOUT LE MONDE!

mardi 17 mai

Bonjour! Guten Tag! Hello! Salaam! Buon giorno! Nǐ hǎo! Buenos días! Shalom! Salut tout le monde!

J'ai[1] une amie belge: c'est Juliette. J'ai un ami martiniquais: il s'appelle Hector. Et j'ai un copain marocain, Hassan. Il a un restaurant au Quartier latin, proche de ma fac.[2] Mais je cherche aussi des amis chinois, japonais, mexicains, allemands, américains... des amis de tous les pays.[3] À Paris, c'est possible, non?

Léa

COMMENTAIRES

Alexis

Bonjour Léa!

Mon chien et moi,[4] nous sommes[5] québécois. Nous parlons français. Nous sommes très sympathiques.[6]

Poema

Léa, bonjour!

Je m'appelle Poema. Je ne suis pas[7] chinoise, je ne suis pas américaine... Je suis tahitienne. Je suis isolée[8] à Paris et je cherche des amis français.

Mamadou

Salut Léa!

J'ai une amie française: c'est toi. Mais tu as des copines[9]... Tu me les présentes[10]? Juliette, par exemple... À bientôt, j'espère[11]!

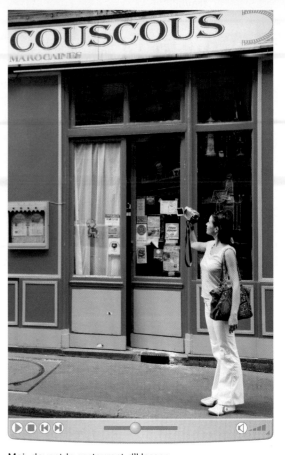

Moi, devant le restaurant d'Hassan
©McGraw-Hill Education

[1]*I have* [2]*proche... close to the university* (la Sorbonne) [3]*de... from all over the world* [4]*Mon... My dog and I* [5]*nous... we are* [6]*nice* [7]*Je... I'm not* [8]*lonely* [9]*girlfriends* [10]*Tu... Will you introduce them to me?* [11]*I hope*

Quartier latin: le quartier général des étudiants

À la terrasse du café de la Sorbonne, Éva, d'origine russe, discute avec ses trois amis: Bruno, un étudiant lyonnais, Maren, une jeune Allemande qui étudie le droit social à Paris, et Ahmed, un jeune Marocain en doctorat de cinéma. Cette scène est typique du Quartier latin, zone cosmopolite, sorte de campus international au centre de Paris.

Avec ses librairies et ses bibliothèques, le Quartier latin est l'univers de la culture. Les grands lycées (Louis-le-Grand, Henri IV) et les universités comme[1] la célèbre Sorbonne, fondée en 1257[2] par Robert de Sorbon, continuent à former[3] les élites intellectuelles.

Un café du Quartier latin. Une population jeune, internationale, active et cultivée habite au Quartier latin. C'est le quartier des amitiés éternelles, des idées géniales et des discussions passionnées sur la politique, l'art et la vie. C'est le symbole de la vie étudiante.

©McGraw-Hill Education

Dans les boutiques du boulevard Saint-Michel, les vêtements[4] remplacent les livres. Mais les petites rues adjacentes ont encore[5] beaucoup de charme: petits restaurants délicieux, cinémas comme le fameux Champollion, boutiques exotiques, bistros et bars animés, cybercafés.

Le jardin du Luxembourg est le parc du quartier. Dans ses allées[6] romantiques, les étudiants discutent, méditent, se relaxent avant ou après un examen. Au Quartier latin, tout est conçu[7] pour le travail et pour le bonheur[8] des étudiants.

[1]*such as* [2]mille deux cent cinquante-sept [3]*educate* [4]*clothes* [5]*ont... still have* [6]*footpaths* [7]*conceived* [8]*happiness*

VOUS COMPRENEZ?

1. Précisez la nationalité des étudiants assis au café de la Sorbonne.
2. Qu'est-ce que la Sorbonne?
3. Que trouve-t-on dans les boutiques du boulevard Saint-Michel?
4. Expliquez le charme des petites rues du Quartier latin.
5. Que font les étudiants au jardin du Luxembourg?

Micro-trottoir

Answer the following questions from your own perspective. Then, watch the video and note the similarities and differences between your responses and those of the people interviewed.

1. Quelles matières est-ce que vous préférez?
2. Quelles sont les matières que vous détestez?
3. Qu'est-ce qu'il y a de sympa dans votre vie d'étudiant(e)?
4. Quelles sont vos distractions quand vous ne travaillez pas?

Le verbe *être*

Identifying People and Things

 LES AMIS DE LÉA

Appel (Call) *vidéo entre Mamadou et Léa.*

MAMADOU: Salut Léa! Tu parles de tes amis sur ton blog. **Ils sont** sympas?

LÉA: **Mes amis sont** intelligents, amusants et originaux. Juliette et moi, **nous sommes** particulièrement proches.*

MAMADOU: Hector, qui **est-ce?**

LÉA: Hector, **c'est** un danseur professionnel.

MAMADOU: Et Hassan, **c'est** qui?

LÉA: **C'est** un ami adorable!

MAMADOU: Moi aussi, **je suis** adorable! Et toi aussi, **tu es** adorable!

*close

Vrai ou faux?

1. Les amis de Léa sont amusants.
2. Léa et Juliette sont vraiment (*really*) proches.
3. Hector est l'ami de Mamadou.
4. Hassan est l'ami de Léa.
5. Hassan est danseur.

Forms of *être*

The verb **être** is irregular in form.

PRESENT TENSE OF **être** (*to be*)			
je	**suis**	nous	**sommes**
tu	**es**	vous	**êtes**
il/elle/on	**est**	ils/elles	**sont**

Chapitre 2 Nous, les étudiants

Uses of *être*

1. The uses of **être** closely parallel those of *to be*.

Fabrice **est** intelligent.	*Fabrice is intelligent.*
Est-ce que Clarisse **est** organisée?	*Is Clarisse organized?*
Ils **sont** à la bibliothèque.	*They are at the library.*

2. In identifying someone's nationality, religion, or profession, no article is used following **être**.

Je **suis anglais.**	*I am English.*
Je **suis catholique;** mon ami **est musulman.**	*I'm (a) Catholic; my friend is (a) Muslim.*
—Vous **êtes professeur?**	*Are you a teacher?*
—Non, je **suis étudiant.**	*No, I am a student.*

C'est versus *il/elle est*

1. The indefinite pronoun **ce (c')** is an invariable third-person pronoun. **Ce** has various English equivalents: *this, that, these, those, he, she, they,* and *it.*

2. The expression **c'est** (plural, **ce sont**) is used before modified nouns (always with an article) and proper names; it usually answers the questions **Qui est-ce?** and **Qu'est-ce que c'est?**

—Qui est-ce?	*Who is it?*
—C'est Maxime. C'est un étudiant belge.	*It's Maxime. He is a Belgian student.*
—Ce sont des Français?	*Are they French?*
—Non, ce sont des Italiens.	*No, they're Italian.*
—Qu'est-ce que c'est?	*What is that?*
—C'est un ordinateur.	*That's (It's) a computer.*
—Et ça, qu'est-ce que c'est?	*And that, what is it?*
—Oh ça, c'est une souris.	*Oh, that's a mouse.*

3. **C'est** can also be followed by an adjective, to refer to a general situation or to describe something that is understood in the context of the conversation.

Le français? C'est facile!	*French? It's easy!*
J'adore la France. C'est super!	*I love France. It's great!*

4. **Il/Elle est** (and **Ils/Elles sont**) are generally used to describe someone or something already mentioned in the conversation. They are usually followed by an adjective, a prepositional phrase, and occasionally by an unmodified noun (without an article).

—La librairie?	*The bookstore?*
—Elle est dans la rue Mouffetard.	*It's on Mouffetard Street.*
—Voici Karim. Il est étudiant en biologie.	*Here's Karim. He's a biology student.*
—Il est français?	*Is he French?*
—Oui, il est français, d'origine algérienne.	*Yes, he's French, of Algerian descent.*

Allez-y!

A. **Un examen.** Complete the following dialogue between Fabrice and Clarisse using the correct forms of the verb **être**.

FABRICE: Ces livres _____¹ difficiles!

CLARISSE: Pas pour toi, tu _____² un génie!

FABRICE: Oui, mais le professeur _____³ très exigeant (*demanding*).

CLARISSE: Et il dit (*says*) toujours: «Vous _____⁴ une étudiante intelligente, mademoiselle.»

FABRICE: Nous _____⁵ peut-être (*maybe*) intelligents, mais moi, je ne _____⁶ pas prêt pour l'examen!

Qui est-ce? Identify each person described, based on the dialogue.

1. C'est une personne très exigeante. C'est _____.

2. C'est une étudiante intelligente. C'est _____.

3. Il n'est pas prêt pour l'examen. C'est _____.

B. **Deux étudiants africains à Paris.** Tell about these young people by completing the descriptions with **c', il,** or **elle**.

Voici Fatima. _____¹ est camerounaise. _____² est étudiante en philosophie. _____³ est une personne sociable et dynamique. Son petit ami (*boyfriend*) s'appelle Barthélémy. _____⁴ est sénégalais. _____⁵ est un jeune homme enthousiaste. _____⁶ est aussi un peu timide. _____⁷ est un étudiant sérieux.

C. **La France et les Français.** Taking turns with a classmate, ask and answer questions using **c'est** and **ce n'est pas** (*it's not*).

MODÈLE: le sport préféré des Français:
le jogging, le football →
É1: Le sport préféré des Français, c'est le jogging ou le football?
É2: Ce n'est pas le jogging, c'est le football!

1. un symbole de la France: la rose, la fleur de lys

2. un président français: Sartre, Macron

3. un cadeau (*present*) des Français aux Américains: la Maison-Blanche (*White House*), la Statue de la Liberté

4. une ville avec beaucoup de Français: La Nouvelle-Orléans, St. Louis

5. un génie français: Mme Curie, Albert Einstein

6. parler français: difficile, facile

D. **Et vous, comment êtes-vous?** Tell a little about yourself.

Je m'appelle _____.

Je suis un(e) _____. (femme / homme)

Je suis _____. (étudiant[e] / professeur)

Je suis _____. (nationalité)

J'habite à _____. (ville)

Je suis l'ami(e) de _____.

J'aime _____.

Now describe one of your classmates using the same guidelines.

Il/Elle s'appelle...

Prononcez bien!

The vowels in *et* and *est*

Be sure to pronounce a single and brief sound in both **et** and **est,** as opposed to the combination of sounds in the English letter *a*. Close your mouth and stretch your lips for [e] in **et** more than for [ɛ] in **est**. The sound [e] is usually found at the end of a syllable or word, whereas [ɛ] tends to appear before a pronounced consonant.*

[e]: t<u>é</u>l<u>é</u>, <u>a</u>ller, n<u>e</u>z, <u>et</u>

[ɛ]: mat<u>iè</u>res, <u>ê</u>tre, <u>ai</u>me, s<u>ei</u>ze, m<u>e</u>rci

*some exceptions: m<u>ai</u>, <u>es</u>t, tr<u>è</u>s

Chapitre 2 Nous, les étudiants

La négation *ne... pas*

Expressing Disagreement

🔊 LE FESTIVAL DU FILM D'HORREUR

Juliette téléphone à Léa.

JULIETTE: Allô, Léa, Il y a un festival du film d'horreur au Champollion. Ce soir, c'est *Dracula*.

LÉA: **Je n'aime pas** les films d'horreur.

JULIETTE: **Tu n'aimes pas** les films d'horreur? **Ce n'est pas** possible!

LÉA: C'est possible! Parce que **je n'aime pas** la violence.

JULIETTE: Mais *Dracula*, **ce n'est pas** un film violent! Il y a de l'humour...

LÉA: **Je n'apprécie pas** cette sorte d'humour.

JULIETTE: Qu'est-ce que tu aimes alors?

LÉA: J'adore les films d'amour...

JULIETTE: **Tu n'es pas** originale!

MAGINÉ par JORDAN PEELE
BLUMHOUSE, PRODUCTEUR ... THE VISIT ... INSIDIOUS

"GLAÇANT, DRÔLE ET ANGOISSANT"
THE WALL STREET JOURNAL
★★★★
LOS ANGELES DAILY NEWS

"UN COUP DE MAÎTRE"
CINEMATEASER
★★★★

"TERRIFIANT ET ACTUEL"
VANITY FAIR
★★★★
FOX TV

CE N'EST PAS PARCE QUE VOUS ÊTES INVITÉ, QUE VOUS ÊTES LE BIENVENU.

GET OUT

ÉCRIT ET RÉALISÉ PAR JORDAN PEELE

Ⓕ UniversalHorreur 𝕏 @FrUniversalFR #GetOut **LE 3 MAI** ⁺

Selon le slogan du film, les invités ne sont pas toujours les bienvenus. Êtes-vous d'accord avec cette idée? Pour vous, *Get Out*, c'est un film d'horreur ou un film d'humour?
©Universal Pictures/courtesy Everett Collection

Vrai ou faux?

1. Léa aime les films d'horreur.
2. *Dracula* est un film d'amour.
3. Léa apprécie l'humour du film *Dracula*.
4. Léa n'est pas originale.

1. To make a sentence negative in French, **ne** is placed before a conjugated verb and **pas** after it.

   Je **parle** chinois. → Je **ne parle pas** chinois.
   Elles **regardent** souvent la télévision. → Elles **ne regardent pas** souvent la télévision.

2. **Ne** becomes **n'** before a vowel or a mute **h.**

   Elle aime les films de vampire. → Elle **n'a**ime pas les films de vampire.
   Nous habitons ici. → Nous **n'h**abitons pas ici.

3. If a verb is followed by an infinitive, **ne** and **pas** surround the conjugated verb.

   Il aime étudier. → Il **n'aime pas** étudier.

4. In informal conversation, the **e** in **ne** is usually not pronounced; some people do not say the **ne** at all.

   Je **ne** pense **pas** (*I don't think so*).
   Je nɇ pense **pas.** → Jɇ (nɇ) pense **pas.**

🧑 Grammaire interactive

For more on subject pronouns, the verb **être**, and negation, watch the corresponding Grammar Tutorial and take a brief practice quiz at **Connect French.**

www.mhhe.com/connect

Allez-y!

A. Portrait de Victor. Here is some information about Victor.

Victor habite à la cité universitaire et, en général, il étudie à la bibliothèque. Après (*After*) les cours, il parle avec ses (*his*) amis au café. Le soir (*In the evening*), il écoute la radio: il aime beaucoup le jazz! Il adore le sport, il skie très bien et le week-end, il regarde les matchs de football à la télévision.

Lucie is quite different from Victor. Tell what Lucie doesn't like and doesn't do. Replace **il** with **elle** in the paragraph and make all the verbs negative. **Lucie...**

B. Interview à deux. Find out about a classmate by asking about the following activities, habits, and preferences. Answer your partner's questions, too.

MODÈLE: travailler →
      É1: Tu travailles?
      É2: Non, je ne travaille pas. (Oui, je travaille.) Et toi?

1. parler italien; russe; espagnol; anglais
2. habiter quelle ville; Paris; New York; Abidjan; Cincinnati; la cité-U
3. étudier la psychologie; la littérature; l'informatique; la biologie; le commerce; les langues étrangères
4. aimer les examens; les films de science-fiction; les films d'amour; le rap; la musique country
5. aimer le sport; le football américain; le football; le basket-ball; le hockey
6. détester les maths; l'histoire; la politique; la science; la pyschologie
7. surfer le Web; écouter la radio; parler avec des amis; manger au restaurant; manger au resto-U; skier; danser

Résumez! Now summarize for the class five things you found out about your partner.

C. Et vous? Tell about yourself by completing the sentences.

1. J'aime _____, mais je n'aime pas _____.
2. J'adore _____, mais je déteste _____.
3. J'écoute _____, mais je n'écoute pas _____.
4. J'aime _____, mais j'aime mieux _____.
5. Je n'étudie pas _____. J'étudie _____.

LEÇON 4: PERSPECTIVES

 ## Prononcez bien!

1. Masculine vs. feminine forms of nationalities (page 35)

Beaucoup de nationalités! Your housemate is back from his second introductory French class. He's impressed by the number of nationalities represented in his class. He lists them for you, although he omits articles as he is still unsure about them. You help him by telling him the appropriate article **un** or **une**.

MODÈLE: *You hear:*   mexicaine
          You say: une Mexicaine

2. The vowels in *le*, *la*, and *les* (page 39)

Une nouvelle colocataire! One of your housemates has moved out and Isabelle, a French student, is moving in. She asks you to help her unpack. Listen to what she says and complete the paragraph with the names of the objects she asks you to bring into her room. **Attention!** Don't forget the article (**le, la,** or **les**).

1.   2.   3.   4.

5.   6.   7.

ISABELLE: «S'il te plaît, apporte (*bring*) _____, _____,²_____
_____,³ _____,⁴ _____,⁵ _____,⁶et _____⁷
Merci!»

3. The vowels in *et* and *est* (page 50)

Où étudier? You are a new student at the university. See what Isabelle has to say about good places to study. Read the following paragraph aloud. Your partner will indicate whether the bold letters correspond to [e] as in **et** or to [ɛ] as in **est**.

En gén**é**ral,[1, 2] j'**ai**me[3] **é**tudi**er**[4, 5] à la bibliothè**que**.[6] Il y a beaucoup de caf**és**[7] dans le quarti**er**[8] universit**ai**re,[9, 10] m**ai**s[11] p**er**sonn**ell**ement,[12, 13] je d**é**t**es**te[14, 15] y (*there*) **é**tudi**er**[16]: il y a trop de bruit (*too much noise*).

	[e]	[ɛ]		[e]	[ɛ]		[e]	[ɛ]		[e]	[ɛ]
1.	☐	☐	5.	☐	☐	9.	☐	☐	13.	☐	☐
2.	☐	☐	6.	☐	☐	10.	☐	☐	14.	☐	☐
3.	☐	☐	7.	☐	☐	11.	☐	☐	15.	☐	☐
4.	☐	☐	8.	☐	☐	12.	☐	☐	16.	☐	☐

Lecture

AVANT DE LIRE

Predicting from context. When reading a text in your native language, you constantly—though perhaps unconsciously—make use of contextual information. This information gives you an immediate, overall orientation; it also allows you to figure out the meaning of unfamiliar words. Here are some ways to use contextual information when reading French texts. You will practice these techniques in the reading that follows.

1. Orient yourself using graphic elements: logos, illustrations, headings, and large or heavy type.

   • First, scan the brochure page that follows and identify the type of institution being publicized and its location. Look at the photos. How would you describe the setting? Is it comfortable? old or modern? calm or crowded?
   • Next, quickly read through the top six lines, underlining the cognates (**mots apparentés**) that you find. What information do you gather about the type of institution and program this is? How well does that description match what the photos told you?

2. Use cognates to help you deduce the meaning of unfamiliar terms.

   • Read the following phrase from the brochure and try to figure out the meaning of the word **inscrits**:

       Cours réguliers ou intensifs pour les étudiants non francophones **inscrits** ou non dans un programme à l'université.

   Were you able to infer that **inscrits** means *registered*?

3. Watch for near cognates.

   • In the following phrases, your developing linguistic intuition should tell you that the words in boldface cannot be translated by the English form that most closely resembles them. Can you find an alternative to them that is close in meaning?

       La plus ancienne université francophone d'Amérique du Nord
       Une scolarité d'immersion axée sur la réussite des études
       Formation créditée ou non créditée

4. Also be aware of false cognates. Those are words that seem the same as English but have a different meaning.

   • What do you think are the false cognates in the following phrases?

       Le français langue étrangère
       La plus ancienne université francophone
       Une scolarité d'immersion axée sur la réussite des études

5. Now that you have had the chance to refine your ability to recognize cognates, near cognates, and false cognates, scan the lists beneath each subhead in the text and give a suitable English equivalent for them. Although you may not determine the precise meaning of those headings, you should be able to come close.

À propos de la lecture...

This reading is taken from a brochure published by the **Université Laval** in Quebec City. There are many schools and colleges that offer French immersion programs throughout France and the French-speaking world.

Apprendre le français au Québec

LE FRANÇAIS LANGUE ÉTRANGÈRE (FLE) À L'UNIVERSITÉ LAVAL, C'EST...

- Une immersion en français au Québec !
- La plus ancienne université francophone d'Amérique du Nord
- 80 ans d'expérience en enseignement du FLE
- Une scolarité d'immersion axée sur la réussite des études

80 ANS Français langue étrangère

Cours réguliers ou intensifs pour les étudiants non francophones inscrits ou non dans un programme à l'Université Laval , étudiants en échange ou spécialistes de français dans une autre université

COURS INTENSIFS DE 5 SEMAINES

Printemps: mi-mai à mi-juin
Date limite demande d'admission: 1er avril.

Été: 1re semaine de juillet – 1re semaine d'août
Date limite demande d'admission: 1er juin.

Formation créditée ou non créditée

Coût concurrentiel

7 niveaux d'apprentissage

Une offre de cours étendue: Langue orale et écrite, phonétique, expression et compréhension orales, littérature, culture

COURS DE 15 SEMAINES

Formation à l'automne (septembre-décembre) et en hiver (janvier-avril).

5 niveaux d'apprentissage

Offre de cours diversifiée: scolarité d'immersion, cours de jour et de soir, cours spécialisés et formation sur mesure.

MICROPROGRAMMES

4 niveaux, de débutant à intermédiaire-avancé | 12 crédits (une session).

Admission: automne, hiver, été.

DES QUESTIONS ?

Tél. 418 656-2321
fle@elul.ulaval.ca
elul.ulaval.ca/fle

CERTIFICATS

intermédiaire, avancé ou universitaire | 30 crédits.

Admission: automne, hiver, été.

LES ATOUTS DE L'ÉCOLE DE LANGUES :

- Programme complet: cours en classe et activités complémentaires
- Développement des quatre habiletés et cours spécialisés
- Campus sécuritaire, vert et animé
- Centre sportif moderne et complet
- Hébergement en famille francophone ou en résidence

5

COMPRÉHENSION

À l'Université Laval. Are the following statements true (**vrai**) or false (**faux**)? Underline the words in the brochure that support your answers, and correct any false statements to make them true.

1. V   F   The **Université Laval** is the oldest French-speaking university in North America.
2. V   F   **Université Laval** offers only five-week sessions.
3. V   F   Students are able to take courses in written and spoken language.
4. V   F   Students can enroll at different levels of language ability in all four programs.
5. V   F   Students will have to live off campus because the **Université Laval** has no residence halls.

 # Écriture

The writing activities **Par écrit** and **Journal intime** can be found in the Workbook/Laboratory Manual to accompany *Vis-à-vis*.

 # Sondages°

Polls, Surveys

LES DISCIPLINES LES PLUS POPULAIRES

A survey reported by the French statistical institute **INSEE*** found that the most popular majors in France in 2014 among college students were in the humanities and social sciences (*sciences humaines et sociales*), with 68% of majors being women, followed by basic and applied sciences (*sciences fondamentales et applications*), with 75% of majors being men, and law and political science (*droit, sciences politiques*), with 65% of majors being women. Other popular majors included economics/management (*sciences économiques/gestion*), medicine (*médecine*), and languages (*langues*), all of which had a majority of women majors.

1. In groups of 3–4, talk about your studies by completing the following statements:

   - Je me spécialise en...
   - J'étudie...
   - Mon cours préféré ce semestre est...

2. Share your group's answers with the class. Write a list of majors on the board. Which majors are the most popular? Which ones are favored by men? by women?

---

*INSEE = Institut National de la Statistique et des Études Économiques

Le vidéoblog de Léa

En bref

In her videoblog, Léa describes her neighborhood, **le Quartier latin.** At Hassan's restaurant, the four friends each give their opinion of the neighborhood.

Vocabulaire en contexte

une librairie · un cinéma d'art · un fast-food · une pâtisserie · un lycée · **un quartier étudiant** *a student neighborhood* · un salon de thé · un kiosque (à journaux) · une brasserie · une boutique de vêtements · un cybercafé

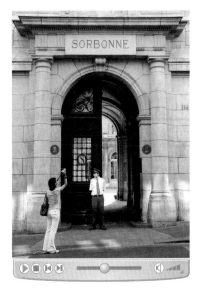

Ma fac: la Sorbonne à Paris
©McGraw-Hill Education

VISIONNEZ!

Indicate whether each statement is true (**vrai**) or false (**faux**).

1. _____ Léa habite le Quartier latin depuis longtemps (*for a long time*).
2. _____ Le Quartier latin est un quartier intellectuel et un centre culturel riche en loisirs (*leisure activities*).
3. _____ Les cafés du quartier sont trop (*too*) touristiques.
4. _____ Il y a de plus en plus de (*more and more*) fast-foods et de boutiques de vêtements.
5. _____ C'est Juliette qui préfère le Quartier latin.

ANALYSEZ!

Answer the following questions in English.

1. In what ways does the **Quartier latin** continue to evolve?
2. How does Juliette's perspective on this evolution differ from those of her friends? With whom do you identify?

COMPAREZ!

Rewatch the cultural section of the video. Then use the vocabulary presented above, as well as other words you know, to compare your own campus neighborhood to that of the **Quartier latin.** Tell what sorts of places are similar and what your neighborhood lacks. Do you have something in your neighborhood that wasn't mentioned in the video?

MODÈLE: Dans mon quartier, il y a des fast-foods, comme (*as*) à Paris. Mais, il n'y a pas de (*there isn't any*) salon de thé.

Do you prefer your own neighborhood or the **Quartier latin**?

VOCABULAIRE

Verbes

adorer	to love; to adore
aimer	to like; to love
aimer mieux	to prefer (like better)
chercher	to look for
commencer	to begin
danser	to dance
demander	to ask for
détester	to detest
donner	to give
écouter	to listen to
être	to be
étudier	to study
fumer	to smoke
habiter	to live
manger	to eat
parler	to speak
regarder	to look at; to watch
rêver	to dream
skier	to ski
travailler	to work
trouver	to find
visiter	to visit (*a place*)

Substantifs

l'ami(e) (*m., f.*)	friend
l'amphithéâtre (*m.*)	lecture hall
la bibliothèque	library
le bureau	office; desk
le café	café; cup of coffee
le cinéma	movies; movie theater
la cité universitaire (la cité-U)	residence halls
le cours	course
le dictionnaire	dictionary
l'école (*f.*)	school
l'examen (*m.*)	test, exam
la faculté	division (*academic*)
la femme	woman
le film	film
le gymnase	gymnasium
l'homme (*m.*)	man
le journal	newspaper
le/la journaliste	journalist
le laboratoire de langues	language lab
la librairie	bookstore
le lieu	place
la musique	music
le pays	country
le quartier	quarter, neighborhood
la radio	radio
le restaurant	restaurant
le restaurant universitaire (le resto-U)	university cafeteria
le sondage	poll; survey
le sport	sport; sports
le travail	work
l'université (*f.*)	university
la vie	life
la ville	city
la visite	visit

À REVOIR: **le cahier, l'étudiant(e), le livre, le professeur, la salle de classe**

Les nationalités (*f.*)*

algérien(ne)	Algerian
allemand(e)	German
américain(e)	American
anglais(e)	English
belge	Belgian
canadien(ne)	Canadian
chinois(e)	Chinese
espagnol(e)	Spanish
français(e)	French
italien(ne)	Italian
japonais(e)	Japanese
libanais(e)	Lebanese
marocain(e)	Moroccan
mexicain(e)	Mexican
russe	Russian
sénégalais(e)	Senegalese
suisse	Swiss
tunisien(ne)	Tunisian
vietnamien(ne)	Vietnamese

Les matières (*f.*)

l'allemand (*m.*)	German
l'anglais (*m.*)	English
la biologie	biology
la chimie	chemistry
le chinois	Chinese
le commerce	business
le droit	law
l'économie (*f.*)	economics
l'espagnol (*m.*)	Spanish
le flamand	Flemish
le génie	engineering
la géographie	geography
la géologie	geology
l'histoire (*f.*)	history
l'informatique (*f.*)	computer science

*These nationalities are capitalized when used as a noun (*e.g.,* **une Algérienne, des Français, etc.)**

l'italien (*m.*)	Italian	avec	with
le japonais	Japanese	d'accord	okay; agreed
les langues (*f.*) étrangères	foreign languages	dans	in
		de	of, from
la linguistique	linguistics	de temps en temps	from time to time
la littérature	literature	en	in
les mathématiques (les maths) (*f.*)	mathematics	en général	generally
		ici	here
la philosophie	philosophy	maintenant	now
la physique	physics	mais	but
la psychologie	psychology	moi	me
les sciences (*f.*) naturelles	natural sciences	ou	or
		pour	for, in order to
la sociologie	sociology	quelquefois	sometimes
		rarement	rarely
		souvent	often
		toujours	always
		voici	here is/are
		voilà	there is/are

Mots et expressions divers

à	at; in
après	after
aussi	also

Elles ont l'air chic!°

Elles... *They look stylish!*

Les dossiers de Léa

Léa

➤ Mes photos
  ➤ Haute couture chez Chanel
  ➤ Mes bonnes adresses
  ➤ Passion mode

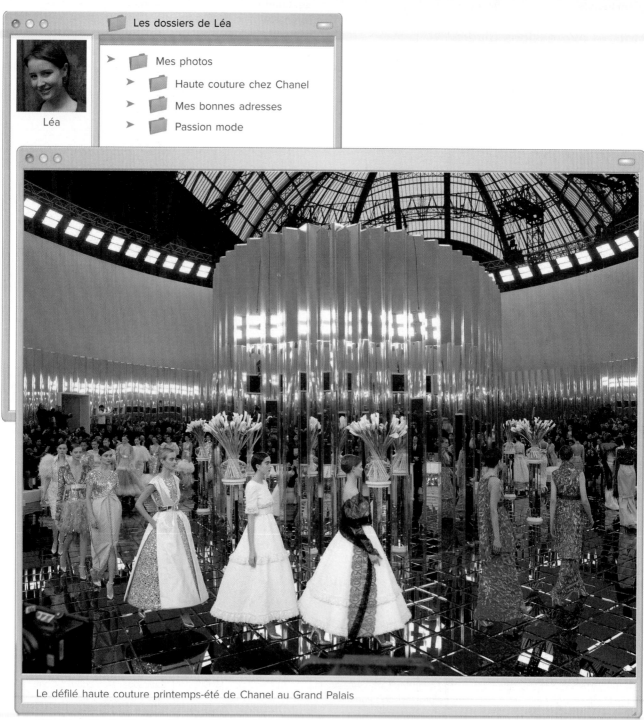

Le défilé haute couture printemps-été de Chanel au Grand Palais

©Dominique Charriau/WireImage/Getty Images

Dans ce chapitre...

OBJECTIFS COMMUNICATIFS
- describing people, places, and things
- talking about personalities, clothing, and colors
- expressing possession and sensations
- mentioning specific places or people
- getting information
- learning to distinguish between and pronounce selected sounds in French

PAROLES (LEÇON 1)
- Les adjectifs de personnalité
- Les vêtements et les couleurs
- Les descriptions physiques et mentales

STRUCTURES (LEÇONS 2 ET 3)
- Le verbe **avoir**
- Les adjectifs qualificatifs
- Les questions à réponse affirmative ou négative
- Les prépositions **à** et **de**

CULTURE
- Le blog de Léa: *En jupe ou en pantalon?*
- Reportage: *Instagram et Facebook: les faiseurs de mode*
- Lecture: *Québec: la technique de l'oignon pour avoir chaud l'hiver* (Leçon 4)

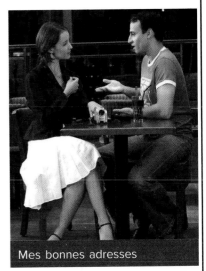

Mes bonnes adresses

©McGraw-Hill Education

Passion mode

©Wayne Tippetts/Alamy

www.mhhe.com/connect

Quatre personnalités différentes

Hadrien est un jeune homme **enthousiaste, idéaliste** et **sincère.** Il est **sensible** (*sensitive*) mais **travailleur** (*hard-working*).

Béatrice est une jeune femme **sociable, sympathique** (*nice, likeable*) et **dynamique.** Elle n'est pas **égoïste** (*selfish*).

Nathalie est une jeune femme **calme, réaliste** et **raisonnable.** Elle est rarement **triste** (*sad*). Ses études sont assez **difficiles.**

Olivier est un jeune homme **individualiste, excentrique** et **drôle** (*funny*). Il n'est pas **paresseux** (*lazy*).

Allez-y!

A. Qualités. Tell about these people by paraphrasing each statement.

> MODÈLE: Béatrice aime parler avec des amis. →
> C'est une jeune femme sociable.

1. Hadrien parle avec sincérité.
2. Nathalie n'aime pas l'extravagance.
3. Olivier est amusant.
4. Béatrice aime l'action.
5. Hadrien parle avec enthousiasme.
6. Olivier n'est pas conformiste.
7. Nathalie regarde la vie avec réalisme.
8. Olivier aime l'excentricité.
9. Nathalie n'est pas nerveuse.

B. Question de personnalité. What are these different people like?
Describe them using at least three adjectives.

Autres adjectifs possibles: antipathique, calme, conformiste, hypocrite,
matérialiste, modeste, optimiste, pauvre (*poor*), pessimiste, riche, solitaire

> MODÈLE: votre meilleur ami / meilleure amie (*your best friend*) →
> Il/Elle est calme, sincère...

1. votre meilleur ami / meilleure amie
2. votre père (*father*)
3. votre mère (*mother*)
4. votre camarade de chambre (*roommate*)
5. votre professeur de français
6. le président américain
7. Lady Gaga
8. LeBron James
9. Dwayne "the Rock" Johnson
10. Jennifer Lawrence

Et vous? Now describe yourself. Begin your sentence with **Je suis... ,
mais je ne suis pas...**

C. Interview. Ask a classmate the following questions. Use **très, assez, peu,**
or **un peu** when appropriate.

> MODÈLE: sociable ou solitaire →
> É1: Es-tu sociable ou solitaire?
> É2: Moi, je suis assez sociable. Et toi?

1. sincère ou hypocrite
2. excentrique ou conformiste
3. triste ou drôle
4. sympathique ou antipathique
5. calme ou dynamique
6. réaliste ou idéaliste
7. raisonnable ou inflexible
8. optimiste ou pessimiste

Now summarize by stating a few characteristics of your classmate, along
with their opposites.

Mots clés

How to qualify your description

When you first learn a foreign language, you inevitably exaggerate a little because you do not yet have the tools to convey nuances. The following adverbs may be useful.

très	*very*
assez	*somewhat*
peu	*hardly*
un peu	*a little*

Jeanne est **très** calme mais Jacques est **un peu** nerveux.

Mon chien (*dog*) est **peu** intelligent mais il est **assez** drôle.

Les vêtements et les couleurs

un veston · une cravate · un imperméable · une chemise · un jean · un manteau · un blouson · un tailleur · un chemisier · une veste · un chapeau · une casquette · un tee-shirt · un sac à dos · un short · une robe · un costume · une chaussette · des bottes (f.) · un pull-over · une jupe · un maillot de bain · un sac à main · un pantalon · des chaussures (f.) · des sandales (f.) · des tennis (m.)

jaune · orange · rouge · rose · violet · bleu · vert

marron · noir · gris · blanc

M. Beaujour **porte** (*is wearing*) **un costume gris** et **une cravate orange.**

Chapitre 3 Elles ont l'air chic!

Allez-y!

A. Qu'est-ce qu'ils portent? Describe what these people are wearing.

Bruno Mme Dupuy Aurélie M. Martin

Le parler jeune

canon	magnifique
classe	chic
des	des
fringues (*f.*)	vêtements
kiffant	très agréable
trop	très

Cette fille, elle est **canon**!

Laurent est **trop classe** avec son veston noir.

Acheter des **fringues,** c'est ma passion.

J'adore ta robe rouge, elle est **kiffante**!

1. Bruno porte une casquette, _____.
2. Mme Dupuy porte _____.
3. Aurélie porte un béret, _____.
4. M. Martin porte _____.

B. Un vêtement pour chaque (*each*) occasion. Describe in as much detail as possible what you wear when you go to these places.

1. à un match de football américain
2. à un concert de rock
3. à une soirée
4. à une interview
5. à l'université
6. à la plage (*beach*)

C. De quelle couleur? Ask a classmate to state the colors of the following things.

MODÈLE: le drapeau (*flag*) américain →
É1: De quelle couleur est le drapeau américain?
É2: Le drapeau américain est rouge, blanc et bleu.

1. le drapeau français
2. le ciel (*sky*)
3. un éléphant
4. le charbon (*coal*)
5. le lait (*milk*)
6. un tigre
7. un zèbre
8. le jade

De quelle couleur sont les fleurs (*flowers*) de lavande?
©oversnap/E+/Getty Images RF

Les amis d'Anne et de Céline

Lise est grande, belle et dynamique. Elle a (*has*) les yeux verts et les cheveux blonds. (Elle est blonde.)

Léo a les cheveux noirs. Il est beau et charmant. Il est de taille moyenne (*medium height*).

Laure est aussi de taille moyenne. Elle a les yeux marron et les cheveux courts et roux. (Elle est rousse [*redheaded*].)

Jacques est très sportif. Il est grand, il a les cheveux longs et châtains* (*light brown*).

Thu est très petite et intelligente. Elle a les cheveux noirs et raides (*straight*).

Allez-y!

A. **Erreur!** Correct any statements that are wrong.

MODÈLE: Léo a les cheveux châtains. → Non, il a les cheveux noirs.

1. Jacques a les cheveux courts.
2. Laure a les cheveux longs et châtains.
3. Thu a les cheveux noirs.
4. Laure a les yeux noirs.
5. Lise a les cheveux roux.
6. Léo est très grand.
7. Lise est de taille moyenne.
8. Thu est petite.
9. Léo et Lise sont petits.
10. Laure est blonde et Lise est rousse.

B. **Vos camarades de classe.** Describe the hair, eyes, and height of someone in the classroom. Your classmates will guess who it is.

MODÈLE: Il/Elle a les cheveux longs et noirs, il/elle a les yeux marron et il/elle est de taille moyenne.

C. **Personnalités célèbres.** What color hair do the following people have?

MODÈLE: Steve Martin → Steve Martin? Il a les cheveux blancs.

1. Taylor Swift
2. Kim Kardashian
3. Ron Weasley, l'ami de Harry Potter
4. Chris Evans

---

*literally, *chestnut;* invariable in gender

Le verbe *avoir*

Expressing Possession and Sensations

DEUX CENTS AMIS!

Mamadou contacte Léa sur sa page Facebook (Messagerie instantanée).

 MAMADOU: **Tu as** beaucoup d'amis, Léa!

 LÉA: Oui, beaucoup. **J'ai de la chance!** Et toi?

 MAMADOU: **J'ai** des amis journalistes. Mais **j'ai envie de** rencontrer d'autres personnes. Toi, par exemple! **Tu as l'air** intéressante. **Ton amie Juliette** aussi **a l'air** sympa.

LÉA: **Tu as** déjà deux cents amis sur ta page Facebook! **Tu n'as pas besoin de** nous!

 MAMADOU: Oui, mais **j'ai** peu d'amies françaises.

 LÉA: Ce soir, **nous avons rendez-vous** au cinéma, Juliette et moi. **Tu as envie de** nous rejoindre?

 MAMADOU: Oh! **Je n'ai pas de chance*!** Ce soir, c'est impossible parce que **j'ai** du travail.

*I'm not lucky!

Vrai ou faux?

1. Léa a beaucoup d'amis.
2. Mamadou a des amis étudiants.
3. Mamadou a deux cents amis sur sa page Facebook.
4. Mamadou a beaucoup d'amies françaises.
5. Léa a rendez-vous avec Juliette.
6. Mamadou n'a pas de chance.

Forms of *avoir*

The verb **avoir** is irregular in form.

PRESENT TENSE OF **avoir** (*to have*)			
j'	**ai**	nous	**avons**
tu	**as**	vous	**avez**
il/elle/on	**a**	ils/elles	**ont**

—J'**ai** un studio agréable.

—**Avez**-vous une colocataire sympathique?

—Oui, elle **a** beaucoup de patience.

I have a nice studio apartment.

Do you have a nice roommate?

Yes, she has lots of patience.

To ask someone his/her age, use **Quel âge *avez*-vous?** or **Quel âge *as*-tu?**

[Allez-y! A, E]

Expressions with *avoir*

The verb **avoir** is used in many common idioms.

Elle **a chaud.** Il **a froid.**

Elles **ont faim.** Ils **ont soif.**

Loïc, tu **as tort.** Magalie, tu **as raison.**

Frédéric **a l'air** content. Il **a de la chance.**

L'immeuble **a l'air** moderne.

Théo **a sommeil.**

Ingrid **a besoin d'**une lampe.

Avez-vous envie de danser?

Il **a rendez-vous** avec le professeur.

Il **a peur du** chien.

La petite fille **a honte.**

Isabelle **a quatre ans.**

Note that with **avoir besoin de, avoir envie de,** and **avoir peur de,** the preposition **de** is used before an infinitive or a noun.

[Allez-y! B-C-D]

Allez-y!

A. **Vive la musique!** You and your friends are planning a musical evening. Say what each person has to contribute to the occasion.

MODÈLE: Isaac / une trompette → Isaac a une trompette.

1. Yasmine et Marc / un iPod®
2. vous / une guitare
3. tu / une clarinette
4. je / un violon
5. nous / un piano
6. Isabelle / une flûte

B. Quel âge ont-ils? Working with a partner, ask and answer questions about the age of the following people. Make educated guesses!

> **MODÈLE:** É1: Quel âge a-t-il?
> É2: Il a deux ou trois ans.

1. 2. 3. 4.

C. Dans quel contexte? For each situation, use an expression with **avoir.**

> **MODÈLE:** Pour moi, un coca-cola, s'il vous plaît. → J'ai soif.

1. Je porte un pull et un manteau.
2. Il est minuit (*midnight*).
3. J'ouvre (*open*) la fenêtre.
4. Je mange une quiche.
5. Paris est la capitale de la France.
6. Des amis français m'invitent (*invite me*) à Paris.

D. Désirs et devoirs (*duties*). What do you and the people you know *want* to do? What do you *have* to do? Use **avoir envie / besoin de** to tell about these people.

Verbes utiles: danser, écouter, étudier, parler, rêver, skier, travailler, voyager

> **MODÈLE:** je →
>
> J'ai envie de jouer au tennis, mais j'ai besoin d'étudier!

1. je
2. mon meilleur ami / ma meilleure amie
3. mes parents
4. le professeur de français
5. mon/ma camarade de chambre

E. Conversation. Ask a classmate the following questions.

1. Tu as peur de quoi (*what*)?
2. Tu as quoi dans ta chambre?
3. Tu as besoin de quoi pour préparer ton cours de français?
4. Tu as envie de quoi quand tu as faim? quand tu as soif?
5. Tu as envie de quoi maintenant?

Résumez! Now tell the other students the most surprising or unusual fact you learned about your classmate.

> **MODÈLE:** Éric a trois dictionnaires dans sa chambre!

Prononcez bien!

The pronunciation of final consonants

In French, consonant letters ending words are generally not pronounced.*

restaurant, ils dansent, cours, assez, beaucoup, allemand

Final **-c, -r, -f,** and **-l,** however, are pronounced.

avec, bonjour, neuf, mal

Exceptions to this rule include the **c** in blanc as well as the **r** in the infinitive of **-er** verbs and in words ending in **-er** and **-ier.**

aller, adorer, quartier, cahier

*unless they precede a word starting with a vowel (See **Prononcez bien!** on liaison, p. 261)

Géant. J'ai envie*

---

*slogan for a French supermarket

Les adjectifs qualificatifs

Describing People, Places, and Things

Léa telephone à Juliette.

> **LÉA:** Salut Juliette! Tu es **contente** de ton cours de gym? C'est **difficile?**
>
> **JULIETTE:** Ce n'est pas **facile** quand on commence, mais je suis **persévérante** et la prof est **excellente!**
>
> **LÉA:** Elle est **patiente?** C'est **important.** La patience, c'est une qualité **essentielle.**
>
> **JULIETTE:** Elle est toujours **calme.** Elle observe nos mouvements et elle donne des explications très **précises.** Je suis vraiment **contente!** Et toi, ton cours de tennis?
>
> **LÉA:** On a un **nouveau** prof.
>
> **JULIETTE:** Il est comment?
>
> **LÉA:** Il est **grand, beau, charmant...**
>
> **JULIETTE:** Et **sportif!**

Répondez aux questions.

1. Qui est excellente, patiente et calme?
2. Qui est grand, beau et charmant?
3. Qui est persévérante?
4. La gym, c'est difficile ou c'est facile?
5. Qui donne des explications très précises: le professeur de gym ou le professeur de tennis?

©Corbis/PunchStock RF

Position of Descriptive Adjectives

Descriptive adjectives (**les adjectifs qualificatifs**) give information about people, places, and things. In French, they usually follow the nouns they modify. They may also follow the verb **être.**

C'est un professeur **intéressant.**	*He's/She's an interesting teacher (professor).*
Le professeur pose des questions **faciles.**	*The teacher (professor) asks easy questions.*
J'aime les personnes **sincères** et **individualistes.**	*I like sincere and individualistic people.*
Gabrielle est **sportive.**	*Gabrielle is athletic.*

A few common adjectives that generally precede the nouns they modify are presented in **Chapitre 4, Leçon 3.**

Agreement of Adjectives

In French, adjectives agree in gender (masculine or feminine) and number (singular or plural) with the nouns they modify. Most adjectives follow the pattern illustrated in the following table.

	MASCULINE	FEMININE
Singular	un étudiant intelligent	une étudiante intelligent**e**
Plural	des étudiants intelligent**s**	des étudiantes intelligent**es**

1. Most feminine adjectives are formed by adding an **e** to the masculine form. Exception: adjectives whose masculine form ends in an unaccented **-e.**

   Hugo est **persévérant.** → Sylvie est **persévérante.**

   Paul est **triste.** → Claire est **triste.**

   Remember that final **d, s,** and **t,** usually silent in French, are pronounced when **e** is added.

2. **C'est** can be used to describe a general truth or to refer back to something that has already been mentioned. The adjective that follows **c'est** is always in the masculine singular form.

   Le français? C'est **facile!**

   L'amour (*love*), c'est **essentiel.**

3. Most plural adjectives of either gender are formed by adding an **s** to the singular form. Exception: adjectives whose singular form ends in **-s** or **-x.**

   Elle est **charmante.** → Elles sont **charmantes.**

   L'étudiant est **sénégalais.** → Les étudiants sont **sénégalais.**

   Marc est **courageux.** → Marc et Loïc sont **courageux.**

4. If a plural subject refers to one or more masculine items or people, the plural adjective is masculine.

   Sylvie et Inès sont **françaises.**

   Sylvie et Adam sont **français.**

Prononcez bien!

The nasal vowels in *blond, grand,* and *bain*

To pronounce these sounds, let the air coming from your lungs go through both your mouth and nose. Close your mouth and round your lips to say [ɔ̃] as in **blond;** pronounce [ɑ̃] with an open mouth and lips more relaxed in **grand;** for [ɛ̃] in **bain,** your mouth is more open than for [ɛ̃] in **blond,** but less than for [ɑ̃] in **grand,** and your lips are stretched in a smile.

[ɔ̃]: **b<u>on</u>jour, c<u>om</u>bien**

[ɑ̃]: **c<u>om</u>ment, quar<u>an</u>te, septembre**

[ɛ̃]: **b<u>ien</u>tôt, v<u>in</u>gt, améric<u>ain</u>, f<u>aim</u>**

Les magazines.

Accrochants![1]

Captivants.

Enrichissants.

[1]Catchy.

Magazines Canada 1998: Writer/Art Director, Dennis Bruce; Art, Jerzy Kolacz

Descriptive Adjectives with Irregular Forms

PATTERN		SINGULAR		PLURAL	
MASC.	FEM.	MASC.	FEM.	MASC.	FEM.
-eux } -eur →	-euse	heureux (*happy*) travailleur	heureuse travailleuse	heureux travailleurs	heureuses travailleuses
-er →	-ère	cher (*expensive*)	chère	chers	chères
-if →	-ive	sportif	sportive	sportifs	sportives
-ll →	-lle	gentil (*nice, pleasant*)	gentille	gentils	gentilles
-el →	-elle	intellectuel	intellectuelle	intellectuels	intellectuelles
-ien →	-ienne	parisien	parisienne	parisiens	parisiennes

Other adjectives that follow these patterns include **courageux / courageuse, paresseux / paresseuse, sérieux / sérieuse, fier / fière** (*proud*), **naïf / naïve** (*naive*), and **canadien / canadienne.** The feminine forms of **beau** (*handsome, beautiful*) and **nouveau** (*new*) are **belle** and **nouvelle.** The adjective **chic** (*stylish*) is invariable in gender and number.

Adjectives of Color

1. Most adjectives of color have both masculine and feminine forms.

un chemisier **blanc / bleu / gris / noir / vert / violet**
une chemise **blanche / bleue / grise / noire / verte / violette**

2. **Jaune, rouge,** and **rose** are invariable in gender.

un pantalon **jaune** / une robe **jaune**

3. **Marron** and **orange** are invariable in gender and number.

une robe **marron / orange**   des robes **marron / orange**

Allez-y!

A. Dans la salle de classe. Arthur has a wonderful class. Describe it, choosing the appropriate expressions from the second column.

1. Le professeur est...
2. Les étudiants sont...
3. La salle de classe est...
4. Les chaises sont...

a. bleue et blanche.
b. confortables et nombreuses.
c. intelligent et dynamique.
d. sociables et amusants.

B. Des âmes sœurs. (*Soulmates.*) Patrice and Patricia are alike in every respect. Describe them, taking turns with a partner.

MODÈLE: français →
      É1: Patrice est français. Et Patricia?
      É2: Patricia est française.

1. optimiste	**5.** sérieux	**9.** sportif
2. intelligent	**6.** parisien	**10.** courageux
3. charmant	**7.** naïf	**11.** travailleur
4. fier	**8.** gentil	**12.** intellectuel

C. À mon avis. (*In my opinion.*) Complete these sentences according to your own opinions.

    1. L'homme idéal est _____. Il a une voiture _____ (couleur).

    2. La femme idéale est _____. Elle a les yeux _____ (couleur).

    3. Le/La camarade de classe idéal(e) est _____.

    4. Le professeur idéal est _____.

    5. Le chauffeur de taxi idéal est _____.

D. Un mél. Here is the email that Max dreads receiving from his girlfriend. Transform it into the more positive one that is actually on the way by changing the adjectives and some verbs.

Angers, le 7 janvier

Max,

    Je te déteste. Tu es stupide et antipathique. Tous les jours (*Every day*) tu es nerveux, tu ne rêves pas parce que tu es peu idéaliste, et tu es même (*even*) souvent hypocrite. En plus (*Furthermore*) je trouve que tu es paresseux.

    Je ne veux pas te revoir. (*I don't want to see you again.*)

    Adieu.

    Catherine

MODÈLE: Max, je t'adore...

Un peu plus...

Café culture in France

Cafés in France are important parts of each neighborhood. Many French people go to their favorite café in the morning for a coffee and a croissant, at lunch for a sandwich, or for a drink before dinner, an **apéro (apéritif).** There are **tabacs** in many cafés where one can purchase tobacco, stamps, bus tickets, and other items. Cafés in France are also important places to socialize, where people gather and hold lively conversations. Cafés are also welcoming if you prefer just to sit and relax with a delicious **cappuccino.** Is café culture important in your community? Where do people usually go to socialize?

Est-ce que ce couple a l'air heureux?
©Ekaterina Pokrovsky/Shutterstock RF

Le blog de Léa

EN JUPE OU EN PANTALON?

lundi 23 mai

Samedi soir, il y a une soirée[1] chez mon copain[2] Hector. J'ai envie d'être très belle, très «jeune femme». Mais hélas, j'ai toujours l'air d'avoir 15 ans!

J'ai besoin d'acheter[3] des vêtements originaux et à petit prix.[4] Et aussi des chaussures! Et un sac! La solution, c'est peut-être[5] d'acheter du vintage au marché aux puces[6]?

Je suis petite, brune; j'ai les yeux marron. Vous avez des idées?

Léa

COMMENTAIRES

Alexis

Léa,
Pour être[7] originale, tu portes un tee-shirt vert, une veste rose, un jean. Sur le jean, tu mets un short rouge.

Trésor (chien d'Alexis)

Idiot!

Charlotte

C'est difficile de sélectionner des vêtements pour une soirée. Moi, je suggère une petite robe noire, très courte avec des tennis blanches. Simple, classique, chic.

Mamadou

En jupe, en pantalon, en maillot de bain, en short, je suis sûr que tu es charmante!

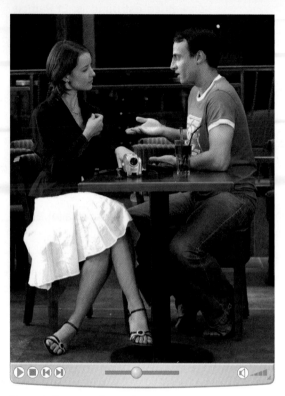

Tu as de bonnes adresses?
©McGraw-Hill Education

[1]*party* [2]*friend* [3]*to buy* [4]à... *cheap* [5]*maybe* [6]marché... *flea market* [7]Pour... *To be*

Instagram et Facebook:
les faiseurs de mode°

faiseurs... *fashion makers*

Elles sont étudiantes, mannequins, blogueuses ou mères de famille. Ils sont étudiants, danseurs ou développeurs web. Une même passion les unit: la mode. La mode des défilés et des magazines? Non, une mode personnelle, individualiste, spontanée, indépendante qui refuse les diktats des professionnels et qui parade sur les réseaux[1] sociaux.

Voilà l'image d'une jeune fille à la terrasse d'un café. Elle a des cheveux noirs très courts. Elle discute avec un garçon. Elle porte une robe blanche très féminine avec beaucoup de naturel. Sur une autre photo, une jeune fille blonde, devant un cinéma, pianote[2] sur son iPhone®. Ses vêtements flamboyants révèlent une forte personnalité: veste orange, jean bleu et tennis jaunes: certainement une étudiante qui aime jouer avec les vêtements... Et voici trois copines habillées en romantico-rock pour une soirée post-examens. Quel style! Quelle liberté chez ces nouvelles fashionistas!

On regarde, on admire, on copie. C'est tellement simple: avec Instagram le réseau social de la photo, et Facebook qui publie des millions d'images, la diffusion d'un look est immédiate: un clic d'une seconde et voilà! «Charmant, chic, complètement fou, original, nouveau»... Un déluge d'adjectifs admiratifs arrive sur les portables du monde entier. Et c'est la célébrité!

Une femme pendant la semaine de la mode à Paris

©Wayne Tippetts/Alamy

Il y a aujourd'hui une vraie compétition entre les experts de la mode (créateurs, stylistes du prêt-à-porter, magazines, boutiques) et les amateurs. En une minute, un individu, avec 50 000, 100 000 «followers» («abonnés[3]» en français, mais on préfère utiliser le terme anglais...), devient une star de la mode via les réseaux sociaux. C'est une révolution. Les photos personnelles influencent même les professionnels!

[1]*networks* [2]*plays* [3]*subscribers*

VOUS COMPRENEZ?

1. Qui sont les nouveaux créateurs de mode utilisant les réseaux sociaux?
2. Une photo est diffusée en combien de temps sur Instagram et Facebook?
3. Comment réagissent les abonnés devant un look qu'ils admirent?
4. Aujourd'hui, qui est en compétition dans le domaine de la mode?

 Micro-trottoir

Answer the following questions from your own perspective. Then, watch the video and note the similarities and differences between your responses and those of the people interviewed.

1. Où achetez-vous vos vêtements?
2. Quel est votre budget vêtements?
3. Quels sont les réseaux sociaux qui influencent votre style?
4. Qu'est-ce que vous portez pour aller à l'école? pour aller au travail? Et le weekend?

Les questions à réponse affirmative ou négative

Getting Information

 UNE ROBE NOIRE OU UNE ROBE GRISE?

Appel vidéo entre Juliette et Léa.

JULIETTE: Finalement, **est-ce que tu portes** une jupe pour la soirée d'Hector?

LÉA: Non, je porte un jean avec un chemisier blanc. **Est-ce** assez chic?

JULIETTE: Oui! Un chemisier blanc, c'est très chic! Mais le jean... **tu ne penses pas que** c'est un peu commun?

LÉA: Commun? Certainement pas! C'est simple et élégant. Et toi, **tu portes** une robe?

JULIETTE: Oui, mais j'hésite entre une robe noire et une robe grise. C'est un choix impossible! (Elle rit.*)

*Elle... *She laughs.*

Voici les réponses. Trouvez les questions dans le dialogue.

1. Non, je porte un jean avec un chemisier blanc.
2. Oui! Un chemisier blanc, c'est très chic!
3. Oui, mais j'hésite entre une robe noire et une robe grise.

In French, there are several ways to ask a question requiring a *yes* or *no* answer.

Questions Without Change in Word Order

1. You can raise the pitch of your voice at the end of a sentence.

   —Vous ne parlez pas anglais?   *You don't speak English?*

   —Si, un peu.*   *Yes, a little.*

---

*Note that **si**, not **oui**, is used to answer *yes* to a negative question.

2. When confirmation is expected, add the tag **n'est-ce pas** to the end of the sentence.

Il aime la musique, **n'est-ce pas?**	*He likes music, doesn't he?*
Nous ne mangeons pas au resto-U, **n'est-ce pas?**	*We're aren't eating at the cafeteria, are we?*

3. Another way is to precede a statement with **Est-ce que (Est-ce qu'** before a vowel sound).

Est-ce que Nathan étudie l'espagnol?	*Does Nathan study Spanish?*
Est-ce qu'elles écoutent la radio?	*Are they listening to the radio?*

[Allez-y! A-B with **Mots clés**]

Questions with Change in Word Order

Questions can also be formed by inverting the subject and the verb. This question formation is more common in written French.

1. When a pronoun is the subject of the sentence, the pronoun and verb are inverted and hyphenated.

PRONOUN SUBJECT	
Statement:	Il est sincère.
Question:	**Est-il** sincère?

Es-tu étudiante en philosophie?	*Are you studying philosophy?*
Aiment-ils les discussions animées?	*Do they like animated discussions?*

The final **t** of third-person plural verb forms is pronounced when followed by **ils** or **elles: aiment-elles.** When third-person singular verbs end with a vowel, **-t-** is inserted between the verb and the pronoun.

Elle aim**e** les jupes. →	**Aime-t-elle** les jupes?
Il port**e** un veston. →	**Porte-t-il** un veston?

Je is seldom inverted. **Est-ce-que** is used instead: **Est-ce que je suis élégant?**

2. When a noun is the subject of the sentence, the noun subject is retained; the third-person pronoun corresponding to the subject follows the verb and is attached to it by a hyphen.

NOUN SUBJECT	
Statement:	Paul est sincère.
Question:	**Paul est-il** sincère?

Marc est-il étudiant?	*Is Marc a student?*
Delphine travaille-t-elle beaucoup?	*Does Delphine work a lot?*
Les amis arrivent-ils ce soir?	*Are our friends arriving tonight?*

[Allez-y! C-D]

Allez-y!

A. **C'est difficile à croire!** You find it hard to believe what Manon is telling you. Express your surprise by turning each statement into a question. (Your intonation should express your disbelief!)

MODÈLE: Jade est de Paris. → Jade est de Paris?

1. Pascal est aussi de Paris.
2. Jade et Pascal sont belges.
3. Louis est le camarade de Pascal.
4. C'est un garçon drôle.
5. Il n'habite pas à Paris.
6. Sandra est canadienne.

B. **Des personnalités compatibles.** With a partner, play the roles of two people whose personalities are perfectly matched. Use the expressions from **Mots clés** as in the model.

MODÈLE: calme →
É1: Est-ce que tu es calme?
É2: Oui, je suis calme. Et toi?   Non, je ne suis pas calme. Et toi?

or

É1: Moi aussi, je suis calme.   Moi non plus, je ne suis pas calme.

1. sympathique
2. sportif / sportive
3. curieux / curieuse
4. sérieux / sérieuse
5. patient(e)
6. travailleur / travailleuse

Mots clés

The expressions *moi aussi, moi non plus*

If you agree with someone's comment, your answer will be either **moi aussi** (*me too*) or **moi non plus** (*me neither*).

—Je suis fatigué!
—Moi aussi!

—Mais je n'ai pas faim!
—Moi non plus!

C. **Étudiants à la Sorbonne.** You are writing an article on student life in Paris. Verify the information you have jotted down by expressing your statements as questions.

MODÈLE: Stéphane étudie à la Sorbonne.→
Est-ce que Stéphane étudie à la Sorbonne?

1. Il est belge.
2. Vous admirez Stéphane.
3. Stéphane et Carole sont étudiants en philosophie.
4. Ils sont sympathiques.
5. Carole habite à la cité-U.

D. **Portrait d'un professeur.** Ask your instructor about his or her personality, tastes, and clothing. Use inversion in your questions.

Verbes suggérés: aimer, danser, écouter, être, parler, regarder, skier

MODÈLE: Êtes-vous pessimiste?
Aimez-vous les cravates orange?

Now see if your classmates were listening. Ask a classmate three questions about your instructor.

MODÈLE: Est-ce que le professeur est pessimiste?

Les prépositions *à* et *de*

Mentioning Specific Places or People

TENNIS, POKER OU RESTAURANT?

Léa contacte Hector sur sa page Facebook (Messagerie instantanée).

 LÉA: Tu es **à** Paris ce soir?

 HECTOR: Non, je participe **au** Festival de danse contemporaine à Versailles. Pourquoi?

 LÉA: Je joue **au** tennis **au** jardin du Luxembourg. Je cherche un partenaire.

 HECTOR: Je ne joue pas **au** tennis. Mais je joue **aux** cartes! Je propose un poker samedi soir.

LÉA: Impossible: je dîne **au** restaurant avec Juliette et deux autres copines. Dans ces dîners de filles, nous parlons **de** choses très importantes: **de** nos études, **des** professeurs... et **de** nos amours!

 HECTOR: Tu refuses de jouer **au** poker avec moi?

 LÉA: J'accepte de jouer... après mon dîner de filles!

Complétez les phrases.

Hector

1. Hector est _____ Versailles.
2. Il participe _____ Festival de danse.
3. Il ne joue pas _____ tennis.
4. Il joue _____ cartes.
5. Il joue _____ poker.

Léa

6. Léa est _____ Paris.
7. Elle joue _____ jardin du Luxembourg.
8. Elle dîne _____ restaurant avec des copines.
9. Elles parlent _____ choses importantes.

Prepositions (**les prépositions**) give information about the relationship between two words. Examples in English are *at, before, for, in, of, to, under, without*. In French, the prepositions **à** and **de** sometimes contract with articles.

The Preposition *à*

1. **À** indicates location or destination. It has several English equivalents.

Arnaud habite **à** Paris.	*Arnaud lives in Paris.*
Il étudie **à** la bibliothèque.	*He studies at (in) the library.*
Il arrive **à** Bruxelles demain.	*He's coming to Brussels tomorrow.*

2. With verbs such as **donner, montrer, parler,** and **telephoner, à** introduces the indirect object (usually a person) even when *to* is not used in English.

Arnaud **donne** un livre **à** son copain.	*Arnaud gives his friend a book.*
Arnaud **montre** une photo **à** Delphine.	*Arnaud shows Delphine a photo.*
Il **parle à** un professeur.	*He's speaking to a professor.*
Il **téléphone à** un ami.	*He's calling a friend.*

The preposition *to* is not always used in English, but **à** must be used in French with these verbs.

The Preposition *de*

1. **De** indicates where something or someone comes from.

Medhi est **de** Casablanca.	*Medhi is from Casablanca.*
Il arrive **de** la bibliothèque.	*He is coming from the library.*

2. **De** also indicates possession (expressed by *'s* or *of* in English) and the concept of belonging to, being a part of.

Voici la librairie **de** Mme Vernier.	*Here is Madame Vernier's bookstore.*
J'aime mieux la librairie **de** l'université.	*I prefer the university bookstore (the bookstore of the university).*

3. When used with **parler, de** means *about.*

Nous parlons **de** la littérature contemporaine.	*We're talking about contemporary literature.*

The Prepositions *à* and *de* with the Definite Articles *le* and *les*

à + le = au	Arnaud arrive **au** cinéma.
à + les = aux	Arnaud arrive **aux** cours.
à + la = à la	Arnaud arrive **à la** librairie.
à + l' = à l'	Arnaud arrive **à l'**université.
de + le = du	Arnaud arrive **du** cinéma.
de + les = des	Arnaud arrive **des** cours.
de + la = de la	Arnaud arrive **de la** librairie.
de + l' = de l'	Arnaud arrive **de l'**université.

The Verb *jouer* with the Prepositions *à* and *de*

When **jouer** is followed by the preposition **à,** it means to play a team sport or a game. When it is followed by **de,** it means to play a musical instrument.

Naïma
joue au tennis.

Philippe
joue du piano.

Allez-y!

A. Où est-ce qu'on va? (*Where do we go?*) Answer, taking turns with a partner.

Suggestions: l'Alliance (*Institute*) française, l'amphithéâtre, la bibliothèque, le café, le cinéma, le concert, les courts de tennis, le Quartier latin, le restaurant universitaire, la salle de sport

MODÈLE: pour écouter une symphonie →
   É1: Où est-ce qu'on va pour écouter une symphonie?
   É2: On va au concert.

1. pour regarder un film
2. pour jouer au tennis
3. pour jouer au volley-ball
4. pour écouter le professeur
5. pour apprendre (*learn*) le français
6. pour étudier
7. pour manger
8. pour visiter la Sorbonne
9. pour parler avec des amis

B. Camille, une personne très active. Adapt the following sentences, using the words in parentheses.

1. Camille téléphone *à Sophie.* (le professeur / les amies / Gabriel / le restaurant)
2. Elle parle *de la littérature africaine.* (le rap / la politique française / les livres de Marguerite Duras / le cours de japonais)
3. Camille arrive *de la librairie.* (le resto-U / New York / la bibliothèque / les courts de tennis)
4. Elle aime jouer *au football.* (le piano / les cartes / le basket-ball / la guitare)

C. Les passe-temps. Complete the following sentences with **jouer à** or **de.** Match the players with the sports or instruments they play.

MODÈLE: Aaron Rodgers → Aaron Rodgers joue au football américain.

1. Wynton Marsalis
2. Serena Williams
3. Carlos Santana
4. Alicia Keys
5. Kevin Durant
6. Phil Mickelson
7. Cristiano Ronaldo
8. Miguel Cabrera
9. Yo-Yo Ma
10. Phil Hellmuth

a. le violoncelle
b. le golf
c. le poker
d. la trompette
e. le piano
f. le basket-ball
g. le base-ball
h. la guitare
i. le foot
j. le tennis

D. Trouvez quelqu'un qui... Find someone in the classroom who does each of the following activities. On a separate piece of paper, note down his/ her name next to the activity. See who can complete the list the fastest.

MODÈLE: Est-ce que tu joues au tennis?
Oui, je joue au tennis. (*ou* Non, je ne joue pas au tennis.)

aimer le laboratoire de langues

aimer les films français

jouer au base-ball

jouer au bridge

jouer au poker

jouer au tennis

jouer au volley

jouer aux cartes

jouer de la clarinette

jouer de la guitare

manger à la cafétéria aujourd'hui

?

Qu'est-ce que vous pensez de cette illustration?

©Yayo

Prononcez bien!

1. The vowels in *bleu* and *couleur* (page 64)

A **Nathalie et Olivier.** Isabelle talks about two of your mutual friends. Listen to her and indicate whether she's referring to Nathalie or to Olivier.

B **Trouvez l'intrus.** You and Isabelle are playing *Odd Man Out*. Read each series of words aloud and your partner will say the word that doesn't belong.

  1. deux, peu, fleur, bleu, cheveux
  2. sœur, deux, couleur, œuf, peur
  3. yeux, jeudi, danseuse, peu, jeune

2. The pronunciation of final consonants (page 69)

Stéphane. Isabelle is talking about Stéphane. You know you've met him but you can't remember much about him. First, read her description of Stéphane and indicate whether the final consonants in bold are pronounced or not. Then, read the paragraph aloud.

   Rappelle-toi (*Remember*)! Stéphane est étudian**t** en alleman**d**. Il est gran**d**, sporti**f** et intellectue**l**. Il travaille dans un restauran**t** du quartie**r** le vendredi soi**r**. Il porte souven**t** un pantalo**n** gri**s**, un tee-shirt ver**t** et un sa**c** blan**c**. D'accor**d?** Tu vois (*see*) maintenan**t?**

3. The nasal vowels in *blond*, *grand*, and *bain* (page 71)

A **Le jeu des voyelles nasales.** Your French instructor has invented a game to help you practice the French nasal vowels. You will hear three sets of seven words, each containing one of the three sounds listed below. Write the words you hear from each set in the correct category.

  1. [ɔ̃] as in **blond**
  2. [ɑ̃] as in **grand**
  3. [ɛ̃] as in **bain**

B **Les soldes.** You and your housemates took advantage of the department store sales to update your wardrobes. With your partner, take turns reading the list of what you all bought, making sure to distinguish between the sounds [ɛ̃] as in **blond,** [ɑ̃] as **grand,** and [ɛ̃] as in **bain.**

Nous av**on**s acheté c**in**q blous**on**s bl**an**cs, qu**in**ze p**an**tal**on**s marr**on**, trois m**an**teaux or**an**ge, v**in**gt paires de s**an**dales et deux gr**an**ds sacs à m**ain**!

©Pack-Shot/Shutterstock RF

Lecture

AVANT DE LIRE

Gaining confidence in your reading skills. You have already practiced two strategies that facilitate comprehension of a written text: recognizing cognates (**Chapitre 1**) and predicting the content using the context (**Chapitre 2**). These strategies *do* work. The more you practice them, the more confidence you will gain, enabling you to read texts in French with greater ease and enjoyment. Here is some additional advice:

- *Read and reread.* Read the text once to get the general sense. Then read it a second time, using the techniques you already know to fill in the gaps.
- *Don't fret over every word.* Break the habit of reading for word-for-word translation. Concentrate on getting the meaning of larger "chunks" of text—phrases and entire sentences.
- *Use the dictionary as a last resort.* After using all of your reading strategies, try to decide whether the meaning of an unfamiliar word is truly crucial for your comprehension of the general meaning. If it is, consult a dictionary. The dictionary is an important tool, but it should be used in moderation.

Parlons du froid. The province of Quebec is very cold and the Québécois dress to protect themselves against the cold by layering their clothing. Many French terms for newer articles of clothing come from English. French speakers have incorporated these words into their own language. Do you know the meaning of the following words?

tee-shirt thermique	deux pulls	en cachemire
un legging	un pantalon de ski	mitaines

Des mots apparentés! The following sentences are excerpted from the reading selection. Guess the meaning of the cognates in italics.

1. *L'oignon*? Et pourquoi pas les *carottes*? Tout simplement parce que l'oignon, avec ses *multiples enveloppes*, *présente* une structure de *protection* idéale. Alors, on la *copie*.

2. Avec la *technique* de l'oignon, vous marchez à *l'extérieur* sans *souffrir*. Vous êtes *confortablement installé* dans vos vêtements.

3. Quand vous *entrez* dans un magasin ou un *bus* surchauffé, vous enlevez tout *simplement* une couche ou deux pour être bien.

Québec: la technique de l'oignon pour avoir chaud l'hiver°

winter

À propos de la lecture...

This reading was written by one of the authors of *Vis-à-vis*.

Non! Je ne suis pas un oignon, je suis un être humain!

D'accord. Mais pour survivre à l'hiver québécois, il faut écouter les spécialistes du froid: dans les rues de Québec ou de Montréal, l'oignon est une source d'inspiration.

L'oignon? Et pourquoi pas les carottes? Tout simplement parce que l'oignon, avec ses multiples enveloppes, présente une structure de protection idéale. Alors, on la copie.

Pour survivre à l'hiver québécois, il faut plus que du café chaud!
©Lopolo/Shutterstock RF

Accumuler, isoler, protéger...

Lily, étudiante à l'université Laval, nous explique: «Pour endurer le froid polaire, la solution, c'est d'accumuler sur le corps plusieurs couches[1] de vêtements. Par exemple, un tee-shirt thermique ultra-chaud en contact avec la peau.[2] Puis deux pulls légers en laine,[3] en cachemire ou en polyester. Et une doudoune imperméable en duvet[4] qui fonctionne comme un mur de protection contre les éléments. Pour isoler les jambes du froid, vous portez un legging, un collant[5] ou un caleçon long[6] sous un pantalon de ski. Pour les mains, des gants[7] thermolactyl sous des moufles (les «mitaines»)». Et sur la tête? «Une capuche,[8] un bonnet... ou une chapka comme les Russes!»

[1]*layers*   [2]*skin*   [3]*wool*   [4]*doudoune... waterproof down jacket*   [5]*tights*   [6]*long johns*   [7]*gloves*   [8]*hood*

Que portent les gens dans le Vieux-Québec au moments des fêtes?
©Lee Brown/Alamy

«On est super bien!»

«Non, je n'ai pas froid!»

Avec la technique de l'oignon, vous marchez à l'extérieur sans souffrir. Vous êtes confortablement installé dans vos vêtements. Quand vous entrez dans un magasin ou un bus surchauffé,[9] vous enlevez tout simplement une couche ou deux pour être bien.

[9]overheated

COMPRÉHENSION

1. Que recommandent les spécialistes du froid au Québec?
2. Combien de couches de vêtements suggère Lily?
3. Comment protéger la tête? les mains?
4. Quelle est la solution pour être bien quand on entre dans un magasin ou un bus surchauffé?

 # Écriture

The writing activities **Par écrit** and **Journal intime** can be found in the Workbook/Laboratory Manual to accompany *Vis-à-vis*.

Le vidéoblog de Léa

En bref

In this episode, Léa and Hassan meet at a café, where they talk about clothing. In her videoblog, Léa describes the various places one can buy clothing in Paris; Hassan talks about how people dress in Morocco.

Vocabulaire en contexte

une bonne adresse
good/favorite place to shop

dépenser de l'argent
to spend money

être en solde
to be on sale

le luxe
luxury

la mode
fashion

le marché aux puces
flea market

la haute couture
high fashion, designer clothing

un (petit, gros) budget vêtements
(small, large) clothing budget

On fait (*does*) du shopping au Maroc.
©McGraw-Hill Education

VISIONNEZ! ▶

	Léa	Hassan	Les deux
1. Qui ne dépense pas beaucoup d'argent pour ses vêtements?	☐	☐	☐
2. Qui a une liste de bonnes adresses?	☐	☐	☐
3. Qui porte presque (*almost*) toujours un jean?	☐	☐	☐
4. Qui est quelquefois sportif, quelquefois élégant?	☐	☐	☐
5. Qui aime les vêtements chic?	☐	☐	☐

ANALYSEZ!

Voici une liste de vêtements marocains traditionnels mentionnés par Hassan: **des babouches, une djellaba, un fez / un tarbouch, un foulard** (*scarf*). Qui porte chaque (*each*) vêtement—un homme, une femme ou les deux? Ces vêtements ont-ils des équivalents occidentaux (*Western*)?

MODÈLE: Un homme porte un fez. Un fez est une sorte de chapeau.

COMPAREZ!

Make a list of the **bonnes adresses** in your area. Which stores are good for a small clothing budget, which are good for a large one, and which articles of clothing in particular are these stores known for? How do these stores compare to those described in the video?

MODÈLE: Si vous avez un petit budget vêtements, le magasin Marshall's est super: on y trouve (*finds there*)...

NOTE CULTURELLE

French families are spending a much smaller percentage of their income on clothing than they used to (4.2% today compared to 11% in 1960). While clothing is less of a status symbol than in the past, it is still a way of expressing one's identity. France continues to be known as the land of luxury products, however, and new trends set by *haute couture* collections are still carefully dissected on news broadcasts every season. Some of the most famous *couturiers* are Dior, Chanel, Givenchy, Ungaro, and Gaultier.

VOCABULAIRE

Verbes

arriver	to arrive
avoir	to have
jouer	to play
jouer à	to play (*a sport or game*)
jouer de	to play (*a musical instrument*)
montrer	to show
porter	to wear; to carry
téléphoner à	to telephone

À REVOIR: **regarder, travailler**

Expressions avec *avoir*

avoir (20) ans	to be (20) years old
avoir besoin de	to need (to)
avoir chaud	to be warm
avoir de la chance	to be lucky
avoir envie de	to want (to), feel like (*doing s.th.*)
avoir faim	to be hungry
avoir froid	to be cold
avoir honte	to be ashamed
avoir l'air (+ *adj.*)	to seem, look, appear
avoir peur (de)	to be afraid (of, to)
avoir raison	to be right
avoir rendez-vous avec	to have a meeting (date) with
avoir soif	to be thirsty
avoir sommeil	to be sleepy
avoir tort	to be wrong

Substantifs

le/la camarade de chambre	roommate
les cartes (*f.*)	cards
les cheveux (*m. pl.*)	hair
les échecs (*m. pl.*)	chess
la fille	girl
le garcon	boy
la jeune femme	young woman
le jeune homme	young man
le magasin	store
la personne	person
la soirée	party
les yeux (*m.*)	eyes

À REVOIR: **l'ami(e), la bibliothèque, l'université**

Adjectifs

antipathique	unpleasant
beau / belle	beautiful
blond(e)	blond
châtain (*inv. in gender*)	chestnut brown
cher / chère	expensive
chic (*inv.*)	stylish
court(e)	short

drôle	funny, odd
égoïste	selfish
facile	easy
fatigué(e)	tired
fier / fière	proud
gentil(le)	nice, pleasant
grand(e)	tall, big
heureux / heureuse	happy; fortunate
hypocrite	hypocritical
nouveau / nouvelle	new
paresseux / paresseuse	lazy
pauvre	poor
petit(e)	small, short
prêt(e)	ready
raide	straight
roux / rousse	redheaded
sensible	sensitive
sportif / sportive	athletic (*someone who likes physical exercise and sports*)
sympa(thique)	nice, likeable
travailleur / travailleuse	hardworking
triste	sad

À REVOIR: **espagnol(e), français(e), italien(ne)**

Adjectifs apparentés

amusant(e), blond(e), calme, charmant(e), conformiste, content(e), courageux / courageuse, curieux / curieuse, (dés)agréable, différent(e), difficile, dynamique, élégant(e), enthousiaste, essentiel(le), excellent(e), excentrique, extraordinaire, idéal(e), idéaliste, (im)patient(e), important(e), individualiste, inflexible, intellectuel(le), intelligent(e), intéressant(e), long(ue), modeste, naïf / naïve, nerveux / nerveuse, optimiste, ordinaire, parisien(ne), patient(e), persévérant(e), pessimiste, précis(e), raisonnable, réaliste, riche, sérieux / sérieuse, sincère, snob, sociable, solitaire

Les vêtements

le béret	beret
le blouson	windbreaker
les bottes (*f.*)	boots
la casquette	baseball cap
le chapeau	hat
les chaussettes (*f.*)	socks
les chaussures (*f.*)	shoes
la chemise	shirt
le chemisier	blouse
le collant	tights
le costume	(*man's*) suit
la cravate	tie
la doudoune	down jacket, puffer coat
le gant	glove

l'imperméable (m.)	raincoat	gris(e)	gray
le jean	jeans	jaune	yellow
la jupe	skirt	marron (inv.)	brown
le maillot de bain	swimsuit	noir(e)	black
le manteau	coat	orange (inv.)	orange
le pantalon	pants	rose	pink
le pull-over	sweater	rouge	red
la robe	dress	vert(e)	green
le sac à dos	backpack	violet(te)	violet
le sac à main	handbag		
les sandales (f.)	sandals		
le short	shorts		
le tailleur	(woman's) suit		
le tee-shirt	T-shirt		
les tennis (m.)	tennis shoes, sneakers		
la veste	sports coat, blazer		
le veston	suit jacket		

Les couleurs

blanc / blanche	white
bleu(e)	blue

Mots et expressions divers

assez	somewhat
de taille moyenne	of medium height
moi aussi	me too
moi non plus	me neither
n'est-ce pas?	isn't it so?
peu	not very; hardly
un peu	a little
Quel âge avez-vous (as-tu)?	How old are you?

CHAPITRE 4

À la maison°

À... At home

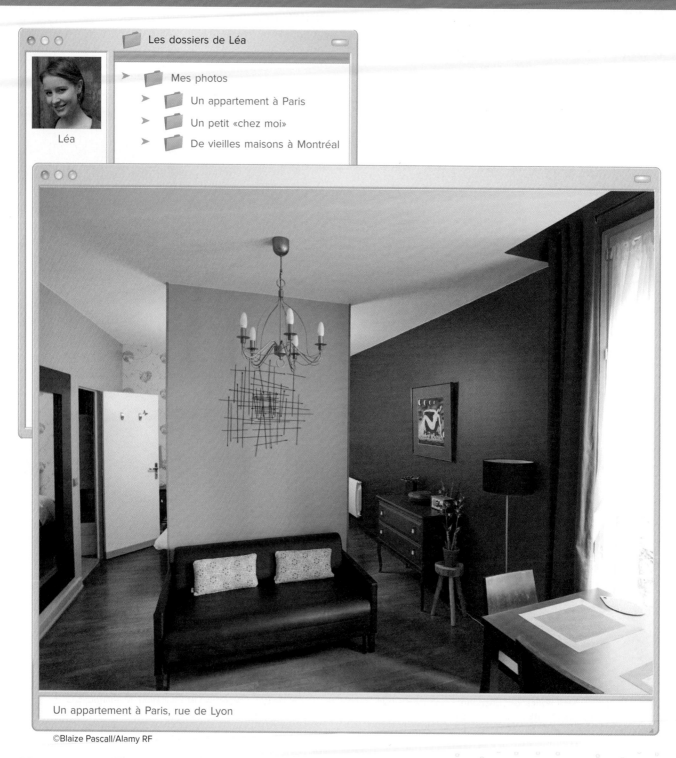

Les dossiers de Léa

Léa

➤ Mes photos
   ➤ Un appartement à Paris
   ➤ Un petit «chez moi»
   ➤ De vieilles maisons à Montréal

Un appartement à Paris, rue de Lyon

©Blaize Pascall/Alamy RF

Dans ce chapitre...

OBJECTIFS COMMUNICATIFS

➤ locating people and objects
➤ expressing the absence of something
➤ getting information
➤ expressing actions
➤ describing people, places, and things
➤ learning to distinguish between and pronounce selected sounds in French

PAROLES (LEÇON 1)

➤ Les prépositions de lieu
➤ L'ameublement

STRUCTURES (LEÇONS 2 ET 3)

➤ Les articles indéfinis après **ne... pas**
➤ Les mots interrogatifs
➤ Les verbes en **-ir**
➤ La place de l'adjectif qualificatif

CULTURE

➤ Le blog de Léa: *Chez moi*
➤ Reportage: *Montréal: vivre en français*
➤ Lecture: *Petites annonces pour trouver un appartement à Paris* (Leçon 4)
➤ Sondages: *La colocation* (Leçon 4)

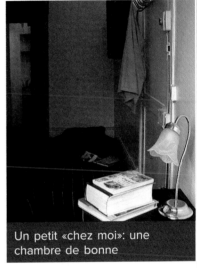

Un petit «chez moi»: une chambre de bonne

©McGraw-Hill Education

De vieilles maisons à Montréal

©McGraw-Hill Education

www.mhhe.com/connect

Clarisse, Justin et la voiture°

car

Justin est **dans** le parc, **entre** le banc (*bench*) et l'arbre (*tree*).

Clarisse est **dans** sa voiture, **loin du** parc.

Maintenant, elle est **en face de** l'université, **près du** parc.

Justin est **devant** la voiture

Clarisse est **à côté de** la voiture. Justin est **sur** la voiture.

Justin pousse la voiture. Il est **derrière** la voiture.

Clarisse est **sous** la voiture. Justin est **à gauche de** la voiture. Les outils (*tools*) sont **par terre, à droite de** la voiture.

 Prononcez bien!

The vowels in *sous* and *sur*

The difference between these two vowels lies in tongue position: in the back of your mouth for [u] in **sous,** and all the way to the front, pressing against your lower teeth, with tensely rounded and protruding lips, for [y] in **sur.**

[u]: **j<u>ou</u>e, c<u>ou</u>rt, bl<u>ou</u>son**

[y]: **j<u>u</u>pe, c<u>u</u>re, sal<u>u</u>t**

To help you produce the sound [y], pronounce the sound [i] in **dit,** and progressively round your lips, making sure your tongue does not shift to the back of your mouth: **du.**

dit → du

vie → vue

lit → lu

---

dans	*in*
entre	*between*
chez	*at the home of; at the office of*
à côté de	*next to, beside*
en face de	*across from, opposite*
devant ≠ derrière	*in front of ≠ behind*
sur ≠ sous	*on ≠ under*
à gauche de ≠ à droite de	*to the left of ≠ to the right of*
près de ≠ loin de	*near ≠ far from*
par	*by; through*
par terre	*on the ground*

Allez-y!

A. Vrai ou faux? The following statements correspond (by number) to the drawings on the previous page. Correct any statements that are wrong.

1. Justin est assis (*seated*) sur le banc.
2. Clarisse est à côté du parc.
3. Elle est près de l'université.
4. Justin est derrière la voiture.
5. Clarisse est à gauche de la voiture.
6. Justin est en face de la voiture.
7. Clarisse est sur la voiture.

B. Désordre. Justin has a problem with clutter! Describe his room, using **les prépositions de lieu.**

MODÈLE: Il y a deux livres sous la chaise.

Deux chambres d'étudiants

La chambre de Céline est en désordre. Elle loue un appartement dans un immeuble moderne.

La chambre d'Anne est en ordre. Elle habite dans une maison.

AUTRES MOTS UTILES	
une chambre de bonne	a maid's room; a garret
un meuble	a piece of furniture
un réveil	an alarm clock
une station d'accueil	a docking station (iPod, cellphone)
un studio	a studio (one-room apartment)

Allez-y!

A. Deux chambres. Taking turns with a partner, ask and answer questions about the two rooms. Start with **Qu'est-ce qu'il y a...** (*What is there . . .*).

> **MODÈLE:** derrière l'étagère d'Anne? →
> É1: Qu'est-ce qu'il y a derrière l'étagère d'Anne?
> É2: Il y a un mur.

1. sur le bureau de Céline? d'Anne?
2. à côté du lit de Céline? d'Anne?
3. sous la table de Céline? d'Anne?
4. sur le lit de Céline?
5. sur l'étagère de Céline? d'Anne?
6. devant le lit d'Anne?
7. à côté de la tablette de Céline?
8. sur le mur de Céline? d'Anne?
9. par terre dans la chambre de Céline? d'Anne?
10. sur la table d'Anne?
11. à côté de l'étagère d'Anne?
12. sur le tapis de Céline? d'Anne?

B. L'intrus. Three items are similar and one is different in each of the following series. Find the items that are out of place.

1. lit / commode / armoire / fleur
2. iPod® / affiche / guitare / enceintes
3. lavabo / livre / magazine / étagère
4. miroir / affiche / rideaux / magazine

C. Préférences. What might you find in the room of a person with the following interests?

> **MODÈLE:** les arts →
> Sur le mur, il y a des affiches; il y a des livres d'art dans l'étagère et à côté du lit,...

1. étudier
2. écouter de la musique
3. parler à des amis
4. le sport
5. la mode
6. le cinéma

Décrivez (*Describe*) cette chambre d'étudiant à la cité-U.

Les articles indéfinis après *ne... pas*

Expressing the Absence of Something

 UN LOGEMENT POUR UNE COPINE

Léa téléphone à Juliette.

> LÉA: Salut Juliette! Est-ce que tu as un canapé dans ton nouveau studio?
>
> JULIETTE: Léa, **je n'ai pas de** studio, mais simplement une chambre de bonne! Et **je n'ai pas de** canapé: c'est minuscule, chez moi! J'ai un lit, une chaise, une commode et un bureau. C'est tout!
>
> LÉA: Ah... c'est ennuyeux... C'est pour une copine italienne. Elle est à Paris pour deux jours et **elle n'a pas de** logement.
>
> JULIETTE: Elle a certainement de l'argent pour un petit hôtel au Quartier latin... Elle a de la famille... des amis...
>
> LÉA: Non. **Elle n'a pas d'**argent... **pas de** famille à Paris... et **pas d'**amis, excepté moi.
>
> JULIETTE: Et moi, **je n'ai pas de** place.

Une chambre de bonne sous les toits (*rooftops*)
©PHOTOPQR/Le Parisien/Newscom

Complétez les phrases selon (*according to*) le dialogue.

1. Juliette n'a pas... (*trois choses*)
2. L'amie italienne n'a pas... (*quatre choses*)

1. In negative sentences, the indefinite article (**un, une, des**) becomes **de (d')** after **pas.**

Il a une amie.

Elle porte une casquette.

Il y a des voitures dans la rue.

Il n'a pas d'amie.   Elle ne porte pas   Il n'y a pas de
                      de casquette.   voitures dans la rue.

—Est-ce qu'il y a **un livre** sur   *Is there a book on the table?*
la table?

—Non, il n'y a **pas de livre** sur   *No, there is no book on the table.*
la table.

—Est-ce qu'il y a **des fleurs**   *Are there any flowers on the table?*
sur la table?

—Non, il n'y a **pas de fleurs**   *No, there aren't any flowers on the*
sur la table.   *table.*

[Allez-y! A]

2. In negative sentences with **être,** however, the indefinite article does
   not change.

   —**C'est un livre?**

   —**Non, ce n'est pas un livre.**

3. The definite article (**le, la, les**) does not change in a negative sentence.

   —Elle a **la** voiture aujourd'hui?

   —Non, elle n'a pas **la** voiture.

[Allez-y! B]

> **Grammaire interactive**
> For more on the verb **avoir** and negation, watch the corresponding Grammar Tutorial and take a brief practice quiz at **Connect French.**
>
> **connect**
>
> www.mhhe.com/connect

Allez-y!

A. **Chambre à louer.** (*Room for rent.*) The room Jacob is inquiring about is
   very sparsely furnished. Play the roles of Jacob and his prospective
   landlord or landlady, following the example.

   MODÈLE: une télé →
            É1: Est-ce qu'il y a une télé dans la chambre?
            É2: Non, il n'y a pas de télé.

   1. un lavabo
   2. une armoire
   3. des tapis
   4. des étagères
   5. une commode
   6. un lit

B. Une interview. Interview a classmate. Pay close attention to the articles.

> MODÈLES: avoir un ordinateur →
> > É1: Tu as un ordinateur?
> > É2: Non, je n'ai pas d'ordinateur. *or* Oui, j'ai un ordinateur.
>
> > aimer les ordinateurs →
> > É1: Tu aimes les ordinateurs?
> > É2: Non, je n'aime pas les ordinateurs. *or* Oui, j'aime les
> >   ordinateurs.

1. étudier le russe (l'italien, l'allemand)
2. avoir une chambre (un appartement, une maison)
3. travailler le soir (*in the evening*) (le samedi, le dimanche)
4. aimer les chats (les chiens)
5. ?

Résumez! Now summarize what you have learned about your classmate for the rest of the class: **Il/Elle a… , mais il/elle n'a pas de (d')…**

Les mots interrogatifs

Getting Information

STUDIO À LOUER

Appel vidéo entre Hassan et Léa.

> HASSAN: **Comment** vas-tu, Léa?
> LÉA: Très bien… Je révise. J'ai un examen de littérature.
> HASSAN: **Quand?** Demain?
> LÉA: Non, jeudi. **Pourquoi[1]?**
> HASSAN: Parce que[2] je visite un appartement tout à l'heure. Tu m'accompagnes?
> LÉA: Mais, c'est nouveau! Tu déménages[3]? **Où?** Dans **combien de** temps?
> HASSAN: Dans quelques[4] jours, peut-être. Il y a un studio à louer, juste en face de mon restaurant. C'est une opportunité!
> LÉA: **Qui** est le propriétaire?
> HASSAN: C'est un client! Un jeune homme charmant…
> LÉA: Vraiment? Alors, j'arrive!

[1]*Why?* [2]*Parce… Because* [3]*Tu… Are you moving?* [4]*several*

Trouvez les mots interrogatifs qui correspondent aux réponses ci-dessous.

1. Très bien.
2. Jeudi.
3. Parce que je visite un appartement.
4. En face de mon restaurant.
5. Dans quelques jours, peut-être.
6. Un client.

Information Questions with Interrogative Words

Information questions ask for new information or facts. They often begin with interrogative expressions. Here are some of the most common interrogative adverbs in French.

où	*where*	**pourquoi**	*why*
quand	*when*	**combien de**	*how much,*
comment	*how*		*how many*

Information questions can be formed with **est-ce que** or with a change in word order. (You may wish to review the presentation of yes/no questions in **Chapitre 3, Leçon 3.**) The interrogative word is usually placed at the beginning of the question.

1. These are information questions with **est-ce que.**

Où
Quand
Comment
Pourquoi

} **est-ce que** Samuel joue du banjo?

Combien de fois par semaine (*times a week*) **est-ce que** Samuel joue?

2. These are information questions with a change in word order.

PRONOUN SUBJECT

Où
Quand
Comment
Pourquoi

} étudie-t-il la musique?

Combien d'instruments a-t-il?

NOUN SUBJECT

Où
Quand
Comment
Pourquoi

} Samuel étudie-t-il la musique?

Combien d'instruments Samuel a-t-il?

> ### 🎧 Prononcez bien!
>
> **The pronunciation of *quand***
>
> Unlike English, in which *qu* is often pronounced [kw], in French, **qu** is generally pronounced [k], as in **que.**
>
> [k]: **que, quand, quatre, Québec, physique**
>
> Only when **qu** precedes **oi** is it pronounced [kw]: **pourquoi.**
>
> In liaison, the **d** of **quand** is pronounced [t].
>
> [t]: **quand est-ce que, quand on parle**

3. These are information questions consisting of a noun subject and verb only. With **où, quand, comment,** and **combien de,** it is possible to ask information questions using only a noun subject and the verb, with no pronoun.

Où
Quand
Comment

} étudie Samuel?

Combien d'instruments a Samuel?

However, the pronoun is almost always required with **pourquoi.**

Pourquoi Samuel étudie-t-**il?**

[Allez-y! A-B-F]

Information Questions with Interrogative Pronouns

Some of the most common French interrogative pronouns (**les pronoms interrogatifs**) are **qui**, **qu'est-ce que**, and **que**. **Que** becomes **qu'** before a vowel or mute **h. Qui** is invariable.

1. **Qui** (*who, whom*) is used to ask about a person or people.

Qui étudie le français?	*Who studies French?*
Qui regardez-vous?	
Qui est-ce que vous regardez?	*Whom are you looking at?*
À qui Samuel parle-t-il?	
À qui est-ce que Samuel parle?	*Whom is Samuel speaking to?*

2. **Qu'est-ce que** and **que** (*what*) refer to things or ideas. **Que** requires inversion.

Qu'est-ce que vous étudiez?	
Qu'étudiez-vous?	*What are you studying?*
Que pense-t-il de la chambre?	*What does he think of the room?*

[Allez-y! C-D-E-F]

Allez-y!

A. De l'argent. Monsieur Harpagon is sometimes stingy. Respond to these statements as he would, using **pourquoi.**

MODÈLE: J'ai besoin d'un manteau. →
Pourquoi avez-vous besoin d'un manteau?

1. Nous avons besoin d'une étagère.
2. Ariane a besoin d'un dictionnaire d'anglais.
3. Paul a besoin d'une voiture.
4. J'ai besoin d'un nouveau tapis.

B. Une chambre d'étudiant. Complete the conversation with the appropriate interrogative expressions. **Suggestions:** comment, où, pourquoi, quand, combien de...

MODÈLE: SABINE: Comment est la chambre?
JULIEN: La chambre est *très agréable.*

SABINE: _____?
JULIEN: La chambre est *sur la rue Napoléon.*
SABINE: _____?
JULIEN: J'emménage (*I move in*) *jeudi.*
SABINE: _____?
JULIEN: La chambre est *petite mais confortable.*
SABINE: _____?
JULIEN: Il y a *deux* chaises et *une* table.
SABINE: _____?
JULIEN: La lampe est *à côté de la station d'accueil.*
SABINE: _____?
JULIEN: J'ai un iPod® *parce que j'adore la musique.*
SABINE: _____?
JULIEN: J'écoute de la musique *quand j'étudie.*

Mots clés

Giving reasons

To answer the question **pourquoi?**, use **parce que** (**parce qu'** before a vowel sound).

Je travaille **parce que** j'ai besoin d'argent.

C. **Une visite chez Camille et Lola.** Ask a question in response to each statement about Camille and Lola's new apartment. Use **qu'est-ce que** or **que.**

MODÈLE: Nous visitons le logement de Camille et Lola. →
Qu'est-ce que vous visitez? (*ou* Que visitez-vous?)

1. Nous admirons l'ordre de la chambre de Camille.
2. Il y a un miroir sur le mur.
3. Je regarde les affiches de Camille.
4. Je trouve des magazines intéressants.
5. Habib n'aime pas les rideaux à fleurs.
6. Nous aimons bien la vue et le balcon.

D. **Les étudiants et le logement.** With a little help from her friends, Brigitte finds a new room. Create a question, using **qui** or **à qui,** that corresponds to each item of information.

MODÈLE: *Brigitte* cherche un logement. →
Qui cherche un logement?

1. *Mme Boucher* a une petite chambre à louer dans une maison.
2. Vanessa et Richard parlent de Mme Boucher à *Brigitte*.
3. Brigitte téléphone à *Mme Boucher*.
4. Mme Boucher montre la chambre à *Brigitte*.
5. *Brigitte* loue la chambre de Mme Boucher.

E. **Voici les réponses.** Invent questions for these answers.

MODÈLE: Dans la chambre de Claire. →
Où est-ce qu'il y a des affiches de cinéma?
Où sont les livres de Cécile?

1. C'est un magazine français.
2. À l'université.
3. Parce que je n'ai pas envie d'étudier.
4. Vingt-quatre étudiants.
5. À Laure.
6. Djamila.
7. Très bien.
8. Parce que j'ai faim.
9. Maintenant.

Un peu plus...

Vincent Van Gogh

Van Gogh (1853–1890) was born in the Netherlands but lived and worked most of his life in France. Early in his career, he lived in Paris among a community of artists in Montmartre, a neighborhood in the northern part of the city. He later left Paris for the south of France, where he was particularly inspired by the vivid colors of nature. The colors and bright sunlight of Provence are captured in some of his better-known paintings of sunflowers, gardens, and his bedroom in Arles. Art critics speak of the intensity of emotion associated with this painting, *Chambre d'Arles.* What makes this work so intense?

Vincent Van Gogh: Chambre d'Arles, 1888 (Musée d'Orsay, Paris)

©DeAgostini/Getty Images

Le blog de Léa

CHEZ MOI

mercredi 25 mai

Chers amis du blog, j'ai un problème.

J'ai 19 ans et j'habite encore avec maman et papa. Ils trouvent ça normal. Pas moi.

Habiter un petit «chez moi», c'est mon rêve.[1] Juste un studio ou une simple chambre de bonne avec un lit, une armoire et une douche. Comme Juliette.

Voilà mon idéal: une petite chambre sous les toits,[2] à côté de la fac.

Mais ce n'est pas facile de trouver un logement à Paris, spécialement au Quartier latin. Je cherche, je regarde les petites annonces[3]... Rien.[4]

Quand est-ce que je vais trouver?

Hassan me conseille la colocation[5]: il a peut-être raison...

Léa

Un petit «chez moi»: une chambre de bonne
©McGraw-Hill Education

COMMENTAIRES

Alexis

Salut Léa!
Au Québec, comme aux États-Unis, les étudiants n'habitent pas chez leurs parents. Ils ont une chambre à l'université. Déménage! Tu es une adulte, après tout.

Mamadou

Moi aussi, Léa, pour étudier en France, j'ai déménagé à Paris. Ma famille habite toujours au Sénégal.

Charlotte

Pourquoi déménager? On est bien chez ses parents...

Poema

Ton copain[6] Hassan n'a pas tort: la colocation, c'est une solution intéressante. Propose à tes parents! D'ailleurs,[7] à côté de chez moi, il y a une chambre à louer. Elle a l'air pas mal. C'est une colocation. Regarde l'annonce sur Internet: «Étudiante d'origine québécoise cherche colocataire. Propose jolie chambre de 12 m²[8] dans bel appartement. Immeuble avec concierge. Au 5e étage[9] sans ascenseur.[10] 500 euros/mois, charges comprises.[11]»

---

[1]dream [2]sous... on the top floor (lit. under the roof) [3]petites... classified advertisements [4]Nothing [5]me... is advising me to get a roommate [6]buddy [7]Moreover [8]12 mètres carrés = 12 square meters = approx. 129 sq. ft. [9]cinquième... = 6th floor (of an American building) [10]sans... without elevator [11]included

Montréal: vivre en français

Parler français, dans une ambiance française, mais sur le continent américain, est-ce que c'est possible? Bien sûr!

Il y a près de chez vous un territoire francophone. C'est la province de Québec, au Canada. Dans cette région, le français est la langue officielle des administrations, du travail, du commerce et des communications.

Combien de membres représente cette communauté? Plus de huit millions de personnes. Très actives et passionnément francophiles, elles désirent protéger leur héritage culturel francophone.

Montréal est la ville des contrastes: Les demeures (*residences*) anciennes du Vieux-Montréal et d'autres quartiers montréalais s'opposent aux grands immeubles ultra modernes de certains secteurs de la ville.
©McGraw-Hill Education

Étudiante américaine, Deborah étudie le français à l'université de Montréal pour devenir professeur. Tous les jours, elle lit[1] *Le Journal de Montréal* ou *La Presse*. À la télévision, elle regarde des programmes français proposés par le Réseau de l'Information[2] (RDI).

Elle aime se promener[3] dans les rues tranquilles de la vieille ville. «J'ai l'impression d'être en Europe», dit-elle. On comprend[4] pourquoi: Montréal a été fondé[5] par les Français en 1642.[6] Ses origines sont évidentes dans son architecture, dans les noms des rues, dans le Vieux-Port. Mais surtout,[7] à Montréal, on attache une importance essentielle à la beauté de l'environnement et à la qualité de vie. Exactement comme à Paris, à Rome ou à Madrid.

[1]*reads* [2]*Réseau... Information Network* [3]*se... to walk* [4]*understands* [5]*a... was founded* [6]*mille six cent quarante-deux* [7]*especially*

VOUS COMPRENEZ?

1. Sur quel continent est situé le Québec? Regardez la carte à la fin du livre et situez la ville de Montréal.
2. Dans quels domaines est-ce qu'on utilise le français au Québec?
3. Le Québec est une région *francophile* et *francophone*: donnez la définition de ces deux adjectifs.
4. Combien de personnes habitent au Québec?
5. Pourquoi est-ce qu'on parle français à Montréal?
6. Comment est-ce que Deborah montre son attachement à la langue et à la culture françaises?

 ## Micro-trottoir

Answer the following questions from your own perspective. Then, watch the video and note the similarities and differences between your responses and those of the people interviewed.

1. Qu'est-ce que l'expression «chez moi» représente pour vous?
2. Étudier ou travailler dans un pays francophone: vous aimez l'idée? Pourquoi?
3. Quel pays francophone vous tente le plus? Expliquez.

Les verbes en *-ir*

Expressing Actions

DU CAMPING À LONDRES?

Léa et Juliette discutent au café.

JULIETTE: **Tu réfléchis** à nos vacances?

LÉA: Oui! J'ai envie de faire du ski d'été dans les Alpes. Ou bien de visiter Londres. **Tu choisis!**

JULIETTE: Léa, **on finit** toujours par aller où tu désires! Alors, tu décides!

LÉA: Bon: c'est Londres!

JULIETTE: Ça va. J'aime bien l'Angleterre. Si **nous réussissons** à trouver un petit hôtel pas cher, c'est d'accord.

LÉA: Non. L'hôtel, c'est impersonnel. **Je réfléchis** à une autre solution de logement.

JULIETTE: Le camping, par exemple? (Elle rit.*)

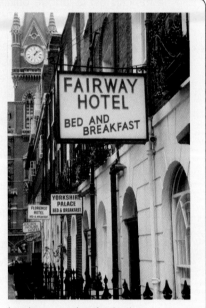
Londres, une des destinations préférées des jeunes français
©Magwitch/Alamy

Elle… She laughs.

Complétez les phrases par les verbes en **-ir** qui figurent dans le dialogue.

1. Tu _____ à nos vacances?
2. Tu _____ les Alpes ou Londres?
3. Comme toujours, on _____ par aller où tu désires!
4. Nous _____ à trouver un petit hôtel.
5. Je _____ à une solution.

Although the infinitives of the largest group of French verbs end in **-er,** those of a second group end in **-ir.** To form the present tense of these verbs, drop the final **-ir** and add the endings shown in the chart.

PRESENT TENSE OF **finir** (*to finish*)			
je	fin**is**	nous	fin**issons**
tu	fin**is**	vous	fin**issez**
il/elle/on	fin**it**	ils/elles	fin**issent**

The **-is** and **-it** endings of the singular forms have silent final consonants. The double **s** of the plural forms is pronounced.

1. Other verbs conjugated like **finir** include:

agir	*to act*
choisir	*to choose*
réfléchir (à)	*to reflect (upon), to consider*
réussir (à)	*to succeed (in)*

J'**agis** toujours avec logique.   *I always act logically.*

Nous **choisissons** des affiches.   *We're choosing some posters.*

2. The verb **réfléchir** requires the preposition **à** before a noun when it is used in the sense of *to consider, to think about,* or *to reflect upon something.*

Elles **réfléchissent aux** questions de Paul.   *They are thinking about Paul's questions.*

3. The verb **réussir** requires the preposition **à** before an infinitive or before the noun* in the expression **réussir à un examen** (*to pass an exam*).†

Je **réussis** souvent **à** trouver les réponses.   *I often succeed in finding the answers.*

Marc **réussit** toujours **à** l'examen d'histoire.   *Marc always passes the history exam.*

4. The verb **finir** requires the preposition **de** before an infinitive. When **finir** is followed by **par** + infinitive, it means *to end up* (*doing*).

En général, je **finis d'**étudier à 8 h 30.   *I usually finish studying at 8:30.*

On **finit** souvent **par** regarder la télé.   *We often end up watching TV.*

Allez-y!

A. À la bibliothèque. Read the following description of Sophie's visit to the library. Then imagine that Sophie and Aya are there together and restate the account using **nous.**

Je choisis un livre de référence sur la Révolution française. Je réfléchis au sujet. Je réussis à trouver une revue intéressante sur la Révolution. Je finis très tard.

B. En cours de littérature. Complete the sentences with appropriate forms of **agir, choisir, finir, réfléchir,** or **réussir.**

1. Le professeur _____ des textes intéressants.
2. Les étudiants _____ avant de répondre aux questions du professeur.
3. Pierre et Anne _____ toujours leur travail très vite (*fast*).
4. Nous _____ toujours aux examens.
5. Toi, tu _____ souvent sans (*without*) réfléchir.

> ### 🎧 Prononcez bien!
>
> **The consonant *s***
>
> When the letter **s** begins a word and when it occurs between a vowel and a consonant, pronounce it as [s].
>
> [s]: ré**p**on**s**e
>
> When it is surrounded by two vowels, pronounce it as [z].
>
> [z]: choi**s**ir
>
> To make an [s] sound between two vowels, the spelling is usually **ss.** Remember to write **ss** in conjugations that require it.
>
> [s]: fini**ss**ez, réu**ss**i**ss**ons
>
> Notice that the sound [s] can also be produced by other letters.
>
> [s]: mer**c**i, **ç**a, na**t**ion, soi**x**ante

---

*Note that it is becoming more common to hear **réussir un examen** without the preposition **à**, as in the expression: **réussir sa vie** (*to make a success of one's life*), which does not require the preposition.

†**Passer un examen** means *to take an exam,* not *to pass* one.

C. Choisissez! What might these people pick out for their new rooms?

Suggestions: une armoire, des enceintes, des étagères, un iPod®, un miroir, un ordinateur.

MODÈLE: Karim. Il aime la musique. → Il choisit un iPod.

1. Ako. Elle étudie l'informatique. **2.** Fatima et Julie. Elles ont beaucoup de livres. **3.** Luc. Il est vaniteux (*vain*). **4.** Antoine et Romain. Ils ont beaucoup de vêtements. **5.** Chantal. Elle aime écouter la musique très fort (*loud*).

D. Une conversation. Use the following cues as a springboard for discussion with a classmate.

MODÈLE: réussir / aux examens →
    É1: Est-ce que tu réussis toujours aux examens?
    É2: Oui, bien sûr, je réussis toujours aux examens!
    É1: Ah, tu es intelligent(e)! Moi, je ne réussis pas toujours aux examens.

1. agir / souvent / sans réfléchir
2. finir / exercices / français
3. choisir / cours (difficiles, faciles,...)
4. réfléchir / problèmes (politiques, des étudiants,...)
5. choisir / camarade de chambre (patient, intellectuel, calme,...)

La place de l'adjectif qualificatif

Describing People, Places, and Things

CINQUANTE EUROS LA NUIT

Léa téléphone à Juliette.

LÉA: Juliette, je suis sur le site Booking.com. Voici une proposition **intéressante:** «Loue **beau** studio dans **joli petit** immeuble **ancien. Bon** quartier de Londres.»
JULIETTE: Tu as des photos?
LÉA: Oui, deux photos. Je regarde... Ah! La vue est horrible: un parking!
JULIETTE: Comment est la salle de bains?
LÉA: Il y a une **petite** douche avec un **vieux** rideau. Les murs sont jaunes!
JULIETTE: Stop! C'est non! Je déteste le jaune!
LÉA: Mais Juliette, ce n'est pas cher! 50 euros la nuit!

Le boom des réservations sur Internet
Courtesy of booking.com/Photo by Owen Franken

Quelles sont les caractéristiques du studio, de l'immeuble et du quartier? Utilisez les adjectifs du dialogue.

1. C'est un _____ studio.
2. C'est un _____ _____ immeuble _____.
3. C'est un _____ quartier.
4. C'est une _____ douche.
5. C'est un _____ rideau.

Adjectives That Usually Precede the Noun

1. Certain short and commonly used adjectives usually precede the nouns they modify.

REGULAR	IRREGULAR	IDENTICAL IN MASCULINE AND FEMININE
grand(e)* *big, tall; great*	**ancien(ne)*** *old; former*	**autre** *other*
joli(e) *pretty*	**beau / belle** *beautiful, handsome*	**chaque** *each, every*
mauvais(e) *bad*	**bon(ne)** *good*	**jeune** *young*
petit(e) *small, little*	**cher / chère*** *dear; expensive*	**pauvre*** *poor; unfortunate*
vrai(e) *true*	**dernier / dernière** *last*	
	faux / fausse *false*	
	gentil(le) *nice, kind*	
	gros(se) *large; fat, thick*	
	long(ue) *long*	
	nouveau / nouvelle *new*	
	premier / première *first*	
	vieux / vieille *old*	

Marise habite une **petite** chambre en cité-U.	*Marise lives in a small room at the university dormitory.*
Les **jeunes** étudiants aiment bien le cinéma.	*Young students like to go to the movies.*
C'est une **bonne** idée!	*It's a good idea!*

2. The adjectives **beau, nouveau,** and **vieux** are irregular. They have two masculine forms in the singular.

SINGULAR		
MASCULINE	MASCULINE BEFORE VOWEL OR MUTE **h**	FEMININE
un **beau** livre	un **bel** appartement	une **belle** voiture
un **nouveau** livre	un **nouvel** appartement	une **nouvelle** voiture
un **vieux** livre	un **vieil** appartement	une **vieille** voiture

PLURAL	
MASCULINE	FEMININE
de **beaux** appartements	de **belles** voitures
de **nouveaux** appartements	de **nouvelles** voitures
de **vieux** appartements	de **vieilles** voitures

[Allez-y! A]

---

*More information about **grand, ancien, cher,** and **pauvre** can be found on the next page.

Grammaire interactive

For more on the gender, number, and position of adjectives, watch the corresponding Grammar Tutorial and take a brief practice quiz at **Connect French.**

www.mhhe.com/connect

Adjectives Preceding Plural Nouns

When an adjective precedes a noun in the plural form, the plural indefinite article **des** generally becomes **de.***

J'ai **des** livres de français. → J'ai **de** nouveaux livres de français.

Il y a **des** films à la télé. → Il y a **de** vieux films à la télé.

[Allez-y! B-C]

Adjectives That Can Precede or Follow Nouns They Modify

The adjectives **ancien / ancienne** (*old; former*), **cher / chère** (*dear; expensive*), **grand(e),** and **pauvre** can either precede or follow a noun, but their meaning depends on their position. Generally, the adjective in question has a literal meaning when it follows the noun and a figurative meaning when it precedes the noun.

LITERAL SENSE	FIGURATIVE SENSE
Il a des chaises **anciennes.** *He has antique chairs.*	M. Sellier est l'**ancien** propriétaire. *Mr. Sellier is the former landlord.*
C'est un smartphone très **cher.** *That's a very expensive smartphone.*	Ma **chère** amie... *My dear friend ...*
C'est un homme très **grand.**[†] *He's a very tall man.*	C'est un très **grand** homme. *He's a great man.*
Les étudiants **pauvres** reçoivent une bourse de l'État. *Poor (not rich) students receive a scholarship from the state.*	**Pauvres** étudiants! Il y a un examen demain! *The poor (unfortunate) students! There is an exam tomorrow!*

Placement of More Than One Adjective

When more than one adjective modifies a noun, each adjective precedes or follows the noun as if it were used alone.

C'est une **petite** femme **blonde.**
J'ai de **bons** livres **français.**
C'est un **vieil** immeuble **agréable.**

Vous aimez de jolis bouquets élaborés?

©OJO Images Ltd/Alamy RF

---

*In informal speech, **des** is often retained before the plural adjective: **Elle a toujours *des belles* plantes.**

[†]The adjective **grand(e)** is placed *after* the noun to mean *big* or *tall* only in descriptions of people. In descriptions of things and places, **grand(e)** is placed *before* the noun to mean *big, large,* or *tall:* **les grandes fenêtres, un grand appartement, une grande table.**

Allez-y!

A. Vous déménagez? You are moving out of the apartment you share with a friend. Specify which items you are taking with you.

MODÈLE: la table / vieux → J'emporte la vieille table.

1. le lit / petit
2. les tapis / grand
3. l'ordinateur / nouveau
4. le canapé / vieux
5. la commode / grand
6. les chaises / beau

B. David emménage! David has moved into his new apartment, and he's explaining where everything goes. Give the plural form of the nouns, and make the appropriate agreements.

MODÈLE: Je place <u>un beau vase</u> sur l'étagère. →
Je place de beaux vases sur l'étagère.

Pour décorer, je mets <u>une vieille affiche</u>[1] sur le mur. Près du lit, il y a <u>une petite lampe</u>.[2] J'ai <u>une nouvelle chaise</u>[3] pour la table de cuisine. À la fenêtre, j'installe <u>un long rideau</u>.[4] Pour me détendre (*relax*), j'écoute <u>un bon album</u>.[5] Pour finir, j'invite <u>un vieux copain</u>[6] (*buddy*).

C. L'amie de David. David's friend Julie has joined him to go shopping for things for his new apartment. For each sentence, provide the proper form and placement for the adjectives within parentheses.

MODÈLE: David regrette les _____ excursions _____. (ennuyeux, long) →
David regrette les longues excursions ennuyeuses.

1. Il cherche une _____ commode _____. (ancien, autre)
2. Julie est une _____ femme _____. (petit, sympathique)
3. Elle porte une _____ robe _____. (beau, blanc)
4. Le petit ami de Julie est un _____ homme _____. (dynamique, jeune)
5. Il aime les _____ voitures _____. (américain, vieux)

D. Jeu de logique. Complete the following thoughts logically using **les mots de liaison** found in the **Mots clés**.

1. J'habite dans un beau quartier, _____ c'est un peu cher.
2. Je vais déménager (*I'm going to move*) _____ je trouve un nouvel appartement.
3. J'ai envie d'habiter dans le vieux quartier de la ville _____ en banlieue (*in the suburbs*).
4. Pour le moment, mon amie Jeanne n'a pas d'argent, _____ elle habite chez ses (*her*) parents.
5. C'est une femme calme _____ organisée.
6. Elle commence un nouvel emploi (*job*) le mois prochain (*next*), _____ elle pense emménager avec moi.

E. Chez moi. Ask a classmate to describe his/her room. Use questions to get information on placement, color, size, and so on. As he/she gives you the details, draw a plan of the room. Then repeat the exercise, answering his/her questions about your room.

Mots clés

Using conjunctions

To make more complex and interesting sentences, use the following words:

et	*and*
alors	*so*
ou	*or*
mais	*but*
si	*if*
donc	*therefore*

Geneviève est riche **et (mais)** généreuse.

J'habite près de l'université **donc (alors)** j'étudie souvent à la bibliothèque.

Prononcez bien!

1. The vowels in *sous* and *sur* (page 92)

A. Questions pour un champion! You and your roommate Hugo are watching your favorite game show on TV. Hugo is talking about Justine, one of the contestants from the day before. You don't remember her, so Hugo describes her. Listen and complete the paragraph with the words you hear. Each one contains the sound [u] as in **sous** or [y] as in **sur**.

HUGO: Rappelle-toi! Elle était (*was*) _____,[1] aux cheveux _____,[2] avec une _____,[3] un _____[4] et des _____[5] _____;[6] _____[7] à l' _____,[8] en _____;[9] intelligente et _____.[10]

B. Le jeu de l'autre mot. The show starts with a game in which the host says a word containing either [u] as in **sous** or [y] as in **sur** and asks contestants to come up with a similar-sounding word containing the other vowel. Your partner will play the **présentateur/présentatrice** (*host*) and read the following words while you play one of the **candidats** (*contestants*) and give the answers.

MODÈLE: PRÉSENTATEUR/PRÉSENTATRICE: rousse
CANDIDAT(E): russe

1. cure   **3.** doux (*soft*)   **5.** tout (*all*)   **7.** pur(e)

2. jus (*juice*)   **4.** vue (*view*)   **6.** nu (*naked*)

2. The consonant *s* (page 105)

A. Un nouveau joueur. One of the contestants was eliminated and replaced by a new one, who is now introducing himself. Listen and complete the sentences.

_____[1]! Je m'appelle _____.[2] Je suis _____[3] de _____[4] à l' _____[5] de la Sorbonne. Mes étudiants aiment bien mes cours. Ils _____[6] qu'ils sont _____,[7] mais _____[8] et, parfois, _____.[9] Quand les étudiants font des efforts et qu'ils _____[10] beaucoup, ils _____[11] bien au cours.

B. Trouvez l'intrus. After the contestants' introduction, the show resumes with two *Odd Man Out* games. The presenter will read two lists of five words that contain the letter s. Say the word that doesn't belong, based on its sound.

©PhotoAlto/Alix Minde/Getty Images RF

Lecture

Predicting content from titles. The title of a reading selection often helps you anticipate content by activating your background knowledge about a topic. Brainstorming topics based on a title before you read will make reading easier, because you will already have information in mind that can aid your comprehension.

The text you will read in this section is called "Petites annonces pour trouver un appartement à Paris." What do you already know about renting a room or an apartment? Make a short list of what you would like in a room or apartment to rent while you are a student. Use the following questionnaire as a guide. Then, as you read the ads, see which apartment has most of the items that are important to you.

Acceptable ou inacceptable? Which of the following are important or unimportant to you?

	IMPORTANT	PAS IMPORTANT
1. avoir une cuisine	☐	☐
2. être près des transports en commun	☐	☐
3. avoir un ascenseur	☐	☐
4. avoir un colocataire (*roommate*)	☐	☐
5. avoir une douche ou salle de bains dans l'appartement	☐	☐
6. avoir une jolie vue	☐	☐

After reading the texts carefully, which place is the best for you?

Petites annonces pour trouver un appartement à Paris

Ravissant studio 18 m2, Métro Gare du Nord

Studio meublé, 18 m2, à côté de la gare du Nord. Deux grandes fenêtres, belle vue sur Paris. Douche[1] et WC, cuisinette (évier,[2] frigo, plaques de cuisson[3]), lit en mezzanine, placards[4] et étagères. Excellente copropriété. Deux digicodes.[5] Au 7e étage d'un vieil immeuble rénové. Ascenseur.[6] Parfait pour étudiant. 620 euros/mois, charges comprises. Garant demandé.[7] Tél: 06 80 17 10 17.

Studette pour étudiant(e), jardin du Luxembourg et facs

PARIS 6e. Près du jardin du Luxembourg, studette orientée sud, 13 m2 avec petit balcon. Lit 1 personne, placards, douche, cuisinette. Murs blancs impeccables, parquet. Chauffage[8] électrique. Dans bel immeuble ancien, tapis dans l'escalier, concierge, digicode et interphone. Au 5e étage sans ascenseur. WC extérieurs, en face de la porte. À côté de la faculté de Pharmacie et devant une station Vélib'. 530 euros. Garantie parents.[9] Tél: 06 17 17 11 11.

[1]*shower* [2]*kitchen sink* [3]*plaques... hotplates* [4]*closets* [5]*keyless entry system* [6]*elevator* [7]*Garant... guarantor needed* [8]*heating* [9]*Garantie... parent needed as co-signer*

À propos de la lecture...

This reading was written by one of the authors of *Vis-à-vis*.

Un vieil ascenseur à Paris
©Horst Von Irmer Photography/Getty Images

Chambre en colocation dans bel appartement

Chambre confortable, 12 m2, dans appartement agréable au 4ᵉ étage d'un immeuble récent avec ascenseur. Jolie vue sur Paris. Lit double, bureau, commode, placard, TV avec cable et Wi-Fi. Accès cuisine, salle de bains et grand salon. Deux autres colocataires[10] étudiants. Dans le 11ᵉ arrondissement, près du métro Parmentier, au 132, rue Saint-Maur. Quartier jeune, restaurants et bars à proximité. Devant Vélib'. 600€/mois. Visites jeudi entre 14h et 18h.

[10]*roommates*

COMPRÉHENSION

1. Où sont situés ces logements?
2. À qui ces logements sont-ils proposés?
3. Deux annonces demandent un «garant» ou une «garantie»: pourquoi?
4. Dans quelles annonces notez-vous l'absence d'ascenseur? Comment expliquez-vous cette particularité?
5. Quel logement préférez-vous? Pourquoi?

 # Écriture

The writing activities **Par écrit** and **Journal intime** can be found in the Workbook/Laboratory Manual to accompany *Vis-à-vis*.

 # Sondages

LA COLOCATION

In 2014, the Guy Hoquet real estate agency conducted a survey on shared living arrangements in France. Review the extracts on the following page to learn more about their findings regarding this growing trend.

A. Answer the questions below with a partner.

1. Selon le sondage, quel âge ont la plupart des (*most*) personnes qui vivent ou qui ont déjà (*already*) vécu en colocation?
2. Quelle est la plus grande (*strongest*) motivation pour vivre en colocation?
3. Quelles sont les plus grandes (*biggest*) difficultés à vivre en colocation?

B. In groups of 3–4, talk about your housing by completing the following statements. Afterward, share your group's answers with the class and see how your results compare with those in the poll above.

1. J'habite... (avec ma famille, dans une résidence universitaire, dans un studio seul(e), dans un appartement en colocation, dans un appartement en couple, etc.).
2. J'habite là parce que...
3. Les plus grandes difficultés que j'ai en ce qui concerne mon logement sont...

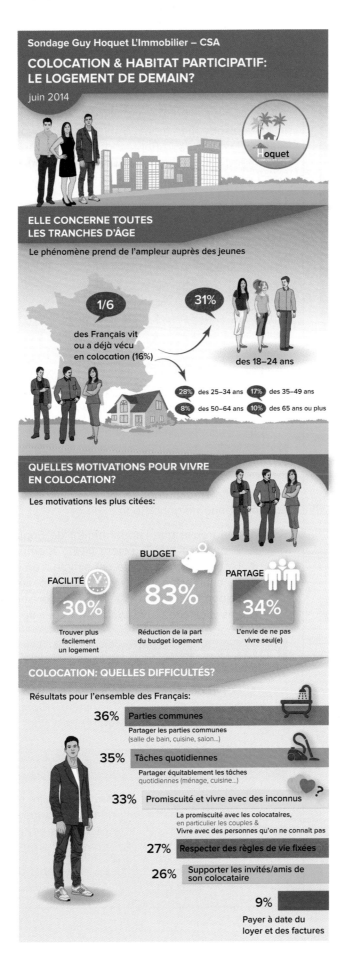

Sondage Guy Hoquet L'Immobilier – CSA

COLOCATION & HABITAT PARTICIPATIF: LE LOGEMENT DE DEMAIN?

juin 2014

ELLE CONCERNE TOUTES LES TRANCHES D'ÂGE

Le phénomène prend de l'ampleur auprès des jeunes

1/6

des Français vit
ou a déjà vécu
en colocation (16%)

31%

des 18–24 ans

28% des 25–34 ans   17% des 35–49 ans

8% des 50–64 ans   10% des 65 ans ou plus

QUELLES MOTIVATIONS POUR VIVRE EN COLOCATION?

Les motivations les plus citées:

FACILITÉ

30%

Trouver plus
facilement
un logement

BUDGET

83%

Réduction de la part
du budget logement

PARTAGE

34%

L'envie de ne pas
vivre seul(e)

COLOCATION: QUELLES DIFFICULTÉS?

Résultats pour l'ensemble des Français:

36% Parties communes

Partager les parties communes
(salle de bain, cuisine, salon...)

35% Tâches quotidiennes

Partager équitablement les tâches
quotidiennes (ménage, cuisine...)

33% Promiscuité et vivre avec des inconnus

La promiscuité avec les colocataires,
en particulier les couples &
Vivre avec des personnes qu'on ne connaît pas

27% Respecter des règles de vie fixées

26% Supporter les invités/amis de
son colocataire

9%

Payer à date du
loyer et des factures

Le vidéoblog de Léa

Léa visite l'appartement de Sonia
©McGraw-Hill Education

En bref

In this episode, Léa meets Sonia, a young woman originally from Montreal who lives in Paris and is looking for a roommate to share her apartment. After being shown around the apartment, Léa asks Sonia to describe the architectural landscape of Montreal for her videoblog.

Vocabulaire en contexte

à deux (trois, ...) étages
having two (three, . . .) floors

un(e) locataire
tenant

avoir de l'espace
to be roomy

le logement
housing

emménager / déménager
to move in / to move out

un(e) colocataire
roommate

un immeuble
(*apartment*) *building*

un(e) concierge
apartment building manager

un bâtiment
building (*in general*)

VISIONNEZ!

For each statement, choose the adjective that best describes Sonia's apartment and neighborhood.

1. Léa trouve que l'appartement de Sonia est <u>petit</u> / <u>grand</u>.
2. Elle pense que le séjour (*living room*) est très <u>sombre</u> / <u>clair</u>.
3. La chambre de Sonia est <u>simple</u> / <u>en désordre</u>.
4. La chambre à louer (*for rent*) est <u>petite</u> / <u>grande</u>.
5. L'appartement est dans un quartier <u>super</u> / <u>désagréable</u>.
6. Les locataires sont vraiment <u>cool</u> / <u>désagréables</u>.

ANALYSEZ!

1. Sonia dit (*says*) que Montréal est une ville «où l'architecture du passé et du présent coexistent». Donnez des exemples.
2. Sonia dit aussi que Montréal est une ville «ouverte». Expliquez.

COMPAREZ!

Watch Léa's visit to Sonia's apartment again. Is Sonia's apartment similar to student apartments near your campus? Using the vocabulary presented above, as well as other words you know, describe the housing possibilities for students in your area.

MODÈLE: Il y a des petits appartements dans des immeubles à deux étages, et il y a aussi...

VOCABULAIRE

Verbes

agir	to act
bavarder	to chat
choisir	to choose
déménager	to move out
emménager	to move in
finir (de + *inf.*)	to finish (*doing s.th.*)
finir par + *inf.*	to end up (*doing s.th.*)
louer	to rent
passer un examen	to take an exam
réfléchir (à)	to think (about)
réussir (à)	to succeed (in); to pass (*a test*)

Substantifs

l'affiche (*f.*)	poster
l'appartement (*m.*)	apartment
l'armoire (*f.*)	wardrobe, closet
l'ascenseur (*m.*)	elevator
le (baladeur) iPod®	iPod (player)
le canapé	sofa
la chambre	bedroom
chambre de bonne	maid's room; garret
le chat	cat
le chien	dog
le/la colocataire	roommate
la commode	chest of drawers
le couloir	hallway
la douche	shower
l'enceinte (*f.*)	speaker
l'étagère (*f.*)	shelf
l'évier (*m.*)	kitchen sink
la fleur	flower
la guitare	guitar
l'immeuble (*m.*)	apartment building
la lampe	lamp
le lavabo	bathroom sink
le lit	bed
la location	rent
le logement	lodging, place of residence
le magazine	magazine
la maison	house
le meuble	piece of furniture
le miroir	mirror
le mur	wall
le placard	closet
le réveil	alarm clock
le rideau	curtain
la rue	street
la station d'accueil	docking station (iPod, cell phone)
la studette	small studio (apartment) with shared bathroom
le studio	studio (apartment)
le tapis	rug
le téléphone	telephone
le (téléphone) portable	cell phone
les toilettes (*f. pl.*) (les W.-C.)	restroom
la voiture	car

À REVOIR: le bureau, la chaise, l'ordinateur, le portable, la table, la tablette, la télé(vision)

Adjectifs

ancien(ne)	old, antique; former
autre	other
bon(ne)	good
chaque	each
dernier / dernière	last
faux / fausse	false
gros(se)	large; fat; thick
jeune	young
joli(e)	pretty
mauvais(e)	bad
premier / première	first
vieux / vieil / vieille	old
vrai(e)	true

À REVOIR: beau / bel / belle, cher / chère, facile, gentil(le), grand(e), long(ue), nouveau / nouvel / nouvelle, pauvre, petit(e)

Prépositions de lieu

à côté de	beside
à droite de	on the right of
à gauche de	on the left of
chez	at the home of; at the office of
derrière	behind
devant	in front of
en face de	across from
entre	between
loin de	far from
par	by
par terre	on the ground
près de	near
sous	under
sur	on

Mots interrogatifs

combien (de)	how many, how much
comment	how, what
où	where
pourquoi	why
qu'est-ce que, que	what
quand	when
qui	who, whom

Mots et expressions divers

alors	so; then
donc	then; therefore
en désordre	disorderly
en ordre	orderly
parce que	because
si	if

Bienvenue...

Un coup d'œil sur La Nouvelle-Orléans et le pays des Cadiens,° en Louisiane

°Cajuns

Quand on parle de la Louisiane, on pense souvent à La Nouvelle-Orléans et au Mardi Gras. Et c'est vrai, il y a des traces françaises dans l'architecture, la cuisine, les noms et les traditions de La Nouvelle-Orléans. Mais à l'extérieur de cette grande ville, il y a toute une autre culture francophone à découvrir—le pays des Cadiens. Au sud-ouest de la ville, vous pouvez[1] explorer les bayous et parler français avec les habitants des communautés de nom français, comme LaRose et Belle Rivière. Si vous continuez plus vers le nord-ouest, vous allez traverser le Bassin de l'Atchafalaya, un grand marais[2] entre Baton Rouge et Lafayette. Si vous avez le temps, allez à Henderson pour faire une visite guidée de l'Atchafalaya en bateau—vous allez peut-être y voir des cocodrils[3]! Si vous avez faim, goûtez du boudin* ou des écrevisses.[4] On mange bien en Louisiane!

Qui sont les Cadiens? Ce sont les descendants des Acadiens, un peuple d'origine française, exilés du Canada par les Anglais en 1755. Alors, beaucoup d'Acadiens s'installent en Louisiane, qui est un territoire francophone. Ce qu'on appelle «cadien» aujourd'hui est vraiment un mélange[5] de cultures. La musique, la cuisine et même la langue cadiennes sont influencées par les Créoles, les Espagnols, les Amérindiens[6] et d'autres groupes ethniques en Louisiane. La Louisiane française, c'est un véritable gombo!

Le célèbre Café du Monde à La Nouvelle-Orléans
©McGraw-Hill Education

[1]*can* [2]*swamp* [3]*alligators (Cajun)* [4]*crawfish* [5]*mixture* [6]*Native Americans*

PORTRAIT **Feufollet†**

La musique et la danse cadiennes sont populaires partout dans le monde, surtout là où on parle français. Feufollet est un groupe de jeunes musiciens de Louisiane qui jouent de la musique traditionnelle avec une saveur[1] originale. Ils découvrent la musique cadienne quand ils sont encore à l'école primaire, lors[2] d'un programme d'immersion française où ils étudient les maths, les sciences et même l'éducation physique en français. Avec leurs parents, ils vont aux Festivals Acadiens et Créoles où ils entendent de la musique traditionnelle. Bientôt ils commencent à jouer et à chanter en français comme leurs ancêtres. Aujourd'hui, ces jeunes adultes jouent leur musique en Louisiane, en France, au Canada—et aux Festivals Acadiens et Créoles! Les musiciens de Feufollet trouvent qu'il est important de comprendre et de parler la langue qu'ils chantent. Ils s'amusent, ils gagnent de l'argent et ils préservent leur héritage.

Feufollet: un groupe de jeunes musiciens de Louisiane
©Allison Bohl DeHart

[1]*flavor* [2]*during*

*Boudin is a spicy sausage made of rice, ground pork, onions, and other seasonings. It is sold widely in local grocery stores as a quick snack or meal. The traditional blood sausage that the French call **boudin** also exists in Louisiana, where it is known as **boudin rouge**.
†In southwestern Louisiana, the **feu follet** refers to a shining light seen over the swamps at night. Folk tales came up with many different meanings for these lights, such as the souls of babies who had died without being baptized.

en Amérique du Nord

Un coup d'œil sur Québec, au Canada

Est-ce que vous aimez faire du ski[1]? Avez-vous envie de faire du magasinage,[2] ou est-ce que vous préférez visiter les musées? Venez voir la ville de Québec, la capitale de la province de Québec, et l'une des seules[3] villes fortifiées en Amérique du Nord. Les Québécois sont toujours très fiers de leur héritage francophone et, pour environ[4] 80 % des Québécois, le français est leur langue maternelle.

Dans le Vieux-Québec, il y a beaucoup de magasins chic et de bons restaurants. Visitez le musée de la Civilisation, qui propose des expositions sur l'histoire et la culture contemporaine du Québec. Sur la terrasse Dufferin, derrière le château Frontenac, vous pouvez écouter des musiciens québécois pendant l'été[5] ou faire des glissades[6] pendant l'hiver.[7] Chaque février pendant le carnaval de Québec, on célèbre les plaisirs de l'hiver avec des feux d'artifice[8] et une grande compétition de sculptures sur neige[9]!

[1]faire... *go skiing* [2]faire... *go shopping (Quebec)* [3]*only* [4]*approximately* [5]pendant... *during the summer* [6]faire... *go tobogganing* [7]*winter* [8]feux... *fireworks* [9]sculptures... *snow sculptures*

L'hiver dans le Vieux-Québec
©McGraw-Hill Education

©Charles Phelps Cushing/ ClassicStock/Getty Images

PORTRAIT **Samuel de Champlain (c. 1567[1]–1635[2])**

Grand géographe et explorateur français, Samuel de Champlain explore, entre 1603[3] et 1633,[4] les régions du fleuve[5] Saint-Laurent, l'Acadie (appelée[6] aujourd'hui la Nouvelle-Écosse et le Nouveau-Brunswick) et le Québec. Champlain devient[7] l'ami des Amérindiens Hurons et des Algonquins, qui lui font découvrir[8] leur pays. Il fonde la ville de Québec en 1608.[9]

[1]mille cinq cent soixante-sept [2]mille six cent trente-cinq [3]mille six cent trois [4]mille six cent trente-trois [5]*river* [6]*called* [7]*becomes* [8]qui... *who help him discover* [9]mille six cent huit

 Watch the *Bienvenue en Amérique du Nord* video segments to learn more about Cajun Country and Quebec.

De génération en génération

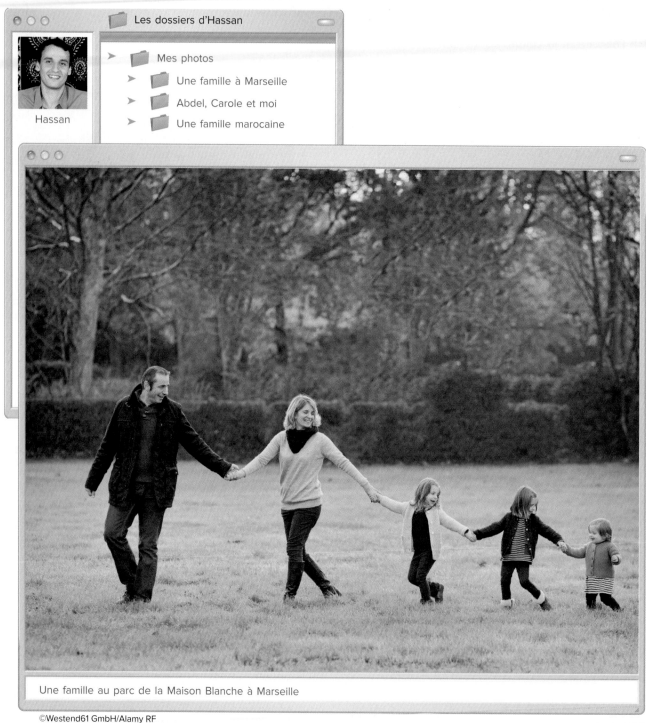

Les dossiers d'Hassan

Hassan

➤ Mes photos
  ➤ Une famille à Marseille
  ➤ Abdel, Carole et moi
  ➤ Une famille marocaine

Une famille au parc de la Maison Blanche à Marseille

©Westend61 GmbH/Alamy RF

Dans ce chapitre...

OBJECTIFS COMMUNICATIFS

- ➤ talking about family and relatives
- ➤ identifying rooms in a house
- ➤ talking about weather
- ➤ expressing possession
- ➤ talking about plans and destinations
- ➤ expressing what you are doing and making
- ➤ expressing actions
- ➤ learning to distinguish between and pronounce selected sounds in French

PAROLES (LEÇON 1)

- ➤ La famille
- ➤ La maison
- ➤ Les saisons et le temps

STRUCTURES (LEÇONS 2 ET 3)

- ➤ Les adjectifs possessifs
- ➤ Le verbe **aller** et le futur proche
- ➤ Le verbe **faire**
- ➤ Les verbes en **-re**

CULTURE

- ➤ Le blog d'Hassan: *Un mariage franco-marocain**
- ➤ Reportage: *La famille au Maroc: une valeur sûre*
- ➤ Lecture: *Giverny: le petit paradis de Monet* (Leçon 4)

Abdel, Carole et moi dans mon restaurant

©McGraw-Hill Education

Une famille marocaine

©Allison Michael Orenstein/Getty Images

---

*In **Chapitres 5–8,** you will read Hassan Zem's blog. He will write about Moroccan wedding customs, food, and vacation options. Other characters will offer commentaries on his blog.

Trois générations d'une famille

les grands-parents

Édouard Deschamps
le grand-père

Marie Deschamps
la grand-mère

les parents

Isabelle Deschamps
la mère
(la femme de Maurice)

Maurice Deschamps

Simone Lagrange

Pierre Lagrange
le père (le mari de Simone)

les enfants

Émilie Deschamps

Benoît Deschamps
le fils (le frère
d'Émilie)

Camille Lagrange
la fille (la sœur
de Philippe)

Philippe Lagrange

AUTRES MOTS UTILES			
le petit-enfant	grandchild	**le parent**	parent (*or* relative)
la petite-fille	granddaughter	**les arrière-grands-parents** (*m. pl.*)	great-grandparents
le petit-fils	grandson		
le cousin, la cousine	cousin	**célibataire**	single
le neveu	nephew	**divorcé(e)**	divorced
la nièce	niece	**marié(e)**	married
l'oncle (*m.*)	uncle	**pacsé(e)**	joined legally by a PACS*
la tante	aunt		
le beau-frère	brother-in-law		
la belle-sœur	sister-in-law		
le demi-frère	half brother (*or* stepbrother)		
la demi-sœur	half sister (*or* stepsister)		
le beau-père	father-in-law (*or* stepfather)		
la belle-mère	mother-in-law (*or* stepmother)		
le gendre	son-in-law		
la bru	daughter-in-law		

*The **Pacte civil de solidarité** is a type of civil union voted into French law in 1999 by the National Assembly. Two adults (same sex or not) may enter into a **PACS** by registering with the court clerk. Same-sex marriage became legal in France on May 18, 2013.

Allez-y!

A. La famille Deschamps. Étudiez l'arbre généalogique (*family tree*) de la famille Deschamps et répondez aux questions.

1. Comment s'appelle la femme d'Édouard?
2. Comment s'appelle le mari d'Isabelle?
3. Comment s'appelle la tante d'Émilie et de Benoît? Et l'oncle?
4. Combien d'enfants ont les Lagrange? Combien de filles et de fils?
5. Comment s'appelle le frère d'Émilie?
6. Combien de cousins ont Émilie et Benoît? Combien de cousines?
7. Comment s'appelle la grand-mère de Philippe? Et le grand-père?
8. Combien de petits-enfants ont Édouard et Marie? Combien de petites-filles? Combien de petits-fils?
9. Comment s'appelle la sœur de Philippe?
10. Comment s'appellent les parents de Maurice et de Simone?

B. Qui sont-ils? Complétez les définitions suivantes.

1. Le frère de mon père est mon _____.
2. La fille de ma tante est ma _____.
3. Le père de ma mère est mon _____.
4. La femme de mon grand-père est ma _____.

Maintenant définissez les personnes suivantes.

5. une nièce
6. des arrière-grands-parents
7. une tante
8. un grand-père
9. une belle-sœur
10. un demi-frère

C. Une famille américaine. Posez (*Ask*) les questions suivantes à votre camarade.

1. As-tu des frères, des sœurs, des demi-frères ou des demi-sœurs? Combien? Comment s'appellent-ils/elles? (Ils/Elles s'appellent…)
2. As-tu des grands-parents? Combien? Habitent-ils chez toi, dans une maison ou dans un appartement?
3. As-tu des cousins ou des cousines? Combien? Habitent-ils/elles près ou loin de la famille?
4. Combien d'enfants (de fils ou de filles) désires-tu avoir? Combien d'enfants est-ce qu'il y a dans une famille idéale?

D. Une famille française. Avec un(e) camarade, décrivez la famille sur la photo. Donnez le nombre de personnes, et devinez (*guess*) qui sont les personnes et quel âge elles ont. Puis imaginez leur (*their*) profession, leurs goûts (*tastes*), leur personnalité. Donnez le plus de détails (*as many details as*) possibles.

C'est une affaire de famille. Qui voyez-vous?
©Ed Buziak/Alamy

Mots clés

La préposition *chez*

Chez, which generally refers to someone's residence, means **à la maison de.** It can also refer to a place of business (doctor's office, butcher shop, etc.).

On travaille **chez** toi ou **chez** moi?
Are we working at your place or my place?

J'habite **chez** Éric.
I live at Éric's place.

Tu as rendez-vous **chez** le dentiste?
Do you have a dentist appointment?

Chez les Chabrier

MAISON À LOUER: 3 pièces (*f.*) + cuisine, salle de bains

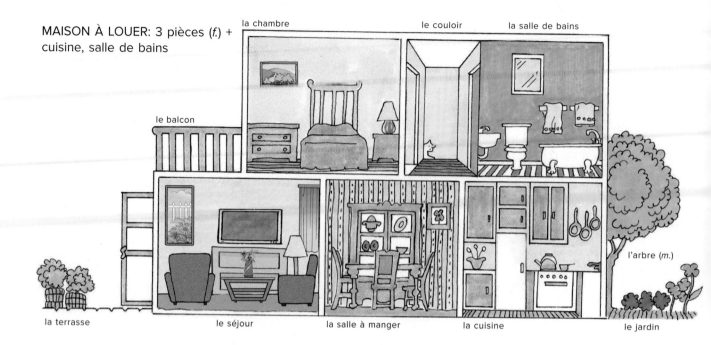

la chambre | le couloir | la salle de bains
le balcon
l'arbre (*m.*)
la terrasse | le séjour | la salle à manger | la cuisine | le jardin

AUTRES MOTS UTILES	
le bureau	study, office
la clé	key
l'escalier (*m.*)	stairway
le rez-de-chaussée	ground floor
le premier (deuxième) étage	second (third) floor (*in North America*)
le sous-sol	basement

Allez-y!

A. Les pièces de la maison. Trouvez les pièces d'après (*according to*) les définitions suivantes.

MODÈLE: C'est un lieu qui donne sur (*that overlooks*) la terrasse. → C'est le balcon.

1. la pièce où il y a une table pour manger   **2.** la pièce où il y a une télévision   **3.** la pièce où il y a un lavabo   **4.** la pièce où on prépare le dîner   **5.** un lieu de passage   **6.** la pièce où il y a un lit

B. Dans quelle pièce? Regardez encore une fois la maison des Chabrier. Où est-ce qu'on fait (*does*) les choses suivantes? Commencez vos phrases avec **On...**

1. regarder la télé: sur le balcon / dans le séjour
2. planter des fleurs: dans le jardin / dans la chambre
3. jouer avec le chat: dans la salle de bains / dans le couloir
4. manger: dans le couloir / dans la salle à manger
5. préparer un café: dans la cuisine / sur le balcon

Quel temps fait-il? Les saisons et le temps°

Quel... *How's the weather? Seasons and weather*

Au **printemps,** chez les Belges...
Le temps est nuageux.
Il fait frais.

En **été,** chez les Martiniquais...
Il fait beau.
Il fait du soleil. (Il fait soleil.)
Il fait chaud.

En **automne,** chez les Bretons...
Il pleut.
Il fait mauvais.
Le temps est orageux.

En **hiver,** chez les Québécois...
Il neige.
Il fait froid.
Il fait du vent. (Il y a du vent.)

- To ask about the weather:

    Quel temps fait-il?

- To talk about the season:

    Nous sommes au printemps (en été, en automne, en hiver).

> 🐦 **Prononcez bien!**
>
> **The pronunciation of** *premier*
>
> The **-er** in **premier** and **dernier** (*last*) has two different pronunciations: [e], as in **et,** when it ends a sentence or is followed by a word starting with a consonant, and [ɛʀ], as in **mère,** when it precedes a word beginning with a vowel sound.
>
> [e]: **le premier jour, le dernier mois**
>
> [ɛʀ]: **le premier étage, le dernier été, le premier homme**

Allez-y!

A. Parlons du temps. Répondez aux questions suivantes.

1. En quelle saison est Pâques (*Easter*)?
2. Quel temps fait-il en hiver en Alaska?
3. Est-ce qu'il fait beau l'hiver à Seattle?
4. En quelle saison est le Jour d'action de grâce (*Thanksgiving Day*)?
5. C'est le mois de mai. Quel temps fait-il chez vous?

B. Les prévisions de la météo. (*Weather forecast.*) Regardez le temps prévu pour l'Alsace et l'Europe et répondez aux questions suivantes.

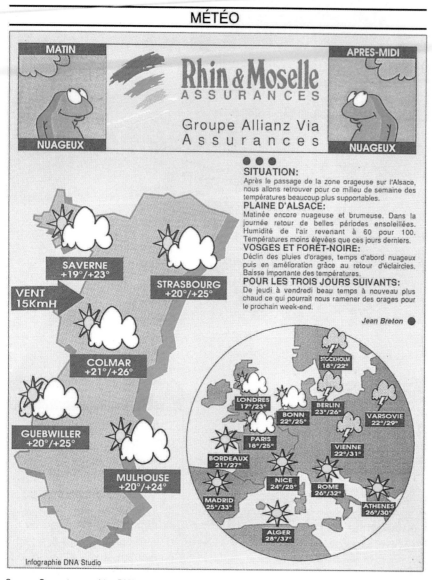

1. Quel temps fait-il en Alsace?
   a. Il neige.
   b. Le temps est nuageux.
   c. Il pleut.
2. Quel temps fait-il à Berlin?
   a. Il fait (du) soleil.
   b. Le temps est orageux.
   c. Il fait beau.
3. Quel temps fait-il à Alger?
   a. Il fait mauvais.
   b. Il fait froid.
   c. Il fait (du) soleil.

C. Le temps et les goûts.
Qu'est-ce que vous aimez porter quand... ?

1. il fait très chaud
2. il fait froid et qu'il neige
3. il fait beau et frais
4. il pleut

Source: Computer graphics DNA studio. Copyright ©Dernieres Nouvelles d'Alsace. Used with permission.

Les adjectifs possessifs

Expressing Possession

 VACANCES D'ÉTÉ

Mamadou contacte Léa sur sa page Facebook (Messagerie instantanée).

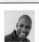 MAMADOU: Léa, quels sont **tes** projets pour l'été?

 LÉA: **Mon** programme de juillet est très agréable: un petit voyage à Londres avec **mon** amie Juliette, et deux semaines à la montagne avec **ma** sœur et **son** mari, **mes** parents, **leur** chien... et **mon** chat!

 MAMADOU: Il a de la chance, **ton** chat! Et en août?

 LÉA: **Ma** sœur, **mes** cousins, **mon** chat et moi sommes chez **nos** grands-parents dans **notre** maison de famille en Normandie. C'est une tradition.

 MAMADOU: Quand est-ce que **vos** vacances finissent?

 LÉA: Le 31 août. Nous retournons tous à Paris!

 MAMADOU: Avec **ton** chat?

 LÉA: Avec **mon** chat!

Vrai ou faux? Corrigez les phrases fausses.

1. Léa voyage en juillet avec son amie Juliette.
2. Juliette va (*is going*) à la montagne avec sa sœur, ses parents et leur chien.
3. En août, Léa et sa sœur vont (*are going*) chez leurs grands-parents.
4. Leurs cousins aussi vont être chez leurs grands-parents.
5. Léa retourne à Paris sans (*without*) son chat.

One way to indicate possession in French is to use the preposition **de: la maison *de* Claudine.** Another way is to use the possessive adjectives presented on the next page.

| | | SINGULAR | | PLURAL |
		MASCULINE	FEMININE	MASCULINE AND FEMININE
my		**mon** père	**ma** mère	**mes** parents
your (informal)		**ton** père	**ta** mère	**tes** parents
his, her, its, one's		**son** père	**sa** mère	**ses** parents
our		**notre** père	**notre** mère	**nos** parents
your (formal and plural)		**votre** père	**votre** mère	**vos** parents
their		**leur** père	**leur** mère	**leurs** parents

1. In French, possessive adjectives agree in gender and number with the nouns they modify.

   Mon frère et **ma sœur** aiment le sport.

   My brother and my sister like sports.

   Voilà **notre maison.**

   There's our house.

   Habitez-vous avec **votre sœur** et **vos parents?**

   Do you live with your sister and your parents?

   Ils skient avec **leurs cousins** et **leur oncle.**

   They're skiing with their cousins and their uncle.

2. The forms **mon, ton,** and **son** are also used before feminine nouns that begin with a vowel or mute **h.**

   affiche (*f.*) → **mon affiche**

   amie (*f.*) → **ton amie**

   histoire (*f.*) → **son histoire**

3. Pay particular attention to the use of **son, sa, ses** (*his, her*). Whereas English has two possessives, corresponding to the gender of the possessor (*his, her*), French has three, corresponding to the gender and number of the noun possessed (**son, sa, ses**).

   SINGULAR NOUNS:
   Masculine   Il / Elle } aime **son** chien.

   Feminine   Il / Elle } aime **sa** maison.

   PLURAL NOUNS: Il / Elle } aime **ses** oncles et **ses** tantes.

In the preceding examples, **son, sa,** and **ses** can all mean *his* or *her*. Usually, their meaning will be clear in context. Look at the following examples.

Carine habite une grande maison. **Son** jardin est magnifique.

Carine lives in a big house. Her garden is magnificent.

Pierre a deux enfants: **sa** fille a 5 ans et **son** fils a 3 ans. **Ses** enfants sont jeunes.

Pierre has two children: His daughter is 5 years old and his son is 3 years old. His children are young.

Grammaire interactive

For more on possessive adjectives, watch the corresponding Grammar Tutorial and take a brief practice quiz at **Connect French.**

McGraw Hill Education **connect**®

www.mhhe.com/connect

Allez-y!

A. Le vide-grenier. (*Garage sale.*) À la fin du semestre, les étudiants organisent un vide-grenier. Formulez des questions et répondez.

> **MODÈLES:** la lampe de Nicolas? (oui) →
> É1: Est-ce que c'est la lampe de Nicolas?
> É2: Oui, c'est sa lampe.
>
> les lampes de Nicolas (non) →
> É1: Est-ce que ce sont les lampes de Nicolas?
> É2: Non, ce ne sont pas ses lampes.

1. la chaise de Pierre? (oui)
2. la commode de Léa? (non)
3. les affiches de Jean? (non)
4. le piano de Pierre et de Sophie? (oui)
5. les meubles d'Annick? (non)
6. les bureaux des parents? (oui)
7. l'ordinateur de Fatima? (oui)
8. l'étagère de Fabrice? (non)

B. Casse-tête familial. (*Family puzzle.*) Posez rapidement les questions suivantes à un(e) camarade.

> **MODÈLE:** Qui est le fils de ton oncle? → C'est mon cousin.

1. Qui est la mère de ton père?
2. Qui est la fille de ta tante?
3. Qui est la femme de ton oncle?
4. Qui est le père de ton père?
5. Qui est le frère de ta mère?
6. Qui est la sœur de ta mère?
7. Qui sont les femmes de tes frères?
8. Qui sont les enfants de tes sœurs?

Le parler jeune

une besta	une meilleure amie
un copain/ mec	un petit ami
une copine/ meuf	une petite amie
un(e) frangin(e)	un frère / une sœur
un(e) gosse	un(e) enfant
sortir avec	avoir comme copain ou copine

Mathilde **sort avec** le frère de sa **besta.**

J'ai un nouveau **copain.**

Il parle des heures au téléphone avec sa **meuf.**

Dans ma famille, on était quatre **gosses**: moi, ma **frangine** et mes deux **frangins.**

C. La fête des voisins. Les gens du quartier organisent un barbecue à l'occasion de la fête des voisins. Complétez les dialogues suivants avec les adjectifs possessifs. Étudiez bien le contexte avant de (*before*) choisir l'adjectif.

1. É1: Paul et Florence adorent les animaux.

    É2: Oui, ils ont un chien et deux chats: _____ chien s'appelle Marius et _____ chats Minou et Félix.

2. É1: Tiens, voilà Pierre. Avec qui est-il?

    É2: Il est avec _____ parents et _____ amie Laure.

    É1: Et _____ sœur n'est pas là?

    É2: Non, elle est en vacances au Maroc.

3. É1: Salut, Alain!

    É2: Salut, Pierre. Dis, la jolie fille aux cheveux blonds, c'est _____ cousine belge?

    É1: Oui. Viens. (*Come.*) Alain, je te présente _____ cousine Sylvie.

    É2: Enchanté, mademoiselle.

4. É1: Pardon, vous êtes Monsieur et Madame Legrand, n'est-ce pas?

    É2: Oui.

    É1: Je suis Monsieur Smith, le professeur d'anglais de _____ enfants.

    É2: Oh, mais ce ne sont pas _____ enfants, ce sont les fils de mon frère Laurent. Voici _____ fils.

5. É1: Tu as de la chance, tu as une famille super! _____ parents sont très sympas! Est-ce que _____ grand-père habite avec vous?

    É2: Non, mais il est souvent à la maison.

    É1: _____ grand-père, malheureusement (*unfortunately*), habite très loin.

D. Interview. Posez les questions suivantes à un(e) camarade de classe.

1. Quel membre de ta famille (un cousin, une cousine, un neveu, et cetera) est-ce que tu admires particulièrement? Pourquoi?

2. Comment s'appelle-t-il/elle?

3. Où est-ce qu'il/elle habite? Avec qui? Comment est sa maison?

4. Quel est son sport préféré? sa musique favorite?

Maintenant faites le portrait du parent proche (*close relative*) préféré de votre camarade.

Quand il pleut chez les Belges même les tout-petits portent leur propre (*own*) parapluie!

©Eric Audras/SuperStock RF

Le verbe *aller* et le futur proche

Talking About Plans and Destinations

🎧 UN BON PROGRAMME

Léa et Hector échangent des textos (SMS).

LÉA: Il pleut! Où es-tu?

HECTOR: Je suis dans mon bus. **Je vais arriver** dans dix minutes.

LÉA: J'ai froid! **Je vais** dans un café.

HECTOR: Quel café?

LÉA: À l'angle du boulevard Beaumarchais et de la rue Saint-Gilles.

HECTOR: D'accord. Ensuite,* **nous allons** «Chez Denise» manger des pâtisseries!

LÉA: Et après, **on va** «Chez Clément» manger une soupe à l'oignon!

HECTOR: Tu es folle! **On va être** malades!

*Then

Vrai ou faux?

1. Hector va arriver dans dix minutes.
2. Léa va dans un café.
3. Hector et Léa vont «Chez Denise» pour manger une soupe à l'oignon.
4. Hector et Léa vont «Chez Clément» pour manger des pâtisseries.
5. Hector et Léa vont être malades.

Forms of *aller*

The verb **aller** is irregular in form.

PRESENT TENSE OF **aller** (*to go*)			
je	**vais**	nous	**allons**
tu	**vas**	vous	**allez**
il/elle/on	**va**	ils/elles	**vont**

Allez-vous à Grenoble pour vos vacances? — *Are you going to Grenoble for your vacation?*

Comment est-ce qu'**on va** à Grenoble? — *How do you go to (get to) Grenoble?*

You have already used **aller** in several expressions.

Comment **allez-vous**? — *How are you?*

Salut, ça **va**? — *Hi, how's it going?*

Ça **va** bien/mal. — *Fine/Badly.*

[Allez-y! A]

Aller + Infinitive

In French, **aller** + infinitive is used to express an event that will occur in the near future. English also uses *to go* + infinitive to express actions or events that are going to happen soon. In French, this construction is called **le futur proche**.

Paul **va louer** un appartement. — *Paul is going to rent an apartment.*

Allez-vous **visiter** la France cet été? — *Are you going to visit France this summer?*

Ne... pas and the *futur proche*

When the **futur proche** is used in the negative, **ne** precedes the form of **aller,** and **pas** follows.

Sylvie **ne** va **pas** étudier ce week-end. — *Sylvie is not going to study this weekend.*

[Allez-y! B-C-D]

Allez-y!

A. Où est-ce qu'on va? La solution est simple!

MODÈLE: J'ai envie de regarder un film. →
Alors, je vais au cinéma!

1. Nous avons faim.
2. Il a envie de parler français.
3. Elles ont besoin d'étudier.
4. J'ai soif.
5. Tu as sommeil.
6. Vous avez envie de regarder la télévision.

dans le séjour
à la bibliothèque
dans la cuisine
à Paris
dans la salle à manger
dans la chambre
au cinéma

Mots clés

Exprimer le futur proche

tout à l'heure	*in a while*
tout de suite	*immediately*
bientôt	*soon*
demain	*tomorrow*
la semaine prochaine	*next week*
l'année prochaine	*next year*
dans quatre jours	*in four days*
ce week-end	*this weekend*
ce matin	*this morning*
cet après-midi	*this afternoon*
ce soir	*this evening*

Grammaire interactive

For more on the verb **aller,** the **futur proche,** and the preposition **à** and its contractions, watch the corresponding Grammar Tutorial and take a brief practice quiz at **Connect French.**

connect

www.mhhe.com/connect

B. Des projets. (*Plans.*) Qu'est-ce qu'on va faire (*to do*)?

MODÈLE: tu / regarder / émission (*show*) préférée / soir →
Tu vas regarder ton émission préférée ce soir.

1. je / finir / travail / semaine prochaine
2. nous / écouter / du jazz
3. vous / jouer / guitare
4. Frédéric / trouver / livre de français / bientôt
5. je / choisir / film préféré
6. les garçons / aller au cinéma / voiture / après-midi
7. tu / aller / concert / avec / amis

C. À vous la parole! Répondez aux questions suivantes.

1. Avec qui allez-vous prendre le petit déjeuner (*eat breakfast*) demain?
2. Qu'est-ce que vous allez faire demain après-midi?
3. Est-ce que vous allez faire du sport ce soir?
4. Quand allez-vous retourner à la maison ce soir?
5. Quand est-ce que vous allez passer votre prochain examen de français?
6. La semaine prochaine, allez-vous aller au cinéma?
7. L'année prochaine, allez-vous continuer à étudier le français?

D. Quels sont vos projets pour le week-end? Interviewez un(e) camarade de classe. Rapportez à la classe les projets de votre camarade. Utilisez **peut-être** (*maybe*) si vous n'êtes pas certain(e).

Suggestions: rester (*stay*) à la maison, écouter la radio (de la musique), préparer un dîner (des leçons), regarder un film (la télévision), travailler à la bibliothèque (dans le jardin), aller au restaurant (au cinéma), parler avec des amis, finir un livre intéressant, et cetera.

MODÈLE: aller au cinéma →
É1: Vas-tu aller au cinéma?
É2: Oui, je vais peut-être aller au cinéma. (*ou* Non, je ne vais pas aller au cinéma.) Et toi?

Un peu plus...

La famille

La photo date des années 50 (*the 1950s*): à cette époque (*at that time*), on se marie et ensuite, on a des enfants. Aujourd'hui, le mariage n'est plus le seul moyen (*only means*) acceptable de former une famille. En France, 57,9 % des enfants sont nés (*born*) de parents non mariés. Et chez vous?

©Oote Boe 1/Alamy

Le blog d'Hassan

UN MARIAGE FRANCO-MAROCAIN

jeudi 2 juin

Salut! Vous entrez dans le blog d'Hassan. Pour le moment j'écris,[1] mais bientôt je vais aussi faire des films numériques[2] comme un vrai pro des nouvelles technologies!

J'ai une grande nouvelle[3]: Mon copain Abdel va se marier. Il est amoureux! Sa chérie s'appelle Carole. Elle est française.

Ça va être un mariage franco-marocain, un mariage interculturel.

Mais va-t-il être célébré en France ou au Maroc? Je ne sais pas: les fiancés n'ont pas encore pris leur décision.[4]

En tout cas, on va bien manger, c'est sûr! Et pourtant,[5] ce n'est pas moi qui vais préparer le repas de noces[6]...

On prévoit[7] au moins 110[8] invitations pour les parents, les grands-parents, les oncles et les tantes, les cousins et les cousines des deux côtés.[9] Et aussi les amis!

Hassan

Abdel, Carole et moi dans mon restaurant
©McGraw-Hill Education

COMMENTAIRES

Mamadou

Salut, Hassan

Chez nous, en Afrique, la famille c'est synonyme de bonheur et de puissance.[10]

Si Abdel est comme un frère pour toi, tu vas bientôt avoir de nouveaux neveux et nouvelles nièces! Tu vas devenir tonton[11] adoptif! Tu es content?

Alexis

Tu es célibataire, Hassan? Veinard[12]! Le mariage, c'est une horrible invention humaine!

Poema

Tu es cynique, Alexis! Moi, je veux me marier,[13] je veux un mari et des enfants. En Polynésie, la famille c'est une bénédiction.

Charlotte

Tu as raison, Poema. Le mariage, c'est l'équilibre! Ici, à Genève, j'ai une petite fille adorable et un mari très présent, et je suis heureuse.

[1] *I am writing* [2] *digital* [3] *grande... big news* [4] *n'ont... have not yet decided* [5] *however* [6] *repas... wedding meal* [7] *On... We are planning* [8] *cent dix* [9] *sides* [10] *bonheur... happiness and strength* [11] *uncle* (fam.) [12] *Lucky you!* [13] *veux... want to get married*

La famille au Maroc: une valeur sûre

Le Maroc change: en 2003, le Roi[1] Mohammed VI modernise le code de la famille. Le nouveau code introduit un principe révolutionnaire dans une société traditionnelle: l'égalité entre l'homme et la femme.

Une famille marocaine

©Allison Michael Orenstein/Getty Images

Dans le couple d'aujourd'hui, l'homme et la femme ont des droits[2] et des obligations réciproques. Dans la société marocaine traditionnelle, au contraire, la femme devait[3] obéir à son mari et la polygamie était autorisée. Maintenant aussi, la femme a le droit de demander le divorce et, dans ce cas, elle a, en priorité, la garde[4] des enfants.

«C'est à travers une multitude de petits faits significatifs que l'on peut apprécier l'évolution de la société marocaine, explique Dounia, jeune mère et femme active. L'âge légal du mariage pour les femmes est de 18 ans au lieu de[5] 15 ans. La politique s'ouvre[6] aux femmes: le Maroc a des ambassadrices, et le Roi accepte d'avoir des conseillères. Dans les entreprises, les femmes ont accès à des postes de responsables.» Et Dounia ajoute: «Nous avons maintenant l'élection d'une Miss Maroc! Tout cela était inconcevable pour nos parents.»

Elle continue: «Mais attention! Le modèle européen n'est pas applicable chez nous. Le Maroc a des traditions qui fondent[7] sa culture. Par exemple, pour une Française ou une Américaine, servir son mari, c'est de la soumission. Pour une femme marocaine, c'est un moyen[8] d'établir son influence.» Et la solidarité familiale reste fondamentale: pour les Marocains, les parents âgés doivent être pris en charge[9] par les enfants et non pas par l'État.

[1]*King* [2]*rights* [3]*had to* [4]*care* [5]*au... instead of* [6]*is opening up* [7]*qui... that are the basis of* [8]*means* [9]*doivent... should be cared for*

VOUS COMPRENEZ?

1. En 2003, quelle est l'action du roi pour améliorer (*improve*) la condition des femmes?
2. Quels sont les nouveaux droits de la femme marocaine?
3. Regardez le troisième paragraphe: Quels changements observez-vous dans la société marocaine?
4. Avec des références au texte, expliquez: «Le modèle européen n'est pas applicable chez nous. Le Maroc a des traditions qui fondent sa culture.»

Micro-trottoir

Répondez aux questions suivantes à partir de votre point de vue personnel. Puis regardez la vidéo et comparez vos réponses à celles (*those*) des gens interrogés.

1. Associez trois termes au mot «mariage».
2. Décrivez-nous votre famille.
3. Quels sont, pour vous, les bons moments passés en famille?
4. Est-ce que vous pouvez caractériser les jeunes d'aujourd'hui?

Le verbe *faire*

Expressing What You Are Doing or Making

JE FAIS TOUT!

Hector téléphone à Hassan.

HECTOR: Salut Hassan: ton restaurant, ça va?

HASSAN: Non. C'est terrible! Mon chef de cuisine est absent. **Je fais** tout!

HECTOR: **Tu fais** le service?

HASSAN: **Je fais** les courses, **je fais** la cuisine, **je fais** le service.

HECTOR: Moi aussi, **je fais** beaucoup de choses!

HASSAN: Toi, **tu fais** de la danse: c'est différent, c'est de l'art...

HECTOR: Mais avec mes colocataires, nous aussi, **nous faisons** tout à la maison: **nous faisons** le marché, la lessive, le ménage... Et ça, ce n'est pas de l'art!

Faire la lessive à la laverie automatique, ça, ce n'est pas de l'art!
©William Ryall

Répondez aux questions.

1. Qu'est-ce qu'Hassan fait au restaurant?
2. Qui fait de la danse?
3. Qu'est-ce qu'Hector et ses colocataires font dans la maison?

Forms of *faire*

The verb **faire** is irregular in form.

PRESENT TENSE OF **faire** (*to do; to make*)			
je	**fais**	nous	**faisons**
tu	**fais**	vous	**faites**
il/elle/on	**fait**	ils/elles	**font**

Note the difference in pronunciation of **fais / fait, faites,** and **faisons.**

Je fais mon lit.	*I make my bed.*
Nous faisons le café.	*We're making coffee.*
Faites la vaisselle.	*Do the dishes.*

Expressions with *faire*

The verb **faire** is used in many idiomatic expressions.

faire attention (à)	*to pay attention* (*to*); *to watch out* (*for*)
faire la connaissance (de)	*to meet* (*for the first time*), *make the acquaintance* (*of*)
faire les courses	*to do errands*
faire la cuisine	*to cook*
faire ses devoirs	*to do one's homework*
faire la lessive	*to do the laundry*
faire le marché	*to do the shopping; to go to the market*
faire le ménage	*to do the housework*
faire une promenade	*to take a walk*
faire la queue	*to stand in line*
faire un tour (en voiture)	*to take a walk* (*a ride*)
faire la vaisselle	*to do the dishes*
faire un voyage	*to take a trip*

Le matin je **fais le marché,** *In the morning I do the shopping,*
et le soir je **fais mes devoirs.** *and in the evening I do my homework.*

1. **Faire** is also used to talk about individual sports: **faire du sport, faire du jogging, de la voile** (*sailing*)**, du ski, de l'aérobic.**

2. As seen in **Leçon 1, il fait** is also used to describe the weather.

Il fait tellement beau! *It's so nice outside!*

Allez-y!

A. **Faisons connaissance!** À une petite soirée à l'université, les gens se rencontrent (*meet each other*). Suivez le modèle.

MODÈLE: je / le professeur d'italien →
      Je fais la connaissance du professeur d'italien.

1. tu / la sœur de Louise
2. nous / un cousin
3. Élodie / une étudiante sympathique
4. les Levêque / les parents de Clara
5. je / la femme du professeur
6. vous / la nièce de M. de La Tour

B. **Activités du week-end.** Qui fait les activités suivantes? Faites des phrases logiques avec les éléments des deux colonnes.

1. Tu...
2. Pierre...
3. Anne et Laure...
4. Mon frère et moi, nous...
5. Benoît et toi, vous...
6. Non, moi le dimanche, je...

a. faisons du jogging dans le parc.
b. ne fais pas le ménage.
c. faites vos devoirs de français.
d. fais la cuisine pour tes amis.
e. font des courses en ville.
f. fait du sport avec ses copains.

C. D'habitude, qu'est-ce que vous faites? Avec un(e) camarade de classe, faites une liste de vos activités habituelles. Utilisez les expressions suivantes: **le matin, le midi, le soir; le lundi (matin), le mardi,** et cetera; **le week-end, une fois par semaine** (*once a week*), **tous les jours** (*every day*).

> MODÈLE: É1: D'habitude, qu'est-ce que tu fais le soir?
> É2: Je fais du juggling tous les soirs.

D. Mimes. Formez deux groupes. Choisissez une expression avec **faire** en le tirant par hasard d'un chapeau (*by drawing randomly from a hat*). Faites deviner cette expression par les membres de votre groupe. Si votre équipe (*team*) devine la réponse, elle a un point. L'équipe qui a le plus de points gagne (*wins*).

Les verbes en -*re*

Expressing Actions

🔊 J'ARRIVE!

Juliette téléphone à Léa.

> JULIETTE: Allô, allô! **Tu entends?**
> LÉA: **J'entends** mal; je suis dans le métro, à Opéra.
> JULIETTE: **Tu descends** à quelle station?
> LÉA: **Je descends** à Bastille.
> JULIETTE: Je suis avec Hector. **Nous attendons** devant le cinéma UGC. Nous faisons la queue. Le film commence à 20 h.
> LÉA: J'arrive! **Vous m'attendez,** hein!

©Sami Sarkis France/Alamy

Vrai ou faux? Corrigez les phrases fausses.

1. Juliette demande à Léa si elle entend.
2. Léa entend mal.
3. Léa descend à Opéra.
4. Juliette et Hector attendent Léa au café.
5. Léa demande à ses amis d'attendre.

A third group of French verbs has infinitives that end in -**re.**

PRESENT TENSE OF **vendre** (*to sell*)			
je	vend**s**	nous	vend**ons**
tu	vend**s**	vous	vend**ez**
il/elle/on	vend	ils/elles	vend**ent**

1. Other verbs conjugated like **vendre** include the following.

attendre	*to wait (for)*	**rendre**	*to give back, return*
descendre	*to go down; to get off*	**rendre visite à**	*to visit (someone)*
entendre	*to hear*	**répondre à**	*to answer*
perdre	*to lose; to waste*		

Elle attend le dessert.	*She's waiting for dessert.*
Nous descendons de l'autobus.	*We're getting off the bus.*
Le commerçant rend la monnaie à la cliente.	*The storekeeper gives change back to the customer.*
Je réponds à sa question.	*I'm answering his/her question.*

2. The expression **rendre visite à** means to visit a *person* or *people*. The verb **visiter** is used only with places or things.

Je rends visite à mon ami.

Les touristes visitent les monuments de Paris.

Allez-y!

A. Ah bon? Le samedi, on fait ce qu'on n'a pas le temps de faire pendant la semaine. Tristan est très occupé et il n'est pas le seul. Suivez le modèle et faites attention aux adjectifs possessifs.

MODÈLE: vendre des DVD sur eBay (moi) →
   É1: Tristan vend des DVD sur eBay.
   É2: Ah bon? Moi aussi je vends des DVD sur eBay!

1. rendre ses livres à la bibliothèque (nous)
2. attendre le bus pour aller faire des courses (mon frère)
3. descendre au sous-sol (vous)
4. perdre trop de temps à lire ses méls (toi)
5. entendre à la radio une publicité pour un concert (mes copains)
6. répondre à beaucoup de coups de téléphone (*phone calls*) (moi)

B. Un week-end à Paris. Complétez l'histoire avec les verbes à droite.

Alain et Marie-Lise habitent à Bruxelles. Aujourd'hui ils _____¹ à Paris en train. Ils vont _____² visite à leur cousine Pauline. Les trois cousins ont toujours beaucoup de projets et ne _____³ pas une minute quand ils sont ensemble (*together*). Alain et Marie-Lise aiment beaucoup Pauline parce qu'elle _____⁴ toujours à leurs méls. Pauline aime aussi ses cousins, et elle _____⁵ leur arrivée avec impatience. Elle _____⁶ enfin la sonnette (*doorbell*)!

C. Perdez-vous souvent patience? Interviewez un(e) camarade de classe. Il/Elle utilise **souvent, pas souvent** ou **toujours** dans sa réponse.

MODÈLE: É1: Tu attends l'autobus, mais il n'arrive pas. Est-ce que tu perds patience?
   É2: Oui, je perds souvent patience.

1. Tu attends un coup de téléphone. La personne ne téléphone pas.
2. Un ami / Une amie ne répond pas à tes textos.
3. Tu perds les clés de ta voiture ou de ton appartement.
4. Tu as rendez-vous avec un ami / une amie. Tu attends longtemps (*for a long time*), mais il/elle n'arrive pas.

Prononcez bien!

The consonant *r*

When you pronounce a French **r,** the back of your tongue almost touches the back of your palate. Force air out, as when you pronounce an **h,** and maintain that very narrow passage between the back of your tongue and the back of your palate. You will get that rattling sound characteristic of the French **r.**

[R]: pa**r**ent, pou**r**, a**rr**iver, **rh**ume

The r occurring at the end of a word is usually pronounced, with the exception of the following:

- infinitive verbs ending in **-er:** all**er**, donn**er**, parl**er**
- professions ending in **-er:** bouch**er**, plombi**er**

attendre
descendre
entendre
perdre
rendre
répondre

LEÇON 4: PERSPECTIVES

 Prononcez bien!

1. The pronunciation of *premier* (page 123)

Journal intime. Vous rangez (*clean*) votre chambre et retrouvez le journal intime que vous avez commencé à votre arrivée en France. Avec un(e) camarade, lisez les phrases suivantes à voix haute (*aloud*) en faisant attention à la prononciation de «premier».

> Cher journal,
>
> 1. Aujourd'hui, c'est le premier août.
> 2. Je suis très content(e) parce que j'emménage dans mon premier appartement avec Hugo.
> 3. Hugo, c'est mon premier ami français!
> 4. Je vais avoir mon premier bureau.
> 5. Je vais acheter mon premier ordinateur.
> 6. Et je vais avoir mon premier lit aussi. C'est super!

2. The vowels in *notre* and *nos* (page 126)

Week-end chez les parents d'Hugo. Vous passez le week-end avec Hugo chez ses parents. Sa mère pose des questions sur votre vie aux États-Unis. Complétez les phrases avec **notre, nos** ou **votre, vos.** Ensuite, jouez la scène avec un(e) camarade de classe.

LA MÈRE: Comment est _____¹ maison aux États-Unis? Est-ce que _____² cuisine est grande, comme celle-ci (*like this one*)?

VOUS: _____³ maison est grande et jolie, mais la cuisine est plus petite.

LA MÈRE: Est-ce que vous habitez chez _____⁴ parents?

VOUS: Oui, et nous avons deux chiens aussi. Ils adorent jouer dans le jardin de _____⁵ voisins!

3. The consonant *r* (page 137)

A. La famille d'Hugo. Vous continuez votre conversation avec la mère d'Hugo. Jouez le rôle de la mère et lisez sa description de la famille à voix haute. Faites attention à la prononciation du *r*.

Les grands-parents paternels d'Hugo sont morts (*dead*). Moi, j'ai encore (*still*) mon père, Gérard—il a 80 ans!—et ma mère, Catherine. J'ai aussi quatre frères et trois sœurs. En tout (*Altogether*), Hugo a quatorze cousins et cousines! J'ai invité (*invited*) Christophe et Karine, les cousins les plus proches (*closest*) d'Hugo, à manger avec nous ce soir.

B. Devinettes. En attendant l'arrivée des cousins d'Hugo, vous jouez aux devinettes (*riddles*) avec lui (*him*). Trouvez les pièces de la maison qui correspondent aux définitions que lit Hugo (votre camarade de classe).

MODÈLE: É1: C'est la pièce où il y a un ordinateur et des livres pour travailler.
É2: C'est le bureau!

1. C'est la pièce où il y a un lit.
2. C'est la pièce où il y a un canapé, des fauteuils et une télévision.
3. C'est la partie de la maison où il y a le séjour, la salle à manger et la cuisine.
4. C'est l'espace (*area*) où il y a des arbres et des roses.
5. C'est l'espace où il y a des chaises longues et où on prend le petit déjeuner (*breakfast*) en été.

Chapitre 5 De génération en génération

AVANT DE LIRE

Identifying a pronoun's referent. As you know, a pronoun may "stand in" for a noun. By using a pronoun to replace a noun, an author can avoid repeating the noun, which would result in unnatural sounding language. To illustrate this, reformulate the following sentence from the text by replacing the pronoun **il** with the noun it refers to:

> C'est en 1883[1] que l'artiste déménage avec sa famille à Giverny, en Normandie, à 75[2] kilomètres de Paris. Il va y habiter pendant 43 ans. Il adore Giverny. Il transforme sa propriété en un jardin riche en symétries, en perspectives et en couleurs.

Without the pronoun, the text sounds repetitive and awkward.

A pronoun may also refer to a person or group that can be identified by context. For example, this text begins:

> Nous sommes à Giverny, chez le peintre Claude Monet...

You can infer that the subject **nous** includes the reader as well as the author; the use of this inclusive **nous** creates a bond between the reader and the author, inviting the reader to "come along for the ride."

Recall too that French does not have a single pronoun that corresponds to "it"; a third person pronoun such as **il, elle,** or **ce** plays this role. In the sentence below, which **il** refers to Monet and which is an impersonal pronoun?

> Monet aime observer la nature quand il fait beau, quand il pleut, quand il fait du vent, et analyser la lumière du matin, de l'après-midi, du soir. C'est à Giverny qu'il trouve son inspiration et qu'il définit son art.

As you read the text, be sure that you are able to identify the referent for each pronoun to ensure accurate comprehension.

[1]mille huit cent quatre-vingt-trois [2]soixante-quinze

Giverny: le petit paradis de Monet

Une destination touristique

Nous sommes à Giverny, chez le peintre Claude Monet (1840[2]–1926[3]). Chaque année, 700 000[4] visiteurs découvrent avec émotion ce petit paradis. Dans la maison, toutes les pièces semblent encore habitées: la salle à manger, les salons et les chambres. Devant la maison rose qui a aussi charmé les amis de Monet (les peintres Cézanne, Renoir et Matisse, et l'écrivain Zola), les visiteurs découvrent le Clos normand,[5] un immense jardin symétrique planté de fleurs et d'arbres et, plus loin, le Jardin d'eau[6] avec son fameux pont japonais.

[1]heart [2]mille huit cent quarante [3]mille neuf cent vingt-six [4]sept cent mille [5]Clos... *field in the Norman style* [6]water

À propos de la lecture...

Les auteurs de *Vis-à-vis* ont écrit ce texte.

«Mon cœur[1] est à Giverny, toujours et toujours... » Claude Monet

Le pont japonais à Giverny
©robertharding/Alamy

Une inspiration pour le père de l'impressionnisme

C'est en 1883[7] que l'artiste déménage avec sa famille à Giverny, en Normandie, à 75[8] kilomètres de Paris. Il va y habiter pendant 43 ans. Il adore Giverny. Il transforme sa propriété en un jardin riche en symétries, en perspectives et en couleurs, et arrange les fleurs dans un désordre apparent. Le résultat est une véritable création artistique.

Monet aime observer la nature quand il fait beau, quand il pleut, quand il fait du vent, et analyser la lumière[9] du matin, de l'après-midi, du soir. C'est à Giverny qu'il trouve son inspiration et qu'il définit son art. Cet endroit magnifique inspire à l'artiste des œuvres célèbres comme *Le Champ d'iris jaunes à Giverny* (1887[10]), le *Printemps, Giverny* (1890[11]) et les *Nymphéas*, une série de 250[12] tableaux qui évoquent les nénuphars[13] du bassin.

«Je veux réussir à traduire ce que je ressens[14]» explique-t-il. Ses peintures ne reproduisent pas les objets mais une impression ou une émotion. C'est un nouveau mouvement de peinture. Monet est bien le père de l'impressionnisme.

[7]mille huit cent quatre-vingt-trois   [8]soixante-quinze   [9]*light*   [10]mille huit cent quatre-vingt-sept   [11]mille huit cent quatre-vingt-dix   [12]deux cent cinquante   [13]*water lilies*   [14]réussir... *to succeed in translating what I feel*

COMPRÉHENSION

Une brochure publicitaire.   Dans une brochure touristique, présentez les jardins de Monet à Giverny en utilisant les expressions du texte pour remplir les blancs.

Claude Monet: *Nymphéas,* 1916–1919 (Musée Marmottan Monet, Paris)
©Peter Barritt/Alamy

Un petit paradis terrestre? Ça existe à quelques _____[1] de Paris! Découvrez Giverny où le peintre _____[2] a trouvé son inspiration. Son œuvre ne reproduit pas les objets, mais _____[3] ou _____[4] —c'est le principe de l'impressionnisme.

La maison a l'air toujours _____,[5] marquée par la présence des amis illustres de Monet, parmi eux (*among them*), l'écrivain _____.[6]

Devant la maison de Monet, on trouve un immense jardin symétrique qui s'appelle «_____».[7] En traversant le célèbre Pont japonais, on arrive au fameux _____[8] qui a donné naissance à une série de 250 _____[9] appelés «_____».[10]

Giverny, c'est la nature, la lumière, les couleurs, les nuances. Venez découvrir ce lieu privilégié!

 # Écriture

The writing activities **Par écrit** and **Journal intime** can be found in the Workbook/Laboratory Manual to accompany *Vis-à-vis*.

Le vidéoblog d'Hassan

En bref

Dans cet épisode, Hassan est dans son restaurant avec son copain Abdel et Carole, la fiancée d'Abdel. Abdel et Carole mentionnent des endroits (lieux) possibles pour leur cérémonie et leur réception de mariage.

Vocabulaire en contexte

Indiquez vos préférences pour une cérémonie et une réception idéale de mariage.

Les invités
- [ ] **seulement** (*only*) moi et mon fiancé / ma fiancée
- [ ] seulement les deux familles
- [ ] seulement de très bons amis
- [ ] les deux familles et de bons amis
- [ ] **tout le monde** (*everyone*)!

Les lieux
- [ ] sur une **péniche** (*river barge*)
- [ ] au **56ᵉ** étage d'une **tour** (*tower*)
- [ ] sur la terrasse d'un musée ou d'un institut
- [ ] dans un hôtel de grand **luxe** (*luxury*)
- [ ] dans une église (*church*), une mosquée, une synagogue

Une péniche pour la réception de mariage

©McGraw-Hill Education

VISIONNEZ!

Choisissez la bonne réponse.

1. Pour Carole, le détail le plus (*most*) important est _____.

   a. le nombre d'invités   **b.** le lieu   **c.** le mois de l'année

2. Pour Carole, une réception de mariage sur une péniche _____.

   a. **coûte** (*costs*) trop cher   **b.** est très romantique   **c.** est une mauvaise idée

3. La tour Montparnasse et l'Institut du **monde** (*world*) arabe offrent de belles vues _____.

   a. quand il fait beau   **b.** seulement le soir   **c.** seulement en été

4. On fête un mariage au Maroc _____.

   a. à la plage (*beach*)   **b.** chez les parents du marié   **c.** dans un **ryad** (*Moroccan villa*)

ANALYSEZ!

Répondez aux questions.

1. De quels lieux à Paris parlent-ils dans la vidéo? Quel est l'avantage et/ou l'inconvénient de chaque (*each*) lieu? Quel lieu préférez-vous?

2. Abdel et Carole forment-ils un couple «traditionnel»? Pourquoi?

COMPAREZ!

Faites la description d'une cérémonie ou d'une réception de mariage typique dans votre culture. Regardez encore une fois (*once more*) la partie culturelle de la vidéo: les lieux de mariage en France ressemblent-ils aux lieux de mariage aux États-Unis? Expliquez.

NOTE CULTURELLE

Un ryad (ou riad) est une belle maison bourgeoise, d'architecture traditionnelle mauresque[1] construite autour d'un patio, généralement avec une fontaine. Les ryads, qui servent souvent aujourd'hui de Maisons d'hôtes,[2] sont souvent luxueux, avec plusieurs salons et chambres, et un décor typiquement marocain.

[1]*Moorish*   [2]Maisons... *small hotels*

VOCABULAIRE

Verbes

aller	to go
aller + *inf.*	to be going (to do something)
aller mal	to feel bad (ill)
attendre	to wait (for)
descendre	to go down; to get off
entendre	to hear
faire	to do; to make
perdre	to lose; to waste
préparer	to prepare
rendre	to give back; to return; to hand in
rendre visite à	to visit (*someone*)
répondre à	to answer
rester	to stay, remain
vendre	to sell

À REVOIR: **étudier, habiter, jouer (à) (de), manger**

Substantifs

l'arbre (*m.*)	tree
l'autobus (*m.*)	(city) bus
le bruit	noise
la clé	key
la famille	family
la météo	weather forecast
les projets (*m. pl.*)	plans
le temps	time; weather
les vacances (*f. pl.*)	vacation

À REVOIR: **l'affiche (*f.*), le chien, la commode, le couloir, le lavabo, le lit, le logement**

Adjectifs

célibataire	single (*person*)
divorcé(e)	divorced
marié(e)	married
pacsé(e)	joined legally by a **PACS**
préféré(e)	favorite, preferred

La famille

les arrière-grands-parents	great-grandparents
le beau-frère	brother-in-law
le beau-père	father-in-law; stepfather
la belle-mère	mother-in-law; stepmother
la belle-sœur	sister-in-law
la bru	daughter-in-law
le cousin	cousin (*male*)
la cousine	cousin (*female*)
le demi-frère	half brother; stepbrother
la demi-sœur	half sister; stepsister
l'enfant (*m., f.*)	child
la femme	wife
la fille	daughter
le fils	son
le frère	brother
le gendre	son-in-law
la grand-mère	grandmother
le grand-parent (les grands-parents)	grandparent(s)
le grand-père	grandfather
le mari	husband
la mère	mother
le neveu	nephew
la nièce	niece
l'oncle (*m.*)	uncle
le parent	parent; relative
le père	father
la petite-fille	granddaughter
le petit-enfant	grandchild
le petit-fils	grandson
la sœur	sister
la tante	aunt

La maison

le balcon	balcony
le bureau	office
la chambre	bedroom
la cuisine	kitchen
l'escalier (*m.*)	stairway
le jardin	garden
la pièce	room
le premier/deuxième étage	second/third floor
le rez-de-chaussée	ground (first) floor
la salle à manger	dining room
la salle de bains	bathroom
le séjour	living room
le sous-sol	basement
la terrasse	terrace

Expressions avec *faire*

faire attention (à)	to pay attention (to); to watch out (for)
faire la connaissance (de)	to meet (*for the first time*), make the acquaintance (of)
faire les courses	to do errands
faire la cuisine	to cook
faire ses devoirs	to do one's homework
faire la lessive	to do the laundry
faire le marché	to do the shopping, go to the market
faire le ménage	to do the housework
faire une promenade	to take a walk
faire la queue	to stand in line
faire du sport	to play/do sports
faire de l'aérobic	to do aerobics
... du jogging	to run, jog
... du ski	to ski
... du vélo	to go cycling
... de la voile	to go sailing

faire un tour (en voiture)	to take a walk (ride)
faire la vaisselle	to do the dishes
faire un voyage	to take a trip

Le temps

Quel temps fait-il?	How's the weather?
Il fait beau.	It's nice (out).
Il fait chaud.	It's hot.
Il fait (du) soleil.	It's sunny.
Il fait du vent. (Il y a du vent.)	It's windy.
Il fait frais.	It's cool.
Il fait froid.	It's cold.
Il fait mauvais.	It's bad (out).
Il neige.	It's snowing.
Il pleut.	It's raining.
Le temps est nuageux.	It's cloudy.
Le temps est orageux.	It's stormy.

Les saisons

Au printemps (*m.*)...	In spring . . .
En automne (*m.*)...	In fall . . .
En été (*m.*)...	In summer . . .
En hiver (*m.*)...	In winter . . .

Mots et expressions divers

l'année prochaine	next year
après	after; afterward
bientôt	soon
ce week-end	this weekend
cet après-midi / ce matin / ce soir	this afternoon / morning / evening
chez	at the home (establishment) of
dans quatre jours	in four days (from now)
demain	tomorrow
d'habitude	usually
une fois par semaine	once a week
le lundi / le vendredi soir	on Mondays / on Friday evenings
peut-être	maybe
la semaine prochaine	next week
tous les jours	every day
tout à l'heure	in a while
tout de suite	immediately
le week-end	on weekends

CHAPITRE 6

À table!°

À... *Let's eat!*

Les dossiers d'Hassan

Hassan

➤ 📁 Mes photos
  ➤ 📁 Une belle salade niçoise
  ➤ 📁 Leçon 1—une salade marocaine
  ➤ 📁 Mangez, bougez!

Une belle salade niçoise avec de la laitue, du thon, des olives noires, des œufs durs, des tomates et des anchois

©Alex Segre/Alamy

Dans ce chapitre...

OBJECTIFS COMMUNICATIFS

- ➤ talking about food and drink
- ➤ expressing quantity
- ➤ giving commands
- ➤ telling time
- ➤ learning to distinguish between and pronounce selected sounds in French

PAROLES (LEÇON 1)

- ➤ Les repas, la nourriture et les boissons
- ➤ Le verbe **préférer**
- ➤ Le couvert à table

STRUCTURES (LEÇONS 2 ET 3)

- ➤ Les verbes **prendre** et **boire**
- ➤ Les articles partitifs
- ➤ L'impératif
- ➤ L'heure

CULTURE

- ➤ Le blog d'Hassan: *Miam-miam!*
- ➤ Reportage: *Mangez, bougez!*
- ➤ Lecture: *Saveurs du monde francophone* (Leçon 4)
- ➤ Sondages: *Les aliments essentiels selon les Français* (Leçon 4)

Leçon 1—une salade marocaine de carottes râpées à l'orange

©McGraw-Hill Education

Sandwich et fruits pour les gens pressés

©MBI/Alamy RF

www.mhhe.com/connect

Les repas de la journée*

Voilà des aliments (m.) populaires en France.

du lait (m.)
du pain
du café (m.)
un croissant
du beurre (m.)
du sucre (m.)

Le matin: le petit déjeuner

des haricots (m.) verts
des pommes (f.) de terre
du fromage (m.)
de l'eau (f.) minérale
une poire
un poulet
des frites (f.)
du poivre (m.)
du sel (m.)

Le midi: le déjeuner

du chocolat (m.)
du thé (m.)
des serviettes (f.)
des gâteaux (m.) au chocolat
une tarte aux pommes

L'après-midi: le goûter†

des baguettes (f.)
des fraises (f.)
du jambon
des œufs (m.)
une salade
un poisson
un bifteck

Le soir: le dîner

---

*__La journée__ (*The day*) is used instead of __le jour__ to emphasize the notion of an entire day, as in the expression __Quelle journée!__ (*What a day!*) or __Bonne journée!__ (*Have a nice day!*).

†__Le goûter__ is an afternoon snack: __des petits pains au chocolat pour les enfants; du thé ou du café et des gâteaux pour les adultes.__

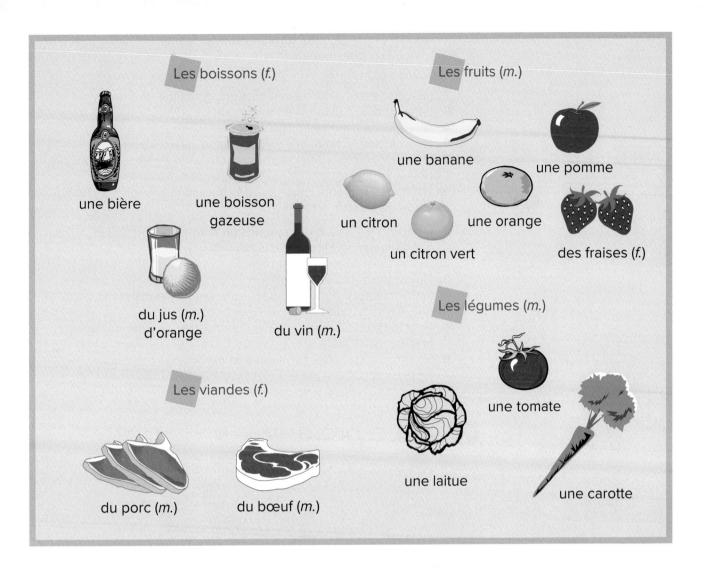

Les boissons (f.)

une bière

une boisson gazeuse

du jus (m.) d'orange

du vin (m.)

Les fruits (m.)

une banane

une pomme

un citron

une orange

un citron vert

des fraises (f.)

Les légumes (m.)

une tomate

une laitue

une carotte

Les viandes (f.)

du porc (m.)

du bœuf (m.)

AUTRES MOTS UTILES			
les brocolis (m.)	broccoli	**le poivron**	bell pepper
le champagne	champagne	**le plat**	dish (of food)
le champignon	mushroom	**les produits**	fresh products
la crème	cream	(m.) **frais**	
le dessert	dessert	**déjeuner**	to eat lunch
la glace	ice cream	**dîner**	to eat dinner
l'oignon (m.)	onion		

Allez-y!

A. Catégories. Ajoutez (*Add*) d'autres aliments dans les catégories mentionnées.

MODÈLE: La mousse au chocolat est *un dessert.*→
Le gâteau, la tarte aux pommes et les fraises sont aussi des desserts.

1. La bière est *une boisson.*
2. La pomme de terre est *un légume.*
3. Le porc est *une viande.*
4. La banane est *un fruit.*

B. L'intrus. Dans les groupes suivants, trouvez le mot qui ne va pas avec les autres. Expliquez votre choix.

1. café / fraise / bière / thé / lait
2. haricots verts / salade / carotte / œuf / pomme de terre
3. bifteck / porc / pain / jambon / poulet
4. sel / gâteau / poivre / sucre / beurre
5. vin / banane / pomme / orange / melon
6. tarte aux pommes / fromage / chocolat / thé / gâteau au chocolat

C. Les habitudes alimentaires. Posez les questions suivantes à un(e) camarade de classe.

1. D'habitude, est-ce que tu prends un petit déjeuner? Si oui, qu'est-ce que tu manges? Sinon, pourquoi pas?
2. Quelle boisson préfères-tu prendre le matin?
3. Où déjeunes-tu et avec qui?
4. Est-ce que tu prends un goûter quelquefois pendant la journée? Si oui, qu'est-ce que tu manges?
5. Pour le dîner, tu aimes cuisiner? Si oui, qu'est-ce que tu aimes préparer?
6. Est-ce que tu préfères manger à la maison ou aller manger au restaurant?

Le verbe *préférer*

Elle préfère le chocolat blanc.

PRESENT TENSE OF **préférer** (*to prefer*)			
je	**préfère**	nous	préférons
tu	**préfères**	vous	préférez
il/elle/on	**préfère**	ils/elles	**préfèrent**

Although the endings are regular, the verb **préférer** is irregular. For the forms of **je, tu, il/elle/on,** and **ils/elles,** the second **é** from the stem (**préfér-**) changes to **è** (**je préfère**). The **nous** and **vous** forms are regular. Verbs conjugated like **préférer** include **répéter, espérer** (*to hope*), **célébrer,** and **considérer.**

Allez-y!

A. Fiche (*Form*) gastronomique. Demandez à un(e) camarade de classe quelles sont ses préférences, et complétez la fiche. Utilisez **quel** (*m.*) ou **quelle** (*f.*) et le verbe **préférer.**

> MODÈLE: É1: Quelle boisson préfères-tu?
> É2: Je préfère le/la...

boisson: _____

viande: _____

légume: _____

fruit: _____

dessert: _____

repas: _____

plat: _____

Maintenant, avec vos camarades de classe, examinez les différentes fiches et déterminez quels sont les plats et les boissons préférés de la classe.

B. Question de préférence. Avec un(e) camarade, répondez aux questions suivantes.

1. Quel repas est-ce que tu préfères? Pourquoi?
2. Est-ce que, selon toi (*in your opinion*), tu es bon cuisinier / bonne cuisinière (*cook*)?
3. Dans quel restaurant est-ce que tu espères aller prochainement (*next*)?
4. Chez toi, quelles fêtes est-ce qu'on célèbre? Qu'est-ce que vous préparez pour célébrer cette/ces (*this/those*) fête(s)?

Un peu plus...

Le Jugement de Paris

Nous sommes en 1976. Les vins français ont une réputation mondiale. Tous les amateurs de vin connaissent les vins rouges de Bordeaux, comme le Château Mouton-Rothschild, ou les blancs de Bourgogne, comme le Beaune Clos des Mouches de la Maison Joseph Drouhin. Mais est-ce que les gens préfèrent vraiment les vins français? Le 24 mai à Paris, on organise un concours (*competition*) de vin pour comparer les vins français et les vins californiens de la Napa Valley: le Jugement de Paris. La dégustation (*tasting*) s'est faite à l'aveugle (*blind*). À la grande surprise de tout le monde, ce sont deux vins américains qui ont gagné: le chardonnay 1973 de Chateau Montelena et le cabernet sauvignon 1973 de Stag's Leap Wine Cellars. La réputation de la Napa Valley était faite!

Un bar à vin à Paris: Quels vins voulez-vous déguster?
©Owen Franken/Getty Images

À table

une carafe d'eau   une bouteille

un verre
à vin

une petite
cuillère

une cuillère
à soupe

une assiette à soupe

Une table française

un verre

une tasse

une serviette   une assiette   un couteau
une fourchette

Une table nord-américaine

AUTRES MOTS UTILES	
un bol	bowl-shaped cup (*for* **café au lait**)
une nappe	tablecloth
la soupe	soup

Allez-y!

A.   L'objet nécessaire. Quels objets utilisez-vous?

MODÈLE: le café au lait →
J'utilise un bol pour le café au lait.

1. le vin
2. la viande
3. la soupe
4. la salade
5. le thé
6. la mousse au chocolat
7. l'eau
8. le café express

Une table élégante au Château Guiraud à Bordeaux
©Per Karlsson, BKWine 2/Alamy

B.   L'art de la table. Mettre le couvert (*Setting the table*) est souvent un art. Regardez la photo d'une table chez un grand vignoble bordelais et répondez aux questions.

1. Décrivez ce qu'il y a sur la table. Imaginez qui va participer au repas.
2. À votre avis, pourquoi est-ce qu'il y a quatre verres?
3. Et chez vous, qu'est-ce qu'on place sur la table au petit déjeuner? au déjeuner? au dîner? pour un repas spécial?

Les verbes *prendre* et *boire*

Talking About Food and Drink

PETIT DÉJEUNER ENTRE AMIS

Hassan et Abdel échangent des textos (SMS).

HASSAN: Coucou! Je **prends** mon petit déjeuner. Vous passez chez moi?

ABDEL: Bonne idée! J'arrive avec Carole et on **prend** des croissants à la boulangerie.*

HASSAN: Super! Qu'est-ce que vous **buvez**? du café? du thé?

ABDEL: Je **bois** du café et du jus d'orange. Carole **boit** du lait, comme les bébés!

*bakery

Répondez aux questions.

1. Quel repas prend Hassan?
2. Qu'est-ce qu'Abdel et Carole prennent à la boulangerie?
3. Qu'est-ce qu'Abdel boit?
4. Pourquoi est-ce qu'Abdel compare Carole à un bébé?
5. Qu'est-ce que vous buvez le matin?

Prendre and Similar Verbs

The verb **prendre** is irregular in its plural forms.

PRESENT TENSE OF **prendre** (*to take*)			
je	**prends**	nous	**prenons**
tu	**prends**	vous	**prenez**
il/elle/on	**prend**	ils/elles	**prennent**

1. Verbs conjugated like **prendre** include **apprendre** (*to learn*) and **comprendre** (*to understand; to include*).

—Qu'est-ce que vous **prenez?**	*What are you having?*
—Je **prends** la salade verte.	*I'm having the green salad.*
Il **apprend** l'espagnol.	*He's learning (to speak) Spanish.*
Est-ce que tu **comprends** l'allemand?	*Do you understand German?*
Le menu à 20 euros **comprend** une entrée, un plat et un dessert.	*The meal for 20 euros includes an appetizer, the main course, and a dessert.*

2. When an infinitive follows **apprendre,** the preposition **à** must be used.

Apprenez-vous à skier?	*Are you learning (how) to ski?*

Apprendre can also mean *to teach*. In this case, the person taught is preceded by **à**. If the thing taught is a verb, it is also preceded by **à.**

J'apprends le russe à Lola.	*I'm teaching Lola Russian.*
J'apprends à Lola à parler russe.	*I'm teaching Lola to speak Russian.*

3. Some common expressions with **prendre** include:

prendre du temps	*to take (a long) time*
prendre son temps	*to take one's time*
prendre un repas	*to eat a meal*
prendre le petit déjeuner	*to have breakfast*
prendre un verre	*to have a drink (usually alcoholic)*

Boire

The verb **boire** is also irregular in form.

PRESENT TENSE OF **boire** (*to drink*)			
je	**bois**	nous	**buvons**
tu	**bois**	vous	**buvez**
il/elle/on	**boit**	ils/elles	**boivent**

Tu **bois** de l'eau minérale.	*You're drinking mineral water.*
Nous **buvons** de la bière.	*We're drinking beer.*

Offrir un verre aux amis, c'est sympa! Qu'est-ce qu'on boit ici? Qu'est-ce qu'on mange?

Allez-y!

A. Des étudiants modèles? Lisez les phrases, puis faites les substitutions suivantes: (1) tu, (2) mon meilleur ami / ma meilleure amie, (3) mon/ma camarade et moi, (4) je, (5) mes copains.

1. Vous apprenez le français.
2. Vous comprenez presque (*almost*) toujours le professeur.
3. Pour préparer les examens, vous prenez des livres à la bibliothèque.
4. Pour faire votre travail, vous prenez votre temps.
5. Mais malheureusement (*unfortunately*), vous buvez trop de (*too much*) café.

B. Qu'est-ce qu'on boit? Choisissez la boisson qui convient à chaque situation.

Boissons: de la bière, du café, du champagne, de l'eau, du jus d'orange, du jus de pomme, du lait chaud, de la limonade, du thé, du vin

MODÈLE: Nous sommes le 31 décembre. (Loïc) →
Il boit du champagne.

1. Il fait très chaud. (vous)
2. Il fait froid. (Christian)
3. Il est minuit (*midnight*). (tu)
4. Il est huit heures du matin (*8 AM*). (je)
5. Nous sommes au café. (nous)
6. Emma et Inès sont au restaurant. (elles)

C. Conversations au café. Vous êtes au café. Qu'est-ce que les gens disent? Complétez les conversations avec les verbes **prendre, apprendre** et **comprendre.**

1. FANNY: Est-ce que tu _____ un café?
   AZIZ: Non, je _____ une bouteille d'eau minérale.
2. LÉA: Est-ce que tu _____ l'anglais?
   FRANCO: Oui, et j' _____ aussi l'anglais à mes enfants. Et vous deux, qu'est-ce que vous _____ comme (*as*) langue étrangère?
   CLÉMENT: Nous, nous _____ le japonais.
3. CLAUDE: Est-ce que vous _____ toujours le professeur de philosophie?
   DAVID: Non, mais les autres (*others*) _____ tout!

D. Mission impossible? Posez une question avec **Est-ce que tu...** pour trouver un(e) camarade de classe qui (*who*)...

1. ne prend pas de petit déjeuner
2. prend en général des crêpes (*pancakes*) au petit déjeuner
3. boit cinq tasses de café ou plus par jour
4. boit un verre de lait à chaque repas
5. apprend un nouveau sport ce semestre
6. comprend le sens de la vie (*meaning of life*)

Les articles partitifs

Expressing Quantity

🔊 PAS DE GÂTEAU POUR LE DESSERT!

Hassan téléphone à Carole.

HASSAN: Salut, Carole! Alors, le dîner que tu prépares pour les parents d'Abdel, il est prêt[1]?

CAROLE: Non... mais mon menu est prêt: **du** poulet avec des pommes de terre. **De la** salade verte. Et pour finir, **du** fromage et des fruits. J'adore les repas simples!

HASSAN: C'est un menu quotidien[2] trop banal pour une grande occasion. Pourquoi pas une belle salade niçoise avec **de la** laitue, des œufs, **du** thon,[3] des oignons? Et ensuite,[4] un bœuf aux carottes avec **de l'huile**[5] d'olive? Ce n'est pas compliqué...

CAROLE: Et pour le dessert, un gâteau?

HASSAN: **Pas de** gâteau: **De la** mousse au chocolat! Avec **du** citron: c'est original, et... très très facile!

Délicieuse, la mousse au chocolat!
©Gaus Nataliya/Shutterstock RF

[1]*ready* [2]*daily* [3]*tuna* [4]*next* [5]*oil*

Trouvez, dans le dialogue, la phrase disant que...

1. Carole compose un menu avec de la viande, des légumes et des fruits.
2. Carole n'aime pas les repas compliqués.
3. Dans la salade niçoise, il y a plusieurs (*several*) ingrédients.
4. Hassan n'est pas favorable au gâteau pour le dessert.
5. La mousse au chocolat, c'est facile à préparer.

Forms of Partitive Articles

In addition to the definite and indefinite articles, there is a third article in French, called the partitive (**le partitif**). It has three forms: **du** (*m.*), **de la** (*f.*), and **de l'** (before a vowel or mute **h**). It agrees in gender and number with the noun it precedes.

Prenez-vous **du** jambon?	*Are you having* (some) *ham?*
de la salade?	(some) *salad?*
de l'eau minérale?	(some) *mineral water?*

Partitive versus Indefinite Articles

1. The partitive article is used to indicate part of a quantity that is measurable but not countable. This idea is sometimes expressed in English by *some* or *any;* usually, however, *some* is only implied. Examples of noncountable nouns (also called *mass nouns*) include **beurre, chocolat, eau, glace, lait, pain, sucre, viande, vin, argent,** and **temps.**

   Avez-vous **du** thé?   *Do you have tea?*
   Je voudrais **du** sucre.   *I would like (some) sugar.*
   Mangez-vous **du** poisson?   *Do you eat fish?*

2. When something is countable or is considered as a whole, the indefinite article is used instead.

   Après le dîner, je prends **un** thé.   *After dinner, I have (a cup of) tea.*
   Je voudrais **un** sucre dans   *I would like one (cube of) sugar in*
      mon café.   *my coffee.*
   Je mange **un** poisson par semaine.   *I eat a (whole) fish every week.*

Partitive versus Definite Articles

1. The partitive article is used with verbs such as **acheter,*** **boire, manger,** and **prendre,** because they usually involve consuming or buying a *portion* of something. However, after verbs of preference such as **adorer, aimer, aimer mieux, détester,** and **préférer,** the definite article is used, because these verbs generally express a reaction to an entire category.

   Beaucoup de Français mangent **du**   *Many French people eat cheese at*
      fromage à la fin du repas, mais   *the end of the meal, but I hate*
      moi, je déteste **le** fromage.   *cheese.*

2. The partitive is also used with abstract qualities attributed to people, whereas the definite article is used to talk about these qualities in general.

   Elle a **du** courage.   *She has (some) courage.*
   Elle déteste **l'**hypocrisie.   *She hates hypocrisy.*

Partitives in Negative Sentences

1. In negative sentences, partitive articles become **de (d'),** except after **être.** This is also true with the plural indefinite article **des.**

   Je bois **du** lait.   →   Je ne bois **pas de** lait.
   Elle mange **de la** soupe.   →   Elle ne mange **pas de** soupe.
   Tu prends **de l'**eau.   →   Tu ne prends **pas d'**eau.

   BUT: C'est **du** vin espagnol.   →   Ce n'est pas **du** vin espagnol.

   Vous mangez **des** carottes.   →   Vous ne mangez **pas de**
                                             carottes.

   BUT: Ce sont **des** poires.   →   Ce ne sont **pas des** poires.

Mots clés

Exprimer un désir

Je voudrais means *I would like.* It is used to make a polite request and can be followed by a noun or an infinitive.

   Je voudrais un café, s'il vous plaît.
   I would like a cup of coffee, please.

   Je voudrais prendre le menu du jour.
   I would like to have the special of the day.

Prononcez bien!

The vowels in *du* and *de*
Be sure to clearly distinguish between the vowels in **du** [dy] and **de** [də]. For **du,** round your lips and close your mouth, push the body of your tongue forward, pressing the tip against your lower teeth, and make your lips protrude. For **de,** open your mouth slightly more than for **du,** shift your tongue to the center of your mouth, and round your lips without having them protrude.

   [y]: Il y a **du** poulet.
   [ə]: Il n'y a pas **de** poulet.

*****Acheter** means *to buy.* It will be presented in *Chapitre 8.* Meanwhile, see Appendix B for the conjugation of **acheter.**

Grammaire interactive

For more on the verbs **boire** and **prendre**, the expression **je voudrais**, and the partitive articles, watch the corresponding Grammar Tutorial and take a brief practice quiz at **Connect French.**

www.mhhe.com/connect

2. The expression **ne... plus** (*no more, no longer, not any more*) surrounds the conjugated verb, like **ne... pas.**

Nils et Zoé? Ils **ne** mangent **plus** de viande.

Nils and Zoé? They don't eat meat anymore.

Je suis désolé, mais nous **n'**avons **plus** de vin.

I'm sorry, but we have no more wine.

[Allez-y! A]

Partitives with Expressions of Quantity

Partitive articles also become **de (d')** after expressions of quantity.

Elle commande **du vin.**

Combien de verres est-ce qu'elle commande?

Elle commande **un peu de vin.**

Elle commande **beaucoup de vin.**

Elle commande **un verre de vin.**

Elle a **assez de vin.**

Elle boit **trop de vin.**

Dans son verre, il y a **peu de vin.**

[Allez-y! B-C]

Allez-y!

A. À table! Qu'est-ce que vous prenez, en général, à chaque repas? Qu'est-ce que vous ne prenez pas? Pensez-y!

Possibilités: du bacon, un bifteck, du café au lait, des croissants, des frites, du fromage, un fruit, un hamburger, de la pizza, du poulet, des spaghettis...

MODÈLE: Au petit déjeuner... →
Au petit déjeuner, je prends du jus d'orange, mais je ne prends pas de café au lait.

1. Au petit déjeuner...
2. Au déjeuner...
3. Au dîner...

B. Dîner d'anniversaire (*birthday*). Avec un(e) camarade, vous préparez un dîner surprise pour fêter l'anniversaire d'un ami / d'une amie. Mais avez-vous tous (*all*) les ingrédients nécessaires?

MODÈLE: carottes (assez) / (ne... pas) tomates →
   É1: Est-ce que tu as des carottes?
   É2: Oui, j'ai assez de carottes, mais je n'ai pas de tomates.

1. eau minérale (3 bouteilles) / (ne... plus) jus d'orange
2. café (un peu) / (ne... plus) thé
3. fraises (beaucoup) / (ne... pas) melon
4. chocolat (trop) / (ne... pas) œufs
5. viande (assez) / (ne... pas) légumes
6. sucre (un bol) / (ne... plus) sel

C. La réponse est simple! Trouvez des solutions aux problèmes suivants. Utilisez les verbes **boire, apprendre, comprendre** et **prendre** et des expressions avec **prendre**.

MODÈLE: Je désire parler avec un ami. →
   Je prends un verre au café avec un ami.

1. J'ai faim.
2. J'ai soif.
3. Je désire bien parler français.
4. Je désire étudier les mathématiques.
5. Je n'aime pas le vin.
6. Je ne suis pas pressé(e) (*in a hurry*).

D. Dis-moi ce que tu manges! Regardez les résultats d'une enquête (*survey*) sur les habitudes alimentaires des Français et répondez aux questions suivantes.

1. Est-ce que les Français dépensent (*spend*) plus pour acheter des boissons alcoolisées ou non alcoolisées (sans compter le lait)?
2. Nommez deux catégories de produits frais que les Français aiment consommer.
3. Quels sont les produits que les Français végétariens ne consomment pas?
4. Dans la liste, nommez deux catégories de produits que l'on (*that one*) achète généralement au marché en plein air (*open-air market*).
5. À votre avis, quelles sont les différences entre les habitudes alimentaires des Français et des Nord-Américains?

Le parler jeune	
la bouffe	la nourriture, le repas
un casse-dalle	un sandwich
un jus	un café
kiffer	préférer
le pinard	le vin

Ce soir, on a décidé de faire une petite **bouffe** à la maison.

À midi, je mange un **casse-dalle** au café du coin.

Je te paie un **jus** à la cafèt'?

J'adore cette pizza; je **kiffe** vraiment.

Je te sers un peu de **pinard**?

Ce que les Français consomment (en % du total des dépenses alimentaires)

23,7% Viandes*
15,3% Fruits et légumes†
13,2% Produits laitiers
10,4% Produits transformés à base de sucre
9,4% Boissons alcoolisées
8,1% Féculents
5,1% Autres produits alimentaires
7,4% Produits de la pêche
3,8% Boissons non alcoolisées
2,1% Graisses brutes
0,9% Œufs
0,5% Sucres bruts

* Y compris plats préparés à base de viande
† Y compris jus de fruits et plats préparés

Le blog d'Hassan

MIAM-MIAM!°

Miam... *Yum yum!*

vendredi 5 juin

Salut les ennemis de la cuisine!

Vous adorez les bons petits plats mais vous détestez cuisiner? C'est parfait! Je vais créer un blog culinaire pour vous: un blog avec plein de recettes[1] délicieuses à préparer en dix minutes maximum. Les explications vont être simples, avec des photos et des petits films vidéo.

Je vais proposer des recettes marocaines diététiques, réalisées[2] avec des produits du marché: du poisson, du poulet, de la viande de bœuf, des légumes, des fruits. Dans ces plats, je vais utiliser des épices pour donner du goût[3]: du cumin, du safran, de l'harissa.[4]

Mon copain Hector est mon premier «client»! Il est danseur et il doit absolument avoir une alimentation équilibrée.[5] Je vais lui apprendre à cuisiner. Regardez la vidéo: c'est notre première leçon. Hector prépare une salade marocaine de carottes râpées[6] à l'orange! C'est un étudiant très sérieux. Je suis content de lui.

Bon appétit les amis,
Hassan

Leçon 1—une salade marocaine de carottes râpées à l'orange

©McGraw-Hill Education

COMMENTAIRES

Mamadou

Dans la cuisine africaine, on utilise beaucoup d'épices. C'est le secret du goût.

Charlotte

Hassan, j'attends ton blog! La cuisine, ça prend trop de temps. Préparer un bon dîner en dix minutes, c'est le top[7]!

Poema

Personnellement, je suis au régime.[8] Bravo pour les recettes diététiques marocaines! Je vais craquer[9] pour ton blog!

Alexis

Tu vas nous faire mourir[10] avec tes recettes minceur[11]! Moi, je mange et je bois de tout: «Bonne cuisine et bon vin, c'est le paradis sur terre[12]». C'est une parole du roi[13] Henri IV...

Trésor

Tu vas aussi inventer des recettes pour les chiens? Moi, j'adore les os[14] avec de la sauce!

---

[1]plein... *lots of recipes* [2]*prepared, made* [3]épices... *spices to give flavor* [4]*North African spice made from ground or pureed peppers* [5]alimentation... *well-balanced diet* [6]*grated* [7]*best* [8]au... *on a diet* [9]Je... *I'll be unable to resist* [10]nous... *kill us* [11]*slimming* [12]*earth* [13]parole... *saying of King* [14]*bones*

Reportage

Mangez, bougez!°

Mangez... Eat! Move!

En France, la nourriture est une cause nationale; manger est une passion. Un anniversaire, une promotion, une fête,[1] tout est prétexte à faire un bon repas en famille ou avec des amis.

Mais trop manger n'est pas bon pour la santé[2]! Alors, comment faire? Avec son programme officiel «Manger-Bouger», l'Institut national de prévention et d'éducation pour la santé propose une solution: consommer des produits frais, équilibrer[3] ses repas et avoir des activités physiques.

Sandwich et fruits pour les gens pressés
©MBI/Alamy RF

Les Français sont d'accord, comme Zoé, une étudiante en médecine qui nous parle de ses habitudes alimentaires[4]: «Pour le petit déjeuner, je prends des céréales, je mange beaucoup de pain avec du beurre et de la confiture, je bois du jus d'orange. Pour le déjeuner, je n'ai pas beaucoup de temps, alors, une pomme ou une banane me suffisent.[5] Dans la journée, je bois du thé et je mange du chocolat... trop de chocolat! Le soir, je prépare un vrai dîner: je mange des pâtes ou du riz, parce que c'est facile à préparer, des légumes et des fruits parce que c'est bon pour la santé. Je cuisine peu de viande et de poisson parce que c'est cher! Je précise aussi que je suis très sportive. Je sais[6] que mes repas ne sont pas toujours équilibrés, mais j'apprends à manger correctement... C'est important!»

Luc, étudiant en droit, est très sérieux: il boit du lait le matin et de l'eau à tous les repas; il adore les légumes; il achète du poisson deux fois par semaine, de la viande tous les lundis et il fait du sport chaque jour. Mais il explique: «Quand je suis avec mes copains, je bois de la bière—pas trop!—et je mange des frites, mon plat préféré! Et le lendemain,[7] je fais un footing[8]... ».

Vous voyez, le programme «Manger-Bouger» fait réfléchir et progresser. Même[9] les enfants apprennent à sélectionner leurs aliments et à cuisiner. Et pour l'activité physique, pas de problème: ils sont toujours en mouvement... parce que ce sont des enfants!

[1]holiday [2]health [3]balance [4]habitudes... eating habits [5]me... are enough for me [6]know [7]the next day [8]fais... go for a run [9]Even

VOUS COMPRENEZ?

1. Expliquez la phrase «En France, la nourriture est une cause nationale».
2. Décrivez le programme Manger-Bouger. Est-il difficile à respecter? pourquoi?
3. Que mange Zoé? Luc? Qui est le plus raisonnable?
4. Comment les enfants apprennent-ils à manger correctement?

Micro-trottoir

Répondez aux questions suivantes à partir de votre point de vue personnel. Puis regardez la vidéo et comparez vos réponses à celles (those) des gens interrogés.

1. Pour vous, qu'est-ce qu'un repas équilibré?
2. Donnez-nous un exemple de vos bonnes ou mauvaises habitudes alimentaires.
3. Est-ce que vous mangez dans les fast-foods?
4. Est-ce que vous mangez à des heures regulières et à quelles heures prenez-vous vos repas?

cent cinquante-neuf **159**

L'impératif

Giving Commands

 DEUX BAGUETTES ET DU SEL!

Abdel et Carole échangent des textos (SMS).

CAROLE: **Sois**[1] gentil, **apporte**[2] deux baguettes pour ce soir.

ABDEL: Je prends un gâteau pour le dessert?

CAROLE: Non. **Achète**[3] du sel.

ABDEL: Du sel pour le dessert?

CAROLE: Idiot! Du sel pour mon bœuf aux carottes. **Ne perds pas** de temps. Tes parents arrivent dans 20 minutes!

ABDEL: **Fais** attention: mes parents sont toujours en avance...

CAROLE: **Dépêche-toi,**[4] dépêche-toi!

[1]*Be* [2]*bring* [3]*Buy* [4]*Hurry up*

Trouvez la phrase où...

1. Carole demande gentiment (*politely*) à Abdel d'apporter deux baguettes.
2. Carole demande à Abdel d'acheter du sel.
3. Abdel explique que ses parents vont bientôt arriver.
4. Carole ordonne à Abdel de se dépêcher.

The imperative is the command form of a verb. It is used to express an order, a piece of advice, or a suggestion. There are three forms in French. As in English, subject pronouns are not used with the imperative.

(tu)	**Arrête** de parler!	*Stop talking!*
(nous)	**Allons** au restaurant!	*Let's go to the restaurant!*
(vous)	**Passez** une bonne journée!	*Have a nice day!*

1. Verbs ending in **-er:** The imperatives are the same as the corresponding present-tense forms, except that the **tu** form does not end in **-s.**

INFINITIVE	tu	nous	vous
regarder	**Regarde!**	**Regardons!**	**Regardez!**
entrer	**Entre!**	**Entrons!**	**Entrez!**

Écoute!   *Listen!*
Regardez! Un restaurant russe.   *Look! A Russian restaurant.*
Entrons!   *Let's go in!*

The imperative forms of the irregular verb **aller** follow the pattern of regular **-er** imperatives: **va, allons, allez.**

2. Verbs ending in **-re** and **-ir:** The imperative forms are identical to their corresponding present-tense forms. This is true even of most irregular **-re** and **-ir** verbs.

INFINITIVE	tu	nous	vous
attendre	**Attends!**	**Attendons!**	**Attendez!**
finir	**Finis!**	**Finissons!**	**Finissez!**
faire	**Fais... !**	**Faisons... !**	**Faites... !**

Attends! Finis ton verre!   *Wait! Finish your drink!*
Faites attention!   *Pay attention! (Watch out!)*

3. The verbs **avoir** and **être** have irregular command forms.

INFINITIVE	tu	nous	vous
avoir	**Aie... !**	**Ayons... !**	**Ayez... !**
être	**Sois... !**	**Soyons... !**	**Soyez... !**

Sois gentil, Michel.   *Be nice, Michel.*
Ayez de la patience.   *Have patience.*

4. In negative commands, **ne** comes before the verb and **pas** follows it.

Ne prends pas de sucre!   *Don't have any sugar!*
Ne buvons pas trop de café.   *Let's not drink too much coffee.*
N'attendez pas le dessert.   *Don't wait for dessert.*

5. When using these command forms, you should be aware that they are not the most polite way of expressing your wishes. Later on you will learn about indirect commands or requests with the conditional, which are much more polite. With the imperative, the use of **s'il vous plaît** and **s'il te plaît** will make your requests more polite.

Aie de la patience, **s'il te plaît.**   *Please have patience.*
Ne fumez pas, s'il vous plaît.   *Please don't smoke.*

Allez-y!

A. Les bonnes manières. Vous êtes à table avec un enfant. Dites-lui ce qu'il faut (= il est nécessaire de) faire ou ne pas faire.

MODÈLE: ne pas jouer avec ton couteau →
          Ne joue pas avec ton couteau!

1. attendre ton frère
2. prendre ta serviette
3. finir ta soupe
4. manger tes carottes
5. regarder ton assiette
6. être sage (*good* [*lit., wise*])
7. ne pas manger de sucre
8. boire ton verre de lait
9. ne pas demander de dessert

B. Un job d'été. Vous travaillez comme serveur/serveuse dans un café. Voici les recommandations de la patronne (*owner*).

MODÈLE: faire attention aux clients → Faites attention aux clients.

1. être aimable
2. avoir de la patience
3. écouter les clients
4. répondre aux questions
5. ne pas perdre de temps
6. rendre correctement la monnaie (*change*)

Maintenant vous parlez avec un autre serveur / une autre serveuse de ce qu'il faut faire au travail. Répétez les recommandations de la patronne.

MODÈLE: faire attention aux clients → Faisons attention aux clients!

C. Le robot. Vous avez un robot qui travaille pour vous. La classe choisit un étudiant / une étudiante pour jouer le rôle du robot. Donnez cinq ordres en français au robot. Il/Elle est obligé(e) d'obéir. Utilisez «s'il te plaît».

MODÈLE: Va au tableau, s'il te plaît!

L'heure

Telling Time

Quelle heure est-il?

Il est **sept heures.** Quel repas est-ce que Vincent prend?

Il est **dix heures et demie.*** Où est Vincent?

Il est **midi.** Quel repas est-ce qu'il prend?

Il est **deux heures et quart.** Où est Vincent?

Il est **quatre heures moins le quart.** Qu'est-ce qu'il fait?

Il est **huit heures vingt.** Il dîne en famille?

Il est **minuit moins vingt.** Est-ce qu'il étudie encore?

Il est **minuit,** et Vincent dort (*is sleeping*).

1. To ask the time:

    Excusez-moi, quelle heure est-il?   *Excuse me, what time is it?*

2. To ask at what time something happens:

    —**À quelle heure** commence le film?   *At what time does the movie start?*

    —**À** deux heures et demie.   *At 2:30.*

3. To tell the time:

    Il est une **heure.**   *It is 1:00.*

    Il est deux **heures.**   *It is 2:00.*

    Il est presque **midi / minuit.**   *It's almost noon / midnight.*

4. To make a distinction between A.M. and P.M.:

    Il est neuf heures **du matin.**   *It's 9 A.M. (in the morning).*

    Il est quatre heures **de l'après-midi.**   *It's 4 P.M. (in the afternoon).*

    Il est onze heures **du soir.**   *It's 11 P.M. (in the evening, at night).*

> ### Prononcez bien!
>
> **Liaison with *heures***
>
> Note the pronunciation of the last letter in the following numbers when they are followed by the word **heures.**
>
> [z]: Il est **deux** heures.
>
>   Il est **trois** heures.
>
>   Il est **six** heures.
>
>   Il est **dix** heures.
>
> [v]: Il est **neuf** heures.

---

*To tell the time on the half hour, **et demie** is used after the feminine noun **heure(s)** and **et demi** is used after the masculine nouns **midi** and **minuit.**

    Il est trois heures **et demie.**   *It's 3:30 (half past three).*

    Il est midi **et demi.**   *It's 12:30 (half past noon).*

The 24-hour clock is used for official announcements (e.g., TV or transportation schedules), to make appointments, and to avoid ambiguity. For time expressed in figures, **h** (**heures**) is used (without a colon).

	OFFICIAL 24-HOUR	12-HOUR
9 h 15	neuf heures quinze	neuf heures **et quart** (du matin)
15 h 30	quinze heures trente	trois heures **et demie** (de l'après-midi)
18 h 45	dix-huit heures quarante-cinq	sept heures **moins le quart** (du soir)
20 h 50	vingt heures cinquante	neuf heures **moins dix** (du soir)

Mots clés

Exprimer le temps de façon générale

Il est **tard.**
  It's late.

Il est **tôt.**
  It's early.

Jamal prend son repas **de bonne heure.**
  Jamal eats early.

Gabriel est **en retard** aujourd'hui.
  Gabriel is late today.

D'habitude, il est **en avance.**
  Usually, he's early.

Camille est toujours **à l'heure.**
  Camille is always on time.

Allez-y!

A. Quelle heure est-il? Donnez l'heure selon les deux systèmes.

1.   2.   3.   4.

5.   6.   7.   8.

9.   10.   11.   12.

B. Quelle heure est-il pour vous? Qu'est-ce que vous faites?

1.   2.   3.   4.

C. Les bars et restaurants de Carcassonne. Imaginez que vous êtes à Carcassonne et que vous consultez la liste des restaurants et cafés de la ville. Voici des informations sur quatre établissements et leurs horaires (*schedules*).

1. À quelle heure préférez-vous prendre votre petit déjeuner? Où pouvez-vous (*can you*) aller? Est-il possible de prendre votre repas à sept heures et demie dans ce restaurant? à huit heures et demie?

2. Samedi, vous voulez (*want*) surfer sur Internet pendant votre déjeuner à midi. Est-ce que Logigames est ouvert (*open*)? À quelle heure décidez-vous d'aller au cybercafé?

3. Où allez-vous pour manger une spécialité méditerranéenne? À quelle heure s'arrête le service du déjeuner? À quelle heure commence le service du dîner?

4. Est-il possible de dîner à l'Auberge des Chênes le lundi? Pourquoi? Est-il possible de déjeuner dans ce restaurant le lundi? À quelle heure?

5. Quel restaurant reste ouvert après minuit? Jusqu'à (*Until*) quelle heure?

LES BARS ET RESTAURANTS de CARCASSONNE

L'Auberge des Chênes

Formule midi 15€ en semaine - Menus 22€ à 42€ - Carte
Fermé° lundi soir et samedi midi
1 Rte de Limoux - Tél. 04 68 25 40 11

Closed

L'ESCALIER
Pizzas - TEX-MEX

Spécialités méditerranéennes
De 12h à 14h et de 19h à minuit.
La pizzeria qui fait disjoncter
le Guide du Routard
22, bd Omer Sarraut 11000 CARCASSONNE
Tél. 04 68 25 65 66

Cybercafé Logigames

S'amuser – Sortir, Bar – Café, Cybercafé
Ouvert° du mardi au vendredi 10h–19h, samedi
13h–21h, fermé le dimanche et le lundi
25, boulevard de Varsovie – Tél. 04 68 72 67 04

Open

Le Colonial Lounge
Restaurant - Bar d'ambiance

Vous invite à l'évasion tous les jours de 11h à 16h
et de 19h à 2h du mat' - Formule à partir de 10€50 et sa carte
Au bord du canal, face à la gare - 3, avenue Maréchal Foch
Tél. 04 68 72 48 43 - mail.lecoloniallounge@aol.com

Sombrero: ©Iconotec/Glow Images RF

Prononcez bien!

1. La voyelle dans *du* et *de* (page 155)

A. Au supermarché. Vous êtes au supermarché, mais vous n'avez pas votre liste avec vous. Vous téléphonez à votre colocataire. Elle vous dit (*tells you*) les choses que vous avez et que vous n'avez pas. La communication est mauvaise et vous avez des difficultés à entendre si elle dit « il y a **du** _____ » ou « il n'y a pas **de** _____ »? Faites attention à la prononciation des voyelles **u** et **e** dans les articles pour choisir la bonne réponse.

1. a. Il y a du lait.   **b.** Il n'y a pas de lait.
2. a. Il y a du thé.   **b.** Il n'y a pas de thé.
3. a. Il y a du chocolat.   **b.** Il n'y a pas de chocolat.
4. a. Il y a du sucre.   **b.** Il n'y a pas de sucre.
5. a. Il y a du jambon.   **b.** Il n'y a pas de jambon.
6. a. Il y a du poisson.   **b.** Il n'y a pas de poisson.

B. Au restaurant. Vous êtes au restaurant avec votre ami(e) et un serveur passe avec un plat qui a l'air délicieux (la photo de ce plat est à la page 144). Votre ami(e) vous demande s'il y a les ingrédients suivants dans ce plat: **beurre, café, céleri, fromage, pain, poivre, poulet, raisin, sel, tomates, thon, vin.**

MODÈLE: É1: Est-ce qu'il y a du café?
            É2: Non, il n'y a pas de café.

2. Liaison with *heures* (page 163)

A. Un week-end entre amis! Les amis de votre colocataire, qui n'habitent pas tous en France, viennent (*are coming*) passer le week-end avec vous. Votre colocataire parle de la durée de voyage de ses amis. Cochez (*Check*) les temps mentionnés.

1. Christophe   **a.** 2 h   **b.** 12 h
2. Zoé   **a.** 3 h   **b.** 13 h
3. Éric et Isabelle   **a.** 6 h   **b.** 16 h
4. Marc   **a.** 3 h   **b.** 13 h
5. Simon   **a.** 6 h   **b.** 16 h
6. Carine   **a.** 2 h   **b.** 12 h

B. Horaires des arrivées. Les amis de votre colocataire (votre camarade de classe) vont arriver en train à des heures différentes. Vous téléphonez à votre colocataire pour demander leurs heures d'arrivée. Posez les questions 1 à 3 à votre colocataire selon le modèle. Ensuite, changez de rôle pour les questions 4 à 6. Faites bien attention à la liaison avec le mot **heures.**

MODÈLE: Christophe (8 h 45)
            É1: À quelle heure arrive Christophe?
            É2: Il arrive à 8 h 45.

1. Zoé (9 h 55)   **3.** Isabelle (2 h 10)   **5.** Simon (6 h 30)
2. Éric (2 h 05)   **4.** Marc (3 h 29)   **6.** Carine (6 h 45)

Lecture

Scanning (Part 1). You are planning a dinner party featuring dishes from a number of French-speaking countries. One of your guests doesn't eat fish; another is allergic to dairy products. As you look for recipes, you rapidly *scan* the list of ingredients, rejecting those that contain salmon and/or cream, for example. Scanning allows you to read more efficiently. Instead of reading line by line, you can skip much of a text and still find the information you need.

Scan the recipes in this section. Would you be able to prepare both of them for the guests described here?

Le vocabulaire culinaire. In recipes, instructions are often given in the infinitive form, which can be translated by an imperative in English.

Râper finement les carottes.	*Finely grate the carrots.*
Couper en morceaux un kilo de poissons.	*Cut up a kilo of fish into pieces.*

In addition, many cooking instructions include the verbs **faire** and **laisser.** Read the following examples carefully.

Faire bouillir...	*Boil . . .*
Laisser mijoter...	*Let simmer . . .*

Can you guess the meaning of the expression **laisser cuire**? (Note that the verb **cuire** is related to the noun **cuisine**).

Voyons voir... Parcourez rapidement (*Scan*) les recettes à la page suivante et décidez si les affirmations sont vraies ou fausses.

1. V F La salade marocaine est sucrée.
2. V F On sert la soupe avec du riz.
3. V F La soupe se cuit (*cooks*) assez rapidement.
4. V F Il y a du jus d'orange dans la salade.
5. V F La soupe contient beaucoup de matières grasses (*fat*).

Saveurs du monde francophone

©Tracy Hebden

Blaff de poissons martiniquais°

Blaff... *Fish poached in broth, Fish soup*

Ingrédients

1 kilo de poissons variés

1 citron vert

1 citron

2 oignons

1 gousse d'ail[1]

1 clou de girofle[2]

1 pincée de thym

2 cuillerées à soupe de persil finement haché[3]

3 cives[4] hachées

un morceau de piment[5]

du sel et du poivre

Préparation

Préparer le court-bouillon: Faire bouillir longuement dans une casserole[6] d'eau le girofle, le thym, le persil, les cives hachées, le piment, le sel, le poivre et les oignons préalablement[7] coupés en rondelles.[8] Couper en morceaux[9] un kilo de poissons, les frotter[10] de citron vert et les plonger dans le court-bouillon. Laisser cuire de 10 à 15 minutes. Ajouter[11] le jus d'un citron et la gousse d'ail écrasée.[12] Laissez mijoter pendant quelques minutes.

Servir les poissons dans ce bouillon très parfumé.[13]

[1]gousse... *clove of garlic* [2]*clove* [3]*chopped* [4]*chives* [5]*hot pepper* [6]*pot* [7]*ahead of time* [8]*round slices* [9]*pieces* [10]*rub* [11]*Add* [12]*crushed* [13]*flavorful*

©Maggie Janik Photography

Salade marocaine de carottes râpées à l'orange

Ingrédients

500 g de carottes

1 pincée de cannelle[14]

1 cuillerée à soupe de sucre en poudre

1 cuillerée à soupe d'eau de fleur d'oranger

1 verre de jus d'orange

le jus d'un citron

2 oranges

Préparation

Râper finement les carottes. Les arroser du mélange cannelle, jus de citron, sucre, eau de fleur d'oranger, jus d'orange. Mélanger. Disposer sur assiettes et décorer de tranches[15] d'oranges pelées à vif.[16]

Servir frais.

[14]pincée... *pinch of cinnamon*   [15]*slices*   [16]pelées... *peeled with pith removed*

COMPRÉHENSION

Quel verbe, quel ingrédient? Choisissez l'ingrédient de la colonne de droite qui correspond au verbe dans la colonne de gauche. **Attention:** Parfois il y a plus d'une réponse possible.

1. Écraser _____.	**a.** l'eau
2. Hacher _____.	**b.** les oranges
3. Faire bouillir _____.	**c.** les carottes
4. Peler _____.	**d.** les oignons
5. Râper _____.	**e.** la gousse d'ail
6. Couper _____.	**f.** les cives

Écriture

The writing activities **Par écrit** and **Journal intime** can be found in the Workbook/Laboratory Manual to accompany *Vis-à-vis*.

 # Sondages

LES ALIMENTS ESSENTIELS SELON LES FRANÇAIS

Voici un sondage réalisé par Internet en France le 16 mars 2015 auprès de plus de 1 500 adultes.

CES ALIMENTS DONT LES FRANÇAIS NE POURRAIENT SE PASSER				
CLASSEMENT	ALIMENT	TOTAL FRANCE	HOMME	FEMME
1	fruit	50,9%	49,5%	52,3%
2	pain	48,4%	51,4%	45,5%
3	pâtes	45,1%	45,0%	45,2%
4	chocolat	44,0%	41,4%	46,3%
5	viande	42,7%	53,3%	32,6%
6	pommes de terre	36,8%	38,2%	35,4%
7	café	35,3%	34,1%	36,5%
8	œuf	28,3%	29,3%	27,2%
9	poisson	27,5%	30,6%	24,5%
10	salade	26,9%	25,0%	28,5%

Source: LSA/Toluna

A. Avec un(e) camarade de classe, regardez les «Top 10» aliments que les Français considèrent comme essentiels dans leur régime (*diet*) et répondez aux questions suivantes.

   1. Est-ce qu'il y a des surprises dans les résultats, à votre avis?

   2. Est-ce que vous êtes d'accord avec les choix des Français?

B. Discutez de la liste en groupe de trois ou quatre étudiants.

   1. Dans vos groupes, faites une liste des aliments dont vous ne pourriez pas vous passer. Avec votre groupe, discutez de votre ordre de préférence.

   2. Comparez vos résultats avec ceux (*those*) des autres groupes dans la classe. Est-ce qu'il y a une différence entre les choix des hommes et des femmes?

Selon le sondage, les Français ne pourraient pas se passer des fruits. Et vous?
©William Ryall 2010

Le vidéoblog d'Hassan

Une brochette de poisson à la martiniquaise

©McGraw-Hill Education

En bref

Dans cet épisode, Léa et Juliette regardent le vidéoblog d'Hassan. Le jeune homme donne une petite leçon de cuisine à Hector. Les deux amis préparent une salade marocaine traditionnelle: des carottes râpées à l'orange. Ensuite, Hector parle de la cuisine martiniquaise.

Vocabulaire en contexte

Mesurez *votre* talent en cuisine et décrivez *votre* repas typique.

Votre talent en cuisine	Votre repas typique
☐ Moi, je suis un excellent cuisinier / une excellente cuisinère!	☐ un repas **diététique** composé de produits frais
☐ **Je sais** (*I know how*) préparer de bons **plats.**	☐ un repas équilibré traditionnel
☐ Il y a un ou deux plats que je sais préparer.	☐ un repas lourd et gras (*heavy and greasy*)
☐ Je suis incapable de faire un sandwich!	☐ un repas fast-food

VISIONNEZ!

Regardez la vidéo et trouvez l'équivalent des mots en caractères gras.

1. _____ Hassan **râpe** les carottes.
2. _____ Hector **coupe** les oranges en tranches fines (*thin slices*).
3. _____ Hector **verse** le jus de citron sur les carottes.
4. _____ Hassan **ajoute** du sucre et de l'eau de fleur d'oranger.
5. _____ Hassan **met** un peu de cannelle sur la salade.
6. _____ Hassan **mélange** les ingrédients.

a. *cuts*
b. *adds*
c. *pours*
d. *grates*
e. *mixes*
f. *puts*

ANALYSEZ!

Répondez aux questions.

1. Le climat a une influence sur la cuisine d'un pays. Existe-t-il d'autres influences? Donnez des exemples.
2. Trouvez-vous la cuisine martiniquaise appétissante? Pourquoi (pas)?

COMPAREZ!

Qu'est-ce qui influence la cuisine de votre région? Quels sont les plats et les ingrédients typiques? Regardez encore une fois la partie culturelle de la vidéo: préférez-vous la cuisine de votre région ou la cuisine martiniquaise? Expliquez.

NOTE CULTURELLE

Au Maroc, pays à l'hospitalité légendaire, le thé à la menthe[1] vous est proposé à toute heure. Préparé dans une théière[2] en métal, on vous le présente bien chaud et très sucré. On le verse[3] très haut[4] dans un petit verre. Refuser un thé à la menthe est impoli. C'est parfois[5] considéré comme une offense.

[1]*mint* [2]*teapot* [3]*pours* [4]*high* [5]*sometimes*

VOCABULAIRE

Verbes

apporter	*to bring*
apprendre	to learn
boire	to drink
célébrer	to celebrate
commander	to order (*in a restaurant*)
comprendre	to understand; to include
considérer	to consider
déjeuner	to eat lunch
dîner	to dine, eat dinner
espérer	to hope
passer	to pass, spend (*time*)
préférer	to prefer
prendre	to take; to have (to eat; to order)
prendre le petit déjeuner	to have breakfast
prendre du temps	to take (a long) time
prendre son temps	to take one's time
prendre un repas	to eat a meal
prendre un verre	to have a drink (*usually alcoholic*)

À REVOIR: **aimer mieux, préparer**

Substantifs

l'après-midi (*m.*)	afternoon
la cuisine	cooking; kitchen
le déjeuner	lunch
le dîner	dinner
le goûter	afternoon snack
la journée	(whole) day
le matin	morning
le midi	noon
le plat	dish (*of food*)
le petit déjeuner	breakfast
le produit	product
le repas	meal
le soir	evening

Les provisions

l'aliment (*m.*)	food
le beurre	butter
la bière	beer
le bifteck	steak
le bœuf	beef
la boisson gazeuse	soft drink
le champignon	mushroom
le citron	lemon
le citron vert	lime
la crème	cream
l'eau (*f.*) (**minérale**)	(mineral) water
la fraise	strawberry
les frites (*f. pl.*)	French fries
le fromage	cheese

le gâteau	cake
la glace	ice cream
les haricots* (*m. pl.*) verts	green beans
le jambon	ham
le jus (d'orange)	(orange) juice
le lait	milk
le légume	vegetable
la nourriture	food
l'œuf (*m.*)	egg
l'oignon (*m.*)	onion
le pain	bread
la poire	pear
le poisson	fish
le poivre	pepper
le poivron	bell pepper
la pomme de terre	potato
le poulet	chicken
les produits (*m.*) frais	fresh products
le sel	salt
le sucre	sugar
la tarte	pie
le thé	tea
la viande	meat
le vin	wine

À table

l'assiette (*f.*)	plate
le bol	wide cup
la bouteille	bottle
le couteau	knife
la cuillère (à soupe)	(soup) spoon
la fourchette	fork
la nappe	tablecloth
la serviette	napkin
la tasse	cup
le verre	glass

Substantifs apparentés

la baguette, la banane, les brocolis (*m. pl.*), la carafe, la carotte, le champagne, le chocolat, le croissant, le dessert, le fruit, la laitue, l'orange (*f.*), le porc, la salade, la soupe, la tomate

Adjectif

frais/fraîche	fresh

L'heure

Quelle heure est-il?	What time is it?
Il est... heure(s).	It is . . . o'clock.
... et demi(e)	half past (the hour)

---

*The initial **h** is aspirate here, which means there is no elision with the article **les**.

... et quart	quarter past (the hour)
... moins le quart	quarter to (the hour)
... du matin	in the morning
... de l'après-midi	in the afternoon
... du soir	in the evening, at night
Il est midi.	It's noon.
Il est minuit.	It's midnight.
À quelle heure... ?	At what time . . . ?

Les expressions de quantité

assez de	enough of
beaucoup de	a lot of
peu de	little of
trop de	too much of, too many of
un peu de	a little of

Mots et expressions divers

à l'heure	on time
de bonne heure	early
Dépêche-toi!	*Hurry up!*
en avance	early
en retard	late
je voudrais	I would like
ne... plus	no more, no longer, not any more
plusieurs	several
presque	almost
selon	according to
tard	late
tôt	early
vers	around, about (*with time expressions*)

CHAPITRE 7

Les plaisirs de la cuisine

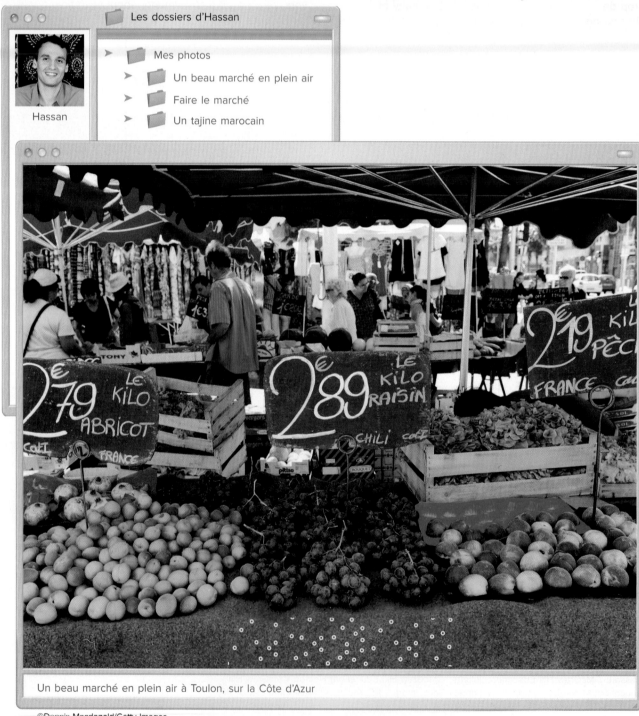

Les dossiers d'Hassan

Hassan

Mes photos
> Un beau marché en plein air
> Faire le marché
> Un tajine marocain

Un beau marché en plein air à Toulon, sur la Côte d'Azur

©Dennis Macdonald/Getty Images

Dans ce chapitre...

OBJECTIFS COMMUNICATIFS

➤ asking about choices
➤ pointing out people and things
➤ expressing desire, ability, necessity, and obligation
➤ talking about past events
➤ learning to distinguish between and pronounce selected sounds in French

PAROLES (LEÇON 1)

➤ Les magasins d'alimentation
➤ Au restaurant
➤ Les nombres supérieurs à 60

STRUCTURES (LEÇONS 2 ET 3)

➤ Les adjectifs interrogatifs
➤ Les adjectifs démonstratifs
➤ Les verbes **vouloir, pouvoir** et **devoir**
➤ Le passé composé avec l'auxiliaire **avoir**

CULTURE

➤ Le blog d'Hassan: *Marché ou cybermarché?*
➤ Reportage: *Comment voyager dans son assiette?*
➤ Lecture: *Les grandes occasions* (Leçon 4)

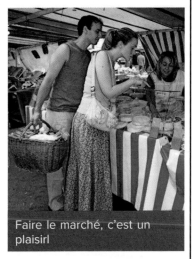

Faire le marché, c'est un plaisirl

©McGraw-Hill Education

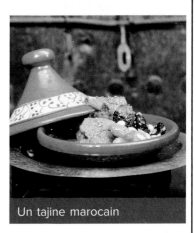

Un tajine marocain

©Dave Stamboulis Travel Photography/ Getty Images RF

www.mhhe.com/connect

LEÇON 1: PAROLES

Les magasins (*m.*) d'alimentation

Mme Barbet va d'abord (*first*) à la boulangerie, puis (*then*) à la poissonnerie, et ensuite (*then*) à la boucherie.

🔔 Prononcez bien!

The semivowel in *ail*

Pronounce the semivowel [j] the same way you pronounce the first letter of the English word *you*, with the sides of your tongue pressing against the sides of your palate. Below are the most common spellings of the sound [j].

[j]: **b<u>i</u>en, <u>y</u>eux, ma<u>ill</u>ot***

The **-il** at the end of a word is also pronounced [j].

[j]: **a<u>il</u>, trava<u>il</u>, somme<u>il</u>, vie<u>il</u>**

One exception to this rule is **gentil**, where the **-il** is pronounced [i].

*<u>mille</u>, <u>ville</u>, <u>villa</u>, <u>village</u>, tranqu<u>ille</u> are exceptions to this rule and the **-ill** is pronounced [il].

AUTRES MOTS UTILES

de l'agneau (*m.*)	lamb	**un homard**†	a lobster
de l'ail (*m.*)	garlic	**de l'huile** (*f.*)	oil
une boîte (de conserve)	a can (of food)	**des pâtes**	pasta
		un saucisson	a salami
des crevettes (*f.*)	shrimp	**du saumon**	salmon

---

*There are also separate stores: **la boulangerie,** where one buys bread, **la pâtisserie,** where one buys pastries, **la boucherie,** where one buys beef and poultry, and **la charcuterie** where one buys pork products.

†The **h** in **homard** is aspirate, which means that there is no "elision" with the article **le** (i.e., **le homard**). Note how this is different from **l'huître,** which has a mute **h.** In both cases, the **h** is silent.

Allez-y!

Les magasins du quartier: Où est-ce qu'on va pour acheter les produits suivants?

> **MODÈLE:** des éclairs au chocolat →
> Pour acheter des éclairs au chocolat, on va à la boulangerie-pâtisserie.

1. des saucisses et un rôti de veau
2. des huîtres et des crabes
3. des sardines à l'huile
4. des côtes de porc
5. de la sole et du saumon
6. du pâté de campagne et du filet de bœuf
7. de l'ail et des boîtes de conserve
8. un pain de campagne

Au restaurant

Restaurant La Guirlande de Julie
Ouvert de 12 h 00 à 14 h 30 et de 19 h 00 à 22 h 30.
Fermé le lundi.

Pour commencer

Kir[1]	7 euros
Coupe[2] de champagne	11 euros
Américano	5 euros

Nos formules[3]

(excepté le soir, le samedi, le dimanche et les jours fériés)

Plat du marché	16 euros
Entrée, plat du marché	21 euros
ou	
Plat du marché, dessert	21 euros
Entrée, plat du marché, dessert	25 euros

Les entrées

Fromage de chèvre au basilic et à l'huile d'olive	7 euros
Escargots de Bourgogne	9 euros
Terrine de gibier,[4] petite salade «selon saison»	9 euros
Foie gras de canard[5] maison	17 euros

Les plats

Notre spécialité «Pot-au-feu[6] royal»	18 euros
Confit de canard, pommes bûcheronnes, champignons	19 euros
Rognons de veau[7] bordelais et petits oignons	20 euros
Saumon braisé en croûte d'herbes, tagliatelle de légumes	22 euros

Nos fromages

Petit chèvre frais mariné à l'huile vierge	7 euros
Assiette de fromages	10 euros

Les desserts

Tarte aux pommes, glace à la cannelle	8 euros
Crème brûlée à la vanille de Bourbon	8 euros
Glaces et sorbets, parfums au choix	8 euros

Prix nets, service compris

[1]*White wine with blackcurrant liqueur*   [2]*Goblet*   [3]*special of the day generally including* un plat, *plus* une entrée *or* un dessert
[4]Terrine... *Game paté*   [5]*duck*   [6]*Stew*   [7]Rognons... *Veal kidneys*

AUTRES MOTS UTILES

l'addition (*f.*)	check
l'argent (*m.*)	money
autre chose	something else
la carte	menu
compris(e)	included
l'entrée (*f.*)	first course
les escargots (*m.*)	snails
goûter	to taste
le menu	fixed-price meal (*usually including* **une entrée, un plat,** *and* **du fromage** *or* **un dessert**)
la mousse au chocolat	chocolate mousse
le plat	course (*of a meal*); dish (*type of food*)
le plat principal	main course
le pourboire	tip
le prix	price
quelque chose	something
le serveur / la serveuse	waiter / waitress

Allez-y!

A. Restaurant La Guirlande de Julie. Mettez le dialogue dans le bon ordre. Numérotez les phrases de 1 à 10.

LE SERVEUR

_____ Vous désirez quelque chose à boire?

_____ (*plus tard*) Vous désirez autre chose?

_____ Une eau minérale. Vous désirez une entrée?

_____ Bonjour, madame. Avez-vous choisi? (*Have you decided?*)

_____ Très bien, madame. (*plus tard*) Prenez-vous du fromage, un dessert?

LA CLIENTE

_____ Une eau minérale, s'il vous plaît.

_____ Oui, j'ai fait mon choix (*choice*).

_____ Oui, comme entrée, je vais prendre le foie gras de canard, et ensuite, le pot-au-feu.

_____ Euh, je vais prendre une crème brûlée à la vanille, s'il vous plaît.

_____ Non, merci. Apportez-moi (*Bring me*) l'addition, s'il vous plaît.

B. Au restaurant. Avec un(e) camarade, regardez la carte de La Guirlande de Julie ci-dessus (*above*). Jouez les rôles du serveur / de la serveuse et du client / de la cliente. Notez ce que le client / la cliente commande.

MODÈLE: LE SERVEUR / LA SERVEUSE: Qu'est-ce que vous prenez comme entrée? (plat principal, boisson...)

LE CLIENT / LA CLIENTE: Je prends le/la*...

---

*The definite article, rather than the partitive, is often used when one orders a dish from a menu.

Les nombres supérieurs à 60

60	soixante	72	soixante-douze	90	quatre-vingt-dix
61	soixante **et** un	73	soixante-treize	91	quatre-vingt-onze
62	soixante-deux	80	quatre-ving**ts**	92	quatre-vingt-douze
63	soixante-trois	81	quatre-vingt-un	93	quatre-vingt-treize
70	soixante-dix	82	quatre-vingt-deux	100	cent
71	soixante **et** onze	83	quatre-vingt-trois		

- Note that **quatre-vingts** takes an **-s,** but that numbers based on it do not: **quatre-vingt-un,** and so on.

101	cent un	600	six cents	
102	cent deux	700	sept cents	
200	deux cents	800	huit cents	
201	deux cent un	900	neuf cents	
300	trois cents	999	neuf cent quatre-vingt-dix-neuf	
400	quatre cents	1 000	mille	
500	cinq cents	999 999	?	

- Note that the **-s** of **cents** is dropped if it is followed by any other number: **deux cent un, sept cent trente-cinq.**

- Like **cent, mille** (*one thousand*) is expressed without an article. **Mille** is invariable and thus never ends in **-s: mille quatre, sept mille, neuf mille neuf cent quatre-vingt-dix-neuf.**

- In French, years are expressed with a multiple of **mille** or with **cent.**

mille neuf cents (*or* **dix-neuf cents**)	*1900*
mille neuf cent quatre-vingt-dix-neuf	*1999*
(*or* **dix-neuf cent quatre-vingt-dix-neuf**) **deux**	
mille dix-huit	*2018*

- The preposition **en** is used to express *in* with a year.

en mille neuf cent vingt-trois	*in 1923*

- Note the expression **les années 50** (*the [nineteen] fifties*): les **années cinquante.**

- French currency is **l'euro** (*m.*)(€); it is divided into **centimes.** The most common way of writing prices in **euros** is: 48,50 € **(quarante-huit euros cinquante).**

- The nouns **million** and **milliard** (*billion*) take **-s** in the plural. When introducing a noun, they are followed by **de (d').**

Ce château a coûté sept **millions** d'euros.

This chateau cost seven million euros.

Langoustines crues : 29,00 € / kg
©Walter Pietsch/Alamy

Radis (France): 2,89 €/kg
©William Ryall 2010

Un peu plus...

Le Procope

Le Procope, qui a ouvert (*opened*) ses portes en 1686, est le plus vieux café de Paris. Il est situé sur la Rive gauche (*Left Bank*) dans le Quartier latin. Le café a accueilli (*welcomed*) des gens célèbres tout au long de son histoire. De nos jours, on peut voir (*can see*) la table où Voltaire discutait avec d'autres philosophes comme Diderot et Rousseau. Est-ce qu'il y a des endroits (*places*) dans votre ville qui ont une importance historique?

Le Procope, au 13 rue de l'Ancienne Comédie
©Dave G. Houser/Getty Images

Allez-y!

A. Problèmes de mathématiques. Inventez six problèmes, puis demandez à un(e) camarade de les résoudre (*solve them*).

Vocabulaire utile: + (plus, et), − (moins), × (fois), ÷ (divisé par), = (font, égalent)

MODÈLES: 37 + 42 →
  É1: Trente-sept plus (et) quarante-deux?
  É2: Trente-sept plus (et) quarante-deux font (égalent) soixante-dix-neuf.

  10 × 10 000 →
  É1: Dix fois dix mille?
  É2: Dix fois dix mille font (égalent) cent mille.

B. La cuisine diététique. Votre partenaire et vous avez un restaurant français qui sert de la cuisine diététique. Créez un menu à moins de (*fewer than*) 1 000 calories. Le menu doit (*must*) avoir...

un hors-d'œuvre ou une entrée
un plat principal
des légumes
un fromage ou un dessert

VALEUR CALORIQUE DE QUELQUES ALIMENTS (pour 100 grammes)							
TRÈS CALORIQUES		**CALORIQUES**		**PEU CALORIQUES**		**TRÈS PEU CALORIQUES**	
Saucisson	559	Brie	271	Banane	97	Poire	61
Chocolat	500	Pain	259	Crevettes	96	Pomme	61
Pâté de foie gras	454	Côte d'agneau	256	Pommes de terre	89	Carotte	43
Biscuits secs	410	Filet de porc	172	Lait	67	Fraise	40
Macaronis, pâtes	351	Œufs	162	Artichaut	64	Orange	40
Riz	340	Poulet	147			Champignons	31
Camembert	312	Canard	135			Tomates	22

C. Les promotions du mois. Ce soir, vous faites des courses. Vous allez dans un magasin spécialisé en produits surgelés (*frozen*). Vous achetez un plat principal, des légumes et un dessert. Qu'est-ce que vous allez choisir? Composez votre menu et calculez le prix de ce que vous allez acheter.

	PRIX
Plat principal	_____
Légumes	_____
Dessert	_____
Total	_____

CHEZ PICARD SURGELÉS

Côtes d'agneau
(pièces de 60 g environ)
le sac de 1 kg 15,80

Gigot d'agneau prêt à découper
(pièce de 1,4 à 1,8 kg) le kg 12,60

10 steaks hachés
(100 g)
la boîte de 1 kg 10,20

Crevettes crues
(10-20 au kg) élevées à Madagascar,
le kg 37,50 €, l'étui de 800 g 32,00

Magret de canard
(pièce de 300-400 g)
le sac de 1 kg 18,40

2 cuisses de poulet rôties
avec partie de dos,
le kg 11,40 €, le sac de 400 g 6,60

Poulet à la mexicaine
hauts de cuisses marinés,
cuits (5 pièces)
le kg 13,62 €, le sac de 400 g 6,95

Tarte aux pommes : *le kg 7,84 €*, 5,20 € la pièce de 680 g

Petits pois doux extra-fins et jeunes carottes
le kg 2,84 €, le sac de 450 g 4,30

Petits pois doux à la française
(avec laitue en tablettes et petits oignons blancs)
le sac de 1 kg 5,70

Carottes jeunes entierès extra-fines
le sac de 1 kg 5,10

20 crêpes au jambon-fromage
la boîte de 1 kg 7,20

2 crêpes savoyardes
reblochon, pommes de terre,
lardons, oignons,
le kg 13,36 €, la boîte de 250 g 4,40

4 crêpes campagnardes
champignons, jambon, lard fumé,
le kg 10,56 €, la boîte de 460 g 5,90

Framboises brisées
Chili, le sac de 1 kg 8,20

Framboises entières
Chili, le sac de 1 kg 6,90

2 mousses au chocolat
le kg 15,70 €, la boîte de 170 g 5,10

2 Petits Plaisirs au chocolat
recette Lenôtre, Brossard,
le kg 33,38 €, la boîte de 130 g 5,50

2 Tiramisù
crème au mascarpone,
génoise imbibée de café,
saupoudrage cacao,
le kg 19,25 €, la boîte de 200 g 4,80

Enfin, donnez votre menu et les résultats de vos calculs à la classe. Qui compose le menu le plus cher (*most expensive*)? le plus original?

D. Un peu d'histoire. Êtes-vous bon(ne) en histoire? Avec un(e) camarade, trouvez la date qui correspond à chaque événement historique. Les événements sont présentés par ordre chronologique!

1. Marco Polo découvre la crème glacée pendant ses voyages en Chine.
2. Charles VI réduit la production du fromage Roquefort et établit un monopole.
3. Le Café Procope ouvre ses portes à Paris.
4. Le mot «bistro» est inscrit dans le lexique des Parisiens.*
5. La célèbre école de cuisine Le Cordon Bleu est fondée.
6. Le Guide Michelin propose une classification des restaurants par étoiles.
7. Les vins californiens surclassent les grands crus français au Jugement de Paris.
8. Julia Child, ancienne étudiante du Cordon Bleu, est morte.

a. 1895
b. 2004
c. 1926
d. 1411
e. 1814
f. 1976
g. 1686
h. 1275

---

*Le mot «bistro» vient du russe *bystro* qui veut dire «vite». Entre 1814 et 1818, les Russes occupent Paris après les défaites de Napoléon. Quand les soldats russes entrent dans un café ou un cabaret, ils tapent le poing (*fist*) sur la table et disent *bystro*, parce qu'ils n'ont pas le droit d'y entrer selon les règles de l'armée russe. Le mot *bystro* devient le nom pour un petit café ou petit restaurant modeste et sympathique.

Les adjectifs interrogatifs

Asking About Choices

TOUT LE MONDE° AU RESTAURANT! Tout... *Everybody*

Hector téléphone à Hassan.

HECTOR: Allô, Hassan? J'organise une petite fête.¹

HASSAN: Super! **Quel** jour? Pour **quelle** occasion?

HECTOR: Pour le 14 juillet: la fête² nationale! On dîne et ensuite, on va danser avec des amis.

HASSAN: **Quels** amis?

HECTOR: J'invite Juliette... Léa... son copain Mamadou... Abdel et sa fiancée...

HASSAN: Tu cuisines?

HECTOR: Non. J'invite tout le monde au restaurant!

HASSAN: C'est une bonne idée. Dans **quel** restaurant?

HECTOR: Dans TON restaurant!

Paris en fête
©Jon Hicks/Getty Images

¹*party, celebration* ²*holiday*

Trouvez dans le dialogue, la question qui correspond à ces réponses en utilisant la forme correcte de **quel.** Faites des phrases complètes.

1. *Pour le 14 juillet,* Hector organise une petite fête.
2. *Pour la fête nationale,* Hector propose de dîner et ensuite d'aller danser avec des amis.
3. Hector invite *Juliette, Léa, son copain Mamadou, Abdel et sa fiancée.*
4. Hector invite tout le monde *dans le restaurant d'Hassan.*

Forms of Interrogative Adjectives

Interrogative adjectives are used to obtain more precise information about a particular person, object, or idea already mentioned or implied. **Quel (quelle, quels, quelles)** means *which* or *what*. It agrees in gender and number with the noun it modifies. You are already familiar with **quel** in expressions such as **Quelle heure est-il?** and **Quel temps fait-il?** Questions with **quel** can be formed either with inversion or with **est-ce que.**

Quel fromage voulez-vous goûter?

Which (What) cheese would you like to try?

À **quelle** heure est-ce que vous dînez?

(At) what time do you eat dinner?

Dans **quels** restaurants aimez-vous manger?	*In what (which) restaurants do you like to eat?*
Quelles boissons préférez-vous?	*What (Which) beverages do you prefer?*

Quel is also used in exclamations.

Quel plat délicieux!	*What a delicious dish!*
Quelle horreur!	*How awful!*

[Allez-y! A-B]

Quel with *être*

Quel can also stand alone before **être** followed by the noun it modifies.

Quel est le prix de ce champagne?	*What's the price of this champagne?*
Quelle est la différence entre le Perrier et l'Évian?	*What's the difference between Perrier and Évian?*

Allez-y!

A. Qui vient dîner? Mme Guilloux veut organiser un dîner demain soir. Son mari l'interroge (*asks her questions*). Complétez leur dialogue avec **qu'est-ce que, quel(le)** ou **qui**.

M. GUILLOUX:	_____¹ vas-tu inviter?
MME GUILLOUX:	Maxime, Isabelle et Laurence.
M. GUILLOUX:	Et _____² tu vas préparer?
MME GUILLOUX:	Un rôti de bœuf avec des pommes de terre sautées.
M. GUILLOUX:	Oh là là, _____³ chance (*luck*)! Mais _____⁴ va faire les courses?
MME GUILLOUX:	Toi, bien sûr.
M. GUILLOUX:	Bien voyons! _____⁵ vin est-ce que je dois acheter?
MME GUILLOUX:	Je ne sais pas. _____⁶ tu préfères?
M. GUILLOUX:	Un vin rouge. Un bordeaux, par exemple.
MME GUILLOUX:	Très bien. _____⁷ heure est-il?
M. GUILLOUX:	18 h 30.
MME GUILLOUX:	Déjà! _____⁸ tu attends? Dépêche-toi (*Hurry up*), les magasins vont bientôt fermer.

B. Une conversation à table. Parlez avec vos camarades de leurs goûts. Utilisez l'adjectif interrogatif **quel** et variez la forme de vos questions.

MODÈLE: sport → Quel sport est-ce que tu préfères?
ou Quel sport préfères-tu?

1. boisson
2. légume
3. viande
4. repas
5. distractions
6. chansons (*f.*)
7. boîte (*f.*) de nuit (*nightclub*)
8. émission (*f.*) de télévision (*TV program*)
9. livres
10. magazines
11. couleur
12. matières
13. vêtements
14. films

Le parler jeune

avoir la dalle	avoir faim
bouffer	manger
le resto	le restaurant
se taper la cloche	faire un bon repas
le troquet	le café; le bar

J'ai pas mangé depuis ce matin: j'**ai la dalle**!

On va **bouffer** au **resto**, après le cinéma?

Dimanche, on s'est **tapé la cloche** en famille.

On prend un café au **troquet** du coin?

Les adjectifs démonstratifs

Pointing Out People and Things

🎵 À TABLE!

Hassan, Hector, Juliette, Léa, Mamadou, Abdel discutent au restaurant d'Hassan.

> **LÉA:** **Cette** salade marocaine, c'est un délice!
>
> **JULIETTE:** Et **ces** brochettes grillées! Une merveille!
>
> **MAMADOU:** Parlons aussi de **ce** filet de bœuf: il est exquis!
>
> **ABDEL:** Moi, c'est **ce** gâteau au caramel que je trouve super. Donne-nous la recette,* Hassan!
>
> **HECTOR:** Nous sommes tous d'accord: **ce** dîner est exceptionnel!
>
> **HASSAN:** Quel triomphe, mes amis! Mais **ces** compliments sont un peu exagérés...
>
> **HECTOR:** Pas du tout! Ne sois pas modeste!
>
> **LEA:** Hassan, tu vas avoir un bon pourboire! (*Elle rit.*)

Bon appétit!
©Cultura RM/Alamy RF

*Donne... *Give us the recipe*

Qu'est-ce qu'ils disent? Trouvez les phrases du dialogue qui répondent aux questions suivantes.

Qu'est-ce qui est...

1. un délice?
2. une merveille?
3. exquis?
4. super?
5. exceptionnel?
6. exagéré?

Forms of Demonstrative Adjectives

Demonstrative adjectives (*this/that, these/those*) are used to specify a particular person, object, or idea. They agree in gender and number with the nouns they modify.

	SINGULAR	PLURAL
Masculine	**ce** magasin	**ces** magasins
	cet escargot	**ces** escargots
	cet homme	**ces** hommes
Feminine	**cette** épicerie	**ces** épiceries

Note that **ce** becomes **cet** before masculine nouns beginning with a vowel or mute **h.**

[Allez-y! A-B]

Use of -*ci* and -*là*

In English, *this/these* and *that/those* indicate the relative distance to the speaker. In French, the suffix **-ci** is added to indicate closeness, and **-là,** to indicate greater distance.

—Prenez-vous **ce** gâteau**-ci?**   *Are you having this cake (here)?*
—Non, je préfère **cet** éclair**-là.**   *No, I prefer that éclair (over there).*

[Allez-y! C]

Allez-y!

A. Au supermarché. Qu'est-ce que vous achetez?

MODÈLE: une bouteille d'huile → J'achète cette bouteille d'huile.

1. une boîte de sardines
2. un camembert
3. des tomates
4. une bouteille de vin
5. quatre poires
6. une bouteille d'eau minérale
7. des pommes de terre
8. un éclair au café
9. un artichaut

B. Exercice de contradiction. Vous allez faire un pique-nique. Vous faites des courses avec un(e) camarade, mais vous n'êtes pas d'accord! Jouez les rôles.

MODÈLE: pain / baguette →
   É1:   On prend ce pain?
   É2:   Non, je préfère cette baguette.

1. saucisson / tranche (*f.*) (*slice*) de jambon
2. pâté / poulet froid
3. filet de bœuf / rôti de veau
4. haricots verts / oignons
5. pizza (*f.*) / sandwich
6. pommes / bananes
7. tarte / éclair
8. gâteau / glace
9. jus de fruits / bouteille de vin
10. boîte de sardines / morceau (*m.*) (*piece*) de fromage

C. Chez le traiteur. (*At the delicatessen.*) Jouez les rôles du client / de la cliente et du traiteur.

MODÈLE: poulet →
   LE CLIENT / LA CLIENTE: Donnez-moi un poulet, s'il vous plaît.
   LE TRAITEUR: Quel poulet? Ce poulet-ci ou ce poulet-là?
   LE CLIENT / LA CLIENTE: Ce poulet-ci. Et donnez-moi aussi un peu de ce fromage.
   LE TRAITEUR: Tout de suite, monsieur / madame.

1. salade
2. rôti
3. légumes
4. pâté
5. pizza
6. saucisses

Le blog d'Hassan

MARCHÉ OU CYBERMARCHÉ?

Faire le marché, c'est un plaisir!
©McGraw-Hill Education

dimanche 7 juin

Salut tout le monde!

Dimanche prochain, Juliette et moi, on va faire les courses au marché de la place Monge. Ensuite, avec nos potes,[1] on va préparer le déjeuner chez moi. Hector et Léa vont acheter une tarte pour le dessert, Juliette va préparer les légumes et moi le poisson! Ça va être marrant[2]!

Juliette aime bien le marché, mais elle préfère les cybermarchés. Un seul clic et tout apparaît[3] sur l'écran: la charcuterie, l'épicerie, la poissonnerie et la pâtisserie. La livraison[4] est souvent gratuite.[5]

Je dois dire que c'est pas mal...

Mais moi, je préfère le marché: c'est animé; je peux sentir[6] l'odeur des produits frais; je peux toucher, peser,[7] sélectionner et quelquefois goûter! C'est vraiment agréable!

Et vous? Vous faites vos courses en ligne ou au marché?

Hassan

COMMENTAIRES

Alexis

Moi aussi, je commande sur Internet, c'est tellement[8] facile! Tu cliques sur un rôti de bœuf, et il est dans ton assiette!

Trésor

Alexis, je déteste le cybermarché: la bouffe, ce n'est pas virtuel! C'est réel!

Mamadou

Chez moi, au Sénégal, tous les matins, ma mère fait son marché. Le marché africain, c'est l'odeur du poivre et des épices associé au parfum des mangues et des poissons frais.

Charlotte

Tu sais Hassan, pour une mère de famille, le supermarché c'est la solution idéale. À Genève, je fais les courses le samedi matin et je suis tranquille pour huit jours. Et il y a toujours des promotions!

Poema

Les marchés de Papeete sentent le tiare—c'est la fleur emblème de Tahiti—l'ananas[9] et la vanille.

[1]buddies [2]lots of fun [3]appears [4]delivery [5]free [6]je... I can smell [7]weigh [8]so [9]pineapple

Reportage

Comment voyager dans son assiette?

Chaque nation dans le monde a une spécialité culinaire. Le plat national, c'est un peu le drapeau d'un pays, sa culture, son âme.[1]

Pour connaître les saveurs[2] des tables francophones, faisons un voyage culinaire...

Nous voilà d'abord en Suisse. Quel est le plat national ici? La fondue! Arrêtons-nous maintenant en Belgique. Que mange-t-on dans les petits restaurants populaires de Bruxelles? Des moules-frites[3]! Faisons aussi une petite excursion en France. C'est étrange: au pays de la gastronomie, le plat du jour idéal, c'est tout simplement un steak-frites accompagné d'un petit vin rouge!

Un tajine marocain
©Dave Stamboulis Travel Photography/Getty Images RF

Maintenant, nous voyageons au Québec. Ici, «la poutine» est sur tous les menus de restaurants, même chez McDonald! Inventé dans les années 50, ce plat est préparé avec des frites, du fromage et de la sauce brune.[4]

Enfin, nous visitons l'Afrique. Au Cameroun, on adore le «n'dolé», une préparation d'épinards,[5] de crevettes, de poisson ou de viande mélangés à des arachides.[6] En Algérie, le couscous, à base de semoule,[7] est sur toutes les tables. On peut le préparer de mille et une façons.[8] C'est la même chose pour «le tajine», le plat national du Maroc. Ce ragoût[9] de viande, de volaille,[10] de poisson et de légumes est délicieux pour la bouche et beau pour les yeux.

Tous ces plats traditionnels des pays francophones vous invitent au voyage. Partez! L'aventure commence dans votre assiette.

[1]*soul*   [2]*flavors*   [3]*mussels with French fries*   [4]*sauce... gravy*   [5]*spinach*   [6]*peanuts*   [7]*semolina*   [8]*ways*   [9]*stew*   [10]*poultry*

VOUS COMPRENEZ?

1. Qu'est-ce qu'un «plat national»?
2. Quels sont les pays francophones mentionnés dans ce reportage?
3. Quel est le plat national de chaque pays?
4. Comment comprenez-vous la phrase «L'aventure commence dans votre assiette»?

Micro-trottoir

Répondez aux questions suivantes à partir de votre point de vue personnel. Puis regardez la vidéo et comparez vos réponses à celles des gens interrogés.

1. Est-ce que vous mangez «bio»? Pour quelles raisons?
2. Où est-ce que vous faites vos courses pour manger?
3. Et dans votre famille, typiquement, qu'est-ce que vous mangez le soir?
4. Vous aimez la cuisine des autres pays? Lesquelles?

Les verbes *vouloir, pouvoir* et *devoir*

Expressing Desire, Ability, and Obligation

LES VINS DE NAPA VALLEY

Hector et Hassan échangent des textos (SMS).

> HASSAN: **Tu veux** goûter un vin américain?
>
> HECTOR: Un vin américain?
>
> HASSAN: Oui, américain: **Je dois** écrire[1] un blog sur les vins de la Napa Valley.
>
> HECTOR: Pourquoi pas? J'arrive! Où es-tu?
>
> HASSAN: Au Quartier latin, dans un bar à vin.
>
> HECTOR: **Nous pouvons** boire gratuitement[2]?
>
> HASSAN: Non, **nous devons** payer. Mais je t'invite!

[1]*to write* [2]*for free*

Vrai ou faux? Corrigez les phrases fausses.

1. Hassan propose à Hector de goûter des vins français.
2. Il doit écrire un blog sur les vins de la Napa Valley.
3. Hector accepte de goûter ces vins avec Hassan.
4. Ils doivent payer pour boire.
5. Hassan veut inviter Hector.

Forms of *vouloir, pouvoir,* and *devoir*

The verbs **vouloir** (*to want*), **pouvoir** (*to be able to*), and **devoir** (*to have to; to be obliged to; to owe*) are all irregular in form.

vouloir		pouvoir		devoir	
je	**veux**	je	**peux**	je	**dois**
tu	**veux**	tu	**peux**	tu	**dois**
il/elle/on	**veut**	il/elle/on	**peut**	il/elle/on	**doit**
nous	**voulons**	nous	**pouvons**	nous	**devons**
vous	**voulez**	vous	**pouvez**	vous	**devez**
ils/elles	**veulent**	ils/elles	**peuvent**	ils/elles	**doivent**

Uses of *vouloir, devoir,* and *pouvoir*

1. **Vouloir** can be followed by a noun or an infinitive.

   Je **veux** un café.   *I want a cup of coffee.*
   Je **veux** commander un café.   *I want to order a cup of coffee.*

   Vouloir bien means *to be willing to, be glad* (*to do something*). **Vouloir dire** expresses *to mean.*

   Il **veut bien** goûter les escargots.   *He's willing to taste the snails.*
   Qu'est-ce que ce mot **veut dire**?   *What does this word mean?*

2. **Devoir,** followed by an infinitive, expresses necessity, obligation, or probability.

   Je suis désolé, mais nous **devons** partir.   *I'm sorry, but we must leave.*
   Marc est absent; il **doit** être malade.   *Marc is absent; he must be sick.*

   When not followed by an infinitive, **devoir** means *to owe.*

   —Combien d'argent est-ce que tu **dois** à tes amis?   *How much money do you owe to your friends?*
   —Je **dois** 10 euros à Jacques et 20 euros à François.   *I owe Jacques 10 euros and François 20 euros.*

3. **Pouvoir** is usually followed by an infinitive.

   Vous **pouvez** arriver à 15 h?   *Can you arrive at 3:00 P.M.?*

Allez-y!

A. Une soirée compliquée. Composez un dialogue entre Noémie et Simon.

NOÉMIE: je / avoir / faim / et / je / vouloir / manger / maintenant
SIMON: tu / vouloir / faire / cuisine?
NOÉMIE: non... / est-ce que / nous / pouvoir / aller / restaurant?
SIMON: oui, je / vouloir / bien
NOÉMIE: où / est-ce que / nous / pouvoir / aller?
SIMON: on / pouvoir / manger / couscous / Chez Bébert
NOÉMIE: nous / devoir / inviter / Carole
SIMON: tu / pouvoir / inviter / Jean-Pierre / aussi
NOÉMIE: ce / soir / ils / devoir / être / cité-U?
SIMON: oui, ils / devoir / préparer / un / examen nous / pouvoir / parler / de / ce / examen / restaurant

B. Le Ritz. Pour fêter son anniversaire (*To celebrate his birthday*), Stéphane invite ses amis américains Ben et Jessica au restaurant «le Ritz». Complétez leur dialogue avec les verbes **pouvoir, devoir** et **vouloir** à la forme appropriée. Quelquefois plusieurs réponses sont possibles.

BEN: Qu'est-ce qu'on _____¹ prendre?
STÉPHANE: Comme entrée, vous _____² prendre le pâté de lapin, il est excellent. Et comme plat de résistance...
JESSICA: Pardon, que _____³ dire «plat de résistance»?
STÉPHANE: Bon, c'est le plat principal du repas. Vous _____⁴ absolument essayer (*try*) la truite (*trout*) aux amandes, c'est la spécialité de la maison. Comme dessert si vous _____⁵, vous _____⁶ prendre une charlotte aux fraises.
JESSICA: Ça _____⁷ être très nourrissant (*rich, fattening*) tout ça, non?
STÉPHANE: Un peu, mais ce n'est pas tous les jours mon anniversaire. Tu _____⁸ oublier ton régime pour aujourd'hui.

C. Vos impressions. Complétez les phrases suivantes à la forme affirmative ou à la forme négative, selon votre opinion personnelle. Utilisez **devoir**, **pouvoir** ou **vouloir** + infinitif dans chaque phrase.

MODÈLE: Les étudiants _____. → Les étudiants ne doivent pas étudier jusqu'à (*until*) minuit tous les soirs.

1. Le professeur _____.
2. Les parents _____.
3. Mes camarades _____.
4. Les hommes _____.
5. Les femmes _____.
6. Je _____.

D. Des projets. Racontez les histoires suivantes. Utilisez les verbes **vouloir**, **devoir** et **ne pas pouvoir**, selon le modèle.

MODÈLE: Jacques / être un chef célèbre / travailler / aller souvent au cinéma →
Jacques veut être un chef célèbre. Il doit beaucoup travailler. Il ne peut pas aller souvent au cinéma.

1. les étudiants du Cordon Bleu / réussir aux examens / écouter le professeur / parler en cours
2. Claudine / préparer une mousse au chocolat / utiliser du sucre, du chocolat et de la crème / utiliser du sel
3. vous / essayer un nouveau restaurant / réserver une table / attendre à la dernière minute
4. l'épicier / avoir beaucoup de clients / être agréable / être désagréable
5. mes amis et moi / préparer un bon dîner / faire le marché / simplement commander une pizza

E. Soyons polis! Avec un(e) camarade de classe, demandez et remerciez selon le modèle.

MODÈLE: vouloir / tasse / café
É1: Je voudrais une tasse de café, s'il vous plaît.
É2: Voilà, madame / monsieur.
É1: Merci, monsieur / madame.
É2: Il n'y a pas de quoi.

1. pouvoir avoir / carafe / eau?
2. vouloir / morceau / fromage
3. pouvoir avoir / bouteille / vin?
4. vouloir / kilo / poulet

Vous voulez une pâtisserie? Demandez poliment!
©William Ryall 2010

Le passé composé avec l'auxiliaire *avoir*

Talking About the Past

LE VIN: UN SUJET TRÈS SÉRIEUX!

Hector contacte Léa sur sa page Facebook (Messagerie instantanée).

 HECTOR: **Tu as regardé** le dernier blog d'Hassan?

 LÉA: Oui, **j'ai** beaucoup **apprécié** ses commentaires sur les vins américains!

 HECTOR: Tu veux dire «mes» commentaires...

 LÉA: Qu'est-ce que tu racontes[1]?

 HECTOR: La vérité. Hassan n'aime pas le vin... **J'ai bu** à sa place!

LÉA: Alors, le texte d'Hassan sur le vin, c'est ton texte?

 HECTOR: Mais non! **J'ai goûté** les vins. Puis **nous avons comparé** les différents crus.[2] Et Hassan **a présenté** nos conclusions dans son blog!

[1]Qu'est-ce que.. *What are you talking about?* [2]*vintages*

Répondez aux questions. Faites des phrases complètes.

1. Qui a regardé le blog d'Hassan?
2. Qui a apprécié ses commentaires?
3. Qui a goûté les vins?
4. Qui a présenté les conclusions dans son blog?

The **passé composé** is a compound past tense. It relates events that began and ended at some point in the past. The **passé composé** of most verbs consists of the present tense of the auxiliary verb (**le verbe auxiliaire**) **avoir** plus the past participle (**le participe passé**) of the verb in question.

PASSÉ COMPOSÉ OF **dîner** (*to dine, eat dinner*)	
j' **ai dîné**	nous **avons dîné**
tu **as dîné**	vous **avez dîné**
il/elle/on **a dîné**	ils/elles **ont dîné**

The **passé composé** has several equivalents in English. For example, **j'ai dîné** can mean *I dined* (*ate dinner*), *I have dined* (*have eaten dinner*), *I did dine* (*did eat dinner*), according to the context.

Regular Past Participles

The following chart illustrates the formation of regular past participles.

Verbs ending in **-er:**	-er → -é	trouver → trouvé
Verbs ending in **-ir:**	-ir → -i	choisir → choisi
Verbs ending in **-re:**	-re → -u	perdre → perdu

J'ai trouvé une pâtisserie magnifique.	*I found a wonderful pastry shop.*
Tu **as choisi** une tarte aux pommes?	*Have you chosen an apple pie?*
Non, nous **avons perdu** l'adresse de la pâtisserie.	*No, we lost the address of the pastry shop.*

Irregular Past Participles

Most irregular verbs have irregular past participles, and they must be memorized. However, there are some predictable patterns.

1. The past participle of many verbs in **-oir** ends in **-u.**

avoir → **eu**   pouvoir → **pu**
devoir → **dû**   vouloir → **voulu**
pleuvoir (*to rain*) → **plu**

Hier, il **a plu** toute la journée.	*Yesterday, it rained all day long.*

2. The past participle of some verbs in **-re** ends in **-is.**

apprendre → **appris**   prendre → **pris**
comprendre → **compris**

J'**ai pris** l'autobus à la boulangerie.	*I took the bus to the bakery.*

3. Other important irregular past participles include:

boire → **bu**   faire → **fait**
être → **été**

Elle **a fait** le marché.	*She did the shopping.*

[Allez-y! A-B]

Negative and Interrogative Sentences in the *passé composé*

1. In negative sentences, **ne... pas** surrounds the auxiliary verb (**avoir**).

Nous **n'avons pas** préparé les hors-d'œuvre.	*We have not prepared the hors-d'œuvres.*
Vous **n'avez pas** pris de dessert?	*Didn't you have a dessert?*

2. In questions with inversion, only the auxiliary verb and the subject are inverted.

As-tu oublié le dessert?	*Did you forget dessert?*

[Allez-y! C-D]

Allez-y!

A. Un voyage. Qu'est-ce que ces personnes ont fait dans le sud de la France? Faites des phrases complètes au passé composé.

> **MODÈLE:** nous / choisir / huîtres
> Nous avons choisi des huîtres.

1. vous / goûter / crevettes
2. Sylvie / finir / bouteille de vin
3. toi et moi, nous / boire / coca-cola / café
4. Thibaut / perdre / porte-monnaie (*wallet*)
5. Julie et Martin / visiter / pâtisserie magnifique
6. Morgane et toi, vous / apprendre / à parler avec l'accent marseillais
7. je / faire / de la planche à voile (*windsurfing*)

B. Une carte postale. Complétez la carte postale de Marie. Choisissez le verbe approprié et conjuguez-le au passé composé.

commencer	être	passer	rendre
décider	**faire**	**préparer**	**visiter**

Chère Eva,

J' _____¹ mes vacances d'hiver une semaine avant Noël avec Yasmine. Nous _____² deux semaines à la montagne en Suisse.
Nous _____³ de rester à Zermatt. Nous _____⁴ du ski et du shopping. Nous _____⁵ une fondue délicieuse. Au retour, nous _____⁶ visite à des amis à Genève et nous _____⁷ le Palais des Nations de l'ONU. Notre séjour et les repas en Suisse _____⁸ inoubliables. Je t'embrasse,
      Marie

Le Mont Cervin et le village de Zermatt, en Suisse
©Mark Harris/Getty Images RF

C. À Orange. Tristan pose des questions à ses cousins Zoé et Thibaud, qui (*who*) ont visité la ville historique d'Orange, près d'Avignon. Jouez les rôles avec deux camarades.

MODÈLE: trouver un restaurant pas cher à Orange →
> TRISTAN: Avez-vous trouvé un restaurant pas cher à Orange?
> THIBAUD: Non, nous n'avons pas trouvé de restaurant pas cher à Orange.

1. prendre le petit déjeuner près de l'amphithéâtre romain
2. faire une promenade dans la vieille ville
3. contempler la vieille fontaine
4. étudier les inscriptions romaines
5. apprendre l'histoire de France
6. acheter des fruits à l'épicerie
7. envoyer (*to send*) une description de la ville à vos parents

L'amphithéâtre à Orange, près d'Avignon, en France. Combien de personnes peuvent s'y asseoir (*sit there*)?
©Image Source/Getty Images RF

Mots clés

Exprimer le passé

avant-hier
> *the day before yesterday*

hier, hier matin, hier soir
> *yesterday, yesterday morning, last night*

le mois / l'hiver **dernier (passé)**
> *last month, last winter*

la semaine / l'année **dernière (passée)**
> *last week, last year*

toute la matinée / la journée / la soirée* / la nuit
> *all morning, all day, all evening, all night*

*Use **matinée, journée,** and **soirée** rather than **matin, jour,** and **soir** if you wish to express a duration. They are often used with **toute.**

D. Interview. Posez des questions à un(e) camarade sur ses activités passées. Essayez d'utiliser les expressions des **Mots clés.** Voici des suggestions:

Le matin: boire du café, faire du sport, faire le marché, prendre le petit déjeuner, regarder la télévision, …

L'après-midi / Le soir: étudier une leçon, inviter des amis, jouer aux cartes, pique-niquer, skier, …

La semaine / L'année dernière: dîner au restaurant, finir une dissertation, rendre visite à des amis, travailler dans un magasin, voyager en Europe, …

MODÈLE: É1:   Est-ce que tu as fait du sport hier matin?
> É2:   Oui, j'ai fait du jogging jusqu'à onze heures. (Non, je n'ai pas fait…) Et toi?

Puis racontez à la classe ce que votre camarade a fait.

Prononcez bien!

1. The semivowel in *ail* (page 176)

A. Dîner d'anniversaire. Hugo et son ami Yann discutent du dîner d'anniversaire de leur ami Rémi. Avec votre camarade, lisez leur conversation à voix haute en faisant bien attention à la prononciation des mots français *en italique*.

HUGO: Je suis arrivé en *premier* et j'ai garé (*parked*) ma voiture devant celle (*the one*) de Rémi.

YANN: Moi, je suis arrivé en *dernier* et j'ai garé ma moto *derrière* sa voiture!

HUGO: Au dîner, j'ai mangé à côté d'une *fille* qui s'appelle *Camille*.

YANN: Ah oui, elle a de beaux *yeux* bleus.

B. Dîner d'anniversaire (suite). Hugo et Yann parlent de leur repas. Avec votre camarade, lisez leur conversation à voix haute et complétez les phrases à l'aide des images.

HUGO: Qu'est-ce que tu as pris: du poisson ou de la _____¹ 🥩?

YANN: Du poisson, avec une demi- _____² 🍾 de vin blanc. Et toi, qu'est-ce que tu as bu?

HUGO: Oh, juste une _____³ 🍺 .

YANN: C'est tout?! Tu n'es pas dans ton _____⁴ 🍽 (*aren't feeling well*) ce matin?

HUGO: Si, mais j'ai encore sommeil.

2. The vowels in *veux* and *veulent* (page 189)

A. Un nouveau joueur. La famille d'Hugo va bientôt déménager. Écoutez les phrases et décidez si Hugo parle de ses parents ou de son petit frère.

	LES PARENTS	LE PETIT FRÈRE
1. vendre la maison	☐	☐
2. habiter dans un grand appartement en ville	☐	☐
3. vendre le lit et l'armoire de la chambre d'amis	☐	☐
4. visiter des appartements dès (*as early as*) le week-end prochain	☐	☐
5. une grande chambre	☐	☐

B. Un dîner. Vos colocataires et vous organisez un dîner chez vous. Chaque invité va apporter quelque chose (*something*). Avec votre camarade, lisez les phrases à voix haute et complétez-les avec la forme appropriée du verbe entre parenthèses.

1. Annette _____ (vouloir) apporter l'entrée.

2. Éric et Christine _____ (pouvoir) se charger (*be in charge of*) du plat principal.

3. Isabelle, tu _____ (pouvoir) faire le dessert?

4. Christophe et Karine _____ (vouloir) apporter du pain.

5. Moi, je _____ (pouvoir) m'occuper (*take care of*) de la salade.

steak: ©Frank Bean/Getty Images RF; wine: ©Markus Guhl/Getty Images RF; beer: ©Sebastian Vera/Getty Images RF; plate: ©Hemera Technologies/Jupiterimages RF

Lecture

AVANT DE LIRE

Using titles and visuals. You have already used a number of strategies to help you guess the content of a text before you start reading. In many cases, visuals such as photos, graphs, and diagrams also allow you to anticipate the major themes of the text. Look at the title, the photos, and the photo captions in the following reading selection: What kinds of information do you think you might find in this passage? After you have read through the text, decide whether the title describes the content adequately. If not, suggest a title that is more descriptive. How well do the photos correspond to the text? What other ideas in the text would you like to see illustrated?

Ça se fête! Quelles sont les plus grandes occasions de l'année pour vous: votre anniversaire, Noël, le nouvel an? Comment célébrez-vous ces occasions? Faites une liste des plats que vous mangez.

À propos de la lecture...

Les auteurs de *Vis-à-vis* ont écrit ce texte.

Les grandes occasions

En France, les jours de fête sont l'occasion de se réunir[1] en famille ou entre amis. À chaque fête, on mange des plats typiques qui varient parfois[2] selon les régions. Voici les fêtes les plus gourmandes[3] du calendrier français.

La fête des Rois*

Pour la fête des Rois, le 6 janvier, on achète chez le pâtissier une galette des Rois. C'est un gâteau qui contient une fève.[4] La personne qui trouve la fève dans son morceau de gâteau est couronnée roi (ou reine),[5] et cette personne choisit sa reine (ou son roi). La famille ou les amis boivent à leur santé.[6]

Une galette des Rois
©margouillat photo/Shutterstock RF

Pâques[7]

Pâques est la fête du chocolat. C'est aussi un jour où l'on se retrouve en famille à l'église et à table. On fait un grand repas, et au dessert les enfants (mais aussi les

Les délices de Pâques chez Daranatz, un chocolatier à Bayonne
©Gregory Davies/Alamy

[1]se... *get together* [2]*sometimes* [3]les plus... *où l'on mange bien* [4]*dried bean* [5]couronnée... *crowned king (or queen)* [6]*health* [7]*Easter*

*This Christian holiday, Epiphany, also called Twelfth Night, commemorates the visit of the Wise Men (the Three Kings) to the baby Jesus.

adultes!) mangent des œufs, des cloches,[8] des poules ou des poissons en chocolat remplis[9] de bonbons.

Noël

Noël est peut-être la fête des fêtes. Le Réveillon[10] de Noël est un grand dîner familial que l'on prend généralement après la messe[11] de minuit. Au menu: huîtres, foie gras, saumon fumé, homard, dinde aux marrons[12] et beaucoup de champagne! Au dessert, on mange une bûche[13] de Noël: c'est, un gâteau roulé au chocolat, au café, à la framboise, ou même à la crème de marrons, en forme de bûche. Les enfants, bien sûr, attendent avec impatience l'arrivée du Père Noël.

Une bûche de Noël pour le Réveillon
©Brian Hagiwara/Getty Images

[8]bells [9]filled [10]Le... Midnight supper [11]cérémonie catholique [12]dinde... turkey with chestnuts [13]log

COMPRÉHENSION

A. Aux fêtes. Associez chaque plat ou dessert typique avec la fête qui lui correspond.

1. la bûche
2. la galette
3. les huîtres
4. les poissons au chocolat
5. le foie gras
6. les bonbons

a. la fête des Rois
b. Pâques
c. Noël

B. Vrai ou faux? Corrigez les phrases fausses.

1. La galette des Rois contient une couronne.
2. Pour Pâques, on fait un grand repas où on mange du poulet.
3. Pour la fête des Rois, on choisit un roi ou une reine pour la journée.
4. Le Réveillon de Noël est un repas qu'on prend le matin après l'arrivée du Père Noël.

 # Écriture

The writing activities **Par écrit** and **Journal intime** can be found in the Workbook/Laboratory Manual to accompany *Vis-à-vis.*

Un marchand d'olives à Marrakech, au Maroc
©McGraw-Hill Education

Le vidéoblog d'Hassan

En bref

Dans cet épisode, Juliette et Hassan sont au marché. Ils cherchent des ingrédients pour le dîner qu'ils vont préparer pour Léa et Hector. Dans son vidéoblog, Hassan décrit ses marchés préférés à Paris et au Maroc et Hector décrit les marchés à la Martinique.

Vocabulaire en contexte

Imaginez que vous faites votre marché en France. Quels produits de la liste désirez-vous avoir pour votre propre (*own*) dîner ce soir?

Provisions possibles

- ☐ des **fruits de mer** (*seafood*)
- ☐ du saumon frais
- ☐ des **huîtres** (*oysters*)
- ☐ des fruits/légumes bio (*organic*)
- ☐ du fromage **de chèvre** (*goat*)
- ☐ du pain **de campagne**
- ☐ des **épices/piments** (*spices/ hot peppers*)
- ☐ des fleurs
- ☐ tout (*everything*)

VISIONNEZ!

Qu'est-ce que les quatre amis vont manger ce soir? Écoutez bien et faites le menu.

Entrée	Pain	Dessert
_____	_____	_____

Plat principal	Fromages	Boisson
_____	_____	_____
_____	_____	
_____	_____	

ANALYSEZ!

Répondez aux questions.

1. Quelles différences y a-t-il entre les marchés de France et les marchés d'autres pays francophones?
2. Qu'est-ce qu'un marché offre à sa clientèle qu'un *supermarché* n'offre pas?

COMPAREZ!

Où allez-vous normalement «faire votre marché»? Y a-t-il un marché semblable (*similar*) aux marchés parisiens dans votre région? Regardez encore une fois la partie culturelle de la vidéo: où préférez-vous faire votre marché? Expliquez.

NOTE CULTURELLE

Le souk[1] est un élément fondamental de la vie marocaine. Il joue un rôle social et économique: 40 000 artisans et 5 000 commerçants travaillent dans les souks de Marrakech et aussi des milliers[2] de porteurs, guides, marchands ambulants, et cetera. Vous pouvez tout acheter: du téléphone portable aux babouches faites main.[3] Noter qu'en français, le mot «souk» désigne aussi un lieu en désordre («C'est un vrai souk, ici!»).

[1]marché marocain   [2]thousands
[3]babouches... *handmade slippers*

Verbes

apporter	to bring; to carry
coûter	to cost
désirer	to desire, want
devoir	to have to, be obliged to; to owe
goûter	to taste
indiquer	to show, point out
goûter	to taste
laisser	to leave (behind)
pleuvoir	to rain
pouvoir	to be able to, can
vouloir	to want
vouloir bien	to be willing; to agree
vouloir dire	to mean

À REVOIR: apprendre, avoir, boire, choisir, commander, comprendre, dîner, être, faire, perdre, prendre, préparer, trouver, vendre

Substantifs

l'addition (f.)	bill, check (in a restaurant)
l'agneau (m.)	lamb
l'ail (m.)	garlic
l'argent (m.)	money
la boîte (de conserve)	can (of food)
la carte	menu
le centime	1/100th of a euro
les conserves (f. pl.)	canned goods
le copain/la copine	(boy)friend/(girl)friend
la côte	chop
la chose	thing
les crevettes (f.)	shrimp
l'éclair (m.)	eclair (pastry)
l'entrée (f.)	first course
l'escargot (m.)	snail
l'euro (m.)	euro (European Union currency)
la fête	holiday; party; celebration
le filet	fillet (beef, fish, etc.)
le homard	lobster
l'huile (f.) (d'olive)	(olive) oil
l'huître (f.)	oyster
le kilo(gramme)	kilo(gram)
le magasin	store, shop
la matinée	morning
le menu	fixed (price) menu
le morceau	piece
la mousse au chocolat	chocolate mousse
la nuit	night
le pain de campagne	country-style wheat bread
le pâté de campagne	(country-style) pâté
les pâtes (f. pl.)	pasta
le plat	course (meal)
plat principal	main dish
le pourboire	tip
le prix	price
le régime	diet

le rôti	roast
les sardines (à l'huile) (f.)	sardines (in oil)
la saucisse	sausage
le saucisson	salami
le saumon	salmon
le serveur / la serveuse	waiter / waitress
la soirée	evening
la sole	sole (fish)
la tranche	slice
le veau	veal

À REVOIR: l'assiette (f.), le bœuf, la boisson, le crabe, la cuisine, le déjeuner, le dîner, le fromage, la glace, le gâteau, les haricots verts, le matin, le pain, le petit déjeuner, la pomme, la pomme de terre, le porc, le soir, la viande, le vin

Les magasins

la boucherie	butcher shop
la boulangerie	bakery
la charcuterie	pork butcher's shop (delicatessen)
l'épicerie (f.)	grocery store
la pâtisserie	pastry shop; pastry
la poissonnerie	fish store

Expressions temporelles

les années (cinquante)	the decade (era) of (the fifties)
avant-hier	the day before yesterday
dernier / dernière	last
hier	yesterday
hier soir	last night
passé(e)	last
toute la matinée / la journée / la soirée / la nuit	all morning / day / evening / night

Mots et expressions divers

autre chose	something else
ça	this, that
ce (cet, cette) / ces	this, that / these, those
compris(e)	included
d'abord	first
ensuite	next, then
Il n'y a pas de quoi.	You're welcome.
je pourrais	I could
Je vous en prie.	You're welcome. (formal)
(et) puis	(and) then, next
quel(le)(s)	which, what
quelque chose	something
tout le monde	everybody

À REVOIR: je voudrais, de rien

CHAPITRE 8

Vive les vacances!

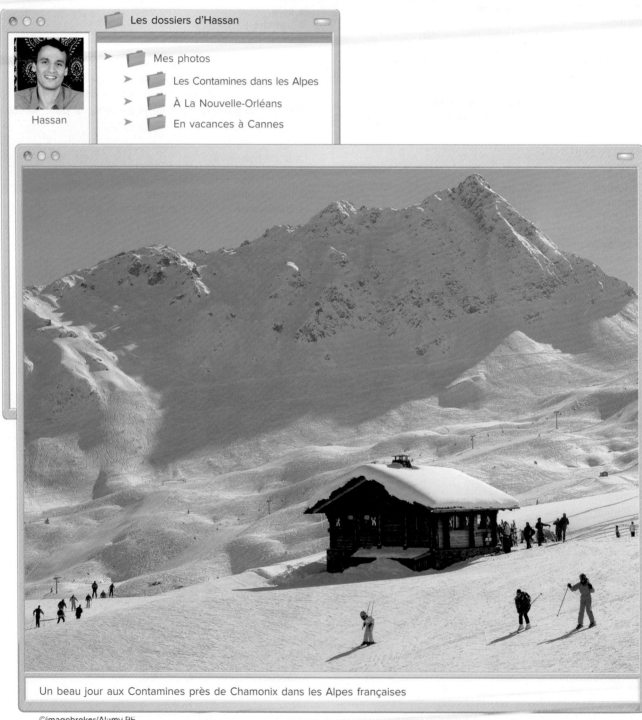

Les dossiers d'Hassan

Hassan

➤ 📁 Mes photos
   ➤ 📁 Les Contamines dans les Alpes
   ➤ 📁 À La Nouvelle-Orléans
   ➤ 📁 En vacances à Cannes

Un beau jour aux Contamines près de Chamonix dans les Alpes françaises

©imagebroker/Alamy RF

Dans ce chapitre...

OBJECTIFS COMMUNICATIFS

- talking about vacation, recreational equipment
- expressing actions and obligations
- talking about the past
- expressing how long ago something happened
- expressing location
- learning to distinguish between and pronounce selected sounds in French

PAROLES (LEÇON 1)

- Les régions de la France et les vacances
- Les points cardinaux
- Le verbe **acheter**
- L'équipement de sport et de voyage

STRUCTURES (LEÇONS 2 ET 3)

- Quelques verbes irréguliers en **-ir**
- Le passé composé avec l'auxiliaire **être**
- L'expression impersonnelle **il faut**
- Les prépositions devant les noms de lieu

CULTURE

- Le blog d'Hassan: *Partir!*
- Reportage: *France: le pays des grandes vacances*
- Lecture: *Des vacances au Maroc* (Leçon 4)
- Sondages: *Les destinations les plus recherchées des Français* (Leçon 4)

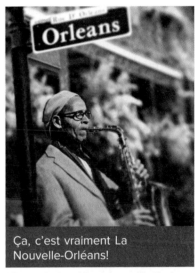

Ça, c'est vraiment La Nouvelle-Orléans!

©Dennie Cody and Duangkamon Khattiya/ Getty Images

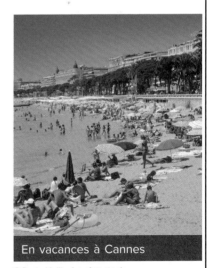

En vacances à Cannes

©Gavin Hellier/agefotostock

www.mhhe.com/connect

En vacances

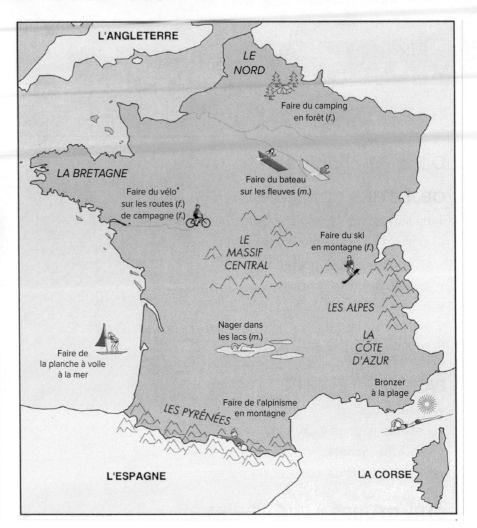

Map labels:
L'ANGLETERRE
LE NORD
Faire du camping en forêt (f.)
LA BRETAGNE
Faire du vélo* sur les routes (f.) de campagne (f.)
Faire du bateau sur les fleuves (m.)
Faire du ski en montagne (f.)
LE MASSIF CENTRAL
LES ALPES
Faire de la planche à voile à la mer
Nager dans les lacs (m.)
LA CÔTE D'AZUR
Bronzer à la plage
Faire de l'alpinisme en montagne
LES PYRÉNÉES
L'ESPAGNE
LA CORSE

Prononcez bien!

The pronunciation of _montagne_

To pronounce the sequence **gn** as [ɲ], blend the sounds [n] and [j] as you do in the English words _onion_ and _union_. This sound is most often spelled **gn,** and sometimes **ni.**

[ɲ]: **ma_gn_ifique, champi_gn_on, der_ni_er**

For words ending in **-gne,** make sure you don't pronounce the final **-e.**

[ɲ]: **monta_gne̶_, campa_gne̶_**

AUTRES MOTS UTILES	
faire... du cheval, de l'équitation	to go . . . horseback riding
de la plongée libre	snorkeling
de la plongée sous-marine	scuba diving
du ski nautique	waterskiing
du ski alpin	downhill skiing
du ski de fond	cross-country skiing
une randonnée	for a hike
aller à la pêche	to go fishing
patiner	to skate
prendre des vacances	to take a vacation
un endroit	a place

*****Faire du vélo** is synonymous with **faire de la bicyclette.**

Allez-y!

A. Où passer les vacances? Quels sont les avantages touristiques des endroits suivants et qu'est-ce qu'on peut y (*there*) faire?

1. en montagne
2. au bord de la mer
3. en forêt
4. à la campagne

Maintenant expliquez où vous voulez passer vos prochaines vacances et quelles activités on peut faire à cet endroit.

B. Activités de vacances. Qu'est-ce qu'ils font?

1. Que fait un nageur / une nageuse? Où est-ce qu'on trouve beaucoup de nageurs?
2. Que fait un campeur / une campeuse? Où est-ce qu'on fait du camping en France? aux États-Unis?
3. Que fait un skieur / une skieuse? Où est-ce qu'on fait du ski en France? aux États-Unis?
4. Que fait un(e) cycliste? Où est-ce qu'on fait du vélo en France? aux États-Unis?
5. Combien de nageurs, de campeurs, de skieurs, de cyclistes est-ce qu'il y a dans la classe? Où est-ce qu'ils passent leurs vacances?

Les points cardinaux

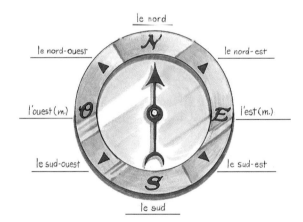

Allez-y!

Quelques pays européens et leurs capitales. Quel pays est situé dans chacune des régions mentionnées ici? Quelle est sa capitale? (Consultez la carte géographique de l'Europe à la fin de ce livre.)

MODÈLE: au sud-est de l'Italie →
La Grèce est située au sud-est de l'Italie. Capitale: Athènes.

RÉGIONS	CAPITALES
1. au nord-est de l'Espagne	Londres
2. à l'est de la Belgique	Madrid
3. au sud-ouest de la France	Bruxelles
4. à l'ouest de l'Espagne	Berne
5. au nord de la France	Berlin
6. au sud-est de la France	Rome
7. au nord de l'Italie	Lisbonne
8. au nord-est de la France	Paris

Le verbe *acheter*

The verb **acheter** (*to buy*) is irregular. The **e** from the stem (**achet-**) becomes **è** for the forms of **je, tu, il/elle/on,** and **ils/elles.** The forms of **nous** and **vous** are regular. Note that all the endings are regular.

PRESENT TENSE OF **acheter**			
j'	**achète**	nous	achetons
tu	**achètes**	vous	achetez
il/elle/on	**achète**	ils/elles	**achètent**

Allez-y!

Les besoins sont différents. Ces personnes préparent leurs vacances. Complétez les phrases avec la forme appropriée du verbe **acheter.**

1. Caroline veut aller à la plage. Elle _____ un maillot de bain.
2. Nous voulons passer les vacances de Noël à la Martinique. Nous _____ des shorts et des tee-shirts.
3. Tu veux bien aller à la montagne. Tu _____ un sac à dos.
4. Rock et Marine organisent un voyage à Londres. Ils _____ des imperméables.
5. L'été prochain, vous voulez rendre visite à des amis à Paris. Vous _____ une jupe noire et un pull rouge.

Au magasin de sport

des skis (*m.*) — des lunettes (*f.*) de soleil — des lunettes de ski — un maillot de bain — un sac de couchage — un anorak — une tente — un parapluie — une serviette de plage — des chaussures (*f.*) de ski — un pantalon de ski — des chaussures (*f.*) de montagne

AUTRES MOTS UTILES			
un casque	helmet	**un écran solaire**	sunblock
une crème solaire	suntan lotion	**une valise**	suitcase

Allez-y!

A. Achats. (*Purchases.*) Complétez les phrases en vous basant sur le dessin du magasin de sport.

1. Le jeune homme va acheter des _____ Il va passer ses vacances à Grenoble où il veut _____.
2. La femme veut acheter un _____, une _____ et des _____. Elle va descendre sur la Côte d'Azur (*French Riviera*) où elle va _____ et _____.
3. La jeune fille a envie d'acheter des _____ de ski, des chaussures de _____ et un _____ de ski. Sa famille va passer les vacances dans les Alpes où elle va _____.
4. L'homme au chapeau va acheter un _____ et une _____. Il va _____ dans le nord de la France ce week-end.
5. La vieille dame est très sportive. Elle va acheter un _____ et des _____. Ce week-end, elle va _____ dans les Pyrénées.
6. Le vieux monsieur a l'air patient. Il veut acheter un _____.

B. L'intrus. Dans les groupes suivants, trouvez le mot qui ne va pas avec les autres. Expliquez votre choix.

1. le maillot de bain / les lunettes de soleil / la crème solaire / l'anorak
2. la tente / le maillot de bain / le sac de couchage / le sac à dos
3. les chaussures de ski / la serviette de plage / les skis / l'anorak
4. les lunettes de soleil / le parapluie / le short / le maillot de bain

C. Choix de vêtements. Qu'est-ce qu'on porte pour les activités suivantes?

MODÈLE: pour aller à la pêche →
Pour aller à la pêche, on porte un chapeau...

1. pour faire du ski nautique
2. pour aller à la montagne
3. pour faire une promenade dans la forêt
4. pour faire du vélo
5. pour faire du bateau
6. pour faire du ski de fond

Et vous? Décrivez les vêtements que vous portez quand vous faites votre sport favori.

D. Conseils pratiques. Vous préparez un voyage en Tunisie. Selon la brochure, quels vêtements sont recommandés pour un voyage en hiver, en été? Donnez des exemples. À votre avis, quel temps fait-il en Tunisie en hiver, en été?

Les vêtements

En hiver : quelques pulls, un imperméable et des vêtements de demi-saison.[1]
En été : des vêtements légers[2] en fibres naturelles, maillot de bain, lunettes de soleil, chapeau, chaussures aérées,[3] tenues[4] pratiques pour les excursions. Sans oublier un léger pull pour les soirées et les hôtels climatisés.[5]

[1]*spring or autumn*   [2]*lightweight*   [3]*well-ventilated*
[4]*outfits, clothes*   [5]*air-conditioned*

Imaginez maintenant que vous travaillez dans une agence de voyages. Quels vêtements allez-vous conseiller (*to suggest*) à des touristes qui vont en Alaska, au Mexique ou dans le Grand Canyon? Quels autres achats conseillez-vous?

Quelques verbes irréguliers en *-ir*

Expressing Actions

VACANCES À VERSAILLES

Alexis contacte Poema sur sa page Facebook (Messagerie instantanée).

 ALEXIS: Poema, **tu pars** cet été?

 POEMA: **Je pars** à la Guadeloupe au mois d'août. Et toi?

 ALEXIS: Moi, **je reviens** juste de Montréal. Je suis fatigué. **Je dors** toute la journée!

 POEMA: **Tu dors**! Tu ne travailles pas?

 ALEXIS: Non. Je suis en vacances!

 POEMA: **Tu viens** à la Guadeloupe avec moi?

 ALEXIS: Merci pour l'invitation, mais Trésor et moi nous restons à Versailles.

 POEMA: À Versailles? Mais qu'est-ce qu'on fait à Versailles en été?

 ALEXIS: **On dort** le matin, on fait du vélo dans le parc du château l'après-midi, **on sort** le soir.

Vrai ou faux? Corrigez les phrases fausses.

1. Poema part au Canada cet été.
2. Alexis revient de Montréal.
3. Poema est fatiguée. Elle dort toute la journée.
4. Poema demande à Alexis de venir à la Guadeloupe avec elle.
5. Alexis dit: «On sort le matin, on dort le soir».

Dormir and Similar Verbs

The verb **dormir** (*to sleep*) has an irregular conjugation.

PRESENT TENSE OF **dormir**			
je	**dors**	nous	**dormons**
tu	**dors**	vous	**dormez**
il/elle/on	**dort**	ils/elles	**dorment**

Je **dors** très bien.	*I sleep very well.*
Dormez-vous à la belle étoile?	*Do you sleep in the open air?*
Nous **dormons** jusqu'à 7 h 30.	*We sleep until 7:30.*

Verbs conjugated like **dormir** include:

partir *to leave, depart*
sentir *to feel; to sense; to smell*
servir *to serve*
sortir *to leave; to go out*

Je **pars** en vacances.	*I'm leaving on vacation.*
Ce plat **sent** bon/mauvais.	*This dish smells good/bad.*
Nous **servons** le petit déjeuner à 8 h.	*We serve breakfast at 8:00.*
À quelle heure allez-vous **sortir** ce soir?	*What time are you going out tonight?*

Partir and sortir

Partir and **sortir** mean *to leave,* but they are used differently.

1. **Partir** is the opposite of **arriver.** It can be used alone or followed by a preposition.

Je **pars** demain.	*I'm leaving (departing) tomorrow.*
Elle **part** de/pour Cannes.	*She's leaving from/for Cannes.*

2. **Sortir** is the opposite of **entrer** (*to enter*). It can also be used alone or followed by a preposition.

Ils **sortent** du théâtre.	*They're leaving the theater.*
Elle **sort** de la caravane.	*She's getting out of the camper.*
Sortons de l'eau!	*Let's get out of the water!*

Sortir can also mean that one is going out for the evening, or seeing another person regularly.

Tu **sors** ce soir?	*Are you going out tonight?*
Iris et Édouard **sortent** ensemble.	*Iris and Édouard are going out together.*

Note: **Quitter** (a regular **-er** verb) means *to leave (go away from) something or someone.* It always requires a direct object, either a place or a person.

Je **quitte** Paris.	*I'm leaving Paris.*
Elle **quitte** son ami.	*She's leaving her boyfriend.*

[Allez-y! A–E]

Grammaire interactive

For more on regular **-re** and **-ir** verbs and verbs like **sortir,** watch the corresponding Grammar Tutorial and take a brief practice quiz at **Connect French.**

www.mhhe.com/connect

Venir and the *passé récent*

The verb **venir** (*to come*) is irregular.

PRESENT TENSE OF **venir**			
je	**viens**	nous	**venons**
tu	**viens**	vous	venez
il/elle/on	**vient**	ils/elles	**viennent**

Nous **venons** de Saint-Malo.   *We come from Saint-Malo.*
Viens voir la plage!   *Come see the beach!*

1. **Venir de** + infinitive means *to have just* (*done something*). This is called **le passé récent.**

   Je **viens de nager.**   *I've just been swimming.*
   Mes amis **viennent de téléphoner.**   *My friends have just telephoned.*

2. Verbs conjugated like **venir** include:

   devenir *to become*
   obtenir *to obtain*
   revenir *to come back*

   Ils **reviennent** de vacances.   *They're coming back from vacation.*

   On **devient** expert grâce à l'expérience.   *One becomes an expert with (thanks to) experience.*

[Allez-y! B-E]

[Allez-y! B-E]

Prononcez bien!

The vowels in *viens* and *viennent*

Note that the vowel in the three singular forms of **venir (je viens, tu viens, il vient)** is the same nasal vowel [ɛ̃] as in **bien,** and that the **n** is not pronounced.

   [ɛ̃]: **tu deviens, il obtient**

In the third-person plural form (**ils viennent**), however, the presence of **nn** denasalizes the vowel into [ɛ], as in **lait,** and the **nn** is pronounced.

   [ɛn]: **ils deviennent, elles obtiennent**

Allez-y!

A. **Que faire?** Clara et Philippe, les amis de Romain, désirent sortir ce soir. Romain hésite. Complétez la conversation avec les verbes corrects: **partir, quitter** ou **sortir.**

PHILIPPE: On _____[1] ce soir? Il y a un bon film qui passe au ciné!

ROMAIN: Désolé! Mes cousins sont en vacances chez moi et ils _____[2] demain matin, alors je vais rester avec eux ce soir.

PHILIPPE: Oh allez! Tu les _____[3] pendant deux heures, le temps du film. Ce n'est pas long!

CLARA: Attends. Tes cousins, ils ne _____[4] pas le samedi soir? Ils ont quel âge?

ROMAIN: Si bien sûr, mais quand vous _____[5] la maison à 5 h du matin, est-ce que vous _____[6] tard la veille, vous?

PHILIPPE: Tu _____[7] en vacances demain, toi, Clara?

CLARA: Ben non...

PHILIPPE: Nous _____[8] donc ce soir?

CLARA: Ah oui!

PHILIPPE: O.K., on te raconte le film demain, Romain. Bonne soirée avec tes cousins!

B. Au pays des pharaons. Loïc et Nathalie sont en vacances en Égypte avec le Club Aquarius. Ils envoient (*send*) une carte postale à leur grand-mère. Complétez la carte avec les verbes de la colonne de droite.

Chère mamie,

Nous _____¹ d'arriver en Égypte. Le Club Aquarius, c'est le grand confort. Nous _____² dans des chambres immenses et tous les matins on _____³ le petit déjeuner dans la chambre. Demain nous _____⁴ pour le temple de Louxor. Nous _____⁵ des experts en égyptologie. Nous _____⁶ en France dans quatre jours.

À bientôt et grosses bises.

Loïc et Nathalie

devenir
dormir
partir
revenir
servir
venir

C. La curiosité. Imaginez avec un(e) camarade ce que ces personnes viennent de faire. Donnez trois possibilités pour chaque phrase.

MODÈLE: Albert rentre d'Afrique. →
Il vient de visiter le Sénégal. Il vient de passer une semaine au soleil. Il vient de faire un safari.

1. Jennifer part en vacances.
2. Je sors du magasin de sport.
3. Nous revenons de la montagne.
4. Anthony et Yvon reviennent de la campagne.
5. Aïcha rentre du Canada.

D. Une famille qui bouge. Hugo doit rester à la maison, mais sa famille est très active. Traduisez ses phrases en français.

1. My family is leaving on vacation today.
2. My cousins are leaving New York.
3. My sister is leaving for Brittany tomorrow.
4. My brother has just bought some skis.
5. He's going out with a friend.
6. You're going out with my sister now?
7. Let's leave together.
8. I can't go out. I have to work.

Une école de ski à Méribel en Savoie, en France
©Marco Albonico/agefotostock

E. Conversation. Engagez avec un(e) camarade une conversation basée sur les questions suivantes. Ensuite, faites un commentaire sur les habitudes (*habits*) ou les attitudes de votre camarade.

1. Tu pars souvent en voyage? Tu vas où? Tu viens d'acheter des vêtements ou d'autres objects nécessaires pour tes vacances? Qu'est-ce que tu viens d'acheter?

2. Tu sors souvent pendant (*during*) le week-end ou tu restes à la maison? Tu sors souvent pendant la semaine? Qu'est-ce que tu portes quand tu sors?

3. Tu aimes la fin des vacances? Tes ami(e)s sentent une différence quand tu rentres chez toi? Tu es plus calme? nerveux/nerveuse? triste? heureux/heureuse?

Le passé composé avec l'auxiliaire *être*

Talking About the Past

 DE LONDRES À CANNES

Appel vidéo entre Hector et Juliette.

HECTOR: **Vous êtes arrivées** à Londres?

JULIETTE: En fait, **nous sommes descendues** à Cannes.

HECTOR: À Cannes? Je ne comprends rien. Vous avez changé vos projets? **Vous n'êtes pas parties** en Angleterre?

JULIETTE: **Nous sommes restées** deux jours à Londres. Mais il pleuvait.* Alors, **nous sommes revenues** à Paris et **nous sommes parties** sur la Côte d'Azur.

HECTOR: Vous avez trouvé un petit hôtel?

JULIETTE: Sans problème. C'est facile: **Nous sommes allées** sur TripAdvisor!

©McGraw-Hill Education

*il... *it was raining*

Trouvez la question dans le dialogue.

1. En fait, nous sommes descendues à Cannes.
2. Nous sommes restées deux jours à Londres. Nous sommes revenues à Paris et nous sommes parties sur la Côte d'Azur.
3. Sans problème. Nous sommes allées sur TripAdvisor!

Most French verbs form the **passé composé** with **avoir** as the auxiliary verb. A few, however, require **être** as the auxiliary verb. One of these verbs is **aller.**

PASSÉ COMPOSÉ OF **aller**			
je	suis all**é(e)**	nous	sommes all**é(e)s**
tu	es all**é(e)**	vous	êtes all**é(e)(s)**
il/on	est all**é***	ils	sont all**és**
elle	est all**ée**	elles	sont all**ées**

1. The past participle of verbs conjugated with **être** in the **passé composé** agrees with the subject in gender and number.

Marc est all**é** au Japon.
Agathe est all**ée** en Côte d'Ivoire.
Benjamin et Loïc sont all**és** à Chartres.
Elles sont all**ées** à Hawaï.

Marc went to Japan.
Agathe went to Ivory Coast.
Benjamin and Loïc went to Chartres.
They went to Hawaii.

2. The following verbs take **être** in the **passé composé.** Note that most convey motion or a change in state. Irregular past participles are indicated in parentheses.

aller *to go*
arriver *to arrive*
descendre *to go down; to get off*
devenir (devenu) *to become*
entrer *to enter*
monter *to go up; to climb*
mourir (mort) *to die*
naître (né) *to be born*
partir *to leave*

passer *to pass*
rentrer *to return; to go home*
rester *to stay*
retourner *to return; to go back*
revenir (revenu) *to come back*
sortir *to go out*
tomber *to fall*
venir (venu) *to come*

arriver
entrer
rentrer
retourner
revenir
venir

rester

tomber

naître   mourir

aller
partir
sortir

descendre   monter   passer

[Allez-y! A-B-C]

Mots clés

Avoir ou *être*?

Some of these **"être"** verbs may be followed by a direct object. When this occurs, they take **avoir** in the **passé composé**.

Nous **avons descendu la rivière** en bateau.

Elle **a passé la frontière** (*border*) hier.

J'ai **monté le son** de la radio.

Il **a sorti la voiture** du garage.

When deciding which auxiliary verb to use, the presence of a preposition directly after the verb is one clue that you should probably use **être.**

Philippe et Olivier **sont descendus du** train à Union Station.

L'orage **est passé à côté de** ma maison hier soir.

Anne-Louise **est montée au** 1er étage pour faire ses devoirs.

---

*When **on** clearly represents a plural subject, the past participle agrees with the subject (**on est allés, on est allées**). The auxiliary verb will always stay singular.

3. Word order in negative and interrogative sentences in the **passé composé** with **être** is the same as that for the **passé composé** with **avoir.**

Je **ne suis pas** allé au cours.   *I did not go to class.*
Sont-ils arrivés à l'heure?   *Did they arrive on time?*

[Allez-y! D–F]

Mots clés

L'expression *il y a*

The expression **il y a** used with a time period means *ago*. It requires a past tense.

Ils sont allés au Mexique **il y a** deux ans. *They went to Mexico two years ago.*

Allez-y!

A. **Des sorties.** Dites où et quand ces personnes sont allées en vacances. Utilisez l'expression **il y a.**

MODÈLE: une semaine / Nora / la Côte d'Azur →
        Il y a une semaine, Nora est allée à la Côte d'Azur.

1. un mois / Fabrice / plage
2. deux jours / tu / forêt / faire du camping
3. six mois / Mme Robert / montagne / faire du ski
4. trois jours / nous / campagne
5. deux ans / je / Nice

B. **Départ en vacances.** Les Astier, vos voisins, sont partis en vacances ce week-end. Vous racontez maintenant la scène à vos amis. Complétez l'histoire de façon logique et mettez les verbes au passé composé.

Ce matin, mes voisins les Astier ____[1] en vacances. Ils ____[2] à la mer. À 8 h, M. Astier et son fils ____[3] et ____[4] de la maison plusieurs fois avec des sacs et des valises. Mme Astier ____[5] cinq fois dans la maison pour aller chercher des objets oubliés.

Enfin, trois heures plus tard, toute la famille ____[6] dans la voiture et elle ____[7]. Mais pas de chance, une des valises ____[8] de la galerie (*roof rack*). M. Astier ____[9] de la voiture pour la remettre sur la galerie et ils ____[10]. Moi, je ____[11] chez moi.

aller
entrer
partir
retourner
sortir
descendre
monter
partir
repartir
rester
tomber

Grammaire interactive

For more on the **passé composé** with **avoir** and **être**, watch the corresponding Grammar Tutorial and take a brief practice quiz at **Connect French.**

www.mhhe.com/connect

C. **Week-end en Suisse.** Valentine et Edgar ont passé le week-end à Genève. Mettez l'histoire au passé composé et faites attention au choix de l'auxiliaire (**avoir** ou **être**).

Edgar vient[1] chercher Valentine pour aller à la gare. Ils montent[2] dans le train. Ils cherchent[3] leur voiture. Le train part[4] quelques minutes plus tard. Il entre[5] en gare de Genève à midi. Edgar et Valentine descendent[6] du train et vont[7] tout de suite à l'hôtel. L'après-midi, ils sortent[8] visiter la ville. Le soir, ils dînent[9] dans un restaurant élégant. Dimanche Valentine va[10] au musée et prend[11] beaucoup de photos de la ville. Edgar reste[12] à l'hôtel. Valentine et Edgar quittent[13] Genève en fin d'après-midi. Ils arrivent[14] à Paris fatigués mais contents de leur week-end.

Qu'est-ce que Valentine a fait qu'Edgar n'a pas fait?

D. Les voyageurs. Gaspard, Julien et Arthur ont passé une partie de leurs vacances ensemble (*together*). Ils regardent les photos des vacances et essaient de se souvenir (*try to remember*) des détails. Complétez leur conversation au passé composé.

GASPARD:	Tu te souviens quand nous _____¹?	**arriver**
JULIEN:	Nous _____² dans le train à Metz le 19 avril vers 6 h et nous _____³ à Nice le soir.	**monter** **partir**
GASPARD:	Est-ce que Arthur _____⁴ voir sa copine de Nice le même (*same*) jour?	**passer**
JULIEN:	Non, il _____⁵ chez elle le lendemain et ils _____⁶ pour l'Italie le 21.	**aller** **partir**
GASPARD:	Arthur et toi, vous _____⁷ ensemble à la fin des vacances, non?	**rentrer**
JULIEN:	Oui, et toi, tu _____⁸ à la plage une semaine de plus et tu _____⁹ en mai. C'est vraiment trop injuste!	**rester** **revenir**

E. Alice, la curieuse. Alice vous pose des questions sur les activités de vos amis. Répondez à la forme négative.

1. Marianne et ses amis, sont-ils partis en vacances en train?
2. Est-ce que Marianne est déjà montée dans un train?
3. Est-ce que son train est arrivé à l'heure?
4. Sont-ils restés longtemps en Espagne?
5. Êtes-vous allé(e) en France récemment?
6. Es-tu passé(e) par la Suisse?
7. Es-tu rentré(e) en bateau?
8. Adèle et Nina, sont-elles revenues à San Francisco en septembre?

F. Souvenirs de vacances. Décrivez les vacances de l'année passée d'un(e) camarade. D'abord, posez les questions suivantes à votre camarade. Si vous voulez, posez encore d'autres questions. Ensuite, présentez à la classe une description de ses vacances.

1. Quand es-tu parti(e)? Où es-tu allé(e)? Es-tu resté(e) aux États-Unis ou es-tu allé(e) à l'étranger? As-tu visité un endroit exotique?
2. Es-tu allé(e) voir l'endroit où tes parents sont nés? Où es-tu né(e)?
3. Qu'est-ce que tu as fait pendant les vacances? Est-ce que tu as rencontré des gens (*people*) intéressants?
4. Comment es-tu rentré(e): en avion ou en voiture? Es-tu revenu(e) mort(e) de fatigue?
5. Est-ce que tu prépares déjà tes vacances de l'année prochaine?

L'année dernière nous sommes allés en Normandie pour faire du camping. Mais cette année on a décidé d'aller en Bretagne. Selon toi, qu'est-ce qu'on va faire là-bas? Qu'est-ce qu'on a acheté chez Decathlon?

©Reuters/Alamy

Le blog d'Hassan

PARTIR!

samedi 13 juin

L'été dernier, j'ai passé des vacances super originales: j'ai fait un échange de logements. Je vous explique: je voulais[1] aller en Louisiane, mais pas comme un simple touriste. Je voulais vivre une expérience authentique. Par Internet, j'ai contacté une famille de La Nouvelle-Orléans qui voulait passer ses vacances à Paris. Et nous avons échangé nos logements: je suis allé chez eux; ils sont venus chez moi.

J'ai découvert La Nouvelle-Orléans, capitale du jazz; j'ai pique-niqué dans le parc Louis Armstrong, j'ai descendu le Mississippi en bateau... Le soir, je rentrais[2] «chez moi» pour cuisiner les spécialités locales. Depuis mon séjour[3] en Louisiane, je suis le champion des haricots rouges avec du riz!

Pendant ce temps, Debby et son mari Scott vivaient[4] dans mon appartement parisien et arrosaient[5] mes plantes!

Maintenant, une amitié est née entre nous.

Et vous? Vous avez déjà pratiqué ce type d'échanges? C'était comment[6]?

Hassan

Ça, c'est vraiment La Nouvelle-Orléans!
©Dennie Cody and Duangkamon Khattiya/ Getty Images

COMMENTAIRES

Alexis

C'était fabuleux: il y a trois ans, j'ai échangé mon appartement de Québec avec un couple de la Réunion. Trésor et moi, nous sommes restés deux semaines chez eux, dans une belle villa avec piscine.[7] On a visité l'île; on a fait de la planche à voile, du ski nautique, de la plongée sous-marine, des randonnées... Eux, ils sont «tombés en amour[8]» pour le Québec!

Trésor

Moi, j'ai nagé dans l'océan Indien!

Charlotte

Hassan et Alexis, je pense que vous êtes fous[9]! Des étrangers dorment dans votre lit; ils mangent dans vos assiettes...

Alexis

Et alors? C'est comme à l'hôtel.

Poema

Alexis, est-ce que tu as déjà des projets de vacances pour l'année prochaine? Mes parents ont une jolie villa en Polynésie, à Bora-Bora...

---

[1]*wanted* [2]*returned* [3]*Depuis... Since my stay* [4]*were living* [5]*were watering* [6]*C'était... How was it?* [7]*pool* [8]*tombés... fell in love (expression used in Quebec)* [9]*crazy*

France: le pays des grandes vacances

Chez les Beaufour, on voyage énormément. Mme Beaufour est professeur et a presque[1] quatre mois de congés[2] payés; M. Beaufour, comme tous les salariés, a au minimum cinq semaines de vacances. «À Noël, explique Mme Beaufour, toute la famille part à la neige. Les vacances de février sont généralement consacrées à[3] un petit voyage en Suisse. Pour Pâques, nous passons toujours une semaine chez ma mère qui possède une maison de campagne à Aix-en-Provence. Enfin, pour les vacances d'été, nous aimons le camping.»

En France, les vacances sont sacrées et intouchables.

À Noël et en février, les Français privilégient[4] la montagne. Pour Pâques, on choisit souvent des vacances familiales. En été, on va se faire bronzer sur les plages de la Côte d'Azur ou on pratique le «tourisme vert» à la campagne.

Voilà les vacances! À Cannes, sur la Côte d'Azur, on peut bronzer, nager, faire de la planche à voile ou de la plongée libre et s'amuser.
©Gavin Hellier/agefotostock

Les jours de départ en vacances sont souvent un vrai cauchemar[5] à cause des embouteillages[6]: pour ne pas perdre une seule minute de leurs précieuses vacances, les Français partent tous le même jour, à la même heure, sur les mêmes autoroutes! Alors voici un bon conseil: en hiver et au printemps, évitez[7] de vous trouver sur les routes du soleil ou de la montagne la veille[8] de Noël ou de Pâques. C'est l'enfer[9]! Et en été, ne partez pas le 1er juillet ou le 1er août: sur l'autoroute du Sud, les vacanciers restent prisonniers de leurs voitures pendant des heures!

[1]almost [2]vacation [3]consacrées... devoted to [4]favor [5]nightmare [6]à... because of traffic jams [7]avoid [8]day before [9]hell

VOUS COMPRENEZ?

1. Combien de semaines de vacances M. et Mme Beaufour ont-ils? Leur cas est-il unique en France?
2. Quand les Français prennent-ils leurs vacances? Que font-ils en général?
3. Quelles difficultés les Français rencontrent-ils au moment des départs en vacances?

Micro-trottoir

Répondez aux questions suivantes à partir de votre point de vue personnel. Puis regardez la vidéo et comparez vos réponses à celles (those) des gens interrogés.

1. Quels mots clés associez-vous au terme «vacances»?
2. Combien de semaines partez-vous en vacances chaque année? À quel moment?
3. Quelles sont vos activités pendant les vacances?
4. Où avez-vous passé vos dernières vacances? Pourquoi avez-vous choisi cet endroit?

L'expression impersonnelle *il faut*

Expressing Obligation and Necessity

DES VACANCES AUX ANTILLES

Poema téléphone à Alexis.

POEMA:	Pour aller à la Guadeloupe, est-ce qu'**il faut**[1] un visa?
ALEXIS:	Non! La Guadeloupe, c'est la France! **Il faut présenter** une carte d'identité ou un passeport.
POEMA:	Je suis toujours anxieuse quand je voyage! J'ai peur d'oublier quelque chose.[2]
ALEXIS:	Poema, sois cool! Aux Antilles, **il faut** simplement des lunettes de soleil, une serviette de plage et une crème solaire. C'est tout!
POEMA:	Et pour le soir?
ALEXIS:	Pour le soir, **il faut avoir** une jolie robe pour aller danser!

Le bonheur simple à la Guadeloupe

©D. Hurst/Alamy RF

[1]il est nécessaire d'(avoir)   [2]d'oublier... *of forgetting something*

Répondez aux questions. Utilisez l'expression **il faut**.

1. Pour aller à la Guadeloupe, quels documents administratifs faut-il?
2. Pour la plage, qu'est-ce qu'il faut?
3. Et pour le soir, qu'est-ce qu'il faut avoir?

1. The expression **il faut** is the impersonal form of the verb **falloir.** Followed by an infinitive, it is used to express general obligation or a necessity.

Il faut étudier pour réussir.	*One has to study to do well.*
Il faut manger pour vivre.	*One has to (It is necessary to) eat to live.*

In the near future (**le futur proche**), **il faut** + infinitive becomes **il va falloir** + infinitive. In the **passé composé,** it becomes **il a fallu.**

Nous avons une réservation pour le train à 8 h: **il va falloir** arriver à l'heure.	*We have a train reservation for 8:00: We will have to be on time.*
Il a fallu réserver très tôt en avance.	*We had to make our reservation very early.*

2. In the negative, the form **il ne faut pas** (*one must not*) expresses a prohibited action.

Il ne faut pas boire d'eau non-potable.

You must not (should not) drink untreated water.

3. Il faut can also be followed by nouns referring to objects or to qualities to talk about what is needed. The indefinite or partitive article is usually used before the noun in the construction **il faut** + noun.

Pour aller à la Guadeloupe, **il faut** un visa?

To go to Guadeloupe, do you need a visa?

Pour faire de la soupe à l'oignon, **il faut** des oignons, du consommé de bœuf, du gruyère et du pain.

To make onion soup, you need onions, beef broth, gruyère cheese, and bread.

Il faut du courage pour manger des escargots!

One needs courage to eat snails!

Allez-y!

A. **Qu'est-ce qu'il faut?** Répondez aux questions avec un(e) camarade et notez vos conclusions. Répondez avec **il faut** + *infinitif* ou *nom*.

> **MODÈLE:** pour passer une soirée à la française? →
> Qu'est-ce qu'il faut pour passer une soirée à la française?
> Il faut des amis. (*ou* Il faut aimer la bonne cuisine. /
> Il faut prendre son temps.)

1. pour passer des vacances parfaites?
2. pour fêter son anniversaire?
3. pour s'amuser (*to have fun*) à une soirée à l'américaine?
4. pour se faire «une bonne bouffe (*a big meal*)»?
5. pour ne pas grossir (*not to gain weight*)?
6. pour être en bonne santé (*health*)?
7. pour bien dormir?

B. **Conversation à trois.** Avec deux autres camarades, vous allez organiser un voyage pour toute la classe. Qu'est-ce que vous voulez faire? Où voulez-vous voyager? Qu'est-ce qu'il faut faire avant de partir? Qu'est-ce qu'il faut acheter? Comment voulez-vous partager le travail? Utilisez les verbes **pouvoir, vouloir** et **devoir** et l'expression **il faut.**

Expressions utiles: devoir acheter, devoir apporter, devoir commander, devoir demander, pouvoir acheter, pouvoir choisir, vouloir bien

Après votre conversation, décrivez le voyage à la classe.

Le parler jeune

avoir la pêche	être en forme, de bonne humeur et plein d'énergie
se barrer / se casser	partir
chiller	se détendre
se marrer	s'amuser
marrant	amusant, intéressant

Moi, pour **avoir la pêche,** je fais du sport.

La copine de Sébastien n'est pas à la fête, alors il **se casse.**

Les vacances, c'est fait pour **chiller.**

Le soleil... la plage... c'est sûr, cet été on va **se marrer.**

C'est **marrant,** la plongée sous-marine, avec tous ces poissons...

Les prépositions devant les noms de lieu

Expressing Location

 SOYEZ EXTRAVAGANTS!

Hassan, Abdel et Carole discutent.

HASSAN: Finalement, vous allez vous marier **à** Paris!

ABDEL: Oui, on va faire un mariage marocain à l'Institut du monde arabe, dans le 5ᵉ arrondissement. Il y a une belle salle au dernier étage, avec une grande terrasse.

CAROLE: Avec ce choix, tout le monde est content: on est à la fois[1] **au** Maroc et **en** France!

ABDEL: Ensuite, on va aller **à** Venise, **en** Italie!

CAROLE: Pour notre voyage de noces[2]!

HASSAN: Venise? Quel conformisme! Pourquoi n'allez-vous pas **à** Tahiti **en** Polynésie française, **à** Zanzibar en Afrique, ou **aux** Seychelles dans l'océan Indien? Soyez extravagants!

CAROLE: Pas question! C'est trop cher! Et puis, j'aime Venise parce que c'est romantique.

ABDEL: ... Et moi, j'aime Carole et je veux lui faire plaisir[3]!

Une plage de rêve aux Seychelles
©Tatiana Popova/123RF.com

[1]à... *at the same time* [2]voyage... *honeymoon* [3]lui... *make her happy*

Répondez aux questions.

1. Dans quelle ville le mariage va-t-il être organisé?
2. Dans quel pays est l'Institut du monde arabe?
3. Où les futurs mariés vont-ils faire leur voyage de noces?
4. Quels pays et quelles villes Hassan suggère-t-il?

Gender of Geographical Nouns

1. In French, most place names that end in **-e** are feminine; most others are masculine. One important exception: **le Mexique.**
2. The names of the continents are feminine: **l'Afrique, l'Amérique du Nord, l'Amérique du Sud, l'Asie, l'Europe, l'Océanie** (Australia and the Pacific islands).

3. The names of most states in the United States are masculine regardless of their ending: **le Texas, le Tennessee.** There are nine exceptions:

la Californie
la Caroline du Nord et du Sud
la Floride
la Géorgie

la Louisiane
la Pennsylvanie
la Virginie
la Virginie-Occidentale

Prepositions with Geographical Names

	TO, AT, IN		FROM	
cities	**à**	Suzanne habite **à** Lyon.	**de**	Elle vient **de** Montréal.
islands		Ils sont allés **à** Cuba.	**(d')**	Ils arrivent **d'**Hawaï.
continents	**en**	Lidia est née **en** Amérique du Sud.	**de (d')**	Je pars **d'**Europe.
feminine countries, states, provinces	**en**	Il y a deux ans, vous avez fait un voyage **en** Suisse. Baton Rouge est **en** Louisiane. Les explorateurs sont arrivés **en** Saskatchewan.	**de** **(d')**	Jean arrive **de** Floride. Viviane est **de** Colombie-Britannique.
masculine countries, states, or provinces starting with a vowel		On a voyagé **en** Israël. Il est né **en** Alaska Elle a travaillé **en** Ontario.		Elle vient **d'**Iran. Ils arrivent **d'**Oregon. Mariane est originaire **d'**Ontario.
masculine countries or provinces starting with a consonant	**au**	**Au** Canada, il y a dix provinces. Je voudrais aller **au** Québec.*	**du**	Ils reviennent **du** Brésil. Il va partir **du** Nouveau-Brunswick.
all plural countries	**aux**	Il y a dix ans, ils sont arrivés **aux** États-Unis.	**des**	Quand sont-ils partis **des** Pays-Bas?
regions masculine states† starting with a consonant	**dans le**	Elle va **dans le** Poitou. J'aime l'automne **dans le** Vermont.	**du** **(de l')**	Nous revenons **du** Sud. Elle vient **du** Colorado.

---

*au **Québec** refers to the province; à **Québec** refers to the city
†Some exceptions: **au/du** Kansas
           au/du Texas
           au/du Nouveau-Mexique
           dans l'état de / de l'état de New York / Washington (to distinguish the states from the cities)

Prononcez bien!

The vowels in *à*, *au*, and *aux*

Make sure you clearly distinguish between [a] and [o] when you pronounce **à** and **au**. Pronounce brief and tense sounds.

Open your mouth wide to say **à**.

[a]: **à** Montréal, **à** La Nouvelle-Orléans

Close your mouth and round your lips to say **au** and **aux**.

[o]: **au** Sénégal, **aux** Pays-Bas

Allez-y!

A. Jeu géographique. Voici quelques villes francophones. Dans quels pays se trouvent-elles? (Voir les cartes à la fin du livre.)

MODÈLE: Paris est en France.

1. Rabat
2. Montréal
3. Kinshasa
4. Alger
5. Dakar
6. Bruxelles
7. Tunis
8. Abidjan
9. Port-au-Prince
10. Genève

a. Haïti
b. la Belgique
c. la Tunisie
d. la République Démocratique du Congo
e. le Canada
f. la Suisse
g. le Maroc
h. la Côte d'Ivoire
i. l'Algérie
j. le Sénégal

B. Retour de vacances. Un groupe de touristes rentre de vacances. D'après ce qu'ils ont dans leurs valises, dites d'où ils arrivent.

MODÈLE: une montre
la Suisse → Ils arrivent de Suisse.

SOUVENIRS	PAYS
1. du parfum	le Cameroun
2. des figurines de manga	la Chine
3. une bouteille de tequila	l'Italie
4. un masque d'initiation	le Mexique
5. des chaussures en cuir (*leather*)	le Japon
6. du thé vert	les Pays-Bas
7. des tulipes	le Maroc
8. du café	la Colombie
9. un couscoussier (*couscous maker*)	la Belgique
10. du chocolat	la France

À Tunis, on trouve de beaux tapis.
©McGraw-Hill Education

C. Un(e) jeune globe-trotter. Votre camarade va faire le tour du monde. Vous lui demandez où il/elle va aller.

Continents: l'Afrique, l'Amérique du Nord, l'Amérique du Sud, l'Asie, l'Europe, l'Océanie

Pays: l'Algérie, l'Allemagne, l'Australie, le Brésil, le Canada, la Chine, le Danemark, l'Égypte, les États-Unis, la Finlande, la Grèce, l'Inde, l'Italie, le Japon, le Maroc, le Mexique, la Polynésie française, la Norvège, le Vietnam…

MODÈLE: É1: Vas-tu en Asie?
É2: Oui, je vais en Chine (au Japon…).

D. Interview. Posez les questions à un(e) camarade de classe. Ensuite, révélez sa réponse la plus surprenante à la classe.

1. D'où viens-tu? De quelle ville? De quel état? Et tes parents?
2. Où habitent tes parents? Et le reste de ta famille?
3. Dans quels états as-tu voyagé?
4. Est-ce qu'il y a un état que tu préfères? Pourquoi?
5. Dans quel état est-ce qu'il y a de beaux parcs? de beaux lacs? de belles montagnes? de grandes villes? de grands déserts?
6. Quelles villes est-ce que tu aimerais (*would you like*) visiter? Pourquoi?
7. Quels pays est-ce que tu as visités?
8. Est-ce que tu as déjà visité une île? Laquelle (*Which one*)?

Un peu plus…

Le Mont-Saint-Michel

C'est un monument avec une histoire riche. Située au large des (*off the*) côtes bretonne et normande, la petite île rocheuse héberge (*shelters*) depuis l'an 966 une abbaye bénédictine dédiée à Saint Michel. Haut lieu de spiritualité, les pèlerinages (*pilgrimages*) au Mont-Saint-Michel ont eu lieu tout au long de son histoire. L'abbaye héberge également des documents précieux qui datent du Moyen Âge. Aujourd'hui, le Mont-Saint-Michel accueille des visiteurs du monde entier. Avez-vous déjà visité un monument avec une histoire riche? Expliquez.

Le Mont-Saint-Michel, en Normandie
©bloodua/123RF.com

LEÇON 4: PERSPECTIVES

🎧 Prononcez bien!

1. The pronunciation of *montagne* (page 202)

A. La pêche. Hugo parle de son activité préférée: la pêche. Choisissez le mot que vous entendez dans chaque phrase.

1. ☐ Line   ☐ ligne (*line*)
2. ☐ Line   ☐ ligne
3. ☐ reine (*queen*)   ☐ règne (*rules* [verb])
4. ☐ reine   ☐ règne
5. ☐ panés (*deep-fried*) ☐ panier (*basket*)
6. ☐ panés   ☐ panier

B. La pêche (suite). Hugo raconte son meilleur souvenir (*best memory*) de pêche. Avec votre camarade, répétez ses mots. Faites bien attention à la prononciation des mots français en italique.

1. La *dernière* fois (*time*) que j'ai pêché à la *ligne*, c'était pendant le voyage que j'ai *gagné* à la loterie.
2. Pour ce voyage, je suis allé à *Cologne*, en *Allemagne*. C'était *magnifique*! Je voudrais bien y retourner (*go back there*)!

2. The vowels in *viens* and *viennent* (page 208)

Un nouveau joueur. Hugo parle de son frère Simon et de la fiancée de Simon. Décidez si Hugo parle uniquement de Simon, ou de Simon et Lisa.

	Simon	Simon et Lisa
1. venir samedi prochain	☐	☐
2. revenir de vacances à Vienne, en Autriche	☐	☐
3. tenir à (*to be eager to*) me présenter sa fiancée	☐	☐
4. devenir de plus en plus amoureux (*more and more in love*)	☐	☐

3. The vowels in *à, au,* and *aux* (page 219)

A. Voyage. Isabelle parle des vacances qu'elle a passées en Amérique du Nord l'été dernier. Écoutez et complétez le paragraphe avec **à** ou **au**.

Je suis allée _____ [1] Texas, _____ [2] Hawaï, _____ [3] Nouveau-Mexique, _____ [4] Nevada, _____ [5] New York, _____ [6] Québec et _____ [7] Nouveau-Brunswick. C'était (*It was*) super!

B. Voyage. Hugo parle aussi de ses vacances. Il était au Canada. Avec votre camarade, jouez la scène suivante.

HUGO: Moi, j'étais (*I was*) au Canada l'été dernier.
ISABELLE: Ah oui? Où ça?
HUGO: À Saint-Louis-du-Ha! Ha!, au Québec.
ISABELLE: Saint...? Comment est-ce que ça s'écrit? (*How is it spelled?*)
HUGO: S A I N T - L O U I S - D U - H A ! H A ! Ce n'est pas loin du lac Témiscouata dans le sud-est du Québec.
ISABELLE: Ah! Je sais (*know*) comment ça s'écrit! S A I N T - L O U I S - D U - H A ! H A !
HUGO: Exactement!

Lecture

AVANT DE LIRE

Skimming for the gist (Part 1). Skimming is a useful way to approach any new text, particularly in a foreign language. You will usually find it easier to understand more difficult passages once you have a general idea of the content.

In the following article, glance at the title and headings. What kind of information do you think the text contains, and how is the information organized? Next, skim the article to get the impression of the major points. Do not attempt to understand every word. Then, read the sections that may have appeared most difficult when you skimmed the article, and guess the meaning based on the rest of the text.

Un peu de pratique. Parcourez rapidement le texte suivant, puis choisissez la ville qui correspond à la description.

1. C'est un centre culturel.
2. C'est le centre politique du Maroc.
3. C'est une ville située près du désert.

Des vacances au Maroc

Prenez votre appareil photo et vos lunettes de soleil. Nous partons pour le Maroc en Afrique du Nord (au Maghreb*). Le Maroc est connu pour son climat exceptionnel et la variété de ses paysages. Villes impériales, oasis sahariennes, marchés extraordinaires: Oui, le Maroc a beaucoup de charme.

À voir

Sur la côte: Casablanca et Rabat, les deux capitales

La ville de Casablanca est la capitale économique du pays. Au bord de l'océan Atlantique, on découvre la mosquée Hassan II, la troisième plus grande mosquée du monde. Quatre-vingt kilomètres[1] au nord se trouve la ville de Rabat, capitale administrative et politique du pays. C'est aussi une des quatre villes impériales (avec Fès, Marrakech et Meknès). Les anciens quartiers européens aux grandes avenues modernes contrastent avec la médina[2] et ses monuments.

La mosquée Hassan II à Casablanca
©Royalty-Free/Corbis

[1]80 km = *about 50 miles* [2]vieille ville arabe

À propos de la lecture...

Les auteurs de *Vis-à-vis* ont écrit ce texte.

---

*Le Maghreb est l'ensemble des pays du nord-ouest de l'Afrique, situés entre la Méditerranée et le Sahara, l'océan Atlantique et le désert de Libye.

À l'intérieur: Fès, ville d'artisans

Fès est le centre culturel et spirituel du pays. Sa médina est la plus grande au monde avec plus de 9 000 ruelles[3] et de nombreux souks.[4] Les artisans travaillent, les marchands appellent les clients, il y a beaucoup de monde et beaucoup d'ambiance. Fès a une longue tradition de tannage du cuir,[5] d'art du bronze et de poterie bleue.

Au sud: Marrakech et Ouarzazate, les portes du désert

Marrakech, surnommée «la ville rouge», est entourée par une muraille[6] rouge et ocre, et une palmeraie[7] de 100 000 arbres. À l'intérieur des remparts, il y a la médina avec ses charmants ryads.[8] Mais Marrakech est surtout célèbre pour sa Place Jemaa El Fna où on peut voir tous les jours des conteurs,[9] des acrobates, des musiciens et même des charmeurs de serpents.

Située aux portes du Sahara et près des montagnes, Ouarzazate attire de nombreux touristes avec son atmosphère sereine, ses kasbahs[10] et ses paysages extraordinaires. C'est aussi un endroit très populaire pour

La Place Jemaa El Fna à Marrakech
©Jean Du Boisberranger/Getty Images

le cinéma: *La Dernière Tentation du Christ*, *Gladiateur*, *Lawrence d'Arabie*, et *La Momie* ont été tournés[11] dans la région.

À faire

Le sport

Au bord de la mer: voile, planche à voile, ski nautique, plongée, pêche, et cetera.

Dans le désert: planche à sable dans les dunes et excursions à dos de dromadaire.

Les festivals

Les nombreux festivals, en particulier le Festival des Musiques Sacrées du Monde à Fès, le Festival International du Film à Marrakech et la Fête des Roses dans la Vallée du Dadès.

À goûter

Le tajine, c'est le plat national du Maroc. On mange aussi du couscous (le repas traditionnel du vendredi), des pastillas (feuilletés[12] au pigeon) et des pâtisseries à base d'amandes, de noisettes[13] et de dattes. On boit souvent du thé à la menthe.

Passez de bonnes vacances!

[3]*alleys* [4]*marchés* [5]*tannage... tanning leather* [6]*wall* [7]*palm grove* [8]*villas* [9]*storytellers* [10]*quartier fortifié* [11]*filmed* [12]*flaky pastries* [13]*hazelnuts*

COMPRÉHENSION

A. Des vacances pour tous! Des touristes organisent leurs vacances au Maroc. Où vont-ils aller? Cherchez dans le texte!

1. M. Os est passionné par le travail des artisans.
2. Mme Langlois écrit un livre sur le système politique marocain.
3. Mme Léonie est fascinée par le désert.
4. Les enfants de M. Roman aiment le cirque.
5. Mlle Bensalem est une femme d'affaires qui veut créer une entreprise au Maroc.

B. Des vacances culturelles. Repondez aux questions selon votre compréhension du texte.

1. Par quelles actions le Maroc favorise-t-il la culture?
2. Quelles sont les traces du riche passé du Maroc?

 # Écriture

The writing activities **Par écrit** and **Journal intime** can be found in the Workbook/Laboratory Manual to accompany *Vis-à-vis*.

 # Sondages

LES DESTINATIONS LES PLUS RECHERCHÉES DES FRANÇAIS

Le site de voyages Expedia a publié la liste des lieux les plus recherchés et les plus réservés pour des séjours de l'automne. Ces destinations se trouvent en Amérique du Nord, en Asie et en Europe:

1. New York City
2. Las Vegas
3. San Francisco
4. Rome
5. Tokyo
6. Miami
7. Londres
8. Los Angeles
9. Kyoto
10. Lisbonne

A. Les Français aiment visiter les États-Unis. Regardez les dix destinations choisies par les Français. Selon vous, pourquoi New York est-elle la première ville sélectionnée? Discutez dans des groupes, expliquez pourquoi les Français ont choisi Las Vegas, Los Angeles et San Francisco. Nommez les milieux ou sites qui attirent les touristes dans ces villes. Êtes-vous d'accord avec les Français?

B. Les destinations préférées. Dans vos groupes, faites une liste des destinations que vous préférez pour des vacances de rêve. Discutez de l'ordre de préférence que vous voulez établir dans votre groupe. Puis comparez vos résultats avec les autres groupes dans la classe. Est-ce qu'il y a une différence entre les choix des groupes de la classe? Est-ce qu'il y a des groupes qui préfèrent l'Asie ou l'Europe, par exemple?

Le Saute-Moutons brave les rapides de Lachine sur le fleuve Saint-Laurent près de Montréal.

©McGraw-Hill Education

NOTE CULTURELLE

Le Saute-Moutons est une des principales attractions de Montréal. Il consiste à embarquer de 40 à 50 de personnes pour une excursion à travers[1] les rapides de Lachine sur le fleuve Saint-Laurent. Le bateau-jet se lance à toute vitesse[2] dans les eaux agitées du fleuve avec parfois des virages[3] à 360 degrés. Manteau de pluie, bottes et gilet de sauvetage[4] sont indispensables pendant l'expédition.

[1]à... through [2]se... throws itself at top speed [3]turns [4]gilet... lifejacket

Le vidéoblog d'Hassan

En bref

Dans cet épisode, Léa et Hassan consultent un site Web qui leur donne des renseignements (*information*) sur des échanges de logement au Québec, au Maroc et à la Martinique. Hassan évoque les activités touristiques à Paris.

Vocabulaire en contexte

Où aimez-vous vous loger et qu'est-ce que vous aimez faire quand vous êtes en vacances? Indiquez vos préférences.

Logement
- ☐ une tente et un sac de couchage
- ☐ un appartement en ville
- ☐ une villa **au bord de la mer** (*at the seaside*)
- ☐ un chalet à la montagne
- ☐ un hôtel somptueux dans une capitale **étrangère** (*foreign*)

Activités
- ☐ bronzer à la plage
- ☐ faire des randonnées et du rafting
- ☐ aller dans des musées et des galeries d'art
- ☐ faire de la pêche et de la plongée sous-marine
- ☐ **flâner** (*stroll*); observer la vie **quotidienne** (*everyday*) des gens

VISIONNEZ! ▶

Indiquez si les phrases suivantes sont vraies ou fausses.

1. _____ Léa cherche à faire un **échange** de logements.
2. _____ Hassan pense que l'échange de logements est une bonne formule.
3. _____ Le **vacancier** (*vacationer*) à Montréal a apprécié le mélange de sports et de culture.
4. _____ Le vacancier à Marrakech a apprécié les bains de mer.
5. _____ Le vacancier à la Martinique a apprécié la cuisine.

ANALYSEZ!

1. Comment l'environnement—paysage (*landscape*) et climat—influence-t-il les activités de vacances proposées dans chaque pays?
2. Quels sont les avantages et les inconvénients de l'échange de logements?

COMPAREZ!

Regardez encore une fois les commentaires des trois vacanciers. Puis, proposez, dans un message électronique, un échange de logements à une personne qui habite dans un des trois lieux présentés dans la vidéo. Mentionnez les avantages de votre propre (*own*) domicile et de la ville où vous habitez.

VOCABULAIRE

Verbes

acheter	to buy
aller à la pêche	to go fishing
bronzer	to get a suntan
devenir	to become
dormir	to sleep
entrer	to enter
faire une randonnée	to go hiking
falloir (il faut)	to be necessary
monter	to go up; to climb
mourir	to die
nager	to swim
naître	to be born
obtenir	to obtain, get
oublier	to forget
partir (à) (de)	to leave (for) (from)
passer (par)	to pass (by)
patiner	to skate
prendre des vacances	to take a vacation
quitter	to leave (*someone or someplace*)
rentrer	to return; to go home
retourner	to return; to go back
revenir	to come back to, return (*someplace*)
sentir	to feel; to sense; to smell
servir	to serve
sortir	to leave; to go out
tomber	to fall
venir	to come
venir de + *inf.*	to have just (*done something*)
voyager	to travel

À REVOIR: **descendre, devoir, porter, pouvoir, rendre visite à, rester, vouloir**

Substantifs

l'alpinisme (*m.*)	mountaineering
le bateau (à voile)	(sail)boat
la campagne	country(side)
le camping	camping
la carte d'identité	ID card
le cheval	horse
l'endroit (*m.*)	place
l'équitation (*f.*)	horseback riding
l'état (*m.*)	state
le fleuve	(large) river
la forêt	forest
le lac	lake
la mer	sea, ocean
le monde	world
la montagne	mountain
le parapluie	umbrella
le passeport	passport
la pêche	fishing
la plage	beach

la planche à voile	windsurfing
la plongée libre	snorkeling
la plongée sous-marine	scuba diving
la randonnée	hike
la route	road
le ski alpin	downhill skiing
...de fond	cross-country skiing
...nautique	waterskiing
le vélo	bicycle
le visa	visa

À REVOIR: **la carte postale, le pays, la promenade, les vacances** (*f. pl.*)

Les vêtements et l'équipement sportifs

l'anorak (*m.*)	(ski) jacket, parka
le casque	helmet
les chaussures (*f.*) **de ski**	ski boots
...de montagne	hiking boots
la crème solaire	suntan lotion
l'écran (*m.*) **solaire**	sun block
les lunettes (*f. pl.*)	glasses
... de ski	ski goggles
... de soleil	sunglasses
le sac de couchage	sleeping bag
la serviette de plage	beach towel
le ski	ski
la tente	tent
la valise	suitcase

À REVOIR: **la chaussure, les gants** (*m.*)**, le maillot de bain, la robe, le sac à dos**

Les points cardinaux

l'est (*m.*)	east
le nord	north
le nord-est	northeast
le nord-ouest	northwest
l'ouest (*m.*)	west
le sud	south
le sud-est	southeast
le sud-ouest	southwest

Mots et expressions divers

à l'est/ouest	to the east/west
à l'étranger	abroad, in a foreign country
à l'heure	on time
au nord/sud	to the north/south
ensemble	together
il faut	It is necessary to ...; One must ... / One needs ...
il ne faut pas + *inf.*	one must not ...
il y a	ago
même	same; even

Bienvenue...

Un coup d'œil sur Tunis, en Tunisie

À quelques heures d'avion de New York, vous pouvez partir à la découverte de la Tunisie en Afrique du Nord. Le désert du Sahara constitue 40 % du territoire, mais il y a aussi 1298 km[1] de côtes qui bordent la Méditerranée. La ville principale est Tunis, la capitale du pays depuis 1159. Il faut absolument voir la médina, avec ses monuments, ses mosquées et ses souks. N'oubliez pas de négocier les prix si vous faites des achats dans ces petites rues remplies[2] de boutiques de tapis, de parfums, d'objets en cuir,[3] de poteries, et cetera. À l'ouest de la ville, visitez le Musée national du Bardo, un musée archéologique particulièrement riche en mosaïques romaines.

Un peu au nord de Tunis: Carthage et Sidi Bou Saïd. Ancienne puissance[4] maritime, commerciale et militaire, Carthage est détruite[5] puis reconstruite[6] par les Romains. Aujourd'hui, on peut admirer les ruines des villas romaines, de l'amphithéâtre et des thermes.[7] Le village de Sidi Bou Saïd est perché sur une falaise[8] dominant Carthage et le golfe de Tunis. Avec ses jolies maisons peintes en bleu et blanc, ses artistes et ses cafés, c'est un endroit pittoresque qui mérite le détour.

[1]1298 km = *806 miles* [2]*filled* [3]*leather* [4]*power* [5]*destroyed* [6]*rebuilt*
[7]*Roman baths* [8]*cliff*

Le minaret de la mosquée Zitouna à Tunis
©McGraw-Hill Education

PORTRAIT Albert Memmi, le droit à la différence

L'écrivain Albert Memmi chez lui à Paris
©Marc Gantier/Gamma-Rapho via Getty Images

Albert Memmi est né en 1920 à Tunis dans une famille juive de langue arabe. Au début du vingtième siècle, la Tunisie est une colonie française majoritairement musulmane. Il existe des tensions entre les Musulmans et les Juifs, alors de nombreux Juifs tunisiens choisissent de s'assimiler à la culture coloniale française. Albert va donc au lycée français de Tunis. Pendant la Deuxième Guerre mondiale, à cause des lois antisémites du gouvernement de Vichy,* on l'envoie dans un camp de travail forcé. Après avoir retrouvé sa liberté, il poursuit des études de philosophie, devient enseignant et épouse une Française. Il s'installe à Paris après l'indépendance de la Tunisie et prend la nationalité française en 1973.

Ces expériences influencent ses œuvres. Ses deux romans les plus célèbres, *La Statue de sel* (1953) et *Agar* (1955), sont autobiographiques et explorent les thèmes de l'aliénation et des mariages mixtes. Memmi écrit aussi plusieurs livres sur le racisme et le colonialisme en Afrique, et des essais où il analyse les effets négatifs de la colonisation. Lauréat de plusieurs prix littéraires prestigieux, Albert Memmi est l'un des plus grands écrivains tunisiens de langue française.

---

*The Vichy regime refers to the French government proclaimed by Marshal Philippe Pétain following the military defeat of France. It collaborated with the Germans. Following the liberation of France, General Charles de Gaulle proclaimed a new government recognized by all the allies on October 23, 1944.

en Afrique francophone

Un coup d'œil sur Dakar, au Sénégal

Au Sénégal dont[1] elle est la capitale, Dakar est l'une des pointes[2] les plus avancées de l'Afrique de l'Ouest dans l'océan Atlantique. Les Dakarois vous accueillent toujours avec amitié, «teranga». Visitez avec eux le Marché Sandaga, près de la petite gare, et regardez partir les bateaux qui relient[3] Dakar à la Casamance ou à la Gambie voisines. Dans l'arrondissement du Plateau, vous voyez aussi l'Assemblée nationale et le Palais présidentiel.

Là-bas,[4] on voit dans l'océan l'Île de Gorée, ce joyau[5] de l'architecture coloniale avec ses petites rues et l'ombre[6] fraîche des bougainvillées. Mais, cet endroit tranquille cache[7] un passé terrible: le point de départ de la traite négrière[8] dès le XVI[e9] siècle. La Maison des Esclaves résonne encore de la tragédie de femmes, enfants, hommes, transportés dans des conditions inhumaines vers les Antilles et les Amériques.

[1]of which [2]headlands [3]link [4]There [5]jewel [6]shade [7]hides [8]traite... slave trade [9]seizième

PORTRAIT Oumou Sy, la tradition et la modernité

Oumou Sy est née à Podor au nord du Sénégal. Autodidacte, elle ne sait ni lire ni écrire,[1] mais elle ouvre son premier atelier[2] de couture à l'âge de 14 ans. Créatrice de mode, costumière, femme d'affaires, activiste, elle habite aujourd'hui à Dakar. Dans ses collections de haute couture et de prêt-à-porter, elle allie les traditions africaines et la mode européenne. Elle travaille aussi dans le monde du spectacle, où elle crée des costumes pour des chanteurs sénégalais tels que[3] Youssou N'Dour et de grands cinéastes[4] africains comme Ousmane Sembène. En plus, c'est une femme engagée dans le développement de son pays: en 1990, elle ouvre une école chargée d'enseigner les arts traditionnels et modernes du costume et, en 1996, avec son mari, elle ouvre Metissacana, le premier cybercafé de l'Afrique de l'Ouest.

[1]ne... can neither read nor write [2]studio [3]such as [4]filmmakers

 Watch the *Bienvenue en Afrique francophone* video segments to learn more about Tunis and Dakar.

Voici Dakar sur sa péninsule.
©McGraw-Hill Education

Oumou Sy pendant la semaine de la mode à Dakar en juin 2013
©David Simon/Gallo Images/Getty Images

CHAPITRE 9

En route!

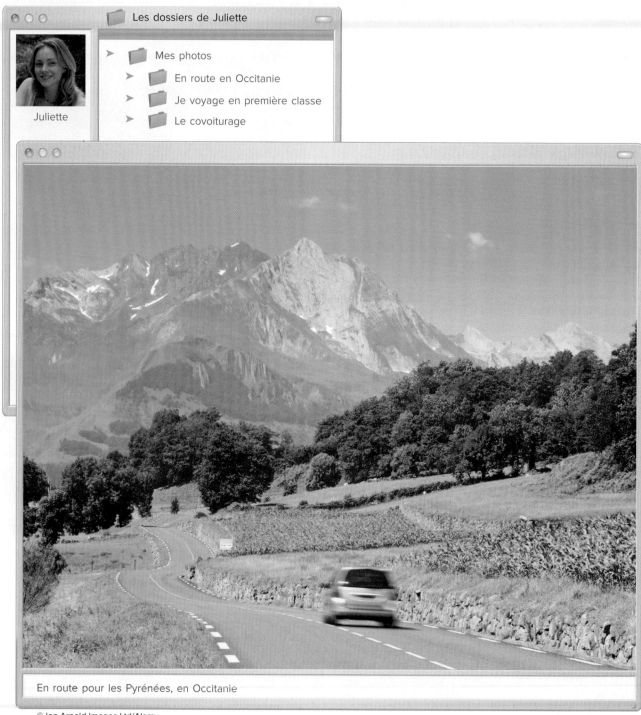

Les dossiers de Juliette

Juliette

- Mes photos
  - En route en Occitanie
  - Je voyage en première classe
  - Le covoiturage

En route pour les Pyrénées, en Occitanie

©Jon Arnold Images Ltd/Alamy

Dans ce chapitre...

OBJECTIFS COMMUNICATIFS

➤ talking about transportation
➤ expressing for how long, how long ago, and since when
➤ describing the past
➤ expressing negation
➤ learning to distinguish between and pronounce selected sounds in French

PAROLES (LEÇON 1)

➤ À l'aéroport
➤ À la gare
➤ En route!

STRUCTURES (LEÇONS 2 ET 3)

➤ **Depuis** et **pendant**
➤ L'imparfait
➤ Les adverbes affirmatifs et négatifs
➤ Les pronoms affirmatifs et négatifs

CULTURE

➤ Le blog de Juliette: *La Rolls du vélo**
➤ Reportage: *Blablacar: le champion français du covoiturage*
➤ Lecture: *Vélib' et Autolib': moins de CO_2!* (Leçon 4)

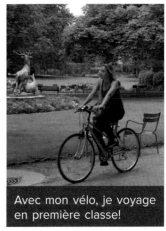

Avec mon vélo, je voyage en première classe!

©McGraw-Hill Education

Le covoiturage: un système simple et sympathique

Source: Screenshot of BlaBlaCar.com

---

*In **Chapitres 9–12,** Juliette Graf creates a blog and writes about cycling in Paris, the ever-present technologies in Parisian life, the pleasures of living in a city, and her love of art.

www.mhhe.com/connect

À l'aéroport

Allez-y!

Bienvenue à bord! Complétez les phrases d'après le dessin.

1. Le _____ est le conducteur (*driver*) de l'avion.
2. L' _____ apporte les repas.
3. Les gens très riches voyagent en _____.
4. Le _____ sert les boissons.
5. On présente une _____ pour monter dans l'avion.
6. Les hommes et les femmes d'affaires voyagent en _____.
7. Les étudiants voyagent en _____.
8. Le départ du _____ 512 est à 13 h 50.

À la gare

l'Angleterre
la Belgique
la France
l'Espagne
le Portugal
l'Allemagne
la Grèce
la Suisse
l'Italie

VISITEZ L'EUROPE EN TRAIN

le train
le wagon (la voiture)
le quai
des valises
un voyageur
une voyageuse

AUTRES MOTS UTILES	
un aller-retour	round trip; round-trip ticket
le billet	ticket
le compartiment	compartment
la couchette	berth
le guichet	(ticket) window
le TGV*	high-speed rail service

Allez-y!

A. Définitions. Répondez, s'il vous plaît!

1. Quel moyen de transport est-ce qu'on trouve dans une gare?
2. Comment s'appelle chaque voiture d'un train?
3. Comment s'appellent les personnes qui voyagent?
4. Comment s'appelle la partie du wagon où les voyageurs sont assis (*seated*)?
5. Où est-ce que les voyageurs attendent l'arrivée d'un train?
6. Où est-ce qu'on achète les billets?

B. Interview. Demandez à un(e) camarade s'il / si elle a voyagé en train. Est-ce qu'il/elle a mangé dans un wagon-restaurant? Est-ce qu'il/elle a dormi dans un wagon-lit? Quelle ville est-ce qu'il/elle a visitée pendant ce voyage? À qui est-ce qu'il/elle a rendu visite? Ensuite, racontez à la classe le voyage de votre camarade.

---

*TGV stands for **Train à Grande Vitesse**, the SNCF (**Société nationale des chemins de fer français**) high-speed rail service that links all major cities in France. The SNCF also provides high-speed service to international destinations via the TGV (Barcelona, Milan) or other affiliated networks such as Eurostar (London) and Thalys (Amsterdam, Brussels, Cologne).

C. **Train + Vélo.** Beaucoup de Français prennent leur vélo avec eux quand ils voyagent en train. Lisez la publicité de la SNCF, puis indiquez si les phrases suivantes sont vraies ou fausses.

1. _____ Il est facile de se balader en vélo quand on visite des régions de France.

2. _____ Il n'est pas possible de transporter son vélo dans le train quand on sort du territoire français.

3. _____ Pour voyager en train avec son vélo, il n'y a qu'une seule solution: le prendre avec soi à la gare le jour du départ.

4. _____ On peut laisser son vélo dans certaines gares pendant (*while*) qu'on travaille.

5. _____ On peut louer un vélo dans certaines gares.

6. _____ Toutes les gares de SNCF ont un parc à vélos.

Train + Vélo

Partez avec votre bicyclette à la découverte de nouvelles balades en France comme à l'étranger, grâce à l'espace vélo aménagé par la SNCF à bord de nombreux trains Grandes Lignes (Corail et TGV). Vous pouvez également vous évader avec votre vélo en profitant d'un transport simple et rapide offert par les trains régionaux (TER et Transilien).

Et si vous désirez voyager plus léger, nous vous proposons notre service Bagages qui expédiera votre vélo là où vous le souhaitez.

Aller à la gare à vélo...
Une bonne façon de partir travailler tout en gardant la forme ! Pour faciliter vos déplacements quotidiens, la SNCF équipe ses gares de parcs à vélos et vous invite également à profiter des services proposés dans certaines gares par les Points Vélos : gardiennage, atelier de réparation, service de location...

À vous de choisir la formule qui vous correspond le mieux pour enfourcher votre bicyclette ! D'autant que cet exercice, bon pour la forme, l'est aussi pour l'environnement.

Source: SNCF, 2010

En route!

Virgile **conduit** sa **moto** avec prudence.

Agathe **roule** toujours très **vite**. Elle préfère **l'autoroute**!

Marianne **fait le plein** d'**essence** (*f.*) à **la station-service**.

Magali et Anne **traversent** la France à **vélo**.

Le parler jeune

une bagnole	une voiture
un gamos	une voiture luxueuse, de grosse taille
une meule	une moto, une mobylette
une valoche	une valise

On peut monter à six dans ma **bagnole**.

Ce mec doit être riche; il roule en **gamos**.

Regarde, elle est belle ma **meule**, hein?

Moi, je voyage léger: une seule **valoche**!

The verb **conduire** is irregular in form.

PRESENT TENSE OF **conduire** (*to drive*)			
je	cond**uis**	nous	cond**uisons**
tu	cond**uis**	vous	cond**uisez**
il/elle/on	cond**uit**	ils/elles	cond**uisent**
past participle: **conduit**			

All verbs ending in **-uire** are conjugated like **conduire**.

construire *to construct* — Nous **construisons** une nouvelle ville.

détruire *to destroy* — On **détruit** le vieux pour construire du neuf.

produire *to produce* — Le soleil **produit** de l'énergie.
réduire *to reduce* — **Réduisez** votre vitesse dans les zones scolaires.

traduire *to translate* — **Traduis** cette brochure en espagnol.

Prononcez bien!

The semivowel in *conduire*

French has three semivowels: [j] as in **travailler**, [w] as in **voiture**, and [ɥ] as in **conduire**. These three sounds are pronounced very rapidly and are linked to the following vowel. To pronounce the sound [ɥ] in **conduire**, start from the [y] in **tu** (with your lips rounded and protruding, and your tongue all the way to the front, pressing against your lower teeth), and immediately pronounce the following vowel.

[ɥ]: **cond**u**ire, dep**u**is, d**u**el, s**u**ave, b**u**ée** (*mist*)

In French, the verb **conduire** is used to express the physical act of driving. It is used with types of cars, ways of driving, and so on.

Sébastien **conduit** une Peugeot.   *Sébastien drives a Peugeot.*
Les jeunes **conduisent** rapidement.   *Young people drive fast.*

However, the construction **aller en voiture** is used to express *to drive somewhere.*

Ils sont allés en Belgique en voiture.   *They drove to Belgium.*

Mots clés

Les prépositions devant les moyens de transport

En is used with means of transportation that you enter.

en autocar, **en** autobus, **en** avion, **en** bateau, **en** camion, **en** métro, **en** train, **en** voiture, et cetera

À is used with means of transportation that you mount or on which you ride. It is also used in the expression **à pied.**

à bicyclette, **à** cheval, **à** moto, **à** vélo, et cetera

Allez-y!

A. Moyens de transport. Comment vous rendez-vous à (*How do you get to*) votre destination dans les situations suivantes? Utilisez les **Mots clés** et les verbes **aller, conduire, voyager,** et cetera.

MODÈLE: Vous voulez aller sur l'autre rive (*shore*) du lac. →
          Je voyage en bateau.

1. La classe fait une excursion.
2. Il y a des pistes cyclables (*bicycle paths*) dans votre ville.
3. Vous allez en Europe.
4. Vous voulez faire de l'équitation.
5. Vous aimez l'autoroute.
6. Votre famille déménage.
7. Vous voulez vous rendre vite au centre-ville.

B. Sur la route. Complétez le texte suivant sur les nouvelles voitures plus écologiques. Utilisez les éléments donnés.

1. ma vieille voiture / produire / trop de pollution
2. les gaz toxiques / détruire / l'environnement
3. nous / conduire / de nouveaux véhicules
4. ils / réduire / le niveau (*level*) de pollution
5. conduire (*impératif, vous*) / avec prudence

C. Interview. Posez les questions suivantes à un(e) camarade de classe. Ensuite, mentionnez le fait le plus intéressant à la classe.

1. Aimes-tu conduire? Conduis-tu souvent? Quand tu sors avec des copains, conduisez-vous ou utilisez-vous les transports en commun? Quels moyens de transport préfères-tu prendre en ville?
2. Dans ta famille, qui conduit le plus (*the most*) souvent? Qui ne conduit pas?
3. Quels sont les moyens de transport qui correspondent à ces adjectifs: **agréable, dangereux, économique, polluant, rapide?**
4. Penses-tu que les voitures détruisent la qualité de vie en ville? Est-ce qu'on construit trop d'autoroutes aux États-Unis?
5. Est-ce qu'il y a des problèmes de transport dans ta ville ou ta région? Si oui, lesquels (*which ones*)?
6. Comment préfères-tu voyager en vacances? Pourquoi? Est-ce que ça dépend de ta destination?
7. As-tu déjà traversé les États-Unis en voiture? Si oui, quand et avec qui?

Depuis et pendant

Expressing For How Long, How Long Ago, and Since When

PENDANT LES EMBOUTEILLAGES

Juliette et Hector discutent en voiture.

JULIETTE: Tu conduis **depuis combien de temps,** Hector?

HECTOR: Je conduis **depuis sept ans**. J'adore les voitures!

JULIETTE: Pas moi... Je n'ai pas mon permis et je n'ai pas de voiture.

HECTOR: C'est pourtant pratique...

JULIETTE: Vraiment? Et qu'est-ce que tu fais **pendant** les embouteillages[1]? Tu danses?

HECTOR: **Pendant** les embouteillages, je chante[2]!

JULIETTE: Moi, je deviens folle.[3]

HECTOR: Fais comme moi. Chante!

Les objets indispensables du conducteur
©Owen Franken

[1]*traffic jams*   [2]*sing*   [3]*crazy*

Répondez aux questions en utilisant **depuis** et **pendant**.

1. Depuis combien de temps Hector conduit-il?
2. Que fait Hector pendant les embouteillages?
3. Que fait Juliette pendant les embouteillages?

Depuis

Depuis is used with a verb in the present tense to talk about an activity that began in the past and continues in the present time. The most frequent English equivalent is *have been* + *-ing*.

1. With a starting point that can be a date (day, month, year) or a noun:

Depuis quand... ? + *present tense*	= How long (since when) . . . ?
present tense + **depuis** + *starting point*	= . . . since . . .

Depuis quand est-ce que tu conduis?

How long have you been driving?

Je conduis **depuis** 2011.

I have been driving since 2011.

Je conduis plus lentement **depuis** mon accident.

I have been driving more slowly since my accident.

2. To express a duration:

Depuis combien de temps... ? + *present tense*	= (For) How long . . . ?
present tense + **depuis** + *period of time*	= . . . for (*duration*)

Depuis combien de temps est-ce que vous prenez l'autobus?	(*For*) *How long have you been taking the bus?*
Je prends l'autobus **depuis** six mois.	*I have been taking the bus for six months.*

[Allez-y! A-B-C]

Pendant

1. Pendant expresses the duration of a habitual or repeated action, situation, or event with a definite beginning and end. It is often used with the **passé composé.**

Pendant combien de temps... ? + *present or past tense*	= (For) How long . . . ?
present or past tense + **pendant** + *time period*	= . . . for (*duration*)

Pendant combien de temps es-tu resté en Belgique?	(*For*) *How long did you stay in Belgium?*
Je suis resté en Belgique **pendant** deux semaines.	*I stayed in Belgium for two weeks.*
D'habitude, le matin, j'attends l'autobus **pendant** vingt minutes.	*Usually, in the morning, I wait for the bus for twenty minutes.*

2. Pendant can also mean *during*.

Qu'est-ce que tu as fait **pendant** ce temps?	*What did you do during this time?*

Reminder: **Il y a** + *time period* = ago

J'ai fait mes réservations **il y a** un mois.	*I made my reservations a month ago.*

[Allez-y! B]

Allez-y!

A. **Le temps passe.** Carole (C) et Thomas (T), deux étudiants étrangers à l'université de Lyon, parlent de leur vie en France. Avec un(e) camarade, à tour de rôle, posez les questions et répondez. Utilisez **depuis quand** ou **depuis combien de temps** selon l'indice.

> **MODÈLE:** (C) habiter / Europe (2016) →
> CAROLE: Depuis quand est-ce que tu habites en Europe?
> THOMAS: J'habite en Europe depuis 2016.

1. (T) travailler / Lyon (deux ans)
2. (C) faire / vélo (mon arrivée en France)
3. (T) étudier / cette université (un an)
4. (C) conduire (2014)
5. (T) être mariée (six mois)
6. (C) étudier l'informatique (l'automne dernier)

B. **Expressions de temps.** Complétez les phrases suivantes en utilisant **depuis, pendant** ou **il y a.**

Oscar a rencontré sa femme Lucie _____¹ les vacances. Aujourd'hui, ils sont mariés _____² trois ans. Ils aiment partir en voyage ensemble. _____³ deux mois, Lucie a fait un voyage en Tunisie sans Oscar. Elle est restée à Sousse _____⁴ trois semaines et Oscar lui a beaucoup manqué. Cet été, ils veulent aller en Belgique _____⁵ deux semaines. Et ils veulent partir ensemble! Alors, _____⁶ deux jours, ils ont fait leurs réservations sur Internet. Ça n'a pas été facile. Ils ont comparé les prix. Ils ont cherché _____⁷ plus de deux heures! Finalement, ils ont trouvé une formule «couple» pas chère. Et c'est fait: ils partent ensemble!

C. **Activités.** Demandez à vos camarades depuis quand ou depuis combien de temps ils/elles font les activités suivantes.

> **MODÈLE:** être étudiant(e) →
> —Depuis combien de temps est-ce que tu es étudiant(e)?
> —Je suis étudiant(e) depuis...

1. étudier le français
2. pratiquer son sport préféré
3. être à l'université
4. avoir son ordinateur
5. habiter à ...
6. ?

Un peu plus...

En voiture

Voyager en France est facile. Le système ferroviaire (les chemins de fer) et le système routier (les autoroutes) sont très développés. Les voitures en France sont souvent plus petites qu'en Amérique. Ceci facilite la circulation dans les rues étroites des villes médiévales, et la taille modeste des voitures leur permet de consommer moins d'essence, chose indispensable étant donné (*given*) le prix beaucoup plus élevé (*higher*) de l'essence en France. Il y a deux grandes marques de voiture fabriquées en France: PSA Peugeot Citroën et Renault. Quelle marque de voiture préférez-vous?

Cette Renault Twizy, un petit modèle électrique, circule dans les rues de Mulhouse (région Grand-Est).
©Hadrian/Shutterstock RF

L'imparfait

Describing the Past

🎧 UNE ENFANT DE LA ROUTE

Appel vidéo entre Charlotte et Juliette.

CHARLOTTE: Comment s'est passé ton retour à Paris?

JULIETTE: Pas mal. Le train est parti à l'heure mais **il y avait** un monsieur qui **parlait** constamment au téléphone à côté de moi: **c'était** exaspérant.

CHARLOTTE: Qu'est-ce que tu as fait?

JULIETTE: J'ai fermé les yeux et j'ai médité. Au bout de dix minutes, **j'étais** très calme.

CHARLOTTE: Excellente idée! Mais dis-moi: **tu voyageais** beaucoup quand **tu étais** petite?

JULIETTE: Oui, mon père **traversait** l'Europe pour son travail. **Je faisais** souvent le voyage avec lui. **Nous prenions** le train ou mon père **louait** une voiture.

CHARLOTTE: Qu'est-ce que **tu faisais** pour t'amuser?

JULIETTE: **Je regardais** les cartes, **je dessinais*** ou **je prenais** des photos.

CHARLOTTE: **Tu étais** une enfant de la route, n'est-ce pas?

*drew

Vrai ou faux? Corrigez les phrases fausses.

1. Quand Juliette était petite, elle voyageait avec sa mère.
2. Quand Juliette était petite, son père traversait l'Europe pour son travail.
3. Quand Juliette était petite, elle prenait des photos.
4. Quand Juliette était petite, elle ne regardait pas les cartes.
5. Quand Juliette était petite, elle était une enfant de la route.

You are already familiar with one past tense in French: the **passé composé,** used to relate events that began and ended in the past. In contrast, the **imparfait** (*imperfect*) is used to describe continuous, repeated, or habitual past actions or situations.* It is also used in descriptions.

The **imparfait** has several equivalents in English. For example:

$$\textbf{Je parlais.} \quad \left\{ \begin{array}{l} \textit{I talked.} \\ \textit{I was talking.} \\ \textit{I used to talk.} \\ \textit{I would talk.} \end{array} \right.$$

*You will learn more about the differences between the **passé composé** and the **imparfait** in **Chapitre 11, Leçon 2.**

Formation of the *imparfait*

The formation of the **imparfait** is identical for all French verbs except **être**. To find the regular imperfect stem, drop the **-ons** ending from the present-tense **nous** form. Then add the imperfect endings.

nous parløns   **parl-**   nous vendøns   **vend-**
nous finissøns   **finiss-**   nous avøns   **av-**

IMPARFAIT OF **parler**			
je	parl**ais**	nous	parl**ions**
tu	parl**ais**	vous	parl**iez**
il/ elle/on	parl**ait**	ils/ elles	parl**aient**

J'**allais** à la boulangerie tous les matins.	*I used to go to the bakery every morning.*
Mon grand-père **parlait** souvent de son enfance.	*My grandfather would often speak about his childhood.*
Quand j'**habitais** en ville, je **prenais** toujours le train.	*When I lived in the city, I always took the train.*

1. Verbs with an imperfect stem that ends in **-i** (**étudier: étudi-**) have a double **i** in the first- and second-person plural of the **imparfait: nous étudiions, vous étudiiez**. The **ii** is pronounced as a lengthened *i* sound, to distinguish the **imparfait** from the present-tense forms **nous étudions** and **vous étudiez**.

2. Verbs with stems ending in **-c** or **-g** have a spelling change when the **imparfait** endings start with **a: je mangeais, nous mangions; elle commençait, nous commencions**. In this way, the pronunciation of the stem is preserved.

3. The verb **être** has an irregular stem in the **imparfait: ét-**. The endings, however, are regular.

IMPARFAIT OF **être**			
j'	**étais**	nous	**étions**
tu	**étais**	vous	**étiez**
il/elle/on	**était**	ils/elles	**étaient**

Quand tu **étais** petit, tu aimais bien aller à l'aéroport et regarder les avions.	*When you were little, you liked to go to the airport and watch airplanes.*
J'**étais** très heureux quand j'**habitais** à Paris.	*I was very happy when I lived in Paris.*

Uses of the *imparfait*

In general, the **imparfait** is used to describe actions or situations that existed for an indefinite period of time in the past. There is usually no mention of the beginning or end of the event. The **imparfait** is used in the following situations.

1. In descriptions, to set a scene:

C'**était** une nuit tranquille à Paris. Il **pleuvait** et il **faisait** froid. M. Cartier **dormait** dans son fauteuil préféré. Mme Cartier **regardait** la télévision.

It was a quiet night in Paris. It was raining and (it was) cold. Mr. Cartier was sleeping in his favorite chair. Mrs. Cartier was watching television.

2. For habitual or repeated actions:

Quand j'étais jeune, j'**allais** chez mes grands-parents tous les dimanches. Nous **faisions** de belles promenades.

When I was young, I went to my grandparents' home every Sunday. We would take (used to take) lovely walks.

3. To describe feelings and mental states:

Cécile **était** très heureuse— elle **avait** envie de chanter.

Cécile was very happy—she felt like singing.

4. To tell the time of day, the date, and to express age in the past:

C'était un samedi. Il **était** cinq heures et demie du matin.

It was a Saturday. It was 5:30 A.M.

C'était son anniversaire; il **avait** 12 ans.

It was his birthday; he was 12 years old.

5. To describe appearance and physical traits:

Le jeune homme **portait** un jean; il **avait** les cheveux blonds et les yeux verts.

The young man was wearing jeans; he had blond hair and green eyes.

6. To describe an action or situation that was happening when another event (usually in the **passé composé**) interrupted it:

Emmanuel **roulait** tranquillement sur l'autoroute quand le téléphone a sonné.

Emmanuel was driving leisurely along the highway when the phone rang.

Allez-y!

A. Sorties. L'an dernier, vous sortiez régulièrement avec vos amis. Faites des phrases complètes selon le modèle.

MODÈLE: dîner ensemble → Nous dînions ensemble.

1. jouer au tennis
2. prendre le train
3. faire du vélo
4. pique-niquer à la campagne
5. aller en boîte tous les week-ends
6. partir en vacances ensemble

B. Souvenirs d'enfance. Qui dans votre famille faisait les choses suivantes quand vous étiez petit(e)?

Expressions utiles: mes parents, mon frère / ma sœur, mon meilleur ami / ma meilleure amie et moi

1. Qui faisait beaucoup de vélo?
2. Qui regardait la télévision après le dîner?
3. Qui aimait écouter la radio le matin?
4. Qui conduisait pendant les vacances?
5. Qui étudiait tous les après-midi?

Une famille en randonnée à Saint-Martin-le-Redon, dans le sud-ouest de la France: Est-ce que vous pouvez raconter leur aventure?
©ERproductions LTD/Blend Images RF

C. Avant la télévision. Marc demande à son arrière-grand-mère (*great grandmother*) Isabelle de parler de sa jeunesse (*youth*). Complétez la conversation avec les verbes appropriés à l'imparfait.

MARC: Est-ce que tu _____¹ la télé tous les soirs quand tu _____² jeune?

ISABELLE: Mais non, il n'y _____³ pas de télévision!

MARC: Et alors, qu'est-ce que vous _____⁴ chaque soir?

ISABELLE: D'habitude, nous _____⁵ la radio. Mais moi, j' _____⁶ lire pendant que (*while*) mon frère _____⁷ du piano.

MARC: Dis donc, la vie n' _____⁸ pas très intéressante en ce temps-là.

ISABELLE: Ce n'est pas vrai. En général, nous _____⁹ très heureux. Toute la famille _____¹⁰ du temps ensemble. Tous les dimanches, nous _____¹¹ chez mes grands-parents et après le déjeuner nous _____¹² au cinéma ou au parc. Aujourd'hui, il est difficile de trouver du temps pour partager des activités.

aimer
aller
avoir
déjeuner
écouter
être (×3)
faire
jouer
passer
regarder

D. Conversation. Posez les questions suivantes à un(e) camarade. En 2009...

1. Quel âge avais-tu?
2. Habitais-tu à la campagne, dans une petite ville ou dans une grande ville? Avec qui habitais-tu?
3. Comment était ta maison ou ton appartement?
4. Étais-tu bon(ne) élève (*pupil*)? Aimais-tu tes instituteurs (*teachers*)?
5. Où passais-tu tes vacances?
6. Faisais-tu du sport?

Maintenant racontez à la classe ce que votre camarade faisait en 2009.

E. Mon enfance. D'abord, posez les questions suivantes (et encore d'autres) à un(e) camarade. Ensuite, trouvez quelque chose que vous avez en commun avec ce (cette) camarade et une chose que vous n'avez pas en commun.

1. Quand tu étais petit(e), est-ce que tu faisais des excursions? Où allais-tu? Par quel moyen de transport? Tu préférais la ville ou la campagne? Tu visitais des parcs? des musées? des sites historiques?
2. Qu'est-ce que tu faisais en vacances? Par exemple: Tu faisais du ski? du camping? Tu allais à la pêche? Tu nageais? En général, tu allais en voiture ou tu prenais le train/l'avion?
3. Est-ce que tu voyais beaucoup de films? Quels films est-ce que tu aimais surtout (*especially*)? Avec qui est-ce que tu allais au cinéma?
4. Tu aimais l'école? Quels étaient tes cours préférés? Tu avais beaucoup de devoirs? Est-ce que tu pouvais regarder la télévision le soir? Jusqu'à quelle heure?

Le blog de Juliette

LA ROLLS DU VÉLO

vendredi 10 juillet

Salut!

J'espère que vous allez aimer mon blog. Je viens de le créer et j'ai déjà une bonne nouvelle! Depuis longtemps, je rêve d'un vélo! Et voilà! Il est là, mon vélo neuf.¹ C'est un vélo hollandais, la Rolls du vélo: il est solide, élégant, écolo.² Regardez la photo!

Moi, j'ai toujours détesté les transports en commun.³ Mais pendant deux ans—depuis que j'habite Paris—j'ai pris le bus ou le métro. Ces modes de transport ne sont pas très agréables: il y a trop de gens!

Au contraire, Paris à vélo, quel bonheur et quelle liberté! Cet après-midi, j'ai roulé pendant des heures du Quartier latin à La Villette, dans de petites rues, de grandes avenues et sur la piste cyclable du Canal Saint-Martin.

Mais rouler à Paris, c'est vraiment du sport! Ça monte et ça descend constamment! Pour aller à Montmartre, à la Montagne Sainte-Geneviève, à Belleville et Ménilmontant, il faut pédaler dur⁴! Alors, voilà une suggestion: pour faire du vélo à Paris, faites le plein de vitamines!

Juliette

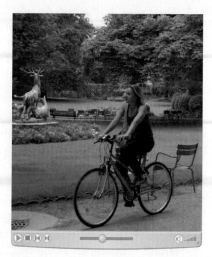

Avec mon vélo, je voyage en première classe!

©McGraw-Hill Education

COMMENTAIRES

Charlotte

Le vélo, c'est un moyen de transport économique, agréable et excellent pour l'environnement. Mais c'est dangereux, non? Tu roules au milieu des voitures et des gaz toxiques... Tu risques un accident... Il faut porter un casque!

Poema

Moi, je suis une fan du Vélib'⁵! C'est pratique, pas cher et vraiment top.

Mamadou

Juliette, tu vas aller sur les Champs-Élysées pour l'arrivée du Tour de France le 23 juillet?

Alexis

Salut, Juliette
Moi aussi, j'ai un vélo. Des balades dans Paname,⁶ ça t'intéresse? J'habite à Versailles, mais je peux mettre mon vélo dans le RER.

Trésor

Je veux venir!

¹*new* ²*ecological (fam.)* ³*transports... public transportation* ⁴*hard* ⁵*a public bicycle rental program* ⁶*affectionate name for Paris*

Blablacar: le champion français du covoiturage

Qu'est-ce que le covoiturage? C'est une solution idéale pour réduire la circulation, contrôler la pollution, préserver les ressources naturelles et rencontrer de nouveaux amis. Le principe est simple: vous possédez une voiture. Quand vous faites un voyage, vous proposez d'emmener des gens avec vous en partageant la dépense.[1] Mais ces gens, vous ne les connaissez pas! Alors, comment faire pour leur communiquer votre itinéraire, vos conditions et vos préférences?

Blablacar nous donne la solution: avec plus de 20 millions de membres, ce géant français du covoiturage, présent dans vingt pays, met en relation conducteurs et passagers. Chaque détail est réglé en ligne: le prix, l'heure et le lieu du départ et de l'arrivée, la marque[2] de la voiture, le nombre de bagages, la route ou l'autoroute utilisée pour arriver à destination. C'est facile, pas cher et honnête.

Le covoiturage: un système simple et sympathique

Source: Screenshot of BlaBlaCar.com

Oui, mais comment savoir si le conducteur sélectionné roule avec prudence? Comment être sûr que sa voiture est en bon état[3]? Pas de panique: après un voyage, le conducteur est évalué par ses passagers: «Conducteur très agréable, prudent et sympathique» (11 févr. 2017); «Bon voyage, bon chauffeur, bonne compagnie» (22 nov. 2017); «Super voyage!!! Merci beaucoup, Brice!» (13 janvier 2018). Bien informé, le passager qui cherche un conducteur peut donc choisir le profil idéal. Et maintenant... en route!

Inauguré aux USA pendant la Deuxième Guerre mondiale,[4] quand l'essence était rare et très chère, le covoiturage triomphe aujourd'hui en Europe. Parfait exemple de l'économie du partage,[5] cette manière de voyager est aussi favorable à l'environnement: moins de voitures, c'est aussi moins de pollution atmosphérique. Tout le monde est content.

[1]en... by sharing expenses [2]brand [3]condition [4]Deuxième... World War II [5]sharing

VOUS COMPRENEZ?

1. Quels sont les avantages du covoiturage?
2. Comment fonctionne le site de Blablacar?
3. Quels aspects du voyage et du conducteur les passagers évaluent-ils?
4. Expliquez l'expression: «parfait exemple de l'économie du partage».
5. Quels sont les effets du covoiturage sur l'environnement?

Micro-trottoir

Répondez aux questions suivantes à partir de votre point de vue personnel. Puis regardez la vidéo et comparez vos réponses à celles (those) des gens interrogés.

1. Quels moyens de transport utilisez-vous en ville? Et pour partir en vacances?
2. Pour vous, c'est pratique d'avoir une voiture? Pourquoi faire?
3. Qu'est-ce que vous pensez de la voiture électrique?

Les adverbes affirmatifs et négatifs

Expressing Negation

LA PLUIE SUR LA TÊTE

Juliette contacte Charlotte sur sa page Facebook (Messagerie instantanée).

 JULIETTE: Charlotte, le vélo ce n'est pas dangereux. Il faut simplement être prudent.

 CHARLOTTE: Je **n**'ai **pas encore** adopté cette solution... J'hésite... On est vulnérable à bicyclette. Et je **n**'aime **pas du tout** recevoir la pluie[1] sur la tête!

 JULIETTE: Il **ne** pleut **pas toujours** à Genève! Quand il fait beau, le vélo c'est le bonheur[2]! Tu as **déjà** essayé?

CHARLOTTE: Non, **jamais**... Je prends **souvent** le bus et **parfois** la voiture.

 JULIETTE: Et ton mari, comment est-ce qu'il va à son travail?

 CHARLOTTE: Mon mari: il marche!

[1]*rain* [2]*happiness*

Trouvez, dans le dialogue, les réponses de Charlotte à ces questions.

1. Est-ce que tu as adopté la solution du vélo?
2. Est-ce que tu aimes recevoir la pluie sur la tête?
3. Est-ce qu'il pleut souvent à Genève?
4. Est-ce que tu as déjà essayé le vélo quand il fait beau?
5. Est-ce que tu prends le bus? la voiture?

The adverbs **toujours, souvent,** and **parfois** (*sometimes*) generally follow the verb in the present tense. The expression **ne (n')... jamais,** constructed like **ne... pas,** is the negative adverb equivalent to *never* in English.

Henri voyage **toujours** en train.*
Marie voyage **souvent** en train.*
Hélène voyage **parfois** en train.

Je **ne** voyage **jamais** en train.
I never travel by train.

---

*Sentences whose verbs are modified by **toujours** and **souvent** can also be negated by **ne (n')... pas**: Henri ne voyage pas toujours en train. Il voyage parfois en avion. Marie ne voyage pas souvent en train. Elle préfère conduire.

Other common adverbs follow this pattern.

AFFIRMATIVE	NEGATIVE
encore *still*	**ne (n')... plus** *no longer, no more*
Le train est **encore** sur le quai.	Le train **n'**est **plus** sur le quai.
The train is still at the platform.	*The train is no longer at the platform.*
déjà *already*	**ne (n')... pas encore** *not yet*
Nos valises sont **déjà** là?	Nos valises **ne** sont **pas encore** là.
Are our suitcases there already?	*Our suitcases aren't there yet.*
déjà *ever*	**ne... jamais** *never*
Est-ce que tu es **déjà** allé à Lyon?	Non, je **ne** suis **jamais** allé à Lyon.
Have you ever been to Lyon?	*No, I have never been to Lyon.*

1. As with **ne (n')... pas,** the indefinite article and the partitive article become **de (d')** when they follow negative adverbs.

AFFIRMATIVE	**NEGATIVE**
Je vois **toujours des Américains** dans l'autocar.	Je **ne** vois **jamais de Français** dans l'autocar.
I always see Americans on the tour bus.	*I never see (any) French people on the tour bus.*
Avez-vous **encore des billets** à vendre?	Non, je **n'**ai **plus de billets** à vendre.
Do you still have (some) tickets to sell?	*No, I have no more (I don't have any more) tickets to sell.*
Karen a **déjà des amis** en France.	Vincent **n'**a **pas encore d'amis** aux États-Unis.
Karen already has (some) friends in France.	*Vincent doesn't have any friends in the United States yet.*

La voiture électrique: déjà une réalité dans Paris

©Owen Franken/Getty Images

2. Definite articles do not change.

Je ne vois jamais **le** contrôleur (*conductor*) dans ce train.
Anne ne prend plus **l'**autoroute pour aller à Caen.
On ne voit pas encore **le** sommet de la montagne.

3. In the **passé composé,** affirmative adverbs are generally placed between the auxiliary and the past participle.

M. Huet a **toujours / souvent / parfois** pris l'avion.

4. Ne... pas du tout is used instead of **ne... pas** for emphasis.

Je **n'**aime **pas du tout** les avions!	*I don't like planes at all!*
—As-tu faim?	*Are you hungry?*
—**Pas du tout!**	*Not at all!*

Allez-y!

A. **Un voyageur nerveux.** Chaque fois qu'il part en vacances, M. Laffont se préoccupe de tout (*worries about everything*). Mme Laffont essaie toujours de le calmer (*calm him down*). Avec un(e) camarade, jouez les rôles de M. et Mme Laffont. Suivez le modèle.

> MODÈLE: M. LAFFONT: Tu n'as pas encore trouvé les valises.
> MME LAFFONT: Mais si*! J'ai déjà trouvé les valises.

1. Nous ne faisons jamais de voyages agréables.
2. Il n'y a plus de places dans le train.
3. Il n'y a plus de billets en seconde classe.
4. Nous ne sommes pas encore arrivés.
5. Il n'y a jamais de bonne nourriture à la gare.
6. Il n'y a plus de voitures à louer.
7. Tu n'as pas encore trouvé la carte.
8. Nous ne sommes pas encore sur la bonne route (*the right road*).

B. **En voyage.** Dites ce que font ces personnes quand elles sont en voyage. Remplacez **seulement** par **ne... que**.

> MODÈLE: Je prends seulement le train. →
> Je ne prends que le train.

1. Martin envoie (*sends*) seulement des cartes postales.
2. Vous achetez seulement des souvenirs drôles.
3. Mes cousins mangent seulement dans les fast-foods.
4. Tu prends seulement une valise.
5. Nous dormons seulement dans des auberges de jeunesse (*youth hostels*).
6. Sophie regarde seulement les bateaux sur la mer.

C. **Préparatifs de voyage.** Quand vous partez en voyage, faites-vous les choses suivantes? Utilisez **toujours, souvent, parfois** ou **ne... jamais** dans vos réponses.

> MODÈLE: arriver à l'aéroport à la dernière minute →
> É1: Est-ce que tu arrives toujours à l'aéroport à la dernière minute?
> É2: Moi non, je n'arrive jamais à l'aéroport à la dernière minute! (J'arrive parfois à l'aéroport à la dernière minute.) Et toi?

1. oublier ton passeport (ton billet, ta carte de crédit...)
2. prendre ton appareil photo (un guide, une carte...)
3. acheter de nouveaux vêtements (de nouvelles chaussures, de nouvelles lunettes de soleil...)
4. tracer un itinéraire (à l'avance, au dernier moment...)
5. faire ta valise au dernier moment (la veille [*the day before*], une semaine avant...)

---

*Remember that **si** rather than **oui** is used to contradict a negative question or statement.

D. Voyages exotiques. Interviewez vos camarades.

MODÈLE: camper dans le Sahara

> VOUS: N'as-tu jamais fait de camping dans le Sahara?
>
> VOTRE CAMARADE: Non, je n'ai jamais fait de camping dans le Sahara. (*ou* Si, j'ai fait du camping dans le Sahara [l'été passé, il y a deux ans, et cetera].)

1. faire du bateau sur le Nil
2. observer les ours (*bears*) polaires au nord du Canada
3. faire une expédition en Antarctique
4. passer tes vacances à Tahiti
5. faire de l'alpinisme dans l'Himalaya
6. voir les chutes Victoria (*Victoria Falls*) en Afrique
7. faire un safari-photos au Cameroun
8. ?

Qui dans votre classe a fait le voyage le plus exotique?

Les pronoms affirmatifs et négatifs

Expressing Negation

LA GRÈVE DES TRANSPORTS

Léa et Juliette échangent des textos (SMS).

LÉA: Tu arrives à vélo?

JULIETTE: Non, à pied. **Tout** est bloqué dans Paris.

LÉA: Prends le métro!

JULIETTE: C'est impossible. Toutes les lignes sont paralysées.

LÉA: **Quelqu'un** m'a dit que certains bus marchent...

JULIETTE: **Rien** ne fonctionne: métros, RER, bus, trains...**Tout** est en grève.* Et **personne** ne proteste.

LÉA: Moi, je proteste!

*en... *on strike*

Répondez aux questions à l'aide des pronoms indéfinis du dialogue.

1. Qu'est-ce qui est bloqué dans Paris?
2. Qui a dit que certains bus marchent?
3. Qu'est-ce qui fonctionne?
4. Qu'est-ce qui est en grève?
5. Est-ce que les gens protestent?

Just as there are affirmative and negative adverbs (see pages 246–247), there are also affirmative and negative pronouns.

1. **Quelqu'un*** (*Someone*), **quelque chose** (*something*), **tout** (*everything, all*), and **tout le monde** (*everybody*) are indefinite pronouns (**des pronoms indéfinis**). All four can serve as the subject of a sentence, the object of a verb, or the object of a preposition.

   Personne (*No one, nobody, not anybody*) and **rien** (*nothing, not anything*) are negative indefinite pronouns generally used in a construction with **ne** (**n'**). They can be the subject of a sentence, the object of a verb, or the object of a preposition.

AFFIRMATIVE	NEGATIVE
quelqu'un / tout le monde	**personne**
Quelqu'un est monté dans le train.	**Personne** n'est monté dans le train.
Someone got on the train.	*No one got on the train.*
J'ai vu **quelqu'un** sur le quai.	Je **n'**ai vu **personne** sur le quai.
I saw someone on the platform.	*I didn't see anyone on the platform.*
Jacques a parlé avec **quelqu'un**.	Jacques **n'**a parlé avec **personne.**
Jacques spoke with someone.	*Jacques didn't speak with anyone.*
Tout le monde est prêt?	**Personne** n'est prêt.
Is everyone ready?	*No one is ready.*

AFFIRMATIVE	NEGATIVE
quelque chose / tout	**rien**
Quelque chose est arrivé.	**Rien** n'est arrivé.
Something happened.	*Nothing happened.*
Marie a acheté **quelque chose** de bizarre.	Marie **n'**a **rien** acheté de bizarre.
Marie bought something strange.	*Marie didn't buy anything strange.*
Je pense à **quelque chose** d'intéressant.	Je **ne** pense à **rien** d'intéressant.
I'm thinking of something interesting.	*I'm not thinking of anything interesting.*
Tout est possible.	**Rien** n'est possible.
Everything is possible.	*Nothing is possible.*

2. As the object of a verb in the **passé composé**, **rien** precedes the past participle, whereas **personne** follows it.

Marie **n'**a **rien** acheté au buffet de la gare.	*Marie didn't buy anything at the station restaurant.*
Je **n'**ai vu **personne.**	*I didn't see anyone.*

[Allez-y! A-C]

---

*Quelqu'un** is invariable in form: It can refer to both males and females.

Prononcez bien!

The consonant sounds [p], [t], and [k]

In English, these sounds are aspirated, that is, they are pronounced with a very noticeable puff of air. Hold your hand close to your mouth as you pronounce the English words *pat, tap,* and *cat.* When you pronounce the following French words, the puff of air should be considerably lighter: **pâtes, tape** (*v.* type), **quatre.** Holding your breath to minimize aspiration might help you until you feel more comfortable with these sounds. Notice the spellings of each sound.

[p]: a**pp**eler, **p**ersonne, **p**orte

[t]: a**tt**endre, sympa**th**ique, **t**out

[k]: **cl**asse, d'a**cc**ord, psy**ch**ologie, **qu**elqu'un, s**k**ier

3. Like **jamais, rien** and **personne** can be used without **ne** to answer a question.

—Qu'est-ce qu'il y a sur la voie?	*What's on the track?*
—Rien.	*Nothing.*
—Qui était au guichet?	*Who was at the ticket counter?*
—Personne.	*Nobody.*

4. You may have noticed that when used with adjectives, the expressions **quelque chose, quelqu'un, ne… rien,** and **ne… personne** are followed by **de (d')** plus the masculine singular form of the adjective.

| J'ai rencontré **quelqu'un d'intéressant** dans le compartiment d'à côté. | *I met someone interesting in the next compartment.* |
| Je **n'**ai parlé à **personne d'important.** | *I didn't speak to anyone important.* |

[Allez-y! B-C]

Grammaire interactive

For more on negative words, watch the corresponding **Grammar Tutorial** and take a brief practice quiz at **Connect French.**

www.mhhe.com/connect

Allez-y!

A. **À la gare.** Vous avez des ennuis (*problems*) avant de partir en voyage. Transformez les phrases suivantes.

MODÈLE: Tout le monde est prêt! → Personne n'est prêt!

1. Chloé demande l'heure du départ à quelqu'un.
2. Tout est prêt une heure avant le départ.
3. Quelqu'un a pensé à sortir les valises de la voiture sur le parking.
4. Quelqu'un a acheté les billets avant d'arriver sur le quai.
5. Thomas a quelque chose à porter s'il fait froid.
6. Mehdi a tout emporté pour faire un pique-nique.

B. **La vie en rose.** Transformez les phrases pessimistes de votre camarade. Suivez le modèle.

MODÈLE: Il n'y a personne à la caisse (*cash register*). →
    É1: Il n'y a personne à la caisse.
    É2: Mais si! Il y a quelqu'un à la caisse.

1. Il n'y a personne dans ce restaurant.
2. Il n'y a rien de bon sur le menu.
3. Il n'y a rien dans ce magasin de sports.
4. Il n'y a rien de joli ici.
5. Il n'y a personne dans cette agence de voyages.
6. Il n'y a rien d'intéressant dans ces brochures.
7. Il n'y a rien de moderne dans ce quartier.
8. Il n'y a rien d'intéressant dans les rues.

C. **Trouvez quelqu'un…** Circulez dans la classe et trouvez quelqu'un qui a fait les choses suivantes. Avec un(e) camarade, posez les questions et répondez. (Attention à la question qu'il faut poser!)

1. prendre sa voiture pour aller au marché (hier)
2. avoir quelque chose d'important à faire (la semaine dernière)
3. voir quelqu'un d'intéressant (avant de venir en classe)
4. travailler jusqu'à 1 heure du matin (hier soir)
5. arriver en classe à 8 heures (ce matin)
6. finir tous les devoirs pour demain (déjà)

Prononcez bien!

1. The semivowel in *conduire* (page 235)

A. Louis. Louis, le frère de votre colocataire Isabelle, va passer le week-end avec vous. Isabelle parle de lui (*him*). Pour chaque phrase que vous entendez, écrivez le mot qui contient le son [ɥ] comme dans *conduire*.

1. _____   3. _____   5. _____   7. _____
2. _____   4. _____   6. _____   8. _____

B. Révisions. Vous révisez le vocabulaire pour votre prochain examen de français en utilisant les images ci-dessous. Avec votre camarade, identifiez à voix haute les choses représentées.

1.   4.   7.

2.   5.   8.

3.   6.

2. The consonant sounds in [p], [t], **and** [k] (page 250)

Dans l'avion. Vous allez passer le week-end en Italie. Pendant le vol, vous entendez discuter les passagers devant vous. Avec votre camarade, jouez la scène. Mettez (*Put*) la main tout près de la bouche (*mouth*) pour faire bien attention à la prononciation des sons [p], [t], et [k].

PASSAGER A: Tu as entendu? Le pilote est une femme. Elle s'appelle Caroline. Je pense qu'elle est québécoise: elle parle avec un accent canadien.

PASSAGER B: Ah oui, je l'ai vue (*I saw her*). Elle est petite avec les cheveux courts sous sa casquette. Elle porte un tailleur kaki.

PASSAGER A: Regarde! Les derniers passagers ont embarqué. On va bientôt partir.

PASSAGER B: Oui. Dans quelques (*a few*) minutes, l'hôtesse de l'air va servir du café aux passagers. Tant mieux (*So much the better*)! Je suis encore un peu fatigué.

Lecture

AVANT DE LIRE

Using background knowledge and knowledge of text type to predict content. Before reading a new text, your general knowledge of the subject matter may help you anticipate important details. Sometimes the type or genre of a text can help you predict its content.

The text you will be reading contains information about two relatively new rideshare programs in France.

Look at the information below from the **Vélib'** website page entitled "**Comment ça marche?**" What can you already predict about the rest of the passage? How might **Autolib'** be different from **Vélib'?** Make a list of two things you will probably learn about each service.

UTILISER VÉLIB'

Prendre un vélo dans une station, le déposer dans une autre. Vélib' est un système de location en libre-service simple à utiliser, disponible 24 heures sur 24 et 7 jours sur 7.

RETIRER UN VÉLO

Pour louer un vélo, identifiez-vous sur la borne, accédez au menu et choisissez un vélo parmi ceux proposés sur l'écran.

GAGNEZ DU TEMPS ET ABONNEZ-VOUS À L'ANNÉE!

Grâce à la carte annuelle Vélib' et au passe NAVIGO©, vous pouvez retirer un vélo directement sur le point d'attache.

RESTITUER SON VÉLO

Une fois votre trajet terminé, accrochez le vélo sur un point d'attache libre dans n'importe quelle station Vélib'.
Attendez quelques instants, un signal sonore et un voyant lumineux vous confirmeront que le vélo a bien été restitué.

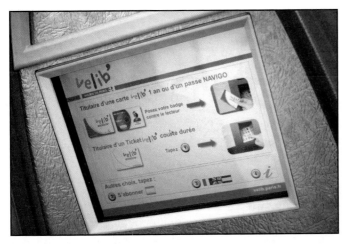

Vélib': une transaction hyper facile sur écran

©POUZET/SIPA/Newscom

Now scan the following reading and look for this information. How accurate were your predictions?

Vélib' et Autolib': moins de CO$_2$!

On les voit partout dans Paris: ce sont les Vélib' et les Autolib', ces bicyclettes et ces mini-voitures que chacun peut utiliser librement selon ses besoins, pour un prix très raisonnable. L'idée, c'est de partager des bicyclettes et des voitures pour lutter[1] contre l'excès de trafic et contre la pollution. En adoptant ces moyens de transport, on fait une bonne action écologique et on économise de l'argent: voilà deux arguments irrésistibles!

Le vélo pour tous
©incamerastock/Alamy

Vélib': Des vélos pour tout le monde

Vélib' est un système de location de vélos en libre-service[2] qui fonctionne 24 heures sur 24 et 7 jours sur 7. Depuis 2007, 18 000 vélos attendent leurs clients dans 1 226 stations. On les utilise dans la semaine pour aller au travail ou en cours, et le week-end pour se promener dans les rues de la capitale. Le fonctionnement du service est très simple: on prend un vélo dans une station, on va où on veut aller, et on dépose[3] le vélo dans une autre station.

Autolib': Une voiture électrique dans la ville

L'Autolib' obéit au même principe. Aujourd'hui, 4 000 mini-voitures électriques disposées dans 1 100 stations proposent une alternative aux Parisiens qui n'aiment pas pédaler. Propre[4] et silencieuse, pratique et facile, l'Autolib' est une voiture idéale! La voiture du futur! Elle permet de bouger en ville, d'aller en proche banlieue, de transporter facilement des enfants, des

Des petites voitures pour la ville
©Patrick Kovarik/Getty Images

amis... ou des paquets! Et de faire des économies: avec Autolib', pas d'assurance,[5] pas d'entretien,[6] pas de parking!

[1]fight [2]en... self-service [3]drop off [4]Clean [5]insurance [6]maintenance

Quelques critiques

Le Vélib' et L'Autolib' sont aujourd'hui bien installés à Paris. Mais tout n'est pas encore parfait: d'abord, pourquoi ces vélos et ces voitures sont-ils gris et non verts, rouges, jaunes? Et pourquoi les bicyclettes sont-elles si lourdes? 22,5 kilos, c'est terrible quand vous devez monter à Montmartre! Quant aux[7] mini-voitures, elles sont trop souvent en panne[8] et les délais de réparation sont trop longs. «Paris ne s'est pas fait en un jour» répondent les fans! C'est vrai! D'ailleurs, les choses commencent à s'améliorer: en 2018, un nouveau design et des fonctionnalités incroyables vont révolutionner le Vélib'!

[7]*Quant... As for* [8]*en... broken down*

COMPRÉHENSION

1. Qu'est-ce que le Vélib'? l'Autolib'?
2. Quels sont les avantages du Vélib'? de l'Autolib'?
3. Que disent les critiques? Ont-ils raison ou tort? Expliquez votre point de vue.
4. Quelle phrase montre l'optimisme des fans d'Autolib'? Qu'en pensez-vous?
5. 2018 est une année importante. Pourquoi?
6. Quelles innovations imaginez-vous dans les moyens de transports du futur?

 # Écriture

The writing activities **Par écrit** and **Journal intime** can be found in the Workbook/Laboratory Manual to accompany *Vis-à-vis*.

L'arrivée à Paris du Tour de France sur les Champs-Élysées
©Fred Dufour/Getty Images

Le vidéoblog de Juliette

En bref

Dans cet épisode, Juliette a rendez-vous avec Léa au jardin du Luxembourg; elle y arrive sur son nouveau vélo. Les deux amies veulent regarder l'arrivée du Tour de France—la célèbre course cycliste que Juliette décrit dans son vidéoblog.

Vocabulaire en contexte

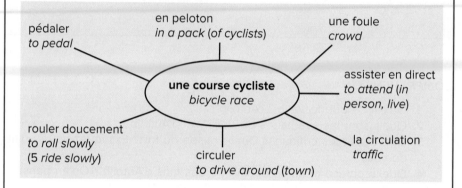

pédaler
to pedal

en peloton
in a pack (of cyclists)

une foule
crowd

une course cycliste
bicycle race

assister en direct
to attend (in person, live)

rouler doucement
to roll slowly
(5 *ride slowly*)

circuler
to drive around (town)

la circulation
traffic

VISIONNEZ! ▶

Indiquez si les phrases sont vraies ou fausses.

1. _____ Juliette va rouler à vélo au lieu d'utiliser (*instead of using*) les transports en commun.
2. _____ Juliette et Léa comptent (*plan on*) regarder l'arrivée du Tour de France ensemble.
3. _____ Juliette préfère regarder l'arrivée du Tour de France à la télé.
4. _____ Le Tour de France passe dans toute la France pendant quatre semaines.
5. _____ Le cycliste victorieux porte un maillot tricolore (bleu, blanc, rouge).

ANALYSEZ!

Répondez aux questions suivantes.

1. L'arrivée à Paris du Tour de France est une grande fête populaire. Donnez des exemples.
2. Comment la ville de Paris se prépare-t-elle pour l'arrivée du Tour de France?

COMPAREZ!

Quel est l'événement sportif le plus prestigieux dans votre pays? Où et quand a-t-il lieu? Regardez encore une fois la partie culturelle de la vidéo: en France, le Tour de France est une grande fête populaire. Est-ce que c'est aussi le cas pour le grand événement sportif dans votre pays? Expliquez.

NOTE CULTURELLE

En France, le vélo urbain est un phénomène de société. Moyen de transport écologique, le vélo en libre-service triomphe à Paris avec le Vélib', à Lyon avec le Vélo'v, à Dijon avec le Vélodi, à Bordeaux avec V³, à Nice avec le Vélobleu. Toutes les villes de France adoptent ce système qui, pour un prix très bas (*low*), met (*places*) à la disposition des habitants des milliers (*thousands*) de vélos, 24 heures sur 24, 7 jours sur 7.

Verbes

conduire	to drive
construire	to construct
détruire	to destroy
faire le plein	to fill it up (*gas tank*)
produire	to produce
réduire	to reduce
rouler	to roll; to travel (*in a car, on a bike*)
traduire	to translate
traverser	to cross

À REVOIR: **partir, voyager**

Substantifs

l'aéroport (*m.*)	airport
un aller-retour	round trip; round-trip ticket
l'arrivée (*f.*)	arrival
l'auberge (*f.*) de jeunesse	youth hostel
l'autocar (*m.*)	interurban bus
l'autoroute (*f.*)	highway
l'avion (*m.*)	airplane
le billet	ticket
le camion	truck
la carte d'embarquement	boarding pass
la classe affaires	business class
la classe économique	tourist class
le coffre	trunk
le compartiment	compartment
le conducteur / la conductrice	driver
la couchette	berth
le départ	departure
la deuxième classe	second class
l'ennui (*m.*)	problem, trouble
l'essence (*f.*)	gasoline
la gare	train station
le guichet	(ticket) window
l'hôtesse (*f.*) de l'air	stewardess
le métro	subway
la moto(cyclette)	motorcycle
le moyen de transport	means of transportation
le passager / la passagère	passenger
le pilote	pilot
la première classe	first class
le quai	platform (*at the train station*)
le siège	seat
la station-service	service station
le steward	steward

le train	train
le TGV (train à grande vitesse)	high-speed rail service
le vol	flight
le wagon	train car

À REVOIR: **l'état** (*m.*), **la fois, le monde, le pays, la semaine, la valise, la voiture**

Expressions affirmatives et négatives

déjà	already; ever
encore	still
ne... jamais	never
ne... pas du tout	not at all
ne... pas encore	not yet
ne... personne	no one, nobody
ne... plus	no longer
ne... que	only
ne... rien	nothing
parfois	sometimes
quelqu'un	someone
seulement	only
tout	everything
tout le monde	everybody, everyone

Mots et expressions divers

à	by; on (*bicycle, horseback, foot*)
à destination de	to, for
à pied	on foot
à velo	by bike
depuis	since, for
Depuis combien de temps... ?	(For) How long . . . ?
Depuis quand... ?	Since when . . . ?
en	in; by (*train, plane, bus*)
pendant	for; during
Pendant combien de temps... ?	(For) How long . . . ?
si	yes (*response to a negative question*)
tous les (jours, après-midi, matins, soirs, et cetera)	every (day, afternoon, morning, evening, etc.)
tout, toute, tous, toutes	all; every
toutes les semaines	every week
vite	quickly

À REVOIR: **d'habitude, en général, il y a..., souvent**

CHAPITRE 10

Comment communiquez-vous?

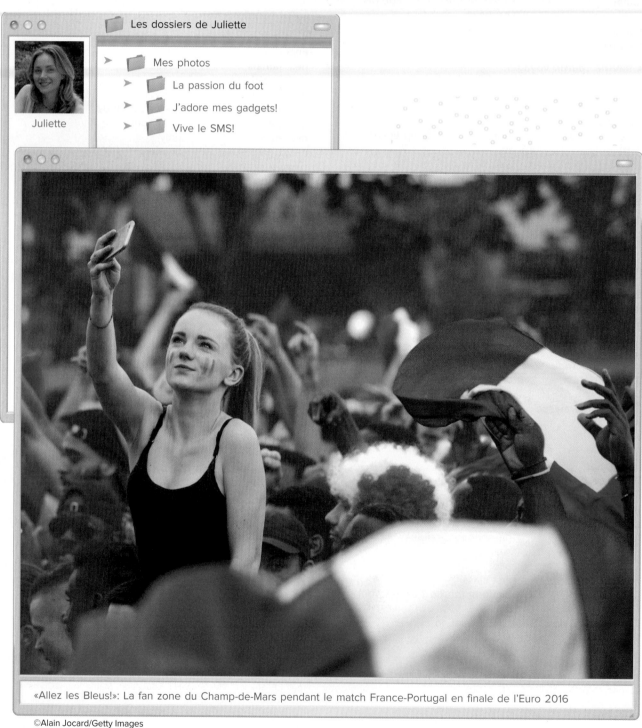

Les dossiers de Juliette

Juliette

➤ Mes photos
➤ La passion du foot
➤ J'adore mes gadgets!
➤ Vive le SMS!

«Allez les Bleus!»: La fan zone du Champ-de-Mars pendant le match France-Portugal en finale de l'Euro 2016

©Alain Jocard/Getty Images

Dans ce chapitre...

OBJECTIFS COMMUNICATIFS

- talking about media and modern technology
- expressing how you communicate
- speaking succinctly
- talking about the past
- expressing observations and beliefs
- learning to distinguish between and pronounce selected sounds in French

PAROLES (LEÇON 1)

- Les nouvelles technologies
- L'usage du smartphone
- Les médias et la communication

STRUCTURES (LEÇONS 2 ET 3)

- Quelques verbes de communication
- Les pronoms d'objet direct
- L'accord du participe passé
- Les verbes **voir, croire** et **recevoir**

CULTURE

- Le blog de Juliette: *Ordinateur, mon amour!*
- Reportage: *Les accros du texto*
- Lecture: *Rencontres en ligne: rendez-vous avec le bonheur* (Leçon 4)
- Sondages: *La confiance dans les réseaux sociaux* (Leçon 4)

J'adore mes gadgets!

©McGraw-Hill Education

Vive le SMS!

Source: Screenshot of iPhone® taken by S. Waskiewicz

www.mhhe.com/connect

Les nouvelles technologies

Qu'est-ce que vous voulez comme cadeau (*m.*) (*gift*)?

un smartphone | des écouteurs (*m.*) sans fil | un bracelet connecté / une montre connectée | un iPod®, un lecteur mp3

une imprimante (multifonction) | un appareil (photo) numérique | une tablette | une liseuse un livre numérique

Le parler jeune

l'actu	l'actualité
googler/	rechercher sur
googliser	Internet
un ordi	un ordinateur
plussoyer	ajouter sa voix; être d'accord
un rageux	un individu sur Internet qui critique tout
un troll	un individu sur Internet spécialisé dans la provocation

On reste au courant en suivant **l'actu** sur Twitter.

Mon père doit apprendre à **googliser**. Il me fatigue avec ses questions.

Mon **ordi** commence à être fatigué.

T'as raison, je **plussoie**.

Des **trolls** et des **rageux** il y en a partout en ligne.

AUTRES MOTS UTILES

allumer	to turn on
appuyer sur	press/tap a key or icon
cliquer sur	to click on
éteindre	to turn off
faire glisser	to scroll, to swipe
(re)lier	to link
télécharger	to download
un chargeur	charger
une clé USB	flash drive
un compte en ligne	online account
une connexion	connection; line
un fichier	file
un identifiant	username
un lien	a link
un logiciel	software (program)
un mot de passe	password
un moteur de recherche	search engine
un navigateur	browser
une page d'accueil	home page
un site	site
le traitement de texte	word processing

Allez-y!

Définitions. Regardez les illustrations et la liste de vocabulaire et trouvez le mot qui correspond à chaque définition. Faites une phrase avec **C'est un(e)...**

1. C'est un appareil qui vous permet d'imprimer vos devoirs ou de copier une image.
2. C'est un appareil qu'on utilise pour prendre de belles photos.
3. C'est un appareil qui nous permet de mesurer notre activité physique.
4. C'est un appareil pour transporter les fichiers sans le cloud.
5. C'est un message écrit sur l'ordinateur.
6. Avec ces appareils, on peut écouter sa musique préférée.
7. Avec ces appareils, on peut regarder des vidéos sur un écran.
8. On fait cette action si on reçoit (*receives*) un fichier avec un mél.
9. Avec ces appareils, on peut lire un livre numérique.
10. Avec ces deux éléments, vous pouvez accéder à (*log in to*) vos comptes en ligne.

L'écran d'accueil°

L'écran... *home screen*

Source: Screenshot of Microsoft phone taken by S. Waskiewicz

le Wi-Fi — la batterie — une icône — un réveil — des réseaux sociaux — le courriel, le mél — une application (appli) — la météo

Prononcez bien!

Final consonants and *liaison*

Remember, as a general rule, only final **-c, -r, -f,** and **-l** are pronounced in French.*

lac, ordinateur, bœuf, mél

But

pied, trop, colis, départ, chez

However, when final **-d, -n, -r, -s, -t,** and **-x,** are followed by a word beginning with a vowel or mute **h,** they are pronounced and reattached to that vowel.

- **-t, -d** → [t]: **un petit appareil numérique, un grand écran**
- **-n** → [n]: **on écrit, un annuaire**
- **-r** → [ʀ]: **le premier homme, le dernier étage**
- **-s, -x** → [z]: **nous avons deux ordinateurs**

*For exceptions to this rule, see **Prononcez bien!** on the pronunciation of final consonants, page 69.

Avec un smartphone, on peut...

aller sur **Internet** (*m.*)
ajouter un numéro aux contacts
appeler* (*call*) ses amis
avoir **un tchat**
envoyer (*send*) **un tweet**

parler sur Skype
poster sur Facebook
recevoir (*receive*) **un texto**
surfer sur le Web
taper (*type*) **un mél**

---

*The present-tense conjugation of **appeler** (*to call*) is **j'appelle, tu appelles, il/elle/on appelle, nous appelons, vous appelez, ils/elles appellent. Appeler** takes a direct object: **Il appelle sa petite amie.**

Allez-y!

L'usage du smartphone. Répondez aux questions suivantes.

1. Combien d'heures par jour est-ce que vous passez sur votre smartphone? Et le week-end?
2. Que faites-vous avec votre smartphone? Classez les actions suivantes par ordre d'importance et ensuite comparez votre liste à colle de votre camarade de classe.

_____ aller sur des réseaux sociaux   _____ appeler les amis

_____ écouter de la musique   _____ envoyer et recevoir des textos

_____ étudier   _____ prendre des notes

_____ prendre des photos   _____ regarder des vidéos

_____ surfer le Web   _____ tchater

Les médias et la communication

1. Nous écrivons* (*write*) et nous envoyons†...

Où est la dame sur l'illustration? Qu'est-ce qu'il y a, en général, sur une enveloppe? Où se trouve la boîte aux lettres? Que fait-on quand on a besoin d'une copie d'un document tout de suite. Qu'est-ce qu'on envoie souvent pendant les vacances? Si vous envoyez un cadeau à quelqu'un, qu'est-ce que vous envoyez?

---

*The conjugation of **écrire** is presented on page 266.
†The present-tense conjugation of **envoyer** (*to send*) is **j'envoie, tu envoies, il/elle/on envoie, nous envoyons, vous envoyez, ils/elles envoient**.

2. Nous lisons* (*read*)...

AUTRES MOTS UTILES

à la une	on the front page; in the headlines
la bande dessinée	comic book; graphic novel
les petites annonces (*f.*)	classified ads
un roman	novel

Où est-ce qu'on va pour acheter des journaux? Où se trouvent (*are found*) les petites annonces? Pour quelles raisons est-ce qu'on lit les petites annonces?

3. Nous écoutons et nous regardons...

le journal télévisé
les informations (les infos) (*f. pl.*)

une retransmission sportive

un documentaire

une émission de musique

un jeu télévisé

une publicité

---

*The conjugations of **lire** is presented on page 266.
†**Une revue** is generally a monthly publication of a scholarly or informational nature; **un magazine,** on the other hand, contains articles on a wide variety of topics and has many photographs and advertisements.

le câble	cable television
une chaîne	television channel; network
un dessin animé	cartoon; animated series
un feuilleton	soap opera
une série télévisée	serial drama
le streaming en direct	live streaming
une télécommande	remote control
la télé-réalité	reality television
la télévision satellite	satellite television
la télévision haute définition	high-definition television

Aimez-vous la télé-réalité? les retransmissions sportives? les documentaires? les séries humoristiques? Regardez-vous régulièrement le journal télévisé? Que pensez-vous des publicités? Préférez-vous regarder un film en DVD ou en streaming? Pourquoi?

Allez-y!

A. Les médias traditionnels. Répondez aux questions suivantes.

1. Vous allez souvent à la poste? Pourquoi (pas)?
2. Aimez-vous lire? Préférez-vous les romans ou les bandes dessinées? Expliquez.
3. Quels journaux, magazines ou revues est-ce que vous achetez régulièrement?
4. Vous regardez souvent le journal télévisé? Si oui, sur quelle chaîne?
5. Avez-vous le câble ou utilisez-vous les plateformes de streaming vidéo comme Amazon, Hulu ou Netflix? Pourquoi ou pourquoi pas?
6. Quelle est votre émission préférée à la télé? Expliquez.

B. Les nouvelles technologies et la communication. Posez les questions suivantes à un(e) ou plusieurs camarades.

1. Tu as un smartphone? En général, qu'est-ce que tu fais sur ton smartphone?
2. Est-ce que tu préfères télécharger des films et les regarder chez toi ou aller au cinéma? Explique.
3. Tu as un portable ou une tablette? Est-ce que tu as ton propre (*own*) site Web? Que fais-tu sur le Web?
4. Quel navigateur (Chrome, Firefox, Safari,...) utilises-tu principalement? Explique.
5. Quelles technologies de communication sont indispensables pour toi? Explique.
6. Que fais-tu si tu veux contacter une amie? tes parents? ton prof?
7. Préfères-tu la télé ou Internet? Explique.
8. Tu as un appareil photo numérique? Si oui, qu'est-ce que tu aimes photographier?

Quelques verbes de communication

Expressing How You Communicate

 JOYEUX ANNIVERSAIRE

Appel vidéo entre Charlotte et Juliette.

CHARLOTTE:	**Dis**-moi, Juliette, as-tu reçu ma carte d'anniversaire?
JULIETTE:	Oui! Elle est arrivée hier. Pourquoi?
CHARLOTTE:	J'avais peur qu'elle n'arrive pas à temps parce que **j'ai** seulement **mis** la carte à la boîte samedi.
JULIETTE:	C'est très gentil. Mais, tu sais, **tu peux** toujours **écrire** un texto.
CHARLOTTE:	Pas question! J'adore recevoir du courrier pour mon anniversaire aussi bien que[1] les cartes postales que **mes amis** m'**écrivent** pendant leurs voyages.
JULIETTE:	Moi, je préfère texter. Comme ça on peut communiquer très souvent et rapidement. **On lit** tout de suite les textos.
CHARLOTTE:	C'est vrai. Mais n'oublie pas que je dessine[2] moi-même les cartes d'anniversaire, et comme **ma grand-mère disait** toujours: «Les cadeaux faits maison,[3] c'est beaucoup plus personnel.»

[1]aussi... *as well as*   [2]*draw*   [3]faits... *homemade*

Vrai ou faux? Corrigez les phrases fausses.

1. Charlotte a mis la carte d'anniversaire à la boîte très en avance.
2. Les amis de Charlotte écrivent des lettres pour son anniversaire tous les ans.
3. Juliette dit qu'elle préfère la communication rapide.
4. Charlotte ne pense pas que les gens lisent tout de suite les textos.

Forms of *dire, lire, écrire,* and *mettre*

The verbs **dire** (*to say; to tell*), **lire** (*to read*), **écrire** (*to write*), and **mettre** (*to place; to put*) are all irregular in form.

dire		lire		écrire		mettre	
je	**dis**	je	**lis**	j'	**écris**	je	**mets**
tu	**dis**	tu	**lis**	tu	**écris**	tu	**mets**
il/elle/on	**dit**	il/elle/on	**lit**	il/elle/on	**écrit**	il/elle/on	**met**
nous	**disons**	nous	**lisons**	nous	**écrivons**	nous	**mettons**
vous	**dites**	vous	**lisez**	vous	**écrivez**	vous	**mettez**
ils/elles	**disent**	ils/elles	**lisent**	ils/elles	**écrivent**	ils/elles	**mettent**
past participle:	**dit**		**lu**		**écrit**		**mis**

Dire, lire, and **écrire** have similar conjugations except for the second-person plural of **dire** and the **v** in the plural stem of **écrire.**

Qu'est-ce que vous **dites** aux parents?	*What do you tell your parents?*
Qu'est-ce que vous **lisez** pendant les vacances?	*What do you read while on vacation?*
Vous **écrivez** souvent des lettres?	*Do you write letters often?*

Another verb conjugated like **écrire** is **décrire** (*to describe*).

Lilou **décrit** son voyage à Sébastien.	*Lilou is describing her trip to Sébastien.*

Uses of *dire, lire, écrire,* and *mettre*

dire bonjour

lire le journal

écrire un mél / un courriel

mettre une lettre à la boîte

Mettre can also be used to mean *to put on* (*clothing*). **Mettre le couvert** means *to set the table*. **Mettre une lettre (une carte) à la poste** means *to mail a letter* (*card*).

Pascal **met** un jean le week-end.	*Pascal wears jeans on the weekend.*
Les enfants **mettent** le couvert chez leur grand-mère.	*The children set the table at their grandmother's house.*
Solange **a mis** une lettre à la poste hier.	*Solange mailed a letter yesterday.*

Another communication verb conjugated like **mettre** is **transmettre** (*to pass on, relay; to transmit*).

Robert **a transmis** le message à son ami.	*Robert relayed the message to his friend.*

Allez-y!

A. **Message aux parents.** Vous racontez à un(e) camarade ce que vous mettez dans le mél que vous écrivez à vos parents. Complétez les phrases avec les verbes **décrire, dire, écrire** et **lire,** au présent. Faites tous les changements nécessaires.

Cet après-midi, je/j' _____¹ un long mél à mes parents. Dans mon mél, je _____² mes cours et ma vie à l'université. Je donne aussi beaucoup de détails sur mes camarades et mes professeurs parce que mes parents sont très curieux. Ils sont aussi très compréhensifs (*understanding*) et je leur _____³ toujours la vérité quand j'ai des problèmes. Avant de l'envoyer, je _____⁴ mon message une dernière fois (*last time*).

Racontez la même histoire, mais cette fois remplacez **je** par **mon (ma) colocataire,** puis par **Stéphanie et Albane.** Faites tous les changements nécessaires.

B. **Un art perdu.** Complétez le dialogue entre Jessica et son petit frère Julien à propos de leur grand-mère. Faites tous les changements nécessaires.

JESSICA: est-ce que / tu / mettre / lettre / à la boîte postale / hier?
JULIEN: non / je / écrire / mél
JESSICA: mais / grand-maman / ne... pas / lire / les méls
JULIEN: Qu'est-ce que je peux faire? Je ne sais pas écrire une belle lettre.
JESSICA: écrire / lettre / ensemble / maintenant
je / te / lire / le texte et tu / mettre / timbre / sur l'enveloppe

Un peu plus tard...

JULIEN: Et maintenant / je / mettre / lettre / dans la boîte à lettre?
JESSICA: Oui. Est-ce que tu sais où se trouve la poste?
JULIEN: Pas vraiment.
On / écrire / texto / à grand-maman / pour / lui demander où c'est?

À Paris, j'allais au bureau de poste tous les jours pour envoyer des cartes postales. Est-ce que vous envoyez des cartes postales quand vous voyagez? Est-ce que vous savez où est le bureau de poste le plus près de chez vous?

©Owen Franken

C. Interview. Posez les questions suivantes à un(e) camarade, puis inversez les rôles. D'après ses réponses, que pouvez-vous dire de votre camarade et de ses goûts (*tastes*)?

1. Est-ce que tu écris souvent des lettres ou des cartes postales? À qui écris-tu? D'habitude, pour donner de tes nouvelles (*news*) à tes amis, préfères-tu écrire un texto, un mél ou préfères-tu téléphoner ou contacter les gens sur les réseaux sociaux?
2. Est-ce que tu aimes lire? Lis-tu le journal tous les jours? Si oui, lequel (*which one*)? As-tu lu un bon livre récemment? Quel est le titre de ce livre? Préfères-tu lire des livres papier ou des livres numériques? As-tu une liseuse? Ou préfères-tu les livres audio? Pourquoi ou pourquoi pas?
3. Quand tu étais au lycée, est-ce que tu regardais la télévision tous les soirs? Et maintenant? Est-ce que vous pratiquez le binge-watching (c'est à dire, regarder une série télévisée d'une seule traite)? Quelles émissions préfères-tu?

Les pronoms d'objet direct

Speaking Succinctly

🎙 NOS JOUETS TECHNOLOGIQUES

Dans le magasin Apple du Carrousel du Louvre, Juliette et Hector discutent.

HECTOR: Regarde Juliette, le nouvel iPhone®! Tu **le** trouves joli?

JULIETTE: Je **le** trouve pas mal. Mais il n'a rien d'exceptionnel. Je préfère le modèle de Samsung.

HECTOR: Pas moi. Quand tu **le** mets dans ta poche,[1] il est trop grand.

Le magasin Apple du Carrousel du Louvre à Paris

©claude thibault/Alamy

JULIETTE: Qu'est-ce que tu penses[2] de cette tablette? Je **la** trouve futuriste.

HECTOR: Elle est belle mais trop chère... Smartphones, tablettes, ordinateurs: tu **les** achètes et ils sont obsolètes trois mois après.

JULIETTE: Et alors?

HECTOR: Et alors, c'est décourageant.[3]

[1]*pocket*   [2]*think*   [3]*discouraging*

Trouvez dans le dialogue les mots remplacés par le pronom d'objet direct.

1. Hector le trouve joli.
2. Juliette le trouve pas mal.
3. Quand on le met dans sa poche, il est trop grand.
4. Juliette la trouve futuriste.
5. On les achète et ils sont obsolètes trois mois après.

Direct objects are nouns that receive the action of a verb. They usually answer the question *what?* or *whom?* For example, in the sentence *Malik reads the text message.* The noun *text message* is the direct object of the verb *reads*.

Direct object pronouns (**les pronoms complément d'objet direct**) replace direct object nouns: Malik *reads it.*

J'aime bien mon ordinateur. Je **l'**utilise tous les jours.	*I like my computer. I use it every day.*
J'ai écrit ce texto hier: Je **l'**ai envoyé tout de suite.	*I wrote this text yesterday. I sent it right away.*

Forms and Position of Direct Object Pronouns

DIRECT OBJECT PRONOUNS			
me (m')	*me*	**nous**	*us*
te (t')	*you*	**vous**	*you*
le (l')	*him, it*	**les**	*them*
la (l')	*her, it*		

Grammaire interactive

For more on direct object pronouns, watch the corresponding **Grammar Tutorial** and take a brief practice quiz at **Connect French.**

www.mhhe.com/connect

1. Usually, French direct object pronouns immediately precede the verb in the present and the imperfect tenses and the auxiliary verb in the **passé composé.**

Malik lit **le texto.**

Malik **le** lit.

Malik lisait **le texto.**

Malik **le** lisait.

Malik a lu **le texto.**

Malik **l'**a lu.

2. Third-person direct object pronouns agree in gender and in number with the nouns they replace.

—Est-ce que Robin lisait **le journal**?	*Was Robin reading the newspaper?*
—Oui, il **le** lisait.	*Yes, he was reading it.*
—Vois-tu **ma mère?**	*Do you see my mother?*
—Oui, je **la** vois.	*Yes, I see her.*
—Est-ce que vous postez **ces lettres**?	*Are you mailing these letters?*
—Oui, je **les** poste.	*Yes, I'm mailing them.*

3. If the verb following the direct object pronoun begins with a vowel sound, the direct object pronouns **me, te, le,** and **la** become **m', t',** and **l'.**

J'achète la carte postale. Je **l'**achète.	*I'm buying the postcard. I'm buying it.*
Isabelle **t'**admirait. Elle ne **m'**admirait pas.	*Isabelle used to admire you. She didn't admire me.*
Nous avons lu le journal. Nous **l'**avons lu.	*We read the newspaper. We read it.*

4. If the direct object pronoun is the object of an infinitive, it is placed immediately before the infinitive.

Alexandra va **poster la lettre** demain.	*Alexandra is going to mail the letter tomorow.*
Alexandra va **la poster** demain.	*Alexandra is going to mail it tomorrow.*
Elle allait **la poster.** Elle est allée **la poster.**	*She was going to mail it. She went to mail it.*

5. In a negative sentence, the direct object pronoun always immediately precedes the verb to which it refers.

Nous ne regardons pas **la télévision.** Nous ne **la** regardons pas.	*We don't watch TV. We don't watch it.*
Je ne vais pas acheter **les billets.** Je ne vais pas **les** acheter.	*I'm not going to buy the tickets. I'm not going to buy them.*
Elle n'est pas allée chercher **le journal.** Elle n'est pas allée **le** chercher.	*She did not go to get the newspaper. She did not go to get it.*

6. Direct object pronouns also precede **voici** and **voilà.**

Le voici!	*Here he (it) is!*
Me voilà!	*Here I am!*

Allez-y!

A. Eurêka! Suivez le modèle.

> **MODÈLE:** Je cherche le bureau de poste. → Le voilà. (*ou* Le voici.)

  1. Où est mon portable?
  2. Elle a perdu le numéro de téléphone.
  3. Où est le téléphone?
  4. Il cherche le kiosque.
  5. Il a envie de lire *Le Monde* d'hier.
  6. Avez-vous le journal?
  7. Où est l'adresse des Thibaudeau?
  8. J'ai besoin de la grande enveloppe blanche.
  9. Où sont les toilettes?
  10. Aïcha et Nathan, où êtes-vous?

De quoi parle-t-elle?
©OJO Images/Getty Images RF

B. De quoi parlent-ils? Vous êtes dans un café parisien et vous entendez les phrases suivantes. Trouvez dans la colonne de droite l'information qui correspond à chaque pronom.

b **1.** Je vais les poster cet après-midi.	**a.** l'adresse
d **2.** Elle le consulte.	**b.** les lettres
a **3.** Je l'écris sur l'enveloppe.	**c.** le courriel
e **4.** Nous venons de la lire.	**d.** le smartphone
f **5.** Je les achète à la poste.	**e.** la revue
c **6.** Je l'ai déjà tapé.	**f.** les timbres

taper - to type
se taper - to consume
se taper qqch - to have/get
draguer - to hit on s.o.

C. Projets de voyage. Luca et Philippe font toujours la même chose. Avec un(e) camarade, parlez de leurs projets selon le modèle.

MODÈLE: étudier le français cette année →
        É1: Est-ce que Luca va étudier le français cette année?
        É2: Oui, et Philippe va l'étudier aussi.

1. apprendre le français très rapidement
2. prendre l'avion pour Paris en juin
3. lire les journaux le matin
4. admirer la vue du haut de la tour Eiffel
5. prendre ses repas dans de bons restaurants
6. regarder les gens sur les Champs-Élysées
7. essayer de lire les romans de Flaubert

Maintenant imaginez que Luca est l'opposé de Philippe.

MODÈLE: É1: Est-ce que Luca va étudier le français cette année?
        É2: Oui, mais Philippe, il ne va pas l'étudier.

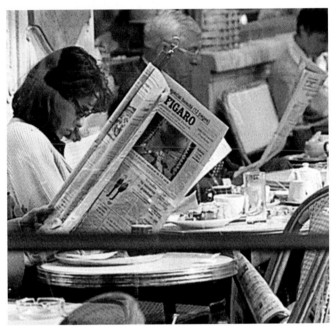

Le Figaro, un petit café crème: un après-midi parisien. Lisez-vous un journal? Quel journal? Quand le lisez-vous?
©Owen Franken

D. Interview. Interviewez un(e) camarade de classe sur ses préférences. Votre camarade doit utiliser un pronom complément d'objet direct dans sa réponse.

1. Utilises-tu souvent ton portable / ton smartphone?
2. Appelles-tu souvent tes camarades de classe? tes professeurs? tes parents?
3. Est-ce que tes parents t'appellent souvent? tes amis?
4. Regardes-tu souvent la télé? Aimes-tu regarder la publicité?
5. Mets-tu un bracelet connecté quand tu fais du sport?
6. Préfères-tu apprendre les nouvelles dans le journal, à la télé ou sur Internet?
7. Lis-tu les bandes dessinées?
8. Tu utilises souvent Internet pour faire des recherches? pour faire des achats?

Le blog de Juliette

ORDINATEUR, MON AMOUR!

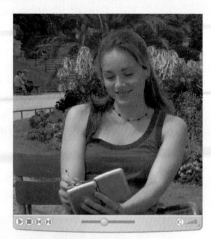

J'adore mes gadgets!
©McGraw-Hill Education

jeudi 18 juin

Salut tout le monde!

Je vous pose une question: «Peut-on vivre aujourd'hui sans ordinateur?»

Ma réponse est NON. Sans mon ordinateur, je suis comme un poisson hors de[1] l'eau. Je meurs[2]!

Avec mon ordinateur, je fais tout: je travaille, j'étudie, je lis, j'écris. Je surfe sur le Web, je lis la presse, je participe à des forums, et, bien sûr, j'écris mon blog! En plus, chaque jour, je transmets et j'envoie des dizaines[3] de courriels, je regarde des films et j'écoute de la musique. Donc, mon ordinateur, c'est mon oxygène.

Pour vous montrer une image exacte de mon univers technologique, je vais vous faire une confession: je vis scotchée[4] à mon smartphone. Je suis la championne des textos; j'appelle mes amis cent fois par jour (Léa, 50 fois!).

Chez moi, j'ai une télé, un ordinateur portable, une imprimante, un appareil photo numérique, un iPod®, et, pour Noël, mes parents m'ont offert une tablette! Bon, vous avez compris: je suis une technophile.

Mais j'ai une excuse: la technologie, c'est mon univers! Je prépare un Master multimédia à la Sorbonne.

Juliette

COMMENTAIRES

Poema

Est-ce qu'il te reste du temps pour rêver et pour ne rien faire?

Alexis

Tu massacres la langue française avec des textos? Tu me déçois,[5] Juliette...

Charlotte

Nos parents, ils n'avaient pas tous ces gadgets technologiques et ils étaient très heureux! Mais j'apprécie ton blog Juliette, et je le lis régulièrement.

Mamadou

Quand j'étais petit, au Sénégal, on avait rarement la télévision; le téléphone était réservé aux riches; on rêvait de posséder un ordinateur. Aujourd'hui, l'Afrique est entrée dans la société de l'information, comme nous tous.

---

[1]hors... out(side) of   [2](would) die   [3]tens (an approximate number, like dozen)   [4]vis... live glued (slang)   [5]me... disappoint me

Reportage

LES ACCROS° DU TEXTO

fanatics

Qu'est-ce qu'un accro du texto? C'est un individu, souvent jeune, qui passe son temps à envoyer et à recevoir des textos (SMS). Il est encouragé par les offres des opérateurs de téléphonie mobile[1] (Free, Orange, SFR et Bouygues) qui proposent des formules à prix bas avec «appels et SMS illimités». Comment résister dans ces conditions?

Sophie, 17 ans, explique: «J'envoie des messages 24 heures sur 24. Le matin je me lève, j'envoie des messages. Sous la douche, aux WC, pendant que je m'habille, je pianote.[2] Je textote[3] partout, matin, midi, soir, nuit, tout le temps. Oui, je me sens dépendante de mon téléphone, totalement». Sa copine Justine ajoute: «C'est vital pour moi. Dans le bus, dans le train, à la boulangerie, j'échange 12 000 SMS par mois... Non, non, je n'exagère pas; c'est la vérité!»

En France, SMS (*Short Message Service*) est très populaire parmi les utilisateurs des portables.

Source: Screenshot of iPhone® taken by S. Waskiewicz

Caricature? Absolument pas! Car l'accro du texto n'a pas de limites. Il écrit vite et utilise des abréviations. Pour lui, l'orthographe, la ponctuation, la grammaire et les accents ne sont pas importants: «mwa je lach jamè mn port chui akro je lè 24h/24 è 7j/7!!» (Moi, je ne lâche[4] jamais mon portable, je suis accro, je l'ai 24 h sur 24 et 7 jours sur 7).

On doit reconnaître que, dans la vie de tous les jours, les SMS sont très pratiques. Un bref message et tout est dit: on donne un rendez-vous («K penses-tu d'un resto, vers 20 h? Konfirm SVP!»), on avertit[5] qu'on est en retard («trafic +++; j'arrive dans 10 mn»), on donne son avis («C trop top!»), on envoie des félicitations («Congrats pour ton job!»)... Et détail important, les SMS transmettent aux amoureux des messages enflammés: «Tu é le soleil ki illumine ma vie» (Tu es le soleil qui illumine ma vie); «Je taiiimeee!!!!! » (je t'aime).

[1]opérateurs... *cellphone service providers* [2]*type clumsily* [3]*text (fam.)* [4]*part with* [5]*lets (someone) know*

VOUS COMPRENEZ?

1. Quels opérateurs encouragent les accros du texto à communiquer? Quelle est leur méthode?
2. Dans quels endroits les accros échangent-ils des messages?
3. Quelles sont les caractéristiques du langage SMS?
4. Quels types de messages est-ce qu'on envoie par SMS?

Micro-trottoir

Répondez aux questions suivantes à partir de votre point de vue personnel. Puis regardez la vidéo et comparez vos réponses à celles des gens interrogés.

1. Qu'est-ce que vous faites avec votre smartphone?
2. Quels types de messages est-ce que vous envoyez par SMS?
3. Sur quels réseaux sociaux êtes-vous présent(e)? Qu'est-ce que vous faites sur ces réseaux sociaux?
4. Une journée sans votre smartphone, c'est possible? Expliquez.

L'accord du participe passé

Talking About the Past

FACILE!

Juliette contacte Charlotte sur sa page Facebook (Messagerie instantanée).

JULIETTE: Alors, Charlotte, ta page Facebook, tu **l'**as **créée**[1]!

CHARLOTTE: Finalement, oui! J'ai longtemps hésité parce que je n'aime pas beaucoup parler de moi... Mais ça y est,[2] c'est fait! J'ai raconté[3] ma vie, j'ai laissé des messages...

JULIETTE: Et ton profil?

CHARLOTTE: Je **l'**ai **finalisé**! C'est un autoportrait honnête.

JULIETTE: Tu as retrouvé tes copines du lycée?

CHARLOTTE: Oui! Je **les** ai **retrouvées** et je **les** ai **contactées**. Nous avons échangé des photos.

JULIETTE: Tu **les** as **reconnues**[4] sur les photos?

CHARLOTTE: Je **les** ai toutes **identifiées**. Finalement nous n'avons pas tellement[5] changé... Nous sommes toujours[6] jeunes et belles!

[1]*created* [2]*ça... there it is* [3]*told about* [4]*recognized* [5]*so much* [6]*still*

Complétez les réponses aux questions suivantes en utilisant les formes verbales du dialogue.

1. Charlotte a créé sa page Facebook? Oui, ...
2. Elle a finalisé son profil? Oui, ...
3. Elle a retrouvé ses copines du lycée? Oui, ...
4. Elle a contacté ses copines? Oui, ...
5. Elle a reconnu et identifié ses copines sur les photos? Oui, ...

In the **passé composé,** the past participle is generally used in its basic form. However, when a direct object—noun or pronoun—precedes the auxiliary verb **avoir** plus the past participle, the participle agrees with the preceding direct object in gender and number.

J'ai lu le **journal.**
Je **l'**ai **lu.**

J'ai lu les **journaux.**
Je **les** ai **lus.**

J'ai lu **la revue.**
Je **l'**ai **lue.**

J'ai lu les **revues.**
Je **les** ai **lues.**

Quels **amis** avez-vous
appelés?

Quelles **émissions** avez-vous
regardées?

Allez-y!

A. Un nouveau travail. Vous travaillez comme assistant administratif / assistante administrative. Votre patronne (*boss*) vous pose des questions. Répondez à la forme affirmative ou négative.

MODÈLE: Avez-vous regardé *le calendrier* ce matin? →
Oui, je l'ai regardé. (Non, je ne l'ai pas regardé.)

1. Est-ce que vous avez donné *notre numéro de téléphone* à Mme Milaud?
2. Est-ce que vous avez mis *le nouveau nom de la firme* sur les enveloppes?
3. Avez-vous contacté *la responsable de notre Comité de Direction*?
4. Avez-vous fini *le rapport*?
5. Avez-vous appelé *Georges Dupic et Catherine Duriez*?
6. Avez-vous vu *Anne et Clémentine* ce matin?
7. *M'*avez-vous comprise pendant la réunion (*meeting*) hier?

B. Conversation. Posez les questions suivantes à un(e) camarade. Il/elle utilise, quand c'est possible, un pronom complément d'objet direct dans ses réponses.

1. Quand tu étais enfant, aimais-tu l'école? les vacances? les voyages? l'aventure? Quelles sortes d'aventures aimais-tu?
2. L'année dernière, as-tu passé tes vacances à la montagne? à l'étranger? en famille?
3. As-tu déjà essayé le camping? l'alpinisme? le bateau? le ski?
4. As-tu lu le dernier numéro de *Time*? de *People*? de *Sports Illustrated*? de *L'Express*?
5. As-tu lu les romans d'Albert Camus? les livres de Saint-Exupéry?
6. Quand as-tu appelé tes grands-parents? tes parents? ton professeur de francais? Pourquoi?

Les verbes *voir, croire* et *recevoir*

Expressing Observations and Beliefs

ÊTRE OU NE PAS ÊTRE MATÉRIALISTE

Hassan téléphone à Juliette.

HASSAN: **Tu crois** qu'Hector* a finalement acheté un iPad®?

JULIETTE: Non, **je** ne **crois** pas. Il n'est pas un grand consommateur[1] de technologies.

HASSAN: Pourtant[2] il a un ordinateur. **Il reçoit** et il envoie vingt courriels par jour!

JULIETTE: C'est vrai, mais il est satisfait avec sa vieille machine. **Il** ne **voit** pas l'intérêt de dépenser[3] de l'argent pour une tablette...

HASSAN: Hector est un artiste... Il n'est pas matérialiste...

JULIETTE: **Tu crois** ça? Tu ignores certainement qu'il adore les voitures de luxe!

Un peu bling-bling: la voiture préférée d'Hector!

©Gerlach Delissen/Corbis/Getty Images

[1]*consumer* [2]*Nevertheless* [3]*spend*

Trouvez, dans le dialogue, les phrases où...

1. Hassan demande si Hector a acheté un iPad.
2. Juliette suggère qu'Hector n'a pas acheté d'iPad.
3. Hassan explique qu'Hector utilise la messagerie de son ordinateur.
4. Juliette explique qu'Hector n'aime pas dépenser de l'argent pour la technologie.
5. Juliette révèle qu'Hector est matérialiste.

---

*Croire and voir must be followed by qué (*that*) when they introduce another clause.

The verbs **voir** (*to see*) and **croire** (*to believe*) are irregular.

voir				croire			
je	**vois**	nous	**voyons**	je	**crois**	nous	**croyons**
tu	**vois**	vous	**voyez**	tu	**crois**	vous	**croyez**
il/elle/on	**voit**	ils/elles	**voient**	il/elle/on	**croit**	ils/elles	**croient**
past participle: **vu**				*past participle*: **cru**			

J'**ai vu** Michèle à la plage la semaine passée.	*I saw Michèle at the beach last week.*
Est-ce que tu **crois** cette histoire?	*Do you believe this story?*
Je **crois** qu'il va faire beau demain.	*I think the weather is going to be fine tomorrow.*
Tu **crois?**	*You think so? / Are you sure?*

1. **Revoir** (*to see again*) is conjugated like **voir.**

Je **revois** les Moreau.	*I'm seeing the Moreau family again.*

2. **Croire à** means *to believe in* a concept or an idea.

Nous **croyons à** la chance.	*We believe in luck.*
Ils **croient au** Père Noël.	*They believe in Santa Claus.*

3. **Croire en** means *to believe in* a god or to have confidence in someone.

Vous **croyez en** Dieu?	*Do you believe in God?*

4. **Croire que** means *to think* (*that*), *to believe* (*that*) and is followed by another clause. It is used to express an opinion.

Je **crois qu'**Internet est la grande invention du XXe siècle.	*I think (that) the Internet is the great invention of the 20th century.*

Note: The verb **recevoir** (*to receive; to entertain as guests*) is also irregular. The conjugation is similar to the verb **voir** in the singular forms, but differs in the plural forms.

PRESENT TENSE OF **recevoir**			
je	**reçois**	nous	**recevons**
tu	**reçois**	vous	**recevez**
il/elle/on	**reçoit**	ils/elles	**reçoivent**
past participle: **reçu**			

Elle **reçoit** beaucoup de textos tous les jours.

Allez-y!

A. Paris dans le brouillard (*fog*). Trois étudiants étrangers sont désorientés. Complétez la conversation avec les verbes **croire** et **voir** au présent, sauf quand le passé composé est indiqué.

JULIE: Tu _____¹ où on est?

KANI: Non, je ne _____² pas cette rue sur le plan.

WAN QING: Vous faites confiance à ce vieux plan?

JULIE: Non, nous _____³ ce que nous a dit Anne, la guide.

KANI: Elle a beaucoup d'expérience et je _____⁴ ce qu'elle dit.

WAN QING: Moi, je pense qu'elle _____⁵ à la chance!

JULIE: Très drôle... mais dis, Kani, tu _____⁶ (*passé composé*) la guide quelque part?

KANI: Oui, j' _____⁷ (*passé composé*) Anne, mais il y a environ une heure, au café...

WAN QING: Cette fois, je _____⁸ que nous sommes perdus! Heureusement, j'ai mon portable!

Mots clés

Marquer une hésitation ou une pause

Eh bien,...	*Well, ...*
Voyons,...	*Let's see, ...*
C'est-à-dire que...	*That is / I mean ...*
Euh...	*Uhmm ...*
Oui, mais...	*Yes, but ...*

B. Interview. Interrogez un(e) camarade sur ses croyances. Est-ce qu'il/elle croit à la chance, à l'amour, au progrès, à une religion, à la perception extra-sensorielle, aux O.V.N.I.* (*UFOs*), à _____? Utilisez les **Mots clés.**

C. Conversation. Avec un(e) camarade, parlez d'une ville qu'il/elle a visitée récemment. Qu'est-ce qu'il/elle a vu? Qui est-ce qu'il/elle a rencontré? Qu'est-ce qu'il/elle veut revoir? Qui veut-il/elle revoir? Ensuite, racontez à la classe l'expérience la plus intéressante (*most interesting*) de votre camarade.

Un peu plus...

Les SMS

C'est surtout chez les jeunes qu'une nouvelle forme de communication écrite est née. Voici un petit dictionnaire du langage SMS:

A+	*à plus tard*	koi29	*Quoi de neuf?*
@2m1	*à demain*	mdr	*mort de rire*
b1sur	*bien sûr*	nrv	*enervé*
biz	*bisous, bises*	OQP	*occupé*
chui	*je suis*	rdv	*rendez-vous*
cc	*coucou, salut*	rstp	*réponds s'il te plaît*
dak	*d'accord*	slt cv?	*Salut, ça va?*
jtm	*je t'aime*	6né	*cinéma*
kestufé	*Qu'est-ce que tu fais?*	tu vi1 2m1?	*Tu viens demain?*

Source: Screenshot of iPhone® taken by S. Waskiewicz

---

*Objets volants non identifiés

Prononcez bien!

Final consonants and *liaison* (page 261)

L'arrivée de Louis. En rentrant à la maison après les cours, vous trouvez Hugo seul dans le salon. Avec votre camarade de classe, jouez la scène. Faites bien attention aux liaisons.

VOUS: Isabelle n'est pas là?

HUGO: Non, elle est‿allée chercher Louis, son frère. Elle est née le premier‿avril et demain c'est son‿anniversaire. Pour l'occasion, son frère va passer le week-end avec‿elle et lui faire (*give her*) beaucoup de cadeaux.

VOUS: Il voyage en‿autobus?

HUGO: Non, en‿avion.

VOUS: Quand‿est-ce qu'ils‿arrivent?

HUGO: Dans deux‿heures. C'est‿un grand‿aéroport et il faut beaucoup de temps pour en (*of it*) sortir!

 # Lecture

AVANT DE LIRE

Identifying a text's logical structure. Being able to identify words that authors use to sequence their presentation of ideas, express cause and effect, or qualify an observation will facilitate your comprehension of a text's logical structure. For example, words such as **d'abord, en plus, puis, ensuite, enfin,** and **finalement** may be used to develop an argument or support a point of view. To support the point of view that technology has revolutionized communication, an author might write:

> D'abord, Internet facilite la communication.
> En plus, on peut communiquer plus rapidement.
> Finalement, on peut contacter des gens partout dans le monde.

To affirm a preceding idea, words such as **alors, en effet** (*indeed*), and **effectivement** might be used:

> Internet est un outil (*tool*) important dans la vie quotidienne. En effet, il a transformé nos goûts et nos habitudes.

Cependant (*However, Nevertheless*) and **pourtant** (*yet*) qualify a preceding idea or express a reservation:

> Cependant, certains pensent qu'Internet a des effets négatifs.

As you read, pay attention to these important words that express logical development and the relationship between ideas.

Rencontres en ligne°: rendez-vous avec le bonheur

Rencontres... *Online dating*

Vous rêvez de sortir de votre solitude? Vous êtes timide? Vous n'avez tout simplement pas le temps pour la séduction? Internet peut vous aider! Les sites de rencontre vous ouvrent les portes du bonheur. La plupart[1] sont très sérieux et contrôlent la bonne moralité des membres inscrits.[2] Ils attirent[3] un grand nombre de célibataires—jeunes, adultes et même retraités[4]—à la recherche de l'amour. Plusieurs millions de Français fréquentent chaque jour les sites de rencontre sur Internet.

Une histoire d'amour à Paris
©Dave and Les Jacobs/Blend Images RF

Pourquoi ce fabuleux succès?

- D'abord, parce que c'est pratique et facile. Un «clic» et le contact est établi! On choisit un pseudonyme et un mot de passe; on décrit son profil; on définit le partenaire idéal et on peut immédiatement envoyer un premier message, avec des photos ou une vidéo. C'est déjà une façon[5] de séduire!

- Ensuite, parce que c'est anonyme. Le pseudonyme permet aux candidats de contacter les autres membres en gardant le secret de leur véritable identité.

- En plus, ça favorise le dialogue. Pour séduire, les internautes[6] parlent de leurs sentiments et échangent des idées. Ils écrivent de beaux messages pleins d'humour ou de romantisme.

- Enfin, on augmente ses chances de rencontre. Un seul courrier électronique peut générer plusieurs centaines de réponses, surtout si on décide de mettre une photo avec son profil.

[1]*La... Most* [2]*registered* [3]*attract* [4]*retired people* [5]*way, means* [6]*Internet users*

Avez-vous envie d'essayer des rencontres en ligne? Pourquoi ou pourquoi pas?
©Deposit Photos/Glow Images RF

Le smartphone dans le jeu des rencontres

Mais tout change dans notre monde! Aujourd'hui, avec son système de géolocalisation, Tinder est une application qui favorise les rencontres rapides et amusantes: une connection via votre identifiant Facebook, et c'est fait: sur la page d'accueil de l'application, les photos et le profil des personnes qui sont à petite distance de vous arrivent sur votre écran. Vous choisissez, et le dialogue commence. Quelques minutes après, vous prenez un petit café en face de votre futur grand amour (peut-être...)!

COMPRÉHENSION

A. Vocabulaire. Pour chaque mot, donnez l'équivalent en anglais.

   1. en ligne
   2. un clic
   3. un pseudonyme
   4. un mot de passe
   5. une application
   6. une page d'accueil

B. Vrai ou faux? Corrigez les phrases fausses.

   1. Les sites de rencontre en ligne attirent des gens de tout âge.
   2. Le succès des rencontres en ligne est essentiellement dû à la facilité de l'usage.
   3. Les rencontres Internet favorisent les gens qui mettent une photo avec leur profil.
   4. On ne peut pas utiliser Tinder sans Facebook.

 # Écriture

The writing activities **Par écrit** and **Journal intime** can be found in the Workbook/Laboratory Manual to accompany *Vis-à-vis*.

Sondages

LA CONFIANCE DANS LES RÉSEAUX SOCIAUX

Voici une partie d'une enquête réalisée par Kantar Sofres / Kantar Média pour le journal *La Croix* en 2017.

A. Les réseaux sociaux. Lisez les résultats du sondage. Avec un(e) camarade de classe, répondez vous-mêmes aux cinq questions.

B. Votre confiance. Dans des groupes de quatre à cinq étudiants, comparez vos réponses. Êtes-vous d'accord avec les Français? avec vos camarades de classe?

C. Les fausses nouvelles. Discutez le problème des «fausses nouvelles». Qu'est-ce qu'on peut faire pour combattre ce problème?

La confiance dans les reséaux sociaux

Source: "Barometer of the media, the interest of the French for the news at the lowest since 2002" in *La Croix*, 2/2/2017
https://www.google.com/amp/www.la-croix.com / Amp / 1200821913

Le vidéoblog de Juliette

En bref

Dans cet épisode, Juliette et Hector répondent aux questions d'un sondage (*survey*) sur l'utilisation des téléphones portables. Dans son vidéoblog, Juliette continue à parler des nouvelles technologies dans le monde francophone.

Vocabulaire en contexte

sonner
to ring

décrocher
to answer, pick up

laisser un message
to leave a message

un téléphone portable, un mobile

être un accro de
to be addicted to

une boîte vocale
voice mail

prendre la communication
to take the call

un monde numérique
digital world

Le mobile: un phénomène universel
©McGraw-Hill Education

VISIONNEZ!

Indiquez qui fait les activités suivantes: Juliette, Hector ou les deux.

	Juliette	Hector	les deux
1. téléphoner à quelqu'un avant le petit déjeuner	☐	☐	☐
2. prendre son mobile dans les toilettes	☐	☐	☐
3. décrocher quand le téléphone sonne dans un restaurant	☐	☐	☐
4. annoncer que le mobile symbolise l'amitié	☐	☐	☐
5. avoir son mobile dans son lit la nuit	☐	☐	☐

ANALYSEZ!

Répondez aux questions suivantes.

1. Quels éléments, autres que le téléphone portable, font partie de la «culture du multimédia»?
2. La vidéo affirme que nous vivons dans un «monde numérique». Est-ce une bonne chose, selon vous? Pourquoi ou pourquoi pas?

COMPAREZ!

Est-ce que votre propre culture est aussi une culture du multimédia? Expliquez pourquoi (pas). Êtes-vous, comme Juliette et Hector, «accro» du téléphone portable? Regardez encore une fois la partie culturelle de la vidéo: utilisez-vous les nouvelles technologies plus (*more*) ou moins (*less*) souvent qu'une personne typique de votre pays?

Verbes

ajouter	to add
allumer	to turn on
appeler	to call
appuyer (sur)	to press, to tap
croire	to believe
décrire	to describe
dépenser	to spend
dessiner	to draw
dire	to say
écrire (à)	to write (to)
envoyer (à)	to send (to)
éteindre	to turn off
faire glisser	to scroll, to swipe
(re)lier	to link
lire	to read
mettre	to put, place; to put on (clothes)
mettre le couvert	to set the table
mettre une lettre (une carte) à la poste	to mail a letter (card)
naviguer	to navigate, to browse
penser	to think
poster	to mail; to post (on social media)
raconter	to tell (a story)
recevoir	to receive
revoir	to see again
taper	to type
télécharger	to download
transmettre	to pass on, relay; to transmit
voir	to see

MOTS APPARENTÉS: cliquer, échanger, surfer sur le Web, tchater

À REVOIR: acheter, apprendre, écouter, entendre, jouer, prendre, regarder

Substantifs

l'appareil (m.)	apparatus
le cadeau	gift
la poche	pocket

Les nouvelles technologies

l'appareil (m.) (photo) numérique	digital camera
le bracelet connecté	activity tracker
la clé USB	flash drive
le compte en ligne	online account
le courriel	e-mail message
les écouteurs (m.) (sans fil)	(wireless) headphones
l'écran (m.) d'accueil	home screen
le fichier	file
l'identifiant (m.)	username
l'imprimante (f.) (multifonction)	(all-in-one) printer
le lecteur mp3	mp3 player
le lien	link
la liseuse	e-reader
le livre numérique	e-book
le livre papier	print book
le logiciel	software (program)
le mél	e-mail message
la montre connectée	smartwatch
le mot de passe	password
le moteur de recherche	search engine
le navigateur	browser
la page d'accueil	home page
le réseau social	social network
le texto	text message
le traitement de texte	word processing

MOTS APPARENTÉS: l'application (appli) (f.), la batterie, le chargeur, la connexion, l'icône (f.), Internet (m.), le mobile, le site, le tchat, le tweet, le Web, le Wi-Fi

À REVOIR: le clavier, l'écran (m.), l'iPod® (m.), la météo, le numéro, l'ordinateur (m.), le portable, le réveil, le smartphone, le SMS, la souris, la tablette, le téléphone

Au bureau de poste

la boîte aux lettres	mailbox
le bureau de poste (La Poste)	post office
le colis	package
le courrier	mail
la poste	mail
le timbre	stamp

MOTS APPARENTÉS: l'adresse (f.), la carte postale, l'enveloppe (f.), le fax, la lettre

Au kiosque

à la une	on the front page; in the headlines
la bande dessinée	comic book; graphic novel
le journal (pl. les journaux)	newspaper; news
le kiosque	kiosk; newsstand
les petites annonces (f.)	classified ads
le roman	novel

MOTS APPARENTÉS: la revue

À REVOIR: le livre, le magazine

À la télévision

la chaîne	televison channel; network
le dessin animé	cartoon; animated series
l'émission (f.)	program; broadcast
le feuilleton	soap opera

les informations (*f. pl.*)	news
le jeu télévisé	game show
le journal télévisé	television news program
la publicité	commercial; advertisement; advertising
la retransmission sportive	sports broadcast
la série	series
série télévisée	serial drama
le streaming en direct	live streaming
la télécommande	remote control
la télé-réalité	reality television
la télévision haute définition	high-definition television

MOTS APPARENTÉS: le câble, le documentaire, les médias (*m. pl.*), **la télévision satellite**

À REVOIR: la télé(vision)

Autres mots et expressions

C'est-à-dire (que)...	That is / I mean ...
Eh bien,...	Well, ...
Euh...	Uhmm ...
là-bas	over there
Oui, mais...	Yes, but ...
surtout	especially
Voyons,...	Let's see, ...

CHAPITRE 11

Vivre en ville

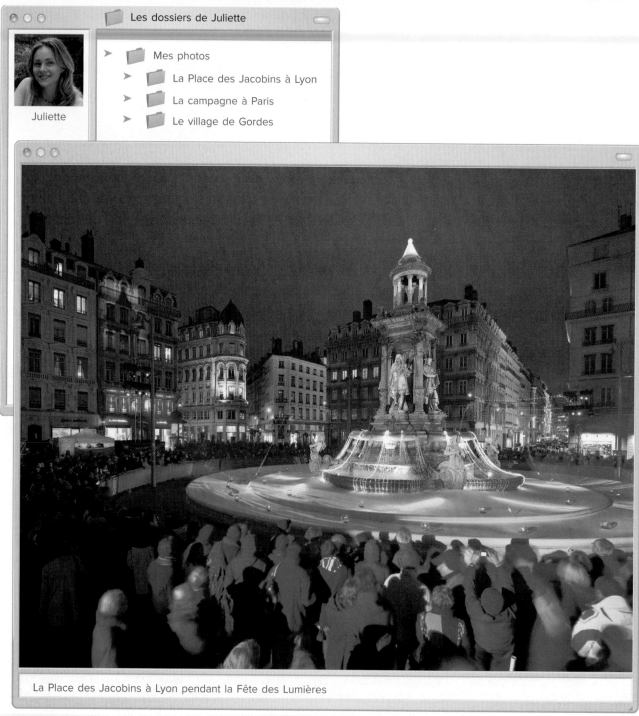

Les dossiers de Juliette

Juliette

➤ 📁 Mes photos
  ➤ 📁 La Place des Jacobins à Lyon
  ➤ 📁 La campagne à Paris
  ➤ 📁 Le village de Gordes

La Place des Jacobins à Lyon pendant la Fête des Lumières

©Jacques Pierre/hemis.fr/Getty Images

Dans ce chapitre...

OBJECTIFS COMMUNICATIFS

- ➤ talking about city life
- ➤ describing past events
- ➤ speaking succinctly
- ➤ expressing what and whom you know
- ➤ learning to distinguish between and pronounce selected sounds in French

PAROLES (LEÇON 1)

- ➤ La ville et les directions
- ➤ Les arrondissements de Paris et les nombres ordinaux

STRUCTURES (LEÇONS 2 ET 3)

- ➤ Le passé composé et l'imparfait
- ➤ Les pronoms d'objet indirect
- ➤ Les verbes **savoir** et **connaître**
- ➤ Les pronoms **y** et **en**

CULTURE

- ➤ Le blog de Juliette: *«Ajoutez deux lettres à Paris: c'est le Paradis.»*
- ➤ Reportage: *Jolis villages de France*
- ➤ Lecture: «Le chat abandonné» (Leçon 4)

La campagne à Paris

©McGraw-Hill Education

Le village de Gordes: un petit bijou!

©Boris Stroujko/Shutterstock RF

www.mhhe.com/connect

Une petite ville

le restaurant · l'hôpital (m.) · la piscine · le café-tabac · la pharmacie · le bureau de poste · le syndicat d'initiative · l'hôtel (m.) · la librairie · la mairie · la bibliothèque municipale · la banque · l'église (f.) · le commissariat (le poste de police)

le jardin public · le parc · RUE ST-JACQUES · RUE DES FLEURS · RUE DES ARBRES · LA PLACE DE LA RÉVOLUTION · RUE DE LA MAIRIE · BD D'ARGENT · RUE DES CHATS · RUE SOUFFLOT · la gare · RUE DE LA GARE · RUE LÉVÊQUE · RUE DES LILAS · RUE DES ROSES · RUE GIRARD

à gauche · tout droit · à droite

AUTRES MOTS UTILES

le bâtiment	building
le carrefour	intersection
le chemin	way; road
le coin	corner
jusqu'à	up to, as far as
le marché en plein air	open-air market
le plan	map (*of a city*)
se trouver	to be located (situated)

—Comment fait-on pour aller de la banque à la pharmacie?

—On **prend** le boulevard d'Argent **à droite** et on va **jusqu'à** la place de la Révolution. On **traverse** la rue des Lilas et on **prend** la rue Lévêque **à gauche**. On **continue tout droit jusqu'au coin** et on **prend** la rue de la Gare **à droite**. La pharmacie est **en face de** la gare.

Allez-y!

A. Les endroits importants. Où est-ce qu'on va pour _____?

> **MODÈLE:** acheter des livres →
> Pour acheter des livres, on va à la librairie.

1. retirer de l'argent du distributeur automatique (*ATM*)
2. acheter de l'aspirine
3. parler avec le maire (*mayor*) de la ville
4. obtenir des brochures touristiques
5. nager
6. admirer des plantes et des fleurs
7. assister à (*to attend*) des services religieux catholiques
8. acheter des timbres
9. prendre une bière

B. Où est-ce? Précisez l'emplacement des endroits suivants selon le plan de la ville à la page précédente.

> **MODÈLE:** Où est l'hôtel? →
> L'hôtel est en face du syndicat d'initiative dans* la rue Lévêque.

1. Où est le jardin public?
2. Où est le commissariat?
3. Où est la bibliothèque?
4. Où est l'église?
5. Où est la librairie?
6. Où est le syndicat d'initiative?

C. Trouvez votre chemin. Regardez le plan de la ville. Imaginez que vous êtes à la gare. Un(e) touriste vous demande où est le bureau de poste; vous lui indiquez le chemin. Jouez les rôles avec un(e) camarade.

> **MODÈLE:** LE/LA TOURISTE: Pardon, madame / monsieur, pourriez-vous me dire où est le bureau de poste?
> VOUS: Tournez à gauche. Prenez la rue Soufflot à droite et vous y êtes (*you're there*).
> LE/LA TOURISTE: Je tourne à gauche, je prends la rue Soufflot à droite et j'y suis.

1. le café-tabac
2. le restaurant
3. l'hôtel
4. la banque
5. le poste de police
6. le parc
7. la mairie?
8. la pharmacie
9. le jardin public
10. la place de la Révolution
11. la piscine
12. le syndicat d'initiative

Maintenant, avec un(e) autre camarade de classe, faites une liste de cinq ou six endroits sur votre campus ou dans votre ville. À tour de rôle, indiquez le chemin pour aller à ces endroits. Votre salle de classe est votre point de départ.

Prononcez bien!

Nasal vowels

Remember to let the air go through both your nose and mouth as you pronounce nasal vowels. Pay attention to the openness of your mouth and the shape of your lips.

For [ɔ̃] as in **bon**, close your mouth and round your lips.

> [ɔ̃]: **on**, **révolution**, **connexion**, **feuilleton**, **voyons**

For [ɛ̃] as in **chemin**, open your mouth and stretch your lips in a smile.

> [ɛ̃]: **timbre**, **jardin**, **syndicat**, **Internet**, **matin**

For [ã] as in **plan**, open your mouth and relax your lips.

> [ã]: **banque**, **bâtiment**, **prend**, **argent**, **en**

---

*One says **dans la rue**, **sur le boulevard**, and **sur** or **dans l'avenue**.

Les arrondissements° de Paris

districts

la banlieue	suburbs
la carte	map (*of a region, country*)
le centre-ville	downtown
la Rive droite / gauche	Right / Left Bank

Les vingt arrondissements de Paris:

1er le premier	11e le onzième
2e le deuxième	12e le douzième
3e le troisième	13e le treizième
4e le quatrième	14e le quatorzième
5e le cinquième	15e le quinzième
6e le sixième	16e le seizième
7e le septième	17e le dix-septième
8e le huitième	18e le dix-huitième
9e le neuvième	19e le dix-neuvième
10e le dixième	20e le vingtième

Les nombres ordinaux

- Ordinal numbers (*first, second,* and so on) are formed by adding **-ième** to cardinal numbers. Note the irregular form **premier / première,** and the spelling of **quatrième, cinquième,** and **neuvième.**
- **Le** and **la** do not elide before **huitième** and **onzième: le huitième.**
- The superscript abbreviation ^{e} indicates that a number should be read as an ordinal: 7 = **sept;** 7e = **le/la septième.**
- Note the forms **vingt et unième, trente et unième,** and so on.

Allez-y!

A. Les arrondissements de Paris. Quels arrondissements se trouvent sur la Rive gauche de la Seine? sur la Rive droite? Quel arrondissement est situé au bord du bois de Boulogne? du bois de Vincennes? Où est l'île de la Cité?*

B. Le plan de Paris. Avec un(e) camarade, situez les endroits suivants.

MODÈLE: É1: la tour Eiffel?
   É2: Euh, voyons… La tour Eiffel se trouve dans le 7e arrondissement.

1. le Panthéon[†]
2. Notre-Dame
3. la gare de l'Est
4. le Louvre
5. Montmartre[‡]
6. Beaubourg[§]
7. le Sacré-Cœur
8. l'opéra Bastille
9. l'arc de Triomphe

---

*The **île de la Cité** is the historical center of Paris; it is one of the two islands on the Seine in Paris. The other is the **île St-Louis.**

[†]The **Panthéon** is a building in the **5e arrondissement** in Paris where several famous people are buried, including Voltaire, Victor Hugo, Marie Curie, and Louis Braille.

[‡]**Montmartre** is a lively area in northern Paris where **Sacré-Cœur,** a basilica, is located. The name **Montmartre** comes from **Mont des Martyrs** because several church officials were killed there long ago.

[§]**Beaubourg** is an ultramodern museum in Paris, and is also known as the **Centre Pompidou.** It is often surrounded by street artists and contains a wonderful collection of modern art.

Le passé composé et l'imparfait

Describing Past Events

 GUIDE TOURISTIQUE À PARIS

Alexis téléphone à Poema.

ALEXIS: Finalement **tu es partie** à la Guadeloupe?

POEMA: Mais non! **J'ai** tout **annulé**[1]: au dernier moment, **mes parents** m'**ont annoncé** leur arrivée à Paris. Alors **j'ai joué** les guides touristiques!

ALEXIS: Qu'est-ce que **vous avez fait**?

POEMA: Tous les jours la même chose! Le matin, **nous prenions** le petit déjeuner à la terrasse d'un café; ensuite **nous visitions** la capitale. À pied!

ALEXIS: Et le soir?

POEMA: **J'étais** complètement KO[2]! Maintenant qu'**ils sont partis,** j'ai vraiment besoin de vacances!

Paris: On fait la queue devant le musée d'Orsay.
©Loic Venance/AFP/Getty Images

[1]*canceled* [2]*exhausted*

Répondez aux questions selon le dialogue.

1. Poema est-elle partie à la Guadeloupe?
2. Pourquoi a-t-elle changé ses projets?
3. Quel rôle a-t-elle joué avec ses parents?
4. Qu'est-ce que Poema et ses parents faisaient, tous les jours, à Paris?
5. Le soir, dans quel état était Poema?
6. Où sont ses parents maintenant?

When speaking about the past in English, you choose which past tense forms to use in a given context: *I visited Guadeloupe, I did visit Guadeloupe, I was visiting Guadeloupe, I used to visit Guadeloupe,* and so on. Usually only one of these options will convey exactly the meaning you want to express. Similarly in French, the choice between the **passé composé** and the **imparfait** depends on the kind of past action or condition that is being conveyed, and sometimes on the speaker's point of view with respect to the past event.

As you've learned, the **passé composé** is used to indicate a single completed action, something that began and ended in the past, or a sequence of such actions. The **imparfait,** on the other hand, usually indicates an ongoing or habitual action in the past. It does not emphasize the end of that action.

1. Compare the following sets of examples.

J'**écrivais** des lettres.	*I was writing letters.*
J'**ai écrit** des lettres.	*I wrote (have written) letters.*
Je **commençais** mon travail.	*I was starting on my assignments.*
J'**ai commencé** mon travail.	*I started (have started) my assignments.*
Elle **allait** au parc le dimanche.*	*She went (used to go) to the park on Sundays.*
Elle **est allée** au parc dimanche.	*She went to the park on Sunday.*

2. The following chart sets out the major differences between these two tenses.

IMPARFAIT	PASSÉ COMPOSÉ
1. *Ongoing action with no emphasis on the completion or end of the action*	*Completed action, or a series of completed events or actions*
J'**allais** en France.	Je **suis allé(e)** en France.
Je **visitais** des monuments.	J'**ai visité** des monuments.
2. *Habitual or repeated action*	*A single event*
J'**allais** en France tous les ans.	Je **suis allé(e)** en France l'année dernière.
Je **visitais** souvent le château de Versailles.	J'**ai visité** Versailles un samedi matin.
[Allez-y! A]	
3. *Description or "background" information; how things were or what was happening when . . .*	*. . . an event or events occurred. ("foreground" information)*
Je **visitais** Beaubourg...	...quand on **a annoncé** la projection d'un vieux film de Chaplin.
J'**étais** à Paris...	...quand une lettre **est arrivée.**
[Allez-y! B]	
4. *Physical or mental states of being (general description)*	*Changes in an existing physical or mental state at a precise moment, or for a particular isolated cause*
Ma nièce **avait** peur des chiens.	Ma nièce **a eu** peur quand le chien a aboyé (*barked*).

---

*Remember the role of the definite article with days of the week: **le dimanche** (*on Sundays*); **dimanche** (*on Sunday*).

Grammaire interactive

For more on the uses of the **imparfait** and the **passé composé**, watch the corresponding Grammar Tutorial and take a brief practice quiz at **Connect French**.

www.mhhe.com/connect

3. In summary, the **imparfait** is generally used for *descriptions* in the past, and the **passé composé** is generally used for the *narration* of specific events in the past. The **imparfait** also often sets the stage for an event expressed with the **passé composé**. Look over the following passages with these points in mind.

IMPARFAIT	PASSÉ COMPOSÉ
Il **faisait** beau; le ciel (*sky*) **était** clair; les terrasses des cafés **étaient** pleines (*filled*) de gens; c'**était** un beau jour de printemps à Paris.	J'**ai continué** tout droit dans la rue Mouffetard, j'**ai traversé** le boulevard de Port-Royal et j'**ai descendu** l'avenue des Gobelins jusqu'à la place d'Italie.

4. The following indicators of tense can help you determine whether to use the **passé composé** or the **imparfait**.

IMPARFAIT	PASSÉ COMPOSÉ
autrefois (*formerly*)	au moment où
d'habitude	lundi (mardi...)
de temps en temps	plusieurs fois
le lundi (le mardi...)	soudain (*suddenly*)
le week-end	tout à coup (*suddenly*)
pendant que	un jour
	un week-end
	une fois (*once*), deux fois...
D'habitude, nous **étudiions** à la bibliothèque.	**Un jour,** nous **avons étudié** au café.
Quand j'**étais** jeune, nous **allions** à la plage **le week-end.**	**Un week-end,** nous **sommes allés** à la montagne.

Allez-y!

A. Un dimanche pas comme les autres. Votre voisin Marc Dufour était une personne routinière, mais un dimanche, il a changé ses habitudes. Voici son histoire.

MODÈLE: le dimanche matin / dormir en général jusqu'à huit heures / mais ce dimanche-là / dormir jusqu'à midi → Le dimanche matin, il dormait en général jusqu'à huit heures, mais ce dimanche-là, il a dormi jusqu'à midi.

1. normalement au petit déjeuner / prendre des céréales et une tasse de café / mais ce matin-là / prendre un petit déjeuner copieux
2. après le petit déjeuner / faire toujours du jogging dans le parc / mais ce jour-là / rester longtemps au téléphone
3. souvent l'après-midi / regarder le match de football à la télé / mais cet après-midi-là / lire des poèmes dans le jardin
4. d'habitude le soir / sortir avec ses copains / mais ce soir-là / sortir avec une jeune fille

5. parfois / aller au cinéma ou / lire un roman / mais ce soir-là / inviter son amie dans un restaurant élégant

6. normalement / rentrer chez lui assez tôt / mais ce dimanche-là / danser jusqu'au petit matin (*early morning*)

À votre avis, est-ce que Marc est malade (*sick*)? amoureux (*in love*)? déprimé (*depressed*)?... Justifiez votre réponse. Et vous, est-ce qu'il y a des choses que vous faisiez autrefois que vous ne faites plus maintenant? Expliquez.

B. Interruptions. Anne était à la maison hier soir. Elle voulait faire plusieurs choses, mais il y a eu toutes sortes d'interruptions. Décrivez-les.

MODÈLE: étudier... téléphone / sonner →
Anne étudiait quand le téléphone a sonné.

1. parler au téléphone / un ami... l'employé / couper la ligne (*to cut the line*)

2. écouter / ses messages... son voisin / commencer à faire / bruit (*m., noise*)

3. lire / journal... le propriétaire / venir demander / argent

4. faire / devoirs... un ami / arriver

5. regarder / informations à la télé... son frère / changer de chaîne

6. dormir... quelqu'un / frapper (*to knock*) à la porte

C. Une année à l'université de Caen. Jérémie a passé un an à Caen, une des grandes villes de Normandie. Il raconte son histoire. Choisissez l'imparfait ou le passé composé pour les verbes suivants.

Mon année en Normandie a été vraiment super, mais j'ai dû passer beaucoup de temps à étudier. Je (avoir)[1] cours le matin de 8 h à 11 h. L'après-midi, je (étudier)[2] en général à la bibliothèque. Le week-end, avec des amis, nous (faire)[3] du tourisme. Le samedi, nous (rester)[4] en ville et le dimanche, nous (aller)[5] à la campagne. En octobre, nous (faire)[6] une excursion à Rouen. Ce (être)[7] très intéressant. Pour Noël, je (rentrer)[8] chez mes parents. En février, je (faire)[9] du ski dans les Alpes. Nous (avoir)[10] de la chance car (*because*) il (faire)[11] très beau et je (rentrer)[12] bien bronzé (*tanned*). De temps en temps, je (manger)[13] chez les Levergeois, des amis français très sympathiques. Pendant ces dîners entre amis, je (perfectionner)[14] mon français. Finalement, au début du mois de mai, je (devoir)[15] quitter Caen. Je (être)[16] triste de partir.

Au jardin du Luxembourg, à Paris. Est-ce que vous aimiez les parcs quand vous étiez petit(e)?

©Owen Franken/Getty Images

Mots clés

Mettre les événements par ordre chronologique

d'abord *first of all*
puis *next*
ensuite *and then*
après *after that*
enfin *finally*

Puis and **ensuite** can be used interchangeably.

DÉPANNAGE (*Emergency Repair*)

D'abord, j'ai garé (*parked*) la voiture.

Puis, j'ai téléphoné à un garage dans le quartier.

Ensuite, j'ai tout expliqué au mécanicien.

Après, j'ai attendu dans la voiture.

Enfin, il est arrivé. Maintenant, le carburateur fonctionne à merveille.

D. **Biographie de Marguerite Yourcenar.** Voici quelques faits (*facts*) importants de la vie de cette romancière (*novelist*) et historienne de langue française. Mettez-les dans l'ordre chronologique et utilisez les adverbes de temps des **Mots clés**.

1. Elle est allée aux États-Unis en 1958.
2. Elle a écrit son fameux livre *L'Œuvre au noir* en 1968.
3. Elle est née à Bruxelles en 1903.
4. Elle est morte en 1987 à l'âge de 84 ans dans le Maine, aux États-Unis.
5. Elle a été la première femme élue à l'Académie française, en 1980.

Marguerite Yourcenar
©Benoit Roland/The Image Works

Maintenant, faites brièvement (*briefly*) votre autobiographie. Utilisez des adverbes de temps.

E. **Conversation.** Posez les questions suivantes à un(e) camarade pour découvrir ce qui s'est passé dans sa vie l'année dernière. Ensuite, changez de rôle.

1. Où étais-tu? Où as-tu étudié? Qu'est-ce que tu as étudié?
2. Qu'est-ce que tu as fait pendant tes vacances? As-tu fait un voyage? Où es-tu allé(e)? Comment était le voyage?
3. Et tes amis, où étaient-ils l'année dernière? Qu'est-ce qu'ils ont fait pendant les vacances?

F. **Il était une fois...** (*Once upon a time . . .*) Racontez une histoire que vous avez vécue (*lived*) ou une histoire fantastique (inventez-la!). Utilisez les éléments suggérés pour organiser votre histoire et choisissez le temps convenable (passé composé ou imparfait).

Suggestions: l'heure, le temps, la description de la scène, la description des personnages, la description des sentiments...

Expressions utiles: soudain, tout à coup, d'habitude, en général, puis, ensuite, enfin, alors, autrefois, quand, souvent, parfois, toujours...

Les pronoms d'objet indirect

Speaking Succinctly

CANNES EN ÉTÉ

Hector et Hassan discutent au café.

HECTOR:	Juliette et Léa **nous** proposent de les rejoindre[1] pour un week-end à Cannes.
HASSAN:	Je sais: Elles **m'** ont téléphoné...
HECTOR:	Qu'est-ce que tu **leur** as répondu?
HASSAN:	Que je devais **te** parler avant de prendre une décision!
HECTOR:	Pour moi, c'est «oui»!
HASSAN:	Pour moi, c'est «non». Parce que Cannes en été, c'est la foule[2] dans les rues, dans les restaurants, sur la plage. C'est infernal!

Cannes: un mythe et une délicieuse réalité
©Russell Kord/Alamy

[1]*join, accompany* [2]*crowd*

Trouvez, dans le dialogue, la phrase équivalente.

1. Hector dit à Hassan qu'ils sont invités pour le week-end à Cannes.
2. Hassan le sait: Juliette et Léa lui ont téléphoné.
3. Hector veut connaître la réponse d'Hassan.
4. Hassan a dit à Juliette et à Léa qu'il voulait consulter Hector.

Indirect Objects

1. As you know, direct object nouns and pronouns answer the question *what?* or *whom?* Indirect object nouns and pronouns usually answer the question *to whom?* or *for whom?* In English, the word *to* is frequently omitted: I gave the book *to Paul.* → I gave *Paul* the book. In French, the preposition **à** is *always* used before an indirect object noun.

J'ai donné des informations **à** Paul.	*I gave information to Paul.*
Elle a écrit une lettre **au** maire.	*She wrote a letter to the mayor.*
Nous montrons l'article **aux** journalistes.	*We show the article to the journalists.*
Elle prête les photos **à** son frère.	*She lends the photos to her brother.*

2. If a sentence has an indirect object, it usually has a direct object as well. Some French verbs, however, take only an indirect object. These include **téléphoner à, parler à,** and **répondre à.** (*Can take both*)

Je téléphone / parle souvent **à** mes amis.	*I often phone / speak to my friends.*
Elle a répondu **au** professeur.	*She answered the instructor.*

Indirect Object Pronouns

1. Indirect object pronouns replace indirect object nouns. They are identical in form to direct object pronouns, except for the third-person forms, **lui** and **leur**.

INDIRECT OBJECT PRONOUNS			
me, m'	*(to/for) me*	nous	*(to/for) us*
te, t'	*(to/for) you*	vous	*(to/for) you*
lui	*(to/for) him, her*	**leur**	*(to/for) them*

2. The placement of indirect object pronouns is identical to that of direct object pronouns. However, the past participle does not agree with a preceding indirect object.

Je **lui** ai montré la réception.	*I showed him (her) the (front) desk.*
On **m'**a demandé l'adresse de l'auberge de jeunesse.	*They asked me for the address of the youth hostel.*
Valérie **nous** a envoyé un texto.	*Valérie sent us a text message.*
Nous allons **leur** téléphoner maintenant.	*We're going to telephone them now.*
Je **leur** ai emprunté* la voiture.	*I borrowed the car from them.*
Ils **m'**ont prêté de l'argent.	*They loaned me some money.*

3. In negative sentences, the object pronoun immediately precedes the auxiliary verb in the **passé composé.** If the pronoun is the indirect object of an infinitive, it is placed directly before the infinitive.

Elle **ne lui** a **pas** téléphoné.	*She hasn't telephoned him (her).*
Je **ne** vais **pas leur** écrire.	*I am not going to write to them.*

Grammaire interactive

For more on indirect obect pronouns, watch the corresponding Grammar Tutorial and take a brief practice quiz at **Connect French.**

www.mhhe.com/connect

Allez-y!

A. L'après-midi d'Elsa. Elsa va tous les vendredis après-midi chez sa grand-mère qui habite dans son quartier. Elle nous raconte ce qu'elle a fait vendredi dernier. Complétez son histoire avec les pronoms qui correspondent: **me, te, lui, nous, vous, leur.**

Après les cours, j'ai pris un café avec des amies. Je _____[1] ai montré mon nouvel iPad®. Un peu plus tard, j'ai rendu visite à ma grand-mère. Je _____[2] ai apporté ses magazines préférés. Elle était très contente et elle _____[3] a dit: «Je vais _____[4] préparer un bon goûter.» En fin d'après-midi, mon frère est arrivé. Il _____[5] a raconté ses aventures avec sa nouvelle moto. Nous avons bien ri. (*We laughed a lot.*)

Au moment de partir, ma grand-mère _____[6] a demandé (à mon frère et à moi): «Je vous revois la semaine prochaine, les enfants?» Nous _____[7] avons répondu, «Bien sûr, à vendredi prochain!»

---

*Emprunter (quelque chose) à (quelqu'un) means to borrow (something) from (someone).

B. **N'oublie pas...** Au moment de dire au revoir, la grand-mère d'Elsa se rappelle (*remembers*) plusieurs questions qu'elle voulait lui poser. Jouez le rôle d'Elsa et répondez-lui, en utilisant les pronoms complément d'objet indirect.

1. As-tu téléphoné à ton oncle?
2. Tu as écrit à ta tante Céline?
3. Tu as donné le plan de la ville à ton frère pour son voyage?
4. As-tu répondu à M. et Mme Morin en Espagne?
5. Est-ce que tu as souhaité (*wished*) «bon anniversaire» à ton petit cousin?
6. Est-ce que tu as rendu à Nicolas et Virginie le livre qu'ils nous ont prêté?

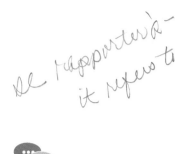

C. **Êtes-vous communicatif / communicative?** Posez les questions suivantes à un(e) camarade et créez de nouvelles questions sur le même sujet.

1. À qui as-tu écrit la semaine dernière? Qu'est-ce que tu lui as écrit? Pourquoi? En général, écris-tu souvent?
2. À qui as-tu téléphoné hier soir? Qu'est-ce que tu lui as dit?
3. Tu envoies souvent des textos? À quelle occasion? À qui?

Ensuite, dites à la classe si votre camarade est très ou peu communicatif / communicative. Qui est la personne la plus communicative de la classe?

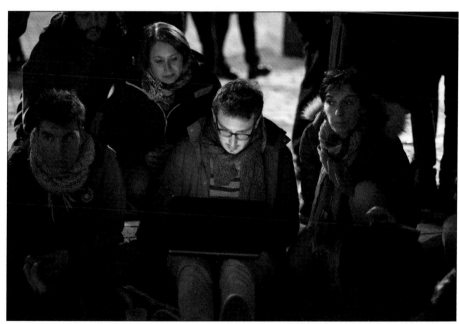

À qui est-ce qu'il écrit ce Toulousain?
©NurPhoto/Getty Images

Le blog de Juliette

«AJOUTEZ DEUX LETTRES À PARIS: C'EST LE PARADIS.»

—(Jules Renard)

mardi 21 juillet

Vous rêvez de Paris? Moi, j'y[1] habite depuis trois ans!

Avant, je visitais la capitale comme une touriste: je connaissais[2] tous les monuments, les musées, les promenades, les restaurants.

Maintenant, je sais[3] utiliser les transports en commun et lire un plan; je passe sans problème des cafés de la Rive gauche aux grands magasins de la Rive droite; je fréquente les petits restaurants bobos[4] du 11ᵉ. Je connais aussi le vieux Paris, avec ses lieux secrets pleins[5] de charme.

J'ai toujours aimé les grandes villes. Après mon Master, dans un an, je veux aller travailler dans une capitale à l'étranger. Déjà, l'an dernier, j'ai fait un stage[6] de trois mois dans une entreprise à Londres.

Vous avez compris: la banlieue ou les petites villes de province, ce n'est pas ma passion (ou ce n'est pas ma tasse de thé, comme disent les Anglais!).

Bisous quand même[7] à tous les banlieusards[8] et à tous les provinciaux[9]!

Juliette

Vous voyez, la campagne à Paris, c'est une réalité!

©McGraw-Hill Education

COMMENTAIRES

Alexis

Moi, j'ai passé toute mon enfance à Québec et je connais New York, Chicago, Miami. J'ai aussi visité Rome, Barcelone et Varsovie. Eh bien, je vais te dire: j'aime mieux Versailles! Quand je suis arrivé ici, j'ai compris que je préférais le charme à la grandeur...

Trésor

Hypocrite! Et le château, c'est du charme ou de la grandeur?

Poema

Personnellement, je suis très attachée à Papeete, la ville de mon enfance. Cette petite capitale de la Polynésie française n'a que 100 000 habitants! Avec ses bateaux à voile blancs, ses palmiers du bord de mer, elle ressemble à une cité balnéaire[10] de la Côte d'Azur.[11]

Mamadou

Vous connaissez Dakar, ma ville natale? On y trouve plein de[12] choses à faire.

Charlotte

C'est vrai! À Dakar, on trouve des bars, des restaurants, et aussi des musées, une université, des bibliothèques, des galeries d'art, des cinémas! Je le sais, j'y suis allée!

[1]*y = there* [2]*was familiar with* [3]*know how to* [4]*hipster (from* **bo**urgeois-**bo**hème*)* [5]*full* [6]*internship* [7]*quand... nevertheless* [8]*people living in the suburbs (pej.)* [9]*city dwellers in other regions of France (as opposed to Paris) (fam)* [10]*cité... summer resort town* [11]*Côte... French Riviera* [12]*plein... plenty of*

Reportage

Jolis villages de France

Ils sont pittoresques, charmants, perdus dans la nature ou installés au sommet d'une montagne comme une cerise[1] sur un gâteau: Ce sont les 32 000 villages de la campagne française. L'existence y est simple et tranquille. On y vit au milieu des moutons, des vaches et des poules.[2]

Dans un village typique de France, on trouve toujours une église, une mairie, une école, un cimetière, une salle des fêtes. Très anciens, les jolis villages de France ont des visages

Gordes: charme et histoire
©Boris Stroujko/Shutterstock RF

multiples: villages-forteresses organisés autour d'un château, villages-jardins, villages de pêcheurs,[3] villages-labyrinthes... Chaque village raconte une page de l'histoire de France et définit l'identité d'une région. Par exemple, **Riquewihr**, situé à quelques kilomètres de Colmar dans l'est de la France, est un village médiéval typiquement alsacien. Il est célèbre pour ses maisons aux colombages[4] sculptés, pour ses petites rues tortueuses, pour ses vieux puits[5] et ses fontaines. **Gordes**, avec son château monumental construit au centre du village, est situé au milieu de champs de lavande et des vignes. C'est un centre culturel et artistique qui attire des visiteurs amoureux de la Provence. Dans les Hautes-Alpes, **Saint-Véran** est un adorable village de montagne situé à 2 042 m[6] d'altitude. L'hiver, il se transforme en station de ski; l'été, il propose de merveilleuses randonnées aux amoureux de la nature.

Certains villages construisent leur réputation sur leur production locale: vins, cidres, champagnes, fromages, pâtés, miel,[7] gâteaux, bonbons... Allez à **Pérouges**, près de Lyon: c'est un minuscule village du XIIe siècle, célèbre pour ses galettes[8] au sucre absolument exquises. Arrêtez-vous à **La Roque-Gageac**, ravissant village du Sud-Ouest, construit le long de la Dordogne: On y déguste[9] un foie gras fabuleux fabriqué dans la région. À **Hauvillers**, village du Nord-Est surnommé[10] «La Perle du Champagne», on boit du champagne! Et on visite l'abbaye où repose, pour l'éternité, le fameux moine[11] Dom Pérignon. C'est lui qui a donné son nom à l'un des meilleurs champagnes français: le Dom Pérignon.

Pour les touristes du monde entier, l'expérience des jolis villages de France est unique. «C'est un enchantement», disent les visiteurs américains. On leur répond: «Vous êtes les bienvenus»!

[1]*cherry* [2]*chickens* [3]*fishermen* [4]*half-timbers* [5]*wells* [6]*6,636 feet* [7]*honey* [8]*tarts* [9]*tastes* [10]*nicknamed* [11]*monk*

VOUS COMPRENEZ?

Faites correspondre chaque village avec sa spécialité ou ses caractéristiques.

Riquewihr	Pérouges	le champagne	les galettes
Gordes	La Roque-Gageac	un château	les maisons à colombages
Saint-Véran	Hauvillers	le foie gras	le ski

Micro-trottoir

Répondez aux questions suivantes à partir de votre point de vue personnel. Puis regardez la vidéo et comparez vos réponses à celles des gens interrogés.

1. Qu'est-ce qu'un village typique de France?
2. Quelle différence faites-vous entre Paris et la province?
3. Quelle est votre ville préférée dans le monde et pourquoi est-ce que vous l'aimez tant?
4. À votre avis, quels sont les plus grands avantages de la vie urbaine? Et en ce qui concerne la vie à la campagne, quels sont les bons côtés?

Les verbes *savoir* et *connaître*

Expressing What and Whom You Know

 LES MYSTÈRES DU CHÂTEAU DE VERSAILLES

Alexis téléphone à Poema.

ALEXIS: **Tu connais** le château de Versailles?

POEMA: **Qui ne connaît pas** le château de Versailles? **Nous connaissons** tous le château: c'est un symbole de la France!

ALEXIS: **Tu sais** qu'il reçoit des millions de visiteurs par an?

POEMA: **Je sais**! C'est un monument national. Comme le musée du Louvre ou la tour Eiffel.

ALEXIS: Moi, **je connais** les mystères du château... Si tu veux, je te montre un passage secret entre la chambre du Roi et la chambre de la Reine...

POEMA: Tu crois qu'on va rencontrer le fantôme de Marie-Antoinette?

Versailles: la chambre somptueuse de la reine Marie-Antoinette
©Art Media/Heritage-Images/The Image Works

Faites des phrases complètes pour montrer que vous avez compris le dialogue. Choisissez le verbe approprié. **Attention!** il y a parfois plusieurs réponses possibles.

Tout le monde Alexis Poema	{ sait connaît }	le château de Versailles. que c'est un monument national. les mystères du château.

The verbs **savoir** and **connaître** both correspond to the English verb *to know*, but they are used differently.

Forms of *savoir* and *connaître*

PRESENT TENSE OF **savoir**			
je	**sais**	nous	**savons**
tu	**sais**	vous	**savez**
il/elle/on	**sait**	ils/elles	**savent**
past participle: **su**			

PRESENT TENSE OF **connaître**			
je	**connais**	nous	**connaissons**
tu	**connais**	vous	**connaissez**
il/elle/on	**connaît**	ils/elles	**connaissent**
past participle: **connu**			

Uses of *savoir* and *connaître*

1. **Savoir** means *to know* or *to have knowledge of* a fact, *to know by heart,* or *to know how to* do something. It is frequently followed by an infinitive or by a subordinate clause introduced by **que, quand, pourquoi,** and so on.

Sais-tu l'heure qu'il est?	*Do you know what time it is?*
Savez-vous où est le bureau de poste le plus proche d'ici?	*Do you know where the closest post office is?*
Je **sais** que le bureau de poste du boulevard Haussmann est fermé.	*I know that the post office on Boulevard Haussmann is closed.*

2. In the **passé composé, savoir** means *learned* or *found out.*

J'**ai su** hier que la mairie allait être démolie.	*I learned yesterday that the city hall is going to be demolished.*

3. **Connaître** means *to know* or *to be familiar (acquainted) with* someone or something. **Connaître**—never **savoir**—means *to know a person or a place.* **Connaître** is always used with a direct object; it cannot be followed directly by an infinitive or by a subordinate clause.

—**Connais**-tu Lucille?	*Do you know Lucille?*
—Non, je ne la **connais** pas.	*No, I don't know her.*
Ils **connaissent** très bien Dijon.	*They know Dijon very well.*

4. In the **passé composé, connaître** means *met for the first time.* It is the equivalent of the **passé composé** of **faire la connaissance de.**

J'**ai connu** Didier à l'université.	*I met Didier at the university.*

Èze, un petit village de la Côte d'Azur. Connaissez-vous la Côte d'Azur? Voulez-vous la visiter? Expliquez.

©Christian Mueller/Shutterstock RF

Allez-y!

A. Dialogue. Complétez les phrases avec **connaître** ou **savoir.**

MME DUPUY: _____ ¹-vous Paris, monsieur?

M. STEIN: Je _____ ² seulement que c'est la capitale de la France.

MME DUPUY: _____ ³-vous quelle est la distance entre Paris et Marseille?

M. STEIN: Non, mais je _____ ⁴ une agence de voyages où on doit le _____ ⁵. Dans cette agence, ils _____ ⁶ très bien le pays.

MME DUPUY: _____ ⁷-vous s'il y a d'autres villes intéressantes à visiter?

M. STEIN: Comme je l'ai dit, je ne _____ ⁸ pas bien ce pays, mais hier j'ai fait la connaissance d'un homme qui _____ ⁹ où aller pour passer de bonnes vacances.

MME DUPUY: Je voudrais bien _____ ¹⁰ cet homme. _____ ¹¹-vous où il travaille?

B. Et toi, connais-tu Paris? Avec un(e) camarade, posez des questions et répondez-y.

MODÈLE: l'Opéra-Bastille →
> VOUS: Connais-tu l'Opéra-Bastille?
> VOTRE CAMARADE: Non, je ne le connais pas, mais je sais qu'on y va pour écouter de la musique.

ENDROITS	DÉFINITIONS
l'Opéra-Bastille	C'est le quartier des étudiants à Paris.
Notre-Dame de Paris	Le président y habite.
le Louvre	On y va pour écouter de la musique.
le Palais de l'Élysée	On y trouve une vaste collection de livres.
la tour Eiffel	C'est une église située sur l'île de la Cité.
la Bibliothèque nationale	C'est la structure en verre (*glass*) devant le Louvre.
le Quartier latin	On y trouve une riche collection d'art.
la Pyramide	Elle a 320 mètres de haut (*tall*) et elle est en fer (*iron*).

Un peu plus...

L'Opéra-Garnier

Cet opéra est l'un des édifices les plus somptueux de Paris. L'intérieur est fait de différents marbres et décoré de nombreuses sculptures. La salle de concert est rouge et or. C'est Napoléon III qui a fait construire l'Opéra du Palais Garnier. Son décor flamboyant devait représenter le luxe, l'art et le plaisir. De nos jours, on y présente de grands spectacles de danse.

Aimez-vous le luxe? Expliquez.

Les luxes de la ville: le grand escalier de l'Opéra de Paris
©Brian Jannsen/Alamy

C. Vos connaissances. Utilisez ces phrases pour interviewer un(e) camarade. Dans les réponses, utilisez le verbe **savoir** ou **connaître**.

1. Nomme deux choses que tu sais faire.
2. Nomme deux choses que tu veux savoir faire un jour.
3. Nomme deux domaines (*fields of study*) où tu es plus ou moins compétent(e). (Je connais / ne connais pas bien...)
4. Nomme une personne que tu as connue récemment.
5. Nomme quelqu'un que tu aimerais (*would like*) connaître.

D. Une ville. Donnez le nom d'une ville que vous connaissez bien. Ensuite, racontez ce que vous savez sur cette ville.

MODÈLE: Je connais New York. Je sais qu'il y a d'immenses gratte-ciel (*skyscrapers*).

Les pronoms *y* et *en*

Speaking Succinctly

 LE MUSÉE PICASSO

Juliette et Léa discutent au café.

JULIETTE: Tu as un plan d'Antibes sur toi?

LÉA: J'**en** ai un sur mon iPhone®. Qu'est-ce que tu cherches?

JULIETTE: Le musée Picasso.

LÉA: C'est au château Grimaldi, dans la vieille ville, face à la mer. J'**y** suis déjà allée.

JULIETTE: J'ai deux billets gratuits.[1] Tu **en** veux un?

LÉA: Si j'**en** veux un? Bien sûr!

JULIETTE: Tu veux **y** retourner?

LÉA: Sans hésitation! C'est tellement[2] beau! On **y** va ensemble!

Pour les amateurs d'art
©Greg Balfour Evans/Alamy

[1]*free* [2]*so*

Trouvez, dans le dialogue, des phrases équivalentes.

1. J'ai un plan d'Antibes sur mon iPhone.
2. Je suis déjà allée au musée Picasso.
3. Tu veux un billet?
4. Tu veux retourner au musée Picasso?
5. On va ensemble au musée Picasso.

une balade	une promenade
se balader	se promener
(faire) belek	(faire) attention
quartier bobo	quartier bourgeois-bohème
quartier branché	quartier à la mode

Une **balade** à vélo, ça t'intéresse?

Je **fais belek** quand je **me balade** en ville.

Le 11ᵉ arrondissement? C'est le **quartier bobo** de Paris.

Le haut Marais, c'est le nouveau **quartier branché** de Paris.

The Pronoun *y*

1. The pronoun **y** can refer to a place that has already been mentioned. It replaces a prepositional phrase, and its English equivalent in such cases is *there.*

—Est-ce que Nathalie est déjà allée **au parc Montsouris**?	*Has Nathalie already gone to Montsouris Park?*
—Non, mais elle **y** va samedi.	*No, but she is going there Saturday.*
—Est-ce que Myriam va **au festival** avec elle?	*Is Myriam going to the festival with her?*
—Non, elle n'**y** va pas avec elle.	*No, she isn't going (there) with her.*
—Vont-elles **chez Nathalie** ce week-end?	*Are they going to Nathalie's this weekend?*
—Oui, elles **y** vont ensemble.	*Yes, they're going (there) together.*

Note that *there* is often implied in English, whereas **y** must always be expressed in French.

2. **Y** can replace the combination **à** + *noun* when the noun refers to a place or thing. This substitution most often occurs after certain verbs that are followed by **à**: **répondre à, réfléchir à, réussir à, penser à** (*to think about someone or something*), **jouer à.** It is not usually applied to the **à** + *noun* combination when the noun refers to a person; in these cases, a stressed or indirect object pronoun is used.

—As-tu répondu **au texto de ta sœur**?	*Did you answer your sister's text message?*
—Oui, j'**y** ai répondu.	*Yes, I answered it.*
—Elle pense déjà **au voyage à Marseille**?	*Is she already thinking about the trip to Marseille?*
—Non, elle n'**y** pense pas encore.	*No, she's not thinking about it yet.*

BUT:

—As-tu téléphoné **à ta mère?**	*Did you call your mother?*
—Non, je ne **lui** ai pas téléphoné, mais je pense à **elle.**	*No, I didn't call her, but I'm thinking about her.*

3. The placement of **y** is identical to that of object pronouns: It precedes a conjugated verb, an infinitive, or an auxiliary verb in the **passé composé.**

La ville de Nice? Nous **y** cherchons une maison.	*The city of Nice? We're looking for a house there.*
Mon mari va **y** aller jeudi.	*My husband will go there on Thursday.*
Est-ce qu'il **y** est allé en train ou en avion?	*Did he go there by train or by plane?*

[Allez-y! A]

The Pronoun *en*

1. **En** can replace a combination of a partitive article (**du, de la, de l'**) or indefinite article (**un, une, des**) plus a noun; **en** is then equivalent to English *some* or *any.* Again, whereas these expressions can often be omitted in English, **en** must always be used in French. Like other object pronouns, **en** is placed directly before the verb that refers to it. In the **passé composé,** it is placed directly before the auxiliary verb.

—Est-ce qu'il y a **des musées intéressants** à Avignon?
—Oui, il y **en** a.

Are there interesting museums in Avignon?
Yes, there are (some).

—Est-ce que vous avez visité **des sites touristiques** à Avignon?
—Oui, nous y **en** avons visité.

Did you visit any tourist attractions in Avignon?
Yes, we visited some (there).

—Avez-vous acheté **des souvenirs**?
—Non, nous n'**en** avons pas acheté.

Did you buy souvenirs?
No, we didn't buy any.

—Voici **du vin d'Avignon. En** veux-tu?
—Non merci. Je n'**en** veux pas.

Here's some wine from Avignon. Do you want some?
No, thanks, I don't want any.

Comme dit la chanson: «Sur le pont d'Avignon, on y danse tous en rond»
©digitalimagination/Getty Images RF

2. **En** can also replace a noun modified by a number or by an expression of quantity such as **beaucoup de, un kilo de, trop de, deux,** and so on. Only **en** (*of it, of them*) and the number or expression of quantity are used in place of the noun.

—Avez-vous **une chambre**?
—Oui, j'**en** ai **une.***

Do you have a room?
Yes, I have one.

—Vous avez **beaucoup de chambres** disponibles?
—Oui, j'**en** ai **beaucoup.**

Do you have a lot of rooms available?
Yes. I have a lot.

—**Combien de lits** voudriez-vous?
—J'**en** voudrais **deux.**

How many beds would you like?
I'd like two.

3. **En** is also used to replace **de** plus a noun and its modifiers (unless the noun refers to people) in sentences with verbs or expressions that use **de: parler de, avoir envie de,** and so on.

—Avez-vous besoin **de ce guide**?
—Oui, j'**en** ai besoin.

Do you need this guidebook?
Yes, I need it.

—Parliez-vous **des ruines romaines**?
—Non, nous n'**en** parlions pas.

Were you talking about the Roman ruins?
No, we weren't talking about them.

[Allez-y! B-C]

---

*In a negative answer to a question containing **un(e),** the word **un(e)** is not repeated:
Je n'en ai pas.

Y and *en* Together

The combination of **y en** is very common with the expression **il y a.**

—Combien de terrains de camping est-ce qu'il y a?   *How many campgrounds are there?*

—Il **y en** a sept.   *There are seven (of them).*

—Combien de campeurs y avait-il?   *How many campers were there?*

—Il **y en** avait à peu près cent cinquante.   *There were about a hundred fifty (of them).*

[Allez-y! D-E]

Allez-y!

A. Roman policier. Paul Marteau est détective. Il file (*trails*) une suspecte, Pauline Dutour. Doit-il aller partout (*everywhere*) où elle va?

MODÈLE: Pauline Dutour va à Paris. →
Marteau y va aussi. (*ou* Marteau n'y va pas.)

1. La suspecte entre dans un magasin de vêtements.
2. Elle va au cinéma.
3. Elle entre dans une pharmacie.
4. Pauline reste longtemps dans un bistro.
5. La suspecte monte dans un taxi.
6. Elle va chez le coiffeur (*hairdresser*).
7. Elle entre dans un hôtel.
8. La suspecte va au bar de l'hôtel.
9. Finalement, elle va en prison.

Maintenant, racontez les aventures de Paul Marteau au passé composé.

B. Un dîner chez Maxim. Un(e) camarade vous interroge sur votre choix.

MODÈLE: pâté →
É1: Tu as envie de manger du pâté? (Prends-tu du pâté?)
É2: Oui, j'ai envie d'en manger. (Oui, j'en prends.) (*ou* Non, je n'ai pas envie d'en manger. / Non, je n'en prends pas.)

1. hors-d'œuvre
2. soupe
3. escargots
4. viande
5. légumes
6. vin
7. dessert
8. café

ENVOYER   Enregistrer   Supprimer   Libellés ▼

À   Christinemom@wanadoo.com
Ajouter un champ Cc Ajouter un champ Cci

Objet   Paris!!

Joindre un fichier **Insérer** : Invitation

Chère Maman,
Je suis à Paris depuis trois jours. J'ai déjà trouvé un appartement dans le 15ᵉ. J'ai une chambre, un salon et une petite cuisine. Ma copine me parle souvent de la vie parisienne. C'est une ville fascinante. Je vais acheter un vélo la semaine prochaine pour me promener sur les bords° du canal Saint-Martin. Je ne veux pas de voiture. C'est trop dangereux ici. Je t'embrasse très fort. À bientôt.

Ta fille adorée,
Audrey

C. Mél à ma mère. Lisez le mél et répondez aux questions suivantes. Utilisez le pronom **en** dans vos réponses.

1. Est-ce qu'Audrey a trouvé un appartement?
2. Combien de pièces est-ce qu'il y a?
3. Est-ce qu'Audrey et sa copine parlent souvent de la vie parisienne?
4. Quand va-t-elle acheter un vélo?
5. Pourquoi ne veut-elle pas de voiture?

°me... *ride along the banks*

D. Votre ville. Imaginez qu'un(e) touriste vous pose des questions sur votre ville. Jouez les rôles avec un(e) camarade. Utilisez dans vos réponses le pronom **en** et un nombre ou une expression de quantité. Donnez aussi le plus de détails possible.

> MODÈLE: É1: Il y a des grands magasins dans votre ville?
>
> É2: Oui, il y en a beaucoup—Saks, Macy's, Nordstrom... (Il y en a seulement deux, Macy's et Saks.)

1. Avez-vous une université dans votre ville?
2. Il y a des musées intéressants à visiter?
3. Combien de cinémas et de théâtres avez-vous?
4. Est-ce qu'on peut y faire beaucoup de sport?
5. Combien d'habitants est-ce qu'il y a dans votre ville?
6. On y rencontre beaucoup d'étrangers?

Résumez! Maintenant, votre camarade décrit votre ville à la classe. Il/Elle commence par «Mon/Ma camarade est de _____. Il y a beaucoup de grands magasins à _____... » Est-ce que tout le monde est d'accord avec cette description? Comparez les descriptions d'une même ville. Qui a donné le plus de détails? Qui a été le plus précis / la plus précise?

La Grande Arche de la Défense, centre d'affaires à Paris. Est-ce qu'il y a une arche comme celle-ci (*this one*) dans votre ville?
©Doug Armand/Getty Images

E. Échange d'opinions. Avec un(e) camarade, donnez votre opinion sur des sujets divers. Utilisez les **Mots clés.**

Suggestions: les chauffeurs de taxi, les grandes villes américaines, les monuments, les musées, les touristes, les transports en commun...

> MODÈLE: É1: Que penses-tu des voitures japonaises?
>
> É2: Elles sont jolies (trop petites, pratiques)... Et toi, qu'en penses-tu?
>
> É1: Je (ne) les aime (pas). Elles (ne) sont (pas)...

Prononcez bien!

Nasal vowels (page 289)

A. Un anniversaire au restaurant. Pour fêter l'anniversaire d'Isabelle, vous allez au restaurant avec elle, ses amis et votre camarade de classe. Vous venez de réviser les voyelles nasales en cours de français, alors vous faites attention à leur prononciation pendant que vos amis passent leur commande (*place their order*).

1. Écoutez Isabelle et écrivez les mots contenant la voyelle [ɔ̃] comme dans **bon.**

   a. _____   b. _____

2. Écoutez Louis et écrivez les mots contenant la voyelle [ɑ̃] comme dans **plan.**

   a. _____   b. _____   c. _____

3. Écoutez Hugo et écrivez les mots contenant la voyelle [ɛ̃] comme dans **chemin.**

   a. _____   b. _____

B. Un anniversaire au restaurant (suite). Maintenant, votre camarade et vous passez votre commande. Choisissez au moins trois choses sur le menu ci-dessous.

VOUS:	Moi, je vais prendre...
VOTRE CAMARADE:	Et pour moi...

Aujourd'hui, le chef vous propose...

Entrées
Pâté de campagne • Assiette de jambon • Champignons à la grecque • Saucisson

Plats principaux
Gratin de pommes de terre • Bœuf bourguignon[1] • Saumon au vin blanc • Canard à l'orange

Desserts
Macarons aux amandes • Meringue à la framboise • Far breton[2] • Tarte tatin[3]

Boissons
• Saint-Émilion (vin rouge) • Sancerre (vin blanc) • Champagne
Jus d'orange • Bouteille d'Évian

---

[1]Bœuf... Beef stew with red wine sauce [2]Far... traditional cake from Brittany
[3]Tarte... Upside down apple tart

Lecture

Reading poetry (Part 1). Up until this chapter, you have been reading narrative texts. Depending on the text type, you have used a variety of strategies to facilitate comprehension: anticipating context by the use of titles and visuals, guessing from context, scanning for the gist, and so on.

Reading poetry, on the other hand, requires different skills. To identify these skills, it will be helpful for you to first clarify your expectations in reading poetry. Which of the following statements are true for you?

Poetry _____.

☐ is hard to read and understand
☐ uses abstract and figurative language
☐ must rhyme
☐ is written for the ear as well as for the eye
☐ should be read for the literal meaning
☐ creates a mood
☐ tells a story

Based on your answers, which of the following strategies would be most useful to read poetry effectively and pleasurably?

☐ Poetry should be read aloud.
☐ Be alert to both the literal and figurative meaning of a word.
☐ Skip unimportant details and concentrate on the main idea.
☐ Both the meaning of words and the shape of the text contribute to understanding.
☐ Because poetry is difficult to read, it helps to paraphrase the text.

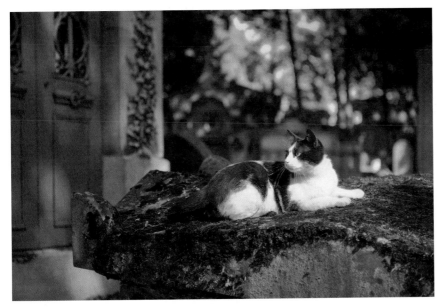

Le cimetière du Père-Lachaise à Paris abrite environ trois cents chats.
©Daniel Thierry/Getty Images

«Le chat abandonné»

Je suis le chat de ton quartier
On me dit abandonné.
Ne cherche pas à m'attraper
Car mes griffes sont acérées [1]

Je me promène sur les toits
Qu'il fasse nuit, qu'il fasse froid. [2]
Je n'ai pas peur de tomber
Car la Lune sait me guider.

Pour manger au restaurant
Je n'ai pas besoin d'argent
Je me sers dans les poubelles [3]
Et ne fais jamais d'vaisselle.

Je suis le chat de ton quartier
On me dit abandonné
Ça ne me fait pas pleurer
Car mon nom est Liberté.

«Mon nom est Liberté»
©Juniors Bildarchiv GmbH/Alamy

[1]Car... *For my claws are sharp*   [2]Qu'il... *Whether it's night, whether it's cold*   [3]*garbage cans*

Poème inédit de Paul Degray in Christian Lamblin, *Poésies et Jeux de langage CP/CE1, Éd.* Retz, 2003

COMPRÉHENSION

Complétez les phrases suivantes selon votre compréhension du poème. Justifiez vos réponses.

1. Le chat du quartier est _____.
   a. abandonné
   b. indépendant
   c. triste
   d. prisonnier

2. La nuit, le chat a _____.
   a. froid
   b. des difficultés à voir les toits
   c. la Lune pour le guider
   d. peur de se promener

3. Pour manger, le chat cherche _____.
   a. un endroit protégé de la pluie
   b. un refuge dans une maison du quartier
   c. un repas dans une poubelle
   d. un restaurant ouvert

4. Le chat du quartier se sent _____.
   a. abandonné
   b. libre
   c. sans amis
   d. énergique

 # Écriture

The writing activities **Par écrit** and **Journal intime** can be found in the Workbook/Laboratory Manual to accompany *Vis-à-vis*.

L'église aux Anses d'Arlet, à la Martinique

©McGraw-Hill Education

Le vidéoblog de Juliette

En bref

Dans cet épisode, Juliette et Hector font une promenade au jardin du Luxembourg. Les deux amis parlent de leur ville natale et de leur vie actuelle (*present*) à Paris. Dans son vidéoblog, Juliette présente le côté «villageois» de Paris et Hector nous fait visiter son village à la Martinique.

Vocabulaire en contexte

se promener
to take a walk

le bruit
noise

le mouvement
movement

une place
square

se connaître
to know each other

la vie en ville
life in the city

un immeuble
apartment building

rencontrer
to run into

une cour
courtyard

un milieu hostile
hostile environment

une ruelle
alley

une impasse
dead end (*street*)

VISIONNEZ!

Est-ce que les phrases suivantes décrivent Paris ou les Anses d'Arlet à la Martinique?

	Paris	les Anses d'Arlet
1. Il y a toujours du bruit, du mouvement.	☐	☐
2. On rencontre toujours les mêmes gens.	☐	☐
3. On vit (*makes a living*) de la pêche.	☐	☐
4. On est toujours près de la nature.	☐	☐
5. Au cœur (*heart*) de la capitale, il y a de vrais villages.	☐	☐
6. Il y a des villas, des lofts et des ateliers d'artistes.	☐	☐

ANALYSEZ!

1. Hector nous dit qu'aux Anses d'Arlet, tout est «à l'échelle (*scale*) humaine». Expliquez pourquoi il a ce sentiment.
2. Quels aspects d'une petite ville trouve-t-on même à Paris?

COMPAREZ!

Décrivez votre ville natale. S'agit-il d'une commune (*town*) rurale ou d'une grande ville? Qu'a-t-elle en commun avec les Anses d'Arlet? Et avec Paris? Regardez encore une fois les parties culturelles de la vidéo: Dans quelle sorte de lieu désirez-vous vivre plus tard (*later*)? Expliquez.

NOTE CULTURELLE

Le long des côtes de la Martinique, on trouve de nombreux villages de pêcheurs[1] dans de très petites baies appelées «anses». L'Anse Dufour est un village de pêcheurs qui a gardé tout son charme d'origine; les Trois-îlets tiennent[2] leur nom des trois petits îlots rocheux[3] qui émergent au large de[4] la pointe aux Pères; le village des Anses d'Arlet est célèbre pour ses deux plages superbes: la grande Anse et la Petite Anse.

[1]villages... *fishing villages* [2]*take* [3]îlots... *rocky islands* [4]au... *offshore from*

Verbes

annuler	to cancel
connaître	to know, be familiar with
emprunter (à)	to borrow (from)
penser à	to think of (about)
penser de	to think of (about) (to have an opinion about)
poser une question (à)	to ask a question
prêter (à)	to lend (to)
savoir	to know (how, a fact)

MOTS APPARENTÉS: **continuer, tourner**

À REVOIR: **écrire, envoyer, montrer, prendre, réfléchir (à), rendre visite (à), réussir (à), traverser**

Substantifs

l'arrondissement (m.)	district, section (of Paris)
la banlieue	suburbs
le bâtiment	building
le bois	forest, woods
le boulevard	boulevard
le café-tabac	bar-tobacconist
le carrefour	intersection
la carte	map (of a region, country)
le centre-ville	downtown
le château	castle, château
le chemin	way (road)
le coin	corner
le commissariat	police station
l'église (f.)	church
l'île (f.)	island
la mairie	town hall
le marché en plein air	open-air market
la piscine	swimming pool
la place	square
le plan	map (of a city)
le poste de police	police station
la Rive droite	the Right Bank (in Paris)
la Rive gauche	the Left Bank (in Paris)
le syndicat d'initiative	tourist information bureau
la tour	tower

MOTS APPARENTÉS: **la banque, l'hôpital** (m.), **l'hôtel** (m.), **le monument, le musée, le parc, la pharmacie, la station (de métro)**

À REVOIR: **la bibliothèque, le bureau de poste, le jardin, la librairie, la pièce, le quartier, le restaurant, la rue**

Les nombres ordinaux

le premier (la première), le/la deuxième, le/la troisième, le/la quatrième, le/la cinquième, le/la sixième, le/la septième, le/la huitième, le/la neuvième, le/la dixième, le/la onzième, le/la douzième, etc.

Les expressions temporelles

au moment où	at the time when
autrefois	formerly
d'abord	first, first of all, at first
enfin	finally
ensuite	then, next
pendant que	while
puis	then, next
soudain	suddenly
tout à coup	suddenly
une fois	once

À REVOIR: **de temps en temps, un week-end**

Mots et expressions divers

À votre (ton) avis, . . . ?	In your opinion, . . . ?
de nouveau (adv.)	again
en (pron.)	of them; of it; some; any (in negatives)
gratuit(e) (adj.)	free
jusqu'à	up to, as far as
partout (adv.)	everywhere
plusieurs	several
Qu'en penses-tu / pensez-vous?	What do you think of that?
Que penses-tu / pensez-vous de. . . ?	What do you think about . . . ?
tellement (adv.)	so
tout droit (adv.)	straight ahead
y (pron.)	there

À REVOIR: **à droite, à gauche**

CHAPITRE 12

La passion pour les arts

Les dossiers de Juliette

Juliette

➤ Mes photos
  ➤ Le bleu de Chartres
  ➤ Le grand stabile rouge
  ➤ Au musée d'Orsay

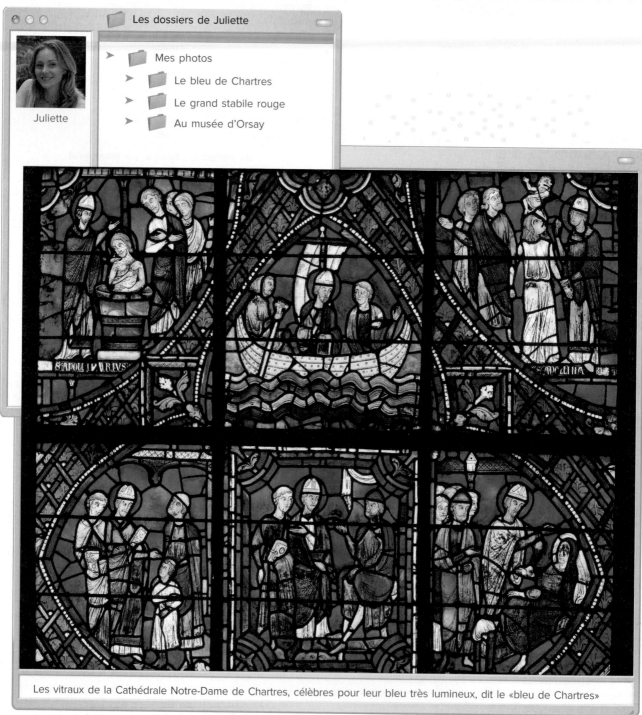

Les vitraux de la Cathédrale Notre-Dame de Chartres, célèbres pour leur bleu très lumineux, dit le «bleu de Chartres»

Dans ce chapitre...

OBJECTIFS COMMUNICATIFS

➤ talking about artistic and historical heritage

➤ emphasizing and clarifying

➤ speaking succinctly

➤ expressing actions

➤ talking about how things are done

➤ learning to distinguish between and pronounce selected sounds in French

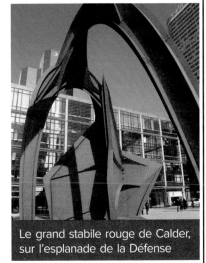

Le grand stabile rouge de Calder, sur l'esplanade de la Défense

©Javier Gil/Alamy

PAROLES (LEÇON 1)

➤ Le patrimoine historique

➤ Les œuvres d'art et de littérature

➤ Les verbes **suivre** et **vivre**

STRUCTURES (LEÇONS 2 ET 3)

➤ Les pronoms accentués

➤ La place des pronoms personnels

➤ Les verbes suivis de l'infinitif

➤ Les adverbes

CULTURE

➤ Le blog de Juliette: *Pour les amateurs d'art*

➤ Reportage: *Le Paris des musées*

➤ Lecture: «Déjeuner du matin» (Leçon 4)

➤ Sondages: *Les musées parisiens dans le classement mondial des musées* (Leçon 4)

Le musée d'Orsay

©William Ryall

Le patrimoine historique° Le... *Historical heritage*

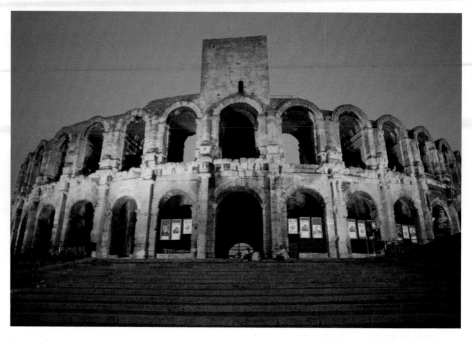

Les arènes d'Arles, monument de l'époque romaine (59 av. J.-C.*–Ve siècle)
©Franz-Marc Frei/Getty Images

Chenonceaux, château de la Renaissance (XVIe siècle)
©Owen Franken

La cathédrale d'Amiens, chef-d'œuvre
(*masterpiece*) du Moyen Âge (l'époque
médiévale: V^e–XVe siècles)
©Jahan/Explorer/Science Source

—————————
*avant Jésus-Christ

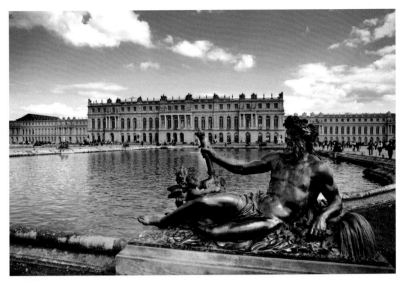

Versailles, château de l'époque classique (XVIIᵉ siècle)

©onairda/Shutterstock RF

Allez-y!

A. Définitions. Regardez les quatre photos et complétez les phrases.

1. Une période historique, c'est une _____.
2. Une durée de cent ans, c'est un _____.
3. On a bâti (*built*) la cathédrale d'Amiens à l'époque _____.
4. L'époque historique qui se situe entre le Vᵉ et le XVᵉ siècles s'appelle le _____.
5. Le château de Chenonceaux a été bâti au _____.
6. Le château de Versailles date de l'époque _____.
7. Les arènes d'Arles datent de l'époque _____.

B. Leçon d'histoire. Indiquez dans une phrase en quel siècle et à quelle époque chacun des événements suivants s'est passé (*took place*). Remplacez les éléments en italique par des pronoms.

MODÈLE: *Guillaume, duc de Normandie,* a conquis *l'Angleterre* en 1066. → Il l'a conquise au XIᵉ siècle, à l'époque du Moyen Âge.

1. *Blaise Pascal* a inventé *la première machine à calculer* en 1642.
2. On a bâti *les arènes de Nîmes* au premier siècle.
3. *La ville de Paris* s'appelait Lutèce du IIᵉ siècle av. J.-C. jusqu'au IVᵉ siècle après J.-C.
4. *Jacques Cartier* a pris possession *du Canada* au nom de la France en 1534.
5. *Jeanne d'Arc* a essayé de prendre *la ville de Paris* en 1429.
6. *René Descartes* a écrit *sa «Géométrie»* en 1637.
7. *Charlemagne* est devenu roi (*king*) des Francs en 768.

C. À vous! Imaginez que votre classe de français est en visite à Paris. Votre guide vous propose trois sites à visiter. En groupes de trois ou quatre personnes, choisissez un site parmi les suggestions suivantes. Vous devez présenter votre choix à la classe et le justifier. Finalement, on vote pour choisir un seul site pour toute la classe.

Les arènes de Lutèce

Histoire: des arènes romaines de 15 000 places avec une arène séparée pour les combats des gladiateurs

Aujourd'hui: un jardin public très agréable où on peut flâner (*stroll*), pique-niquer ou rêver

À proximité: le Quartier latin

©Glenn Harper/Alamy

©Radius Images/Alamy RF

Le palais du Louvre

Histoire: ancienne résidence royale commencée au XIIIe siècle

Aujourd'hui: un magnifique musée d'art

À proximité: le quartier élégant de l'Opéra

©Steve Vidler/SuperStock

La cathédrale de Notre-Dame

Histoire: Commencée en 1163 et finie en 1345, c'est le grand chef-d'œuvre du Moyen Âge. Son architecture de style gothique crée une atmosphère de mystère et de beauté.

Aujourd'hui: C'est toujours une église catholique. On peut monter les 387 marches (*steps*) jusqu'au sommet de sa tour et prendre de splendides photos de Paris.

À proximité: le Quartier latin, l'île Saint-Louis, l'Hôtel de Ville (*City Hall*) de Paris

Les œuvres d'art et de littérature

La littérature

une pièce de théâtre

un poème
la poésie

un roman

un écrivain, une écrivaine

La sculpture

une sculpture

un sculpteur*

Prononcez bien!

The vowel sound in *sculpture*

To pronounce the [y] in **sculpture,** close your mouth and purse your lips. Make sure your tongue is at the front of your mouth, pressed against your lower teeth. If you let it shift to the back of your mouth, you will be pronouncing [u] as in **vous.**

[y]: **sculpture,*** **litt<u>é</u>rature, peint<u>u</u>re, m<u>u</u>sique**

*The **p** in **sculpture** is silent. Remember to pronounce the ending as **-ture,** not **-tchure.**

La peinture

un tableau

un peintre*

La musique

un musicien, une musicienne

Le cinéma

une actrice

un acteur

un/une cinéaste

AUTRES MOTS UTILES	
un/une auteur(e) dramatique	playwright
un comédien, une comédienne	stage actor / actress
un compositeur, une compositrice	composer
une œuvre	work, composition
un recueil	collection

*In France, there is no official feminine form of the masculine nouns **peintre** and **sculpteur.**

Allez-y!

A. Qui sont-ils? Retrouvez la profession de ces artistes. Si vous ne savez pas, devinez ou faites des recherches.

MODÈLE: Jean-Paul Sartre → C'est un écrivain.

1. Marion Cotillard	acteur / actrice
2. Auguste Rodin	cinéaste
3. Pierre Auguste Renoir	écrivain / écrivaine
4. Simone de Beauvoir	musicien(ne) et compositeur /
5. Louis Malle	compositrice
6. Camille Claudel	peintre
7. Claude Debussy	sculpteur
8. Mary Cassatt*	
9. Henri Matisse	
10. Isabelle Huppert	

B. Littérature. Complétez les phrases avec la forme correcte des mots suivants: **acteur, écrivain, pièce de théâtre, poème, poésie, roman.**

1. *L'Étranger* est un _____ d'Albert Camus.
2. Molière était un _____ et un _____. Il a écrit des _____.
3. La vie de Verlaine a été turbulente, mais ses _____ font partie des chefs-d'œuvre de la _____ française.
4. Simone de Beauvoir a écrit des _____ et des essais sur la condition féminine.
5. *Les Fleurs du mal* est un recueil de _____ de Charles Baudelaire.

C. Les goûts artistiques. Posez les questions à un(e) camarade.

1. Quel est ton roman préféré? C'est de qui?
2. Qui est ton peintre préféré? Pourquoi?
3. Connais-tu des artistes français? Lesquels (*Which ones*)?
4. Est-ce que tu écoutes de la musique classique? Qui est ton compositeur préféré / ta compositrice préférée?
5. Aimes-tu la poésie? Quels poètes anglais ou américains aimes-tu? Connais-tu un poème par cœur (*by heart*)? Lequel?
6. Vas-tu quelquefois au théâtre? Quelle pièce as-tu vue récemment?
7. Aimes-tu aller au cinéma? Quel film as-tu vu récemment?

Maintenant, décrivez les goûts artistiques de votre camarade à la classe.

Le parler jeune

un bouquin	un livre
faire un bide	ne pas réussir
faire un carton, cartonner	avoir du succès
un navet	un mauvais film
un tube	une chanson à succès
la zik	la musique

Lire un **bouquin** sur un écran? Pourquoi pas?

Avec un mauvais scénario, on est sûr de **faire un bide.**

Le prochain film de Tarantino va **cartonner** en Europe.

À ton avis, c'est un bon film ou **un navet**?

Change de **zik** si t'aime pas ce **tube**.

---

*Mary Cassatt est née à Pittsburgh, mais elle a vécu (*lived*) à Paris et a participé au mouvement impressionniste

Les verbes *suivre* et *vivre*

suivre (*to follow*)			
je	**suis**	nous	**suivons**
tu	**suis**	vous	**suivez**
il/elle/on	**suit**	ils/elles	**suivent**
past participle: **suivi**			

vivre (*to live*)			
je	**vis**	nous	**vivons**
tu	**vis**	vous	**vivez**
il/elle/on	**vit**	ils/elles	**vivent**
past participle: **vécu**			

Suivre and **vivre** are irregular verbs, and they have similar conjugations in the present tense. **Suivre un cours** means *to take a course*. **Poursuivre** (*to pursue*) is conjugated like **suivre**.

Combien de cours d'art **suis**-tu?

How many art courses are you taking?

Suivez mes conseils!

Follow my advice!

Monet **a vécu** de nombreuses années à Giverny.

Monet lived many years in Giverny.

Est-ce qu'il **a poursuivi** ses études de musique?

Did he pursue his musical studies?

Allez-y!

A. Van Gogh. Complétez cette biographie en utilisant les verbes suivants: **suivre, poursuivre, vivre, habiter.** Mettez tous les verbes, excepté le numéro 7, au présent.

Vincent Van Gogh est né en 1853 à Groot-Zundert, aux Pays-Bas. En 1877, il _____¹ des cours pour devenir pasteur (*preacher*), mais malheureux, il change d'avis. Il _____² des études de dessin anatomique parce qu'il veut devenir artiste. Après des séjours en Belgique et aux Pays-Bas, où il peint *Les Mangeurs de pommes de terre,* il _____³ à Paris, où il fait la connaissance des peintres impressionnistes comme Monet. C'est Pissarro qui le convainc d'utiliser des couleurs vives (*bright*). À Paris, Van Gogh ne vend aucun* tableau; il _____⁴ dans la misère (*poverty*). De 1888 jusqu'à sa mort, Van Gogh _____⁵ le sud de la France où il _____⁶ sa passion pour la peinture. De plus en plus tourmenté, il se suicide en 1890. Il _____⁷ (*passé composé*) seulement jusqu'à l'âge de 37 ans et n'a vendu qu'un seul tableau pendant sa vie.

---

*ne... aucun(e) is a negative expression meaning *no, not one*.

Vincent Van Gogh: *Autoportrait,* 1889–1890 (Musée d'Orsay, Paris)

©Fine Art Images/Heritage Images/Getty Images

B. Conversation. Avec un(e) camarade, répondez aux questions suivantes.

1. Quelle carrière veux-tu poursuivre? Suis-tu déjà des cours qui mènent à (*lead to*) cette carrière?

2. Est-ce que la plupart (*majority*) des gens basent leur choix de carrière sur ce qui les intéresse? Sinon, comment la choisissent-ils?

3. Comment veux-tu vivre dans dix ans? Dans le luxe en ville, par exemple, ou très simplement à la campagne? Dans quelle sorte de logement veux-tu habiter?

4. À ton avis, est-il plus important de suivre ses passions dans la vie ou de poursuivre la richesse? Pourquoi?

Un peu plus...

Claude Monet (1840–1926)

Comme ils ne sont pas acceptés dans les galeries traditionnelles, Monet et ses amis peintres décident, en 1874, d'organiser leur propre exposition. La technique de Monet vise (*aims*) à suggérer une expression spontanée de la nature par une application de couleurs vives. C'est la naissance du mouvement impressionniste qui sera (*will be*) reconnu plus tard comme l'un des plus importants mouvements d'art moderne. Vous aimez l'impressionnisme? Expliquez.

Claude Monet: Impression, soleil levant, 1873 (Musée Marmottan Monet, Paris)
©Fine Art Images/Heritage Images/Getty Images

Les pronoms accentués

Emphasizing and Clarifying

 SAVOIR PARLER D'AMOUR

Hassan, Hector, Juliette et Léa discutent chez Hector.

HASSAN: **Moi**, j'aime la sculpture. Je passe des heures au musée Rodin.

JULIETTE: **Moi**, j'ai une passion pour la peinture, surtout pour Kandinsky. Je le trouve joyeux. Picasso, **lui**, est moins[1] gai.

LÉA: Et **toi**, Hector, qu'est-ce que tu aimes?

HECTOR: **Moi**, j'adore la danse: c'est ma passion, mon métier[2] et ma raison de vivre.[3]

LÉA: **Vous**, vous êtes différents de **moi.** Parce que **moi**, j'aime la poésie et les poètes.

JULIETTE: Pourquoi les poètes?

LÉA: Parce que, **eux**, ils savent parler d'amour!

Wassily Kandinsky: *Petits mondes I*, 1922

©Art Collection 2/Alamy

[1]*less* [2]*profession* [3]*raison... reason for living*

Complétez les phrases suivantes en utilisant **moi, toi, lui, vous** ou **eux**.

1. Et _____, vous aimez la sculpture?
2. _____, tu as une passion pour la peinture?
3. Kandinsky est joyeux, Picasso, _____, est moins gai.
4. _____, j'adore la danse.
5. Et _____, tu aimes la poésie et les poètes?
6. Les poètes, _____, ils savent parler d'amour.

Forms of Stressed Pronouns

Stressed pronouns (**les pronoms accentués**) are used as objects of prepositions or for clarity or emphasis. The following chart shows their forms. Note that several are identical in form to subject pronouns.

STRESSED PRONOUNS			
moi	*I, me*	**nous**	*we, us*
toi	*you*	**vous**	*you*
lui	*he, him*	**eux**	*they, them* (m.)
elle	*she, her*	**elles**	*they, them* (f.)
soi*	*oneself*		

*****Soi** corresponds to the subjects **on, tout le monde,** and **chacun** (*each one*).

Leçon 2 Structures

Uses of Stressed Pronouns

Stressed pronouns are used:

1. As objects of prepositions

Nous allons travailler chez **toi** ce soir.	We're going to work at your house tonight.
Après **vous!**	After you!
Après le concert, tout le monde rentre chez **soi.**	After the concert, everybody goes back home.

2. As part of compound subjects

Clara et elle ont lu *À la recherche du temps perdu** en entier.	She and Clara read the entire In Search of Lost Time.
Robin et moi avons joué ensemble une sonate de Debussy.	Robin and I played a Debussy sonata together.

3. With subject pronouns, to emphasize the subject

Et **lui,** écrit-il un roman?	What about him? Is he writing a novel?
Eux, ils ont de la chance.	As for them, they are lucky.
Tu es brillant, **toi!**	You're brilliant!

When stressed pronouns emphasize the subject, they can be placed at the beginning or the end of the sentence.

[Allez-y! A]

4. After **ce + être**

—C'est **vous,** Monsieur Lemaître?	Is it you, Mr. Lemaître?
—Oui, c'est **moi.**	Yes, it's me (it is I).
C'est **lui** qui donnait le cours sur Proust.	He's the one who was teaching the course on Proust.

5. In sentences without verbs, such as one-word answers to questions and tag questions

—Qui a visité le musée Delacroix?	Who has visited the Delacroix Museum?
—**Toi!**	You!
—As-tu pris mon livre d'art?	Did you take my art book?
—**Moi?**	Me?
Nous allons visionner une vidéo sur la peinture moderne. Et **lui?**	We're going to see a video on modern painting. What about him?

6. In combination with **même(s)** for emphasis

Préparent-ils la vidéo **eux-mêmes?**	Are they preparing the video themselves?
Allez-vous choisir les images **vous-même?**	Are you going to choose the pictures yourself?

[Allez-y! B-C]

---

*Long novel by Marcel Proust, in seven volumes. The original English translation was titled *Remembrance of Things Past.* A 2003 translation is called *In Search of Lost Time.*

Allez-y!

A. Au théâtre. Vos amis et vous avez présenté une pièce de théâtre devant la classe. Décrivez le comportement des acteurs / actrices avant le commencement de la pièce, à l'aide des pronoms accentués.

MODÈLE: nous / fatigués → Nous, nous étions fatigués.

1. je / préoccupé(e)
2. Alice / anxieuse
3. Louis / agité
4. Jessica et Anaïs / sérieuses
5. Marc et Angela / calmes
6. nous / heureux

B. Pour monter la pièce. (*To prepare the play.*) D'autres étudiants vous ont aidé(e) à monter la pièce de l'exercice précédent. Dites ce qu'ils ont fait. Remplacez les mots en italique par des pronoms qui correspondent aux mots entre parenthèses. Faites attention à la conjugaison du verbe.

1. Qui a fait les costumes? C'est *moi* qui ai fait les costumes. (Sandrine, Bruno, Pierre et Nassim)
2. Vous avez écrit le scénario vous-mêmes? Oui, *nous* l'avons écrit *nous*-mêmes. (je, une amie et moi, Richard et Florent, les acteurs)

Sur scène au Palais Garnier avec la célèbre fresque de Marc Chagall* au plafond
©Atlantide Phototravel/Getty Images

C. Êtes-vous indépendant(e)? Est-ce que vos camarades et vous faites des choses intéressantes, utiles ou inhabituelles? Renseignez-vous sur les activités de quatre camarades. Utilisez les pronoms accentués + **même(s)** et les verbes de la liste suivante.

Verbes utiles: acheter, aller, bâtir† (*to build*), devoir, faire, gagner, jouer, lire, pouvoir, préparer, réparer, travailler, vendre, venir, voir, vouloir

MODÈLES: Moi, je fais toujours le pain moi-même pour les repas à la maison.
J'ai une camarade qui, elle, répare elle-même sa voiture.

---

*Marc Chagall (1887–1985) est un artiste et peintre né en Biélorussie. Il a vécu principalement en France.
†conjugated like **finir**

La place des pronoms personnels

Speaking Succinctly

PAS D'ARGENT ENTRE NOUS!

Alexis contacte Poema sur sa page Facebook (Messagerie instantanée).

 ALEXIS: J'ai trouvé un livre très intéressant sur l'art dans la nature. Ça t'intéresse?

 POEMA: Beaucoup! Tu peux **me le** prêter?

 ALEXIS: Je ne **te le** prête pas, je **te** l'offre!

 POEMA: Mais pourquoi? Ce n'est pas mon anniversaire!... Je **te** l'achète!

 ALEXIS: Non. Pas d'argent entre nous!

 POEMA: Alors, je **te** l'échange contre[1] autre chose.

 ALEXIS: Contre quoi[2]?

[1]échange... *trade for*   [2]*what*

Trouvez, dans le dialogue, la phrase équivalente.

1. Tu peux me prêter ton livre?
2. Je ne te prête pas mon livre.
3. Je t'offre mon livre.
4. Je t'achète le livre.
5. Je t'échange le livre.

Order of Object Pronouns in Declarative Statements

When two or more pronouns are used in a declarative sentence, they follow a fixed order. The direct object pronoun is usually **le, la,** or **les. Me, te, nous,** and **vous** precede **le, la,** and **les; lui** and **leur** follow them. The pronouns **y** and **en,** in that order, come last.

DIRECT OR INDIRECT OBJECT	DIRECT OBJECT	INDIRECT OBJECT	y / en
me			
	le		
te		lui	
	la		y / en
nous		leur	
	les		
vous			

— Le guide vous a expliqué la théorie des peintres impressionnistes?   *Did the guide explain the theory of the Impressionist painters to you?*

— Oui, il **nous l'**a expliquée.   *Yes, he explained it to us.*

— Avez-vous montré le tableau de Manet aux étudiants américains?   *Did you show the Manet painting to the American students?*

— Oui, je **le leur** ai montré.   *Yes, I showed it to them.*

— Est-ce que le guide a donné des livrets sur l'impressionnisme aux autres étudiants?   *Did the guide give booklets on Impressionism to the other students?*

— Oui, il **leur en** a donné.   *Yes, he gave them some.*

It might help you to remember this formula: First and second person before third; direct object before indirect object. Apply the first part if it is relevant, then the second.

1. When the pronouns are objects of an infinitive, they are placed immediately before the infinitive. The same order rules apply.

— Quand est-ce que tu vas donner le cadeau à Line?   *When are you going to give Line the gift?*

— Je vais **le lui** donner à Noël.   *I am going to give it to her at Christmas.*

2. In negative sentences with object pronouns, **ne** precedes the pronouns; when the negative sentence is in the **passé composé, pas** follows the conjugated verb (the auxiliary) and precedes the past participle.

— Ils nous ont envoyé les horaires des autres musées de Paris?   *Did they send us the schedules of the other museums in Paris?*

— Non, ils **ne nous les** ont **pas** envoyés.   *No, they didn't send them to us.*

[Allez-y! A-B]

Commands with One or More Object Pronouns

1. The order of object pronouns in a negative command is the same as the order in declarative sentences: the pronouns precede the verb.

N'**en** parlons pas!   *Let's not talk about it!*
N'**y** pense pas!   *Don't think about it!*
Ne **me** donnez pas le tableau!   *Don't give me the painting!*
Ne **me le** donnez pas!   *Don't give it to me!*
Ne **leur** dites pas que vous êtes venus!   *Don't tell them you came!*
Ne **le leur** dites pas!   *Don't tell them!*

2. In affirmative commands with one object pronoun, the pronoun follows the verb and is attached with a hyphen. When **me** and **te** come at the end of the expression, they become **moi** and **toi**.

La lettre? **Écrivez-la!**	*The letter? Write it!*
Voici du papier. **Prenez-en!**	*Here's some paper. Take some!*
Tes amis? **Donne-leur des billets!**	*Your friends? Give them some tickets!*
Parle-moi des concerts!	*Tell me about the concerts!*

As you know, the final **-s** is dropped from the **tu** form of regular **-er** verbs and of **aller** to form the **tu** imperative: **Parle de tes problèmes! Va à la maison!** However, the **-s** is *not* dropped before **y** or **en** in the affirmative imperative: **Parles-*en*! Vas-*y*!**

3. When there is more than one pronoun in an affirmative command, however, all direct object pronouns precede indirect object pronouns, followed by **y** and **en,** in that order. All pronouns follow the command form of the verb and are attached by hyphens. The forms **moi** and **toi** are used except before **y** and **en,** where **m'** and **t'** are used.

DIRECT OBJECT	INDIRECT OBJECT		y / en
le	moi (m')	nous	
la	toi (t')	vous	y / en
les	lui	leur	

— Voulez-vous ma carte d'entrée au musée?
Do you want my museum entrance card?
— Oui, **donnez-la-moi.**
Yes, give it to me.

— Je t'apporte du papier?
Shall I bring you some paper?
— Oui, **apporte-m'en.**
Yes, bring me some.

— Tu veux que je cherche l'horaire du musée?
Do you want me to look for the museum schedule?
— Oui, **cherche-le-moi.**
Yes, look for it for me.

— Est-ce que je dis aux autres que l'entrée est gratuite?
Shall I tell the others that admission is free?
— Oui, **dites-le-leur.**
Yes, tell them that (lit., *tell it to them*).

[Allez-y! C-D-E]

Le Petit Palais, un des quatorze musées de la ville de Paris
©Photov.com/agefotostock RF

Allez-y!

A. Travail d'équipe. Audrey et ses camarades préparent un exposé sur la Fondation Maeght, un musée d'art moderne au sud de la France. Transformez les phrases selon le modèle.

MODÈLE: Audrey donne <u>ses notes</u> à <u>Anaïs</u>. →
Elle les lui donne.

1. Elle prête <u>le livre sur Chagall</u> à <u>Sylvie</u>.
2. Anaïs envoie <u>des photos de la cour Giacometti</u> à <u>Audrey</u>.
3. La prof explique <u>les sculptures de Miró</u> <u>aux trois filles</u>.
4. Sylvie parle <u>à sa prof</u> de <u>l'exposition sur Braque</u>.
5. Audrey et ses camarades présentent <u>leur exposé</u> <u>aux autres étudiants du cours</u>.

B. **Détails pratiques.** Vous faites une visite artistique de Paris. Répondez par *oui* ou *non* et utilisez des pronoms.

> **MODÈLE:** Achetez-vous vos guides (*guidebooks*) à la librairie?
> Oui, je les y achète. (Non, je ne les y achète pas.)

1. Prenez-vous vos repas dans les musées?
2. Achetez-vous vos cartes postales au musée?
3. Emmenez-vous vos amis au musée?
4. Il y a des sculptures au musée du Louvre?
5. Avez-vous rencontré vos amis au ciné-club?
6. Apportez-vous votre appareil photo au musée?
7. Est-ce qu'il y avait beaucoup de visiteurs à l'exposition du Grand-Palais?

C. **Pour devenir un écrivain célèbre.** Dans les phrases suivantes, remplacez les mots en italique par des pronoms.

> **MODÈLES:** Lisez *beaucoup de romans*.→
> Lisez-en beaucoup!
>
> Montrez *vos œuvres à vos amis*.→
> Montrez-les-leur!

1. N'oubliez jamais *vos cahiers à la maison*.
2. Prenez *des notes*.
3. Révisez *votre travail*.
4. Envoyez *votre roman à l'éditeur*.
5. Invitez *votre éditeur* à dîner.
6. Après la publication du roman, demandez *à vos amis* d'acheter un exemplaire (*copy*).

D. **Situations.** Vous entendez des fragments de conversation. Imaginez la situation.

> **MODÈLE:** N'y touche pas! →
> La mère de Tristan vient de faire un gâteau, et Tristan essaie* d'en manger un morceau.

1. Vas-y!
2. N'y touche pas!
3. Ne m'en donne pas!
4. Ne les regardez pas!
5. Donne-la-lui!
6. Ne lui parle pas si fort!
7. Montre-les-moi!
8. Ne le lui dis pas!

E. **Interview.** Interrogez un(e) camarade sur une ville ou une région que vous pensez visiter. Suivez le modèle.

Mots utiles: une cathédrale, le cinéma, un musée, la musique, une pièce de théâtre, la sculpture, les tableaux; des acteurs / actrices célèbres, des compositeurs / compositrices, des cinéastes, des écrivains

> **MODÈLE:** É1: Est-ce qu'il y a une belle cathédrale à Strasbourg?
> É2: Oui, il y en a une.

Mots clés
Les verbes *apporter* et *emmener*
Apporter (*to bring something*) is used only with objects.
Il apporte ses tableaux à la galerie d'art.
Emmener (*to take someone along; to invite*) is used with people or animals.
Je t'emmène au cinéma?

---

*conjugated like **envoyer**; see **Chapitre 10, Leçon 1**

Le blog de Juliette

POUR LES AMATEURS D'ART

samedi 2 août

J'aime l'art.

J'ai commencé à aimer la peinture vers[1] l'âge de 12 ans, quand ma mère m'a emmenée voir une exposition du peintre Kandinsky, le peintre des compositions abstraites et des jeux de couleurs.

Ensuite, j'ai appris à peindre. Je rêvais de créer une œuvre, je voulais être le Mozart de la peinture! Mais rapidement, j'ai accepté de reconnaître une vérité absolue: je n'ai aucun talent[2]...

Alors, je me contente[3] d'admirer les œuvres des autres, de voir des expositions et d'explorer des musées. La semaine dernière, par exemple, j'ai visité les musées en plein air[4] de Paris: les œuvres sont exposées dans des lieux publics, sous le vent, la pluie[5] et le soleil! C'est une expérience unique!

Malheureusement, je ne serai jamais[6] une artiste... Je dois l'accepter. Mais j'ai décidé de promouvoir[7] les chefs-d'œuvre des jeunes artistes...

Je vais donc créer une galerie d'art virtuelle sur le net pour encourager les jeunes peintres et sculpteurs à montrer leurs œuvres.

Mes amis du blog sont les premiers informés!

Juliette

Le grand stabile rouge de Calder sur l'esplanade à la Défense

©Javier Gil/Alamy

COMMENTAIRES

Alexis

Franchement Juliette, c'est une bonne idée. Mais des galeries virtuelles, il y en a déjà beaucoup sur le Web. Pourtant, si tu veux faire la promotion des jeunes peintres québécois, je peux t'aider...

Charlotte

Juliette, je te conseille de poursuivre ton projet. Il faut seulement créer un site différent et original. Toi, tu as une double expertise et tu peux inventer un concept génial: tu connais parfaitement le multimédia et tu connais l'art.

Mamadou

Pourquoi ne pas organiser des expositions d'art africain d'avant-garde? Évidemment, tout le monde connaît les masques, les statuettes et les tissus[8] africains traditionnels, mais en Afrique, il y a aussi des artistes contemporains vraiment exceptionnels. Moi-même, j'en connais et je peux te les présenter.

Poema

La plupart des artistes polynésiens ont des difficultés pour exposer leurs tableaux en Europe. Tu peux les aider à réussir sur le marché français!

[1]*around* [2]*Je... I have no talent whatsoever* [3]*me... am satisfied* [4]*musées... open-air museums* [5]*rain* [6]*ne... will never be* [7]*promote* [8]*fabrics*

Reportage

Le Paris des musées

Où se trouve *Le Penseur*, la plus fameuse sculpture d'Auguste Rodin? À Paris, au musée Rodin, qui était, au XVIIIe siècle, l'hôtel particulier Biron. L'artiste y a passé beaucoup de temps pendant les dernières années de sa vie. Le jardin qui entoure[1] le musée est une petite merveille. Flânez dans les allées et découvrez les chefs-d'œuvre du grand maître exposés en plein air.

Ensuite, visitez le musée. Imaginez une sorte de petit palais avec des parquets cirés.[2] D'une pièce à l'autre, vous découvrez des sculptures remarquables: *Le Baiser*,[3] *La Main de Dieu*[4]...

Vous sortez de ce musée fasciné par la blancheur du marbre, charmé par ces corps et ces visages[5] sculptés dans la pierre[6] éternelle.

Pour continuer votre visite des musées parisiens, vous devez, bien sûr, aller au Louvre: cette ancienne résidence des rois de France est une pièce majeure du patrimoine français et l'un des plus grands musées d'art du monde. On y trouve notamment la célèbre *Joconde*[7] au sourire mystérieux. Le musée d'Orsay, très riche en tableaux impressionnistes, mérite aussi une visite.

Mais si vous voulez vous amuser, il faut aller au musée Grévin. Vous pourrez y dire «bonjour» au roi Louis XIV, à Picasso, à Victor Hugo et même à Georges Clooney! Est-ce qu'ils vont vous répondre? Non, car ces personnages célèbres sont des statues de cire.[8]

Enfin, si vous êtes curieux, pourquoi ne pas explorer le musée du chocolat? ou le musée des parfums? ou encore le musée de la magie? Beaucoup de surprises vous y attendent.

C'est dans l'ancienne gare d'Orsay que le musée d'Orsay s'est installé. Ce bâtiment magnifique, classé monument historique, date de 1900. Construit pour l'Exposition Universelle, il réunit aujourd'hui des chefs-d'œuvre de l'impressionnisme et du post-impressionnisme français, comme *Femme à l'ombrelle* de Monet ou *La Danseuse* de Renoir.

©William Ryall

[1]*surrounds* [2]*parquets... waxed wood floors* [3]*Kiss* [4]*Main... Hand of God* [5]*faces* [6]*stone* [7]*Mona Lisa* [8]*wax*

VOUS COMPRENEZ?

1. Quelles sont les caractéristiques du Musée Rodin?
2. Quelles sculptures célèbres y trouve-t-on?
3. Qui vivait au Louvre autrefois?
4. Où trouve-t-on de nombreux tableaux impressionnistes?
5. Quels musées très originaux pouvez-vous visiter à Paris?

Micro-trottoir

Répondez aux questions suivantes à partir de votre point de vue personnel. Puis regardez la vidéo et comparez vos réponses à celles des gens interrogés.

1. Quels sont les musées qui vous attirent et pourquoi?
2. Est-ce que vous avez récemment assisté à un spectacle ou à un concert? Racontez-nous.
3. Est-ce que vous pratiquez la peinture, la musique ou le théâtre...?

Les verbes suivis de l'infinitif

Expressing Actions

PROVOCATION?

Mamadou contacte Léa sur sa page Facebook (Messagerie instantanée).

 MAMADOU: **Tu veux visiter** le musée Rodin avec moi?

 **LÉA:** Non, je m'ennuie[1] dans les musées.

 MAMADOU: Comment? Une fille cultivée comme toi! **Tu cherches à** me **provoquer**!

 LÉA: Pas du tout. **Je déteste m'enfermer**[2] dans une salle de musée.

 MAMADOU: **On peut rester** une petite demi-heure... et ensuite **prendre** un verre sur les Champs-Élysées...

 LÉA: **Tu essaies de** me **convaincre**?

 MAMADOU: Oui! J'ai réussi?

[1]je... *I get bored*   [2]*shut myself up*

Dans le dialogue, trouvez les verbes à l'infinitif qui suivent les verbes conjugués.

1. Tu veux _____ le musée Rodin avec moi?
2. Tu cherches à me _____?
3. Je déteste _____ dans une salle de musée.
4. On peut _____ une petite demi-heure.
5. Tu essaies de me _____?

1. Some verbs can be followed by an infinitive without an intervening preposition. Among the most common:

aimer	détester	falloir (il faut)	savoir
aller	devoir	pouvoir	venir
désirer	espérer	préférer	vouloir

Je **déteste chanter.** Mais je **sais** très bien **jouer** de la guitare.	I hate singing, but I know how to play the guitar very well.
Sophie **ne peut pas aller** au cinéma samedi soir. Elle **doit aller voir** sa grand-mère.	Sophie cannot go to the movies on Saturday evening. She has to visit her grandmother.

When **penser** is followed by an infinitive, it means *to count or plan on doing something.*

Je **pense rester** chez moi ce week-end.	I'm planning on staying home this weekend.

2. Other verbs require the preposition **à** directly before the infinitive. These include:

aider à	chercher à	continuer à	réussir à
apprendre à	commencer à	enseigner à	

J'ai **commencé à fumer** quand j'avais 16 ans. Caroline m'**a aidé à arrêter.**	I started to smoke when I was 16. Caroline helped me quit.
La semaine prochaine, je vais **apprendre à jouer** au tennis et je **continue à prendre** des cours de yoga deux fois par semaine.	Next week I will learn how to play tennis, and I will continue to take yoga classes twice a week.

3. Still other verbs require the preposition **de** directly before the infinitive.

accepter de	décider de	finir de	rêver de
arrêter de	demander de	oublier de	venir de
choisir de	empêcher de	permettre de	
conseiller de	essayer de	refuser de	

Rachid **a décidé de prendre** des cours d'art dramatique. Il **rêve de devenir** acteur. Il **vient de jouer** un petit rôle dans *Le Cid* à l'université. L'année prochaine, il va **essayer d'entrer** au Conservatoire de Paris.	Rachid has decided to take drama classes. He dreams of becoming an actor. He just played a small role in Le Cid at the university. Next year, he is going to try to get into the Paris Conservatory.

4. A few verbs change in meaning with different prepositions. **Commencer** regularly takes **à** before an infinitive; **finir** normally takes **de** before an infinitive. However, they can both take **par. Commencer par** is used to talk about what one did first in a series of things; **finir par** means *to end up by doing something.*

Grégoire **a commencé par** jouer un petit rôle dans une comédie à l'université. Il **a fini par** devenir acteur à Hollywood.

5. Note that the meaning of **venir** changes depending on whether it is followed directly by an infinitive or by **de** plus an infinitive. **Ils viennent dîner** means *They are coming to dinner.* **Ils viennent de dîner** means *They've just had dinner.*

Allez-y!

A. Au cabaret de la Contrescarpe. Deborah, Chuck et Jacques arrivent à la Contrescarpe, dans le quartier Montmartre, à Paris. Classez leurs activités par ordre chronologique de 1 à 8.

_____ Ils décident de commander du champagne.

_____ Ils finissent par s'endormir dans le séjour.

_____ Ils demandent au serveur de leur apporter l'addition.

_____ Ils choisissent de s'asseoir à une table près de la scène.

_____ Ils commencent par regarder la salle.

_____ Ils commencent à chanter en rentrant chez eux.

_____ Ils arrêtent de parler quand le spectacle commence.

_____ Ils n'oublient pas de laisser un pourboire au serveur.

B. Projets et activités. Posez des questions à vos camarades pour vous informer de leurs projets et de leurs activités.

MODÈLE: aller / faire / ce soir →
     É1: Qu'est-ce que tu vas faire ce soir?
     É2: Je vais sortir avec mes amis.

1. vouloir / faire / ce week-end
2. aller / faire / l'été prochain
3. devoir / faire / demain
4. aimer / faire / après les cours
5. penser / faire / la semaine prochaine
6. détester / faire / le soir
7. espérer / faire / ce soir

C. Résolutions du Nouvel An. Énumérez quelques-unes de vos résolutions à vos camarades. Complétez les phrases suivantes avec un infinitif.

MODÈLE: Cette année, je vais finir... →
     Cette année, je vais finir de lire _La Vie mode d'emploi_ de Georges Perec.*

1. Je voudrais apprendre...
2. Je vais commencer...
3. J'ai aussi décidé...
4. En plus, je vais arrêter...
5. Enfin, je rêve...
6. Mais je refuse...

D. Interview. Posez les questions suivantes—en français, s'il vous plaît—à un(e) camarade de classe. Puis faites un résumé de ses réponses. Demandez à votre camarade...

1. what he/she likes to do in the evening
2. what he/she hates to do in the house
3. if he/she is learning to do something interesting, and what it is
4. if he/she has decided to continue to study French
5. what he/she has to do after class
6. if he/she prefers going to a play or to a movie
7. if he/she has just read a good book, and what it was
8. what he/she knows how to do well
9. what he/she tries, but does not always succeed in doing well
10. if he/she forgot to do something this morning, and what it was
11. if he/she has stopped doing something recently, and what it was
12. ?

---

*Perec (1936–1982) était un artiste et écrivain français. _La Vie mode d'emploi,_ fruit de neuf années de travail, retrace l'histoire d'un immeuble parisien et de ses habitants.

Les adverbes

Talking About How Things Are Done

🎵 L'ART ET LE FOOT

Léa et Mamadou discutent au café.

LÉA: Une heure au musée, c'est **vraiment** le maximum pour moi!

MAMADOU: Dis la vérité: tu as **beaucoup** aimé les sculptures. Tu étais fascinée!

LÉA: **Franchement,** j'ai apprécié la lumière* naturelle sur les œuvres.

Le célèbre Fouquet's sur les Champs-Élysées
©Paul Seheult/Getty Images

MAMADOU: Tu vois: il faut **toujours** aller au musée avec moi!

LÉA: Et **maintenant,** qu'est-ce qu'on fait?

MAMADOU: On va d'**abord** prendre un verre au Fouquet's.

LÉA: Et **ensuite**?

MAMADOU: **Ensuite,** je t'emmène à un match de foot!

*light

Répondez aux questions en utilisant les adverbes du dialogue.

1. Est-ce que deux heures au musée, c'est le maximum pour Léa?
2. Est-ce que Mamadou pense qu'elle a aimé les sculptures?
3. Qu'est-ce qu'elle a apprécié?
4. Avec qui faut-il aller au musée?
5. Qu'est-ce qu'ils vont faire après leur visite du musée?

Forms of Adverbs

Adverbs (**les adverbes** [*m.*]) modify a verb, an adjective, or another adverb: She learns *quickly.* He is *extremely* hardworking. They see each other *quite often.* You have already learned a number of adverbs, such as **souvent, parfois, bien, mal, beaucoup, trop, peu, très, vite, d'abord, puis, ensuite, après,** and **enfin.**

1. Most adverbs are formed by adding **-ment** (often corresponding to *-ly* in English) to the feminine form of an adjective.

FEMININE ADJECTIVE	ADVERB	
franche	**franchement**	*frankly*
active	**activement**	*actively*
(mal)heureuse	**(mal)heureusement**	*(un)fortunately*

[handwritten: adverbial locution]

[handwritten: à ce moments-là]

[handwritten: tout de suites]

2. If the masculine form of the adjective ends in a vowel, **-ment** is usually added directly to it.

MASCULINE ADJECTIVE	ADVERB	
absolu	**absolument**	*absolutely*
poli	**poliment**	*politely*
rapide	**rapidement**	*quickly*
vrai	**vraiment**	*truly, really*

3. If the masculine form of the adjective ends in **-ent** or **-ant,** the corresponding adverbs have the endings **-emment** and **-amment,** respectively. The two endings have the same pronunciation.

MASCULINE ADJECTIVE	ADVERB	
différent	**différemment**	*differently*
évident	**évidemment**	*evidently, obviously*
constant	**constamment**	*constantly*
courant	**couramment**	*fluently*

One exception to this rule is **lent,** which adds **-ment** to the feminine adjective to form **lentement.**

In English, the adverbial forms of *good* and *bad* are *well* and *badly.* In French, the adverb forms of **bon** and **mauvais** are both irregular.

bon → bien	Sonia est une **bonne** actrice; elle joue **bien** son rôle.
mauvais → mal	Normand est un **mauvais** cinéaste; il dirige **mal** ses acteurs.

[Allez-y! A-B]

Position of Adverbs

1. When adverbs qualify adjectives or other adverbs, they usually precede them.

Elle est **très** intelligente.	*She is very intelligent.*
Il va au cinéma **assez** souvent.	*He goes to the movies fairly often.*

2. When a verb is in the present or imperfect tense, the qualifying adverb usually follows it. In negative constructions, the adverb comes after **pas.**

Je travaille **lentement.**	*I work slowly.*
Elle voulait **absolument** devenir écrivain.	*She absolutely wanted to become a writer.*
Vous ne l'expliquez pas **bien.**	*You aren't explaining it well.*

3. Short adverbs usually precede the past participle when the verb is in a compound form; they usually follow **pas** in a negative construction.

J'ai **beaucoup** voyagé cette année.	*I've traveled a lot this year.*
Il a **déjà** visité le Louvre.	*He has already visited the Louvre.*
Elle n'est pas **souvent** allée en Bretagne.	*She has not often been to Brittany.*
Je n'ai pas **très** faim.*	*I'm not very hungry.*

Des menhirs préhistoriques à Carnac, en Bretagne: ces pierres dressées (*standing stones*) sont vraiment mystérieuses et absolument fascinantes!

©Ingram Publishing RF

---

*In idiomatic expressions with **avoir,** an adverb is often used: **J'ai très soif, Elle a très chaud,** and so on.

4. Adverbs ending in **-ment** follow a verb in the present or imperfect tense, and usually follow the past participle when the verb is in the **passé composé.**

Tu parles **couramment** le français.	*You speak French fluently.*
Il était **vraiment** travailleur.	*He was really hardworking.*
Paul n'a pas répondu **intelligemment.**	*Paul didn't respond intelligently.*

[Allez-y! C-D]

Allez-y!

A. Ressemblances. Donnez l'équivalent adverbial de chacun des adjectifs suivants.

MODÈLE: franc → franchement

1. heureux
2. actif
3. long
4. vrai
5. différent
6. naturel
7. certain
8. constant
9. absolu
10. admirable
11. poli
12. intelligent

B. Carrières. Complétez les paragraphes suivants avec des adverbes logiques.

1. Le linguiste

   Adverbes: bien, bientôt, couramment, ensuite, évidemment, probablement, vite

   Jean-Luc parle _____¹ l'anglais. Il a vécu aux États-Unis. Il est allé au lycée (à l'école secondaire) à New York et il a très _____² appris la langue pendant son séjour. _____,³ à l'université il a choisi la section langues étrangères. Il va _____⁴ passer sa licence d'anglais. _____,⁵ il doit _____⁶ choisir entre la traduction (*translation*) littéraire et l'enseignement. Ses parents sont professeurs et je pense qu'il va _____⁷ choisir de devenir professeur.

2. L'actrice

   Adverbes: absolument, beaucoup, constamment, fréquemment, rarement, seulement, souvent, très

   Marie veut _____¹ devenir une artiste célèbre. Elle travaille _____² pour y arriver: le matin, elle arrive _____³ au Théâtre National de Chaillot après six heures et elle y reste _____⁴ jusqu'à neuf heures du soir. Dans la journée, elle travaille _____⁵ et prend _____⁶ quinze minutes pour déjeuner. _____,⁷ elle est fatiguée le soir. Mais je pense qu'elle va réussir parce qu'elle est _____⁸ travailleuse et ambitieuse.

Le Théâtre National de Chaillot se trouve au Palais de Chaillot, à Paris. Décrivez cette photo comme si c'était une œuvre d'art.

©Michele Burgess/Alamy

C. Interview. Interviewez un(e) camarade de classe sur ses préférences et ses habitudes. Votre camarade doit utiliser dans sa réponse un adverbe basé sur les mots entre parenthèses. Décidez ensuite quelle sorte de personne il/elle est (calme, énergique, patiente, pratique, travailleuse, et cetera).

> **MODÈLE:** Comment déjeunes-tu d'habitude? (rapide / lent) →
> Je déjeune lentement pour me reposer. *ou* Je déjeune rapidement parce que je suis toujours pressé(e).

1. Quand fais-tu la sieste? (fréquent / rare)
2. Comment attends-tu le résultat de ton examen? (patient / impatient)
3. Regardes-tu souvent ta montre? (constant / fréquent / rare / jamais)
4. Comment travailles-tu en général? (bon / mal)
5. Lis-tu souvent les romans policiers? (fréquent / rare / jamais)

Maintenant décrivez le caractère de votre camarade.

D. Qu'en pensez-vous? Posez les questions suivantes à des camarades. Ils vont répondre en utilisant des adverbes.

Suggestions: absolument, admirablement, constamment, couramment, diligemment, évidemment, franchement, heureusement, intelligemment, lentement, malheureusement, poliment, souvent, tranquillement, vite

> **MODÈLE:** É1: Qu'est-ce qu'on doit faire pour avoir de bonnes notes?
> É2: On doit étudier constamment.
> É1: On doit travailler intelligemment.

1. Qu'est-ce qu'on doit faire pour être un bon professeur?
2. Qu'est-ce qu'on doit faire pour devenir président(e) des États-Unis?
3. Qu'est-ce qu'on doit faire pour courir dans un marathon?
4. Qu'est-ce qu'on doit faire pour devenir riche?
5. Qu'est-ce qu'on doit faire pour avoir de bons rapports (*a good relationship*) avec une autre personne?

Qu'est-ce qu'on doit faire pour mieux (*better*) apprécier le patrimoine historique de la France comme le fameux pont du Gard, un pont-aqueduc romain en Occitanie?
©Bertl123/Shutterstock RF

Prononcez bien!

The vowel sound in *sculpture* (page 321)

A. Un bruit bizarre... Vous regardez la télévision avec Hugo quand vous entendez un bruit bizarre. Hugo vous rassure. Sélectionnez les phrases qu'il dit.

1. a. Tout va bien. C'est Pierre, notre voisin. Il a sûrement laissé tomber un objet.
b. Tu vas bien. C'est Pierre, notre voisin. Il a sûrement laissé tomber un objet.

2. a. Il habite au-dessous de chez nous.
b. Il habite au-dessus de chez nous.

3. a. Isabelle et moi, nous l'avons rencontré pendant notre cours l'année dernière.
b. Isabelle et moi, nous l'avons rencontré pendant notre cure (*vacation at the hot springs*) l'année dernière.

4. a. C'est quelqu'un qui est très sourd (*deaf?*). Alors, ne t'inquiète pas!
b. C'est quelqu'un qui est très sûr (*reliable*). Alors, ne t'inquiète pas!

B. Des photos. Hugo vous montre les photos de ses vacances d'été. Jouez la scène suivante avec votre camarade de classe en faisant attention à la prononciation de [u] comme dans **vous** et de [y] comme dans **sculpture**.

VOUS: C'est qui ça?

HUGO: Ah, c'est Luc, mon cousin.

VOUS: Qu'est-ce qu'il a sur la figure (*face*)?

HUGO: Des gouttes (*drops*) de jus de prune (*plum*). Il faisait très chaud ce jour-là. Une vraie canicule (*heat wave*)! Nous avons beaucoup bu.

VOUS: Et sur cette photo, on dirait qu'il fume.

HUGO: Oui, mais il a arrêté récemment parce qu'il toussait (*was coughing*) beaucoup.

VOUS: Voilà une bonne nouvelle!

Tout bonnement-
simply

Lecture

AVANT DE LIRE

Reading poetry (Part 2). Poetry often remains popular for decades and even centuries. One of the reasons is that it is often based on emotions that are universal over time such as happiness, sadness, love, sorrow, jealousy, fear, and anger. Effective poetry engages the reader emotionally and often articulates one of those inner feelings for him or her. The impact of the poem is often derived from the sounds and the repetition of those sounds along with the rhythm and rhyming used.

In *Déjeuner du matin*, Prévert uses much repetition.

Find...

1. which phrase is repeated at least six times.
2. which phrases contain the word **sans**. Note which ones are repeated more than one time.
3. which verb tense is used repeatedly throughout the poem.

Glance through the text to determine which inner feeling will be engaged. Use the following information to help you guess.

Find out...

1. how many people are involved.
2. where the scene is taking place.
3. what the weather is like.
4. what one character does at the very end.

«Déjeuner du matin»

Il a mis le café
Dans la tasse
Il a mis le lait
Dans la tasse de café
Il a mis le sucre
Dans le café au lait
Avec la petite cuiller
Il a tourné
Il a bu le café au lait
Et il a reposé[1] la tasse
Sans me parler
Il a allumé[2]
Une cigarette
Il a fait des ronds
Avec la fumée
Il a mis les cendres

Dans le cendrier
Sans me parler
Sans me regarder
Il s'est levé[3]
Il a mis
Son chapeau sur sa tête
Il a mis
Son manteau de pluie
Parce qu'il pleuvait
Et il est parti
Sous la pluie
Sans une parole
Sans me regarder
Et moi j'ai pris
Ma tête dans ma main
Et j'ai pleuré.[4]

[1]a... *put down again* [2]a... *lit* [3]s'est... *got up* [4]j'ai... *I cried*

Le poète Jacques Prévert, près du Moulin-Rouge à Paris
©Keystone/Hulton Archive/Getty Images

À propos de la lecture...

La poésie de Jacques Prévert (1900–1977) est accessible à un très large public. Elle traite de justice, de liberté et de bonheur. Ce poème est tiré du recueil *Paroles* (1946).

COMPRÉHENSION

Qu'en pensez-vous? Dites si les phrases suivantes reflètent votre interprétation du poème. Sinon, reformulez-les pour mieux exprimer votre opinion. Justifiez votre point de vue en citant des extraits du poème.

1. Dans ce poème, un homme boit son café pendant qu'une autre personne l'observe.
2. Le poème parle de la solitude des gens.
3. L'homme qui prend son café veut attirer l'attention du narrateur / de la narratrice.
4. Le narrateur / la narratrice pleure parce qu'il/elle a mal à la tête.
5. Le poète crée une ambiance de désespoir.

Écriture

The writing activities **Par écrit** and **Journal intime** can be found in the Workbook/Laboratory Manual to accompany *Vis-à-vis*.

 # Sondages

LES MUSÉES PARISIENS DANS LE CLASSEMENT MONDIAL DES MUSÉES

Voici une partie de l'enquête sur la fréquentation des sites culturels réalisée par l'Office du Tourisme et des Congrès de Paris en 2016.

	NOMBRE DE VISITEURS	MUSÉES	VILLES
1	8 600 000	Musée du Louvre	Paris
2	6 820 686	British Museum	Londres
3	6 533 106	Metropolitan Museum of Art	New-York
4	6 002 251	Vatican Museum	Vatican
5	5 908 254	National Gallery	Londres
6	5 291 797	National Palace Museum	Taipei
7	4 712 581	Tate Modern	Londres
8	4 104 331	National Gallery of Art	Washington DC
9	3 668 031	State Hermitage Museum	Saint-Pétersbourg
10	3 440 000	Musée d'Orsay	Paris
11	3 432 325	Victoria and Albert Museum	Londres
12	3 249 591	Reina Sofia	Madrid
13	3 235 104	Somerset House	Londres
14	3 129 680	National Museum of Korea	Seoul
15	3 084 624	Museum of Modern Art	New-York
16	3 060 000	Centre Pompidou	Paris
(...)			
32	1 738 089	Grand Palais	Paris
(...)			
43	1 301 277	Musée du quai Branly	Paris
(...)			
65	1 000 000	Fondation Louis Vuitton	Paris
(...)			
75	820 850	Palais de Tokyo	Paris
(...)			
80	770 000	Musée de l'Orangerie	Paris
81	765 471	Musée Picasso	Paris

A. **Le classement mondial des musées.** Lisez les résultats du sondage. Avec un(e) camarade de classe, répondez aux questions suivantes.

1. Selon le sondage, quels musées français sont souvent visités?
2. Quels musées américains sont les très populaires?
3. Connaissez-vous un ou deux musées dans la liste? Expliquez.
4. Quels musées dans la liste voulez-vous visiter? Expliquez.

B. **Les endroits culturels hors de la France.** En groupes de 3 ou 4, parlez des musées ou endroits culturels (par exemple, Ground Zero, le Boston Trail, l'Arche de St. Louis, Hollywood) qui sont souvent visités aux Etats-Unis ou dans votre pays natal.

1. Quels musées ou endroits culturels voulez-vous visiter un jour? Faites une liste et expliquez ce que vous avez choisi aux autres dans votre petit groupe. Quels endroits sont mentionnés très souvent?
2. Faites-en une liste des endroits populaires et comparez-la avec les autres groupes.

Le vidéoblog de Juliette

Tête monumentale dans le musée en plein air de la Défense
©John Kellerman/Alamy

En bref

Dans cet épisode, Juliette rencontre Léa sur le pont près du musée d'Orsay. Comme il faut faire la queue pour entrer, les deux amies décident de passer l'après-midi à découvrir les œuvres des musées «en plein air».

Vocabulaire en contexte

surréaliste
surrealist

de verre
(*made*) *of glass*

de métal
(*made*) *of metal*

un musée en plein air
outdoor museum

flâner
stroll around

en acier
(*cast*) *in steel*

en bronze
(*cast*) *in bronze*

VISIONNEZ!

Trouvez la description qui correspond à chaque œuvre d'art.

ŒUVRES D'ART	DESCRIPTIONS
1. _____ *Le Pouce* (*The Thumb*)	**a.** un homme qui marche sur une boule de métal
2. _____ *Stabile*	**b.** une œuvre qui célèbre l'amour
3. _____ *Le Somnambule*	**c.** un énorme insecte en acier rouge
4. _____ *Deux personnages fantastiques*	**d.** une composition surréaliste
5. _____ *Tête monumentale*	**e.** une reproduction en bronze par l'artiste César
6. _____ *Le mur des «je t'aime»*	**f.** un visage (*face*) sans émotion par l'artiste Mitoraj

ANALYSEZ!

1. Comment imaginez-vous un musée parisien typique? Comment est-ce que ces musées en plein air diffèrent de (*differ from*) cette image?

2. Est-ce que les œuvres du musée en plein air à la Défense reflètent bien le quartier dans lequel (*in which*) elles se trouvent? Expliquez pourquoi (pas).

COMPAREZ!

Regardez encore une fois la partie culturelle de la vidéo. Y a-t-il des musées d'art dans votre ville? Trouve-t-on des sculptures à l'extérieur (dans les parcs ou devant les bâtiments, par exemple)? Quelle œuvre présentée dans la vidéo aimeriez-vous (*would you like*) voir dans votre ville? Expliquez.

J'aimerais voir _____ parce que...

NOTE CULTURELLE

Le monument «la Défense de Paris», qui commémore les soldats défenseurs de la ville pendant la guerre[1] franco-allemande de 1870, a donné son nom au quartier.

L'œuvre *Tête monumentale* se trouve aujourd'hui sur le parvis[2] de la Défense. Elle est accompagnée d'une soixantaine d'œuvres d'art contemporain, fresques et sculptures monumentales qui forment un musée en plein air.

[1]war [2]square

Verbes

bâtir	to build
dater (de)	to date from
deviner	to guess
emmener	to take someone along; to invite
flâner	to stroll
peindre	to paint
poursuivre	to pursue
suivre	to follow; to take (*a course*)
vivre	to live

À REVOIR: **apporter, habiter**

Verbes suivis de l'infinitif

accepter (de)	to accept (to)
aider (à)	to help (to)
arrêter (de)	to stop
chercher à	to try to
commencer par	to begin by (*doing something*)
conseiller (de)	to advise (to)
continuer (à)	to continue (to)
décider (de)	to decide (to)
empêcher (de)	to prevent (from)
enseigner (à)	to teach (to)
essayer (de)	to try (to)
finir par	to end up (*doing something*)
permettre (de)	to permit, allow (to)
refuser (de)	to refuse (to)
réussir (à)	to succeed (in)

À REVOIR: **aimer, aller, apprendre à, choisir de, commencer à, demander de, désirer, détester, devoir, espérer, finir de, il faut, oublier de, penser, pouvoir, préférer, rêver de, savoir, venir, venir de, vouloir**

Substantifs

l'acteur / l'actrice	actor
les arènes (*f. pl.*)	arena
l'artiste (*m., f.*)	artist
l'auteur(e) dramatique	playwright
la cathédrale	cathedral
le chef-d'œuvre (*pl.* les chefs-d'œuvre)	masterpiece
le/la cinéaste	filmmaker
le comédien / la comédienne	stage actor
le compositeur / la compositrice	composer
la conférence	lecture
l'écrivain(e)	writer
l'époque (*f.*)	period (*of history*)
l'événement (*m.*)	event
l'exposition (*f.*)	exhibit
l'horaire (*m.*)	schedule
le Moyen Âge	Middle Ages
le/la musicien(ne)	musician
l'œuvre (*f.*) (d'art)	work (of art)

le palais	palace
le patrimoine	legacy, heritage
le peintre	painter
la peinture	painting
la pièce de théâtre	play
la place	seat
le poème	poem
la poésie	poetry
le poète / la poétesse	poet
le recueil	collection
la reine	queen
la Renaissance	Renaissance
le roi	king
le sculpteur	sculptor
la sculpture	sculpture
le siècle	century
le tableau	painting
le théâtre	theater

À REVOIR: **le cadeau, la carte postale, le château, le cinéma, la littérature, la musique, le roman**

Adjectifs

actif/active	active
absolu(e)	absolute
classique	classical
constant(e)	constant
courant(e)	common; standard
évident	evident, obvious
franc(he)	frank
gothique	Gothic
historique	historical
lent(e)	slow
magnifique	magnificent
malheureux/ malheureuse	unhappy; unfortunate
médiéval(e)	medieval
poli(e)	polite
rapide	fast, rapid
romain(e)	Roman

À REVOIR: **bon(ne), différent(e), heureux/heureuse, mauvais(e), vrai(e)**

Adverbes

activement	actively
absolument	absolutely
constamment	constantly
couramment	fluently
différemment	differently
évidemment	evidently, obviously
franchement	frankly
heureusement	fortunately
lentement	slowly
malheureusement	unfortunately
poliment	politely

rapidement	rapidly
récemment	recently
vraiment	really

À REVOIR: **après, beaucoup, bien, d'abord, enfin, ensuite, mal, parfois, peu, puis, souvent, très, trop, vite**

Mots et expressions divers

la plupart de	the majority
moi-même	myself
toi-même, lui-même...	
par cœur	by heart

LA SUISSE

• Genève

Un coup d'œil sur Genève, en Suisse

Vous avez sans doute déjà entendu parler de Genève, en Suisse, notamment lorsqu'on parle des Conventions de Genève ou du Comité international de la Croix-Rouge.

Genève est une belle ville située dans la partie francophone* de la Suisse, au pied des Alpes.

La Suisse, qui est une des plus anciennes démocraties du monde et un pays politiquement stable et neutre, est donc un lieu privilégié pour de nombreuses organisations internationales. Genève, en particulier, est le siège des Nations Unies en Europe, de l'Assemblée de l'Organisation mondiale de la Santé et du CERN[†] (Centre européen de recherches nucléaires).

PORTRAIT Henri Dunant (1828–1910)

Genève avec, à l'arrière, le mont Blanc, le plus haut sommet des Alpes

©Photononstop/SuperStock

L'une des organisations internationales les plus importantes du monde, le Comité international de la Croix-Rouge, a été fondée à Genève par un Genevois, Henri Dunant.

À l'âge de 18 ans, Henri Dunant allait déjà visiter les pauvres, les malades et les prisonniers. Plus tard, en 1859, alors qu'il se trouvait à Solférino, en Italie du Nord, le lendemain d'une terrible bataille entre 100 000 Français et Italiens d'une part[1] et 100 000 Autrichiens qui occupaient l'Italie[‡] d'autre part, Dunant a été horrifié quand il a vu les nombreux hommes blessés, mourants ou morts, abandonnés sur le champ de bataille. Il a immédiatement organisé le secours aux blessés des deux camps avec l'aide des habitants du village.

Il a décrit cette terrible expérience dans son livre, *Un souvenir de Solférino,* et a proposé la création d'une organisation neutre qui apporterait[2] de l'aide à *tous* les soldats blessés, quelle que soit[3] leur nationalité. Une commission a adopté le projet de Dunant et un comité international de secours aux militaires blessés a été créé en 1863. Ce comité est ensuite devenu le Comité international de la Croix-Rouge.

Dunant s'est battu toute sa vie pour ses idées humanitaires. En 1901, il a reçu le premier prix Nobel de la paix pour son rôle dans la fondation du Comité international de la Croix-Rouge et dans la première Convention de Genève, qui, en cas de guerre, protège les militaires blessés ou malades, les ambulances et hôpitaux militaires et le personnel sanitaire. Cette première convention a été le point de départ d'un vaste mouvement humanitaire.

Henri Dunant, foundateur de la Croix-Rouge

©Hulton Deutsch/Corbis via Getty Images

[1]d'une part... d'autre part *on the one hand ... on the other hand* [2]*would bring* [3]quelle... *regardless of*

*There is no language called "Swiss." Switzerland has four official languages: German (63.7%), French (20.4%), Italian (6.5%), and Romanche (0.5%).
[†]A scientist at CERN invented the "World-Wide Web" in 1989 to enable the sharing of academic and scientific information. Today, many physicists at CERN research the state of matter at the beginning of the universe, using the largest particle accelerators and detectors in the world.
[‡]Austria had occupied Italy. The Italians fought back against the Austrian occupation and were aided in the fight by the French.

en Europe francophone

Un coup d'œil sur Bruxelles, en Belgique

Capitale du Royaume de Belgique, Bruxelles est aussi l'une des villes-phares[1] de la francophonie depuis le Moyen Âge. On y parle flamand—surtout dans les quartiers historiques du centre—et français. En fait, les Bruxellois se composent de deux groupes linguistiques: les Wallons (ceux[2] qui parlent français) et les Flamands (ceux pour qui le flamand est la langue maternelle). Les Bruxellois sont donc souvent bilingues.

À Bruxelles, le temps est souvent gris, mais on dit que ses habitants ont le soleil dans le cœur. Vous y serez[3] accueilli avec chaleur[4] et bonne humeur. Ses musées, ses églises, ses petites rues commerçantes et ses passages couverts où sont installés confiseries,[5] chocolateries et magasins de dentelles font de Bruxelles une ville de culture et de commerce. Les fêtes se succèdent[6] été comme hiver; à ces occasions, les cortèges,[7] comme celui de Carnaval, convergent vers la Grand-Place, ou *Grote Markt* en flamand. Beaucoup de belles demeures anciennes de la Grand-Place sont maintenant des restaurants où vous pouvez trouver des spécialités culinaires comme les moules-frites ou le célèbre waterzoï.[8] Bruxelles est aussi la capitale politique de l'Union européenne, siège du Parlement européen, ce qui lui donne un caractère cosmopolite.

[1]*beacons* [2]*those* [3]*will be* [4]*warmth* [5]*candy stores* [6]*se... follow each other* [7]*processions* [8]*Belgian speciality made from fish or meat in a cream sauce*

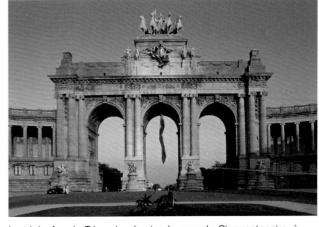

Le triple Arc de Triomphe domine le parc du Cinquantenaire, à Bruxelles.

©Demetrio Carrasco/Getty Images

PORTRAIT René Magritte (1898–1967)

René Magritte est le peintre surréaliste par excellence. Ce Belge rivalise dans cet art du XXᵉ siècle avec l'Espagnol Salvador Dali. Ses nombreuses œuvres nous ouvrent un monde inconnu[1] où se mélangent le rêve et une réalité transposée par l'artiste. Il crée des associations étranges et conçoit[2] des personnages extraordinaires et des paysages fabuleux. Son univers est imprévisible,[3] énigmatique, absurde, ironique.

[1]*unknown* [2]*conceives* [3]*unpredictable*

 Watch the *Bienvenue en Europe francophone* video segments to learn more about Brussels and Geneva.

René Magritte: *Les vacances de Hegel,* 1958

©Artepics/Alamy

CHAPITRE 13

La vie quotidienne°

daily

Les dossiers de Juliette

➤ Mes photos
➤ Des amoureux en Corse
➤ Devant la pharmacie
➤ Les bonnes affaires

Hector

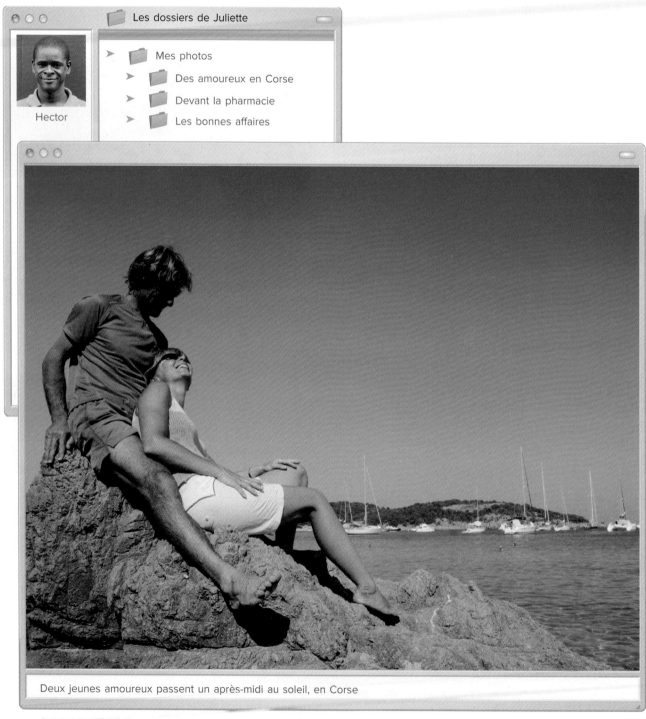

Deux jeunes amoureux passent un après-midi au soleil, en Corse

©blickwinkel/Alamy

Dans ce chapitre...

OBJECTIFS COMMUNICATIFS

- ➤ talking about love, marriage, the human body, and daily life
- ➤ expressing actions
- ➤ reporting everyday events
- ➤ expressing reciprocal actions
- ➤ talking about the past
- ➤ giving commands
- ➤ learning to distinguish between and pronounce selected sounds in French

PAROLES (LEÇON 1)

- ➤ L'amour et le mariage
- ➤ Le corps humain
- ➤ Les activités de la vie quotidienne

STRUCTURES (LEÇONS 2 ET 3)

- ➤ Les verbes pronominaux (première partie)
- ➤ Les verbes pronominaux (deuxième partie)
- ➤ Les verbes pronominaux (troisième partie)
- ➤ Les verbes pronominaux (quatrième partie)

CULTURE

- ➤ Le blog d'Hector: *Discipline!**
- ➤ Reportage: *Le Bon Coin: les bonnes affaires près de chez vous*
- ➤ Lecture: «Pour toi mon amour» (Leçon 4)

---

*In **Chapitres 13–16** you will read Hector Clément's blog about his life as a dancer, what he likes to do in his spare time, his efforts to find a new job, and his feelings about the problems of the world.

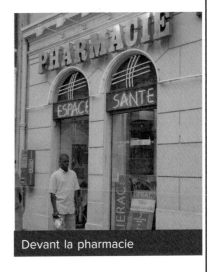

Devant la pharmacie

©McGraw-Hill Education

Les bonnes affaires

Source: leboncoin.fr

L'amour et le mariage

1. Ils se rencontrent.
Ils tombent amoureux.

Les amoureux:
le coup de foudre*

2. Ils se fiancent.

Le couple:
les fiançailles (*f. pl.*)

3. Ils se marient.

Le couple:
la cérémonie

4. Mais ils ne s'entendent pas toujours.

Les nouveaux mariés:
parfois, ils se disputent.

Le parler jeune

un dragueur	un séducteur
être accro à	être incapable de vivre sans
flasher sur	avoir le coup de foudre pour
surkiffer	adorer, être fou (folle) de
un rencard	rendez-vous

Comment décourager un **dragueur**?

Céline **est accro à** Jérôme.

Dès que je l'ai aperçu, j'**ai flashé sur** lui.

Tu la **surkiffes**, Léa?

Ce soir, j'ai un **rencard** avec Juliette.

AUTRES MOTS UTILES

l'amitié (*f.*)	friendship
le/la célibataire	single person
divorcer	to divorce
le voyage de noces	honeymoon

Allez-y!

A. Pour commencer... Quelles phrases de la colonne de droite correspondent aux étapes traditionnelles qui précèdent le mariage?

1. la rencontre
2. le coup de foudre
3. les rendez-vous
4. les fiançailles
5. la cérémonie
6. l'installation (*setting up house*)

a. Ils se marient.
b. Ils sortent ensemble.
c. Ils tombent amoureux.
d. Ils se rencontrent.
e. Ils s'installent.
f. Ils se fiancent.

*love at first sight (lit., flash of lightning)

B. Conversation. Posez les questions suivantes à un(e) camarade.

1. Est-ce que tu préfères sortir seul(e), avec un ami / une amie ou avec d'autres couples?
2. Selon toi, est-ce que les jeunes d'aujourd'hui tombent trop vite ou trop souvent amoureux?
3. Est-ce que tu crois au coup de foudre? Pourquoi ou pourquoi pas?
4. Est-ce que tout le monde doit se marier? Pourquoi ou pourquoi pas? Si oui, à quel âge?

Le corps humain

le nez   les dents (f.)
le visage
le pied
la main
l'œil (m.)
la bouche
le cou
le bras
l'oreille (f.)
le doigt
les yeux (m.)
la jambe
le genou
la tête
le corps

AUTRES MOTS UTILES	
avoir mal (à)	to hurt, have a pain (in)
J'ai mal à la tête.	My head hurts. (I have a headache.)
le cœur	heart
le dos	back
la gorge	throat
la santé	health
le ventre	abdomen; stomach
être malade	to be sick

Prononcez bien!

The vowels in _le_ and _la_

Remember to make a clear distinction between [ə] in **le** and [a] in **la**. For **le**, pronounce a brief and tense sound while closing your mouth and rounding your lips. For **la**, open your mouth wide and stretch your lips in a semi-smile.

[ə]: j<u>e</u>, n<u>e</u>, m<u>e</u>, d<u>e</u>
[a]: p<u>a</u>ssif, v<u>a</u>, ç<u>a</u>, m<u>a</u>

Allez-y!

A. Exercice d'imagination. Où ont-ils mal? Répondez d'après le modèle.

> MODÈLE: Il y a beaucoup de bruit chez Judith. →
> Elle a mal à la tête / aux oreilles.

1. Vous portez des colis très lourds (*heavy*).
2. Les nouvelles chaussures d'Aurélien sont trop petites.
3. J'ai mangé trop de chocolat.
4. Vous apprenez à jouer de la guitare.
5. Anouk a marché très longtemps.
6. La cravate de Patrice est trop serrée (*tight*).
7. Ils font du ski et il y a beaucoup de soleil.
8. Il fait extrêmement froid et vous n'avez pas de gants (*gloves*).
9. Aïcha va chez le dentiste.
10. Clément chante depuis deux heures.

B. Jeu des statues. Regardez les deux photos et identifiez les parties du corps que vous voyez.

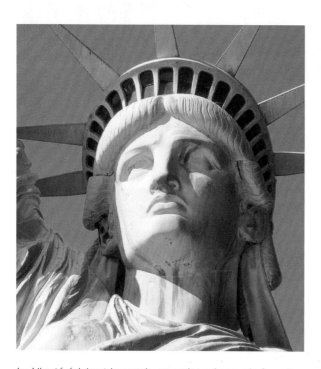

La Liberté éclairant le monde, un cadeau du peuple français en signe d'amitié entre les deux nations

©Zarnell/Getty Images RF

Mercure volant, de Jean Boulogne, au musée du Louvre

©Arthur Tilley/Stockbyte/Getty Images RF

C. Devinettes. Pensez à une partie du corps et donnez-en une définition au reste de la classe. Vos camarades vont deviner de quelle partie il s'agit (*is being described*).

> MODÈLE: Vous en avez une. On fait la bise avec cette partie du corps. →
> C'est la bouche!

Les activités de la vie quotidienne

Ils se réveillent et ils se lèvent.

Ils se brossent les dents.

Il se rase et elle se maquille.

Ils se peignent.

Ils s'habillent.

Ils s'en vont.

Ils se couchent.

Ils s'endorment.

Allez-y!

A. **Et votre journée?** Décrivez votre journée en employant le vocabulaire des illustrations.

MODÈLE: À _____ heures, je me _____. → À 7 heures, je me réveille.*

B. **Habitudes quotidiennes.** Dites dans quelles circonstances on utilise les objets suivants.

Mots utiles: se brosser, se coucher, s'en aller, s'endormir, s'habiller, se lever, se maquiller, se peigner, se raser, se réveiller

MODÈLE: une voiture → On utilise une voiture pour s'en aller.

1. un réveil
2. une brosse à dents
3. des vêtements
4. un lit
5. un peigne
6. du rouge à lèvres (*lipstick*)
7. un rasoir (*razor*)
8. un pyjama

---

*The verbs introduced here are called *pronominal verbs*. To conjugate the **je** form of pronominal verbs, place the pronoun **me** before the first-person conjugation of the verb.

Les verbes pronominaux
(*première partie*)

Expressing Actions

✎ ALLÔ, DOCTEUR?

Hector téléphone à Hassan.

HECTOR:	Hassan, est-ce que tu as un bon médecin?
HASSAN:	Excellent. Tu es malade?
HECTOR:	J'ai très mal au genou. **Je me demande** si je n'ai pas une tendinite.
HASSAN:	Prends rendez-vous! **Le cabinet médical se trouve**[1] au Quartier latin.
HECTOR:	Comment **s'appelle le docteur**?
HASSAN:	**Il s'appelle** Guy Levi. Il vient juste de **s'installer**.
HECTOR:	Je n'ai peut-être pas besoin d'une consultation. Si **je me repose** pendant deux jours...
HASSAN:	Quel raisonnement[2] infantile! **Dépêche-toi**[3] de lui téléphoner!
HECTOR:	Tu viens avec moi? J'ai peur des piqûres[4]!

Docteur Guy LEVI

Chirurgie Orthopédique et Traumatologique

Tél : 01 45 49 34 09

Heureusement, les médecins sont là pour nous soigner!
©Owen Franken

[1]*Le... the doctor's office is located* [2]*reasoning* [3]*Hurry up* [4]*injections*

Trouvez, dans le dialogue, les phrases qui répondent aux questions suivantes.

1. Quelle question se pose Hector (*does Hector ask himself*)?
2. Où est situé le cabinet médical?
3. Quel est le nom du docteur?
4. Est-ce que le médecin est dans le quartier depuis longtemps?
5. Hector ne veut pas voir le docteur. Quelle est sa solution? Que dit-il?
6. Qu'est-ce qu'Hassan ordonne (*recommend*) à Hector?

Certain French verbs are conjugated with an object pronoun in addition to the subject; consequently, they are called *pronominal verbs* (**les verbes pronominaux**). The object pronoun agrees with the subject of the verb. **Se reposer** (*To rest*) and **s'amuser** (*to have fun*) are two pronominal verbs.

se reposer				s'amuser			
je	**me** repose	nous	**nous** reposons	je	**m'**amuse	nous	**nous** amusons
tu	**te** reposes	vous	**vous** reposez	tu	**t'**amuses	vous	**vous** amusez
il/elle/on	**se** repose	ils/elles	**se** reposent	il/elle/on	**s'**amuse	ils/elles	**s'**amusent

—Est-ce que tu **t'amuses** en général avec tes grands-parents?

Do you usually have fun with your grandparents?

—Oui, on **s'amuse** bien ensemble.

Yes, we have a good time together.

1. Note that the object pronouns **me, te,** and **se** become **m', t',** and **s'** before a vowel or a nonaspirate **h.**

2. Common pronominal verbs include:

s'amuser *to have fun*	**s'excuser** *to apologize*
s'appeler *to be named*	**s'installer** *to settle down, settle in*
s'arrêter *to stop*	
se demander *to wonder*	**se rappeler** *to remember*
se dépêcher *to hurry*	**se reposer** *to rest*
se détendre *to relax*	**se souvenir (de)** *to remember*
s'entendre (avec) *to get along (with)*	**se tromper** *to make a mistake*
	se trouver *to be located*

Où **se trouve** l'arrêt d'autobus?

Where is the bus stop?

L'autobus **s'arrête** devant mon immeuble.

The bus stops in front of my building.

3. Note that word order in the negative and infinitive forms follows the usual word order for pronouns: the object pronoun precedes the main verb.

Antoine ne **se souvient** pas à quelle heure le musée ouvre.

Antoine doesn't remember what time the museum opens.

Je vais **me dépêcher** pour arriver à l'heure.

I'm going to hurry to arrive on time.

Allez-y!

A. Questions d'amour. Trouvez dans la colonne de droite une réponse logique aux phrases de la colonne de gauche.

1. Je dis que le mariage précède les fiançailles.

2. Demain c'est l'anniversaire de ma femme et je n'ai encore rien acheté.

3. Arthur et moi, nous nous disputons tout le temps. Nous travaillons trop et ne nous amusons jamais.

4. Quelle est la date de l'anniversaire de mariage de vos parents?

5. Toi et moi, nous aimons les mêmes choses! Nous ne nous disputons presque jamais.

a. Désolé(e), mais je ne m'en souviens plus.

b. Tu te trompes!

c. Oui, nous nous entendons bien.

d. Je me demande pourquoi tu n'y as pas pensé!

e. Il faut vous arrêter pour respirer un peu. Prenez le temps de vivre!

B. Départ à la hâte. C'est l'heure de partir pour Chartres, mais vous avez un petit problème. Remplacez l'expression en italique par un des verbes pronominaux suivants: **se demander, se dépêcher, se rappeler, se tromper, se trouver.**

Où *est*[1] mon sac à dos? Je ne *me souviens*[2] plus où je l'ai mis. En plus, je dois *faire vite*,[3] je suis en retard. Mais je ne peux pas aller à Chartres sans mon appareil photo. Je *veux savoir*[4] si Jean-François l'a mis dans sa valise. Il peut facilement *faire une erreur*[5] quand il est en retard.

C. Trouvez quelqu'un qui... Circulez dans la classe pour trouver quelqu'un qui fait une des activités suivantes. Ensuite, trouvez quelqu'un qui fait l'activité suivante et ainsi de suite (*so on*).

1. veut s'installer à l'étranger
2. se souvient de son premier jour de classe à l'université
3. se trompe souvent dans ses calculs
4. se détend en regardant (*while watching*) des matchs de foot
5. s'entend bien avec ses frères ou ses sœurs
6. se repose en écoutant (*while listening*) de la musique classique
7. s'arrête tous les jours au café
8. se rappelle son meilleur ami / sa meilleure amie à l'école primaire

Les verbes pronominaux (*deuxième partie*)

Reporting Everyday Events

TOUT VA BIEN!

Léa téléphone à Hector.

LÉA:	Alors Hector, **tu te sens**[1] mieux?
HECTOR:	**Je me sens** très bien; je suis presque guéri[2]!
LÉA:	Tu vois: parfois, **on se repose** pendant 24 heures et hop! **La douleur**[3] **s'en va**!
HECTOR:	**Tu te trompes. Se détendre** ne suffit pas.[4] J'ai eu une piqûre de cortisone dans le genou... terrible... abominable!
LÉA:	Oh! Pauvre Hector! Mais tu peux marcher[5] maintenant?
HECTOR:	Je peux marcher, courir[6] et danser!
LÉA:	Alors, on va **se promener**[7] ce soir?

Un anti-inflammatoire pour guérir Hector

©Owen Franken

[1]te... *feel* [2]*cured* [3]*pain* [4]ne... *isn't enough* [5]*walk* [6]*run* [7]se... *to take a walk*

Répondez aux questions selon le dialogue.

1. Hector se sent mieux?
2. Selon Léa, que faut-il faire pendant 24 heures pour aller mieux?
3. Selon Léa, après 24 heures de repos, qu'arrive-t-il?
4. Est-ce qu'Hector pense que Léa a raison ou qu'elle se trompe?
5. Quelle est la théorie d'Hector?
6. Que propose Léa?

Reflexive Pronominal Verbs

1. In reflexive constructions, the action of the verb reflects or refers back to the subject: *The child dressed **himself.** Did you hurt **yourself**? She talks to **herself.*** In these examples, the subject and the object are the same person. In French, common reflexive pronominal verbs include:

se baigner *to bathe; to swim*	**se maquiller** *to put on makeup*
se brosser *to brush*	**se peigner** *to comb one's hair*
se coucher *to go to bed*	**se raser** *to shave*
se doucher *to take a shower*	**se regarder** *to look at oneself*
s'habiller *to get dressed*	**se réveiller** *to wake up*
se laver *to wash oneself*	**se sentir** *to feel*
se lever *to get up*	

Zoé **se réveille** à 6 h.	*Zoé wakes up at 6:00.*
Théo **se douche** et **se rase** pendant que Sarah **se maquille.**	*Théo showers and shaves while Sarah puts on makeup.*

2. Most reflexive pronominal verbs can also be used nonreflexively.

Aujourd'hui, Théo **lave** la voiture.	*Today, Théo is washing his car.*
Le bruit **réveille** tout le monde.	*The noise wakes everyone up.*

3. Some reflexive pronominal verbs can have two objects, one direct and one indirect; this frequently occurs with the verbs **se brosser** and **se laver** plus a part of the body. The definite article—not the possessive adjective, as in English—is used with the part of the body.

Lisa se brosse **les** dents.	*Lisa is brushing her teeth.*
Je me lave **les** mains.	*I'm washing my hands.*

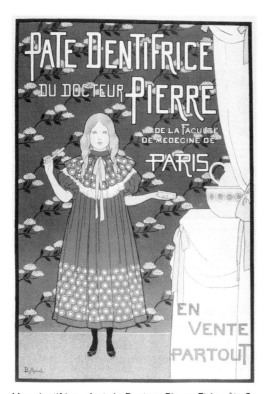

Mon dentifrice, c'est du Docteur Pierre. Et le vôtre?

Idiomatic Pronominal Verbs

When certain verbs are used with reflexive pronouns, their meaning changes.

aller *to go*	→	**s'en aller** *to go away*	
appeler *to call*	→	**s'appeler** *to be named*	
demander *to ask*	→	**se demander** *to wonder*	
endormir *to put to sleep*	→	**s'endormir** *to fall asleep*	
ennuyer* *to bother*	→	**s'ennuyer** *to be bored*	
entendre *to hear*	→	**s'entendre** *to get along*	
fâcher *to make angry*	→	**se fâcher** *to get angry*	
Installer *to install*	→	**s'installer** *to settle in (to a new house)*	
mettre *to place, put*	→	**se mettre à** *to begin*	
perdre *to lose*	→	**se perdre** *to get lost*	
promener *to (take for a) walk*	→	**se promener** *to take a walk*	
tromper *to deceive*	→	**se tromper** *to be mistaken*	
trouver *to find*	→	**se trouver** *to be located*	

Mots clés

Vous parlez français?

You are now at a point where you can answer this question with something else besides **Un peu.** Here are some suggestions:

Je me débrouille.
(*I can get by.*)

Oui, couramment.

Bien sûr! Je suis bilingue.

Les jeunes mariés **s'en vont** en voyage de noces.	*The newlyweds are going away on their honeymoon trip.*
Après cela, Véronique va **se mettre à** chercher un appartement.	*Afterward, Véronique is going to start looking for an apartment.*
Tu **te trompes**! Elle en a déjà trouvé un.	*You're wrong! She's already found one.*
Où est-ce qu'il **se trouve**?	*Where is it?*

Allez-y!

A. La routine. Que font les membres de la famille Duteil?

　　MODÈLE: Annick se lave les mains.

Le matin...

1.

2.

3.

4.

---

*conjugated like **envoyer**; see **Chapitre 10, Leçon 1**

Plus tard...

5.

Jean

6.

M. Duteil

7.
Annick

8.

Wolfgang

Et vous, parmi ces activités, lesquelles faites-vous régulièrement?

B. Habitudes matinales. Qui dans votre famille a les habitudes suivantes? Faites des phrases complètes. Puis comparez leurs habitudes aux vôtres (*to yours*). Commencez par «Moi aussi, je... » ou «Mais moi, je... ».

mon père	se regarder longtemps dans le miroir
ma mère	se lever souvent du pied gauche*
ma sœur	se réveiller toujours très tôt
mon frère	s'habiller rapidement / lentement
le chien	se maquiller / se raser très vite
le chat	se préparer à la dernière minute
	s'en aller sans prendre de petit déjeuner
	se laver les cheveux tous les jours
	se fâcher quand il n'y a plus de lait
	se tromper de chaussures

C. Synonymes. Racontez l'histoire suivante. Remplacez l'expression en italique par un verbe pronominal.

À 7 h du matin, Sylvie *ouvre les yeux*,[1] elle *sort de son lit*,[2] *fait sa toilette*[3] (*washes up*) et *met ses vêtements*.[4] À 8 h, elle *quitte la maison*.[5] Au travail, elle *commence à*[6] parler au téléphone. Sylvie *finit de*[7] travailler vers 18 h; elle *fait une promenade*[8] et parfois ses amies et elle vont *nager*[9] à la piscine. Le soir, elle *va au lit*[10] et elle *trouve le sommeil*[11] très vite!

D. Interview. Interrogez un(e) camarade sur une de ses journées typiques à l'université. Posez-lui des questions avec les verbes **se réveiller, s'habiller, se dépêcher, s'en aller, s'amuser, s'ennuyer, se reposer, se promener** et **se coucher.** Ensuite, comparez votre journée et celle de votre camarade et présentez les résultats à la classe.

E. Vos habitudes. Comparez vos habitudes avec celles de vos camarades. Trouvez quelqu'un qui...

1. se lève dix minutes avant de partir
2. s'en va sans prendre de petit déjeuner
3. se réveille avant dix heures
4. se lève souvent du pied gauche
5. se promène souvent le soir
6. se douche avant de se coucher
7. se couche souvent après minuit
8. a souvent du mal à[†] s'endormir

---

*__Se lever du pied gauche__ is the equivalent of *to get up on the wrong side of the bed*.
†__Avoir du mal à__ means *to have difficulty* (*doing something*). It should not be confused with **avoir mal à,** meaning *to have an ache or pain* (*in a part of the body*).

Le blog d'Hector

DISCIPLINE!

vendredi 3 juillet

Salut les amis!

Qui suis-je? Je suis Hector. Je commence mon blog.

Je suis danseur. Danseur, c'est un beau métier, n'est-ce pas? Mais il faut soigner[1] son corps, suivre un régime, avoir de la discipline...

Mes journées sont réglées[2]: je me réveille vers 10 heures. Je me lève, je prends ma douche et je me rase, puis je m'habille. Ensuite, je m'installe devant un petit déjeuner léger avec du thé, des fruits. Si mes colocataires sont là, on s'amuse et on se raconte notre vie! C'est bon pour le moral!

Vers midi, je commence mon entraînement[3] au studio de danse. Quand j'arrive, je mets immédiatement mon tee-shirt et mes collants,[4] puis je m'échauffe[5] seul avant le début du cours de ballet ou la répétition du spectacle.

Je danse jusqu'à 18 heures, mais je m'arrête régulièrement pour manger et pour boire: il faut renouveler[6] les calories et s'hydrater.

Ensuite, je me change et je rentre chez moi. Je me détends avant le spectacle ou je sors avec mes potes. Les jours de grande fatigue, j'achète des vitamines à la pharmacie. Et je retrouve mon énergie.

Elle est belle ma vie d'artiste! C'est vrai. Mais parfois, je désire tout changer et essayer d'autres modes de vie. Mon copain Hassan me parle souvent du Maroc et il me fait rêver...

Hector

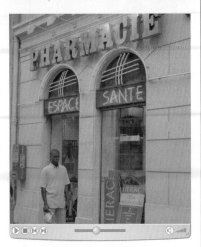

Les jours de grande fatigue, j'achète des vitamines.

©McGraw-Hill Education

COMMENTAIRES

Alexis

Tout le monde a sa petite routine. Chaque jour, Trésor règle mon train-train.[7] Le matin, il m'appelle: ouah ouah! Impossible de me reposer! Le soir, après mes cours, je me dépêche de rentrer. Il se fâche si j'arrive tard!

Trésor

Alexis, je m'ennuie tout seul à la maison!

Charlotte

Ma routine est celle[8] d'une mère de famille: je me prépare très tôt le matin; j'accompagne ma fille Gilberte à l'école et je m'en vais au travail. Le soir, mon mari se débrouille[9] pour faire les courses. On se met à table vers 19 h et puis on s'installe devant la télé après avoir couché Gilberte. C'est pas très glamour, tout ça!

[1]*take care of* [2]*well-ordered* [3]*practice* [4]*tights* [5]*warm up* [6]*replenish* [7]*daily routine* [8]*that* [9]*se... manages*

Reportage

Le Bon Coin°: les bonnes affaires près de chez vous *spot*

Acheter, vendre, échanger des objets ou des services à petit prix, voilà la vocation du site leboncoin.fr. Lancé en 2006, c'est le premier site d'annonces gratuites en France avec 26 millions de visiteurs par mois et des milliers de transactions qui facilitent la vie quotidienne. À l'origine de ce succès, il y a une idée géniale: «la bonne affaire[1] est au coin de la rue!», c'est-à-dire à côté de chez vous.

La première page du site présente une carte géographique de la France avec une liste des différentes régions. «Moi, j'habite à Nice, explique Élise, donc je clique sur Provence-Alpes-Côte d'Azur. Par exemple: Je cherchais un aller-retour Paris-Nice pas cher. Dans la rubrique «Billetterie, offres», une annonce proposait un billet à 35 euros alors que le prix était de 120 euros sur le site de la SNCF. Un simple coup de fil[2] au vendeur et on s'est rencontrés au métro Bastille pour la transaction». «Simple, facile et efficace[3]», comme dit le slogan du Bon Coin!

On trouve tout dans les annonces: chaussures, frigidaires, appartements, cours de poker, robes de mariée, voitures, portes... tout ce que vous pouvez imaginer. Et parfois des choses incroyables: un château, un cochon,[4] un dentier[5] et même une station de ski dans les Alpes françaises!!!

Pour se loger, s'habiller, se déplacer,[6] se détendre, s'éduquer, le premier réflexe des Français, c'est d'aller sur leboncoin.fr. Un coup de fil, on discute, on se met d'accord et on se donne rendez-vous. On se rencontre, on paie, on se sépare, on se souhaite «bonne chance». Et voilà!

On trouve tout dans les annonces du Bon Coin

Source: leboncoin.fr

[1]bonne... *good deal, bargain*   [2]coup... *telephone call*   [3]*effective*   [4]*pig*   [5]*dentures*   [6]se... *travel, get around*

VOUS COMPRENEZ?

1. Quels chiffres montrent les performances du Bon Coin?
2. De quelle manière Le Bon Coin facilite-t-il le quotidien des Français?
3. Comment s'explique le succès du site?
4. Que trouve-t-on sur Le Bon Coin?
5. Quelles sont les étapes (*stages*) d'une transaction?

Micro-trottoir

Répondez aux questions suivantes à partir de votre point de vue personnel. Puis regardez la vidéo et comparez vos réponses à celles des gens interrogés.

1. Sur quels sites trouvez-vous de bonnes affaires? Quelle est votre dernière bonne affaire?
2. Quels produits préférez-vous acheter en magasin plutôt qu'en ligne?
3. Est-ce que les avis de consommateurs vous influencent? De quelle manière?
4. Quels problèmes peut poser un achat en ligne?

Les verbes pronominaux (*troisième partie*)

Expressing Reciprocal Actions

 L'AMOUR FOU

Poema contacte Alexis sur sa page Facebook (Messagerie instantanée).

 POEMA: Qu'est-ce que tu penses du mariage, Alexis?

 ALEXIS: **On se rencontre,** on a le coup de foudre, **on se marie** et **on se quitte**...

 POEMA: Quel cynisme! Il y a pourtant* des couples éternels...

 ALEXIS: Ah oui, dans les romans: Tristan et Yseult, Roméo et Juliette...

 POEMA: Écoute, ma sœur et mon beau-frère sont mariés depuis huit ans. **Ils s'adorent** comme au premier jour.

 ALEXIS: Vraiment? Ils ne **se disputent** jamais?

 POEMA: **Ils se disputent**, comme tout le monde. Mais **ils se réconcilient**. Parce qu'**ils s'aiment**.

 ALEXIS: Parlons-en dans dix ans...

*nevertheless

Répondez aux questions en utilisant les verbes du dialogue.

1. Que pense Alexis du mariage?
2. Que dit Poema sur la relation amoureuse de sa sœur et de son beau-frère?

The plural reflexive pronouns **nous, vous,** and **se** can be used to show that an action is reciprocal or mutual in which two or more subjects interact. Almost any verb that can take a direct or indirect object can be used reciprocally with **nous, vous,** and **se.**

Ils **se** rencontrent par hasard.	*They meet by chance.*
Ils **s'**aiment.	*They love each other.*
Allons-nous **nous** téléphoner demain?	*Are we going to phone each other tomorrow?*
Vous ne **vous** quittez jamais.	*You are inseparable (never leave each other).*
Vous **vous** disputez souvent?	*Do you argue often?*

Allez-y!

A. Une amitié sincère. Mme Chabot raconte l'amitié qui unit sa famille à la famille Marnier. Complétez son histoire au présent.

Éva Marnier et moi, nous _____¹ depuis plus de quinze ans. Nous _____² tous les jours et nous parlons longtemps. Nous _____³ souvent en ville. Quand nous partons en voyage, nous _____⁴ des cartes postales.

    Nos maris _____⁵ aussi très bien. Nos enfants _____⁶ surtout pendant les vacances quand ils jouent ensemble. Parfois ils _____,⁷ mais comme ils _____⁸ bien, ils oublient vite leurs désaccords (*disagreements*).

s'aimer
se connaître
se disputer
s'écrire
s'entendre
se rencontrer
se téléphoner
se voir

B. Une brève rencontre. Racontez au présent l'histoire un peu triste d'un jeune homme et d'une jeune fille qui ne forment pas le couple idéal. Dites quand et où chaque action a lieu.

MODÈLE: se voir → Ils se voient un dimanche matin (au jardin du Luxembourg, à l'Opéra-Garnier, à la gare de Lyon)...

1. se voir
2. se rencontrer
3. se donner rendez-vous
4. se téléphoner
5. s'écrire souvent
6. se revoir
7. se disputer
8. (ne plus) s'entendre
9. se détester
10. se quitter

C. Rapports familiaux. Posez les questions suivantes à un(e) camarade de classe.

1. Avec qui est-ce que tu t'entends bien dans ta famille?
2. Tes parents et toi, quand est-ce que vous vous téléphonez?
3. Tes frères et sœurs et toi, combien de fois par semaine, par mois, par an est-ce que vous vous voyez?
4. Est-ce que tu te disputes souvent avec tes frères et tes sœurs? Quand et pourquoi vous disputez-vous?
5. Tes cousins et toi, est-ce que vous vous connaissez bien? Pourquoi ou pourquoi pas?

Les verbes pronominaux (*quatrième partie*)

Talking About the Past and Giving Commands

DES PETITS MOTS D'AMOUR

Appel vidéo entre Charlotte et Juliette.

CHARLOTTE:	Tu es mariée, Juliette?
JULIETTE:	Non. Et je ne suis même pas amoureuse!
CHARLOTTE:	Moi, **je me suis mariée** il y a dix ans... J'avais 20 ans!
JULIETTE:	**Vous vous êtes rencontrés** à la fac?
CHARLOTTE:	**On s'est rencontrés** à la bibliothèque.
JULIETTE:	**Vous vous êtes aimés** tout de suite?
CHARLOTTE:	Pas du tout. **Ne t'imagine pas** que nous avons eu le coup de foudre! Je le trouvais prétentieux et autoritaire!
JULIETTE:	Et alors, comment **ça s'est passé?**
CHARLOTTE:	C'est inexplicable: **nous nous sommes** tellement **détestés** que nous avons fini par nous aimer!
JULIETTE:	Ce sont les paradoxes de l'amour...

Répondez aux questions suivantes.

1. À quel âge Charlotte s'est-elle mariée?
2. Où Charlotte et son futur mari se sont-ils rencontrés?
3. Est-ce qu'ils se sont aimés tout de suite?

Passé composé of Pronominal Verbs

1. All pronominal verbs are conjugated with **être** in the **passé composé.** The past participle agrees with the reflexive pronoun in number and gender when the pronoun is the *direct* object of the verb.

PASSÉ COMPOSÉ OF **se baigner**			
je	**me** suis baign**é(e)**	nous	**nous** sommes baign**é(e)s**
tu	**t'**es baign**é(e)**	vous	**vous** êtes baign**é(e)(s)**
il	**s'**est baign**é**	ils	**se** sont baign**és**
elle	**s'**est baign**ée**	elles	**se** sont baign**ées**
on	**s'**est baign**é(e)(s)**		

Nous **nous sommes mariés** en octobre.	*We got married in October.*
Vos parents **se sont fâchés?**	*Did your parents get angry?*
Vous ne **vous êtes** pas **vus** depuis Noël?	*You haven't seen each other since Christmas?*

2. Here are some of the more common pronominal verbs whose past participles do not agree with the pronoun: **se demander, se dire, s'écrire, s'envoyer, se parler, se téléphoner.** The reflexive pronoun of these verbs is *indirect* (**demander à, parler à,** and so on).

Elles se sont **écrit** des textos.	*They wrote text messages to each other.*
Ils se sont **téléphoné** hier soir?	*Did they phone each other last night?*
Vous êtes-vous **dit** bonjour?	*Did you say hello to each other?*

[Allez-y! A-B-D]

Imperative of Pronominal Verbs

Grammaire interactive
For more on pronominal verbs, watch the corresponding **Grammar Tutorial** and take a brief practice quiz at **Connect French.**

www.mhhe.com/connect

Reflexive pronouns follow the rules for the placement of object pronouns. In the affirmative imperative, they follow and are attached to the verb with a hyphen; **toi** is used instead of **te.** In the negative imperative, reflexive pronouns precede the verb.

AFFIRMATIVE		NEGATIVE	
Lève-**toi.**	*Get up.*	Ne **te** lève pas.	*Don't get up.*
Dépêchons-**nous.**	*Let's hurry.*	Ne **nous** dépêchons pas.	*Let's not hurry.*
Habillez-**vous.**	*Get dressed.*	Ne **vous** habillez pas.	*Don't get dressed.*

[Allez-y! C]

Allez-y!

A. Avant la soirée. Hier, il y avait une fête à la Maison des Jeunes (*youth center*). Décrivez les activités de ces jeunes gens. Faites des phrases complètes au passé composé.

MODÈLE: Fabien / se raser / avant de partir →
Fabien s'est rasé avant de partir.

1. Fabrice / s'habiller / avec soin (*care*)
2. Christine et toi, vous / se reposer
3. Nadia et Thomas / s'amuser / à écouter de la musique
4. Sylvie / s'endormir / sur le canapé
5. David et moi, nous / s'installer / devant la télévision
6. je / se promener / dans le jardin

B. Souvenirs. Rebecca retrouve un vieil album de photos. Lisez son histoire, puis racontez-la au passé composé.

MODÈLE: Rebecca s'interroge sur son passé. →
Rebecca s'est interrogée sur son passé.

1. Elle s'installe pour regarder son album de photos.
2. Elle s'arrête à la première page.
3. Elle se souvient de son premier amour.
4. Elle ne se souvient pas de son nom.
5. Elle se trompe de personne.
6. Elle se demande où il est aujourd'hui.
7. Elle s'endort sur la page ouverte.

C. Un rendez-vous difficile. Bruno a rendez-vous avec quelqu'un qu'il ne connaît pas. Il est très nerveux. Donnez-lui des conseils et utilisez l'impératif.

> **MODÈLE:**   Je ne *me suis* pas encore *préparé*. (vite) →
>   Prépare-tol vite!

1. À quelle heure est-ce que je dois *me réveiller*? (à 5 h)
2. Je n'ai pas envie de *m'habiller*. (tout de suite)
3. Je ne *me souviens* pas de la rue. (rue Mirabeau)
4. J'ai peur de *me tromper*. (ne... pas)
5. Je dois *m'en aller* à 6 h. (maintenant)

Maintenant, utilisez **vous.**

> **MODÈLE:**   Je ne *me suis* pas encore *préparé*. (vite) →
>   Préparez-vous vite!

D. Tête-à-tête. Posez les questions suivantes à un(e) camarade. Ensuite, faites une observation intéressante sur votre camarade.

1. Est-ce que tu t'entends bien avec tes amis? avec tes professeurs? avec tes camarades de chambre? (Si votre camarade ne s'entend pas bien avec eux, demandez-lui pourquoi.)
2. Tu as déjà rencontré une personne qui t'a beaucoup impressionné(e)? Comment s'appelle cette personne? De quels traits physiques (yeux, visage, cheveux, taille, et cetera) te souviens-tu?
3. Est-ce que tu te rappelles le moment où tu es tombé(e) amoureux/amoureuse pour la première fois? C'était à quel âge, et avec qui? Ça a été le coup de foudre? C'était l'amour?
4. Tu veux te marier un jour? À quel âge? Où est-ce que tu veux t'installer avec ton mari (ta femme)?

Un mariage berbère en costume traditionnel à Ouarzazate, au Maroc. Comparez-le aux fêtes de mariage nord-américains.
©Yavuz Sariyildiz/Shutterstock RF

Un peu plus...

Les Berbères

On retrouve les traces de ce peuple à diverses époques, de l'Égypte jusqu'à l'Atlantique et du Niger à la Méditerranée. Aussi loin qu'on remonte (*go back*) dans le passé, ce peuple autochtone (*native*) est établi en Afrique du Nord. Pasteurs (*Shepherds*), agriculteurs, ils vivaient divisés en tribus.

Prononcez bien!

The vowels in *le* and *la* (page 353)

A. Mariage. Hugo est allé à un mariage ce week-end. Il montre les photos à Isabelle. Écoutez ce qu'ils disent et choisissez l'option appropriée.

ISABELLE: Oh! _____¹ a l'air très jeune!

HUGO: Oui, _____² aussi: Ils ont tous les deux 22 ans.

ISABELLE: Qui est cette personne?

HUGO: C'est _____³ de l'ami(e) de mon frère.

ISABELLE: Et où est _____⁴?

HUGO: Là… Ça, c'est une photo de tous les célibataires qui étaient au mariage. _____⁵ à gauche des mariés a rencontré _____⁶ à leur droite. Ça a été le coup de foudre. Ah! Il y avait beaucoup d'amour dans l'air ce jour-là!

	a.	**b.**
1.	La mariée	Le marié
2.	la mariée	le marié
3.	la fiancée	le fiancé
4.	la fiancée	le fiancé
5.	la célibataire	le célibataire
6.	la célibataire	le célibataire

B. Le jeu de la description. Vous êtes chez le médecin avec votre ami(e). Sur les murs, il y a des dessins représentant des personnes avec des traits physiques particuliers. Complétez les phrases suivantes à voix haute en utilisant les articles **le** ou **la** et les parties du corps. Faites bien attention à la forme des adjectifs. Votre camarade va identifier le dessin que vous décrivez.

a.

c.

b.

d.

1. La personne dans ce dessin a _____ plat(e) (*flat*) et _____ très rond(e).

2. La personne dans ce dessin a _____ pointu et _____ pulpeux(se) (*fleshy*).

3. La personne dans ce dessin a _____ très long(ue) et _____ très large (*wide*).

4. La personne dans ce dessin a _____ souriant(e) (*smiling*) et _____ large.

Lecture

AVANT DE LIRE

Scanning (Part 2). As noted in **Chapitre 4**, it is helpful to scan a text for specific information before you read it. Scanning is a reading skill that readers use almost every day. The overview you receive from scanning allows you to understand the text better during the first, more thorough reading. Scan the poem to determine the following:

1. *Tense:* Which verb tense is used the most often? What expression is repeated several times?
2. *Structure of the poem:* Which lines are the longest? How do they differ from each other?
3. *Objects:* How many gifts does the author buy for his love? What are those gifts?
4. *Narrative style of the poem:* Is the narrator speaking directly to his love or is he talking about her? How do you know?

À propos de la lecture...

Ce poème est tiré du recueil *Paroles* (1946) par Jacques Prévert.

«Pour toi mon amour»

Je suis allé au marché aux oiseaux
Et j'ai acheté des oiseaux
Pour toi
mon amour
Je suis allé au marché aux fleurs
Et j'ai acheté des fleurs
Pour toi
mon amour

©William Ryall 2010

Je suis allé au marché à la ferraille[1]
Et j'ai acheté des chaînes
De lourdes chaînes
Pour toi
mon amour
Et puis je suis allé au marché aux esclaves[2]
Et je t'ai cherchée
Mais je ne t'ai pas trouvée
mon amour

©Ruth Burke

[1]*scrap iron, metal*   [2]marché... *slave market*

COMPRÉHENSION

Pour toi mon amour. Répondez aux questions et justifiez votre point de vue en citant des extraits du poème.

1. Quelle histoire raconte ce poème?
2. Quels cadeaux le poète a-t-il achetés pour son amour?
3. À votre avis, que symbolise chaque cadeau?
4. Quelle vision de l'amour a le poète?
5. Pourquoi ne trouve-t-il pas son amour à la fin du poème?

 # Écriture

The writing activities **Par écrit** and **Journal intime** can be found in the Workbook/Laboratory Manual to accompany *Vis-à-vis*.

Le vidéoblog d'Hector

En bref

Dans cet épisode, Hassan rencontre Hector devant une pharmacie. Comme Hector ne se sent pas bien, Hassan lui suggère de modifier sa façon de vivre. Il évoque «l'art de vivre» au Maroc.

Vocabulaire en contexte

Qu'est-ce que vous faites pour entretenir (*maintain*) votre santé physique et mentale? Indiquez vos préférences.

☐ prendre des **médicaments** (*medications*)

☐ ne pas trop **faire la fête** (*to party*)

☐ s'arrêter dans un café, un salon de thé

☐ boire des jus de fruits

☐ se coucher tôt et dormir huit heures

☐ prendre des **vitamines**

☐ se promener

☐ faire du sport, de la gym

☐ s'amuser avec des amis

☐ **économiser** (*to save, conserve*) son énergie

Un Marocain lit le journal le matin au café à Marrakech, au Maroc.

©McGraw-Hill Education

VISIONNEZ!

Choisissez la bonne réponse.

1. Hector se sent fatigué parce qu'il _____.
   a. **s'entraîne** (*practice*) beaucoup
   b. fait trop la fête

2. Hassan lui conseille _____.
   a. de consulter un médecin
   b. d'aller se détendre à la campagne

3. Hassan est content parce qu'il _____ cette semaine.
   a. a du **temps libre** (*free time*)
   b. ferme son restaurant

4. Hassan **trouve que** (*thinks that*) la vie au Maroc est plus (*more*) _____ qu'à Paris.
   a. agréable et **douce** (*gentle*)
   b. ennuyeuse

ANALYSEZ!

Répondez aux questions.

1. Quels sont les éléments de «l'art de vivre» au Maroc? Que fait-on, par exemple, pour se détendre le matin, l'après-midi et le soir?

2. À votre avis, est-ce que le climat a une très grande influence sur l'art de vivre au Maroc? Expliquez.

COMPAREZ!

Quels sont les critères de qualité de vie (une vie agréable, douce) dans votre pays? Selon cette définition, avez-vous vous-même une bonne qualité de vie? Regardez encore une fois la partie culturelle de la vidéo: préférez-vous l'art de vivre *à l'américaine* ou *à la marocaine*? Expliquez.

NOTE CULTURELLE

En France, on distingue les pharmacies des parapharmacies. Les premières sont autorisées à distribuer des médicaments sur présentation d'une ordonnance[1] et à proposer des équivalents génériques. Elles vendent aussi des médicaments accessibles sans ordonnance (ex: l'aspirine) et des produits de santé (ex: un thermomètre). Signalées par une grande croix verte,[2] elles sont, pour certaines, ouvertes[3] la nuit. Les parapharmacies ne peuvent pas vendre de médicaments. Elles distribuent des produits de confort et de beauté (ex: les produits de toilette pour les bébés et pour les femmes). À noter: la publicité pour les médicaments est interdite par la loi.[4]

[1]*prescription* [2]*croix... green cross*
[3]*open* [4]*interdite... prohibited by law*

Verbes

s'amuser (à)	to have fun
s'appeler	to be named
s'arrêter	to stop
avoir mal (à)	to have pain; to hurt
se baigner	to bathe; to swim
se brosser (les cheveux, les dents)	to brush (one's hair, one's teeth)
se coucher	to go to bed
se débrouiller	to manage
se demander	to wonder
se dépêcher	to hurry
se déplacer	to travel, to get around
se détendre	to relax
divorcer	to divorce
se doucher	to take a shower
s'embrasser	to kiss
s'en aller	to go away, go off (to work)
s'endormir	to fall asleep
s'ennuyer	to be bored
s'entendre (avec)	to get along (with)
s'excuser	to apologize
se fâcher	to get angry
se fiancer	to get engaged
s'habiller	to get dressed
s'installer	to settle down, settle in
se laver	to wash oneself
se lever	to get up
se maquiller	to put on makeup
marcher	to walk
se marier (avec)	to get married (to)
se mettre à (+ inf.)	to begin to (do something)
se peigner	to comb one's hair
se perdre	to get lost
se préparer	to get ready
se promener	to take a walk
se rappeler	to remember
se raser	to shave
se regarder	to look at oneself, at each other
se rencontrer	to meet
se reposer	to rest
se réveiller	to awaken, wake up
se souvenir (de)	to remember
tomber amoureux / amoureuse (de)	to fall in love (with)
se tromper	to make a mistake
se trouver	to be located

Substantifs

l'amitié (f.)	friendship
l'amour (m.)	love
l'amoureux / l'amoureuse	lover, sweetheart
la bouche	mouth
le bras	arm
la brosse	brush
... à cheveux	hairbrush
... à dents	toothbrush
le cabinet médical	doctor's office
le/la célibataire	single person
la cérémonie	ceremony
le cœur	heart
le corps	body
le cou	neck
le coup de fil	telephone call
le coup de foudre	flash of lightning; love at first sight
le couple	(engaged, married) couple
la dent	tooth
le doigt	finger
le dos	back
la douleur	pain
les fiançailles (f. pl.)	engagement
le genou	knee
la gorge	throat
la jambe	leg
la main	hand
le mariage	marriage
le nez	nose
les nouveaux mariés (m. pl.)	newlyweds
l'œil (m.) (les yeux)	eye(s)
l'oreille (f.)	ear
les pantoufles (f.)	slippers
le peigne	comb
le pied	foot
la piqûre	injection, shot
le rasoir	razor
la rencontre	meeting, encounter
le rendez-vous	date
le rouge à lèvres	lipstick
la santé	health
la tête	head
le ventre	abdomen; stomach
le visage	face
le voyage de noces	honeymoon

À REVOIR: les cheveux (m. pl.), le réveil

Adjectifs

amoureux/ amoureuse	loving, in love
guéri(e)	cured, healed
malade	sick
quotidien(ne)	daily, everyday

Mots et expressions divers

Allez-vous-en!	Go away!
Va-t'en!	Go away!

CHAPITRE 14

Sur le marché du travail

Les dossiers d'Hector

Hector

➤ 📁 Mes photos
   ➤ 📁 Les vendanges
   ➤ 📁 Pomme Cannelle
   ➤ 📁 Au CIDJ

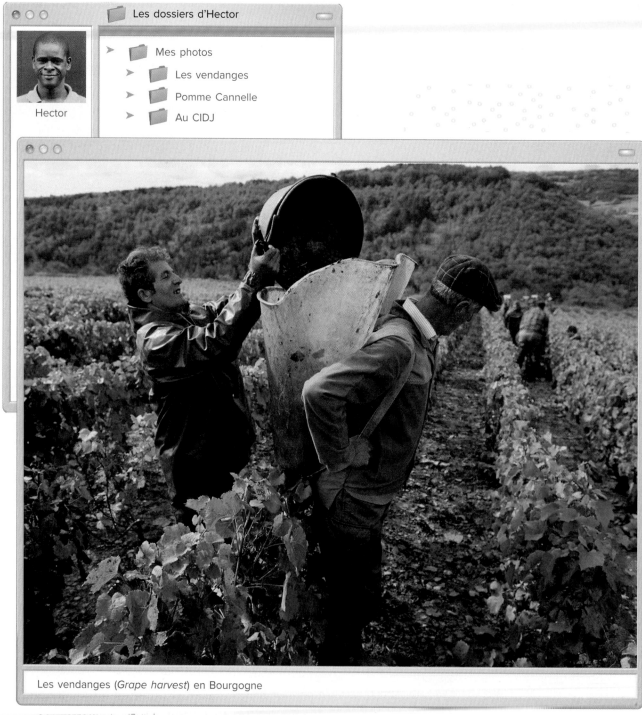

Les vendanges (*Grape harvest*) en Bourgogne

Dans ce chapitre...

OBJECTIFS COMMUNICATIFS

- ➤ talking about jobs and professions
- ➤ talking about banking and finances
- ➤ talking about the future
- ➤ linking ideas
- ➤ making comparisons
- ➤ learning to distinguish between and pronounce selected sounds in French

PAROLES (LEÇON 1)

- ➤ Les métiers et professions
- ➤ À la banque
- ➤ Le budget
- ➤ Le verbe **ouvrir**

STRUCTURES (LEÇONS 2 ET 3)

- ➤ Le futur simple (première partie)
- ➤ Le futur simple (deuxième partie)
- ➤ Les pronoms relatifs
- ➤ La comparaison de l'adjectif qualificatif

CULTURE

- ➤ Le blog d'Hector: *Pas facile, la vie d'artiste!*
- ➤ Reportage: *Étudiants: la chasse aux stages et aux petits boulots*
- ➤ Lecture: *Des métiers pas ordinaires* (Leçon 4)
- ➤ Sondages: *Le bonheur au travail* (Leçon 4)

Pomme Cannelle: une troupe de danse antillaise

©McGraw-Hill Education

Au CIDJ on propose des milliers (*thousands*) d'offres d'emploi pour l'été en France

©ASK Images/Alamy

www.mhhe.com/connect

Au travail

1. Les fonctionnaires: ils travaillent pour l'État.

M. Merel, agent* de police

Mlle Drouet, secrétaire* de mairie

M. Barbier, facteur*

Mme Lambert, professeur† des écoles

Mme Guilloux, employée* à la SNCF

2. Les travailleurs* salariés: ils travaillent pour une entreprise.

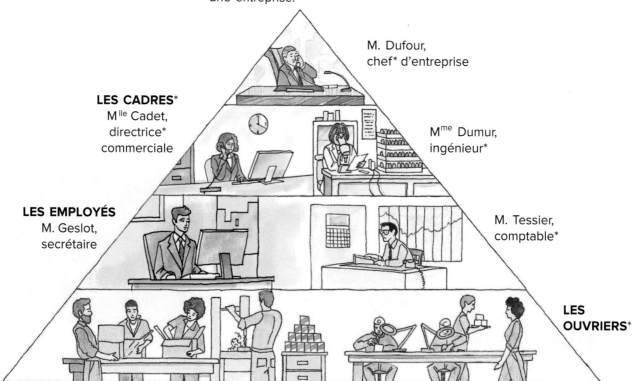

M. Dufour, chef* d'entreprise

LES CADRES*
Mlle Cadet, directrice* commerciale

Mme Dumur, ingénieur*

LES EMPLOYÉS
M. Geslot, secrétaire

M. Tessier, comptable*

LES OUVRIERS*

*Note that **agent**, **cadre**, **chef**, and **ingénieur** are always masculine, even for a woman. The masculine and feminine forms for other professions listed on this page are as follows: **le/la comptable, le directeur / la directrice, l'employé(e), le facteur / la factrice, le/la fonctionnaire, l'ouvrier / l'ouvrière, le/la secrétaire, le travailleur / la travailleuse.**

†In France, there is no official feminine form of the masculine noun **professeur**; however, it is common to hear the abbreviation **prof** used in both the masculine and feminine: **le/la prof**. In Canada, **la professeure** is used.

3. Les travailleurs indépendants: ils travaillent à leur compte.

• Les artisans*

• Les commerçants*

M. Lepape,
plombier*

Mᵐᵉ Ngalla,
coiffeuse*

M. Thétiot,
boucher*

M. Lefranc,
marchand* de vin

• Les professions de la santé

M. Morin,
pharmacien*

Mˡˡᵉ Wong,
dentiste*

Mᵐᵉ Bouakaz, femme
médecin†

• D'autres professions

Mᵐᵉ Aubry,
avocate*

M. Leconte,
architecte*

M. Colin,
agriculteur*

Mˡˡᵉ Cossec,
artiste,* peintre*

M. Kalubi,
journaliste*

AUTRES MOTS UTILES	
un entretien	job interview
un chômeur / une chômeuse	unemployed person
un C.V.	curriculum vitae, résumé
le marché du travail	job market
un stage	internship

*Note that **peintre** and **plombier** are always masculine, even for a woman. The masculine and feminine forms for other professions listed on this page are as follows: **l'architecte, l'agriculteur / l'agricultrice, l'artisan(e), l'artiste, l'avocat(e), le boucher / la bouchère, le coiffeur / la coiffeuse, le/la commerçant(e), le/la dentiste, le/la journaliste, le marchand / la marchande, le/la pharmacien(ne), le travailleur / la travailleuse.**

†While **médecin** is a masculine noun, the term **femme médecin** may be used in cases when one thinks it is essential to communicate that one's doctor is a woman.

Allez-y!

A. Définitions. Quelle est la profession des personnes suivantes?

> **MODÈLES:** Elle enseigne à l'école primaire. → Elle est professeur des écoles.
>
> Il écrit des articles pour des journaux. → Il est journaliste.

1. Elle soigne les dents de ses patients.
2. Il travaille à la campagne.
3. Il règle la circulation automobile.
4. Elle vend des billets de train.
5. Elle s'occupe de (*takes care of*) la santé de ses patients.
6. Il distribue des lettres et des colis.
7. Il vend de la viande aux clients.
8. Elle coupe (*cuts*) les cheveux des clients.
9. Elle tape des lettres sur un ordinateur.
10. Il vend des vins et des liqueurs.
11. Il prépare et vend des médicaments.
12. Elle fait des portraits et des paysages (*landscapes*).

B. Stéréotypes. Voici quelques dessins du caricaturiste français Jean-Pierre Adelbert. Choisissez la profession qui, selon vous, correspond le mieux à chaque dessin. Expliquez pourquoi.

Professions: architecte, artiste, caricaturiste, chef d'entreprise, chômeur/ chômeuse, coiffeur/coiffeuse, comptable, critique de cinéma, critique gastronomique, journaliste de mode, peintre, plombier, vendeur/ vendeuse… ?

C. Projets d'avenir. Découvrez les futures professions de vos camarades de classe. Interviewez cinq étudiant(e)s pour découvrir quel métier ils/ elles désirent faire après avoir terminé leurs études. Ensuite, analysez les résultats. En général, avez-vous des ambitions différentes ou semblables (*similar*)?

> **MODÈLE:** É1: Que veux-tu faire après tes études?
> É2: Je veux / Je voudrais devenir avocat(e).
> É1: Et pourquoi?…

À la banque

Rebecca Johnson est une architecte américaine.
Elle vient de s'installer en France et va à la banque.

1. Elle ouvre (*opens*) **un compte bancaire** et **un compte d'épargne** pour pouvoir **faire des économies** (*f.*) (**économiser** pour **l'avenir** [*m.*]). Elle a accès à ses comptes sur Internet et peut les gérer (*manage them*) à distance.

2. Elle prend aussi **une carte bancaire.***
3. Elle regarde **le cours du jour (le taux de change)** et change ses dollars en euros.

CHANGES	Monnaies	Cours du jour
États-Unis....	1 USD	0,92€

4. Quelques jours plus tard, elle va au **guichet automatique.** Avec sa carte bancaire, elle **retire** du **liquide** et **dépose** un chèque.

AUTRES MOTS UTILES	
un bureau de change currency exchange office	**la monnaie** change; currency
compter to count	**un montant** sum
contrôler ses relevés (*m.*) check one's bank statements	**payer par prélèvement automatique** to make automatic payments
une dépense expenditure	**réaliser un virement** to transfer money
un emprunt loan	**un reçu** receipt
encaisser to cash (a check)	**toucher** to receive, to get (money)
des frais (*m. pl.*) expenses, costs	

Allez-y!

A. **Les services bancaires.** Assane, un étudiant sénégalais, vient d'obtenir un permis de travail (*work permit*) en France. Complétez les phrases suivantes en utilisant le vocabulaire que vous venez d'apprendre.

1. Pour changer ses francs sénégalais en euros, il consulte _____.
2. Il va à la banque pour ouvrir un _____ et un _____ afin de (*in order to*) pouvoir faire des économies.
3. Quand il veut retirer du _____ ou _____ un chèque sur son compte, il peut aller au _____ et utiliser sa _____.

***Carte bancaire** is a general term that refers to both **cartes de crédit** and **cartes de débit.**

B. Une globe-trotter. Audrey vient d'arriver à Paris. Elle est à l'aéroport Charles-de-Gaulle et veut changer de l'argent. Indiquez dans quel ordre elle doit faire les choses suivantes.

_____ prendre sa carte bancaire et du liquide avec elle
_____ prendre le reçu
_____ compter l'argent
_____ se présenter à un bureau de change avec son passeport
_____ vérifier le montant sur le reçu
_____ dire combien d'argent elle veut changer

Le budget de Marc Convert

Marc travaille dans une petite **société** (*company*) près de Marseille où il est responsable (*director*) commercial.

Il **gagne** 1 800 euros par mois.

Il **dépense** presque tout ce qu'il gagne pour vivre; le **coût de la vie** est très **élevé** dans les villes françaises. Mais il espère avoir une **augmentation de salaire** dans six mois. En ce moment, il lui est difficile de **faire des économies** pour acheter une maison.

Marc est content de son travail. Il sait qu'il a de la chance **car le taux de chômage** est très élevé en France: 9,6% à la fin du premier trimestre 2017.

Voulez-vous travailler dans une petite société ou une grande entreprise?
©LightFieldStudios/Getty Images RF

Allez-y!

A. Frais et revenus. Complétez les phrases en utilisant le vocabulaire que vous venez d'apprendre.

1. Manon _____ pour acheter une voiture.
2. Les employés demandent souvent des _____.
3. Le _____ est moins élevé dans les petites villes.
4. Dayan est très économe: il _____ très peu.
5. Mme Reich? Elle travaille dans une _____ d'assurance (*insurance*).
6. Irène a un emploi sympa; elle est contente même si elle _____ relativement peu.

B. Parlons d'argent! Posez les questions suivantes à un(e) camarade.

1. Est-ce que tu travailles en ce moment? Si oui, qu'est-ce que tu fais comme travail?
2. Est-ce que tu as un compte bancaire, un compte d'épargne, une carte de crédit?
3. Est-ce que tu gères tes comptes à distance?
4. Comment est-ce que tu paies ton électricité et ton loyer? par prélèvement automatique? par chèque?
5. Qu'est-ce que tu fais pour économiser de l'argent?
6. Est-ce que tu as un budget ou est-ce que tu vis au jour le jour (*from day to day*)? Pourquoi?

Le verbe *ouvrir*

PRESENT TENSE OF **ouvrir** (*to open*)			
j'	**ouvre**	nous	**ouvrons**
tu	**ouvres**	vous	**ouvrez**
il/elle/on	**ouvre**	ils/elles	**ouvrent**
past participle: **ouvert**			

The verb **ouvrir** is irregular. Verbs conjugated like **ouvrir** include **couvrir** (*to cover*), **découvrir** (*to discover*), **offrir** (*to offer*), and **souffrir** (*to suffer*). Note that these verbs are conjugated in the present tense like **-er** verbs.

The opposite of **ouvrir** is **fermer** (*to close*).

«J'aimerais ouvrir un compte, s'il vous plaît.» Avez-vous un compte bancaire?
©Christopher Bissell/Getty Images

Allez-y!

A. Finances. Ce mois-ci, Jason a des problèmes d'argent. Racontez cette histoire en utilisant les verbes suivants: **ouvrir, couvrir, découvrir, offrir, souffrir.** Utilisez le passé composé (*p.c.*) où c'est indiqué.

Le mois dernier, Jason _____¹ (*p.c.*) un compte bancaire et un compte d'épargne. Sa grand-mère lui _____² toujours de l'argent pour son anniversaire, mais il l'utilise pour ses frais scolaires. Jason est très économe. Il _____³ toujours ses dépenses. Mais ce mois-ci, il a acheté une nouvelle moto et il _____⁴ parce qu'il ne peut pas sortir aussi souvent. Alors, il _____⁵ les plaisirs de la lecture!

B. Profil psychologique. Demandez à un(e) camarade _____.

1. s'il / si elle a un compte bancaire
2. s'il / si elle couvre toujours ses dépenses
3. s'il / si elle fait des économies et pourquoi
4. s'il / si elle souffre quand il/elle est obligé(e) de faire des économies
5. combien de fois par semaine, ou par mois, il/elle doit retirer de l'argent de son compte et combien de fois il/elle doit déposer de l'argent
6. si quelqu'un lui a récemment offert de l'argent et ce qu'il/elle en a fait

Maintenant, dites ce que vous avez découvert et faites un petit portrait psychologique de votre camarade. Ou si vous préférez, lisez l'histoire de Jason dans l'exercice précédent et faites un portrait psychologique de Jason.

Mots utiles: économe, impulsif/impulsive, généreux/généreuse, (im)prudent(e), un magnat des affaires (*tycoon*)

Le futur simple (*première partie*)

Talking About the Future

🎧 LA VIE D'ARTISTE

Appel vidéo entre Juliette et Hector.

JULIETTE: Tu as signé un nouveau contrat?

HECTOR: Non. Avec la crise,[1] les artistes ont la vie dure[2]! Si ça continue, **je changerai** de métier!

JULIETTE: Tu as des idées?

HECTOR: Oui! **J'enseignerai**. Avec mes potes,[3] **on proposera** des cours de hip-hop pour les enfants. Les gosses[4] adorent ça!

JULIETTE: Alors **tu travailleras** à ton compte?

HECTOR: Exactement. Et **je serai** enfin indépendant.

[1]*crisis* [2]*la... a hard life* [3]*buddies, pals* [4]*kids*

Dans les phrases suivantes, identifiez les verbes au futur proche. Puis remplacez-les par les verbes au futur utilisés dans le dialogue.

1. Je vais changer de métier.
2. Je vais enseigner.
3. On va proposer des cours de hip-hop.
4. Tu vas travailler à ton compte?
5. Je vais être indépendant.

Expressing the Future in French

In French, there are three ways of expressing future actions or events:

PRESENT	J'**arrive** à 2 h.	I (will) arrive at 2:00.
NEAR FUTURE	Je **vais arriver** demain.	I'm going to arrive tomorrow.
FUTURE TENSE	J'**arriverai** en janvier.	I will arrive in January.

Verbs with Regular Future Stems

The future is a simple tense, formed with the infinitive plus the endings **-ai,
-as, -a, -ons, -ez, -ont**. The final **-e** of the infinitive of **-re** verbs is dropped.

parler		finir		vendre	
je	parler**ai**	je	finir**ai**	je	vendr**ai**
tu	parler**as**	tu	finir**as**	tu	vendr**as**
il/elle/on	parler**a**	il/elle/on	finir**a**	il/elle/on	vendr**a**
nous	parler**ons**	nous	finir**ons**	nous	vendr**ons**
vous	parler**ez**	vous	finir**ez**	vous	vendr**ez**
ils/elles	parler**ont**	ils/elles	finir**ont**	ils/elles	vendr**ont**

Demain nous **parlerons** avec le
conseiller d'orientation.

Il te **donnera** des conseils.

Ces conseils t'**aideront** peut-être
à trouver du travail.

La réunion **finira** vers cinq heures.

*Tomorrow we will talk with the job
counselor.*

He will give you some advice.

*Maybe this advice will help you find
a job.*

*The meeting will end around
five o'clock.*

Prononcez bien!

The consonant r

Pronounce [R] as you
would an *h* in English, but
raise the back of your
tongue so that the distance
between it and the back of
your palate is much
narrower than for *h*. When
in between two vowels, **r** is
pronounced more softly
than when it occurs next to
a consonant sound,
especially [p], [t], and [k].

**ai<u>d</u>erons, <u>arr</u>iver,
étudie<u>r</u>a, <u>Par</u>is**

BUT

**he<u>rb</u>e, Ma<u>rs</u>eille, p<u>rè</u>s,
se<u>cr</u>et, su<u>cr</u>e, t<u>rav</u>ail**

Allez-y!

A. **Stratégies.** Marie cherche du travail pour cet été. Elle doit se présenter
    demain à un entretien. Dites ce qu'elle fera.

    MODÈLE: se lever très tôt → Elle se lèvera très tôt.

    1. se coucher tôt ce soir
    2. s'habiller avec soin
    3. prendre un petit déjeuner léger
    4. mettre son curriculum vitæ dans sa serviette (*briefcase*)
    5. prendre le métro pour éviter les embouteillages (*traffic jams*)
    6. y arriver un peu en avance
    7. se présenter brièvement
    8. parler calmement
    9. répondre avec précision aux questions de l'employeur/employeuse
    10. remercier l'employeur/employeuse avant de partir

    Maintenant répétez l'exercice en utilisant le sujet **Marie et Loïc.**

    MODÈLE: se lever très tôt → Ils se lèveront très tôt.

L'architecture: un travail de précision. Est-ce que vous travaillerez comme architecte? comme professeur? comme cadre?

©Owen Franken

B. Jeu de société. À une soirée, vous jouez à la voyante (*fortune-teller*) et prédisez la carrière de chacun(e) de vos ami(e)s. Choisissez le verbe convenable pour présenter vos prévisions.

Verbes: écrire, enseigner, jouer, s'occuper, participer, travailler, vendre, voyager

1. Vous _____ des bijoux à Alger.
2. Vous _____ le rôle de Hamlet à Londres.
3. Vous _____ à la construction d'un stade à Mexico.
4. Vous _____ des articles pour le *New York Times*.
5. Vous _____ souvent à l'étranger.
6. Vous _____ des malades à Dakar.
7. Vous _____ dans une école primaire à Seattle.
8. Vous _____ comme cosmonaute.

Le futur simple (*deuxième partie*)

Talking About the Future

LA GRANDE AVENTURE

Léa téléphone à Juliette.

LÉA: Quand est-ce que **tu feras** ton stage de fin d'études?

JULIETTE: En janvier prochain.

LÉA: **Tu seras** en stage combien de temps?

JULIETTE: Six mois. Ensuite, **je devrai** trouver un emploi. Je veux être chef de projet multimédia.

L'avenir appartient aux champions du Web

©John Taggart/Bloomberg via Getty Images

LÉA: **Tu obtiendras** peut-être un poste dans l'entreprise où **tu feras** ton stage… C'est fréquent, tu sais!

JULIETTE: C'est possible, mais je veux travailler à l'étranger. **J'enverrai** des C.V. dès[1] février.

LÉA: Au Canada, il y a plein d'opportunités[2]! Et on parle français!

JULIETTE: Oui, mais je rêve d'une grande aventure: **j'irai** en Australie! **Tu viendras** me voir?

[1]*beginning in*   [2]*plein... lots of opportunities*

Dans les phrases suivantes, identifiez les verbes au futur proche. Puis remplacez-les par les verbes au futur utilisés dans le dialogue.

1. Tu vas faire ton stage?
2. Tu vas être en stage combien de temps?
3. Ensuite, je vais devoir trouver un emploi.
4. Tu vas peut-être obtenir un poste dans l'entreprise où tu vas faire ton stage.
5. Je vais envoyer des C.V. dès février.
6. Je vais aller en Australie. Tu vas venir me voir?

Verbs with Irregular Future Stems

Some verbs have irregular future stems.

aller:	**ir-**	faire:	**fer-**	recevoir:	**recevr-**
avoir:	**aur-**	falloir:	**faudr-**	savoir:	**saur-**
devoir:	**devr-**	mourir:	**mourr-**	venir:	**viendr-**
envoyer:	**enverr-**	pleuvoir:	**pleuvr-**	voir:	**verr-**
être:	**ser-**	pouvoir:	**pourr-**	vouloir:	**voudr-**

J'**irai** au travail la semaine prochaine.	*I'll go to work next week.*
Et toi, quand **enverras**-tu ta demande d'emploi?	*And you? When will you send in your job application?*
Pas de problème! J'**aurai** bientôt un poste.	*No problem! I will have a position soon.*
Alors, vous **devrez** tous les deux vous lever très tôt le matin.	*So both of you will have to get up very early in the morning.*
C'est vrai. Mais demain on **devra** célébrer cela!	*It's true. But tomorrow we should celebrate!*

Verbs with spelling irregularities in the present tense also have irregularities in the future tense. These include verbs such as **acheter, appeler,** and **payer.** See Appendix B at the end of the book.

Uses of the Future Tense

1. As you can see from the preceding examples, the use of the future tense parallels that of English. This is also true of the tense of verbs after an *if*-clause in the present tense.

Si je pose ma candidature pour ce poste, j'**aurai** peut-être des chances de l'obtenir.	*If I apply for this position, I may (will maybe) have some chance of getting it.*
Mais si tu ne te présentes pas, tu ne l'**auras** sûrement pas!	*But if you don't apply in person, you surely will not get it!*

2. However, in dependent clauses following words such as **quand, lorsque** (*when*), **dès que** (*as soon as*), or **aussitôt que** (*as soon as*), the future tense is used in French if the action is expected to occur at a future time. English uses the present tense in this case.

Je te **téléphonerai** *dès que* j'**arriverai.**	*I'll phone you as soon as I arrive.*
Nous **pourrons** en discuter *lorsque* l'avocat **sera** là.	*We'll be able to discuss it when the lawyer arrives.*
La discussion **commencera** *dès que* tout le monde **sera** prêt.	*The discussion will begin as soon as everyone is ready.*

Mots clés

Exprimer le futur

All the expressions mentioned in the **Mots clés** of **Chapitre 5, Leçon 2** are also applicable to the **futur simple.** The following expressions are mostly used with the **futur simple:**

à l'avenir *from now on; in the future*
dès *beginning in, from (then on)*
un jour *some day*
à partir de maintenant *from now on*

> **À l'avenir,** nous ferons des économies.
> Je chercherai un deuxième petit boulot **dès** lundi.
> **Un jour,** nous n'aurons plus de dettes.
> **À partir de maintenant,** je te montrerai toutes mes dépenses.

3. The **futur simple** can also be used to politely express a command, a request, or a piece of advice.

Tu me **donneras** ton adresse avant de partir.	*Give me your address before you leave.*
Vous **finirez** de taper ces documents pour demain	*Finish typing these documents for tomorrow.*

Allez-y!

A. Les exigences du milieu de travail. Transformez les phrases en utilisant le futur simple.

MODÈLE: Téléphone à ton collègue! →
Tu téléphoneras à ton collègue!

1. Va poster ce colis!
2. Venez nous voir pendant les vacances!
3. Sois patient(e) avec tes collègues!
4. Envoyez des références!
5. Fais ton possible!

B. Problème urgent. Les membres d'une équipe au travail organisent une réunion pour essayer de trouver une solution à un problème. Utilisez le futur.

MODÈLE: (vous) expliquer le problème / quand / tout le monde / être là →
Vous expliquerez le problème quand tout le monde sera là.

1. (tu) commencer la réunion / dès que / la patronne / arriver
2. (Nils) montrer les photos / aussitôt que / il / les recevoir
3. (nous) discuter nos options / quand / le problème / être clair pour tous
4. (je) téléphoner au client / quand / nous / pouvoir répondre à ses questions
5. (Nathalie et Octave) écrire une lettre au client / dès que / nous / être tous d'accord

C. Interview. Vous voulez savoir ce que votre camarade pense de l'avenir, et vous lui posez les questions suivantes. Mais malheureusement, il/elle ne vous prend pas au sérieux! L'interviewé(e) utilise toute son imagination et tout son humour pour répondre. À la fin, inversez les rôles.

MODÈLE: dès que tu auras ton diplôme →
É1: Qu'est-ce que tu feras dès que tu auras ton diplôme?
É2: Moi, plus tard, je vendrai des légumes biologiques (*organic*) à Athènes.

1. quand tu seras vieux/vieille
2. si un jour tu es acteur/actrice
3. dans dix ans
4. lorsque tu te marieras
5. dès que tu pourras réaliser un de tes rêves
6. si tu n'obtiens pas tout ce que tu veux
7. lorsque tu auras des enfants

À votre avis, parmi toutes les réponses, laquelle (*which one*) est la plus originale, la plus amusante et la plus bizarre?

D. **Conversation.** Posez les questions suivantes à un(e) camarade, qui vous les posera à son tour.

L'été prochain, _____?

1. qu'est-ce que tu écriras?
2. qu'est-ce que tu liras?
3. qu'est-ce que tu achèteras?
4. qui verras-tu?
5. où iras-tu?
6. que feras-tu? Auras-tu un job?

E. **Interview.** Posez les questions suivantes à un(e) camarade de classe.

1. Qu'est-ce que tu feras quand l'année scolaire sera terminée? Continueras-tu tes études, iras-tu en vacances ou travailleras-tu?
2. Qu'est-ce que tu feras après tes études? Tu choisiras une profession indépendante? salariée? Seras-tu fonctionnaire? commerçant(e)? artisan(e)?
3. Tu voyageras souvent? Si oui, dans quels pays? Pour quelles raisons?
4. Tu gagneras beaucoup d'argent? Est-ce que cela sera important pour toi?
5. Où est-ce que tu vivras si tu en as le choix? Pourquoi?

Paul Gauguin: Femmes de Tahiti, 1891 (Musée d'Orsay, Paris)
©Christophel Fine Art/UIG via Getty Images

Un peu plus...

Paul Gauguin (1848–1903)

Après plus de dix ans comme agent de change (*stockbroker*) à Paris, où il fait la connaissance de Camille Pissarro et découvre l'impressionnisme, Gauguin quitte la Bourse (*stock exchange*) pour se consacrer à la peinture. Quelques années plus tard, il s'installe à Tahiti où il s'inspire de la culture polynésienne et des mythes anciens pour peindre ses plus fameux tableaux.

Connaissez-vous quelqu'un qui a changé radicalement de carrière comme Gauguin? Est-ce que vous rêvez de quitter votre pays pour aller vivre sur une île tropicale?

Le blog d'Hector

PAS FACILE, LA VIE D'ARTISTE!

lundi 6 juillet

La semaine commence mal... Je suis angoissé[1]!

Quelquefois, je regrette de ne pas être plombier, dentiste ou comptable! Ces professions sont moins fatigantes et plus rassurantes que le métier de danseur. Parce que, vous savez, c'est beau, la vie d'artiste, mais c'est avant tout des concessions, des efforts, des sacrifices, beaucoup de discipline et de courage.

Je ne suis pas un travailleur salarié. Je suis un danseur moderne indépendant. Alors, j'ai toujours des incertitudes[2] sur mon avenir; je me pose mille questions: «Est-ce que j'aurai un contrat cet été? Qu'est-ce que je ferai si je n'ai pas de contrat? Comment est-ce que je paierai mes frais? Serai-je obligé d'emprunter de l'argent à ma banque?»

Dans ma profession, le taux de chômage est élevé et il faut savoir faire des économies pour les mauvais jours. Il faut aussi avoir une bonne relation avec son banquier en cas de problème!

Je vais envoyer une candidature à la troupe antillaise Pomme Cannelle pour un poste de Directeur de spectacles. Je rêve d'un emploi stable et j'aimerais bien partir travailler au soleil: ça me changerait les idées[3]!

Hector

Pomme Cannelle: une troupe de danse antillaise

©McGraw-Hill Education

COMMENTAIRES

Alexis

Salut, Hector!

Dans ta prochaine vie, tu seras fonctionnaire! Tu seras moins angoissé!

Trésor

Mon métier, c'est d'être le chien d'Alexis. Ce n'est pas toujours facile non plus...

Poema

Les problèmes dont tu parles ne sont pas spécifiques aux artistes. Les travailleurs indépendants n'ont aucune sécurité d'emploi! Je le sais parce que mon père est dentiste.

Mamadou

Poema, les gens auront toujours mal aux dents, et ils auront toujours besoin d'un dentiste!

Charlotte

Hector, si tu obtiens ton poste de Directeur de spectacles, tu pourras retourner aux Antilles. Et tu seras un artiste salarié: c'est l'idéal, non?

[1]anxious [2]uncertainties [3]ça... *that would give me a change of pace*

Étudiants: la chasse aux stages et aux petits boulots° *jobs*

En France, l'accès à l'université est presque gratuit. Mais ensuite, comment couvrir vos dépenses et gagner l'argent du loyer, de la nourriture, des livres, des sorties et des vacances? Il n'y a qu'une solution: trouver un petit boulot.

Vous voulez un travail intéressant, pas trop fatigant et, en plus, bien payé? Première règle: si vous désirez travailler en été, commencez vos recherches dès le mois de janvier. Deuxième règle: faites l'inventaire des entreprises qui embauchent[1] des étudiants; parlez de vos projets à votre boucher, à votre dentiste, à votre facteur, à votre pharmacien, aux membres de votre famille, à tout le monde. Troisième règle: envoyez des lettres de motivation personnalisées et des C.V. attractifs qui mettent en valeur[2] vos points forts.

Attention, il ne faut pas confondre «petit boulot» et «stage en entreprise». Aurélie, qui vient de terminer un stage de relations publiques chez Air France, explique: «Un stage en entreprise vous donne une compétence professionnelle. Souvent obligatoire, il complète votre formation universitaire dans le domaine de vos études. Et s'il dure plus de huit semaines, il donne droit à une indemnité.[3] C'est le meilleur argument sur un C.V. au moment de la recherche d'un emploi.» Comment a-t-elle trouvé son stage? «J'ai consulté les petites annonces du CIDJ (Centre d'information et de documentation de la jeunesse) sur Internet et j'ai posé ma candidature sur des sites spécialisés comme Apec.fr et Letudiant.fr. À la fin, j'ai eu plusieurs propositions!»

Le CIDJ propose des milliers de jobs étudiants et de stages pour l'été, en France et dans les autres pays d'Europe. Tous les secteurs sont représentés: la vente, l'hôtellerie, le sport, les nouvelles technologies... N'hésitez pas à consulter son site Internet. Ou, comme cette jeune fille, vous pouvez visiter Pôle emploi, un établissement public chargé de l'emploi en France. Vous y trouverez sûrement le stage ou le petit boulot de vos rêves!

©ASK Images/Alamy

[1]*hire* [2]*mettent... emphasize* [3]*compensation*

VOUS COMPRENEZ?

1. Que financent les étudiants français avec l'argent des petits boulots?
2. En France, quel est le meilleur moyen de trouver un petit boulot pour l'été?
3. Quelles sont les qualités indispensables d'une lettre de motivation et d'un CV?
4. Expliquez la différence entre un petit boulot et un stage.
5. Où les étudiants français recherchent-ils leurs stages?

Micro-trottoir

Répondez aux questions suivantes à partir de votre point de vue personnel. Puis regardez la vidéo et comparez vos réponses à celles des gens interrogés.

1. Quels petits boulots avez-vous faits (ou faites-vous) pendant vos études?
2. Quel souvenir gardez-vous de votre premier emploi?
3. Quels aspects de votre travail appréciez-vous le plus?
4. Quels conseils donneriez-vous aujourd'hui à un jeune diplômé qui cherche un premier emploi?

Les pronoms relatifs

Linking Ideas

ÇA M'INTÉRESSE!

Appel vidéo entre Mamadou et Léa.

MAMADOU: Léa, tu veux toujours écrire des articles pour la presse?

LÉA: Bien sûr! Tu connais un journal **qui** cherche des journalistes en free-lance?

MAMADOU: Oui...

LÉA: Les C.V. **que** j'ai envoyés n'ont pas eu de succès... Si tu as une piste,[1] ça m'intéresse!

MAMADOU: Le journal **dont** je te parle veut une rédactrice[2] **qui** maîtrise parfaitement[3] la langue française: C'est toi!

LÉA: Tu es bien indulgent... Mais donne-moi des précisions: les articles **qu'**il faudra écrire concernent la littérature? la mode[4]? l'actualité[5]?

MAMADOU: Non. Le football.

LÉA: Tu te moques de[6] moi?

[1]*lead* [2]*editor* [3]*maîtrise... has a command of* [4]*fashion* [5]*current events* [6]*Tu... You're making fun of*

Trouvez, dans le dialogue, les phrases équivalentes.

1. Tu connais un journal cherchant (*looking for*) des journalistes?
2. Mes C.V. envoyés n'ont pas eu de succès.
3. Le journal en question veut une rédactrice.
4. Le journal veut une rédactrice maîtrisant (*with a command of*) la langue française.
5. Les articles à écrire concernent la littérature?

A relative pronoun (*who, that, which, whom, whose*) links a dependent (relative) clause to a main clause. A dependent clause is one that cannot stand by itself—for example, the italicized parts of the following sentences: The suitcase *that he is carrying* is mine; There is the store *in which we met.*

	PERSON	THING
subject	qui	qui
object	que	que
with preposition	qui	lequel*
with **de**	dont	dont

Qui

1. The relative pronoun used as a subject of a dependent clause is **qui** (*who, that, which*). It can refer to both people and things.

   J'ai un emploi. **Il** me plaît.

   J'ai un emploi **qui** me plaît.

   Je vois la femme. **Elle** vous a parlé.

   Je vois la femme **qui** vous a parlé.

   In the first example, **qui** replaces the subject **il** in the dependent clause. Because it is the subject of the clause, **qui** will always be followed by a conjugated verb (**qui... plaît**). Note that in the second example, **vous** is not a subject but an object pronoun; **elle** is the subject of **a parlé**.

2. **Qui** does not elide when followed by a vowel sound.

   L'architecte **qui** est arrivé ce matin vient du Japon.

3. **Qui** can also be used as the object of a preposition to refer to people.

Le comptable **avec qui** je travaille est agréable.	*The accountant with whom I work is pleasant.*
L'ouvrier **à qui** j'ai donné du travail est très spécialisé.	*The worker to whom I gave some work is highly specialized.*

   [Allez-y! A]

Que

1. The relative pronoun used as a direct object of a dependent clause is **que** (*whom, that, which*). It also can refer to both people and things.

   C'est une entreprise. Je connais bien **cette entreprise.**

   C'est une entreprise **que** je connais bien.

   Voici une amie. J'ai rencontré **cette amie** au travail.

   Voici une amie **que** j'ai rencontrée au travail.

   In the second example, **que** replaces the direct object **cette amie. Que** is always followed by a subject and a conjugated verb (**que j'ai rencontrée**). Note that the past participle agrees with the preceding feminine direct object **que** (**une amie**). You may want to review the section on the agreement of past participles in **Chapitre 10, Leçon 3.**

2. **Que** elides with a following vowel sound.

   L'architecte **qu'**elle a rencontré vient du Japon.

---

*Lequel is not discussed in this chapter. Refer to **Chapitre 15, Leçon 2,** and Appendix E.

Dont

1. The pronoun **dont** is used to replace the preposition **de (du, de la, de l', des)** plus its object. If the verb of the dependent clause requires the preposition **de** (as in **parler de, avoir besoin de,** etc.) before an object, use **dont.**

Où est le reçu? J'ai besoin **du reçu.**	Where is the receipt? I need the receipt.
Où est le reçu **dont** j'ai besoin?	Where is the receipt that I need?

2. **Dont** is also used to express possession.

C'est la passagère. Ses valises sont à la douane.	That's the passenger. Her suitcases are at the customs office.
C'est la passagère **dont** les valises sont à la douane.	That's the passenger whose suitcases are at the customs office.
Aziz est écrivain. On peut acheter ses livres à la librairie.	Aziz is a writer. You can buy his books at the bookstore.
Aziz est l'écrivain **dont** on peut acheter les livres à la librairie.	Aziz is the writer whose books you can buy at the bookstore.

When **dont** is used, there is no need for a possessive adjective. Note the use of the definite article (**les**).

Où

Où is the relative pronoun of time and place. It can mean *where, when,* or *which.*

Le guichet **où** vous changez votre argent est là-bas.	The window where you change your money is over there.
Le 1er janvier, c'est le jour **où** je commence mon nouveau travail.	The first of January, that's the day (when) I begin my new job.
L'aéroport d'**où** vous êtes partis est maintenant fermé.	The airport from which you departed is closed now.

[Allez-y! B-C-D-E]

Le salon de coiffure où je vais est un salon mixte: on peut faire des rencontres!
©Erica Simone Leeds

Allez-y!

A. À la recherche d'un emploi. Max raconte comment il a passé sa semaine à chercher du travail. Reliez les phrases suivantes avec **qui**.

> **MODÈLE:** Dimanche, j'ai téléphoné à une amie. Elle est directrice d'un journal. →
> Dimanche, j'ai téléphoné à une amie qui est directrice d'un journal.

1. Lundi, j'ai déjeuné avec un ami. Il connaît beaucoup de comptables.
2. Mardi, j'ai eu un entretien à la BNP (Banque Nationale de Paris) Paribas. Elle est près de la place de la Concorde.
3. Mercredi, j'ai parlé à un employé du Crédit Agricole. Il m'a beaucoup encouragé.
4. Jeudi, j'ai pris rendez-vous avec un membre de la Chambre de commerce. Il est expert-comptable.
5. Enfin samedi, j'ai reçu une lettre d'une société belge. Elle m'offre un poste de comptable à Bruxelles.
6. Et aujourd'hui, je prends le train Il me conduit vers ma nouvelle vie.

La Vénus de Milo au Louvre
©DAJ/Getty Images RF

B. Promenade sur la Seine. Cet été, Clarisse travaille comme guide sur un bateau-mouche* à Paris. Complétez ses explications avec les pronoms relatifs **qui, que** et **où**.

Ce bâtiment _____¹ vous voyez à présent dans l'île de la Cité, c'est la Conciergerie. Autrefois une prison, c'est l'endroit _____² Marie-Antoinette a passé ses derniers jours. Et cette église _____³ se trouve en face de nous, c'est Notre-Dame. Voici le musée d'Orsay _____⁴ vous pourrez admirer les peintres impressionnistes et _____⁵ je vous recommande de visiter. Et un peu plus loin, le musée du Louvre _____⁶ vous trouverez *la Joconde* et *la Vénus de Milo.* Et enfin, voici la tour Eiffel _____⁷ est le symbole de notre ville. Est-ce que vous voyez cette statue _____⁸ ressemble à la Liberté éclairant (*lighting*) le monde? Eh bien, c'est l'original de la statue _____⁹ la France a donnée aux Américains.

C. Photos de vacances. Jade a passé un mois dans un village d'artistes dans le Midi. Elle y a rencontré beaucoup de gens intéressants. Elle montre maintenant ses photos de vacances à ses amis.

> **MODÈLE:** Voici un artisan. Ses poteries sont très chères. →
> Voici un artisan **dont les** poteries sont très chères.

1. Charlie est un jeune artiste. On peut admirer ses tableaux au musée de Marseille.
2. Voici Yann. Ses sculptures sont déjà célèbres dans le milieu artistique.
3. Et voilà Clara. On vend ses bijoux à Saint-Tropez.
4. Octave est un jeune écrivain. Son premier roman vient d'être publié.

---

*The **bateaux-mouches** are cruise boats that take tourists on the Seine in Paris, offering historical commentaries on the various monuments that can be seen during the trip. They serve about 5 million passengers per year.

D. Travail et vacances. Racontez les projets de Sabine en reliant les deux phrases avec un pronom relatif. Le symbole ▲ indique le début (*beginning*) d'une proposition relative.

> **MODÈLE:** Je travaille au tribunal (*court*). ▲ Je suis avocate au tribunal. →
> Je travaille au tribunal où je suis avocate.

1. Je prendrai bientôt des vacances. ▲ J'ai vraiment besoin de ces vacances.
2. Ma camarade de chambre ▲ viendra avec moi. Elle s'appelle Élise.
3. Elle travaille avec des comptables. ▲ Ces comptables sont très exigeants (*demanding*).
4. Nous irons à Genève. ▲ Les parents d'Élise ont une maison à Genève.
5. Hier Élise a téléphoné à son père. ▲ Le père d'Élise nous a invitées.
6. Élise a envie de voir sa mère. ▲ Elle pense souvent à sa mère.
7. J'ai acheté une nouvelle valise. ▲ Je mettrai tous mes vêtements de ski dans cette valise.
8. Nous resterons deux jours à Strasbourg. ▲ Nous visiterons le Palais de l'Europe à Strasbourg.
9. Nous rentrerons trois semaines plus tard, prêtes à reprendre le travail. ▲ Ce travail se sera accumulé (*piled up*).

Maintenant, cherchez l'information demandée dans le récit de Sabine.

1. saison
2. durée des vacances
3. nationalité probable d'Élise
4. état d'esprit (*mental state*) de Sabine

E. Énigme. Décrivez un objet, une personne ou un endroit à vos camarades. Utilisez des pronoms relatifs. Vos camarades vont essayer d'identifier la chose dont vous parlez.

Catégories suggérées: une classe, un gâteau, un pays, une personne, un plat, une profession, une ville

> **MODÈLE:** É1: Je pense à un gâteau qui est français et dont le nom commence par un é.
> É2: Est-ce que c'est un éclair?

Maintenant, continuez ce jeu avec une différence. Cette fois, vous ne donnez que la catégorie d'un objet ou d'une personne. Vos camarades vous demandent des précisions. Répondez-leur par *oui* ou *non*.

Autres catégories suggérées: un acteur / une actrice, un chanteur / une chanteuse, une émission de télévision, un film, une pièce de théâtre

> **MODÈLE:** É1: Je pense à un film.
> É2: C'est un film que tu as vu il y a longtemps?
> C'est un film dont l'action se passe à New York?
> C'est un film où un animal a joué le rôle principal?
> C'est un film dont l'action se déroule (*takes place*) en 1933?
> C'est *King Kong*.

La comparaison de l'adjectif qualificatif

Making Comparisons

 VIE PROFESSIONNELLE OU DÉVELOPPEMENT PERSONNEL?

Poema et Alexis discutent au café.

POEMA: Tu travailleras en France ou au Québec après ton diplôme?

ALEXIS: Au Québec. Le marché de l'emploi y est **meilleur**[1] qu'en France et les salaires y sont **plus élevés.**[2]

POEMA: Oui, mais les conditions de travail y sont **moins bonnes**: en France, tu travailles 35 heures par semaine et tu as cinq semaines de vacances payées!

ALEXIS: Je sais. Mais moi, je trouve que **le plus important**, c'est d'aimer son travail. Je ne compterai pas mes heures de présence si j'occupe un poste intéressant.

POEMA: Tu es **plus idéaliste** que moi! Je considère que la vie professionnelle est **moins essentielle** que le développement personnel.

Montréal, au Québec: un marché de l'emploi très dynamique
©Visions Of Our Land/Getty Images

[1]*better* [2]*plus... higher*

Choisissez la bonne réponse selon le dialogue.

1. Au Québec, le marché de l'emploi est <u>meilleur</u> / <u>moins bon</u> qu'en France.
2. Les salaires y sont <u>plus bas</u> / <u>plus élevés</u>.
3. Les conditions de travail sont <u>meilleures</u> / <u>moins bonnes</u>.
4. Alexis considère que <u>le plus important</u> / <u>le moins important</u>, c'est d'aimer son travail.
5. Poema trouve Alexis <u>plus</u> / <u>moins</u> idéaliste qu'elle.
6. Elle pense que la vie professionnelle est <u>plus</u> / <u>moins</u> essentielle que le développement personnel.

Comparison of Adjectives

1. In French, the following constructions can be used with adjectives to express a comparison. It is not always necessary to state the second term of the comparison.

   plus...que (*more . . . than*)

   Chez l'épicier, les produits sont **plus** chers (**qu'**à Carrefour*).

   The products at the grocer's are more expensive (than at Carrefour).

*supermarché très populaire

moins... que	(less . . . than)
Franck pense que Carrefour est **moins** cher (**que** Franprix).	*Franck thinks Carrefour is less expensive (than Franprix).*

aussi... que	(as . . . as)
Pour Laure, l'accueil est **aussi** important **que** la qualité des produits.	*For Laure, the friendly service is as important as the quality of the products.*

2. Stressed pronouns (**Chapitre 12, Leçon 2**) are used after **que** when a pronoun is required.

Elle est plus intelligente que **lui**.	*She is more intelligent than he is.*

[Allez-y! A]

Superlative Form of Adjectives

1. To form the superlative of an adjective, use the appropriate definite article with the comparative form of the adjective.

Deborah est frisée. → Juliette est plus frisée que Deborah. → Alice est **la** plus frisée des trois.

OU

Alice est frisée. → Juliette est moins frisée qu'Alice. → Deborah est **la** moins frisée des trois.

2. Superlative adjectives normally follow the nouns they modify, and the definite article is repeated.

Alice est **la** femme **la plus frisée** des trois.	*Alice is the woman with the curliest hair of the three.*

3. Adjectives that usually precede the nouns they modify can either precede or follow the noun in the superlative construction. If the adjective follows the noun, the definite article must be repeated.

la plus petite maison

OU

la maison **la** plus petite

4. The preposition **de** expresses *in* or *of* in a superlative construction.

Alice et Grégoire habitent la plus belle maison **du** quartier.	*Alice and Grégoire live in the most beautiful house in the neighborhood.*
C'est le quartier le plus cher **de** la ville.	*It's the most expensive neighborhood in town.*

Irregular Comparative and Superlative Forms

The adjective **bon(ne)** has irregular comparative and superlative forms.
Mauvais(e) has both regular and irregular forms.

	COMPARATIVE	SUPERLATIVE
bon(ne)	meilleur(e)	le meilleur / la meilleure
mauvais(e)	plus mauvais(e)	le plus mauvais / la plus mauvaise
	pire	le/la pire

Les légumes à Carrefour sont bons, mais les légumes chez Franprix sont **meilleurs.**	*The vegetables at Carrefour are good, but the vegetables at Franprix are better.*
Ce grand magasin est **le meilleur** de la ville.	*This department store is the best (one) in town.*
Ce détergent-ci est **plus mauvais (pire)** que ce détergent-là.	*This detergent is worse than that detergent.*
C'est **le plus mauvais (le pire)** des produits.	*It's the worst of products.*

[Allez-y! B-C-D]

Le pain qu'elle achète est le meilleur du quartier!
©Mike Kemp/Getty Images

Allez-y!

A. Comparaisons. Regardez les deux dessins à gauche et répondez aux questions suivantes.

> **MODÈLE:** Qui est moins nerveux, le jeune homme ou la jeune fille?
> La jeune fille est moins nerveuse (que le jeune homme).

1. Qui est plus grand, le jeune homme ou la jeune fille? Qui est plus mince?
2. Est-ce que la jeune fille a l'air aussi dynamique et sympathique que le jeune homme?
3. Qui est plus timide? plus bavard (*talkative*)?
4. Est-ce que le jeune homme est aussi studieux que la jeune fille?
5. Est-ce que le jeune homme est plus ou moins travailleur que la jeune fille?
6. Qui est le plus ambitieux des deux? Qui est le plus sportif des deux?

B. Un couple de francophiles. M. et Mme Cohen adorent tout ce qui est français, et ils ont tendance à exagérer. Donnez leur opinion en transformant les phrases selon le modèle.

> **MODÈLE:** Le français est une très belle langue. →
> Le français est la plus belle langue du monde.

1. La cuisine française est bonne.
2. Les vins de Bourgogne sont sophistiqués.
3. La civilisation française est très avancée.
4. Paris est une ville intéressante.
5. Les Français sont un peuple cultivé.
6. La France est un beau pays.

Mots clés

Pour insister

Like **très,** the adverbs **bien** (*much*) and **fort** (*very, mostly*) are used to emphasize a point.

Faire des économies est **bien** plus important qu'on le pense.

Cette employée a une personnalité **fort** agréable.

C. Opinions. Changez les phrases suivantes, si nécessaire, pour indiquer votre opinion personnelle: **plus / moins / aussi... que; meilleur(e) / plus mauvais(e) que.** Regardez d'abord les expressions de **Mots clés.** Utilisez ces mots et justifiez vos opinions.

1. Le sport est aussi important que les études.
2. Les rapports humains sont aussi importants que les bonnes notes.
3. Grâce à la technologie, la vie des étudiants est meilleure qu'il y a vingt ans.
4. Les cours universitaires sont plus intéressants que les cours à l'école secondaire.
5. Comme étudiant(e), je suis plus sérieux/sérieuse que la plupart de mes ami(e)s.

D. Mais ce n'est pas possible! Vous aimez exagérer. Donnez votre opinion sur les sujets suivants. Pour chaque catégorie, proposez aussi d'autres exemples si possible.

1. Le président _____ / bon ou mauvais / président / le xxe ou xxie siècle
2. Les Américains / les gens / généreux / le monde
3. Le manque (*lack*) d'éducation / le problème / sérieux / le monde actuel
4. _____ / le problème / grand / ma vie
5. _____ / la nouvelle / intéressant / l'année
6. _____ / l'athlète / bon / l'année

Prononcez bien!

The consonant *r* (page 383)

A. La famille d'Hugo (1). Hugo vous parle de sa famille. Complétez chaque phrase avec le mot qui manque et décidez si le premier *r* dans ce mot est un *r* doux ou un *r* fort.

	r doux	*r* fort
1. Mon père travaille dans un _____.	☐	☐
2. Ma mère aussi: elle y est _____.	☐	☐
3. C'est une petite _____.	☐	☐
4. Il n'y a que dix _____.	☐	☐
5. Le _____ est un homme honnête et juste.	☐	☐
6. Mais il est un peu _____.	☐	☐
7. Mais dans l'ensemble, mes _____ sont satisfaits de leur métier.	☐	☐

B. La famille d'Hugo (2). Hugo vous parle encore de sa famille. Avec votre camarade, répétez ce qu'il dit. Faites bien attention à la prononciation des *r* dans les mots **en caractères gras**. Dans les phrases 1 et 2, ils sont forts; dans les phrases 3 et 4, ils sont doux.

1. Je suis le plus jeune de la famille! **Patrick,** mon **frère,** a **trente-quatre** ans. Il est **peintre**.
2. Et **Christelle**, ma sœur, a **trente-trois** ans. Elle **travaille** dans le monde de la **traduction**: elle est **interprète**.
3. Mes **parents** sont **mariés** depuis **quarante** ans! Ils vont fêter **leur** long **mariage** à **Paris** dans deux semaines.
4. Il y **aura** beaucoup de gens (*people*) à cette fête. Nous allons bien manger. Et nous **boirons** beaucoup aussi! Je pense que ça **plaira** à mes **parents** de passer la **soirée** avec tout ce monde!

 ## Lecture

AVANT DE LIRE

Using the dictionary. As you know, you can figure out from context the meaning of many unfamiliar words that you encounter in readings. Sometimes, however, you will need to consult a dictionary. When you do, keep in mind the following guidelines.

1. If possible, use a good hardback French–English dictionary; many paperback or online dictionaries do not provide all the common equivalents for a word.

2. Read through *all* the meanings and examples. Make sure the meaning you choose corresponds to the part of speech (noun, verb, etc.) of the French word you are looking for and, of course, that it makes sense in context.

3. Later on, try consulting a monolingual dictionary: one in which French words are defined in French. This may present a bit of a challenge at first, but you will find it of great benefit in terms of vocabulary enrichment and increased range of expression.

The following sentence appears in the middle of the third paragraph of the reading selection: "Au XVIIe siècle, à l'abbaye d'Hautvillers, le moine bénédictin Dom Pérignon participe à la création d'un vin qui mousse,... " Look for the meaning of **mousser** in the following excerpt from the *Larousse French Dictionary* (bilingual dictionary):

> **mousser** [muse] *vi* [écumer-champagne, cidre] to bubble, to sparkle; [bière] to froth; [savon, crème à raser] to lather; [détergent, shampooing] to foam, to lather

Which meaning is closest to the use of **mousser** in the sentence quoted from the article? Now, take a look at the definition of **mousser** from the *Nouveau Petit Robert* (monolingual dictionary):

> **1♦** Produire de la mousse. *Boisson qui mousse. Shampooing qui mousse beaucoup.*
> **2♦** Fig. et Fam. *Faire mousser:* vanter, mettre exagérément en valeur (une personne, une chose) → **valoir.** *Se faire mousser.*

What extra information did you get from the monolingual dictionary?

À propos de la lecture...

Les auteurs de *Vis-à-vis* ont écrit ce texte.

Des métiers pas ordinaires

Les métiers originaux, il y en a plus que vous ne pensez! En voilà quelques exemples.

Si le vin vous intéresse...

Un œnologue est un spécialiste des vins. Il les goûte, les évalue et les classe. Il partage[1] son temps entre le vignoble,[2] la cave[3] et le laboratoire. Conseiller des producteurs, des marchands et des restaurateurs, c'est un expert formé à l'université: quatre ans d'études après le bac sont nécessaires pour obtenir le Diplôme National d'Œnologie.

Un œnologue dans sa cave, à Bordeaux, en France. Que fera cet homme après son travail?
©FreeProd/Alamy RF

Le père du champagne

Au XVIIe siècle, à l'abbaye d'Hautvillers, le moine[4] bénédictin Dom Pérignon participe à la création d'un vin qui mousse, le prestigieux champagne. C'est «le seul vin qui laisse une femme plus belle après boire selon la Marquise de Pompadour.[5]

---

[1]*divides* [2]*vineyard* [3]*cellar* [4]*monk* [5]*Marquise... la favorite du roi Louis XV, connue pour sa beauté et son esprit au XVIIIe siècle*

Si vous préférez les parfums, devenez aromaticien!

Qu'est-ce qu'un «nez»? C'est l'organe qui nous permet de respirer. C'est vrai. Mais le «Nez» est aussi l'aromaticien génial qui crée des parfums. Techniquement, le «Nez» a fait des études de chimie, mais il a, en plus, une mémoire des odeurs et un instinct de création extrêmement rare. C'est un artiste.

Le parfum le plus célèbre du monde. Aimez-vous les parfums?

©Hiroko Masuike/AP Photo

Un «Nez» et un parfum célèbres

Le «Nez» en question s'appelle Ernest Beaux. En 1920, il propose à sa patronne, Coco Chanel, différentes créations qu'il a numérotées. Le numéro 5 plaît à Mademoiselle. Elle décide de ne pas changer son nom. Le parfum le plus célèbre du monde, Chanel N°5, vient de naître!

Si vous adorez le chocolat...

Qui dit chocolat dit chocolatier. Un chocolatier est un spécialiste diplômé d'un lycée professionnel. Il peut devenir célèbre s'il gagne le concours[6] annuel du Meilleur Ouvrier de France. Pour réussir, l'artisan chocolatier doit être aussi doué[7] et travailleur qu'imaginatif.

La mode au chocolat

Le chocolat a toujours inspiré les passions. Sous Louis XIV, on disait «La Reine a deux passions, le Roi et... le chocolat!» Aujourd'hui, les amateurs se retrouvent, une fois par an, au Salon du Chocolat, à Paris. Et devinez... Certains chocolatiers s'associent avec de grands couturiers pour créer des robes en chocolat. Le défilé fait fondre[8] les spectateurs de plaisir!

[6]competition   [7]gifted   [8]fait... melts

Comment trouvez-vous cette robe en chocolat portée par Amanda Scott, l'animatrice de France Télévisions, au Salon du Chocolat 2016?

©Bernard Menigault/Corbis via Getty Images

COMPRÉHENSION

1. Décrivez le métier d'œnologue. Avec qui l'œnologue travaille-t-il au quotidien?
2. Quelle est la particularité du champagne?
3. Qu'est-ce qu'un «Nez» dans le domaine des parfums?
4. Dans quelles circonstances le célèbre N°5 de Chanel a-t-il été créé?
5. Quelles sont les qualités indispensables d'un chocolatier?

Écriture

The writing activities **Par écrit** and **Journal intime** can be found in the Workbook/Laboratory Manual to accompany *Vis-à-vis*.

 # Sondages

LE BONHEUR AU TRAVAIL

Ce sondage a été publié en avril 2016 sur le Web par France Inter.

Source: Adapted from «Les raisons du bonheur au travail,» *Le Pèlerin / Askmedia*. https://www.franceinter.fr/idees/75-des-francais-heureux-au-travail

A. **Les Français au travail.** Lisez les résultats du sondage et indiquez si les phrases suivantes sont **vrai** ou **faux**. Corrigez les phrases fausses.

    1. La plupart des Français disent qu'ils sont heureux au travail.
    2. La raison citée le plus souvent pour le bonheur au travail est le niveau de salaire.
    3. Plus d'un quart des Français aiment la liberté et l'autonomie qu'ils ont au travail.
    4. Beaucoup de personnes disent qu'elles sont heureuses parce que leur travail est utile.

B. **Qu'est-ce qui vous rend heureux dans votre travail?** Parlez avec un(e) camarade de votre métier idéal / profession idéale et faites une liste de vos priorités.

C. **Le bonheur au travail.** Comparez vos raisons du bonheur au travail aux réponses des Français. Est-ce que vous voyez des similarités dans vos réponses? des différences?

Le vidéoblog d'Hector

La musique et la danse sont essentielles à la vie antillaise.
©McGraw-Hill Education

En bref

Dans cet épisode, Hector parle au téléphone à Léa d'un emploi qu'il veut obtenir chez Pomme Cannelle. Son entretien s'est bien passé et il attend maintenant un coup de fil du directeur. Pendant leur conversation, Léa et Hector regardent un extrait du spectacle de Pomme Cannelle sur leur site Web.

Vocabulaire en contexte

Mettez les étapes de la recherche d'un emploi en ordre chronologique en les numérotant de 1 à 7.

Étapes de la recherche d'un emploi

_____ poser sa candidature

_____ négocier son salaire

_____ accepter le rendez-vous de l'employeur

_____ rédiger (*to write*) un bon C.V.

_____ faire bonne impression sur le patron (*boss*)

_____ envoyer une lettre de remerciement

_____ recevoir une proposition d'embauche (*job offer*)

VISIONNEZ!

Choisissez le mot ou l'expression qui complète le mieux chaque phrase.

1. Hector est optimiste / pessimiste en ce qui concerne (*about*) cet emploi.
2. Pomme Cannelle présente son spectacle en France / dans le monde entier.
3. Pomme Cannelle a un style traditionnel / particulier.
4. Hector gagnerait (*would earn*) au minimum 1 200 / 1 800 euros par mois.
5. Si Hector n'obtient pas ce poste, il restera à Paris / repartira pour la Martinique.

ANALYSEZ!

1. Décrivez les étapes qu'Hector a suivies pour obtenir son poste chez Pomme Cannelle.
2. Quel numéro de Pomme Cannelle vous plaît (*do you like*) le plus ou le moins? Expliquez.

COMPAREZ!

Regardez encore une fois la partie culturelle de la vidéo. Y a-t-il des troupes de danse traditionnelle ou des groupes de musique traditionnelle comme Pomme Cannelle dans votre pays ou dans votre culture? Décrivez-les. Où montent-ils leurs spectacles? Qui va les voir? Est-ce que vous aimez ces spectacles? Expliquez.

NOTE CULTURELLE

La musique et la danse sont essentielles à la culture des îles. Elles traduisent des influences européennes, africaines et américaines. Inspirée du rythme des orchestres de jazz de La Nouvelle-Orléans, la biguine[1] symbolise aujourd'hui les sons et les rythmes des Antilles françaises. Mais depuis 1980, le zouk a pris la première place dans le folklore euro-antillais. Très rythmé, très sensuel, il existe aussi en version douce[2] et lente: on l'appelle le «zouk-love»!

[1]une danse [2]*soft, gentle*

Verbes

changer	to change
compter	to count
contrôler	to check, monitor
couvrir	to cover
découvrir	to discover
dépenser	to spend (money)
déposer	to deposit
diriger	to direct
économiser	to save money
embaucher	to hire
encaisser	to cash (a check)
faire des économies (f. pl.)	to save (up) money
faire un chèque	to write a check
fermer	to close
gagner	to earn; to win
gérer	to manage
intéresser	to interest
maîtriser	to master, have a command
se moquer de	to make fun of
offrir	to offer
ouvrir	to open
poser sa candidature	to apply
proposer	to propose
réaliser	to make (happen), carry out
recruter	to recruit
retirer	to withdraw
soigner	to treat
souffrir	to suffer
toucher	to receive, to get (money)
travailler à son compte	to be self-employed

Substantifs

l'actualité (f.)	current events
l'argent (m.) liquide	cash
l'augmentation (f.)	increase
l'augmentation de salaire	raise
l'avenir (m.)	future
le bijou	jewel
le boulot	job, work
le budget	budget
le bureau de change	money exchange (office)
la carte bancaire	bank (ATM/credit) card
la carte de crédit	credit card
la carte de débit	debit card
le chèque	check
le chômage	unemployment
le chômeur / la chômeuse	unemployed person
le compte bancaire	bank
le compte d'épargne	savings account
le cours	exchange rate
le coût de la vie	cost of living

le curriculum vitæ (C.V.)	résumé
la demande d'emploi	job application
la dépense	expense
l'emploi (m.)	job
l'emprunt (m.)	loan
l'entreprise (f.)	company
l'entretien (m.)	job interview
le guichet automatique	automatic teller machine (ATM)
les frais (m. pl.)	expenses, costs
le marché de l'emploi	job market
le métier	trade, profession
la monnaie	change; currency
le montant	sum, amount
la piste	lead
le prélèvement automatique	automatic payment/withdrawal
le reçu	receipt
le relevé	bank statment
le salaire	salary
la societé	company
le stage	internship
le taux de change	exchange rate
le taux de chômage	unemployment rate
le virement	transfer (money)

À REVOIR: **l'horaire** (m.), **la santé**

Les professions

l'agent (m.) de police	police officer
l'agriculteur / l'agricultrice	farmer
l'architecte (m., f.)	architect
l'artisan(e)	artisan, craftsperson
l'artiste (m., f.)	artist
l'avocat(e)	lawyer
le boucher / la bouchère	butcher
le cadre	middle or upper manager
le chef d'entreprise	company head, top manager, boss
le coiffeur / la coiffeuse	hairdresser
le/la commerçant(e)	shopkeeper
le/la comptable	accountant
le/la dentiste	dentist
le directeur / la directrice	manager, head
le directeur / la directrice commercial(e)	business manager
l'employé(e)	employee
le facteur / la factrice	letter carrier
le/la fonctionnaire	civil servant
l'ingénieur (m.)	engineer
le/la journaliste	reporter

le marchand / la marchande (de vin)	(wine) merchant	à son compte	for oneself
le médecin / la femme médecin	doctor	aussi... que	as . . . as
		aussitôt que	as soon as
l'ouvrier / l'ouvrière	(manual) worker, laborer	car	because
le peintre	painter	dès	beginning in, from (then on)
le pharmacien(ne)	pharmacist	dès que	as soon as
le plombier	plumber	dont	whose, of whom, of which
le professeur des écoles	primary school teacher	élevé(e)	high
		fort (adv.)	very
le rédacteur / la rédactrice	editor	un jour	someday
		lorsque	when
le/la secrétaire	secretary	meilleur(e)	better
le travailleur / la travailleuse	worker	moins... que	less . . . than
		où	where; when
... indépendant	self-employed worker	parfaitement	perfectly
... salarié	salaried worker	pire	worse
		plus... que	more . . . than
		que	whom, that, which
		qui	who, that, which

À REVOIR: l'acteur / l'actrice; l'écrivain(e); le serveur / la serveuse

À REVOIR: quand

Mots et expressions divers

à l'avenir	from now on, in the future
à partir de maintenant	from now on

CHAPITRE 15

Les loisirs

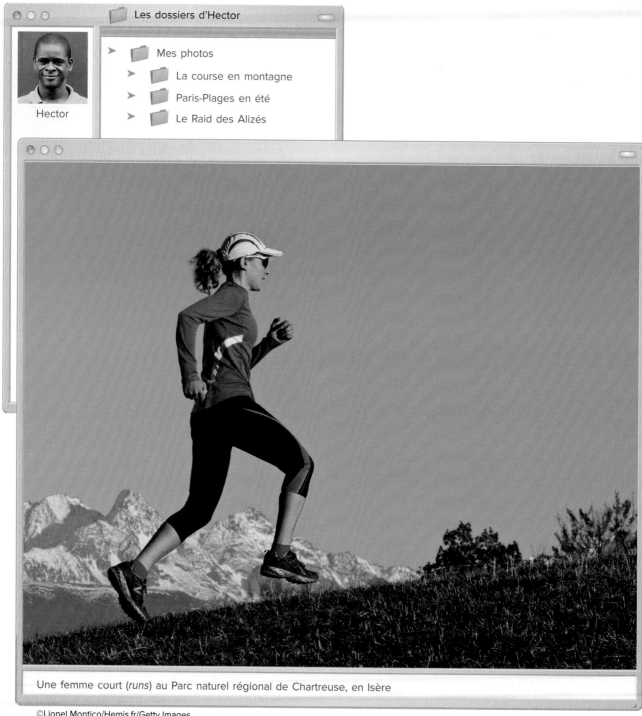

Les dossiers d'Hector

Hector

➤ 📁 Mes photos
  ➤ 📁 La course en montagne
  ➤ 📁 Paris-Plages en été
  ➤ 📁 Le Raid des Alizés

Une femme court (*runs*) au Parc naturel régional de Chartreuse, en Isère

Dans ce chapitre...

OBJECTIFS COMMUNICATIFS

- ➤ talking about leisure-time activities
- ➤ getting information
- ➤ being polite
- ➤ speculating
- ➤ making comparisons
- ➤ talking about quantity
- ➤ learning to distinguish between and pronounce selected sounds in French

PAROLES (LEÇON 1)

- ➤ Les loisirs
- ➤ Les verbes **courir** et **rire**

STRUCTURES (LEÇONS 2 ET 3)

- ➤ Les pronoms interrogatifs
- ➤ Le présent du conditionnel
- ➤ La comparaison de l'adverbe et du nom
- ➤ Les adjectifs et les pronoms indéfinis

CULTURE

- ➤ Le blog d'Hector: *Le temps de vivre*
- ➤ Reportage: *Le Raid des Alizés: le sport au féminin à la Martinique*
- ➤ Lecture: *Idées week-end pour budget étudiant* (Leçon 4)

Paris-Plages en été, c'est un vrai bonheur

©Paul Seheult/Getty Images

Le Raid des Alizés à la Martinique

©MOREL/SIMAX/SIPA/Newscom

www.mhhe.com/connect

Quelques loisirs°

leisure activities

Les spectacles (*m.*)
le spectacle de
 variétés
le cinéma
l'opéra (*m.*)
le théâtre

Les activités (*f.*) **de plein air**
le pique-nique
la pétanque*
la pêche
la marche
le ski

Les sports (*m.*)
le football
le cyclisme
les matchs (*m.*) (de football)

Les jeux (*m.*)
les jeux de hasard
les jeux de société

À la maison
le bricolage
le jardinage

Les passe-temps (*m.*)
la lecture
les collections (*f.*)
la peinture

Qu'est-ce qu'on est en train de faire? Est-ce qu'on fait un pique-nique?
Est-ce qu'on joue au football? Est-ce qu'on assiste à† un concert?

AUTRES MOTS UTILES	
bricoler	to putter around, do odd jobs
une chanson‡	song
une équipe	team

---

*La pétanque** is a Provençal game similar to Italian bocce ball.
†**Assister à** means *to attend*; **aider** means *to assist, help.*
‡**Une chanson de variété** is a popular song, frequently associated with a particular singer and
sung in a music hall or a small nightclub.

Allez-y!

A. Catégories. Le ballet et l'opéra sont des spectacles. Dans quelle(s) catégorie(s) de distractions classez-vous _____?

MODÈLE: la marche → La marche, c'est une activité de plein air.

1. un match de football
2. une collection de timbres
3. le jardinage
4. la pêche
5. la roulette
6. la lecture
7. un pique-nique
8. le poker
9. le cinéma
10. la pétanque
11. le cyclisme
12. un concert de jazz

B. Interview. Posez les questions suivantes à un(e) camarade. Demandez-lui _____.

1. quelles sortes de chansons il/elle aime (les chansons d'amour, les chansons folkloriques, le rap, le hip hop?)
2. s'il / si elle a déjà joué à la pétanque
3. à quelles sortes de spectacles il/elle assiste souvent et à quel spectacle il/elle a assisté récemment
4. s'il / si elle préfère faire du sport ou assister à des manifestations sportives; à quel événement sportif il/elle a assisté récemment
5. quel jeu de société il/elle préfère (le bridge, le Scrabble, le Monopoly?)
6. à quels jeux de hasard il/elle a joué, où il/elle y a joué et combien il/elle a gagné ou perdu
7. s'il / si elle aime bricoler et quels objets il/elle a réparés ou fabriqués
8. s'il / si elle collectionne quelque chose

Résumez! D'après ses réponses, parlez brièvement du caractère ou de la personnalité de votre camarade.

Expressions utiles: actif/active, adroit/adroite, audacieux/audacieuse, créateur/créatrice, énergique, (im)prudent(e), paresseux/paresseuse, (peu) doué(e) (*gifted*) pour les sports, sentimental(e), sportif/sportive, terre à terre (= prosaïque, ordinaire), et cetera

Du travail ou du bricolage? À vous de décider! Expliquez votre réponse.
©Owen Franken

vive la détente!

Les verbes *courir* et *rire*

PRESENT TENSE OF **courir** (*to run*)		**rire** (*to laugh*)	
je	cour**s**	je	ri**s**
tu	cour**s**	tu	ri**s**
il/elle/on	cour**t**	il/elle/on	ri**t**
nous	cour**ons**	nous	ri**ons**
vous	cour**ez**	vous	ri**ez**
ils/elles	cour**ent**	ils/elles	ri**ent**
past participle:	**couru**		**ri**
future stem:	**courr-**		**rir-**

A verb conjugated like **rire** is **sourire** (*to smile*).

Allez-y!

A. Sondage sur le jogging. De plus en plus de gens sont des adeptes du jogging.

  1. Demandez à un(e) camarade s'il / si elle fait du jogging.

  Si oui, demandez-lui _____.

  2. combien de fois par semaine il/elle court
  3. pendant combien de temps il/elle court ou combien de kilomètres il/elle fait (1 mile = 1,6 kilomètres)
  4. depuis quand il/elle fait du jogging

  Si non, demandez-lui _____.

  5. pourquoi il/elle ne court pas
  6. s'il / si elle pratique un autre sport
  7. ce qu'il/elle pense des gens qui font du jogging régulièrement

B. L'amusement. Le rire est le passe-temps préféré de beaucoup de gens. Et vous? Aimez-vous rire? Avec un(e) camarade, répondez aux questions suivantes. Chaque fois que vous répondez que oui, donnez un exemple.

  1. Racontez-vous des blagues (*jokes*)?
  2. Faites-vous souvent des jeux de mots (*puns*)?
  3. Avez-vous un comique préféré / une comique préférée?
  4. Est-ce qu'il y a un film ou une pièce de théâtre que vous trouvez particulièrement intéressant(e)?
  5. Est-ce que vous riez quelquefois en cours de français? Quand et pourquoi?

LEÇON 2: STRUCTURES

Les pronoms interrogatifs

Getting Information

 C'EST QUOI, LE TEMPS LIBRE?

Juliette téléphone à Charlotte.

JULIETTE:	**Que** fais-tu pendant ton temps libre[1]?
CHARLOTTE:	C'est **quoi** le temps libre? Je n'ai pas une minute à moi!
JULIETTE:	**Qu'est-ce que** tu racontes[2]? **Qu'est-ce qui** t'empêche de prendre quelques heures par semaine pour toi? Il faut être un peu égoïste[3] dans la vie!
CHARLOTTE:	Mais **qui** va s'occuper de[4] la maison?
JULIETTE:	Charlotte, c'est une blague! J'ai l'impression d'entendre mon arrière-grand-mère! Réserve un après-midi pour toi.
CHARLOTTE:	**Lequel**[5]? Je suis super occupée.
JULIETTE:	Le samedi après-midi, par exemple: tu pourras faire du sport, du shopping, prendre un café avec une copine...
CHARLOTTE:	Tu as raison! Je dois penser à moi.

Père et fille sur la plage
©Purestock/SuperStock RF

[1]*free* [2]*Qu'est-ce que... What are you talking about?* [3]*selfish* [4]*s'occuper... take care of* [5]*Which one*

Trouvez, dans le dialogue, les questions qui correspondent aux situations suivantes.

1. Juliette interroge Charlotte sur ses loisirs.
2. Charlotte ne comprend pas l'expression «temps libre».
3. Juliette demande des précisions à Charlotte.
4. Charlotte demande comment la maison va fonctionner sans elle.
5. Charlotte demande quel après-midi elle pourrait libérer.

Forms of Interrogative Pronouns

Interrogative pronouns—in English, *who? whom? which? what?*—are used to ask questions. They can play several roles in questions, serving as subjects, as objects of verbs, or as objects of prepositions. You are already familiar with the French interrogative pronouns **qui** and **qu'est-ce que.** Following is a more detailed list of French interrogative pronouns. Note that different pronouns are used for people and for things, and that several pronouns have a short and a long form.

USE	PEOPLE		THINGS
Subject of a question	qui qui est-ce qui		_____ qu'est-ce qui
Object of a question	qui qui est-ce que		qui qu'est-ce que
Object of a preposition	[à] qui		[à] quoi

Interrogative Pronouns as the Subject of a Question

As the *subject* of a question, the interrogative pronoun that refers to people has both a short and a long form. The pronoun that refers to things has only one form. Note that **qui** is always followed by a singular verb.

<table>
<tr><th>PEOPLE</th><th>THINGS</th></tr>
<tr><td>Qui fait du jogging ce matin?</td><td rowspan="2">Qu'est-ce qui se passe? (What's happening?)</td></tr>
<tr><td>Qui est-ce qui fait du jogging ce matin?</td></tr>
</table>

Interrogative Pronouns as the Object of a Question

As the *object* of a question, the interrogative pronouns referring to people, as well as those referring to things, have both a long and a short form.

1. Long forms

PEOPLE: **Qui est-ce que**
THINGS: **Qu'est-ce que** + *subject* + *verb* + (*other elements*)?

Qui est-ce que tu as vu sur le court de tennis ce matin?	*Whom did you see on the tennis court this morning?*
Qu'est-ce que Marie veut faire ce soir?	*What does Marie want to do this evening?*

Remember that **qu'est-ce que (qu'est-ce que c'est que)** is a set phrase used to ask for a definition: *What is _____?*

Qu'est-ce que la pétanque?	*What is pétanque?*

2. The short form **qui** can follow the subject and verb in questions using an intonation change.

Tu cherches **qui?**	*You're looking for whom?*
Aurélien a vu **qui** au théâtre?	*Whom did Aurélien see at the theater?*

Qu'est-ce que vous avez vu au cinéma?

©Erica Simone Leeds

The short form **qui** can also be followed by an inverted subject and verb.

Qui (+ *noun subject*) + *verb-pronoun* + (*other elements*)?	
Qui as-tu vu au club de gym?	*Whom did you see at the gym?*
Qui Marie a-t-elle vu sur le court de tennis?	*Whom did Marie see on the tennis court?*

3. The short form **que** is followed by an inverted subject and verb. This is true for both noun and pronoun subjects.

que + *verb* + *subject* (*noun or pronoun*) + (*other elements*)?

Que cherches-tu?	*What are you looking for?*
Que cherche Justine?	*What is Justine looking for?*

[Allez-y! A]

Use of *qui* and *quoi* after Prepositions

After a preposition or as a one-word question, **qui** is used to refer to people, and **quoi** is used to refer to things.

À qui est-ce que Djamel parle?	*Whom is Djamel speaking to?*
De qui est-ce que tu parles?	*Whom are you talking about?*
À quoi est-ce que Raphaëlle réfléchit?	*What is Raphaëlle thinking about?*
De quoi est-ce que vous parlez?	*What are you talking about?*

[Allez-y! B-C-D]

Lequel

Lequel, laquelle, lesquels, and **lesquelles** (*which one[s]*) are used to ask about a person or thing that has already been mentioned. These pronouns agree in gender and number with the nouns to which they refer.

—Avez-vous vu cet opéra?	*Have you seen this (that) opera?*
—**Lequel?**	*Which one?*
—Vous rappelez-vous cette pièce de théâtre?	*Do you remember this (that) play?*
—**Laquelle?**	*Which one?*
—**Lequel** des chanteurs américains préférez-vous?	*Which American singer do you prefer?*

[Allez-y! E]

> ### Prononcez bien!
>
> **The consonant** *l*
>
> To pronounce a French *l* [l], remember to keep the body of your tongue flat and shifted to the front of your mouth, with the tip pressing against your upper front teeth. Refrain from (1) lowering the back of your tongue, (2) letting it shift to the back of your mouth, and (3) curling up the tip of your tongue, especially when you pronounce a final **-l.**
>
> [l]: i<u>l</u>, <u>l</u>eque<u>l</u>, pâ<u>l</u>e, Ju<u>l</u>es, so<u>l</u>

Allez-y!

A. À la Maison des jeunes et de la culture.* Posez des questions sur les activités des jeunes à la MJC. Utilisez **qui** ou **qui est-ce qui,** en remplaçant les mots en italique.

> **MODÈLE:** *Pierrot* apprend à jouer du piano. →
> Qui (Qui est-ce qui) apprend à jouer du piano?

1. *Astrid* est en train de lire (*is reading*) un roman.
2. *Hakim* apprend à faire un portrait dans le cours de peinture.
3. *Alexandre* écoute un concert de musique vietnamienne.
4. *Le professeur* choisit les meilleures œuvres à exposer.

---

*The **Maison des jeunes et de la culture (MJC)** is a recreational center supported by the French government. **MJC**s offer courses in many hobbies and sports and sponsor cultural events.

Qu'est-ce qu'elle joue au violon selon vous?

©Erica Simone Leeds

Maintenant, posez des questions avec **que** ou **qu'est-ce que**.

MODÈLE: Colombe regarde *un film de François Truffaut* au ciné-club. →
Que regarde Colombe au ciné-club? (Qu'est-ce que Colombe regarde au ciné-club?)

5. Les jeunes font *des vases* dans le cours de poterie.
6. On joue *un air de Jacques Brel* dans le cours de guitare.
7. Grégory a fabriqué *des étagères* dans l'atelier de bricolage.
8. Marie a travaillé *son service* pendant son cours de tennis.

B. Exposition à la MJC. Vous êtes chargé(e) d'organiser une exposition à votre MJC, et vous donnez des instructions à un groupe de volontaires. Quelles questions vous posent-ils? Choisissez l'interrogatif correct.

MODÈLE: (qui / qu'est-ce que) William nous prêtera une… →
Qu'est-ce que William nous prêtera?

1. (qui / qu'est-ce qui) le directeur a invité…
2. (qui / qu'est-ce que) Joséphine va nous apporter une…
3. (qui / qui est-ce qui) nous devons téléphoner à…
4. (à quoi / de quoi) vous voulez nous parler…
5. (qui est-ce qui / qui) Aurore viendra avec son…
6. (quoi / que) vous pensez beaucoup à la…

C. Une matinée de bricolage. Ce matin, il y a eu beaucoup d'animation chez les Fontanet. À son retour de la maternelle (*kindergarten*), la petite Émilie veut tout savoir. À l'aide des mots en italique, formulez les questions.

MODÈLE: Papa a invité *un ami*. →
Qui est-ce que papa a invité?

1. *Maman* fabriquait une petite table.
2. Florent faisait *de la poterie*.
3. Papa parlait avec *son ami*.
4. *Florent* a ouvert la porte.
5. Le chien a vu *le facteur*.
6. Maman a crié après *le chien*.
7. Le chien a couru après *le facteur*.
8. *La poterie* est tombée par terre.
9. *Papa* a rattrapé (*caught*) le chien.
10. Le chien a cassé (*broke*) *la petite table de maman*.

D. Interview. Avec un(e) camarade de classe, posez des questions et répondez-y à tour de rôle.

MODÈLE: humoristes: Stephen Colbert, Jimmy Kimmel →
É1: Lequel de ces humoristes préfères-tu, Stephen Colbert ou Jimmy Kimmel?
É2: Je préfère Stephen Colbert. Et toi, lequel préfères-tu?
É1: Je préfère…

1. actrices: Kristen Stewart, Jennifer Lawrence
2. peintres: le Français Paul Gauguin, l'Espagnol Pablo Picasso
3. chanteuses: Taylor Swift, Beyoncé
4. loisirs: le bricolage, le jardinage
5. spectacles: les manifestations sportives, les spectacles de variétés
6. chansons: les chansons d'Ed Sheeran, de Sia

Que pouvez-vous dire des goûts de votre camarade?

Le présent du conditionnel

Being Polite, Speculating

QU'EST-CE QU'ON POURRAIT FAIRE?

Alexis contacte Poema sur sa page Facebook (Messagerie instantanée).

ALEXIS: Poema, qu'est-ce qu'**on pourrait** faire ce week-end?

POEMA: Si j'avais le choix,[1] **j'aimerais** bien aller à la pêche.

ALEXIS: Ah non! Attendre le poisson toute la journée: **Je m'ennuierais** à mourir! Tu as d'autres idées?

POEMA: **J'adorerais** aller pique-niquer au bord de la Seine. **Nous mangerions** plein de bonnes choses. Après, si tu voulais, **nous irions** nous promener dans la nature. **Trésor viendrait** avec nous...

ALEXIS: Bof... Manger sur l'herbe,[2] c'est assez inconfortable... Si on allait plutôt[3] à la piscine? **On nagerait** et **on bronzerait.**

POEMA: Non: Je n'aime pas bronzer: c'est mauvais pour la peau.[4]

ALEXIS: Finalement, **je préférerais** faire quelque chose de culturel: un musée, un film, une exposition...

POEMA: Je ne suis pas d'accord: la culture, c'est pour les jours de pluie[5]! Et ce week-end, il va faire beau!

ALEXIS: Alors, qu'est-ce qu'on fait?

[1]*choice* [2]*sur... on the grass* [3]*instead* [4]*skin* [5]*rain*

Répondez aux questions en utilisant des phrases du dialogue.

1. Que demande Alexis?
2. Quelles sont les suggestions de Poema?
3. Quelles activités préfère Alexis?

Forms of the Conditional

1. In English, the conditional is a compound verb form consisting of *would* plus the infinitive: *He would travel, we would go.* In French, the **conditionnel** is a simple verb form. The imperfect-tense endings **-ais, -ais, -ait, -ions, -iez, -aient** are added to the infinitive. The final **-e** of **-re** verbs is dropped before the endings are added.

parler		finir		vendre	
je	parler**ais**	je	finir**ais**	je	vendr**ais**
tu	parler**ais**	tu	finir**ais**	tu	vendr**ais**
il/elle/on	parler**ait**	il/elle/on	finir**ait**	il/elle/on	vendr**ait**
nous	parler**ions**	nous	finir**ions**	nous	vendr**ions**
vous	parler**iez**	vous	finir**iez**	vous	vendr**iez**
ils/elles	parler**aient**	ils/elles	finir**aient**	ils/elles	vendr**aient**

Elle **passerait** son temps à faire de la peinture.	*She'd spend her time painting.*
Elle **habiterait** dans une grande maison à la campagne.	*She'd live in a big house in the country.*

2. Verbs with irregular stems in the future tense (**Chapitre 14, Leçon 2**) have the same irregular stems in the conditional.

S'il ne pleuvait pas, nous **irions** tous à la pêche.	*If it weren't raining, we would all go fishing.*
Elle **voudrait** venir avec nous.	*She would like to come with us.*
Est-ce que tu **aurais** le temps de m'aider à tout préparer?	*Would you have time to help me prepare everything?*

Uses of the Conditional

1. In both English and French, the conditional is used to make polite requests or inquiries. It gives a softer, more deferential tone to statements that might otherwise seem abrupt (see **Mots clés** of **Chapitre 6, Leçon 2** and **Chapitre 7, Leçon 3**).

Auriez-vous la gentillesse de m'aider?	*Would you be so kind as to help me?*
Je **pourrais** poser une question?	*Could I ask a question?*
Jean **voudrait** venir avec moi.	*Jean would like to come with me.*
Tu **devrais** faire plus de sport.	*You should be more active.*
Nous **aimerions** commander.	*We would like to order.*

[Allez-y! A-B]

2. The conditional is used in the main clause of sentences containing **si** (*if*) clauses to express what *would* happen if the hypothesis of the *if*-clause were true. The imperfect is used in the *if*-clause.

Si j'**avais** le temps, je **jouerais** au tennis.	*If I had time, I would play tennis.*
Si nous **pouvions** pique-niquer tous les jours, nous **serions** contents.	*If we could go on a picnic every day, we would be happy.*
Elle **irait** avec vous au bord de la mer si elle **savait** nager.	*She would go to the seashore with you if she knew how to swim.*

The **si** clause containing the condition is sometimes understood and not directly expressed.

Je **viendrais** avec grand plaisir... (si tu m'invitais, si j'avais le temps, et cetera).	*I would like to come ... (if you invited me, if I had the time, etc.).*

3. Remember that an *if*-clause in the present expresses a condition that, if fulfilled, will result in a certain action (stated in the future).

Si j'**ai** le temps, je **jouerai** au tennis cet après-midi.	*If I have the time, I'll play tennis this afternoon.*

Note that the future and the conditional are *never* used in the dependent clause (after **si**) of an *If*-clause sentence.

4. The present conditional of the verb **devoir** is used to give advice and corresponds to the English *should*.

—J'aime bien les jeux de hasard.	*I like games of chance.*
—Vous **devriez** aller à Monte-Carlo	*You should go to Monte Carlo.*
—Elle a besoin d'exercice.	*She needs some exercise.*
—Elle **devrait** faire du jogging.	*She should go jogging.*

[Allez-y! C-D-E-F]

Allez-y!

A. S'il vous plaît. Michael passe ses vacances en France. Il a rencontré une jeune Française et veut l'inviter à sortir avec lui. Il veut faire bonne impression au téléphone. Aidez-le en mettant ses phrases au conditionnel et en ajoutant **s'il vous plaît / s'il te plaît** quand c'est possible.

> **MODÈLE:** Bonjour, madame. Puis-je parler à Manon? →
> Bonjour, madame. Pourrais-je parler à Manon, s'il vous plaît?

1. Je veux inviter votre fille à venir avec moi au cinéma.
2. Pouvez-vous lui dire que je suis au téléphone?
3. Salut Manon. Est-ce que tu veux aller voir un film ce soir?
4. Est-ce que nous pouvons partir vers 18 h?
5. Tes parents préfèrent peut-être faire ma connaissance...
6. Tu peux me donner ton adresse?

Mots clés

Exprimer un désir et suggérer

The construction **si** + **imparfait** (without the conditional) is used to express a wish or to make a suggestion.

> **Si** seulement **j'étais** riche!
> *If only I were rich!*

> **Si on dansait?**
> *Shall we dance?*

Michael voudrait prendre rendez-vous avec Manon.

©Radius Images/Alamy RF

B. Soyons diplomates. Vous avez un ami / une amie qui donne toujours des ordres. Indiquez-lui deux façons de demander la même chose, mais poliment.

> MODÈLE: L'AMI(E): Dites-moi à quelle heure le film commence!
> VOUS: Non! Pourriez-vous me dire à quelle heure le film commence? (Je voudrais savoir à quelle heure le film commence.)

1. Donnez-moi un billet!
2. Expliquez-moi pourquoi les billets sont si chers.
3. Faites-moi de la monnaie de cinquante euros.
4. Dites-moi dans quelle salle on passe ce film.
5. Dites-moi si je dois réserver des places pour le film.

C. Un après-midi de loisir. Si vous pouviez choisir, laquelle de ces activités feriez-vous cet après-midi? Posez les questions à un(e) camarade.

> MODÈLE: faire une promenade en ville ou à la campagne →
> É1: Est-ce que tu ferais une promenade en ville ou à la campagne?
> É2: Je ferais une promenade à la campagne.

1. jouer au tennis ou au football
2. aller au cinéma ou au café
3. passer une heure au musée ou au parc
4. manger une pizza ou un sandwich
5. boire un café ou un coca-cola
6. faire des courses ou la sieste
7. écouter de la musique classique ou du rock
8. acheter des vêtements ou des livres
9. lire des bandes dessinées ou un roman
10. se reposer ou faire du sport

Le parler jeune

une boîte	une discothèque
s'enjailler	s'amuser
passer crème	passer bien, sans aucun soucis
trop délire	génial, formidable

—On va en **boîte**, samedi soir?

—Oui, on va au Duplex.

—Le Duplex? On va **s'enjailler** sévère!

J'ai pas étudié pour l'examen mais, pas de souci, **c'est passé crème.**

Regardez ce jeu vidéo, c'est **trop délire!**

D. À l'office du tourisme. Vous êtes de passage dans une ville que vous ne connaissez pas, et vous demandez à l'employé(e) de l'office de tourisme de vous donner des idées de choses à faire. Complétez ses phrases de façon logique.

> MODÈLE: VOUS: J'aime profiter de la nature tôt le matin.
> L'EMPLOYÉ(E): À votre place, j'irais à la pêche. Il y a un beau lac pas très loin.

1. VOUS: En milieu de matinée, j'aime faire des courses.
   L'EMPLOYÉ(E): Si j'étais vous, _____.

2. VOUS: À midi, j'aime manger dehors quand il fait beau.
   L'EMPLOYÉ(E): À votre place, _____.

3. VOUS: Quand j'ai fini de manger, j'aime faire un peu de sport.
   L'EMPLOYÉ(E): À mon avis, _____.

4. VOUS: L'après-midi, j'aime bien faire quelque chose de culturel.
   L'EMPLOYÉ(E): Selon notre guide, _____.

5. VOUS: Et pour entendre de la bonne musique, que me suggérez-vous?
   L'EMPLOYÉ(E): À mon avis, _____.

6. VOUS: J'ai besoin de rencontrer des gens le soir, sinon je me sens seul(e).
   L'EMPLOYÉ(E): À votre place, _____.

E. Nommez trois choses... Donnez par écrit votre réaction spontanée aux questions suivantes. Écrivez des phrases complètes. Puis, comparez vos réponses avec celles d'un(e) camarade de classe. Lesquelles sont identiques?

1. Nommez trois choses que vous feriez si vous étiez riche.
2. Donnez trois raisons pour lesquelles vous vous battriez (*you would fight*) si c'était nécessaire.
3. Nommez trois instruments de musique dont vous aimeriez jouer.
4. Nommez trois sports que vous aimeriez bien pratiquer.
5. Nommez trois personnes qui vous font souvent rire.
6. Nommez trois chanteurs (ou chanteuses) que vous admirez.
7. Nommez trois choses que vous feriez ce week-end si vous aviez le temps.

F. De beaux rêves. Imaginez ce que vous feriez dans les situations suivantes. Justifiez vos choix.

MODÈLE: si vous gagniez un voyage →
Si je gagnais un voyage, j'irais à Tahiti.

1. si vous receviez un chèque de 100 000 dollars
2. si vous deviez vivre dans une autre ville
3. si vous pouviez avoir la maison de vos rêves
4. si vous preniez de longues vacances
5. si vous veniez de finir vos études

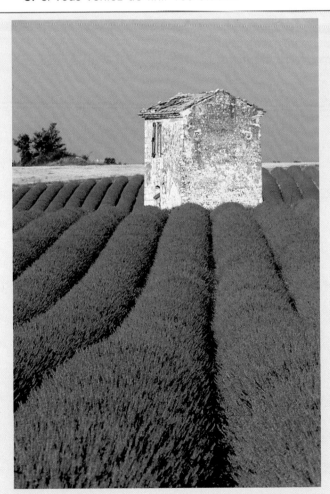

Et si on allait en Provence? Que ferait-on?
©Owen Franken

Un peu plus...

En Provence

La lavande est une plante indigène de la région des Alpes, et différentes variétés poussent (*grow*) partout en Provence. Les fleurs de lavande s'épanouissent (*bloom*) de juin à octobre et colorent de violet les champs (*fields*). Ces fleurs peuvent être séchées (*dried*) et utilisées en cuisine ou pour parfumer le linge (*laundry*). On utilise l'essence de lavande dans les parfums et les savons.

Nommez une plante indigène de votre région.

Le blog d'Hector

LE TEMPS DE VIVRE

jeudi 9 juillet

Si j'avais du temps à moi, qu'est-ce que je ferais?

Il y a un Hector paresseux qui dit: «Je resterais des journées entières devant la télé; je surferais toute la nuit sur Internet; je bavarderais pendant des heures au téléphone.»

Il y a un Hector aventurier qui rêve: «Je jouerais au poker, je ferais le commerce des diamants.»

Il y a un Hector intellectuel qui jure[1]: «J'irais au cinéma, au théâtre, à l'opéra; je lirais deux livres par semaine; j'écouterais plus de musique classique que de musique techno; je jouerais du saxophone et j'écrirais des poèmes!»

Il y a un Hector raisonnable qui pense: «Je ferais du bricolage dans l'appartement; je téléphonerais plus souvent à mes parents; je dépenserais moins d'argent... »

Il y a un Hector généreux qui promet: «Je ferais du bénévolat[2] aussi souvent que possible et je donnerais mon temps à des associations de défense de l'environnement.»

Et pour dire la vérité, il y avait, ce week-end, un Hector particulièrement glandeur[3] qui est allé se détendre à Paris-Plages avec Léa. Ce soir, le même Hector assistera au concert en plein air du chanteur Corneille: «Tant mieux[4] pour Hector!»

Hector

Paris-Plages en été, c'est un vrai bonheur!

©Paul Seheult/Getty Images

COMMENTAIRES

Poema

Corneille, c'est le plus beau, le plus généreux, le moins prétentieux des chanteurs francophones. Si je pouvais, je l'écouterais 24 heures sur 24.

Mamadou

Poema, j'ai deux billets pour le concert de Corneille: ça te dirait de venir avec moi?

Alexis

Qui est-ce qui apprécie Isabelle Boulay? C'est la plus sublime des chanteuses québécoises! Elle va passer à l'Olympia cet automne. Je pourrais avoir des billets...

Trésor

Houuuu! Alexis est amoureux de la belle Isabelle!

Charlotte

Si j'habitais Paris, j'aimerais bien aller au concert de Corneille ou à Paris-Plages.

[1]*swears*   [2]*volunteer work*   [3]*idle* (fam.)   [4]Tant... *So much the better*

Le Raid des Alizés*: le sport au féminin à la Martinique

Elles sont belles, courageuses, déterminées: ce sont les 210 candidates qui, par équipes de trois, participent, chaque année, au Raid des Alizés à la Martinique.

L'ex première dame de France, Valérie Trierweiler, au Raid des Alizés en novembre 2016 avec son équipe «les Étincelles.»

©MOREL/SIMAX/SIPA/Newscom

Venues du continent et des Antilles, ces Françaises engagées dans une aventure sportive 100% féminine servent une noble cause: chaque équipe représente une association d'intérêt général. Leur projet? Construire une maternité au Congo, ou bien aider à combattre les troubles alimentaires chez les adolescents, ou encore engager des actions en faveur des enfants autistes.

Alors oui, c'est pour gagner que, pendant six jours, ces femmes jeunes et moins jeunes vont s'immerger dans la nature tropicale. VTT,[1] canoë-kayak, course à pied...: le long d'un itinéraire plein d'obstacles, les candidates pédalent, rament,[2] nagent, courent... et souffrent! Car les épreuves[3] sont difficiles. Dans la boue,[4] dans l'eau, dans le sable, sous un soleil implacable ou sous une pluie torrentielle, il faut avancer.

Naturellement la compétition récompensera les meilleures performances sportives et financera le projet des gagnantes. Mais si l'exploit est physique, il est aussi mental. De ce point de vue, toutes les équipes méritent le titre de championnes. Car pour chaque participante, la victoire compte moins que l'expérience du partage et de la solidarité.

[1]vélo-tout-terrain (*mountain bike*)   [2]*paddle*   [3]*trials; events*   [4]*mud*
*un raid = une épreuve sportive sur une longue distance, destinée à montrer la résistance des concurrents; Alizés = les vents qui soufflent généralement entre les tropiques, d'est en ouest

VOUS COMPRENEZ?

1. Comment sont organisés les groupes qui participent au raid?
2. Décrivez les épreuves sportives du raid des Alizés.
3. Dans quel environnement se déroule le raid?
4. Quelles difficultés les participantes rencontrent-elles?
5. Quelles valeurs ces sportives défendent-elles?

Micro-trottoir

Répondez aux questions suivantes à partir de votre point de vue personnel. Puis regardez la vidéo et comparez vos réponses à celles des gens interrogés.

1. Qu'est-ce que vous faites pour rester en forme? Du sport ou autre chose?
2. Parlez-nous de vos loisirs en général: quelles sont vos activités préférées?
3. Vous sortez souvent le soir et le week-end ou vous préférez rester à la maison? Expliquez.
4. Est-ce qu'il y a une activité que vous aimeriez faire mais qui n'est pas possible pour le moment?

La comparaison de l'adverbe et du nom

Making Comparisons

ET SI ON ESSAYAIT?

Hector, Hassan, Juliette et Léa discutent au restaurant.

LÉA:	On va en boîte[1] samedi?
HECTOR:	J'aime **mieux** une fête à la maison **qu'**une sortie en boîte: Déjà, ça coûte moins cher.
LÉA:	Oui, mais en boîte, on rencontre **plus de gens que** dans une fête privée.
HASSAN:	C'est vrai mais, **le plus souvent,** les gens qu'on rencontre en boîte n'ont aucun intérêt[2]...
JULIETTE:	Hassan, tu as **plus de préjugés que** d'expérience: Il y a **autant de**[3] **gens** bien dans une boîte **qu'**ailleurs.[4] Moi, j'ai rencontré des gens supers en boîte. Des gens comme nous...
HASSAN:	Des gens beaux, intelligents et drôles comme nous? C'est impossible! (*Il rit.*)
HECTOR:	Moi, j'avoue[5] que j'irais **plus facilement** dans un bar sympa pour boire un coup entre potes...
JULIETTE:	**Le mieux,** c'est d'essayer! On va au Duplex!

Le Duplex: une boîte de nuit pour les jeunes
©Owen Franken

[1]en... *to a club*   [2]n'ont... *are of no interest*   [3]autant... *as many*   [4]*anywhere else*   [5]*admit*

Vrai ou faux? Découvrez les phrases fausses et remplacez-les par les phrases du dialogue.

1. Hector préfère une sortie en boîte à une fête à la maison.
2. Hector pense qu'une fête à la maison coûte plus cher.
3. Hassan trouve que, la plupart du temps, les gens qui vont en boîte ne sont pas intéressants.
4. Hassan a moins d'expérience que de préjugés.
5. Selon Juliette, il y a des gens bien partout.
6. Hector irait plus facilement dans un bar.
7. Juliette propose d'essayer une sortie en boîte.

Comparative and Superlative Forms of Adverbs

1. The same constructions you learned in **Chapitre 14, Leçon 3** for the comparative forms of adjectives are used for the comparative forms of adverbs.

<table>
<tr><td>Jeanne écoute du jazz **plus** souvent (**que** moi).</td><td>*Jeanne listens to jazz music more often (than I).*</td></tr>
<tr><td>On écoute la musique **moins** attentivement dans les boîtes de nuit **que** dans les bars de jazz.</td><td>*People listen to the music less attentively at discos than at jazz bars.*</td></tr>
<tr><td>Nous allons danser **aussi** souvent **que** possible.</td><td>*We go dancing as often as possible.*</td></tr>
</table>

> **plus... que** (*more . . . than*)
>
> **moins... que** (*less . . . than*)
>
> **aussi... que** (*as . . . as*)

[Allez-y! C]

2. To form the superlative of an adverb, place **le** in front of the comparative form (**le plus...** or **le moins...**). Because adverbs are invariable, the definite article will always be **le.**

Romain s'en va tard. Louis s'en va plus tard. Sacha s'en va **le plus tard.**

Bien and *mal*

The comparative and superlative forms of **bien** are irregular. The comparative and superlative forms of **mal** are regular.*

	COMPARATIVE	SUPERLATIVE
bien	mieux	le mieux
mal	plus mal	le plus mal

Tu parles français **mieux** que moi.	*You speak French better than I.*
Mais c'est Mehdi qui le parle **le mieux.**	*But Mehdi speaks it best.*
Augustin joue **plus mal** au tennis que moi.	*Augustin plays tennis worse than I.*
Mais c'est Marc qui y joue **le plus mal.**	*But Marc plays the worst.*

[Allez-y! A]

*Irregular comparative and superlative forms of **mal (pis, le pis)** exist, but the regular forms are much more commonly used.

> ### Mots clés
>
> **Tant mieux, tant pis**
>
> The expressions **tant mieux** (*so much the better*) and **tant pis** (*that's too bad*) are commonly used in everyday conversation.
>
> Si tu viens, **tant mieux;** si tu ne viens pas, **tant pis**.
>
> Il ne veut pas nous accompagner? **Tant pis pour lui!**

Comparisons with Nouns

Plus de… (que), **moins de… (que)**, and **autant de… (que)** express quantitative comparisons with nouns.

Ils ont **plus d'**argent (**que** nous), mais nous avons **moins de** problèmes (**qu'**eux).	*They have more money (than we do), but we have fewer problems (than they do).*
Je suis **autant de** cours **que** toi ce semestre.	*I'm taking as many courses as you this semester.*

[Allez-y! B-C]

Allez-y!

A. Les comparaisons. Formez des phrases pour comparer ces personnes célèbres en vous aidant des signes donnés. Mettez les verbes au présent.

Signes: + plus   = aussi   − moins

MODÈLE: Beyoncé / danser / + bien / Lady Gaga →
Beyoncé danse mieux que Lady Gaga.

1. Steven Spielberg / faire des films / = souvent / Quentin Tarantino
2. Taylor Swift / chanter / − bien / Adèle
3. Cristiano Ronaldo / jouer / = bien / au football / Lionel Messi
4. Bruno Mars / chanter / + bien / Justin Bieber
5. Tout le monde / jouer / − bien / au basket-ball / LeBron James

B. Les Français et les loisirs. Regardez le tableau et faites au moins trois comparaisons entre les hommes et les femmes en ce qui concerne les loisirs.

MODÈLE: Les hommes font moins de danse que les femmes, mais ils font plus de musique en groupe que les femmes.

C. Interview. Posez les questions suivantes en français à un(e) camarade. Ensuite, résumez ses réponses.

1. Who in class has more leisure time than you? Why?
2. What sport would you like to be able to play better?
3. Which American plays tennis best?
4. Which athlete (**athlète**, *m.*, *f.*) would you like to speak to the most?
5. Who in the class runs faster than you? How do you know?
6. Who in the class goes to the library as often as you?
7. Who in the class needs to study the least in order to (**pour**) have good grades (**notes**, *f.*)?

D. Les habitudes. Demandez à un(e) camarade combien de fois par semaine, par jour, par mois ou par an il/elle fait quelque chose, puis comparez sa réponse avec vos propres habitudes.

Possibilités: faire du sport, lire le journal, partir en voyage, regarder la télévision…

MODÈLE: É1: Combien de fois par semaine vas-tu au cinéma?
É2: Une ou deux fois par semaine.
É1: J'y vais plus (moins, aussi) souvent que toi.

Des millions d'artistes
Pratiques artistiques amateurs au cours des douze derniers mois par sexe et âge (en % de la population de 15 ans et plus):

	Hommes	Femmes
Jouer d'un instrument musical	15	11
Faire de la musique en groupe	11	9
Tenir un journal	6	11
Écrire des poèmes, nouvelles, romans	5	7
Faire de la peinture, sculpture, gravure	9	11
Faire de la poterie, céramique, reliure, artisanat d'art	3	5
Faire du théâtre	2	2
Faire du dessin	16	16
Faire de la danse	5	10

Les adjectifs et les pronoms indéfinis

Talking About Quantity

Mamadou téléphone à Léa.

MAMADOU: Alors, ces vacances avec Juliette?

LÉA: **Tout** s'est très bien passé. Après **quelques** heures à Londres, nous sommes allées chercher le beau temps sur la Côte d'Azur.

MAMADOU: Vous vous êtes bien amusées?

LÉA: On a fait **chaque** jour **quelque chose** de différent: un jour la plage, **un autre** les musées, et **plusieurs** fois des randonnées.

MAMADOU: **Tout** est super dans le Midi[1]! Les gens sont tellement cools!

LÉA: Ça, c'est un cliché! Il y a des gens désagréables même sous le soleil de la Côte d'Azur et surtout en été: **certains** sont exaspérés par les touristes, **d'autres** sont furieux à cause des embouteillages.[2] **Les uns** protestent parce qu'il faut faire la queue dans les supermarchés, **les autres** détestent la foule[3] sur la plage...

MAMADOU: Je suis sûr que ce sont des Parisiens!

Sculpture sous le soleil de la Côte d'Azur (Fondation Maeght, Saint-Paul-de-Vence)
©Patrick Ward/Alamy

[1]*South (of France)*   [2]*à... because of the traffic jams*   [3]*crowds*

Répondez aux questions en utilisant les expressions du dialogue.

1. Qu'est-ce qui s'est bien passé?
2. Combien de temps Juliette et Léa sont-elles restées à Londres?
3. Qu'est-ce qu'elles ont fait sur la Côte d'Azur?
4. Pour Mamadou, qu'est-ce qui est super dans le Midi?
5. Que font les gens désagréables sur la Côte d'Azur?

Forms and Uses of *tout*

1. The adjective **tout (toute, tous, toutes)**

As an adjective, **tout** can be followed by an article, a possessive adjective, or a demonstrative adjective.

Nous avons marché **toute la journée** pour arriver au sommet du volcan.	*We hiked all day to reach the summit of the volcano.*
Nous étions là-haut avec **tous nos amis.**	*We were up there with all our friends.*
Tu as apporté **toutes ces provisions**?	*Did you bring all those supplies?*

[Allez-y! A]

2. The pronoun **tout**

As a pronoun (masculine singular), **tout** means *all, everything.*

Tout va bien!	*Everything is fine!*
Tout est possible dans ce pays.	*Everything is possible in this country.*

3. **Tous** and **toutes** mean *everyone, every one (of them), all of them.* When **tous** is used as a pronoun, the final **-s** is pronounced: **tous** [tus].

Tu vois ces jeunes gens? Ils veulent **tous** faire une danse traditionnelle.	*Do you see those young people? They all want to do a traditional dance.*
Ces photos sont magnifiques! Sur **toutes,** on voit des costumes traditionnaux.	*These photos are gorgeous! In all of them, you see traditional costumes.*

Other Indefinite Adjectives and Pronouns

Indefinite adjectives and pronouns refer to unspecified things, people, or qualities. They are also used to express sameness (the same one) and difference (another). Here is a list of the most frequently used indefinite adjectives and pronouns in French.

ADJECTIVES	PRONOUNS	
quelques (+ *noun*) *some, a few*	**quelqu'un** (*invariable*)	*someone, anyone*
	quelqu'un de (+ *masc. adj.*)	*someone, anyone* (+ *adj.*)
	quelque chose	*something, anything*
	quelque chose de (+ *masc. adj.*)	*something, anything* (+ *adj.*)
	quelques-uns / quelques-unes (*pl.*)	*some, a few*
chaque (+ *noun*) *each, every*	**chacun(e)**	*each (one)*

EXPRESSIONS USED AS ADJECTIVES AND PRONOUNS	
un(e) autre *another*	**certain(e)s** *certain, some*
d'autres* *other(s)*	**le/la même; les mêmes** *the same*
l'autre / les autres *the other(s)*	**plusieurs (de)** *several (of)*

---

*Note that **de** is used without an article before **autres** whether **autres** modifies a noun or stands alone as a pronoun.

Quelques and **certain(e)s** can both mean *some* but are used in different ways. **Quelques** is used to indicate a small, non-specific number. **Certain(e)s** is more often used to indicate some as opposed to others. Compare these two examples:

> Je lis généralement **quelques** poèmes (*some / a few poems*) avant de m'endormir.

> Il y a **certains** poèmes (*some specific poems*) que je lis tous les soirs avant de m'endormir.

ADJECTIVES		PRONOUNS
J'ai **quelques** amis à Tahiti.		**Quelques-uns** sont agriculteurs.
		Quelqu'un m'a envoyé un livre sur Tahiti.
Nous avons **plusieurs** choix.	→	**Plusieurs** de ces choix sont extrêmement difficiles.
Chaque voyageur voudrait un circuit différent.	→	**Chacun** des voyageurs visitera une île différente.
Tu veux **une autre** tasse de thé?	→	Non, si j'en prenais **une autre**, je ne pourrais pas dormir.
Où est **l'autre** autocar?	→	**L'autre** est parti.
Les autres passagers sont partis.	→	**Les autres** sont partis.
J'ai **d'autres** problèmes.	→	J'en ai **d'autres**.
Ce sont **les mêmes** voyageurs.	→	**Les mêmes** sont en retard.

Il y a certains musées parisiens que je visite régulièrement, le Centre Pompidou, par exemple.
©Moment Open/Getty Images RF

The indefinite pronouns **quelqu'un** and **quelque chose** are singular and masculine. Remember that adjectives that modify these pronouns follow them and are introduced by **de.**

> Je connais **quelqu'un d'intéressant** dans la capitale.
> *I know someone interesting in the capital.*

> Il a toujours **quelque chose de drôle** à dire.
> *He always has something amusing to say.*

[Allez-y! B-C-D]

Allez-y!

A. À Dakar. Jeanne-Marie a passé quelque temps à Dakar, capitale du Sénégal. Jouez le rôle de Jeanne-Marie et répondez aux questions avec **tout, toute, tous** ou **toutes.**

MODÈLE: Tu as visité les marchés? → Oui, j'ai visité tous les marchés.

1. Tu as vu le musée anthropologique?
2. Tu as photographié les églises de la ville?
3. Est-ce que tu as visité les bâtiments de l'université?
4. Tu as vu la vieille ville?
5. Tu as lu l'histoire du Sénégal?
6. Est-ce que tu as fait le tour des plantations?

Une maison coloniale à la Martinique.
Décrivez-la.

©nik wheeler/Alamy

B. L'île de la Martinique. Estelle a passé de nombreuses années à la Martinique. Elle y pense toujours avec nostalgie. Complétez les phrases.

J'aime la Martinique. On y trouve encore (quelques / d'autres)[1] belles maisons coloniales. (Chacun / Certains)[2] jours, à Fort-de-France, je me promenais dans les marchés en plein air, près du port. (Certaines / D'autres)[3] fois, je restais sur la place de la Savane pendant de longues heures. Il y a, tout près de la place, (quelques / quelques-unes)[4] maisons décorées avec du fer forgé (*wrought iron*) qui me rappellent La Nouvelle-Orléans.

(Certaines / Quelques)[5] choses ont changé, il est vrai, mais on trouve encore les (plusieurs / mêmes)[6] gommiers (*gum trees*) et ces bateaux pittoresques aux couleurs vives, que Gauguin* aimait tant.

C. Projets de vacances. Complétez le dialogue suivant avec un des adjectifs ou des pronoms indéfinis à droite.

JULIEN: _____[1] les ans, c'est la _____[2] chose. _____[3] fois que je propose un voyage au Sénégal, tu as d'_____[4] suggestions.

BÉNÉDICTE: Mais j'ai rencontré _____[5] qui m'a dit que _____[6] touristes ont eu des problèmes de santé au Sénégal. D'ailleurs, cette année je voudrais faire _____[7] de différent. J'aimerais faire de l'alpinisme en Suisse.

JULIEN: De l'alpinisme! Mais c'est très dangereux! Bon, eh bien, cette année _____[8] fera ce qu'il voudra. Moi, je pars au Sénégal.

autres
chaque
même
tous

chacun
plusieurs
quelque chose
quelqu'un

D. La première chose qui vient à l'esprit (*mind*). Avec un(e) camarade de classe, posez des questions—en français, s'il vous plaît—à partir des indications suivantes. Votre camarade doit donner la première réponse qui lui vient à l'esprit.

MODÈLE: *someone important* →
　　　É1: Est-ce que tu as déjà rencontré quelqu'un d'important?
　　　É2: Non, mais une fois mon frère a rencontré le Président.

1. *something important*
2. *something stupid*
3. *something funny*
4. *someone funny*
5. *all the large cities in Quebec*
6. *a few of the Francophone countries in Africa*
7. *several French cities*
8. *other French cities*
9. *another Canadian city*

---

*Le peintre français Paul Gauguin a vécu brièvement à la Martinique et plus tard à Tahiti.

Prononcez bien!

The consonant *l* (page 413)

A. Isabelle. Vous parlez d'Isabelle avec un autre étudiant étranger. Avec votre camarade, lisez la description d'Isabelle en faisant bien attention à la prononciation du **l**.

1. Ma meilleure amie ici s'appelle Isabelle. C'est l'amie idéale! Elle vient de Montréal.
2. Elle parle le français, l'anglais, et l'espagnol.
3. C'est elle qui est venue me chercher à l'hôtel et qui m'a montré la ville quand je suis arrivé(e) ici.
4. En avril, nous allons partir en Italie pour un week-end. J'ai hâte!

B. Virelangue. (*Tongue twister.*) Isabelle vous apprend le virelangue suivant. Écoutez Isabelle et puis, avec votre camarade, entraînez-vous à le prononcer.

«Lulu a lu la lettre à Lyon et Lola a lu le livre à Lille où Lala liait[1] le lilas.[2]»

[1]*was binding* [2]*lilac*

Lecture

AVANT DE LIRE

Skimming for the gist (Part 2). As noted in **Chapitre 8**, it is helpful to skim a text to gain a general idea of the context before you read it thoroughly. At this point, you need not be concerned with understanding everything; just try to get the main ideas by following the directions below. Then, answer the questions that follow the reading to check your overall comprehension.

Quickly skim the reading to find the five types of vacation weekends the author proposes for students. Skim the reading again to find the proposed destination under each of the headings. Can you predict which weekend you might prefer?

Idées week-end pour budget étudiant

Se détendre après les examens, partir deux ou trois jours après un fiasco amoureux, s'échapper[1] du quotidien, se retrouver en tête-à-tête avec son ou sa chéri(e)... Les prétextes ne manquent pas[2] pour s'offrir deux ou trois jours de repos, de découverte ou de fiesta loin de la routine étudiante.

Le budget n'est pas un problème: il faut tout simplement tirer avantage des promotions et du «tout compris». Alors, voilà quelques idées d'escapades.

Un week-end gourmand

Bruxelles, la ville des moules-frites[3]: à tous les coins de rue, la tradition vous invite avec des menus irrésistibles à très bas prix. Si vous partiez avec vos meilleurs amis, vous pourriez prévoir une grande tablée.[4] Et vous vous retrouveriez ensuite tous ensemble pour une courte nuit de rire et de discussions dans un petit hôtel pas cher.

Avez-vous envie d'aller à Londres? L'Eurostar peut vous y emmener rapidement.

©Martin Anderson/Alamy RF

Un week-end soldes[5]

Pour les amateurs de soldes, un week-end à Londres en janvier est indispensable. D'ailleurs, l'Eurostar fait des promotions spéciales pour l'occasion, train et hôtel inclus. Et les étudiants français sont nombreux à se laisser tenter.

Un week-end sport

Mais certains préfèrent le sport aux bonnes affaires.[6] Dans ce cas, pourquoi ne pas aller skier en fin de semaine à Oz-en Oisans, charmante petite station de montagne dans les Alpes?

Martin affirme: «J'y suis allé le premier week-end de février avec deux copains. Pendant deux jours, on s'est éclatés comme des fous pour 200 euros tout compris. Ben... oui! Les prix baissent hors[7] vacances scolaires!»

Avez-vous envie de faire du ski? Tignes, dans les Alpes, est une station de ski de renommée internationale.

©Purestock/SuperStock RF

[1]*escape* [2]*Les... There are no lack of pretexts* [3]*mussels and french fries* [4]*grande... a large party, a special occasion dinner* [5]*sales* [6]*bonnes... good deals, bargains* [7]*outside of*

Un week-end culturel

«On pourrait aller à Chartres, pour voir la cathédrale? Ou alors à Versailles: on visiterait le château. C'est incroyable! Le monde entier vient admirer ces merveilles et nous, nous les ignorons, comme des enfants gâtés[8]». Cécile est bien décidée. Cette année, avec sa copine Elvire, elle partira les week-ends pour découvrir quelques chefs-d'œuvre de l'architecture française.

Un week-end romantique

Enfin, l'idée qui enchante les jeunes couples, c'est le week-end romantique. Imaginez Paul et Anissa dans un château en Normandie... Ils dînent aux chandelles[9] dans leur chambre en écoutant une musique d'opéra. Pour demain, ils ont programmé une longue ballade[10] dans la forêt. À l'heure du déjeuner, ils feront un pique-nique au bord de la rivière. Et puis, dans la soirée, ils reprendront le train pour Paris en admirant le coucher du soleil derrière les vitres.

Avez-vous envie de passer un week-end romantique? Imitez ce couple au village des Andelys au bord de la Seine, en Normandie.

©Bertrand Rieger/hemis.fr/Getty Images

[8]*spoiled*   [9]*aux... by candlelight*   [10]*ramble*

COMPRÉHENSION

1. Quels sont les meilleurs prétextes des étudiants pour partir en week-end?
2. Comment financent-ils leur week-end?
3. Faites correspondre chaque idée de week-end avec les activités associées.

week-end gourmand	dîner aux chandelles
week-end soldes	visites de monuments
week-end sport	dégustation de spécialités
week-end culturel	bonnes affaires
week-end romantique	exercice physique

Écriture

The writing activities **Par écrit** and **Journal intime** can be found in the Workbook/Laboratory Manual to accompany *Vis-à-vis*.

Un café à Paris-Plages, au bord de la Seine

©McGraw-Hill Education

Le vidéoblog d'Hector

En bref

Dans cet épisode, Hector et Léa voudraient passer l'après-midi ensemble, mais ils ont du mal à choisir une activité. Ils finissent par décider d'aller à Paris-Plages, un grand événement de l'été à Paris.

Vocabulaire en contexte

Imaginez qu'un ami / une amie vous propose les activités suivantes. Indiquez les activités que vous feriez volontiers (avec plaisir) et expliquez pourquoi les autres ne vous tentent pas.

Activités

- ☐ aller sur une belle plage de **sable** (*sand*) blanc
- ☐ aller au ciné l'après-midi
- ☐ aller **prendre un verre**
- ☐ **se baigner** à la piscine
- ☐ **se balader** (*ride*) à vélo
- ☐ se faire **bronzer** (*to tan*)
- ☐ faire de **l'escalade** (*rock/wall climbing*)
- ☐ faire un jogging au parc
- ☐ pique-niquer
- ☐ **se promener** au bord de l'eau

VISIONNEZ!

Pourquoi Hector ne veut-il pas faire les activités suivantes? Choisissez la bonne réponse.

1. Il ne veut pas aller au ciné parce qu'il _____.
   a. n'a plus d'argent   b. préfère être dehors l'après-midi
2. Il ne veut pas faire un jogging parce qu'il _____.
   a. ne veut pas courir après un repas   b. ne trouve pas ses tennis
3. Il ne veut pas faire du vélo et aller prendre un verre parce qu'il _____.
   a. n'aime pas le vin   b. fait trop chaud
4. Il ne veut pas aller à la piscine parce qu'il _____.
   a. y aura trop d'enfants   b. ne sait pas nager

ANALYSEZ!

Répondez aux questions.

1. Quelles activités font de Paris-Plages une vraie plage?
2. À quoi bon (*What good is it*) avoir une plage en centre-ville? Pourquoi, à votre avis, la Mairie de Paris organise-t-elle ce grand événement de l'été?

COMPAREZ!

Y a-t-il beaucoup d'endroits dans votre ville ou votre région où vous pouvez vous amuser? Est-il plus facile de passer son temps libre à l'intérieur (dans un cinéma ou un musée) ou à l'extérieur? Regardez encore une fois la partie culturelle de la vidéo: est-ce que votre ville ou votre région a besoin d'organiser quelque chose comme Paris-Plages?

Verbes

assister à	to attend
bricoler	to putter, do odd jobs
courir	to run
se passer	to happen, take place
rire	to laugh
sourire	to smile

À REVOIR: **aider, emmener, faire du sport, gagner, jouer à, jouer de, perdre**

Substantifs

les activités (f.) de plein air	outdoor activities
la bande dessinée	cartoon
la blague	joke
le bricolage	do-it-yourself work, puttering around
la chanson	song
la chanson de variété	popular song
la collection	collection
le cyclisme	cycling
l'équipe (f.)	team
la foule	crowd
le jardinage	gardening
le jeu (les jeux)	game
le jeu de mot	pun
le jeu de hasard	game of chance
le jeu de société	board game
la lecture	reading
les loisirs (m.)	leisure activities
la manifestation sportive	sporting event
la marche	walking
le match	game
l'opéra (m.)	opera
le passe-temps	hobby
la pêche	fishing
la pétanque	bocce ball, lawn bowling
le pique-nique	picnic
le spectacle	show, performance
le spectacle de variétés	variety show; floor show (in a restaurant)
le temps libre	free time

À REVOIR: **le théâtre**

Expressions interrogatives

lequel, laquelle, lesquels, lesquelles, qu'est-ce qui, qui est-ce que, qui est-ce qui, qui, quoi

Adjectifs et pronoms indéfinis

un(e) autre	another
d'autres	other(s)
l'autre / les autres	the other(s)
certain(e)(s)	certain, some
chacun(e)(s)	each (one)
chaque	each
le/la même (les mêmes)	the same one(s)
plusieurs (de)	several
quelque chose (de)	something
quelques (adj.)	some, a few
quelqu'un	someone, anyone
quelques-uns / quelques-unes	some, a few
tout(e)	all, everything
tous / toutes	everyone, every one (of them), all of them

Mots et expressions divers

à ta place...	if I were you . . .
aller en boîte	to go clubbing
autant (de)... que	as much (many) . . . as
bien, mieux, le mieux	well, better, best
en train de	in the process of; in the middle of
je devrais	I should
Qu'est-ce que tu racontes / vous racontez?	What are you talking about?
Qu'est-ce qui se passe?	What's happening? What's going on?
tant mieux	so much the better
tant pis	that's too bad

À REVOIR: **je pourrais**

CHAPITRE 16

Qu'en pensez-vous?

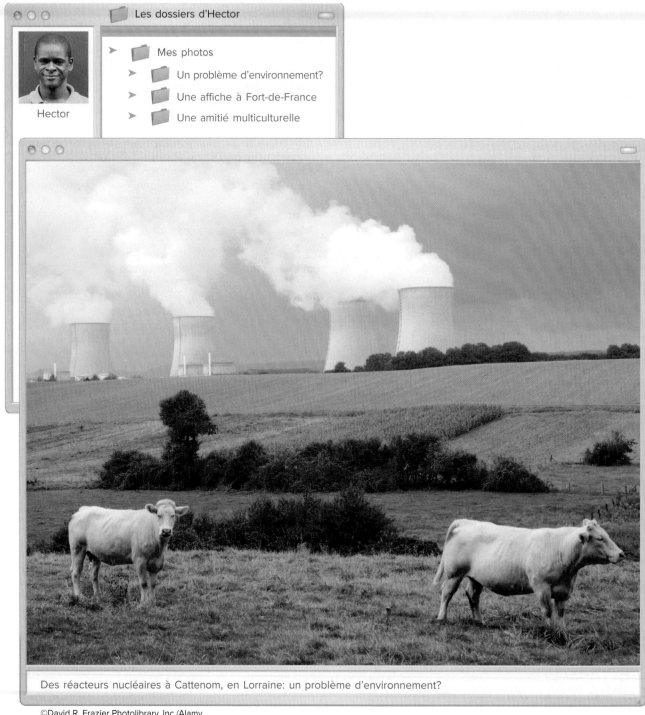

Les dossiers d'Hector

Hector

➤ Mes photos

➤ Un problème d'environnement?

➤ Une affiche à Fort-de-France

➤ Une amitié multiculturelle

Des réacteurs nucléaires à Cattenom, en Lorraine: un problème d'environnement?

Dans ce chapitre...

OBJECTIFS COMMUNICATIFS

➤ talking about environmental and social problems
➤ expressing attitudes, wishes, necessity, possibility, emotion, doubt, and uncertainty
➤ learning to distinguish between and pronounce selected sounds in French

PAROLES (LEÇON 1)

➤ L'environnement
➤ Les problèmes de la société moderne

STRUCTURES (LEÇONS 2 ET 3)

➤ Le subjonctif (première partie)
➤ Le subjonctif (deuxième partie)
➤ Le subjonctif (troisième partie)
➤ Le subjonctif (quatrième partie)

CULTURE

➤ Le blog d'Hector: *Moi d'abord?*
➤ Reportage: *La France multiculturelle*
➤ Lecture: *La Réclusion solitaire* (extrait) de Tahar Ben Jelloun (Leçon 4)
➤ Sondages: *Les Français à la recherche du bien-être* (Leçon 4)

Une affiche à Fort-de-France

©McGraw-Hill Education

Une amitié multiculturelle

©Owen Franken/Getty Images

www.mhhe.com/connect

L'environnement

le gaspillage [1] des sources d'énergie
la pollution de l'atmosphère

les déchets [2] (m.) industriels

NE gaspillez pas les sources d'énergie

CONTRÔLEZ LES DÉCHETS INDUSTRIELS !

NE POLLUEZ PAS L'ATMOSPHÈRE !

IL FAUT SORTIR DES ÉNERGIES FOSSILES

Il faut conserver les sources d'énergie !

IL FAUT DÉVELOPPER LES ÉNERGIES RENOUVELABLES

PROTÉGEZ LA NATURE

IL FAUT RECYCLER

la conservation des sources d'énergie

le recyclage

le développement de l'énergie solaire

la protection de la nature

[1] wasting   [2] waste, refuse

AUTRES MOTS UTILES	
une centrale nucléaire	nuclear power plant
le changement climatique	climate change
consommer	to consume
le covoiturage	carpooling
épuiser	to use up, exhaust
une ferme éolienne	wind farm
la fracturation hydraulique	fracking
le réchauffement de la planète	global warming
sauver	to save
la surpopulation	overpopulation
une voiture hybride	hybrid car

Allez-y!

A. **Association de mots.** Quels problèmes écologiques associez-vous avec les verbes suivants?

MODÈLE: gaspiller → le gaspillage des sources d'énergie

1. conserver
2. protéger
3. polluer
4. recycler
5. développer

B. **Remèdes.** Expliquez quelles sont les actions nécessaires pour sauver notre planète. Utilisez **Il faut** ou **Il ne faut pas** suivi d'un infinitif.

MODÈLES: le contrôle des déchets industriels →
Il faut contrôler les déchets industriels.

le gaspillage de l'énergie →
Il ne faut pas gaspiller l'énergie.

1. la pollution de l'environnement
2. la protection de la nature
3. le développement de l'énergie solaire
4. la conservation des sources d'énergie
5. le gaspillage des ressources naturelles
6. le développement des transports en commun

C. **Rendez-vous des Verts.** Vous êtes pour une ville plus verte où il y a moins de voitures et plus de piétons et de cyclistes. En résumant le plaidoyer (*defense*) dans le *Manuel du cycliste urbain,* faites une petite présentation pour comparer les voitures aux vélos. Parlez des avantages du vélo, mais n'oubliez pas ses inconvénients.

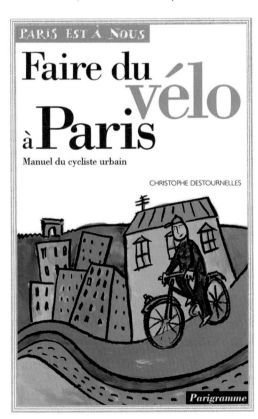

Source: Christophe Destournelles, *Manuel du cyclist urbain*

Petit plaidoyer pour le vélo à Paris

Il ne pollue pas
Il est silencieux
Il est très maniable[1]
Il occupe un espace restreint
Il ne demande pas beaucoup d'infrastructures
Il est économique (il revient en moyenne à 100 euros
par an, quand une voiture réclame 800 euros par mois,
et une Carte orange 125 euros chaque année)
Il se gare[2] relativement facilement
(adieu les soucis de stationnement gênant, les PV,[3]
les parkings et les horodateurs[4]...)
Il est très bien adapté aux petits parcours en ville[5]
Il est bon pour la santé
Il est bon pour le moral
Il n'est pas aussi dangereux qu'on veut bien le dire
Il expose moins à la pollution
que l'habitacle[6] d'une voiture
Il permet de découvrir Paris...

[1]*easy to steer* [2]*se... is parked* [3]*tickets* [4]*parking ticket machines*
[5]*parcours... trips around town* [6]*interior*

Les problèmes de la société moderne

Voici les résultats d'une enquête réalisée pour le journal *Le Monde*.

Les préoccupations des Français

Le chômage	56%
Le pouvoir d'achat[1]	41%
L'avenir des retraites[2]	27%
Les impôts[3] et les taxes	27%
La santé et la qualité des soins[4]	24%
L'insécurité	20%
Les inégalités sociales	19%
Les déficits publics	19%
L'intégrisme[5] religieux	17%
L'immigration	16%
Le logement	13%
Le fonctionnement de l'école	9%
L'environnement	9%

Source: Adapté d'une enquête IPSOS / CGI Business Consulting pour *Le Monde*, Fondation Jean Jaurès et le Cevipof. Janvier 2013.

Les Français sont préoccupés. Le futur leur semble incertain; la crise économique crée un climat d'instabilité qui affecte toute la société.

- Le gros problème de la France, c'est le chômage. «Mes enfants font de longues études: est-ce qu'ils trouveront du travail?» se demandent avec angoisse[6] les parents. Rien de moins sûr car, avec la récession, les entreprises n'embauchent pas.
- Le pouvoir d'achat et les retraites inquiètent. Tout le monde s'interroge: «Comment maintenir mon niveau de vie[7]?» En réalité, les Français sont obligés de réduire leur consommation parce que les impôts augmentent massivement, mais pas les salaires. Et les seniors savent que le montant[8] de leurs retraites diminuera. Pourquoi? Parce qu'il faut, en priorité, réduire un déficit public colossal.
- On a peur aussi de devoir sacrifier le meilleur système social du monde notamment l'accès gratuit à la santé et à l'école, et les aides au logement.[9]
- Dans une société en pleine mutation, les Français perdent leurs repères[10]: les inégalités sociales s'amplifient, l'insécurité et l'intégrisme religieux créent une névrose[11] collective; l'immigration pose le problème de l'identité française.
- Enfin l'environnement devient une question sensible: on sait qu'il faut modifier les comportements et encourager le développement durable[12] pour préserver les ressources naturelles.

---

[1]pouvoir... *purchasing power*   [2]*penisons*   [3]*taxes*   [4]*care*   [5]*fundamentalism*   [6]avec... *anxiously*
[7]niveau... *standard of living*   [8]*amount*   [9]aides... *housing subsidies*   [10]perdent... *are losing their points of reference*   [11]*neuroses*   [12]développement... *sustainable development*

le citoyen / la citoyenne citizen	**le terrorisme** terrorism
les droits (*m.*) **civils** civil rights	**augmenter** to raise, increase
l'écologiste (*m., f.*) environmentalist	**diminuer** to lower, reduce
l'électeur / l'électrice voter	**élire** to elect
l'élection (*f.*) election	**s'engager (dans)** to get involved (in) (*a public issue, cause*)
la guerre war	**exiger** to require; to demand
l'homme / la femme politique politician	**exprimer une opinion** to express an opinion
les idées extrémistes extremist ideas	**faire grève** to strike
les impôts (*m.*) taxes	**manifester (pour/contre)** to demonstrate (for/against)
le parti political party	**poser sa candidature** to run for elected office; to apply (for a job)
la politique politics; policy	**soutenir** to support
la réussite success	
le/la sans-abri homeless person	

Allez-y!

A. Autrement dit. Choisissez la bonne définition.

_____ **1.** exiger   **a.** prendre publiquement position

_____ **2.** la grève   **b.** encourager

_____ **3.** soutenir   **c.** participer à une manifestation

_____ **4.** élire   **d.** demander, réclamer

_____ **5.** s'engager   **e.** la cessation collective du travail

_____ **6.** manifester   **f.** une personne sans domicile

_____ **7.** la guerre   **g.** choisir

_____ **8.** le/la sans-abri   **h.** le contraire de la paix

B. L'actualité. Lisez à la page précédente les résultats de l'enquête faite pour *Le Monde*. Puis répondez aux questions.

1. Quelles sont les préoccupations des citoyens de votre pays?
2. Parmi ces préoccupations, laquelle considérez-vous comme la plus importante ou la moins importante?
3. Sélectionnez trois problèmes qui, selon vous, affectent gravement la société dans laquelle vous vivez. Proposez des solutions pour les résoudre.
4. Quels autres problèmes pourrait-on ajouter au sondage français?

C. À mon avis. Choisissez une des expressions des **Mots clés** pour exprimer votre point de vue.

    MODÈLE: possible / contrôler le problème des déchets nucléaires →
        Personnellement, je crois qu'il est (qu'il n'est pas) possible de
        contrôler le problème des déchets nucléaires, parce que...

1. essentiel / développer de nouvelles sources d'énergie
2. impossible / empêcher les accidents nucléaires
3. important / respecter l'image de la femme dans les publicités
4. indispensable / faire attention aux problèmes de la jeunesse
5. inutile / limiter l'immigration
6. essentiel / augmenter les impôts
7. utile / aider les chômeurs (les gens qui sont au chômage)
8. essentiel / protéger et maintenir (*maintain*) les droits civils

Mots clés

Exprimer son opinion

To express a personal point of view, use the following expressions:

Moi,   je crois que...
Pour ma part,   je pense que...
Personnellement, j'estime que...
              je trouve
que...

À mon avis...
Selon moi...

Your point will be more convincing if you give examples or refer to other people's opinions. Use the following expressions:

Par exemple...
On dit que...
J'ai entendu dire que...

Le subjonctif (*première partie*)

Expressing Attitudes

🔊 JE RÊVE, N'EST-CE PAS?

Juliette téléphone à Charlotte.

> JULIETTE: Pourquoi as-tu choisi de travailler pour l'OMS[1] plutôt que pour une administration suisse?
>
> CHARLOTTE: Par idéalisme, je crois. **Je veux que** tous les pays **coordonnent** leurs efforts pour le bien commun;[2] **je désire que** la santé **soit** une priorité universelle. Je rêve, n'est-ce pas?
>
> JULIETTE: Mais non, tu ne rêves pas! La santé est un droit fondamental. Moi aussi, **j'aimerais que** nous **soyons** tous égaux[3] devant la maladie!
>
> CHARLOTTE: À l'OMS, **nous souhaitons[4] que** chaque enfant **arrive** à l'âge adulte en bonne santé. **Nous insistons pour que** tous les pays du tiers-monde[5] **établissent** une excellente politique de santé publique.
>
> JULIETTE: C'est un des grands défis[6] du XXIe siècle. Mais moi, je parle, je fais des commentaires... alors que toi, tu agis! Cela me fait réfléchir...
>
> CHARLOTTE: J'ai toujours été engagée dans des causes humanitaires. À mon petit niveau,[7] **je veux que** mon travail **puisse** aider les plus vulnérables. C'est juste, non?

L'OMS: la santé pour tous

©Richard Wareham Fotografie/Alamy

[1]Organisation Mondiale de la Santé *WHO (World Health Organization)* [2]le... *the common good* [3]*equal* [4]*hope* [5]*third world* [6]*challenges* [7]À... *In my small way*

Trouvez, dans le dialogue, la phrase équivalente.

1. Les pays doivent coordonner leurs efforts pour le bien commun.
2. La santé doit être une priorité universelle.
3. Nous devons tous être égaux face à la maladie.
4. Tous les enfants doivent arriver à l'âge adulte avec un bon capital santé.
5. Les pays du tiers-monde doivent établir une très bonne politique de santé publique.
6. Mon travail doit aider les gens défavorisés.

The Subjunctive Mood

The verb tenses you have learned so far have been in the *indicative* mood (**présent, passé composé, imparfait, futur**), in the *imperative* mood (used for direct commands or requests), or in the *conditional* mood (used to express hypothetical situations). In this chapter, you will learn about the *subjunctive* mood.

The subjunctive is used to present actions or states as subjective or doubtful, instead of as facts. It appears most frequently in dependent clauses, and is used infrequently in English. Compare the following examples.

INDICATIVE	SUBJUNCTIVE
He *goes* to Paris.	I insist that he *go* to Paris for the meeting.
We *are* on time.	They ask that we *be* on time.
She *is* the president.	She wishes that she *were* the president of the group.

In French, the subjunctive is used more frequently than it is in English. It almost always appears in a dependent clause introduced by **que.** In such cases, the main clause contains a verb expressing desire, emotion, uncertainty, or some other subjective view of the action in the dependent clause. For now, you will focus on the use of the subjunctive in dependent clauses introduced by **que** after verbs of volition (wanting), including **aimer bien, désirer, insister (pour), préférer, souhaiter** (*to want, to wish*), and **vouloir.**

Contre l'énergie nucléaire: et vous, qu'en pensez-vous?
©Facelly/SIPA/Newscom

Un peu plus...

Les manifestations

En France, 75 % de l'énergie nécessaire aux entreprises et aux particuliers (*individuals*) est produite par des centrales nucléaires. Bien que (*Although*) les Français soient généralement en faveur de la production d'énergie nucléaire, le problème des déchets nucléaires les inquiète. Dans les années 80, de violentes émeutes (*riots*) ont éclaté (*broke out*) dans les régions rurales où l'on voulait enfouir (*to bury*) ces déchets. Aujourd'hui, le gouvernement cherche une solution.

Usually, the subjects of the main and dependent clauses are different.

MAIN CLAUSE _Indicative_	DEPENDENT CLAUSE _Subjunctive_
Je veux	**que** vous **partiez.**

Note that French constructions with the subjunctive have many possible English equivalents.

que je parle → _that I speak, that I'm speaking, that I do speak, that I may speak, that I will speak, me to speak_

De quoi veux-tu **que je parle**?	_What do you want me to talk about?_
Il préfère **que je parle** des déchets nucléaires.	_He prefers that I speak about nuclear waste._
Le policier ne croit pas **que le suspect parle**.	_The police officer doesn't believe that the suspect will speak._

Forms of the Present Subjunctive

For most verbs, including many irregular verbs (e.g., **conduire, connaître, écrire, lire, ouvrir, mettre, suivre**) the stem for the forms of the subjunctive is found by dropping the **-ent** of the third-person plural (**ils/elles**) form of the present indicative and by adding the subjunctive endings: **-e, -es, -e, -ions, -iez,** and **-ent.**

	parler	**finir**	**vendre**	**sortir**
	(ils) **parl**/ent	(ils) **finiss**/ent	(ils) **vend**/ent	(ils) **sort**/ent
...que je	parl**e**	finiss**e**	vend**e**	sort**e**
...que tu	parl**es**	finiss**es**	vend**es**	sort**es**
...qu'il/elle/on	parl**e**	finiss**e**	vend**e**	sort**e**
...que nous	parl**ions**	finiss**ions**	vend**ions**	sort**ions**
...que vous	parl**iez**	finiss**iez**	vend**iez**	sort**iez**
...qu'ils/elles	parl**ent**	finiss**ent**	vend**ent**	sort**ent**

Verbs with Two Stems in the Subjunctive

Some verbs that have two stems in the present indicative also have two stems in the subjunctive: One stem is taken from the **ils** form of the present (for **je, tu, il/elle/on,** and **ils/elles**), and the other, from the **nous** form (for **nous** and **vous**). Some verbs of this type are **acheter, apprendre, boire, préférer, prendre,** and **venir.**

boire	
ils **boivent**	
nous **buvons**	

...que je	**boiv**e	...que nous	**buv**ions
...que tu	**boiv**es	...que vous	**buv**iez
...qu'il/elle/on	**boiv**e	...qu'ils/elles	**boiv**ent

[Allez-y! A-B]

Irregular Subjunctive Verbs

Some verbs have irregular subjunctive stems. The endings themselves are all regular, except for some endings of **avoir** and **être.**

	aller *aill-/all-*	faire *fass-*	pouvoir *puiss-*	savoir *sach-*	vouloir *veuill-/voul-*	avoir *ai-/ay-*	être *soi-/soy-*
...que je/j'	aille	fasse	puisse	sache	veuille	aie	so**is**
...que tu	ailles	fasses	puisses	saches	veuilles	aies	so**is**
...qu'il/elle/on	aille	fasse	puisse	sache	veuille	ai**t**	soi**t**
...que nous	allions	fassions	puissions	sachions	voulions	a**yons**	so**yons**
...que vous	alliez	fassiez	puissiez	sachiez	vouliez	a**yez**	so**yez**
...qu'ils/elles	aillent	fassent	puissent	sachent	veuillent	aient	soient

Le professeur veut que nous **allions** au débat.

The professor wants us to go to the debate.

Son parti veut que le gouvernement **fasse** des réformes.

His (Her) party wants the government to make reforms.

Le président préfère que les sénateurs **soient** présents.

The president prefers the senators to be there.

[Allez-y! C-D-E]

Prononcez bien!

The subjunctive of *aller* and *avoir*

When using the subjunctive, be sure to distinguish between the pronunciation of **aller** and **avoir**. For the **je, tu, il,** and **ils** forms of **aller,** pronounce [aj], somewhat like the English pronoun *I*.

[aj]: ...que j'**aille,** tu **ailles,** il **aille**

For the corresponding persons for **avoir,** pronounce a single sound [ɛ], as in **est.**

[ɛ]: ...que j'**aie,** tu **aies,** elle **ait**

Remember that the **nous** and **vous** forms start with the sound [a] for **aller** and [ɛ] for **avoir.**

[aljɔ̃]: ...que nous **allions**

[alje]: ...que vous **alliez**

[ɛjɔ̃]: ...que nous **ayons**

[ɛje]: ...que vous **ayez**

Allez-y!

A. **Stratégie électorale.** Laure accepte de poser sa candidature au Conseil universitaire. Avec un groupe d'étudiants, elle prépare sa campagne. Que veut Laure?

> MODÈLE: Elle veut que les étudiants / choisir / des délégués responsables →
> Elle veut que les étudiants choisissent des délégués responsables.

1. Elle veut que tout le monde / réfléchir / aux problèmes de l'université
2. Elle aimerait que nous / préparer / tout de suite / une stratégie électorale
3. Elle préfère que vous / finir / les affiches aujourd'hui
4. Elle veut que Luc et Simon / organiser / un débat
5. Elle souhaite que la trésorière / établir / un budget
6. Elle insiste pour que je / convoquer (*to ask to attend*) / tous les bénévoles (*volunteers*) ce soir

B. **Discours politique.** Ce soir, Laure fait son premier discours de la campagne électorale. Voici ce qu'elle dit aux étudiants.

> MODÈLE: Je voudrais que nous / trouver / tous ensemble des solutions à nos problèmes →
> Je voudrais que nous trouvions tous ensemble des solutions à nos problèmes.

1. Je veux que le Conseil universitaire / agir / en faveur des étudiants
2. Je souhaite que vous / participer / aux décisions du Conseil
3. Je préfère que nous / discuter / librement des mesures à prendre
4. Je désire que l'université / prendre / nos inquiétudes / en considération
5. Je voudrais que les professeurs / comprendre / nos positions
6. Je souhaite enfin que tous les candidats / se réunir / bientôt pour mieux exposer leurs idées

C. **Revendications.** (*Demands.*) Les délégués du Conseil universitaire donnent leurs directives aux étudiants. Remplacez les sujets en italique par **vous,** puis par **les étudiants** et faites tous les changements nécessaires.

Nous ne voulons pas que *tu* ailles[1] en cours aujourd'hui. Nous préférons que *tu* sois[2] présent(e) à la manifestation et que *tu* fasses[3] grève. Nous désirons que *tu* aies[4] une affiche lisible (*legible*). Naturellement, nous voudrions que *tu* puisses[5] exprimer tes opinions librement.

D. Engagement politique. Les Legrand ont des opinions libérales. Quels conseils donnent-ils à leurs enfants? Suivez les modèles.

MODÈLES: Arnaud / être réactionnaire →
Nous ne voulons pas que tu sois réactionnaire.

Arnaud et Fabrice / être courageux →
Nous voulons que vous soyez courageux.

1. Jacob / être actif en politique
2. Albane et Jacob / avoir le courage de leurs opinions
3. vous / avoir des amis intolérants
4. Arnaud / être bien informé
5. Joachim / être violent
6. vous / être tolérant
7. Fabrice / avoir de l'ambition politique
8. Arnaud et Joachim / avoir des idéaux pacifistes

E. Exprimez-vous! Composez votre propre slogan. Complétez les phrases suivantes et donnez votre opinion. Commencez avec **Je voudrais que.**

1. notre gouvernement _____
2. les écologistes _____
3. les hommes et les femmes politiques _____
4. nous _____
5. les pays industrialisés _____
6. ?

Le subjonctif (*deuxième partie*)

Expressing Wishes, Necessity, and Possibility

UN PETIT COIN DE PARADIS

Appel vidéo entre Hassan et Hector.

HASSAN: **Il est possible que** je **vienne** fin août à la Martinique! Je vais fermer mon restaurant une semaine et j'ai envie d'aller dans les Caraïbes.[1]

HECTOR: Ça serait génial[2]! Mais une semaine, c'est trop court! **Je préfère que** tu **restes** plus longtemps! Il y a tellement de choses à voir et à faire sur cette île sublime!

HASSAN: Oh, tu sais... **Il est** surtout **essentiel que** je **me repose**... Je veux vivre quelques jours loin de la civilisation et de la pollution: pas d'ordinateur, pas de téléphone... l'air pur... le silence...

HECTOR: La plage... la mer transparente... À la Martinique, il y a 22 000 hectares[3] d'espaces naturels protégés! On trouve des zones très solitaires où on peut vivre comme Robinson Crusoé!

HASSAN: **Il faut** absolument **que** tu m'**indiques** quelques endroits secrets.

HECTOR: Je connais un petit coin de paradis... Tu veux savoir où c'est?

HASSAN: Qui dirait non au Paradis? Pas moi!

[1]Caribbean [2]great [3]hectare (*One hectare is slightly less than 2.5 acres.*)

Trouvez, dans le dialogue, la phrase équivalente.

1. Hassan va peut-être venir une semaine à la Martinique.
2. Hector conseille à Hassan de rester plus longtemps.
3. Hassan veut essentiellement se reposer.
4. Il demande à Hector de lui indiquer de beaux endroits secrets.

The Subjunctive with Verbs of Volition

1. When someone expresses a desire for someone else to behave in a certain way, or for a particular thing to happen, the verb in the subordinate clause is usually in the subjunctive. The following construction is used.

Mon père **veut que je fasse** les études aux USA.

My father wants me to study in the USA.

Ma mère **préfère que j'étudie** en France.

My mother prefers that I study in France.

Note that an infinitive construction is sometimes used in English to express such a desire.

2. Verbs of volition are followed by an infinitive in French when there is no change in subject, as in the first example.

Je veux finir mes études.	*I want to finish my studies.*
Et **ma mère veut** aussi **que** je les **finisse.**	*And my mother wants me to finish them too.*

3. Verbs expressing desires include **aimer bien, désirer, exiger, insister (pour), préférer, souhaiter, vouloir,** and **vouloir bien.** These verbs take the subjunctive. The verb **espérer,** however, takes the indicative.

Je souhaite que tu **aies** de bonnes vacances.	*I hope you have a good vacation.*
J'espère que tu **as** mon numéro de téléphone.	*I hope you have my telephone number.*

[Allez-y! A]

The Subjunctive with Impersonal Expressions

1. An impersonal expression is one in which the subject does not refer to any particular person or thing. In English, the subject of an impersonal expression is usually *it: It is important that I go to class.* In French, many impersonal expressions—especially those that express will, necessity, judgment, possibility, or doubt—are followed by the subjunctive in the dependent clause.

IMPERSONAL EXPRESSIONS USED WITH THE SUBJUNCTIVE	
WILL OR NECESSITY	**POSSIBILITY, JUDGMENT, OR DOUBT**
il est essentiel que	il est normal que
il est important que	il est peu probable que[†]
il est indispensable que	il est possible / impossible que
il est nécessaire que	il se peut que (*it's possible that*)
il est préférable que	il semble que (*it seems that*)
il faut que[*]	
il vaut mieux que[*] (*it's better that*)	

Il est important que le racisme **disparaisse.**	*It's important that racism disappear.*
Il faut que vous **soyez** au courant de la politique.	*You must (It's necessary that you) keep up with politics.*
Il est peu probable que le sexisme **soit** tout à fait éliminé.	*It's not likely that sexism will be (is) totally eliminated.*
Il se peut que d'autres pays **possèdent** des armes nucléaires.	*It's possible that other countries possess nuclear weapons.*

Grammaire interactive

For more on the subjunctive with **il faut,** watch the corresponding Grammar Tutorial and take a brief practice quiz at **Connect French.**

www.mhhe.com/connect

---

[*]The infinitive of the verb conjugated in the expression **il faut que** is **falloir** (*to be necessary*). The infinitive of the verb in **il vaut mieux que** is **valoir** (*to be worth*).

[†]Although **il est peu probable que** takes the subjunctive because it conveys a lack of certainty, the expression **il est probable que** takes the indicative because it conveys probability or more certainty. For more information on this difference, see page 456.

Except for **il faut que, il vaut mieux que,** and **il semble que,** these impersonal expressions are usually limited to writing and formal discourse.

Il est essentiel de s'informer sur les candidats et leurs programmes avant de voter.

©Guillaume Destombes/Shutterstock RF

2. When no specific person or thing is mentioned, impersonal expressions are followed by the infinitive instead of the subjunctive. Compare the following sentences.

Il vaut mieux **attendre.**	*It's better to wait.*
Il vaut mieux **que nous attendions.**	*It's better for us to wait.*
Il est important **de voter.**	*It's important to vote.*
Il est important **que vous votiez.**	*It's important for you to vote.*

Note that the preposition **de** is used before the infinitive after impersonal expressions that contain **être.**

[Allez-y! B-C-D-E]

Allez-y!

A. **À la table de négociations.** Faites des phrases pour exprimer des souhaits et des exigences.

MODÈLE: les écologistes / vouloir / le gouvernement / contrôler les déchets industriels →
Les écologistes veulent que le gouvernement contrôle les déchets industriels.

1. les hommes politiques / vouloir (*cond.*) / nous / payer plus d'impôts
2. les Verts / exiger / on / consommer moins d'essence
3. je / aimer (*cond.*) / tout le monde / faire du recyclage
4. vous / vouloir bien (*cond.*) / il y avoir moins de pollution atmosphérique
5. nous / vouloir / les richesses mondiales / être partagées

B. **Comment gagner?** Donnez des conseils à Jeanne Laviolette, candidate à la mairie de Dijon, en suivant le modèle.

MODÈLE: Il est important de savoir écouter les gens. →
Il est important que vous sachiez écouter les gens.

1. Pour être maire, il faut être dynamique et responsable.
2. Il est essentiel de ne pas avoir peur d'agir.
3. Il est nécessaire de rester calme en toutes circonstances.
4. Il est préférable de parler souvent aux électeurs.
5. Il faut faire attention aux problèmes des jeunes.
6. Il est indispensable de gagner la confiance des commerçants.

C. **La routine de tous les jours.** Posez des questions à un(e) camarade de classe. Suivez le modèle.

> MODÈLE: nécessaire / faire la cuisine chaque soir
> > É1: Est-il nécessaire que tu fasses la cuisine chaque soir?
> > É2: Oui, il est nécessaire que je fasse la cuisine chaque soir. (Non, il n'est pas nécessaire que je fasse la cuisine chaque soir; mes copains m'aident souvent.)

1. vaut mieux / aller au cours de français tous les jours
2. préférable / faire ton lit chaque matin
3. faut / nettoyer ta chambre tous les jours
4. normal / pouvoir dormir tard le matin
5. indispensable / étudier chaque soir
6. important / lire le journal chaque jour

D. **Problèmes contemporains.** Discutez des problèmes suivants avec un(e) camarade. Suggérez des solutions en utilisant les expressions suivantes: **il est important que, il faut que, il est nécessaire que, il est indispensable que, il est essentiel que, il est préférable que.**

1. l'immigration clandestine dans votre pays
2. l'abus de la drogue chez les jeunes
3. la pollution
4. le chômage
5. le gaspillage des sources d'énergie
6. la violence dans votre pays
7. le terrorisme
8. l'intégrisme

E. **Nécessités et probabilités.** Quelle sera votre vie? Répondez aux questions suivantes. Dans chaque réponse, utilisez une de ces expressions: **il se peut que, il est peu probable que, il est impossible que, il est possible que, il est essentiel que, il faut que, il est nécessaire que.**

> MODÈLE: Ferez-vous une découverte (*discovery*) importante? →
> > Il est peu probable que je fasse une découverte importante.

1. Vous marierez-vous?
2. Apprendrez-vous une langue étrangère?
3. Voyagerez-vous beaucoup?
4. Deviendrez-vous célèbre?
5. Serez-vous riche?
6. Saurez-vous jouer du piano?
7. Écrirez-vous un roman?
8. Ferez-vous la connaissance d'un homme / d'une femme d'état?
9. Irez-vous en Chine?
10. Vivrez-vous jusqu'à l'âge de cent ans?

Maintenant, utilisez ces questions pour interviewer un(e) camarade de classe.

> MODÈLE: É1: Feras-tu une découverte importante?
> > É2: Oui, il est possible que je fasse une découverte importante. (Non, il est peu probable que je fasse une découverte importante.)

Le parler jeune

avoir le seum	être dégoûté; être en colère
furax	furieux
kif-kif	équivalent
une manif	une manifestation
râler	protester

J'ai trop **le seum**, c'est le match qui gâche la saison.

Le sondage révèle que les électeurs sont **furax** contre le gouvernement.

En réalité, la «droite» et la «gauche», c'est **kif-kif**.

À Paris, les grandes **manifs** populaires passent par République.

Arrête de **râler** tout le temps!

Le blog d'Hector

MOI D'ABORD?

lundi 13 juillet

Salut les amis!

Est-ce que nous sommes tous fous, vous, moi et nos hommes politiques?

J'ai 25 ans, et j'appartiens à la génération «Moi d'abord!»: Ce qui compte avant tout, c'est mon plaisir et comme tous les Français, je veux «profiter de la vie», surtout maintenant que je suis à la Martinique! Mais l'autre jour, j'ai vu une émission à la télé qui m'a fait froid dans le dos. C'était sur l'état du monde dans 50 ans. J'aurai 75 ans. Eh bien, savez-vous ce qui attend le «Senior» Hector?

Il est certain que la terre aura épuisé la majeure partie de ses ressources naturelles en pétrole et en gaz. Il est probable que nos réserves d'eau seront très insuffisantes. Il est sûr que le réchauffement de la planète aura changé nos climats et notre géographie: les glaciers auront fondu,[1] Venise sera sous les eaux, il fera aussi chaud à Paris qu'au Sahara. Dans le monde, le choc des cultures et des religions aura provoqué des conflits apocalyptiques.

Alors, qu'est-ce qu'on fait? On réagit ou on danse sur le volcan? Dites-moi ce que vous pensez de tout ça: votre opinion m'intéresse!

Hector

Le tri sélectif[3]: une façon d'être un bon citoyen!

©McGraw-Hill Education

COMMENTAIRES

Alexis

Il se peut que ces prévisions[2] soient complètement fausses! Dansons!

Charlotte

Il faut qu'on réagisse: je propose que chacun fasse attention à sa consommation d'eau et d'électricité. Il faut qu'on arrête de gaspiller l'essence et qu'on prenne les transports en commun. C'est ça être un bon citoyen.

Poema

Tu as raison, Charlotte! Exprimer publiquement son opinion, manifester, faire la grève pour soutenir les grandes causes internationales, c'est inutile. Il semble que nos hommes politiques soient incapables de prendre des décisions radicales. Nous devons nous engager individuellement pour sauver notre belle planète!

Mamadou

En France, nous avons plus de 1 000 associations engagées dans des actions en faveur de l'écologie du développement durable.

[1]melted [2]predictions [3]tri... sorting of household trash (for recycling)

La France multiculturelle

Dans les arts, le sport, la politique ou les affaires, nombreux sont les Français issus de l'immigration. Des humoristes de talent comme Gad Elmaleh ou Jamel Debbouze font rire tout le pays à travers leurs satires de la société; des footballeurs comme Paul Pogda et Karim Benzema honorent l'équipe de France par leur génie sportif. Shan Sa et Dai Sijie, écrivains venus de Chine, apportent à la littérature française une inspiration asiatique. Anne Hidalgo, maire de Paris, est née en Espagne. Et Mohed Altrad, homme d'affaires, a été nommé «entrepreneur mondial de l'année 2015». Quelle magnifique performance pour ce Français né en Syrie!

Une amitié multiculturelle. Oui, la France multiculturelle est une réalité!

©Owen Franken/Getty Images

Mixité,[1] mélange, altérité,[2] diversité: tous ces termes nobles traduisent la réalité de la société française. Regardez les rues de Paris, de Lyon, de Marseille: on y rencontre toutes les nationalités on y entend tous les accents. La rue française est algérienne, tunisienne, marocaine, turque, sénégalaise, ivoirienne, chinoise, vietnamienne, polonaise... La France multiculturelle existe: elle associe à ses traditions, des manières de penser, d'agir et de créer complètement nouvelles.

Mais elle veut, avant tout, que les immigrés qui ont choisi de vivre sur son territoire s'assimilent à la société française, seule garantie pour que les différentes communautés vivent en paix les unes avec les autres. Car il n'est pas toujours facile de vivre ensemble. Et il arrive que la diversité ethnique crée en France des tensions difficiles à gérer. Mais au pays de la Déclaration des droits de l'homme[3] et du citoyen, il est important que le désir de s'unir pour un enrichissement mutuel soit plus fort que la tentation de l'exclusion. Et face aux problèmes du monde contemporain, n'est-il pas évident que l'on est plus forts si l'on est unis? C'est ce que pensent les sages...

[1]*Mix of populations*   [2]*otherness*   [3]*droits... human rights*

1. Dans quels domaines trouve t on des personnalités françaises issues de l'immigration?
2. Où la diversité de la société française est-elle particulièrement visible?
3. Qu'est-ce que la France multiculturelle associe à ses propres traditions?
4. Quelles difficultés génère la diversité ethnique?
5. Que demande la France aux immigrés qui ont choisi de s'installer sur son territoire?

Micro-trottoir

Répondez aux questions suivantes à partir de votre point de vue personnel. Puis regardez la vidéo et comparez vos réponses à celles des gens interrogés.

1. Que signifie pour vous «avoir l'esprit ouvert»?
2. Quel est, à votre avis, le problème le plus préoccupant du XXIe siècle?
3. Et la société française de demain, comment la voyez-vous?
4. Qu'est-ce qu'il faut pour être heureux?

Le subjonctif (*troisième partie*)

Expressing Emotion

 LE JOB DE MES RÊVES

Hassan, Hector, Juliette et Léa discutent au restaurant.

HASSAN: Le chômage, c'est quand même[1] le problème essentiel de la société française. **Il est injuste que** nous **fassions** des études et **que** nous ne **trouvions** pas d'emploi!

HECTOR: Toi Hassan, tu as trouvé la solution: tu es ton propre patron.

HASSAN: Oui, et **je regrette que** la plupart des jeunes diplômés **veuillent** devenir fonctionnaires!

JULIETTE: L'époque est difficile! Moi, **je** ne **suis** pas **étonnée que** les jeunes **cherchent** un emploi stable et un salaire garanti.

HASSAN: Personnellement, j'ai l'âme[2] d'un entrepreneur! **Je suis heureux que** mon avenir ne **soit** pas dessiné à l'avance.

HECTOR: Tu es indépendant, travailleur, audacieux: c'est exactement le profil d'un créateur d'entreprise!

HASSAN: **Je suis content que** tu **penses** ça! **Et je regrette que** si peu de jeunes Français **prennent** des risques.

JULIETTE: Mais les jeunes ne refusent pas l'aventure! **Il est bizarre que** tu ne le **saches** pas! Par exemple, beaucoup partent à l'étranger. Moi-même, j'ai l'intention d'aller travailler en Australie!

LEA: **Nous sommes tristes que** tu **partes**, Juliette... Dans les nouvelles technologies, tu pourrais aussi bien trouver un emploi en France...

JULIETTE: C'est sans[3] doute vrai, mais **il est bon que** les jeunes diplômés **jouent** la carte de l'international. Après tout, on est dans la mondialisation, non?

Pôle Emploi: un établissement public chargé d'aider les chômeurs à trouver un emploi

©Antoine Antoniol/Getty Images

[1]quand... *even so, anyway* [2]*soul* [3]*without*

Complétez les phrases selon le dialogue.

1. Pour Hassan, il est injuste que les jeunes _____ des études et qu'ils ne _____ pas d'emploi.
2. Hassan regrette que la plupart des jeunes diplômés _____ devenir fonctionnaires.
3. Juliette n'est pas étonnée que les jeunes _____ un emploi dans la fonction publique.
4. Hassan est heureux que son avenir ne _____ pas dessiné à l'avance.
5. Il est content qu'Hector _____ qu'il a le profil d'un créateur d'entreprise. Et il regrette que peu de Français _____ des risques.
6. Juliette s'étonne qu'Hassan ne _____ pas que beaucoup de jeunes acceptent l'aventure.
7. Léa et ses amis sont tristes que Juliette _____.
8. Mais selon Juliette, il est bon qu'on _____ la carte de l'international.

1. The subjunctive is frequently used after expressions of emotion.

EXPRESSIONS OF EMOTION	
happiness:	**être content(e), être heureux / heureuse**
regret:	**être désolé(e), être triste, regretter** (*to be sorry*)
surprise:	**être surpris(e), être étonné(e)**
fear:	**avoir peur**
relief:	**être soulagé(e)**
anger:	**être furieux / furieuse**

Le président **est content** que
   les électeurs **aient** confiance
   en lui.

*The president is pleased that
   the voters have confidence
   in him.*

Les électeurs **ont peur** que
   l'inflation **soit** un problème
   insoluble.

*The voters are afraid that
   inflation is an insurmountable
   problem.*

Les écologistes **sont furieux** que les
   lois contre la pollution des forêts
   et des rivières **soient** tellement
   faibles.

*The environmentalists are angry
   that the laws against polluting
   the forests and rivers are
   so weak.*

2. As with verbs of volition, there must be different subjects in the main
   and dependent clauses. Otherwise, an infinitive is used.

**Le président est content de
   rencontrer** le Premier ministre du
   Canada.

*The president is happy to meet the
   prime minister of Canada.*

3. The subjunctive is also used following impersonal expressions of
   emotion.

IMPERSONAL EXPRESSIONS OF EMOTION	
il est bizarre que	il est juste / injuste que
il est bon que*	il est stupide que*
il est dommage que (*it's too bad that*)	il est utile / inutile que

Il est dommage que la guerre y
   continue.

*It's too bad that war is continuing
   there.*

Est-il bon que les enfants aussi
   expriment leurs opinions?

*Is it good that children also express
   their opinions?*

Il est stupide que tant de citoyens
   ne **votent** pas.

*It is stupid that so many citizens do
   not vote.*

---

*In everyday conversation, the French often say **c'est stupide que, c'est bon que,** and so on.

Allez-y!

A. Opinions. Complétez chaque phrase de façon logique en mettant une des expressions en italique au subjonctif.

> **MODÈLE:** Nous sommes furieux / *les leaders politiques se sentent responsables face aux électeurs / la télévision n'analyse pas les problèmes actuels.* →
> Nous sommes furieux que la télévision n'analyse pas les problèmes actuels.

1. Je suis vraiment désolé(e) / *les grandes puissances mondiales ne sont pas d'accord sur la protection de l'environnement / le gouvernement prend des mesures pour encourager le développement de l'énergie solaire.*
2. Les gens ont peur / *les hommes politiques font de mauvais choix / les hommes politiques prennent de bonnes décisions.*
3. Je regrette / *il y a encore des dictateurs dans certains pays / on donne tant d'importance à la liberté dans ce pays.*
4. Mon amie Gaëlle est soulagée / *les Européens sont de plus en plus sensibles* (more and more sensitive) *aux questions liées à la protection de l'environnement / le taux de chômage en Europe est élevé cette année.*
5. Les sénateurs sont étonnés / *le public ne veut pas payer plus d'impôts / le public veut payer plus d'impôts.*

B. Le journal. Voici des titres (*headlines*) adaptés de divers journaux français. Donnez votre réaction à chaque situation en utilisant les expressions suivantes: **être content(e), heureux / heureuse, désolé(e), triste, surpris(e), étonné(e), soulagé(e), fâché(e), furieux / furieuse, regretter, avoir peur, il est stupide (bizarre, bon, dommage, juste, injuste, utile, inutile) que.**

> **MODÈLE:** **Les femmes et les chômeurs fument davantage** (*more*) →
> Il est dommage que les femmes et les chômeurs fument davantage.

Quels sont les titres à la une chez vous?

©Erica Simone Leeds

1. **Le Club Méditerranée ouvre son premier village en Chine**
2. **L'Europe aime la France** (La majorité des Européens choisiraient la France comme terre d'accueil [*country where they would settle*].)
3. **Le froid tue** (*kills*) **5 sans-abri** (Des centres d'hébergement [*shelters*] exceptionnels ont ouvert leurs portes aux victimes du froid.)
4. **Les Français disent «non» à la drogue** (68 % des Français sont favorables au maintien de l'interdiction totale des ventes et de la consommation de drogues, selon un sondage.)
5. **L'industrie textile va supprimer** (*to eliminate*) **un emploi sur sept** (L'industrie textile a annoncé qu'elle comptait supprimer 750 emplois.)

C. Émotions. Donnez votre opinion personnelle sur les problèmes de la société américaine.

> **MODÈLE:** Je suis heureux / heureuse que... →
> Je suis heureux / heureuse que les États-Unis aident plusieurs pays en voie de développement (*developing*).

1. Je suis heureux / heureuse que...
2. Je regrette que...
3. Il est injuste que...
4. Il est bon que...
5. Il est bizarre que...
6. Il est stupide que...

D. **Encore des émotions.** Reprenez les *trois premières* phrases de l'exercice C. Maintenant demandez à cinq camarades comment ils/elles ont complété ces phrases. Pouvez-vous trouver quelqu'un qui a les mêmes opinions que vous?

> MODÈLE: É1: Qu'est-ce qui te rend heureux/heureuse?
> É2: Je suis heureux/heureuse que le maire fasse quelque chose pour aider les sans-abri.

Le subjonctif (*quatrième partie*)

Expressing Doubt and Uncertainty

 PARLONS DE LA FRANCOPHONIE

Mamadou contacte Léa sur sa page Facebook (Messagerie instantanée).

 MAMADOU: **Crois-tu que** la Francophonie **ait** un bel avenir?

 LÉA: J'en suis sûre; elle est si belle la langue française!

 MAMADOU: Je ne suis pas aussi optimiste que toi. Avec la mondialisation, on uniformise tout: on parle anglais partout!

 LÉA: **Je ne pense pas que** tout le monde **veuille** ressembler à tout le monde... La Francophonie, c'est un refus d'uniformiser la planète.

 MAMADOU: **Je ne suis pas certain que** les 220 millions de Francophones **tiennent à**[1] être différents du reste du monde. Ils parlent français sans se poser des questions, tout simplement parce que c'est la langue de leur pays.

 LÉA: Tu as tort! La Francophonie, c'est bien plus qu'un idiome[2] commun: c'est une culture, c'est un idéal, c'est une passion!

[1]tiennent... *would like*   [2]*langue*

Trouvez, dans le dialogue, les phrases équivalentes.

1. Mamadou demande si la Francophonie a un bel avenir.
2. Léa pense que les gens veulent être différents les uns des autres.
3. Selon Mamadou, les Francophones ne sont pas attachés à leur singularité.

1. The subjunctive is used—with a change of subject—after expressions of doubt and uncertainty, such as **je doute, je ne suis pas sûr(e),** and **je ne suis pas certain(e).**

Beaucoup de femmes **ne sont pas sûres** que leur statut **soit** égal au statut des hommes.	*Many women aren't sure that their status is equal to the status of men.*
Les jeunes **doutent** souvent que les hommes et les femmes politiques **soient** honnêtes.	*Young people often doubt that politicians are honest.*

2. In the affirmative, verbs such as **penser** and **croire** are followed by the indicative. In the negative and interrogative, they express a degree of doubt and uncertainty and can then be followed by the subjunctive. In spoken French, however, the indicative is more commonly used.

Je **pense** que la presse **est** libre.	*I think the press is free.*
Pensez-vous que la presse **soit** libre? **Pensez**-vous que la presse **est** libre?	*Do you think the press is free?*
Je **ne crois pas** que la démocratie **soit** en danger. Je **ne crois pas** que la démocratie **est** en danger.	*I don't think that democracy is in danger.*

3. The following impersonal expressions are followed by the *indicative* because they imply certainty or probability.*

IMPERSONAL EXPRESSIONS USED WITH THE INDICATIVE	
il est certain que	il est probable que
il est clair que	il est sûr que
il est évident que	il est vrai que

Il est probable que l'Europe et les États-Unis **feront** plus d'échanges culturels et commerciaux.	*It's probable that Europe and the U.S. will engage in more cultural and commercial exchanges.*
Il est vrai que les Québécois **veulent** préserver leur propre identité.	*It's true that the Quebecois want to preserve their own identity.*

---

*In everyday conversation, you will often hear **c'est,** rather than **il est,** with these expressions.

Allez-y!

A. Réflexions sur l'Afrique francophone. Complétez les phrases avec le subjonctif ou l'indicatif des verbes, selon le cas.

1. Il est sûr que le Burkina Faso _____ (être) un pays très, très pauvre.
2. Pensez-vous que le Mali _____ (être) un pays où l'intervention militaire est justifiée?
3. Les observateurs diplomatiques ne croient pas que l'assistance étrangère _____ (pouvoir) améliorer la crise économique et sociale de l'Afrique centrale.
4. On ne doute pas que les Sénégalais _____ (vouloir) multiplier les échanges commerciaux avec les pays voisins.
5. Il est évident que la République de Guinée _____ (avoir) des ressources minières importantes.
6. Je ne crois pas que les autres nations _____ (devoir) intervenir dans les affaires africaines.

B. Discussion. Avec un(e) camarade, discutez des idées suivantes. Choisissez une phrase et posez une question. Votre camarade répond selon sa conviction.

MODÈLE: L'homme politique est honnête. →
    É1: Crois-tu que l'homme politique soit honnête?
    É2: Oui, je crois qu'il est honnête. (Non, je ne crois pas qu'il soit honnête.)

Idées à discuter:

1. Nous avons besoin d'une armée plus moderne.
2. Les citoyens de ce pays savent voter intelligemment.
3. Le gouverneur de votre état/province a de bonnes idées.
4. On doit limiter l'immigration dans ce pays.
5. L'enseignement bilingue est une bonne idée.

C. Opinions et croyances. Complétez les phrases de façon logique. Exprimez une opinion personnelle.

Vocabulaire utile: le covoiturage, les droits civils, la guerre, les impôts, le recyclage, les sans-abris

MODÈLE: Je ne pense pas que... →
    Je ne pense pas que les jeunes soient informés sur la contraception.

1. C'est vrai que...
2. Personne ne croit que...
3. Je ne suis pas sûr(e) que...
4. Il est probable que...
5. Beaucoup d'étudiants trouvent que...

Mots clés

Éviter l'emploi du subjonctif

Espérer, followed by the indicative, can be used instead of **souhaiter** and other constructions that require the subjunctive.

    J'**espère** qu'il gagnera les élections.

Devoir + infinitive can sometimes be used instead of **il faut que** and **il est nécessaire que.**

    Tu **dois** afficher les prospectus.

In general statements, the infinitive can replace the subjunctive.

    Il faut que nous contrôlions les déchets industriels.

    Il faut **contrôler** les déchets industriels.

Prononcez bien!

The subjunctive of *aller* and *avoir* (page 443)

A. Cet après-midi. Hugo et Isabelle discutent de leurs projets pour l'après-midi. Écoutez leur conversation et indiquez si les verbes au subjonctif sont une forme du verbe **aller** ou du verbe **avoir**.

1. **a.** ☐ aille   **b.** ☐ aie
2. **a.** ☐ ailles   **b.** ☐ aies
3. **a.** ☐ ailles   **b.** ☐ aies
4. **a.** ☐ allions   **b.** ☐ ayons
5. **a.** ☐ alliez   **b.** ☐ ayez

B. Ce soir. Hugo veut aussi faire des projets pour la soirée. D'abord, complétez les phrases avec la forme appropriée des verbes **aller** et **avoir** au subjonctif. Ensuite, avec votre camarade, lisez la conversation à voix haute, en faisant bien attention à la prononciation de ces verbes.

HUGO: Est-ce que ton frère et toi, vous allez dîner ici ce soir?

ISABELLE: Oui, si tu veux bien.

HUGO: Bien sûr! Mais j'aimerais que vous _____[1] au supermarché pour acheter de la salade. Nous n'en avons plus.

ISABELLE: Pas de problème! Ce serait bien qu'ils _____[2] de la romaine. C'est ma salade préférée.

HUGO: D'accord. Je préfère que vous _____[3] ce que vous aimez!

ISABELLE: Hmmm, finalement, je pense que ce serait mieux que nous _____[4] à l'épicerie: elle est sur notre chemin.

HUGO: Comme vous voulez. À tout à l'heure!

©William Ryall

Lecture

AVANT DE LIRE

Inferring an author's point of view. Approximately 8% of the French population is composed of immigrants, chiefly from former French colonies in North and West Africa, as well as Spain, Portugal, and Eastern European countries. These immigrants came to France to seek greater economic opportunities and social freedoms. However, immigrants have not been universally welcomed. Some of the French have associated immigration with increased violence and crime and with a disruption of the French way of life.

You will be reading an excerpt from the novel *La Réclusion solitaire,* written in 1976 by the Moroccan novelist and poet Tahar Ben Jelloun (1944–). In this work, Ben Jelloun draws on his personal experience to describe the sometimes difficult conditions Arabs experience in French society. The narrator, a North African worker, lives in a room with three others. In this excerpt, he describes some of the arbitrary and discriminatory rules imposed upon the residents.

Examine carefully the wording of these rules, as illustrated in the following examples. Which words and structures are repeated?

Il est interdit de faire son manger dans la chambre...
Il est interdit de recevoir des femmes; [...]

The repetition of the impersonal expression **Il est interdit de** followed by the infinitive is an example of parallelism.

Now compare the following two rules. You will note that although they are parallel in structure, they do not express parallel ideas. (In what ways are the ideas dissimilar?)

Il est interdit d'écouter la radio à partir de neuf heures.
Il est interdit de vous peindre en bleu, en vert ou en mauve.

In the first case, the restriction is of a realistic nature, a rule one might find in places such as workers' housing. In the second, the rule is absurd, a behavior that would never occur and consequently expresses a useless regulation.

As you read the text, pay particular attention to the nature of the behavior forbidden by the repeated formula **Il est interdit de.** Which rules are plausible? Which seem ridiculous? Which criticize the behaviors of immigrants? Which express hostility toward the presence of immigrants in French society?

À propos de la lecture...

Cet extrait est tiré du roman *La Réclusion solitaire* de Tahar Ben Jelloun.

Tahar Ben Jelloun
©Donald Stampfli/AP Photo

La Réclusion solitaire (extrait) de Tahar Ben Jelloun

À l'entrée du bâtiment, on nous a donné le règlement:

—Il est interdit de faire son manger dans la chambre (il y a une cuisine au fond du couloir);

—Il est interdit de recevoir des femmes;...

—Il est interdit d'écouter la radio à partir de neuf heures;

—Il est interdit de chanter le soir, surtout en arabe ou en kabyle;[1]

—Il est interdit d'égorger[2] un mouton dans le bâtiment;...

—Il est interdit de faire du yoga dans les couloirs;

—Il est interdit de repeindre les murs, de toucher aux meubles, de casser les vitres,[3] de changer d'ampoule,[4] de tomber malade, d'avoir la diarrhée, de faire de la politique, d'oublier d'aller au travail, de penser à faire venir sa famille,... de sortir en pyjama dans la rue, de vous plaindre[5] des conditions objectives et subjectives de vie,... de lire ou d'écrire des injures[6] sur les murs, de vous disputer, de vous battre,[7] de manier[8] le couteau, de vous venger.

—Il est interdit de mourir dans cette chambre, dans l'enceinte de[9] ce bâtiment (allez mourir ailleurs: chez vous, par exemple, c'est plus commode);

—Il est interdit de vous suicider (même si on vous enferme à Fleury-Mérogis[10]): votre religion vous l'interdit, nous aussi;

—Il est interdit de monter dans les arbres;

—Il est interdit de vous peindre en bleu, en vert ou en mauve;

—Il est interdit de circuler en bicyclette dans la chambre, de jouer aux cartes, de boire du vin (pas de champagne);

—Il est aussi interdit de... prendre un autre chemin pour rentrer du boulot. Vous êtes avertis. Nous vous conseillons de suivre le règlement, sinon,... ce sera le séjour dans un camp d'internement en attendant votre rapatriement.

[1]*language spoken in Kabylia, a rugged mountain region in northeastern Algeria* [2]*slit the throat of* [3]*windows* [4]*lightbulb* [5]*vous... complain* [6]*insults* [7]*vous... fight* [8]*wield* [9]*dans... within the boundary of* [10]*prison près de Paris*

COMPRÉHENSION

Classez. Choisissez sept des règles énumérées dans le texte. Ensuite, classez-les en utilisant les catégories suivantes.
C'est une règle...

- qui convient à la situation.
- qui exprime le racisme.
- qui semble critiquer des pratiques musulmanes.
- ridicule.
- qui exprime de l'hostilité envers la présence maghrébine.
- qui suggère que les Maghrébins sont impliqués dans la criminalité.

Écriture

The writing activities **Par écrit** and **Journal intime** can be found in the Workbook/Laboratory Manual to accompany *Vis-à-vis*.

 # Sondages

LES FRANÇAIS À LA RECHERCHE DU BIEN-ÊTRE

Le bien-être est une notion physique et morale. Il suppose qu'on soit serein, à la fois dans son travail et dans son rapport aux autres et à la vie. Face à un monde plein de problèmes, les gens cherchent à gérer (*manage*) leur stress. Voici une partie d'une enquête réalisée par Harris Interactive en 2015 sur le thème de la quête du bien-être.

Personnellement, considérez-vous que les activités et comportements suivants pourraient vous aider ou vous aident actuellement à améliorer votre bien-être?

les «Oui» en %

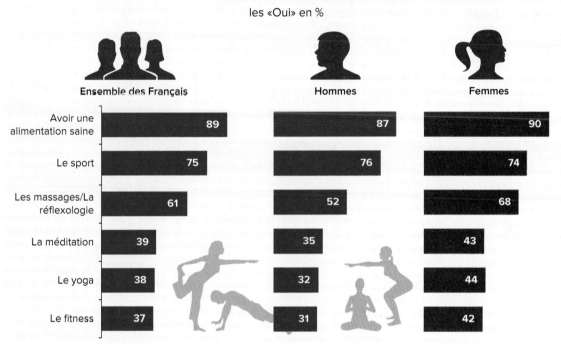

	Ensemble des Français	Hommes	Femmes
Avoir une alimentation saine	89	87	90
Le sport	75	76	74
Les massages/La réflexologie	61	52	68
La méditation	39	35	43
Le yoga	38	32	44
Le fitness	37	31	42

Source: 2015 Harris Interactive Inc. http://harris-interactive.fr/wp-content/uploads/sites/6/2015/12/Rapport-Harris-Interactive-Les-Fran%C3%A7ais-et-le-bien-%C3%AAtre-Pinterest.pdf

A. Les Français et leur quête du bien-être. Lisez les résultats du sondage et répondez aux questions suivantes.

  1. Quels sont les trois activités et comportements que les Français considèrent comme les plus importants pour améliorer leur bien-être?
  2. Quelles sont les différences d'opinion entre les femmes et les hommes sur cette question?

B. Qu'est-ce que le bien-être pour vous? Avec un(e) camarade de classe, parlez de vos idées et de vos bonnes pratiques concernant le bien-être. Qu'est-ce que vous faites pour gérer le stress?

C. À la recherche du bien-être. Comparez vos activités et comportements à ceux des Français. Est-ce que vous voyez des similarités? des différences? Comparez ensuite vos réponses à celles de vos camarades de classe. Quelles en sont les similarités et les différences?

Le vidéoblog d'Hector

Une belle plage martiniquaise
©McGraw-Hill Education

En bref

Dans cet épisode, Léa, Juliette, et Hassan discutent de la protection de l'environnement. À la fin de leur conversation, ils regardent le blog d'Hector sur la Martinique.

Vocabulaire en contexte

Indiquez ce que vous faites ou ce que vous avez fait pour protéger l'environnement.

Comment protéger l'environnement

- ☐ **créer** un groupe ou organiser une journée «environnement»
- ☐ écrire aux sénateurs/députés de votre état pour **lutter** (*fight*) contre **la pollution**
- ☐ faire du bénévolat (*volunteer*) pendant une journée «Plages **propres** (*clean*)»
- ☐ participer à une manifestation contre la pollution

- ☐ participer à la **Journée mondiale de la biodiversité**
- ☐ imprimer vos dissertations des deux côtés d'une feuille de papier
- ☐ prendre des douches rapides pour économiser l'eau
- ☐ recycler vos bouteilles, vos boîtes, le papier, le plastique, et cetera
- ☐ réduire vos déchets
- ☐ rouler à vélo ou aller à pied pour économiser l'essence

VISIONNEZ! ▶

Quel personnage dans la vidéo dirait les phrases suivantes?

	Léa	Hassan	Juliette	Hector
1. «Il est préférable de rouler à vélo.»	☐	☐	☐	☐
2. «Il est essentiel de prendre des douches très rapides.»	☐	☐	☐	☐
3. «Il vaut mieux recycler le verre et le papier.»	☐	☐	☐	☐
4. «Il est important de nettoyer (*clean*) nos plages.»	☐	☐	☐	☐
5. «Il faut lutter contre la pollution de l'eau.»	☐	☐	☐	☐

ANALYSEZ!

1. Des quatre camarades, quelle est la personne la plus «verte»? Expliquez.
2. Hector est très engagé dans la protection de la nature. Qu'est-ce qu'il fait personnellement? Imaginez pourquoi.

COMPAREZ!

Qu'est-ce qu'on fait dans votre pays pour protéger l'environnement? Y a-t-il des endroits qui ont particulièrement besoin d'être protégés? Quelles actions ont été organisées? Est-ce que vous êtes plus (ou moins) «vert(e)» que les quatre blogueurs? Expliquez.

NOTE CULTURELLE

En 1971, la France a créé[1] un Ministère de l'environnement. Il est devenu le Ministère de la Transition écologique et solidaire. Ses principaux objectifs sont les suivants: la lutte contre le changement climatique; la préservation de la biodiversité, de l'environnement et des ressources; la cohésion sociale et la solidarité entre territoires et entre générations; les modes de production et de consommation[2] responsables. Initiée par Jacques Chirac, la «Charte de l'environnement» est, en France, un texte à valeur constitutionnelle stipulant le droit[3] de chacun à vivre dans un environnement favorable.

[1]*created*   [2]*consumption*   [3]*right*

VOCABULAIRE

Verbes

augmenter	to raise, increase
conserver	to conserve
consommer	to consume
contrôler	to inspect, monitor
développer	to develop
diminuer	to lower, reduce, diminish
douter	to doubt
élire	to elect
s'engager (dans)	to get involved (in)
épuiser	to use up, exhaust
estimer	to consider; to believe
établir	to establish
exiger	to require; to demand
exprimer une opinion	to express an opinion
faire grève	to strike
gaspiller	to waste
manifester (pour/contre)	to demonstrate (for/against)
polluer	to pollute
poser sa candidature	to run for elected office
protéger	to protect
recycler	to recycle
regretter	to regret, be sorry
sauver	to save, rescue
souhaiter	to wish, desire
soutenir	to support
valoir	to be worth

Substantifs

la centrale nucléaire	nuclear power plant
le changement climatique	climate change
le citoyen / la citoyenne	citizen
le covoiturage	carpooling
les déchets (m. pl.)	waste (material)
le défi	challenge
les droits (m.) civils	civil rights
l'écologiste (m., f.)	environmentalist
l'électeur / l'électrice	voter
les énergies fossiles	fossil fuels
les énergies (f.) renouvelables	renewable energy
la ferme éolienne	wind farm
la fracturation hydraulique	fracking
le gaspillage	wasting
la grève	strike
la guerre	war
l'homme / la femme politique	politician
les idées (f.) extrémistes	extremist ideas
les impôts (m. pl.)	taxes
l'intégrisme	fundamentalism
la mondialisation	globalization
le parti	political party
la politique	politics; policy
le pouvoir d'achat	purchasing power
le réchauffement de la planète	global warming
le recyclage	recycling
la retraite	pension
la réussite	success
le/la sans-abri	homeless person
la surpopulation	overpopulation
une voiture hybride	hybrid car

À REVOIR: **la banlieue, l'essence**

Substantifs apparentés

le développement, l'élection (f.), l'énergie (f.) nucléaire / solaire, l'environnement (m.), le gouvernement, l'inflation (f.), la légalisation, la nature, l'opinion (f.) publique, la pollution, le problème, le progrès, la protection, la réduction, la réforme, les ressources naturelles, la sécurité, le sexisme, le terrorisme

Adjectifs

désolé(e)	sorry
égal(e)	equal
étonné(e)	surprised
fâché(e)	angry
furieux / furieuse	furious
grave	serious
industriel(le)	industrial
préoccupé(e)	preoccupied
soulagé(e)	relieved
sûr(e)	sure, certain
surpris(e)	surprised

Expressions impersonnelles

il est...	it is . . .
il est vrai que...	it's true that . . .
il est dommage que...	it's too bad that . . .
il est (in)utile que...	it's useless/useful that . . .
il se peut que...	it is possible that . . .
il semble que...	it seems that . . .
il vaut mieux (que)...	it is better (that) . . .

Expressions impersonnelles apparentées

il est... certain, clair, essentiel, évident, important, (im)possible, indispensable, (in)juste, nécessaire, normal, préférable, (peu) probable, stupide, sûr

Mots et expressions divers

j'ai entendu dire que...	I heard that . . .
par exemple	for example
personnellement	personally
pour ma part	in my opinion, as for me

Un coup d'œil sur Papeete, en Polynésie française

La Polynésie, composée de 118 îles et atolls au cœur de l'océan Pacifique, devient une colonie de la France en 1880 et un «Territoire d'Outre-mer» en 1946, ce qui lui donne plus d'indépendance. En 2004, elle devient encore plus autonome. Elle est maintenant un «Pays d'Outre-mer au sein de[1] la République» et se gouverne librement et démocratiquement.

Papeete est la capitale de Tahiti, la plus grande île de la Polynésie. C'est aussi le centre économique de l'île. Malgré d'importants problèmes de pollution, Papeete est une ville agréable à vivre. Le marché de Papeete est

La ville de Papeete
©Overflightstock Ltd/Alamy RF

un endroit animé et authentique: on peut y trouver de la nourriture, des fleurs, de l'artisanat,[2] des tissus,[3] et même des tatoueurs[4] qui exercent leur art dans des petits studios. Les grandes festivités du *Heiva i Tahiti* (Jeux de Tahiti) ont lieu en juillet. Les compétitions sportives, les chants, les danses polynésiennes et la foire[5] artisanale attirent[6] un grand nombre d'habitants des différentes îles de la Polynésie française. Un événement annuel à ne pas manquer!

[1]au... *within* [2]*crafts* [3]*fabrics* [4]*tattooers* [5]*fair* [6]*attract*

PORTRAIT **Pouvanaa a Oopa (1895–1977)**

Né en 1895 en Polynésie, Pouvanaa a Oopa participe à la Première Guerre mondiale aux côtés de la France et joue un rôle important dans le ralliement[1] de la Polynésie à la France libre en 1940. Mais il accuse vite l'Administration française de ne pas respecter les droits des Polynésiens. Il consacre alors le reste de sa vie à lutter en faveur de l'autonomie du territoire polynésien.

Élu député en 1949, il encourage le «Non» lors du[2] référendum de 1958 sur l'attachement de la Polynésie à la France, mais la population vote «Oui». Peu après, il est accusé d'avoir ordonné un incendie[3] à Papeete. Rien n'est prouvé, mais il est condamné à l'exil jusqu'en 1968. Il devient sénateur en 1971 et continue à proclamer son innocence pour les faits de 1958. Pouvanaa meurt avant que la France n'accorde[4] le statut d'autonomie de gestion[5] à la Polynésie française le 12 juillet 1977. Considéré comme le «Metua», ou «Père» des Polynésiens, il reste aujourd'hui encore un symbole du nationalisme polynésien.

Une statue de Pouvanaa a Oopa à Papeete
©Dan Christensen

[1]*uniting* [2]lors... *at the time of the* [3]*fire* [4]avant... *before France granted* [5]autonomie... *self-government*

dans les îles francophones

Un coup d'œil sur Fort-de-France, à la Martinique

LA MARTINIQUE

Fort-de-France

Tournée vers[1] la mer des Caraïbes, Fort-de-France est la capitale de «l'île aux Fleurs» découverte par Christophe Colomb en 1502. C'est un port où font escale[2] les bateaux de croisière[3] venus d'Amérique et d'Europe. La Martinique est un département français depuis 1946. Le souffle bienfaisant[4] des vents alizés[5] vous accueille pour une visite du centre-ville, avec le marché aux poissons près du canal Levassor, la bibliothèque Schœlcher (du nom de l'abolitionniste du XIXe siècle) dans la rue de la Liberté et la Cathédrale Saint-Louis dans la rue Schœlcher. Ces deux bâtiments sont construits en fer et en acier,[6] comme la tour Eiffel à Paris!

Ici le créole est la langue maternelle et tout le monde apprend le français à l'école, même les Békés. Les Békés, qui sont les descendants blancs des premiers colons français, contrôlent à peu près toute l'économie de l'île. Ils possèdent plus de 50 % des richesses de l'île et sont les propriétaires des plantations de canne à sucre, qu'on appelle des «habitations». Mais la vraie richesse de la Martinique vient de sa culture ainsi que[7] de ses femmes et de ses hommes qui forment une société solidaire.

[1]Tournée... *Facing* [2]font... *stop over* [3]bateaux... *cruise ships* [4]souffle... *refreshing breath* [5]vents... *trade winds* [6]*steel* [7]ainsi... *as well as*

La bibliothèque Schœlcher à Fort-de-France
©David Giral/Alamy

PORTRAIT Aimé Césaire (1913–2008)

Poète et homme politique (Maire de Fort-de-France pendant cinquante ans), il personnifie la théorie de la «négritude».* La littérature mondiale lui doit des œuvres majeures comme *Cahier d'un retour au pays natal,* écrit après sa rencontre avec Léopold Sédar Senghor,† et *La Tragédie du roi Christophe,* sur les difficultés de la libération psychologique des anciens esclaves devenus maîtres[1] d'Haïti.

[1]*masters*

 Watch the *Bienvenue dans les îles francophones* video segments to learn more about Fort-de-France and Papeete.

Aimé Césaire
©Jean Pimentel/KIPA/Corbis via Getty Images

Négritude was the movement to restore the cultural identity of Africans around the world by rejecting European values and affirming the history and personality of African peoples.

†Léopold Senghor (1906–2001): poet and founding president of Senegal who was an early leader of the Black consciousness movement and who coined the term *négritude*.

Glossary of Grammatical Terms

ACCORD (*m.*) (*AGREEMENT*) There is agreement when a word takes the gender and the number of another word it modifies. Articles and adjectives agree with the noun they modify, as do past participles of verbs conjugated with **être**.	C'est **une femme indépendante.** *She is an independent woman.* **Elles sont arrivées** à temps. *They arrived in time.*
ADJECTIF (*m.*) (*ADJECTIVE*) A word that describes a noun or a pronoun. It agrees in number and gender with the word it modifies.	
Adjectif démonstratif (*Demonstrative adjective*) An adjective that points out a particular noun.	**ce** garçon, **ces** livres *this boy, these books*
Adjectif interrogatif (*Interrogative adjective*) An adjective used to form questions.	**Quelles** affiches cherchez-vous? *What posters are you looking for?* **Quel** livre? *Which book?*
Adjectif possessif (*Possessive adjective*) An adjective that indicates possession or a special relationship.	**leur** voiture, **ma** sœur *their car, my sister*
Adjectif qualificatif (*Descriptive adjective*) An adjective that specifies size, color, or other qualities.	Elles sont **intelligentes.** *They are smart.* C'est une **grande** maison. *It's a big house.*
ADVERBE (*m.*) (*ADVERB*) A word that describes an adjective, a verb, or another adverb.	Il écrit **très bien**. Elle est **plus** efficace. *He writes very well. She is more efficient.*
Adverbe interrogatif (*Interrogative adverb*) An adverb that introduces a question about time, place, manner, or quantity (amount).	**Combien** ça coûte? *How much is it?* **Quand** est-ce que vous partez? *When are you leaving?*
ANTÉCÉDENT (*m.*) A word, usually a noun, that is replaced by a pronoun in the same or a subsequent sentence. In the example, **Manon** is the antecedent of **elle,** and **un gant** is the antecedent of **le.**	**Manon** a perdu **un gant** et **elle** ne **le** retrouve plus. *Manon lost a glove, and she can't find it anymore.*
ARTICLE (*m.*) A determiner that sets off a noun.	
Article défini (*Definite article*) An article that indicates a specific noun.	**le** pays, **la** chaise, **les** femmes *the country, the chair, the women*
Article indéfini (*Indefinite article*) An article that indicates an unspecified noun.	**un** garçon, **une** ville, **des** carottes *a boy, a city, some carrots*
Article partitif (*Partitive article*) In French, an article that denotes part of a whole. *Some* is not always expressed in English, but the partitive is almost always expressed in French.	**du** chocolat, **de la** tarte, **de l'**eau *(some) chocolat, (some) pie, (some) water*

COMPARATIF (*m.*) (*COMPARATIVE*) The form of adjectives and adverbs used to compare two nouns or actions.	Léa est **moins** bavarde **que** Julien. *Léa is **less** talkative **than** Julien.* Elle court **plus** vite **que** lui. *She runs **faster than** he does.*
CONDITIONNEL (*m.*) (*CONDITIONAL*)	*See* **Mode.**
CONJUGAISON (*f.*) (*CONJUGATION*) The different forms of a verb for a particular tense or mood. A present indicative conjugation:	je parle *I speak* tu parles *you speak* il/elle/on parle *he/she/it/one speaks* nous parlons *we speak* vous parlez *you speak* Ils/elles parlent *they speak*
CONJONCTION (*f.*) (*CONJUNCTION*) An expression that connects words, phrases, or clauses.	Christophe **et** Diane *Christophe **and** Diane* Il fait froid, **mais** il fait beau. *It's cold, **but** nice.*
CONTRACTION (*f.*) (*CONTRACTION*) Two words combine to form one. In French, this phenomenon happens with **à** and **de** combined with the definite articles **le** or **les**.	Ils parlent **aux** étudiants. *He's talking to the students.* C'est le livre **du** professeur. *It's the teacher's book.*
ÉLISION (*f.*) (*ELISION*) The replacement of the final vowel of a word by an apostrophe before the initial vowel or vowel sound of the following word.	Il arrive à **l'**université à 8 h. *He arrives at the university at 8:00.* J'ai compris **qu'**il reviendrait. *I understood that he would come back.*
GENRE (*m.*) (*GENDER*) A grammatical category of words. In French, there are two genders: feminine and masculine. Gender applies to nouns, articles, adjectives, and pronouns.	masc. fem. articles and nouns **le** film **la** vidéo adjectives **lent, beau** **lente, belle** pronouns **il, celui** **elle, celle**
IMPARFAIT (*m.*) (*IMPERFECT*) In French, a verb tense that expresses a past action with no specific beginning or end.	Nous **nagions** souvent. *We **used to swim** often.*
IMPÉRATIF (*m.*) (*IMPERATIVE*)	*See* **Mode.**
INDICATIF (*m.*) (*INDICATIVE*)	*See* **Mode.**
INFINITIF (*m.*) (*INFINITIVE*)	*See* **Mode.**
LIAISON (*f.*) (*LIAISON*) A speech-sound redistribution in which an otherwise silent final consonant is articulated with the initial vowel or vowel sound of the following word.	C'est‿un‿animal. [sɛtœ̃ nanimal] aux‿États‿Unis [ozetazyni]
MODE (*m.*) (*MOOD*) A set of categories for verbs indicating the attitude of the speaker toward what he or she is saying.	
Mode conditionnel (*Conditional mood*) A verb form conveying possibility.	J'**irais** si j'avais le temps. *I **would go** if I had time.*
Mode impératif (*Imperative mood*) A verb form expressing a command.	**Allez**-y! ***Go** ahead!*
Mode indicatif (*Indicative mood*) A verb form denoting actions or states considered facts.	Je **vais** à la bibliothèque. *I **am going** to the library.*
Mode infinitif (*Infinitive mood*) A verb form introduced in English by *to*. In French dictionaries, this form appears as the main entry.	**jouer, vendre, venir** ***to play, to sell, to come***
Mode subjonctif (*Subjunctive mood*) A verb form, uncommon in English, used primarily in subordinate clauses after expressions of desire, doubt, or emotion. French constructions with the subjunctive have many possible English equivalents.	Je veux que vous y **alliez**. *I want you to go there.* J'ai peur qu'elle **dise** non. *I'm afraid she will say no.*
MOT APPARENTÉ (*m.*) (*COGNATE*) In two languages, words spelled similarly with similar meaning.	**état, ordre, sérieux** ***state, order, serious***

NOM (*m.*) (*NOUN*) A word that denotes a person, place, thing, or idea. Proper nouns are capitalized names.	**avocat, journal, ville, Louise** *lawyer, newspaper, city, Louise*
NOMBRE (*m.*) (*NUMBER*) A grammatical category of words. It indicates whether a noun, article, adjective, or pronoun is singular (**singulier**) or plural (**pluriel**).	singular: Le fromage est bon. plural: Les fromages sont bons.
Nombre cardinal (*Cardinal number*) A number that expresses an amount.	**deux** bureaux, **quatre** ans *two desks, four years*
Nombre ordinal (*Ordinal number*) A number that indicates position in a series.	le **deuxième** bureau, la **quatrième** année *the second desk, the fourth year*
PARTICIPE PASSÉ (*m.*) (*PAST PARTICIPLE*) The form of a verb used in a compound tense (such as the **passé composé**) with forms of *to have* in English, and with **avoir** and **être** in French.	**mangé, fini, perdu** *eaten, finished, lost*
PASSÉ COMPOSÉ (*m.*) In French, a verb tense that expresses a past action with a definite ending. It consists of the present indicative of the auxiliary verb (**avoir** or **être**) and the past participle of the conjugated verb. There are several equivalent forms in English.	**J'ai mangé** *I ate, I did eat, I have eaten* Elle **est tombée** *She fell, she did fall, she has fallen*

PERSONNE (*f.*) (*PERSON*) The form of a pronoun or a verb that indicates the person involved in an action.		singular	plural
	1st pers.	je / *I*	nous / *we*
	2nd pers.	tu / *you*	vous / *you*
	3rd pers.	il, elle, on / *he, she, one, it*	ils, elles / *they*

PRÉPOSITION (*f.*) (*PREPOSITION*) A word or phrase that specifies the relationship of a word (usually a noun or a pronoun) to another. The relationship is usually spatial or temporal.	**près de** l'aéroport, **avec** lui, **avant** 11 h *near the airport, with him, before 11:00*
PRONOM (*m.*) (*PRONOUN*) A word used in place of one or more nouns.	
Pronom accentué ou disjoint (*Stressed or disjunctive pronoun*) In French, a pronoun used for emphasis or as the object of a preposition.	**Toi,** tu es incroyable! *You are unbelievable!* Je travaille avec **lui.** *I work with him.*
Pronom complément (d'objet) (*Object pronoun*) A pronoun that replaces a direct object noun or an indirect object noun.	direct: Je vois Alain. Je **le** vois. *I see Alain. I see him.* indirect: Je donne le livre à Daniel. Je **lui** donne le livre. *I give the book to Daniel. I give him the book.*
Pronom démonstratif (*Demonstrative pronoun*) A pronoun that singles out a particular person or thing.	Voici deux livres: **celui-ci** est intéressant, mais **celui-là** est ennuyeux. *Here are two books: this one is interesting, but that one is boring.*
Pronom interrogatif (*Interrogative pronoun*) A pronoun used to ask a question.	**Qui** parle? **Qu'est-ce que** vous voulez? *Who is speaking? What do you want?*
Pronom réfléchi (*Reflexive pronoun*) A pronoun that represents the same person as the subject of the verb.	Je **me** regarde dans le miroir. *I am looking at myself in the mirror.*
Pronom relatif (*Relative pronoun*) A pronoun that introduces an independent clause and denotes a noun already mentioned.	On parle à la femme **qui** habite ici. *We're talking to the woman who lives here.* C'est le stylo **que** vous cherchez? *Is it the pen (that) you're looking for?*
Pronom sujet (*Subject pronoun*) A pronoun representing the person or thing performing the action of the verb.	**Ils** travaillent bien ensemble. *They work well together.*
PROPOSITION (*f.*) (*CLAUSE*) A construction that contains a subject and a verb.	
Proposition principale (*Main clause*) A clause that stands on its own and expresses a complete idea.	**Je cherche la femme** qui joue au tennis. *I'm looking for the woman who plays tennis.*

Proposition subordonnée (*Subordinate clause*) A clause that cannot stand on its own because it does not express a complete idea.	Je cherche la femme **qui joue au tennis**. *I'm looking for the woman **who plays tennis**.*
SUJET (*m.*) (*SUBJECT*) The word(s) denoting the person, place, or thing performing an action or existing in a state.	**Mon ordinateur** est là-bas. ***My computer** is over there.* **Marc** arrive demain. ***Marc** arrives tomorrow.*
SUBJONCTIF (*m.*) (*SUBJUNCTIVE*)	*See* **Mode**.
SUPERLATIF (*m.*) (*SUPERLATIVE*) The form of adjectives or adverbs used to compare three or more nouns or actions. In English, the superlative is expressed by using *most* or *-est*.	Elle a choisi la robe **la plus** chère. *She chose **the most** expensive dress.* Béatrice court **le plus** vite. *Béatrice runs the fast**est**.*
TEMPS (*m.*) (*TENSE*) The form of a verb indicating time: present, past, or future.	
VERBE (*m.*) (*VERB*) A word that reports an action or state.	Elle **est arrivée** hier. *She **arrived** yesterday.* Elle **était** fatiguée. *She **was** tired.*
Verbe auxiliaire (*Auxiliary verb*) A verb used in conjunction with an infinitive or a participle to convey distinctions of tense and mood. In French, the main auxiliaries are **avoir** and **être**.	**J'ai** fait mes devoirs. *I did my homework.* Nous **sommes** allés au cinéma. *We went to the movies.*
Verbe impersonnel (*Impersonal verb*) Always accompanied by the impersonal pronoun **il**, impersonal verbs are divided into two categories: verbs reporting natural phenomena and verbs with special meaning.	**Il fait** beau aujourd'hui. ***It is** nice today.* **Il faut** travailler fort. ***One has** to work hard.*
Verbe pronominal (*Pronominal verb*) In French, a verb with a reflexive pronoun as well as a subject pronoun in its conjugated form. Its infinitive is preceded by **se**.	**se souvenir, je me souviens** *to remember, I remember* **Il se coupe** quand **il se rase**. *He **cuts himself** when he shaves (**himself**).*

Verb Charts

VERBES RÉGULIERS

chercher (cherchant)

	PRÉSENT	PASSÉ COMPOSÉ	IMPARFAIT	FUTUR	CONDITIONNEL	SUBJONCTIF	IMPÉRATIF
je	cherche	j' ai cherché	cherchais	chercherai	chercherais	que je cherche	cherche
tu	cherches	as cherché	cherchais	chercheras	chercherais	que tu cherches	cherchons
il/elle/on	cherche	a cherché	cherchait	cherchera	chercherait	qu'il/elle/on cherche	cherchez
nous	cherchons	avons cherché	cherchions	chercherons	chercherions	que nous cherchions	
vous	cherchez	avez cherché	cherchiez	chercherez	chercheriez	que vous cherchiez	
ils/elles	cherchent	ont cherché	cherchaient	chercheront	chercheraient	qu'ils/elles cherchent	

répondre (répondant)

	PRÉSENT	PASSÉ COMPOSÉ	IMPARFAIT	FUTUR	CONDITIONNEL	SUBJONCTIF	IMPÉRATIF
je	réponds	j' ai répondu	répondais	répondrai	répondrais	que je réponde	réponds
tu	réponds	as répondu	répondais	répondras	répondrais	que tu répondes	répondons
il/elle/on	répond	a répondu	répondait	répondra	répondrait	qu'il/elle/on réponde	répondez
nous	répondons	avons répondu	répondions	répondrons	répondrions	que nous répondions	
vous	répondez	avez répondu	répondiez	répondrez	répondriez	que vous répondiez	
ils/elles	répondent	ont répondu	répondaient	répondront	répondraient	qu'ils/elles répondent	

finir (finissant)

	PRÉSENT	PASSÉ COMPOSÉ	IMPARFAIT	FUTUR	CONDITIONNEL	SUBJONCTIF	IMPÉRATIF
je	finis	j' ai fini	finissais	finirai	finirais	que je finisse	finis
tu	finis	as fini	finissais	finiras	finirais	que tu finisses	finissons
il/elle/on	finit	a fini	finissait	finira	finirait	qu'il/elle/on finisse	finissez
nous	finissons	avons fini	finissions	finirons	finirions	que nous finissions	
vous	finissez	avez fini	finissiez	finirez	finiriez	que vous finissiez	
ils/elles	finissent	ont fini	finissaient	finiront	finiraient	qu'ils/elles finissent	

dormir[1] (dormant)

	PRÉSENT	PASSÉ COMPOSÉ	IMPARFAIT	FUTUR	CONDITIONNEL	SUBJONCTIF	IMPÉRATIF
je	dors	j'ai dormi	dormais	dormirai	dormirais	que je dorme	dors
tu	dors	as dormi	dormais	dormiras	dormirais	que tu dormes	dormons
il/elle/on	dort	a dormi	dormait	dormira	dormirait	qu'il/elle/on dorme	dormez
nous	dormons	avons dormi	dormions	dormirons	dormirions	que nous dormions	
vous	dormez	avez dormi	dormiez	dormirez	dormiriez	que vous dormiez	
ils/elles	dorment	ont dormi	dormaient	dormiront	dormiraient	qu'ils/elles dorment	

se laver[2] ((se) lavant)

	PRÉSENT	PASSÉ COMPOSÉ	IMPARFAIT	FUTUR	CONDITIONNEL	SUBJONCTIF	IMPÉRATIF
je	me lave	me suis lavé(e)	me lavais	me laverai	me laverais	que je me lave	lave-toi
tu	te laves	t'es lavé(e)	te lavais	te laveras	te laverais	que tu te laves	lavons-nous
il/elle/on	se lave	s'est lavé(e)	se lavait	se lavera	se laverait	qu'il/elle/on se lave	lavez-vous
nous	nous lavons	nous sommes lavé(e)s	nous lavions	nous laverons	nous laverions	que nous nous lavions	
vous	vous lavez	vous êtes lavé(e)(s)	vous laviez	vous laverez	vous laveriez	que vous vous laviez	
ils/elles	se lavent	se sont lavé(e)s	se lavaient	se laveront	se laveraient	qu'ils/elles se lavent	

[1]"Traditionally, only verbs ending in -ir like finir are considered one of the three regular verb groups. However, verbs like dormir also end in -ir and are conjugated following their own "regular" pattern, though they are many fewer in number than -ir verbs like finir. Verbs from this group include: s'endormir, mentir, partir, sentir, servir, and sortir. Note that s'endormir, partir, and sortir are conjugated with être in the compound tenses.

[2]All pronominal verbs are conjugated with être in the compound tenses.

VERBES RÉGULIERS AVEC CHANGEMENTS ORTHOGRAPHIQUES

INFINITIF ET PARTICIPE PRÉSENT	PRÉSENT		PASSÉ COMPOSÉ	IMPARFAIT		FUTUR	CONDITIONNEL	SUBJONCTIF	IMPÉRATIF
commencer[1] commençant	je commence	nous commençons	j'ai commencé	je commençais		je commencerai	je commencerais	que je commence	commence
	tu commences	vous commencez		nous commencions				que nous commencions	commençons
	il/elle/on commence	ils/elles commencent							commencez
manger[2] mangeant	je mange	nous mangeons	j'ai mangé	je mangeais		je mangerai	je mangerais	que je mange	mange
	tu manges	vous mangez		nous mangions				que nous mangions	mangeons
	il/elle/on mange	ils/elles mangent							mangez
préférer[3] préférant	je préfère	nous préférons	j'ai préféré	je préférais		je préférerai	je préférerais	que je préfère	préfère
	tu préfères	vous préférez						que nous préférions	préférons
	il/elle/on préfère	ils/elles préfèrent							préférez
payer[4] payant	je paie	nous payons	j'ai payé	je payais		je paierai	je paierais	que je paie	paie
	tu paies	vous payez						que nous payions	payons
	il/elle/on paie	ils/elles paient							payez
appeler[5] appelant	j'appelle	nous appelons	j'ai appelé	j'appelais		j'appellerai	j'appellerais	que j'appelle	appelle
	tu appelles	vous appelez						que nous appelions	appelons
	il/elle/on appelle	ils/elles appellent							appelez
acheter[6] achetant	j'achète	nous achetons	j'ai acheté	j'achetais		j'achèterai	j'achèterais	que j'achète	achète
	tu achètes	vous achetez						que nous achetions	achetons
	il/elle/on achète	ils/elles achètent							achetez

[1] Verbs like commencer: dénoncer, divorcer, se fiancer, lancer, menacer, placer, prononcer, remplacer, tracer

[2] Verbs like manger: bouger, changer, dégager, encourager, engager, juger, loger, mélanger, nager, obliger, partager, voyager

[3] Verbs like préférer: célébrer, considérer, espérer, (s')inquiéter, posséder, répéter, révéler, sécher, suggérer

[4] Verbs like payer: employer, (s')ennuyer, envoyer, essayer, nettoyer

[5] Verbs like appeler: épeler, jeter, projeter, (se) rappeler

[6] Verbs like acheter: achever, amener, emmener, (se) lever, (se) promener

VERBES IRRÉGULIERS

INFINITIF ET PARTICIPE PRÉSENT	PRÉSENT	PASSÉ COMPOSÉ	IMPARFAIT	FUTUR	CONDITIONNEL	SUBJONCTIF	IMPÉRATIF
aller* allant	je vais, tu vas, il/elle/on va, nous allons, vous allez, ils/elles vont	je suis allé(e)	j'allais	j'irai	j'irais	que j'aille, que nous allions	va, allons, allez
avoir ayant	j'ai, tu as, il/elle/on a, nous avons, vous avez, ils/elles ont	j'ai eu	j'avais	j'aurai	j'aurais	que j'aie, que nous ayons	aie, ayons, ayez
battre battant	je bats, tu bats, il/elle/on bat, nous battons, vous battez, ils/elles battent	j'ai battu		je battrai	je battrais	que je batte	bats, battons
boire buvant	je bois, tu bois, il/elle/on boit, nous buvons, vous buvez, ils/elles boivent	j'ai bu	je buvais	je boirai	je boirais	que je boive, que nous buvions	bois, buvons, buvez
conduire[1] conduisant	je conduis, tu conduis, il/elle/on conduit, nous conduisons, vous conduisez, ils/elles conduisent	j'ai conduit	je conduisais	je conduirai	je conduirais	que je conduise, que nous conduisions	conduis, conduisons, conduisez
connaître[2] connaissant	je connais, tu connais, il/elle/on connaît, nous connaissons, vous connaissez, ils/elles connaissent	j'ai connu	je connaissais	je connaîtrai	je connaîtrais	que je connaisse, que nous connaissions	connais, connaissons, connaissez
courir courant	je cours, tu cours, il/elle/on court, nous courons, vous courez, ils/elles courent	j'ai couru	je courais	je courrai	je courrais	que je coure	cours, courons
craindre craignant	je crains, tu crains, il/elle/on craint, nous craignons, vous craignez, ils/elles craignent	j'ai craint	je craignais	je craindrai	je craindrais	que je craigne	crains, craignons, craignez

*Verbs followed by an asterisk * are conjugated with **être** in the compound tenses.

[1]Verbs like **conduire: construire, détruire, produire, réduire, traduire**

[2]Verbs like **connaître: apparaître, disparaître, paraître reconnaître**

VERBES IRRÉGULIERS (suite)

INFINITIF ET PARTICIPE PRÉSENT	PRÉSENT		PASSÉ COMPOSÉ	IMPARFAIT	FUTUR	CONDITIONNEL	SUBJONCTIF	IMPERATIF
croire croyant	je crois / tu crois / il/elle/on croit	nous croyons / vous croyez / ils/elles croient	j'ai cru	je croyais	je croirai	je croirais	que je croie / que nous croyions	crois / croyons / croyez
devoir devant	je dois / tu dois / il/elle/on doit	nous devons / vous devez / ils/elles doivent	j'ai dû	je devais	je devrai	je devrais	que je doive / que nous devions	dois / devons / devez
dire disant	je dis / tu dis / il/elle/on dit	nous disons / vous dites / ils/elles disent	j'ai dit	je disais	je dirai	je dirais	que je dise / que nous disions	dis / disons / dites
écrire[3] écrivant	j'écris / tu écris / il/elle/on écrit	nous écrivons / vous écrivez / ils/elles écrivent	j'ai écrit	j'écrivais	j'écrirai	j'écrirais	que j'écrive / que nous écrivions	écris / écrivons / écrivez
envoyer envoyant	j'envoie / tu envoies / il/elle/on envoie	nous envoyons / vous envoyez / ils/elles envoient	j'ai envoyé	j'envoyais	j'enverrai	j'enverrais	que j'envoie	envoie / envoyons / envoyez
être étant	je suis / tu es / il/elle/on est	nous sommes / vous êtes / ils/elles sont	j'ai été	j'étais	je serai	je serais	que je sois / que nous soyons	sois / soyons / soyez
faire faisant	je fais / tu fais / il/elle/on fait	nous faisons / vous faites / ils/elles font	j'ai fait	je faisais	je ferai	je ferais	que je fasse / que nous fassions	fais / faisons / faites
falloir	il faut		il a fallu	il fallait	il faudra	il faudrait	qu'il faille	—
lire[4] lisant	je lis / tu lis / il/elle/on lit	nous lisons / vous lisez / ils/elles lisent	j'ai lu	je lisais	je lirai	je lirais	que je lise / que nous lisions	lis / lisons / lisez

[3]Verbs like **écrire: décrire, inscrire**
[4]Verbs like **lire: élire, relire**

INFINITIF ET PARTICIPE PRÉSENT		PRÉSENT		PASSÉ COMPOSÉ	IMPARFAIT	FUTUR	CONDITIONNEL	SUBJONCTIF	IMPÉRATIF
mettre[5] mettant	je tu il/elle/on	mets mets met	nous vous ils/elles	mettons mettez mettent	j'ai mis	je mettais	je mettrai	je mettrais	que je mette que nous mettions	mets mettons mettez
mourir* mourant	je tu il/elle/on	meurs meurs meurt	nous vous ils/elles	mourons mourez meurent	je suis mort(e)	je mourais	je mourrai	je mourrais	que je meure que nous mourions	meurs mourons mourez
naître* naissant	je tu il/elle/on	nais nais naît	nous vous ils/elles	naissons naissez naissent	je suis né(e)	je naissais	je naîtrai	je naîtrais	que je naisse que nous naissions	nais naissons naissez
ouvrir[6] ouvrant	j' tu il/elle/on	ouvre ouvres ouvre	nous vous ils/elles	ouvrons ouvrez ouvrent	j'ai ouvert	j'ouvrais	j'ouvrirai	j'ouvrirais	que j'ouvre que nous ouvrions	ouvre ouvrons ouvrez
plaire plaisant	je tu il/elle	plais plais plaît	nous vous ils/elle	plaisons plaisez plaisent	j'ai plu	je plaisais	je plairai	je plairais	que je plaise que nous plaisions	plais plaisons plaisez
pleuvoir pleuvant	il	pleut			il a plu	il pleuvait	il pleuvra	il pleuvrait	qu'il pleuve	—
pouvoir pouvant	je tu il/elle/on	peux[7] peux peut	nous vous ils/elles	pouvons pouvez peuvent	j'ai pu	je pouvais	je pourrai	je pourrais	que je puisse que nous puissions	—
prendre[8] prenant	je tu il/elle/on	prends prends prend	nous vous ils/elles	prenons prenez prennent	j'ai pris	je prenais	je prendrai	je prendrais	que je prenne que nous prenions	prends prenons prenez

*Verbs followed by an asterisk * are conjugated with **être** in the compound tenses.
[5]Verbs like **mettre: permettre, promettre, remettre**
[6]Verbs like **ouvrir: couvrir, découvrir, offrir, souffrir**
[7]If **je peux** is inverted to form a question, it becomes **puis-je...?**
[8]Verbs like **prendre: apprendre, comprendre, surprendre**

VERBES IRRÉGULIERS (suite)

INFINITIF ET PARTICIPE PRÉSENT		PRÉSENT	PASSÉ COMPOSÉ	IMPARFAIT	FUTUR	CONDITIONNEL	SUBJONCTIF	IMPÉRATIF
recevoir recevant	je reçois / tu reçois / il/elle/on reçoit	nous recevons / vous recevez / ils/elles reçoivent	j'ai reçu	je recevais	je recevrai	je recevrais	que je reçoive / que nous recevions	reçois / recevons / recevez
rire riant	je ris / tu ris / il/elle/on rit	nous rions / vous riez / ils/elles rient	j'ai ri	je riais	je rirai	je rirais	que je rie	ris / rions
savoir sachant	je sais / tu sais / il/elle/on sait	nous savons / vous savez / ils/elles savent	j'ai su	je savais	je saurai	je saurais	que je sache / que nous sachions	sache / sachons / sachez
suivre suivant	je suis / tu suis / il/elle/on suit	nous suivons / vous suivez / ils/elles suivent	j'ai suivi	je suivais	je suivrai	je suivrais	que je suive / que nous suivions	suis / suivons / suivez
valoir valant	je vaux / tu vaux / il/elle/on vaut	nous valons / vous valez / ils/elles valent	j'ai valu	je valais	je vaudrai	je vaudrais	que je vaille	vaux / valons / valez
venir* venant	je viens / tu viens / il/elle/on vient	nous venons / vous venez / ils/elles viennent	je suis venu(e)	je venais	je viendrai	je viendrais	que je vienne / que nous venions	viens / venons / venez
vivre vivant	je vis / tu vis / il/elle/on vit	nous vivons / vous vivez / ils/elles vivent	j'ai vécu	je vivais	je vivrai	je vivrais	que je vive / que nous vivions	vis / vivons / vivez
voir voyant	je vois / tu vois / il/elle/on voit	nous voyons / vous voyez / ils/elles voient	j'ai vu	je voyais	je verrai	je verrais	que je voie / que nous voyions	vois / voyons / voyez
vouloir voulant	je veux / tu veux / il/elle/on veut	nous voulons / vous voulez / ils/elles veulent	j'ai voulu	je voulais	je voudrai	je voudrais	que je veuille / que nous voulions	veuille / veuillons / veuillez

*Verbs followed by an asterisk * are conjugated with **être** in the compound tenses.

9Verbs like **recevoir: apercevoir, décevoir**

10Verbs like **suivre: poursuivre**

11Verbs like **rire: sourire**

12Verbs like **venir: appartenir, contenir, devenir,* obtenir, revenir,* soutenir, se souvenir de, tenir**

13Verbs like **voir: prévoir, revoir**

Perfect Tenses

In addition to the **passé composé,** French has several other perfect verb tenses (conjugated forms of **avoir** or **être** + the past participle of a verb). Following are the most common perfect tenses.

Le plus-que-parfait (*The Pluperfect*)
The pluperfect tense (also called the past perfect) is formed with the imperfect of the auxiliary verb (**avoir** or **être**) + the past participle of the main verb.

parler		sortir		se réveiller	
j'	avais parlé	j'	étais sorti(e)	je	m'étais réveillé(e)
tu	avais parlé	tu	étais sorti(e)	tu	t'étais réveillé(e)
il/elle/on	avait parlé	il/elle/on	était sorti(e)	il/elle/on	s'était réveillé(e)
nous	avions parlé	nous	étions sorti(e)s	nous	nous étions réveillé(e)s
vous	aviez parlé	vous	étiez sorti(e)(s)	vous	vous étiez réveillé(e)(s)
ils/elles	avaient parlé	ils/elles	étaient sorti(e)s	ils/elles	s'étaient réveillé(e)s

The pluperfect is used to indicate an action or event that occurred before another past action or event, either stated or implied: *I had already left for the country (when my friends arrived in Paris).*

Quand j'ai téléphoné aux Dupont,
  ils **avaient** déjà **décidé** d'acheter
  la ferme.
Marie **s'était réveillée** avant moi.
  Elle **était** déjà **sortie** à sept
  heures.

*When I phoned the Duponts,
  they had already decided to
  buy the farm.
Marie had awakened before me.
  She had already left by seven
  o'clock.*

Le futur antérieur (*The Future Perfect*)
The future perfect is formed with the future of the auxiliary verb (**avoir** or **être**) + the past participle of the main verb.

parler		sortir		se réveiller	
j'	aurai parlé	je	serai sorti(e)	je	me serai réveillé(e)
tu	auras parlé	tu	seras sorti(e)	tu	te seras réveillé(e)
il/elle/on	aura parlé	il/elle/on	sera sorti(e)	il/elle/on	se sera réveillé(e)
nous	aurons parlé	nous	serons sorti(e)s	nous	nous serons réveillé(e)s
vous	aurez parlé	vous	serez sorti(e)(s)	vous	vous serez réveillé(e)(s)
ils/elles	auront parlé	ils/elles	seront sorti(e)s	ils/elles	se seront réveillé(e)s

The future perfect is used to express a future action that will already have taken place when another future action occurs. The subsequent action is always expressed by the simple future.

Je publierai mes résultats quand j'**aurai terminé** cette expérience.	*I'll publish the results when I finish this experiment.*
Aussitôt que mes collègues **seront revenus,** ils liront mon rapport.	*As soon as my colleagues return, they'll read my report.*

Le conditionnel passé (*The Past Conditional*)

A. Formation of the Past Conditional

The past conditional (or conditional perfect) is formed with the conditional of the auxiliary verb (**avoir** or **être**) + the past participle of the main verb.

parler	sortir	se réveiller
j' aurais parlé	je serais sorti(e)	je me serais réveillé(e)
tu aurais parlé	tu serais sorti(e)	tu te serais réveillé(e)
il/elle/on aurait parlé	il/elle/on serait sorti(e)	il/elle/on se serait réveillé(e)
nous aurions parlé	nous serions sorti(e)s	nous nous serions réveillé(e)s
vous auriez parlé	vous seriez sorti(e)(s)	vous vous seriez réveillé(e)(s)
ils/elles auraient parlé	ils/elles seraient sorti(e)s	ils/elles se seraient réveillé(e)s

The past conditional is used to express an action or event that would have occurred if some set of conditions (stated or implied) had been present: *We would have worried (if we had known).*

B. Uses of the Past Conditional

The past conditional is used in the main clause of an *if*-clause sentence when the verb of the *if*-clause is in the pluperfect.

Si j'**avais eu** le temps, j'**aurais visité** Nîmes.	*If I had had the time, I would have visited Nîmes.*
Si les Normands n'**avaient** pas **conquis** l'Angleterre en 1066, l'anglais **aurait été** une langue très différente.	*If the Normans had not conquered England in 1066, English would have been a very different language.*

The underlying set of conditions (the *if*-clause) is sometimes not stated.

À ta place, j'**aurais parlé** au guide.	*If I were you, I would have spoken to the guide.*
Nous **serions allés** au lac.	*We would have gone to the lake.*

C. The Past Conditional of *devoir*

The past conditional of **devoir** means *should have* or *ought to have*. It expresses regret about something that did not take place in the past.

J'**aurais dû prendre** l'autre chemin.	*I should have taken the other road.*
Nous **aurions dû acheter** un plan.	*We should have bought a map.*

Le subjonctif passé (*The Past Subjunctive*)

The past subjunctive is formed with the present subjunctive of the auxiliary verb (**avoir** or **être**) + the past participle of the main verb.

PAST SUBJUNCTIVE OF parler		PAST SUBJUNCTIVE OF venir	
que j'	aie parlé	que je	sois venu(e)
que tu	aies parlé	que tu	sois venu(e)
qu'il/elle/on	ait parlé	qu'il/elle/on	soit venu(e)
que nous	ayons parlé	que nous	soyons venu(e)s
que vous	ayez parlé	que vous	soyez venu(e)(s)
qu'ils/elles	aient parlé	qu'ils/elles	soient venu(e)s

Je suis content que tu **aies parlé avec Léa**.   *I'm glad you spoke with Léa.*

Il est dommage qu'elle ne **soit** pas encore **venue**.   *It's too bad that she hasn't come yet.*

The past subjunctive is used following the same expressions as the present subjunctive except that it indicates that the action or situation described in the dependent clause occurred *before* the action or situation described in the main clause. Compare these sentences:

Je suis content que tu **viennes**.   *I'm happy that you are coming.*
Je suis content que tu **sois venu(e)**.   *I'm happy that you came.*

Je doute qu'ils le **comprennent**.   *I doubt that they understand it.*
Je doute qu'ils l'**aient compris**.   *I doubt that they have understood it.*

Appendix D

Le passé simple

1. The **passé simple** is a past tense often used in literary texts and the voice-over narration of documentary films; it is not a conversational tense. Verbs that would be used in the **passé composé** in informal speech or writing are in the **passé simple** in formal writing. You may want to learn to recognize the forms of the **passé simple** for reading purposes. The **passé simple** of regular **-er** verbs is formed by adding the endings **-ai, -as, -a, -âmes, -âtes, -èrent** to the verb stem. The endings for **-ir** and **-re** verbs are: **-is, -is, -it, -îmes, -îtes, -irent**. The endings for **-oir** verbs are: **-us, -us, -ut, -ûmes, -ûtes, -urent**.

parler		finir		perdre		vouloir	
je	parlai	je	finis	je	perdis	je	voulus
tu	parlas	tu	finis	tu	perdis	tu	voulus
il/elle/on	parla	il/elle/on	finit	il/elle/on	perdit	il/elle/on	voulut
nous	parlâmes	nous	finîmes	nous	perdîmes	nous	voulûmes
vous	parlâtes	vous	finîtes	vous	perdîtes	vous	voulûtes
ils/elles	parlèrent	ils/elles	finirent	ils/elles	perdirent	ils/elles	voulurent

2. Here are the third-person forms (**il, elle, on; ils, elles**) of some verbs that are irregular in the **passé simple.**

INFINITIVE	PASSÉ SIMPLE
avoir	il eut, ils eurent
dire	il dit, ils dirent
être	il fut, ils furent
faire	il fit, ils firent

Appendix E

Les pronoms

Les pronoms démonstratifs (*Demonstrative Pronouns*)

Demonstrative pronouns such as *this one* and *that one* refer to a person, thing, or idea that has been mentioned previously. In French, they agree in gender and number with the nouns they replace.

	SINGULAR	PLURAL
Masculine	**celui** *this one, that one, the one*	**ceux** *these, those, the ones*
Feminine	**celle** *this one, that one, the one*	**celles** *these, those, the ones*

French demonstrative pronouns cannot stand alone. They must be:

1. used with the suffix **-ci** (to indicate someone or something located close to the speaker) or **-là** (for someone or something more distant from the speaker)

Voici deux affiches. Préférez-vous **celle-ci** ou **celle-là**?	*Here are two posters. Do you prefer this one or that one?*

2. followed by a prepositional phrase (often a construction with **de**)

Quelle époque t'intéresse, **celle** du Moyen Âge ou **celle** de la Renaissance?	*Which period interests you, that of the Middle Ages or that of the Renaissance?*

3. followed by a dependent clause introduced by a relative pronoun

On trouve des villages anciens dans plusieurs parcs: **ceux** qui sont dans le Parc de la Brière sont en ruine; **ceux** qui sont dans les parcs de la Lorraine et du Morvan ont été restaurés.	*One finds very old villages in several parks: Those that are in Brière Park are in ruins; those that are in the Lorraine and Morvan parks have been restored.*

Indefinite Demonstrative Pronouns

Ceci (*this*), **cela** (*that*), and **ça** (*that,* informal) are indefinite demonstrative pronouns; they refer to an idea or thing with no definite antecedent. They do not show gender or number.

Cela (Ça) n'est pas important.	*That's not important.*
Regarde **ceci** de près.	*Look at this closely.*
Qu'est-ce que c'est que **ça**?	*What's that?*

Les pronoms relatifs (*Relative Pronouns*)

A. *Ce qui* and *ce que*

Ce qui and **ce que** are indefinite relative pronouns similar in meaning to **la chose qui (que)** or **les choses qui (que)**; the first serves as the subject of a dependent clause, and the second as the object. They refer to an idea or a subject that is unspecified and has neither gender nor number, often expressed as *what*.

—Dites-moi **ce qui** est arrivé au touriste américain.	*Tell me what happened to the American tourist.*
—Je ne sais pas **ce qui** lui est arrivé.	*I don't know what happened to him.*
—Dites-moi **ce que** vous avez fait à Reims.	*Tell me what you did in Reims.*
—Je n'ai pas le temps de vous dire tout **ce qu'**on a fait.	*I don't have time to tell you everything we did.*

B. *Lequel*

Lequel (laquelle, lesquels, lesquelles) is the relative pronoun used as an object of a preposition to refer to things and people. **Lequel** and its forms contract with **à** and **de**.

Où est l'agence de voyages **devant laquelle** il attend?	*Where is the travel agency in front of which he's waiting?*
L'hôtel **auquel** j'écris est à la Guadeloupe.	*The hotel to which I am writing is in Guadeloupe.*
Je connais bien l'homme **près duquel** elle est assise.	*I know well the man next to whom she is sitting.*

Les pronoms possessifs (*Possessive Pronouns*)

Possessive pronouns replace nouns that are modified by a possessive adjective or other possessive construction. In English, the possessive pronouns are *mine, yours, his, hers, its, ours,* and *theirs*. In French, the appropriate definite article is always used with the possessive pronoun.

	SINGULAR		PLURAL	
	MASCULINE	FEMININE	MASCULINE	FEMININE
mine	le mien	la mienne	les miens	les miennes
yours	le tien	la tienne	les tiens	les tiennes
his/hers/its	le sien	la sienne	les siens	les siennes
ours	le nôtre	la nôtre		les nôtres
yours	le vôtre	la vôtre		les vôtres
theirs	le leur	la leur		les leurs

POSSESSIVE CONSTRUCTION + NOUN		POSSESSIVE PRONOUN
Où sont **leurs bagages**?	→	**Les leurs** sont ici.
C'est **mon frère** là-bas.	→	Ah oui? C'est **le mien** à côté de lui.
La **voiture de Frédérique** est plus rapide que **ma voiture**.	→	Ah oui? **La sienne** est aussi plus rapide que **la mienne**.

Lexiques

Lexique français-anglais

This end vocabulary provides contextual meanings of French words used in this text. It does not include proper nouns (unless presented as active vocabulary or unless the French equivalent is quite different in spelling from English), most abbreviations, exact cognates, most near cognates, past participles used as adjectives if the infinitive is listed, or regular adverbs formed from adjectives listed. Adjectives are listed in the masculine singular form; feminine endings or forms are included when irregular. An asterisk (*) indicates words beginning with an aspirate *h*. Active vocabulary is indicated by the number of the chapter in which it is activated.

abbreviations					
A.	archaic	*indic.*	indicative (mood)	*p.p.*	past participle
ab.	abbreviation	*inf.*	infinitive	*prep.*	preposition
adj.	adjective	*interj.*	interjection	*pron.*	pronoun
adv.	adverb	*interr.*	interrogative	*Q.*	Quebec usage
art.	article	*inv.*	invariable	*s.*	singular
colloq.	colloquial	*irreg.*	irregular	*s.o.*	someone
conj.	conjunction	*m.*	masculine noun	*s.th.*	something
fam.	familiar or colloquial	*n.*	noun	*subj.*	subjunctive
f.	feminine noun	*neu.*	neuter	*tr. fam.*	very colloquial, slang
Gram.	grammatical term	*pl.*	plural	*v.*	verb

à *prep.* to; at; in (2); by, on (*bicycle, horseback, foot*) (9); **à bientôt** see you soon (1); **à côté de** beside (4); **à destination de** to, for (9); **à droite (de)** on the right (of) (4); **à gauche (de)** on the left (of) (4); **à la une** on the front page; in the headlines (10); **à l'est/l'ouest** to the east/west (8); **à l'étranger** abroad, in a foreign country (8); **à l'heure** on time (8); **à pied** on foot (9); **à son compte** for oneself (14); **au nord/sud** to the north/south (8); **au printemps** in spring (5); **au revoir** good-bye (1); **à vélo** by bike (9)

abandonné *adj.* abandoned

abbaye *f.* abbey

abominable *adj.* appalling

abonnement *m.* subscription

abonner to subscribe

abord: d'abord *adv.* first, first of all, at first (11)

aboyer (il aboie) to bark (*dog*)

abréviation *f.* abbreviation

abri *m.* shelter; **sans-abri** *m., f.* homeless person (16)

abriter to house

absolu *adj.* absolute

abstrait *adj.* abstract

abus *m.* abuse, misuse

académicien(ne) *m., f.* member of the **Académie française**

Académie française *f.* French Academy (*official body that rules on language questions*)

accéder (j'accède) to access

accent *m.* accent; **accent aigu (grave, circonflexe)** acute (grave, circumflex) accent

accentué: pronom accentué *Gram.* stressed or disjunctive pronoun

accepter (de) to accept (to) (12); to agree to

accès *m.* access

accessoire *m.* accessory

accompagner to accompany, go along (with)

accomplir to perform, accomplish, carry out

accord *m.* agreement; **d'accord** all right, O.K., agreed (2); **être d'accord** to agree, be in agreement

accorder to grant, bestow, confer

accro à *inv., fam.* addicted to **être un accro de** to be addicted to

accrocher to hang

accueil *m.* greeting, welcome; **page** (*f.*) **d'accueil** homepage (10); **terre** (*f.*) (**pays** [*m.*]) **d'accueil** country of settlement (*immigration*)

accueillir (*p.p.* **accueilli**) *irreg.* to greet, welcome

s'accumuler to accumulate

acéré *adj.* sharp

achat *m.* purchase; **pouvoir** (*m.*) **d'achat** purchasing power (16)

acheter (j'achète) to buy (8)

acier *m.* steel

acteur/trice *m., f.* actor, actress (12)

actif/ive *adj.* active; working

action *f.* action; gesture

activé *adj.* activated

activité *f.* activity; **activités de plein air** outdoor activities (15)

actualité (*fam.* **actu**) *f.* piece of news; present-day event; current events (14)

actuel(le) *adj.* present, current

actuellement *adv.* currently, at the present time

adapter to adapt; **s'adapter à** to adapt oneself to

addition *f.* bill, check (*in a restaurant*) (7)

adepte *m., f.* enthusiast, follower

adieu *interj.* good-bye

adjectif *m., Gram.* adjective

admettre (*like* **mettre**) *irreg.* to admit, accept

administratif/ive *adj.* administrative; **assistant(e)** (*m., f.*) **administratif/ive** administrative assistant

administration *f.* administration; Civil Service

admiratif/ive *adj.* admiring; impressed

admirer to admire

adolescent(e) *m., f., adj.* adolescent, teenager

adopter to adopt

adorer to love, adore (2)

adresse *f.* address (10)

s'adresser (à) to be intended (for), aimed (at)

adulte *m., f., adj.* adult; **âge** (*m.*) **adulte** adulthood

adverbe *m., Gram.* adverb

aérobic *f.* aerobics; **faire de l'aérobic** to do aerobics (5)

aéroport *m.* airport (9)

affaire *f.* affair; business matter; *pl.* belongings; business; **chiffre** (*m.*) **d'affaires** turnover (*in business*); **classe** (*f.*) **affaires** business class (9); **homme (femme) d'affaires** *m., f.* businessman (-woman)

affiche *f.* poster; billboard (4)

afficher to post, put up; to display, show

affirmatif/ive *adj.* affirmative

affirmation *f.* declaration

affirmer to affirm, state

afin de *prep.* to, in order to

africain *adj.* African; **Africain(e)** *m., f.* African (*person*)

Afrique *f.* Africa; **Afrique de l'ouest (Afrique occidentale)** West Africa; **Afrique du Nord** North Africa

âge *m.* age; epoch; **Moyen Âge** *m. s.* Middle Ages (12); **quel âge avez-vous?** how old are you?

âgé *adj.* old

agence *f.* agency; **agence de voyages** travel agency

agitation *f.* bustle

agent *m.* agent; **agent de police** police officer (14)

agir to act (4); **il s'agit de** it's about, it's a question of

agité *adj.* agitated, restless; rough, choppy (*sea*)

agneau *m.* lamb (7); **côte** (*f.*) **d'agneau** lamb chop

agréable *adj.* agreeable, pleasant, nice (3)

agricole *adj.* agricultural

agriculteur/trice *m., f.* farmer (14)

ah bon? *interj.* oh, really?

aide *f.* help, assistance; **à l'aide de** with the help of

aider to help (12)

aigu: accent (*m.*) **aigu** acute accent (é)

ail *m.* garlic (7)

ailleurs elsewhere; **d'ailleurs** besides, moreover

aimable *adj.* likable, friendly

aimer to like; to love (2); **aimer bien** to like; **aimer mieux** to prefer (2); **j'aimerais** + *inf.* I would like (*to do s.th.*); **je n'aime... pas du tout** I don't like . . . at all

ainsi *conj.* thus, so; **ainsi que** as well as; **et ainsi de suite** and so on

air *m.* air; look; tune; **activités** (*f. pl.*) **de plein air** outdoor activities (15); **avoir l'air (de)** to seem, look (like) (3); **de plein air** outdoor; **en plein air** outdoors, in the open air; **hôtesse** (*f.*) **de l'air** flight attendant (9)

aise: à l'aise at ease

ajouter to add (10)

album *m.* (photo) album; picture book

alcool *m.* alcohol

alcoolisé *adj.* alcoholic

Alger Algiers

Algérie *f.* Algeria (2, 8)

algérien *adj.* Algerian; **Algérien(ne)** *m., f.* Algerian (*person*) (2)

aliment(s) *m.* food, nourishment (6)

alimentaire *adj.* alimentary, pertaining to food

alimentation *f.* food, feeding, nourishment; **magasin** (*m.*) **d'alimentation** food store

alizé: vent (*m.*) **alizé** trade wind

allée *f.* path, walk

Allemagne *f.* Germany (2, 8)

allemand *adj.* German; *m.* German (*language*) (2); **Allemand(e)** *m., f.* German (*person*) (2)

aller *irreg.* to go (5); **aller** + *inf.* to be going (*to do s.th.*) (5); **aller à la pêche** to go fishing (8); **aller en boîte** to go clubbing (15); **aller mal** to feel bad (ill) (4); **allez-vous-en!** go away! (13); **allez-y!** go ahead!; **billet** (*m.*) **aller-retour** round-trip ticket; **ça peut aller** all right, pretty well (1); **ça va?** how's it going? (1); **ça va** fine (things are going well) (1); **ça va bien (mal)** fine (bad[ly]) (things are going well [badly]) (1); **comment allez-vous? (comment vas-tu?)** how are you? (1); **s'en aller** to go away, go off (*to work*) (13); **va-t'en!** go away! (13)

allergique *adj.* allergic

allier to combine

allô *interj.* hello (*phone greeting*) (10)

allumer to light; to turn on (10)

alors *adv.* so; then, in that case (4)

alpin *adj.* Alpine; **ski** (*m.*) **alpin** downhill skiing (8)

alpinisme *m.* mountaineering, mountain climbing; **faire de l'alpinisme** to go mountain climbing (8)

alsacien(ne) *adj.* Alsatian

altérité *f.* otherness

amande *f.* almond

amateur (*m.*) **de** lover of

ambassadeur/drice *m., f.* ambassador; representative

ambiance *f.* atmosphere, surroundings

ambitieux/euse *adj.* ambitious

âme *f.* soul; spirit

améliorer to improve, better

amener (j'amène) to bring (along)

américain *adj.* American; **à l'américaine** American-style; **Américain(e)** *m., f.* American (*person*) (2)

Amérique *f.* America

ameublement *m. s.* furnishings

ami(e) *m., f.* friend (2); **petit(e) ami(e)** *m., f.* boyfriend, girlfriend

amical *adj.* (*m. pl.* **amicaux**) friendly

amitié *f.* friendship (13)

amour *m.* love (13); love affair

amoureux/euse *adj.* loving, in love (13); *m., f.* lover, sweetheart, person in love (13); **tomber amoureux/euse (de)** to fall in love (with) (13); **vie** (*f.*) **amoureuse** love life

amphithéâtre (*fam.* **amphi**) *m.* lecture hall, amphitheater (2)

ampoule *f.* light bulb

amusant *adj.* amusing, fun (3)

s'amuser (à) to have fun, have a good time (13)

an *m.* year; **avoir (vingt) ans** to be (twenty) years old (3); **l'an dernier (passé)** last year; **par an** per year, each year

analyser to analyze

ananas *m.* pineapple

ancêtre *m., f.* ancestor

ancien(ne) *adj.* old, antique; former (4); ancient; **anciens** *n. m. pl.* elders

ange *m.* angel

anglais *adj.* English; *m.* English (*language*) (2); **Anglais(e)** *m., f.* Englishman (-woman) (2)

Angleterre *f.* England (2, 8)

angoissé *adj.* anxious, anxiety-prone

animal *m.* animal; **animal domestique** pet

animateur/trice *m., f.* host, hostess (*radio, TV*); motivator (*in marketing*)

animé *adj.* animated; **dessin** (*m.*) **animé** cartoon; animated series (10)

année *f.* year; **l'année prochaine (dernière [passée])** next (last) year; **les années (cinquante)** the decade (era) of the (fifties) (7)

anniversaire *m.* anniversary; birthday; **bon anniversaire** *interj.* happy birthday; **carte** (*f.*) **d'anniversaire** birthday card

annonce *f.* announcement, ad; **petites annonces** (classified) ads (10)

annoncer (nous annonçons) to announce, declare; **s'annoncer** to look; to promise to be

annuel(le) *adj.* annual

annuler to cancel (11)

anonyme *adj.* anonymous

anorak *m.* (ski) jacket, parka (8)

antillais *adj.* West Indian; **Antillais(e)** *m., f.* West Indian (*person*)

Antilles *f. pl.* West Indies

antipathique *adj.* disagreeable, unpleasant (3)

anxieux/euse *adj.* anxious

août August (1)

aperçu *adj.* noticed

apéritif (*fam.* **apéro**) *m.* cocktail

apparaître (*like* **connaître**) *irreg.* to appear

appareil *m.* apparatus (10); device; appliance; telephone (10); **appareil (photo) numérique** *m.* (*still*) digital camera (10);

apparemment *adv.* apparently

apparence *f.* appearance

apparenté *adj.* related; **mot** (*m.*) **apparenté** cognate (*word*)

apparition *f.* appearance

appartement (*fam.* **appart**) *m.* apartment (4)

appartenir (*like* **tenir**) **à** *irreg.* to belong to

appel *m.* call; **faire appel à** to appeal to; to require, call for

appeler (j'appelle) to call (10); to name; **comment s'appelle... ?** what's . . . name?; **comment vous appelez-vous? (comment t'appelles-tu?)** what's your name? (1); **je m'appelle...** my name is . . . (1); **s'appeler** to be named (13)

appétit *m.* appetite; **bon appétit** *interj.* enjoy your meal

application (appli) *f.* application (app)

apporter to bring, carry; to furnish (6)

apprécier to appreciate, value

apprendre (*like* **prendre**) *irreg.* to learn; to teach (6); **apprendre à** to learn (how) to

apprentissage (*m.*) **des langues** language learning

approcher to approach

approprié *adj.* appropriate

appuyer (sur) to press; to tap (10)

après *prep.* after (2); afterward (5); **après avoir (être)...** after having . . . ; **d'après** *prep.* according to

après-midi *m.* or *f.* afternoon; **cet après-midi** this afternoon (5); **de l'après-midi** in the afternoon (6); **tous les après-midi** every afternoon (9)

arabe *m.* Arabic (*language*)

arachide *f.* peanut(s)

arbre *m.* tree (5)

archéologique *adj.* archeological

architecte *m., f.* architect (14)

arène(s) *f.* (*pl.*) arena, bullring (12)

argent *m.* money (7); silver; **argent liquide** cash (14)

argot *m.* slang

arme *f.* weapon, arm

armée *f.* army

armoire *f.* wardrobe; closet (4)

aromaticien(ne) *m., f.* perfume maker

arranger to arrange

arrêter (de) to stop, cease (12); **s'arrêter** to stop (*oneself*) (13)

arrière *adv.* back; **arrière-grand-parent** *m.* great-grandparent (5)

arrivée *f.* arrival (9)

arriver to arrive, come (3); to happen

arrondissement *m.* district, section (*of Paris*) (11)

arroser to water (*plants*)

art *m.* art; **œuvre** (*f.*) **d'art** work of art (12)

artichaut *m.* artichoke

artifice: feux (*m. pl.*) **d'artifice** fireworks

artisan(e) *m., f.* artisan, craftsperson (14)

artisanat *m.* handicrafts, arts and crafts

artiste *m., f.* artist (12)

artistique *adj.* artistic

ascenseur *m.* elevator (4)

Asiatique *m., f.* person from Asia

Asie *f.* Asia

aspiré *adj.* aspirate

asseoir (*p.p.* **assis**) *irreg.* to seat; **s'asseoir** to sit down

assez *adv.* somewhat (3); rather, quite; **assez de** *adv.* enough (6)

assiette *f.* plate (6)

assimiler to assimilate, integrate

assistant(e) *m., f.* assistant; **assistant(e) administratif/ive** administrative assistant

assister à to attend, go to (*concert, etc.*) (15)

associer to associate

assurance *f.* assurance; insurance; **assurances-automobile** *pl.* car insurance

assurer to insure; to assure; to ensure

atelier *m.* workshop; (*art*) studio

athlète *m., f.* athlete

atmosphère *f.* atmosphere

atout *m.* asset

attacher to attach

attendre to wait, wait for (5)

attention *f.* attention; **faire attention (à)** to pay attention (to); to be careful (of), watch out (for) (5)

attentivement *adv.* attentively

attirer to attract

attraper to catch

attribuer to attribute

auberge *f.* inn; **auberge de jeunesse** youth hostel (9)

aucun(e) (ne... aucun[e]) *adj., pron.* none; no one, not one, not any; anyone; any

audacieux/euse *adj.* daring

augmentation *f.* increase (14); **augmentation de salaire** salary raise (14)

augmenter to increase (16)

aujourd'hui *adv.* today (1); nowadays

auprès de *prep.* with, to

aussi *adv.* also; so; as; **aussi... que** as . . . as (14); **moi aussi** me too (3)

aussitôt *conj.* immediately, at once; **aussitôt que** as soon as (14)

Australie *f.* Australia

autant (de) *adv.* as much, so much, as many, so many; **autant (de)... que** as much (many) . . . as (15); **autant que** as much as

auteur(e) *m., f.* author; **auteur(e) dramatique** playwright (12)

authentique *adj.* authentic, genuine

autiste *adj.* autistic

autobus (*fam.* **bus**) *m.* (*city*) bus (5)

autocar (*fam.* **car**) *m.* (*interurban*) bus (9)

automatique *adj.* automatic; **guichet** (*m.*) **automatique** automatic teller machine (ATM) (14)

automne *m.* autumn, fall; **en automne** in the autumn (5)

automobile (*fam.* **auto**) *f., adj.* automobile, car

autonome *adj.* autonomous, self-governing

autoportrait *m.* self-portrait

autorisé permitted

autoritaire *adj.* authoritarian

autoroute *f.* highway, freeway (9)

autour de *prep.* around

autre *adj., pron.* other (4); another; *m., f.* the other; *pl.* the others, the rest; **autre chose** something else (7); **d'autres** other(s) (15); **entre autres** among other things; **l'autre / les autres** the other(s) (15); **un(e) autre** another (15)

autrefois *adv.* formerly, in the past (11)

autrement *adv.* otherwise; **autrement dit** in other words

Autriche *f.* Austria

auxiliaire *m., Gram.* auxiliary (verb)

avance *f.* advance; **à l'avance** beforehand; **en avance** early (6)

avancé *adj.* advanced

avant *adj.* before (*in time*); *prep.* before, in advance of; *m.* front; **avant de** + *inf.* (*prep.*) before; **avant-goût** *m.* foretaste; **avant-hier** *adv.* the day before yesterday (7); **avant tout** *prep.* above all

avantage *m.* advantage, benefit; **tirer avantage de** to take advantage of

avec *prep.* with (2)

avenir *m.* future (14); **à l'avenir** from now on, in the future (14)

aventure *f.* adventure

aventurier/ière *m., f.* adventurer (adventuress)

averti *adj.* warned; informed

avertir to warn

aveugle *adj.* blind, **dégustation** (*f.*) **à l'aveugle** blind tasting

avion *m.* airplane (9); **billet** (*m.*) **d'avion aller-retour** round-trip plane ticket; **en avion** by plane

avis *m.* opinion; **à votre (ton) avis** in your opinion (11); **changer d'avis** to change one's mind

avocat(e) *m., f.* lawyer (14)

avoir (*p.p.* **eu**) *irreg.* to have (3); **avoir (vingt) ans** to be (twenty) years old (3); **avoir besoin de** to need (3); **avoir chaud** to be warm (hot) (3); **avoir confiance en** to have confidence in; **avoir de la chance** to be lucky (3); **avoir de la fièvre** to have a fever; **avoir droit à** to have a right to; **avoir du mal à** to have trouble (difficulty); **avoir envie de** to feel like; to want (3); **avoir faim** to be hungry (3); **avoir froid** to be (feel) cold (3); **avoir honte (de)** to be ashamed (of) (3); **avoir horreur de** to hate; **avoir l'air (de)** to seem, look (like) (3); **avoir le seum** *fam.* to be angry, disgusted **avoir le temps (de)** to have the time (to); **avoir lieu** to take place; **avoir mal (à)** to have pain; to hurt (13); **avoir peur (de)** to be afraid (of) (3); **avoir raison** to be right (3); **avoir rendez-vous avec** to have a meeting (date) with (3); **avoir soif** to be thirsty (3); **avoir sommeil** to be sleepy (3); **avoir tort** to be wrong (3); **il n'y a pas de quoi** you're welcome (7); **il y a** there is, there are (1); ago (8); **j'aurai droit à quoi** I'll be entitled to what

avouer to confess, admit

avril April (1)

axé (sur) *adj.* based (on); built (around)

Azur: Côte (*f.*) **d'Azur** French Riviera

babouche *f.* (Turkish) slipper

baccalauréat (*fam.* **bac**) *m.* baccalaureate (*French secondary school degree*)

bagages *m. pl.* luggage

bagnole *f., fam.* car, jalopy

baguette (de pain) *f.* French bread, baguette (6)

baie *f.* bay

baigner: ça baigne it's chill, it's going great

se baigner to bathe (*oneself*) (13); to swim (13)

bain *m.* bath; swim; **maillot** (*m.*) **de bain** swimsuit (3); **salle** (*f.*) **de bains** bathroom (5)

baiser *m.* kiss

baisser: faire baisser to lower

bal *m.* dance, ball

balade *f., fam.* walk, drive, outing

se balader *fam.* to go for a walk (drive, outing)

balancer: se balancer to sway

balcon *m.* balcony (5)

balle *f.* (*small*) ball; tennis ball

balnéaire *adj.* seaside

banal *adj.* commonplace

banane *f.* banana (6)

banc *m.* bench

bancaire *adj.* banking, bank; **carte** (*f.*) **bancaire** bank (ATM/credit) card (14); **compte** (*m.*) **bancaire** bank account

bande *f.* band; group; **bande dessinée** comic book, graphic novel (10); *pl.* comics

banlieue *f.* suburbs (11); **en banlieue** in the suburbs

banlieusard *m., f.* suburbanite, commuter

banque *f.* bank (11)

bar *m.* bar; snack bar; pub

barrer to bar, block; **se barrer** *fam.* to run off, clear out

bas(se) *adj.* low; **à bas...** down with . . . ; **là-bas** *adv.* over there (10); **Pays-Bas** *m. pl.* the Netherlands, Holland

base *f.* base; basis, foundation

base-ball *m.* baseball; **jouer au base-ball** to play baseball

baser to base; **se baser sur** to be based on

basket-ball (*fam.* **basket**) *m.* basketball; **jouer au basket** to play basketball

bassin *m.* ornamental pond

bataille *f.* battle

bateau *m.* boat (8); **bateau à voile** sailboat (8); **bateau de croisière** cruise ship; **bateau-mouche** *m. tourist boat on the Seine;* **en bateau** by boat, in a boat; **faire du bateau** to go boating (8)

bâtiment *m.* building (11)

bâtir to build (12)

batterie *f.* battery (10)

battre (*p.p.* **battu**) *irreg.* to beat; to battle with; **se battre** to fight

bavard *adj.* talkative

bavarder to chat; to talk

beau (bel, belle [beaux, belles]) *adj.* handsome; beautiful (3); **à la belle étoile** under the stars; **beau-frère** *m.* brother-in-law; stepbrother (5); **beau-père** *m.* father-in-law; stepfather (5); **belle-mère** *f.* mother-in-law; stepmother (5); **belle-sœur** *f.* sister-in-law; stepsister (5); **il fait beau** it's nice (weather) out (5)

beaucoup (de) *adv.* very much, a lot (1); much, many (6)

beauté *f.* beauty

bébé *m.* baby

belek: faire belek *fam.* to be careful, to watch out (for)

belge *adj.* Belgian; **Belge** *m, f.* Belgian (*person*) (2)

Belgique *f.* Belgium (2, 8)

belle (see **beau**)

bénédiction *f.* blessing

bénévolat *m.* volunteerism

bénévole *m., f., adj.* volunteer

béret *m.* beret (3)

besoin *m.* need; **avoir besoin de** to need (3)

besta *f., fam.* best friend

bête *f.* animal, beast

beur *m., f.* second-generation North African living in France

beurre *m.* butter (6)

bibliothèque (*fam.* **bibli**) *f.* library (2)

bicyclette *f.* bicycle (8); **faire de la bicyclette** to go bicycling (8)

bide: faire un bide *fam.* to flop; to bomb (as a theatre production)

bien *adv.* well (1); *fam.* good, quite; much; comfortable; **aimer bien** to like; **bien** (*m.*) **commun** common good; **bien sûr** *interj.* of course; **ça va bien** fine (things are going well) (1); **eh bien** *interj.* well (10); **je vais bien** I'm fine; **s'amuser bien** to have a good time; **s'entendre bien** to get along (well); **très bien** very well (good) (1); **vouloir bien** to be willing; to agree

bien-être *m.* well-being; welfare

bienfaisant *adj.* refreshing; beneficial

bientôt *adv.* soon (5); **à bientôt** *interj.* see you soon (1)

bienvenu(e) *adj., interj.* welcome

bière *f.* beer (6)

bifteck *m.* steak (6)

bijou *m.* jewel (14); piece of jewelry

bilingue *adj.* bilingual

billet *m.* bill (*currency*); ticket (9); **billet aller-retour** round-trip ticket; **billet d'avion (de train)** plane (train) ticket; **composter son billet** to stamp (punch) one's ticket

bio *adj. inv.* organic

biologie *f.* biology (2)

biologique *adj.* (*fam.* **bio**) biological; organic

biscuit (sec) *m.* cookie

bise *f., fam.* kiss, smack; **faire la bise** to kiss on both cheeks (*in greeting*); **(grosses) bises** love and kisses

bisou *m., fam.* kiss (*child's language*); **(gros) bisous** love and kisses

bistro *m.* bar, pub; neighborhood restaurant

bizarre *adj.* strange, odd; **il est bizarre que** + *subj.* it's strange (bizarre) that

blaff *m.* broth (in Martinique)

blague *f.* joke (15)

blanc(he) *adj.* white (3); **coup** (*m.*) **à blanc** blank shot

blancheur *f.* whiteness

blessé wounded

bleu *adj.* blue (3)

blog *m.* blog

blogueur/blogueuse *m., f.* blogger

blond(e) *m., f., adj.* blond (3)

bloqué *adj.* stuck, held up (*in traffic*)

blouson *m.* windbreaker; jacket (3)

bobo *adj.* hipster

bœuf *m.* beef (6); **consommé** (*m.*) **de bœuf** beef consommé; **filet** (*m.*) **de bœuf** beef fillet; **rôti** (*m.*) **de bœuf** roast beef

bof *interj.* I dunno; not really; so-so

boire (*p.p.* **bu**) *irreg.* to drink (6); **boire un coup** to have a drink

bois *m.* forest, woods (11); wood

boisson *f.* drink, beverage (6); **boisson gazeuse** soft drink

boîte *f.* box; can; nightclub (15); **boîte (de conserve)** can (*of food*) (7); **boîte aux lettres** mailbox (10); **boîte de nuit** nightclub; **boîte vocale** voice mail

bol *m.* wide cup; bowl (6)

bon(ne) *adj.* good (4); right, correct; *f.* maid, chambermaid; **ah bon?** oh, really?; **bon anniversaire** *interj.* happy birthday; **bon appétit** *interj.* enjoy your meal; **bon marché** *adj. inv.* inexpensive; **bon voyage** *interj.* have a good trip; **bonne chance** *interj.* good luck; **bonne route** *interj.* have a good trip; **de bonne heure** early (6); **il est bon que** + *subj.* it's good that (16)

bonbon *m.* (*piece of*) candy

bonheur *m.* happiness

bonjour *interj.* hello, good day (1)

bonnet *m.* hat, bonnet

bonsoir *interj.* good evening (1)

bord *m.* board; edge, bank, shore; **à bord** on board; **au bord de** on the banks (shore, edge) of

bordé *adj.* edged, lined

bordelais *adj.* Bordeaux-style

border to line, edge

borne *f.* terminal; pay point

bosser *fam.* to work

bottes *f. pl.* boots (3)

bouche *f.* mouth (13)

boucher/ère *m., f.* butcher (14)

boucherie *f.* butcher shop (7); **boucherie-charcuterie** *f.* combination butcher and deli

boue *f.* mud

bouffe *f., fam.* food, grub; **faire une petite bouffe** have a light meal

bouffer *fam.* to eat

bouger (nous bougeons) to move, budge

bouillir (*p.p.* **bouilli**) *irreg.* to boil; **faire bouillir** to bring to a boil

bouillon *m.* broth, stock

boulangerie *f.* bakery (7); **boulangerie-pâtisserie** *f.* bakery-pastry shop

boule *f.* ball

boulot *m., fam.* job; work (14)

bouquin *m., fam.* book

bourgeois *adj.* bourgeois; middle-class

Bourgogne *f.* Burgundy

bourguignon(ne) *adj.* from Burgundy; **bœuf bourguignon** beef stew with red wine sauce

bourse (*f.*) **d'études** scholarship, study grant; **Bourse** *f.* stock exchange

bout *m.* end; **au bout de** to the end of

bouteille *f.* bottle (6)

boutique *f.* shop, store

bouton *m.* button; push-button

bracelet *m.* bracelet; **bracelet connecté** activity tracker (10)

branché *adj., fam.* trendy

bras *m. s., pl.* arm (13)

brasserie *f.* bar, brasserie

bref/ève *adj.* short, brief; *adv.* in short, in brief

Brésil *m.* Brazil (8)

Bretagne *f.* Brittany

breton(ne) *adj.* Breton; **Breton(ne)** *m., f.* Breton (*person*); **Far** (*m.*) **breton** traditional cake from Brittany

bricolage *m.* do-it-yourself work, puttering around (15)

bricoler to putter around, do odd jobs (15)

brièvement *adv.* briefly

brillant *adj.* brilliant; shining

bronzer to get a suntan (8)

brosse *f.* brush (13); **brosse à dents** toothbrush

brosser to brush; **se brosser les cheveux (les dents)** to brush one's hair (teeth) (13)

bru *f.* daughter-in-law (5)

bruit *m.* noise (5)

brûlé *adj.* burned, burnt; **crème** (*f.*) **brûlée** *custard topped with caramelized sugar*

brumeux/euse *adj.* foggy, misty

brun brown; **la sauce brune** gravy

Bruxelles Brussels

bûche *f.* log; **bûche de Noël** Yule log (*pastry*)

budget *m.* budget (14); **budget militaire** military budget

buffet (*m.*) **de la gare** train station restaurant (9)

bureau *m.* desk (1); office (2), study (5); **bureau de change** money exchange (office) (14); **bureau de poste** post office (10); **bureau de tabac** (*government-licensed*) tobacconist

bus *m.* (*city*) bus

but *m.* goal; objective; **ligne** (*f.*) **de but** goal, goal line (*soccer*)

ça *pron.* this, that; it (7); **ça cloche** things aren't going right; **ça m'est égal** it's all the same to me; **ça peut aller** all right, pretty well (1); **ça va?** how's it going? (1); **ça va** fine (things are going well) (1); **ça va bien (mal)** things are going well (badly) (1); **comme ci, comme ça** so-so (1)

cabinet *m.* office; **cabinet médical** doctor's office (13)

câble *m.* cable; cable TV (10); **télévision** (*f.*) **par câble** cable TV

cachemire *m.* cashmere

cacher to hide

cadeau *m.* present, gift (10)

cadien(ne) *adj.* Cajun

cadre *m.* frame; setting, framework; middle (upper) manager (14)

café *m.* café (2); (cup of) coffee (2); coffee-flavored; **café au lait** coffee with milk; **café-tabac** *m.* bar-tobacconist (*government-licensed*) (11)

cafetière *f.* coffeepot, coffeemaker

cahier *m.* notebook (1); workbook

caisse *f.* cash register; *fam.* car

calcul *m.* calculation; arithmetic; calculus; **faire des calculs** to do calculations

calculer to calculate, figure

caleçon: caleçon (*m.*) **long** thermal underwear, long johns

calendrier *m.* calendar

Californie *f.* California

californien(ne) *adj.* Californian

calme *m., adj.* calm (3)

calmer to calm (down)

calorique *adj.* caloric; **très (peu) calorique** high (low) in calories

camarade *m., f.* friend, companion; **camarade de chambre** roommate (3); **camarade de classe** classmate, schoolmate

Cameroun *m.* Cameroon

camion *m.* truck (9)

camp (*m.*) **de travail forcé** forced laber camp

campagne *f.* country(side) (8); campaign; **à la campagne** in the country; **campagne électorale** election campaign; **pain** (*m.*) **de campagne** country-style bread, wheat bread (7); **pâté** (*m.*) **de campagne** terrine, (country-style) pâté (7)

camper to camp

campeur/euse *m., f.* camper

camping *m.* camping (8); **faire du camping** to go camping (8)

Canada *m.* Canada (2, 8)

canadien *adj.* Canadian; **Canadien(ne)** *m., f.* Canadian (*person*) (2)

canal (*pl.* **canaux**) *m.* channel; canal

canapé *m.* sofa, couch (4)

canard *m.* duck; *tr. fam.* newspaper; **confit** (*m.*) **de canard** duck conserve

candidat(e) *m., f.* candidate; applicant

candidature *f.* candidacy; **poser sa candidature** to apply (14)

canicule *f.* heat wave

canne (*f.*) **à sucre** sugarcane

cannelle *f.* cinnamon

canon *adj., fam.* sexy, gorgeous (*a woman*)

cap *m.* cape (*strip of land*)

capitale *f.* capital (*city*)

capuche *f.* hood

car *conj.* for, because

caractère *m.* character (*personality*)

caractériser to characterize; **se caractériser par** to be characterized (distinguished) by

caractéristiques *f.* characteristics

carafe *f.* carafe; pitcher (6)

Caraïbes *f. pl.* Caribbean (*islands*)

caravane *f.* caravan; (camping) trailer

carburateur *m.* carburetor

cardinal: points (*m. pl.*) **cardinaux** compass points, directions (8)

caricaturiste *m., f.* caricaturist, cartoonist

carnaval *m.* carnival

carnet *m.* booklet; **carnet d'adresses** address book; **carnet de chèques** checkbook (14)

carotte *f.* carrot (6)

carré *adj.* square (*geometry*)

carreau *m.* tile, window pane; **à carreaux** checkered, checked

carrefour *m.* intersection; crossroads (11)

carrière *f.* career

carte *f.* card (3); menu (7); map (*of region, country*) (11); *pl.* (playing) cards; **carte bancaire** bank (ATM/credit) card (14); **carte d'anniversaire** birthday card; **carte de crédit** credit card (14); **carte de débit** debit card (14); **carte d'embarquement** boarding pass (9); **carte d'étudiant** student ID card; **carte d'identité** ID card (8); **carte postale** postcard (10); **carte routière** road map; **jouer aux cartes** to play cards (3)

carton *m.* box

cartonner *fam.* to score a success

cas *m.* case; **dans ce cas** in this case (situation); **en cas de** in case of; **en tout cas** in any case, at any rate; **selon le cas** as the case may be

casque *m.* helmet (8); headset

casquette *f.* cap; baseball cap (3)

casser to break; **se casser** *fam.* to leave (a place)

casserole *f.* saucepan

casse-dalle *m., fam.* sandwich

casse-tête *m.* puzzle, riddle game

catégorie *f.* category, class

catégorique *adj.* categorical, flat

cathédrale *f.* cathedral (12)

cauchemar *m.* nightmare

cause: à cause de because of

cave *f.* cellar

ce (c') (cet, cette, ces) *pron., adj.* this, that (7); **ce week-end** this weekend; **c'est-à-dire (que)** that is, I mean (10); **c'est un(e)...** it's a (an) . . . ; **cet après-midi (ce matin, ce soir)** this afternoon (morning, evening) (5); **qu'est-ce que c'est?** what is it? (1); **qui est-ce?** who is it? (1)

cédille *f.* cedilla (ç)

ceinture *f.* belt

cela (ça) *pron.* this, that

célèbre *adj.* famous

célébrer (je célèbre) to celebrate (6)

célébrité *f.* celebrity

céleri *m.* celery

célibataire *adj.* single (*person*) (5); *n. m., f.* single person (13)

cellulaire *m.* cellular phone

celui (ceux, celle, celles) *pron.* the one, the ones; this one, that one; these, those

cendres *f. pl.* ashes

cendrier *m.* ashtray

censé: être censé(e) + *inf.* to be supposed to (*do s.th.*)

cent *adj.* one hundred

centaine *f.* about one hundred

centrale *f.* power station; **centrale nucléaire** nuclear power plant (16)

centre *m.* center; **centre d'hébergement** shelter; **centre-ville** *m.* downtown (11)

cependant *conj.* however, nevertheless

cercle *m.* circle

céréales *f. pl.* cereal; grains

cérémonie *f.* ceremony (13)

cerise *f.* cherry

certain *adj.* sure; particular; certain (15); *pl., pron.* certain ones, some people; **il est certain que** + *indic.* it's certain that (16)

certificat *m.* certificate, diploma

ces (see **ce**)

cesser to stop, cease

c'est-à-dire *conj.* that is to say, I mean

cet (see **ce**)

chacun(e) *m., f., pron.* each (one), every one (15)

chaîne *f.* television channel; network (10); chain

chaise *f.* chair (1)

chaleur *f.* heat; warmth

chaleureux/euse *adj.* warm; friendly

chambre *f.* room; bedroom (4); hotel room; **camarade** (*m., f.*) **de chambre** roommate (3); **chambre de bonne** (4) garret; maid's room

champ *m.* field

champagne *m.* champagne, sparkling wine (*from Champagne*)

champignon *m.* mushroom (6)

champion(ne) *m., f.* champion

chance *f.* luck; possibility; opportunity; **avoir de la chance** to be lucky (3); **bonne chance** *interj.* good luck; **pas de chance** no luck; **quelle chance** what luck

chandelle *f.* candle; **aux chandelles** *adv.* by candlelight

change *m.* currency exchange; **bureau** (*m.*) **de change** money exchange (office) (14); **taux** (*m.*) **de change** exchange rate (14)

changement *m.* change; **changement climatique** climate change (16)

changer (nous changeons) to change; to exchange (*currency*) (14); **changer d'avis** to change one's mind; **changer de l'argent** to exchange currency

chanson *f.* song (15); **chanson de variété** popular song (15)

chant *m.* song

chanter to sing

chanteur/euse *m., f.* singer

chapeau *m.* hat (3)

chapitre *m.* chapter

chaque *adj.* each, every (4)

charbon *m.* coal; charcoal

charcuterie *f.* deli; cold cuts; pork butcher's shop, delicatessen (7); **boucherie-charcuterie** *f.* combination butcher and deli

charge (*f.*); **charges comprises** utilities included; **pris/en/ charge par** taken care of by

chargé (de) *adj.* in charge (of), responsible (for); heavy, loaded (with); busy

chargement *m.* loading; shipping; **gare** (*f.*) **de chargement** loading dock

charger (nous chargeons) to load; **charger de** to ask (*s.o. to do s.th.*); **se charger de** to take responsibility for, take care of

chargeur *m.* charger (10)

charlotte *f.* charlotte (*cake with whipped cream and fruit*)

charmant *adj.* charming (3)

charmer to charm, enchant

charmeur (*m.*) **de serpents** snake charmer

charte *f.* charter, title

chasse *f.* hunt, hunting

chasser to hunt; to chase away

chat(te) *m., f.* cat (4)

châtain *adj.* brown, chestnut-colored (*hair*) (3)

château *m.* castle, chateau (11)

chaud *adj.* warm; hot; **avoir chaud** to be warm (hot) (3); **il fait chaud** it's hot (5)

chauffage *m.* heating (system)

chauffeur/euse *m., f.* chauffeur; driver; **chauffeur/euse de taxi** taxi(cab) driver

chaussée *f.* pavement; **rez-de-chaussée** *m.* ground floor (5)

chaussettes *f. pl.* socks (3)

chaussures *f. pl.* shoes (3); **chaussures de ski (de montagne)** ski (hiking) boots (8)

chef *m.* leader; head; chef, head cook; **chef d'entreprise** company head, top manager, boss (14)

chef-d'œuvre *m.* (*pl.* **chefs-d'œuvre**) masterpiece (12)

chemin *m.* way (*road*) (11); path; **chemin de fer** railroad

chemise *f.* shirt (3)

chemisier *m.* (*woman's*) shirt, blouse (3)

chèque *m.* check (14); **carnet** (*m.*) **de chèques** checkbook (14); **chèque de voyage** traveler's check; **compte-chèques** *m.* checking account (14); **déposer un chèque** to deposit a check; **encaisser (toucher) un chèque** to cash a check (14); **faire un chèque** to write a check (14)

cher/ère *adj.* expensive; dear (3)

chercher to look for (2); to pick up (*a passenger*); **chercher à** to try to (12)

chéri(e) *m., f.* darling

cheval (*pl.* **chevaux**) *m.* horse (8); **à cheval** on horseback; **faire du cheval** to go horseback riding (8); **queue** (*f.*) **de cheval** ponytail

cheveux *m. pl.* hair (3); **se brosser les cheveux** to brush one's hair (13)

chèvre *f.* (she-) goat

chez at the home (establishment) of (5); **chez moi** at my place

chic *adj., often inv.* chic, stylish (3)

chien(ne) *m., f.* dog (4)

chiffre *m.* number, digit; **chiffre d'affaires** turnover (*in business*); **chiffre record** record number

chiller *fam.* to relax

chimie *f.* chemistry (2)

chimiste *m., f.* chemist

Chine *f.* China (2, 8)

chinois *adj.* Chinese; *m.* Chinese (*language*) (2); **Chinois(e)** *m., f.* Chinese (*person*) (2)

choc *m.* clash; shock; jolt

chocolat *m.* chocolate; hot chocolate (6); **éclair** (*m.*) **au chocolat** chocolate eclair; **mousse** (*f.*) **au chocolat** chocolate mousse; **pain** (*m.*) **au chocolat** chocolate croissant

chocolaterie *f.* chocolate shop

chocolatier/ière *m., f.* chocolate maker

choisir (de) to choose (to) (4)

choix *m.* choice

chômage *m.* unemployment (14); **taux** (*m.*) **de chômage** unemployment rate (14)

chômeur/euse *m., f.* unemployed person (14)

chose *f.* thing; **autre chose** something else (7); **quelque chose** something (7); **quelque chose de** + *adj.* something + *adj.* (15)

chronologique *adj.* chronological

ci: comme ci, comme ça so-so (1); **cidessous** *adv.* below; **ci-dessus** *adv.* above, previously

cidre *m.* cider

ciel *m.* sky; **gratte-ciel** *m. inv.* skyscraper

cils *m. pl.* eyelashes

cimetière *m.* cemetery

cinéaste *m., f.* filmmaker (12)

ciné-club *m.* film club

cinéma (*fam.* **ciné**) *m.* movies; movie theater (2)

cinq *adj.* five (1)

cinquante *adj.* fifty (1); **les années** (*f. pl.*) **cinquante** the decade (era) of the fifties

cinquième *adj.* fifth (11)

circonflexe *m.* circumflex (*accent*) (**ê**)

circonstance *f.* circumstance

circuit *m.* organized tour

circulation *f.* traffic; circulation

circuler to circulate; to travel

cire *f.* wax

ciré *adj.* polished; waxed

cirque *m.* circus

citadin(e) *m., f.* city-dweller

citation *f.* quotation

cité *f.* area in a city; **cité universitaire** (*fam.* **cité-U**) university dormitory (2)

citer to cite, name; to quote

citoyen(ne) *m., f.* citizen (16)

citron *m.* lemon; **citron pressé** fresh lemon juice; **citron vert** lime (*fruit*)

cive *f.* chive

civil: état (*m.*) **civil** marital (civil) status

clair *adj.* light, bright; light-colored; clear; evident; **il est clair que** + *indic.* it's clear that (16)

clandestin *adj.* clandestine, secret

clarinette *f.* clarinet

classe *f.* class; classroom; *adj., fam.* chic, stylish; **camarade** (*m., f.*) **de classe** classmate; **classe affaires (économique)** business (tourist) class (9); **première (deuxième [seconde]) classe** first (second) class (9); **salle** (*f.*) **de classe** classroom (1)

classement *m.* classification

classer to classify; to sort; to rate; **se classer** to come in; to rank

classique *adj.* classical; classic; **musique** (*f.*) **classique** classical music

clavier *m.* keyboard (1)

clé, clef *f.* key (5); **clé USB** flash drive (10); **mot clé** *m.* key word

clic *m.* click

client(e) *m., f.* customer, client

clientèle *f.* clientele, customers

climat *m.* climate

climatisé *adj.* air-conditioned

cliquer (sur) to click (on) (10)

cloche *f.* bell

clos *m.* field

clou (*m.*) **de girofle** clove

club *m.* club (*social, athletic*); **ciné-club** *m.* film club

coca *m., fam.* cola drink

cocher to check off (*list*)

cochon *m.* pig

code *m.* code; **code postal** postal (zip) code

cœur *m.* heart (13); **au cœur de** at the heart (source) of; **par cœur** by heart (12)

coexister to coexist

coffre *m.* trunk (*of car*) (9)

coiffeur/euse *m., f.* hairdresser; barber (14)

coiffure *f.* hair style; **salon** (*m.*) **de coiffure** beauty salon

coin *m.* corner (11); place, spot

colis *m.* package, parcel (10)

collant *m.* pantyhose; tights (3)

collectif/ive *adj.* collective

collectionner to collect

collège *m.* (*French*) *secondary school*

collègue *m., f.* colleague

colocataire (*fam.* **coloc**) *m., f.* housemate, roommate (4)

colocation *f.* house or apartment sharing

colombage *m.* half-timbers

Colombie *f.* Colombia; **Colombie-Britannique** *f.* British Columbia

colonie *f.* colony

colonisateur/trice *m., f.* colonizer

colonisé *adj.* colonized

colonne *f.* column

combattre (*like* **battre**) *irreg.* to fight

combien (de)? *adv.* how much? (1), how many? (4); **c'est combien?** how much is it? (1) **depuis combien de temps… ?** (for) how long … ? (9); **pendant combien de temps… ?** (for) how long … ? (9)

combinaison *f.* combination

combiner to combine

comédie *f.* comedy

comédien(ne) *m., f.* stage actor; comedian (12)

comique *m., f.* comedian, comic; *adj.* funny, comical, comic

commande *f.* order (*in business, restaurant*)

commandement *m.* command (*military leadership*)

commander to order (*in a restaurant*) (6)

comme *adv.* as, like, how; **comme ci, comme ça** so-so (1)

commencement *m.* beginning

commencer (nous commençons) (à) to begin (to) (2); **commencer par** to begin by (*doing s.th.*)

comment *adv.* how; **comment** what, how (1); **comment allez-vous? (comment vas-tu?)** how are you? (1); **comment ça va?** how are you?, how's it going? (1); **comment dit-on… en français?** how do you say . . . in French?; **comment est-il/elle?** what's he/she/it like?; **comment s'appelle-t-il/elle?** what's his/her name?; **comment vous appelez-vous? (comment t'appelles-tu?)** what's your name? (1)

commentaire *m.* remark, comment; commentary

commenter to comment on

commerçant(e) *m., f.* shopkeeper (14); *adj.* commercial, shopping

commerce *m.* business (2)

commercial *adj.* commercial, business; **directeur/trice** (*m., f.*) **commercial(e)** business manager (14)

commissariat *m.* police station (11)

commission *f.* commission; errand

commode *f.* chest of drawers (4); *adj.* convenient

commun *adj.* ordinary, common; shared; **bien** (*m.*) **commun** common good; **en commun** in common; **transports** (*m. pl.*) **en commun** public transportation

communauté *f.* community

commune *f.* district

communicatif/ive *adj.* communicative

communication *f.* communication; phone call

communiquer to communicate

compagnie *f.* company

compagnon/compagne *m., f.* companion

comparaison *f.* comparison

comparer to compare

compartiment *m.* compartment (9)

complément *m.* complement; **pronom** (*m.*) **complément d'objet (in)direct** *Gram.* (in)direct object pronoun

complémentaire *adj.* complementary

complet/ète *adj.* complete; whole

compléter (je complète) to complete, finish

compliqué *adj.* complicated

comportement *m.* behavior

composé *adj.* composed; **passé** (*m.*) **composé** *Gram.* compound past tense

composer to compose; to make up

compositeur/trice *m., f.* composer (12)

composter to stamp (*date*); to punch (*ticket*)

compréhensif/ive *adj.* understanding

compréhension *f.* understanding

comprendre (*like* **prendre**) *irreg.* to understand; to comprise, include (6); **je ne comprends pas** I don't understand (1)

compris *adj.* included (7); **tout compris** all inclusive

comptable *m., f.* accountant (14); **expert(e)-comptable** *m., f.* certified public accountant

compte *m.* account; **à son compte** for oneself (14); **compte bancaire** bank account; **compte d'épargne** savings account (14); **compte en ligne** online account (10); **travailler pour (à) son compte** to be self-employed (14)

compter to plan (to do something); to intend; to count (14); to have; to include; **compter sur** to count on, rely on (s.o. or s.th.)

concentrer to concentrate

concerner to concern; **en ce qui concerne** concerning

concevoir (*like* **recevoir**) *irreg.* to conceive, design

concierge *m., f.* caretaker, super, janitor; concierge

conclu (*p.p. of* **conclure**) *adj.* settled, agreed upon

concours *m. s.* competition; competitive exam

conçu (*p.p. of* **concevoir**) *adj.* designed, devised, conceived

concurrent(e) *m., f.* competitor

condamner to condemn

condition *f.* condition; situation

conditionnel *m., Gram.* conditional

conducteur/trice *m., f.* driver (9); engineer (*train*)

conduire (*p.p.* **conduit**) *irreg.* to drive (9); to take; to lead; **permis** (*m.*) **de conduire** driver's license

conduite *f.* behavior, conduct

conférence *f.* lecture (12); conference

confiance *f.* confidence; **avoir confiance en** to have confidence in; to trust; **faire confiance à** to trust in

confié (à) *adj.* entrusted (to)

confirmer to confirm

confiserie *f.* candy store

confit (*m.*) **de canard** duck conserve

confiture *f.* jam

conflit *m.* conflict (16)

confondre to mix up, confuse

confondu *adj.* mixed, confused

conformiste *m., f., adj.* conformist (3)

confort *m.* comfort; amenities

confortable *adj.* comfortable

congé *m.* vacation, leave (*from work*)

Congo *m.* Congo; **République** (*f.*) **Démocratique du Congo** Democratic Republic of Congo

congolais *adj.* Congolese; **Congolais(e)** *m., f.* Congolese (*person*)

conjugaison *f., Gram.* (verb) conjugation

conjuguer to conjugate

connaissance *f.* knowledge; acquaintance; **faire connaissance** to get acquainted; **faire la connaissance de** to meet (*for the first time*), make the acquaintance of (5)

connaisseur/euse *m., f.* connoisseur

connaître (*p.p.* **connu**) *irreg.* to know, be familiar with (11); **se connaître** to know one another; to meet

connecté logged on, connected (*to the Internet*); **bracelet** (*m.*) **connecté** activity tracker; **montre** (*f.*) **connectée** smartwatch

connerie *f., tr. fam.* stupid mistake

connexion *f.* link, connection (10)

connu *adj.* known; famous

conquérir (*p.p.* **conquis**) *irreg.* to conquer

consacrer to devote

se consacrer à to devote oneself to

conscience *f.* conscience; **prendre conscience de** to become aware of

conseil *m.* (piece of) advice; council; **donner des conseils à** to give advice to

conseiller (à, de) to advise; to suggest (12)

conseiller/ère *m., f.* adviser; **conseiller/ère d'orientation** guidance counselor

conservation *f.* conserving; preservation (16)

conservatoire *m.* conservatory

conserve *f.* preserve(s), canned food; *pl.* canned goods (7); **boîte** (*f.*) **de conserve** can of food (7)

conserver to conserve, preserve (16)

considérable *adj.* considerable, important

considération: prendre en considération to take into consideration

considérer (je considère) to consider (6)

consigne *f.* instruction(s)

consommateur/trice *m., f.* consumer

consommation *f.* consumption; consumerism

consommé *m.* clear soup, consommé

consommer to consume (16)

conspirer à to conspire to

constamment *adv.* constantly (12)

constater to notice; to remark

constituer to constitute

constructeur *m.* maker; constructor

constructif/ive *adj.* constructive

construire (*like* **conduire**) *irreg.* to construct, build (9)

contacter to contact

conte *m.* tale, story; **conte de fée** fairy tale

contempler to contemplate, meditate upon

contemporain *adj.* contemporary

contenir (*like* **tenir**) *irreg.* to contain

content *adj.* happy, pleased (3); **être content(e) de** (+ *inf.*) to be happy about (to); **être content(e) que** + *subj.* to be happy that

contenter to please

contenu *m.* content

contester to dispute; to answer

conteur/euse *m., f.* storyteller

continuer (à) to continue (to) (11)

contracter to get, contract (*a disease*)

contraire: vent (*m.*) **contraire** headwind

contrairement à contrary to, unlike

contrat *m.* contract

contravention *f.* traffic ticket

contre *prep.* against; **le pour et le contre** the pros and cons; **manifester contre** to demonstrate against (16)

contrôle *m.* control, overseeing; inspection

contrôler to inspect, monitor (14)

contrôleur/euse *m., f.* ticket collector; conductor

convaincant *adj.* convincing

convaincre (*p.p.* **convaincu**) *irreg.* to convince

convenable *adj.* proper; appropriate

convenir (*like* **venir**) *irreg.* to be suitable

converger (nous convergeons) (vers) to converge (on), lead (toward)

convertisseur *m.* converter

convoquer to summon, invite, convene

coordonner to coordinate

copain (copine) *m., f., fam.* friend, pal (7); boyfriend (girlfriend) (7)

copier to copy

copieux/euse *adj.* copious, abundant

coq *m.* rooster; **coq au vin** coq au vin (*chicken prepared with red wine*)

coquillages *m. pl.* seashells

corbeau *m.* crow

corps *m. s.* body (13)

correctement *adv.* correctly

correspondance *f.* correspondence

correspondant(e) *m., f.* newspaper correspondent; *adj.* corresponding

correspondre to correspond

corriger (nous corrigeons) to correct

Corse *f.* Corsica

cortège *m.* procession

cortisone *f.* cortisone

cosmopolite *adj.* cosmopolitan

costume *m.* (*man's*) suit; costume (3)

costumé: soirée (*f.*) **costumée** costume party

costumier/ière *m., f.* costume designer

côte *f.* coast; chop (7); rib; rib steak; side; **côte d'agneau (de porc)** lamb (pork) chop; **Côte d'Azur** (French) Riviera; **Côte d'Ivoire** *f.* Cote d'Ivoire (2, 8)

côté *m.* side; **(d')à côté** (from) next door; **à côté (de)** *prep.* by, near; beside, next to (4); at one's side; **mettre de côté** to set aside

coton *m.* cotton

cou *m.* neck (13)

couchage: sac (*m.*) **de couchage** sleeping bag (8)

couche *f.* layer (*clothing*)

coucher to put to bed; **se coucher** to go to bed (13)

couchette *f.* berth (*train*) (9)

coucou *interj., fam.* peek-a-boo

coudre (*p.p.* **cousu**) *irreg.* to sew; **machine** (*f.*) **à coudre** sewing machine

coulé *adj.* cast

couleur *f.* color; **de quelle couleur est... ?** what color is . . . ?; **en couleur(s)** in color; colored

couloir *m.* hall(way) (4)

coup *m.* blow; **boire un coup** to have a drink; **coup à blanc** blank shot; **coup de fil** telephone call (13); **coup de foudre**

flash of lightning (13); love at first sight (13); **coup de pouce** little push (in the right direction); **coup de téléphone** telephone call; **coup d'œil** glance, quick look; **tout à coup** *adv.* suddenly (11)

coupe *f.* trophy, cup; ice cream sundae; **Coupe d'Europe** European Cup (*soccer*); **Coupe du Monde** World Cup (*soccer*)

couper to cut (off, up); **couper la ligne** to cut off (*phone call*)

couple *m.* (*engaged, married*) couple

cour *f.* court (*legal, royal*)

courage *m.* courage; spirit; **bon courage** *interj.* cheer up, be brave

courageux/euse *adj.* courageous (3)

couramment *adv.* fluently (12)

courant *adj.* general, everyday; **être au courant de** to be up (to date) with

coureur/euse *m., f.* runner; **coureur/euse cycliste** bicycle racer

courir (*p.p.* **couru**) *irreg.* to run (13)

couronne *f.* crown; royalty

couronné *adj.* crowned

courriel *m., fam.* e-mail message (10)

courrier *m.* mail (10); **courrier électronique** e-mail (*in general*)

cours *m. s.* course (2); class; exchange rate (14); price; **au cours de** during; **cours d'eau** river, waterway; **cours du jour** today's exchange rate; **suivre un cours** to take a course

course *f.* race; errand; **faire les courses** to do errands; to shop (5)

court *adj.* short (3); *m.* (tennis) court; **à court terme** in the short term (run)

court-bouillon *m.* broth

couscous *m.* couscous (*North African cracked-wheat dish*)

couscoussier *m.* couscous pan (*with steamer*)

cousin(e) *m., f.* cousin (5)

coût *m.* cost; **coût de la vie** cost of living (14)

couteau *m.* knife (6)

coûter to cost

coutume *f.* custom, tradition

couture *f.* sewing; clothes design; **˙haute couture** high fashion

couturier/ière *m., f.* clothes designer; dressmaker

couvert (de) *adj.* covered (with); *m.* table setting; **mettre le couvert** to set the table (10)

couverture *f.* coverage; cover

couvrir (*like* **ouvrir**) *irreg.* to cover (14)

covoiturage *m.* carpooling (16)

crabe *m.* crab (*seafood*)

craindre (*p.p.* **craint**) *irreg.* to fear

craquer to crack, snap

cravate *f.* tie (3)

crayon *m.* pencil (1)

créateur/trice *m., f.* creator

créativité *f.* creativity

crèche *f.* day-care center

crédit *m.* credit; **carte** (*f.*) **de crédit** credit card (14)

créer to create

crème *f.* cream (6); *m.* coffee with cream; **crème brulée** *custard topped with caramelized sugar;* **crème fraîche** clotted cream, crème fraîche; **crème glacée** Q. ice cream; **crème solaire** suntan lotion (8)

crêpe *f.* crepe, French pancake

crevé *adj., fam.* exhausted, wiped out

crevette *f.* shrimp

cri *m.* cry, shout

crier to cry out; to shout

crise *f.* crisis; **crise économique** recession; depression

critère *f.* criterion

critique *m., f.* critic

critiquer to criticize

croire (*p.p.* **cru**) (**à/en**) *irreg.* to believe (in) (10); **croire que** to believe that

croisière *f.* cruise; **bateau** (*m.*) **de croisière** cruise ship

croissant *m.* croissant (*roll*) (6); *adj.* growing

croix *f.* cross

croyance *f.* belief

cru *adj.* raw; *m.* vintage; vineyard or wine-producing region; **lait** (*m.*) **cru** unpasteurized milk

cuillère *f.* spoon (6); **cuillère à soupe** soup spoon, tablespoon (6); **petite cuillère** teaspoon

cuillerée *f.* spoonful (*measure*)

cuir *m.* leather; **en cuir** (*made of*) leather

cuire: faire cuire to cook (*food*)

cuisine *f.* cooking (6); food, cuisine; kitchen (5); **faire la cuisine** to cook (5); **nouvelle cuisine** light (low-fat) cuisine

cuisiner to cook

cuisinette *f.* kitchenette

cuisinier/ière *m., f.* cook, chef

cuisse *f.* leg; thigh

cuisson *f.* cooking (*process*)

cult *adj.* cooked

culinaire *adj.* culinary, cooking

cultivé *adj.* educated; cultured

cultiver to cultivate; to grow (*crops*)

culture *f.* education; culture

culturel(le) *adj.* cultural

cure *f.* course of treatment

curieux/euse *adj.* curious (3)

curiosité *f.* curiosity

curriculum (*m.*) **vitæ** résumé (14)

cybercafé *m.* Web (Internet) café

cybermarché *m.* Web (Internet) market

cyclable: piste (*f.*) **cyclable** bike path

cyclisme *m.* cycling (15)

cycliste *m., f.* cyclist, bicycle rider

cynique *adj.* cynical

cynisme *m.* cynicism

d'abord *adv.* first, first of all, at first (11)

d'accord *interj.* all right, O.K., agreed (2)

dalle: avoir la dalle to be hungry; **casse-dalle** *m.* sandwich

dame *f.* lady, woman; **messieurs dames** *colloq.* ladies and gentlemen

Danemark *m.* Denmark

dangereux/euse *adj.* dangerous

dans *prep.* within, in (2); **dans quatre jours** in four days (from now)

danse *f.* dance; dancing

danser to dance (2)

danseur/euse *m., f.* dancer

date *f.* date (*time*); **quelle est la date (d'aujourd'hui)?** what's today's date? (1)

dater de to date from (12)

datte *f.* date (*fruit*)

d'autres *pron.* others (15)

davantage *adv.* more

de (d') *prep.* of, from, about (2); **de nouveau** again (11); **de rien** not at all; don't mention it; you're welcome (1); **de temps en temps** from time to time (2)

débarquement *m.* disembarkation, landing

débarquer to land

débat *m.* debate

débit: carte de débit debit card (14)

débouché *m.* opening, (job) prospect

déboucher to come out, lead to

debout *adj. inv., adv.* standing up

se débrouiller to manage (13)

début *m.* beginning; **au début (de)** in (at) the beginning (of)

débutant(e) *m., f.* beginner, novice

débuter to begin, start

décembre December (1)

décevoir to disappoint

déchets *m. pl.* waste (material) (16); **déchets industriels** industrial waste; debris; **déchets nucléaires** nuclear waste

déchirer to rip

décidément *adv.* decidedly; definitely

décider (de) to decide (to) (12)

décision *f.* decision; **prendre une décision** to make a decision

déclencher to release, activate

déclin *m.* decline

déconseillé *adj.* not recommended

décor *m.* setting

décoratif/ive *adj.* decorative

décorer (de) to decorate (with)

découper to cut up

découragé *adj.* discouraged

décourager to discourage

découverte *f.* discovery

découvrir (*like* **ouvrir**) *irreg.* to discover (14)

décrire (*like* **écrire**) *irreg.* to describe (10)

décrocher *fam.* to get, receive

déçu *adj.* disappointed

dédié *adj.* consecrated, dedicated

défaite *f.* defeat

défaut *m.* defect, fault

défavoriser to penalize, put at a disadvantage

défendre to defend; to prohibit, disallow

défenseur *m.* defender, champion

défi *m.* challenge (16)

défiance *f.* mistrust

défilé *m.* fashion show

défiler to file past; to unwind

défini: article (*m.*) **défini** *Gram.* definite article

définir to define

définitif/ive *adj.* definitive, permanent

déforestation (*f.*) **tropicale** tropical rainforest deforestation (16)

dégager (nous dégageons) to release; to clear; to bring out

dégâts *m. pl.* damage, harm

dégénérer (je dégénère) to degenerate

degré *m.* degree

déguiser to disguise

dégustation *f.* tasting

déguster to taste (*wine*)

dehors *adv.* outdoors; outside; **en dehors de** *prep.* outside

déjà *adv.* already; ever (9)

déjeuner to have lunch (6); *m.* lunch (6); **petit déjeuner** breakfast (6)

delà: au-delà de *prep.* beyond

délai *m.* wait, time period

délégué(e) *m., f.* delegate

délice *m.* delight

délicieux/euse *adj.* delicious

délinquance *f.* criminality

délire: en délire ecstatic; *adj., fam.* great, fantastic

déluge *m.* flood

demain *adv.* tomorrow (5)

demande (*f.*) **d'emploi** job application (14)

demander (de) to ask (for, to), request (2); **se demander** to wonder (13)

se démarquer (par) to stand out, distinguish oneself

déménagement *m.* move out (of a home)

déménager (nous déménageons) to move out (*change residence*) (4)

demeure *f.* residence

demeurer to remain

demi *adj.* half; **demi-frère** *m.* half brother; stepbrother (5); **demi-sœur** *f.* half sister; stepsister (5); **et demi(e)** half past (the hour) (6)

démocratie *f.* democracy

démocratique: République (*f.*) **Démocratique du Congo** Democratic Republic of Congo (8)

démodé *adj.* old-fashioned

démolir to demolish, destroy

démonstratif/ive *adj.* demonstrative

dénoncer (nous dénonçons) to denounce

dent *f.* tooth (13); **brosse** (*f.*) **à dents** toothbrush; **se brosser les dents** to brush one's teeth (13)

dentelle *f.* lace

dentier *m.* dentures

dentiste *m., f.* dentist (14)

dépannage *m.* emergency repair

départ *m.* departure (9); **point** (*m.*) **de départ** starting point

se dépêcher to hurry (13); **dépêche-toi!** hurry up! (6)

dépendant *adj.* dependent

dépendre de to depend on

dépense *f.* expense; spending (14)

dépenser to spend (*money*) (10)

dépit: en dépit de *prep.* in spite of

se déplacer to travel; to get around (13)

déporté *adj.* deported

déposer to deposit (14); **déposer de l'argent (un chèque)** to deposit money (a check) (14)

dépression *f.* depression, breakdown

déprime *f., fam.* blues

déprimé *adj.* depressed

depuis *prep.* since, for (9); **depuis combien de temps... ?** (for) how long . . . ? (9); **depuis longtemps** for a long time; **depuis quand... ?** since when . . . ? (9)

député *m.* delegate, deputy

déranger (nous dérangeons) to disturb, bother

dernier/ière *adj.* last (4, 7); most recent; past; **la dernière fois** the last time; **l'an dernier (l'année dernière)** last year

dernièrement *adv.* recently

se dérouler to take place, happen

derrière *prep.* behind (4)

dès *prep.* from (*then on*) (14); **dès que** *conj.* as soon as (14)

désaccord *m.* disagreement

désagréable *adj.* disagreeable, unpleasant (3)

désavantage *m.* disadvantage

descendre to go down (*street, river*) (5); to get off (5); to take down; **descendre à (sur)** to go down (*south*) to; **descendre de** to get down (from), get off

déséquilibre *m.* imbalance

désert *m.* desert; wilderness

déserter to desert; to run away

désespéré *adj.* desperate

désespoir *m.* despair, hopelessness

désigner to designate

désir *m.* desire

désirer to desire, want (7)

désolé *adj.* sorry (16); **(je suis) désolé(e)** I'm sorry

désordonné *adj.* disorganized

désordre *m.* disorder, confusion; **en désordre** disorderly; disheveled (4)

désormais *adv.* henceforth

dessert *m.* dessert (6)

dessin *m.* drawing; **dessin animé** cartoon; animated series (10)

dessiné: bande (*f.*) **dessinée** comic book, graphic novel (10); *pl.* comics

dessiner to draw (10)

dessous: au-dessous de *prep.* below; **ci-dessous** *adv.* below

dessus: au-dessus de *prep.* above; **ci-dessus** *adv.* above, previously

destin *m.* destiny

destination *f.* destination; **à destination de** to, for (9); in the direction of; heading for

destinée *f.* destiny, future

détail *m.* detail; **en détail** in detail

détaillé *adj.* detailed

se détendre to relax (13)

détente *f.* relaxation

déterminer to determine

détester to detest; to hate (2)

détour *m.* detour

détruire (*like* **conduire**) *irreg.* to destroy (9)

dette *f.* debt

deux *adj.* two (1); **tous (toutes) les deux** both (of them)

deuxième *adj.* second (11); **deuxième classe** *f.* second class; **deuxième étage** third floor (*in the U.S.*) (5)

devant *prep.* before, in front of (4)

développé *adj.* developed; industrialized

développement *m.* development (16); developing (*photo*); **développement durable** sustainable development; **pays** (*m.*) **en voie de développement** developing country

développer to develop (16); **se développer** to develop

devenir (*like* **venir**) *irreg.* to become (8)

deviner to guess (12)

devinette *f.* riddle, conundrum

dévoiler to reveal, disclose

devoir (*p.p.* **dû**) *irreg.* to owe; to have to, be obliged to (7); *m.* duty; *m. pl.* homework; **faire ses devoirs** to do one's homework (5); **je devrais** I should (15)

d'habitude *adv.* habitually, usually (5)

diagnostic *m.* diagnosis; prognosis

dicter to dictate

dictionnaire *m.* dictionary (2)

diététique *adj.* dietetic

Dieu *m.* God; **croire en Dieu** to believe in God

différemment *adv.* differently

différent *adj.* different (3)

difficile *adj.* difficult (3)

difficulté *f.* difficulty

diffuser to broadcast; to disseminate

digicode *m.* door code

digne *adj.* worthy

dignité *f.* dignity

diligemment *adv.* diligently

dimanche *m.* Sunday (1); **le dimanche** on Sundays (5)

diminuer to lessen, diminish, lower (16)

dinde *f.* turkey

dîner to dine, have dinner (6); *m.* dinner (6)

diplomate *m., f.* diplomat; *adj.* diplomatic, tactful

diplomatique *adj.* diplomatic (*of the diplomatic corps*)

diplôme *m.* diploma

diplômé(e) *m., f.* graduate; holder of a diploma

dire (*p.p.* **dit**) *irreg.* to say; to tell, relate (10); **c'est-à-dire que** that is to say, namely, I mean (10); **entendre dire que** to hear that; **que veut dire... ?** what does . . . mean?; **se dire** to say to one another; **vouloir dire** to mean

direct *adj.* direct; **en direct** live (*broadcasting*); **pronom** (*m.*) **(complément) d'objet direct** *Gram.* direct object pronoun

directeur/trice *m., f.* manager, head (14); **directeur/trice commercial(e)** business manager (14)

direction *f.* direction; steering (*auto*)

directives *f. pl.* rules of conduct, directives

diriger (**nous dirigeons**) to direct (14); to govern, control

discothèque (*fam.* **disco**) *f.* discothèque

discours *m. s.* discourse; speech

discret/ète *adj.* discreet

discuter (de) to discuss

disparaître (*like* **connaître**) *irreg.* to disappear

disparition *f.* disappearance; **en voie de disparition** endangered (*species*)

disponible *adj.* available

disposer to arrange

dispute *f.* quarrel

disputer to contest; to play; to fight (over); **se disputer** to argue (13)

disque *n.* record, recording

dissertation *f.* essay, term paper

dissimuler to hide

dissiper to dissipate; to dispel

distance *f.* distance; **mettre à distance** to separate

distinguer to differentiate; **se distinguer** to distinguish oneself

distraction *f.* recreation; entertainment; distraction

se distraire (*p.p.* **distrait**) *irreg.* to have fun, amuse oneself

distribuer to distribute

distributeur *m.* distributor; **distributeur automatique** automatic teller machine (ATM)

divers *adj.* varied, diverse (1)

se diversifier to diversify

se divertir to amuse oneself, have a good time

divertissant *adj.* amusing

divisé (par) *adj.* divided (by)

divorcé *adj.* divorced (5)

divorcer (**nous divorçons**) to get a divorce, divorce

dix *adj.* ten (1); **dix-sept (-huit, -neuf)** *adj.* seventeen (eighteen, nineteen) (1)

dixième *adj.* tenth
dizaine *f.* about ten
djellaba *f.* djellaba (hooded Moroccan robe for men)
docteur *m.* doctor
doctorat *m.* doctorate
documentaire *m.* documentary (film) (10)
doigt *m.* finger (13)
domaine *m.* domain; specialty
domestique *m., f.* servant; *adj.* domestic; **animal** (*m.*)
  domestique pet
dominer to dominate
dommage! *interj.* too bad! (16); **il est dommage que** + *subj.*
  it's too bad that (16)
don *m.* gift
donc *conj.* then; therefore (4)
données: base (*f.*) **de données** database
donner to give (2); **donner des conseils** to give advice;
  donner rendez-vous à to make an appointment with;
  donner sur to overlook
dont whose, of whom, of which (14)
dormir *irreg.* to sleep (8)
dortoir *m.* dormitory
dos *m. s., pl.* back (13); **sac** (*m.*) **à dos** backpack (3)
dossier *m.* document; file
douane *f.* customs (*at the border*)
doubler to double; to pass (*in a car*)
douche *f.* shower (*bath*) (4); **prendre une douche** to take
  a shower
se doucher to take a shower (13)
doudoune *f.* down jacket, puffer coat (3)
doué *adj.* gifted, talented
douleur *f.* pain, ache (13); grief
douleureux/euse *adj.* painful, unhappy
doute *m.* doubt; **sans doute** probably
douter to doubt (16); **douter de** to be suspicious of
doux (douce) *adj.* sweet; **à feu doux** over a low flame
  (*cooking*); **petits pois** (*m. pl.*) **doux** sweet peas
douzaine *f.* dozen; about twelve
douze *adj.* twelve (1)
douzième *adj.* twelfth
dragueur/euse *m., f.* flirt
dramatique: art (*m.*) **dramatique** theater, theater arts
drame *m.* drama
drap *m.* sheet (*bed*)
drapeau *m.* flag
dresser to set up
drogue *f.* drug(s)
droit *m.* law (2); right (*legal*); **droits civils** civil rights (16); **droit**
  d'entrée entrance fee
droit *adj.* right; straight; **Rive** (*f.*) **droite** Right Bank (*in Paris*)
  (11); **tout droit** *adv.* straight ahead (11)
droite *f.* right, right-hand; **à droite (de)** *prep.* on (to) the right
  (of) (4)
drôle *adj.* funny, odd (3)
duc *m.* duke
dur *adj.* hard
durable lasting, enduring; **développement** (*m.*) **durable**
  sustainable development
durant *prep.* during
durée *f.* duration, length
durer to last, continue; to endure; to last a long time
duvet *m.* down (feathers)

DVD *m.* DVD; **lecteur** (*m.*) **de DVD** DVD player
dynamique *adj.* dynamic (3)

eau *f.* water (6); **cours** (*m.*) **d'eau** river, waterway; **eau**
  minérale mineral water (6)
ébloui *adj.* dazzled
écart *m.* gap; difference
écarté *adj.* removed
échange *m.* exchange
échanger (nous échangeons) to exchange (10)
échapper (à) to get away (from); **s'echapper** to escape
s'échauffer to warm up
échec *m.* failure; *pl.* chess (3)
échelle *f.* scale; ladder
échouer to fail
éclair *m.* éclair (*pastry*) (7)
éclaircie *f.* clearing (*in weather*)
éclairer to light, illuminate
éclater to break out (*war*); **s'éclater** *fam.* to have a great
  time, have fun
école *f.* school (10); **école primaire (secondaire)** primary
  (secondary) school
écolier/ière *m., f.* pupil, schoolchild
écologie *f.* ecology
écologique (*fam.* **écolo**) *adj.* ecological
écologiste *m., f.* ecologist, environmentalist (16); *adj.*
  ecological
économe *adj.* thrifty, economical
économie *f.* economics (2); economy; *pl.* savings; **faire des**
  économies to save (up) money (14)
économique *adj.* economic; financial; economical; **classe** (*f.*)
  économique tourist class (9); **sur le plan économique**
  economically speaking
économiser to save (*money*) (14)
Écosse *f.* Scotland; **Nouvelle-Écosse** *f.* Nova Scotia
écoute *f.* listening; **à l'écoute** tuning in
écouter to listen to (2)
écouteurs *m. pl.* headphones (10); **écouteurs sans fil**
  wireless headphones (10)
écran *m.* screen (1, 10); monitor (10); **écran d'accueil** home
  screen (10); **écran solaire** sunblock (8); **le petit écran**
  television
écraser to crush
écrevisse *f.* crayfish (7)
écrire (*p.p.* **écrit**) (**à**) *irreg.* to write (to) (10)
écriture *f.* writing; handwriting
écrivain(e) *m., f.* writer (12)
édifice *m.* (public) building
éditeur/trice *m., f.* editor; publisher
édition *f.* publishing; edition; **maison** (*f.*) **d'édition** publisher,
  publishing house
éducatif/ive *adj.* educational
éducation *f.* upbringing; breeding; education
éduqué *adj.* educated; brought up
effacer to erase, wipe out; **s'effacer (nous nous effaçons)**
  to fade; to stay in the background
effectif/ive *adj.* effective
effectuer to carry out, make
effet *m.* effect; **en effet** as a matter of fact, indeed
efficace *adj.* efficient
effort *m.* effort, attempt; **faire des efforts pour** to try
  (make an effort) to

égal *adj.* equal (16); **cela (ça) m'est égal** I don't care, it's all the same to me

également *adv.* equally; likewise, also

égaler to equal

égalité *f.* equality

égard (*m.*): **à cet égard** in this respect

égaré *adj.* scattered, lost

église *f.* church (11)

égoïste *adj.* selfish (3)

égorger (nous égorgeons) to slit the throat of

Égypte *f.* Egypt

eh bien *interj.* well, well then (10)

élaborer to refine; to develop

s'élancer (nous nous élançons) to rush out

électeur/trice *m., f.* voter (16)

électoral *adj.* election, electoral

électricité *f.* electricity

électrique *adj.* electric

électronique: adresse (*f.*) **électronique** e-mail address; **courrier** (*m.*) **électronique** e-mail; **message** (*m.*) **électronique** e-mail message

élégant *adj.* elegant (3)

élève *m., f.* pupil, student

élevé *adj.* high; raised, built

éliminé *adj.* eliminated

élire (*like* **lire**) *irreg.* to elect (16)

elle *pron., f. s.* she; her; it; **elle-même** *pron., f. s.* herself (12); **elles** *pron., f. pl.* they; them

élu *adj.* elected

emancipé *adj.* emancipated

embarquement: carte (*f.*) **d'embarquement** boarding pass (9)

embarquer to embark, get on

embarrassé *adj.* embarrassed; ill-at-ease; bothered

embauche *f.* hiring; **entretien** (*m.*) **d'embauche** job interview

embaucher to hire (14)

embouteillage *m.* traffic jam

embrassade *f.* hugging and kissing, embrace

embrasser to kiss; to embrace; **je t'embrasse** love (*closing of letter*); **s'embrasser** to kiss; to embrace (13)

émettre (*like* **mettre**) *irreg.* to broadcast

émeute *f.* riot

émigré(e) *m., f.* émigré, expatriate

émission *f.* program; broadcast (10)

emménager (nous emménageons) to move in (4)

emmener (j'emmène) to take (*s.o. somewhere*); to take along (12)

empêcher (de) to prevent (from) (12); to preclude

empereur *m.* emperor

emplacement *m.* location

emploi *m.* use; job, position (14); **demande** (*f.*) **d'emploi** job application (14); **marché** (*m.*) **de l'emploi** job market (14); **offre** (*f.*) **d'emploi** job offer

employé(e) *m., f.* employee (14); white-collar worker; (sales) clerk; **employé(e) de** s.o. employed by

employer (j'emploie) to use; to employ

employeur/euse *m., f.* employer

emporter to take (*s.th. somewhere*); to take out (*food*); to carry away

emprunt *m.* loan (14)

emprunter (à) to borrow (from) (11)

ému *adj.* moved

en *prep.* in (2); in, by (*train, plane, bus*) (9); to; like; in the form of; *pron.* of them; of it; some, any (11); **de temps en temps** from time to time (2); **en automne** in autumn (5); **en avance** early (6); **en dehors de** outside; **en effet** indeed; **en été** in summer (5); **en face de** across from (4); **en général** in general (2); **en hiver** in winter (5); **en profondeur** in depth; **en retard** late (6); **en train de** in the process of (15); **qu'en penses-tu?** what do you think of that? (11)

encadrement *m.* training, supervision; framework

encaisser to cash (*a check*) (14)

enceinte *f.* enclosure; **dans l'enceinte de** within (the boundary of)

enchaîné *adj.* chained, fettered

enchanté *adj.* enchanted; pleased (to meet you)

enchanter to charm; to delight

encore *adv.* still (9); again; yet; even; more; **encore de** more; **encore un peu** a little more; **ne... pas encore** not yet (9); **ou encore** or else

encourager (nous encourageons) (à) to encourage (to)

encyclopédie *f.* encyclopedia

endormir (*like* **dormir**) *irreg.* to put to sleep; **s'endormir** to fall asleep (13)

endroit *m.* place, spot (8)

énergie *f.* energy; **énergies** (*f. pl.*) **fossiles** fossil fuels (16); **énergie nucléaire (solaire)** nuclear (solar) energy (16); **énergies** (*f. pl.*) **renouvelables** renewable energy (16)

énergique *adj.* energetic

énervant *adj.* aggravating, irritating

énervé *adj.* on edge, nervous

enfance *f.* childhood

enfant *m., f.* child (5); **petit-enfant** *m.* grandchild (5)

enfer *m.* hell

enfermer to lock up

enfin *adv.* finally, at last (11)

enflammer to kindle (*imagination*)

enfouir to bury

engagé *adj.* involved, politically active, politically committed

engagement *m.* (*political*) commitment

engager (nous engageons) to begin, start; **s'engager (dans)** to get involved (*in a public issue*) (16)

énigme *f.* riddle, enigma

s'enjailler *fam.* to have fun

enlever (j'enlève) to remove, take off

ennemi(e) *m., f.* enemy

ennui *m.* trouble; problem (9); worry; boredom

ennuyer (j'ennuie) to bother; to bore; **s'ennuyer** to be bored (13); **s'ennuyer à mourir** to be bored to death

ennuyeux/euse *adj.* boring; annoying

énoncé *m.* statement, utterance

énorme *adj.* enormous, huge

énormément *adv.* enormously, tremendously

enquête *f.* survey, poll

enregistrer to record; to check in

enrichissement *m.* enrichment

enseignant(e) *m., f.* teacher, instructor

enseignement *m.* teaching; education

enseigner (à) to teach (to) (12)

ensemble *adv.* together (8); *m.* ensemble; whole

ensoleillé *adj.* sunny

ensuite *adv.* then, next (11)

entendre to hear (5); **entendre dire que** to hear that; **entendre parler de** to hear about; **s'entendre (avec)** to get along (with) (13)

entente *f.* (mutual) understanding

enterré *adj.* buried

enthousiasme *m.* enthusiasm

enthousiaste *adj.* enthusiastic (3)

entier/ière *adj.* entire, whole, complete; **en entier** in its entirety

entourer (de) to surround (with)

entraînement *m.* practice, training

entraîner to bring about, lead to; **s'entraîner** to train, work out

entraîneur/euse *m., f.* trainer

entre *prep.* between, among (4)

entrecôte *f.* rib steak

entrée *f.* entrance, entry; admission; first course (*meal*) (7); **droit** (*m.*) **d'entrée** entrance fee

entreprendre to undertake

entrepreneur/euse *m., f.* entrepreneur

entreprise *f.* business, company (14); **chef** (*m.*) **d'entreprise** company head, top manager, boss (14)

entrer (dans) to enter (8)

entretien *m.* maintenance; conversation; **entretien (d'embauche)** job interview (14)

énumérer (j'énumère) to spell out, recite; to list, enumerate

envahir to invade

enveloppe *f.* envelope (10)

envers *prep.* toward

envie *f.* desire; **avoir envie de** to want; to feel like (3)

environ *adv.* about, approximately; *m. pl.* environs; **dans les environs** in the vicinity

environnement *m.* environment (16)

envoi *m.* sending

envoyer (j'envoie) (a) to send (to) (10)

éolienne *f.* windmill; windpump

épais *adj.* thick

s'épanouir to bloom

épargne: compte (*m.*) **d'épargne** savings account (14)

épaule *f.* shoulder

épice *f.* spice

épicé *adj.* spicy

épicerie *f.* grocery store (7)

épicier/ière *m., f.* grocer

épinards *m. pl.* spinach

époque *f.* period (*of history*) (12); **à l'époque (de)** at the time (of); **meubles** (*m. pl.*) **d'époque** antique furniture

épouser to marry

époux (épouse) *m., f.* husband; wife; **époux** *m. pl.* married couple

épreuve *f.* test; event (*sports*)

éprouver to feel; to experience

épuiser to use up, exhaust (16)

équilibre *m.* equilibrium, balance

équipage *m.* crew

équipe *f.* team (15); **sports** (*m. pl.*) **d'équipe** team sports; **travail** (*m.*) **d'équipe** teamwork

équipé *adj.* equipped

équipement *m.* equipment; gear

s'équiper to equip oneself

équitation *f.* horseback riding (8); **faire de l'équitation** to go horseback riding

erreur *f.* error; mistake

erroné *adj.* wrong, erroneous

escalade *f.* (mountain) climbing

escale: faire escale à to stop over at

escalier *m.* stairs, stairway (5)

escalope *f.* (*veal*) scallop

escargot *m.* snail; escargot (7)

escarpement *m.* steep slope

esclavage *m.* slavery

esclave *m., f.* slave

espace *m.* space; **espaces verts** open spaces, greenbelts

espadrilles *f. pl.* fabric sandals, espadrilles

Espagne *f.* Spain (2, 8)

espagnol *adj.* Spanish; *m.* Spanish (*language*) (2); **Espagnol(e)** *m., f.* Spaniard (*person*) (2)

espèces *f. pl.* species

espérer (j'espère) to hope (6)

espoir *m.* hope

esprit *m.* mind; spirit; wit

essai *m.* attempt, try; **mariage** (*m.*) **à l'essai** trial marriage

essayer (j'essaie) (de) to try (to) (12)

essence *f.* gasoline, gas (9); **faire le plein (d'essence)** to fill the tank (9)

essentiel(le) *adj.* essential (3); **il est essentiel que** + *subj.* it's essential that (16)

essentiellement *adv.* largely, mainly

est *m.* east (8); **à l'est** to the east (8)

esthétique *adj.* aesthetic

estimer to consider; to believe; to estimate (16)

et *conj.* and (2); **et demi(e)** half past (the hour) (6); **et puis** and (then), next (7); **et quart** quarter past (the hour); **et vous? (et toi?)** and you?; how about you? (1)

établir to establish, set up (16)

établissement *m.* establishment

étage *m.* floor (*of building*); **premier (deuxième) étage** second (third) floor (*in the U.S.*) (5)

étagère *f.* shelf (4)

étape *f.* stage; stopping place

état *m.* state (8); condition; **état civil** marital (civil) status; **États-Unis** *m. pl.* United States (of America) (2, 8); **homme (femme) d'état** statesman (-woman)

été *m.* summer; **en été** in summer (5); **job** (*m.*) **d'été** summer job

éteindre to turn off (10)

s'étendre to sprawl

étendue *f.* area, expanse

éternel(le) *adj.* eternal

éternité *f.* eternity

étincelle *f.* sparkle, sparkling

étiquette *f.* label

étoile *f.* star; **à la belle étoile** in the open air

étonné *adj.* surprised; astonished (16)

étouffer to suffocate

étrange *adj.* strange

étranger/ère *adj.* foreign; *m., f.* stranger; foreigner; **à l'étranger** abroad, in a foreign country (8); **langue** (*f.*) **étrangère** foreign language

être (*p.p.* **été**) *irreg.* to be (2); **c'est (ce n'est pas)** it's (it isn't) (1); **c'est combien?** how much is it? (1); **comment est-il/elle?** what's he/she like?; **être en train de** to be in the process of, be in the middle of (15); **il est... heure(s)** it is . . . o'clock (6); **n'est-ce pas?** isn't it (so)?, isn't that right? (3); **nous**

sommes lundi (mardi...) it's Monday (Tuesday . . .) (1); **peut-être** *adv.* perhaps, maybe; **quel jour sommes-nous (on est)?** what day is it? (1); **quelle heure est-il?** what time is it? (6); **qui est-ce?** who is it? (1)

étroit *adj.* narrow

étude *f.* study; *pl.* studies; **bourse** (*f.*) **d'études** scholarship, study grant; **faire des études** to study

étudiant(e) *m., f., adj.* student (1); **carte** (*f.*) **d'étudiant** student ID card

étudier to study (2)

euh... *interj.* uhmm . . . (10)

euro *m.* euro (*European currency*)

Europe *f.* Europe; **coupe** (*f.*) **d'Europe** European Cup (*soccer*)

européen(ne) *adj.* European; **Européen(ne)** *m., f.* European (*person*); **Union** (*f.*) **européenne (UE)** European Union (EU)

eux *pron., m. pl.* them; **eux-mêmes** *pron., m. pl.* themselves (12)

s'évader to escape

évaluer to appraise, evaluate

s'éveiller to wake up

événement *m.* event (12)

évidemment *adv.* evidently, obviously (12)

évident *adj.* obvious, clear; **il est évident que** + *indic.* it is clear that (16)

évier *m.* kitchen sink (4)

éviter to avoid

évoluer to evolve, advance, develop

évoquer to evoke, call to mind

exact *adj.* precise, true; **oui, c'est exact** yes, that's correct

exactement *adv.* exactly

exagérer (j'exagère) to exaggerate

examen (*fam.* **exam)** *m.* test, exam (2); examination; **passer un examen** to take an exam (4); **réussir à un examen** to pass a test

examiner to inspect, examine

exaspérant *adj.* exasperating

exaspéré *adj.* exasperated

excéder (j'excède) to exceed

excellent *adj.* excellent (3)

excentricité *f.* eccentricity

excentrique *adj.* eccentric (3)

excepté *prep.* except

exceptionnel(le) *adj.* exceptional

excès *m.* excess

excitant *adj.* exciting

excité *adj.* excited

exclamer to exclaim

exclu(e) *m., f.* excluded (*people*)

exclure (*p.p.* **exclu)** *irreg.* to exclude, rule out

exclusivement *adv.* exclusively

exclusivité *f.* exclusive rights, coverage

excursion *f.* excursion, outing; **faire une excursion** to go on an outing

s'excuser to apologize (13); **excusez-moi (excuse-moi)** excuse me, pardon me (1)

exemplaire *adj.* exemplary; *m.* copy

exemple *m.* example; **par exemple** for example (16)

exercer (nous exerçons) to exercise, exert (*control, influence*)

exercice *m.* exercise

exigeant *adj.* demanding; difficult

exigence *f.* demand

exiger (nous exigeons) to require; to demand (16)

exil *m.* exile

exilé *adj.* exiled

exister to exist

expatrié *adj.* expatriated

s'expatrier to leave one's country

expédition *f.* trip

expérience *f.* experience; experiment

expert(e) *m., f.* expert; **expert(e)-comptable** *m., f.* certified public accountant

explication *f.* explanation

expliquer to explain

exploit *m.* exploit, feat

exploité *adj.* exploited

exploiter to make use of, make the most of

explorateur/trice *m., f.* explorer

explorer to explore

exportation *f.* export(s)

s'exporter to be exported

exposé *m.* presentation, exposé; *adj.* displayed

exposer to expose, show; to display

exposition *f.* exhibition; show (12)

expression *f.* expression; term (1); **liberté** (*f.*) **d'expression** freedom of expression

exprimer to express; **exprimer une opinion** to express an opinion (16); **s'exprimer** to express oneself

exquis *adj.* exquisite

extérieur *adj.* external, outside

extraire to extract

extrait *m.* excerpt; extract

extraordinaire *adj.* extraordinary (3)

extrasensoriel(le) *adj.* extra-sensory

extrêmement *adv.* extremely

extrémiste: idées (*f.*) **extremistes** extremist ideas (16)

fabrication *f.* manufacture, making

fabriquer to manufacture, make

fabuleux/euse *adj.* fabulous

fac *f., fam.* **(faculté)** university department or school

façade *f.* façade, face (*of a building*)

face: en face (de) *prep.* opposite, facing, across from (4); **face à** facing; **face à face** face to face

fâché *adj.* angry (16)

fâcher to anger; **se fâcher** to get angry (13)

fâcheux/euse *adj.* unfortunate; troublesome

facile *adj.* easy (3)

facilité *f.* ease, easiness

faciliter to facilitate, make easier

façon *f.* way, manner, fashion; **de façon (logique)** in a (logical) way

facteur/trice *m., f.* factor; letter carrier (14)

faculté *f.* ability; (*fam.* **fac**) division (*academic*) (2); **faculté des lettres** School of Arts and Letters; **faculté des sciences** School of Science

faible *adj.* weak; small

failli: j'ai failli... I nearly . . .

faim *f.* hunger; **avoir faim** to be hungry (3)

faire (*p.p.* **fait)** *irreg.* to do; to make (5); to form; to be; **faire appel à** to appeal to; to require, call for; **faire attention (à)** to pay attention (to) (5); to watch out (for); **faire baisser** to lower; **faire beau (il fait beau)** to be good weather (it's nice out) (5); **faire belek** *fam.* to be careful, to watch out (for);

faire bouillir to boil; **faire chaud (il fait chaud)** to be warm, be hot (out) (it's warm, it's hot) (5); **faire confiance à** to trust; **faire connaissance** to get acquainted; **faire cuire** to cook; **faire de la bicyclette** to cycle, go (bi)cycling (8); **faire de la peinture (de la musique, de la poterie)** to paint (play music, do ceramics); **faire de la planche à voile** to go windsurfing; **faire de la plongée sous-marine** to go scuba diving (8); **faire de la politique** to go in for politics; **faire de la voile** to go sailing (5); **faire de l'aérobic** to do aerobics (5); **faire de l'alpinisme** to go mountain climbing (8); **faire de l'équitation** to go horseback riding (8); **faire des économies** to save (up) money (14); **faire des études** to study; **faire des glissades** Q. to go tobogganing; **faire des projets** to make plans; **faire des recherches** to do research; **faire dorer** to brown (*in cooking*); **faire du bateau** to go boating (8); **faire du bruit** to make noise; **faire du camping** to camp, go camping; **faire du cheval** to go horseback riding (8); **faire du covoiturage** to carpool, rideshare; **faire du jogging** to run, jog (5); **faire du magasinage** Q. to go shopping; **faire du patin à glace** to go ice-skating; **faire du recyclage** to recycle; **faire du shopping** to go shopping; **faire du ski (alpin)** to ski (downhill) (5); **faire du ski de fond** to go cross-country skiing; **faire du ski nautique** to go waterskiing; **faire du snowboard** to go snowboarding; **faire du soleil (il fait du soleil)** to be sunny (it's sunny) (5); **faire du sport** to play, do sports (5); **faire du théâtre** to act; **faire du tourisme** to go sightseeing; **faire du vélo (de montagne)** to go cycling (mountain biking) (5); **faire du vent (il fait du vent)** to be windy (it's windy) (5); **faire escale à** to stop over at; **faire faire** to have done, make (*s.o.*) do (*s.th.*); **faire frais (il fait frais)** to be cool (out) (it's cool) (5); **faire froid (il fait froid)** to be cold (out) (it's cold) (5); **faire glisser** to scroll, to swipe (10); **faire grève** to strike, go on strike (16); **faire la bise** to kiss on both cheeks (*in greeting*); **faire la connaissance de** to meet (*for the first time*) (5); **faire la cuisine** to cook (5); **faire la fête** to party; **faire la lessive** to do the laundry (5); **faire la queue** to stand in line (5); **faire la sieste** to take a nap; **faire la vaisselle** to wash (do) the dishes (5); **faire le lit** to make the bed; **faire le marché** to do the shopping, go to the market (5); **faire le ménage** to do the housework (5); **faire le plein** to fill it up (gas tank) (9); **faire le tour de** to go around; to tour; **faire les courses** to do errands (5); **faire les valises** to pack one's bags; **faire mauvais (il fait mauvais)** to be bad weather (out) (it's bad out) (5); **faire partie de** to belong to; **faire preuve de** to show; **faire ses devoirs** to do one's homework (5); **faire son possible** to do one's best; **faire un chèque** to write a check (14); **faire un pique-nique** to go on a picnic; **faire un safari** to go on a safari; **faire un temps pourri** *fam.* to be rotten weather; **faire un tour (en voiture)** to take a walk (ride) (5); **faire un voyage** to take a trip (5); **faire une erreur** to make a mistake; **faire une excursion** to go on an outing; **faire une promenade** to take a walk (5); **faire une randonnée (pédestre)** to go hiking (8); **faire une réservation** to make a reservation; **faire une visite** to pay a visit; **quel temps fait-il?** how's the weather? (5)

fait *m.* fact; *adj.* made; **tout à fait** *adv.* completely, entirely

falaise *f.* cliff

falloir (*p.p.* **fallu**) *irreg.* to be necessary (8); to be lacking; **il faut** + *inf.* it is necessary to, one must; one needs (8)

fameux/euse *adj.* famous

familial *adj.* family

famille *f.* family (5); **en famille** with one's family; **fonder une famille** to start a family

fanatique (*fam.* **fan**) *m., f.* fan; fanatic, zealot

fanatisme *m.* fanaticism

fantaisie; bijoux (*m. pl.*) **fantaisie** costume jewelry

fantaisiste *adj.* fanciful, whimsical

fantôme *m.* ghost

farine *f.* flour

fascinant *adj.* fascinating

fasciné *adj.* fascinated

fatal *adj.* fatal; unlucky; fateful

fatigant *adj.* tiring

fatigué *adj.* tired (3)

fauché *adj., fam.* broke, without money

faut (il) it is necessary to, one must; one needs (8)

faute *f.* fault, mistake

fauteuil *m.* armchair

faux (fausse) *adj.* false (4)

faveur: en faveur de in favor of

favorable: être favorable à to be in favor of (favorably disposed to)

favori(te) *adj.* favorite

favoriser to further, favor

fax *m.* fax (10)

fée *f.* fairy; **conte** (*m.*) **de fée** fairy tale

félicitations *f. pl.* congratulations

féminin *adj.* feminine; female

femme *f.* woman (2); wife (5); **femme d'affaires** businesswoman; **femme d'état** stateswoman; **femme médecin** doctor, physician (14); **femme politique** politician; **jeune femme** young woman (3)

fenêtre *f.* window (1)

fente *f.* slot

fer *m.* iron; **chemin** (*m.*) **de fer** railroad

ferme *f.* farm; **ferme éolienne** wind farm (16)

fermer to close

fermeture *f.* closing

fermier/ière *m., f.* farmer

ferraille *f.* scrap iron, metal

ferroviaire *adj.* rail, railroad

fête *f.* holiday; celebration, party (7); saint's day, name day; *pl.* Christmas season; **faire la fête** to party; **fête des patrons** saint's day; **fête des Rois** Feast of the Magi, Epiphany; **jour** (*m.*) **de fête** holiday

fêter to celebrate; to observe a holiday

feu (*pl.* **feux**) *m.* fire; traffic light; **à feu doux** on low heat (*cooking*); **feux d'artifice** fireworks

feuille *f.* leaf

feuilleté *adj.* flaky (*pastry*)

feuilleton *m.* soap opera (10)

fève *f.* bean

février February (1)

fez *m.* fez (*feltcap*)

fiable *adj.* reliable

fiançailles *f. pl.* engagement (13)

fiancé(e) *m., f.* fiancé, fiancée

se fiancer (nous nous fiançons) to get engaged (13)

fibre *f.* fiber, filament

fiche *f.* index card; form (to fill out); deposit slip

fichier *m.* file (10)

fictif/ive *adj.* fictitious; imaginary

fier/ière *adj.* proud (3)

fièvre *f.* fever

figure *f.* figure, important person

figurer to appear

fil *m.* wire: **coup** (*m.*) **de fil** telephone call (13)

filer to trail, follow

filet *m.* fillet (*fish, meat*) (7); **filet de porc (de bœuf)** pork (beef) fillet

filiale *f.* subsidiary; branch (*office*)

fille *f.* girl (3); daughter (5); **jeune fille** girl, young lady; **petite-fille** granddaughter (5)

film *m.* movie, film (2)

fils *m.* son (5); **petit-fils** grandson (5)

filtrage *m.* filtration, filtering

fin *f.* end; **à la fin de** at the end of; **en fin d'après-midi** in the late afternoon; **fin 1996** at the end of 1996; *adj.* fine, delicate; **extra-fin** *adj.* superfine; **mi-fin** *adj.* medium-cut (*vegetables*)

finalement *adv.* finally

finaliser to complete

finance *f.* finance; *pl.* finances

financier/ière *adj.* financial, monetary

finir (de) to finish (4); **finir par** to end (finish) by (*doing s.th.*) (4)

Finlande *f.* Finland

firme *f.* firm, company

fiscalité *f.* tax system, taxes

fixer to fasten; to make firm

flacon *m.* small bottle (*with stopper*)

flamand *m.* Flemish (*language*)

flâner to stroll (12)

flash (d'informations) *m.* newsbrief

flasher sur *fam.* to fall in love with at first sight

flatté *adj.* flattered

fleur *f.* flower (4); **fleur de lys** fleur de lis, trefoil

fleurir to flower; to flourish

fleuve *m.* (*large*) river (8)

Floride *f.* Florida

flûte *f.* flute

foie *m.* liver; **pâté** (*m.*) **de foie gras** goose liver pâté

foire *f.* fair, exhibition; marketplace

fois *f.* time, occasion; times (*arithmetic*); **à la fois** at the same time; **la première (dernière) fois** the first (last) time; **une fois** once (11); **une fois par semaine** once a week (5)

folklorique *adj.* traditional; folk (*music, etc.*)

foncé *adj.* dark

fonction *f.* function, use

fonctionnaire *m., f.* civil servant (14)

fonctionner to function, work

fond *m.* bottom; background; back; **ski** (*m.*) **de fond** cross-country skiing (8)

fondamental *adj.* fundamental, basic

fondateur/trice *m., f.* founder

fondation *f.* founding, inception

fonder to found; **fonder une famille** to start a family

fonds *m. pl.* fund

fondre to melt

fondue *f.* fondue (*Swiss melted cheese dish*)

fontaine *f.* fountain

football (*fam.* **foot**) *m.* soccer; **football américain** football; **match** (*m.*) **de foot** soccer game

footballeur/euse *m., f.* soccer player

footing *m.* jogging

force *f.* strength; **à force de** as a result of; **en force** in force; **force est de** + *inf.* one must

forcément *adv.* necessarily

forcer (nous forçons) to force, compel

forêt *f.* forest (8)

forgé: fer (*m.*) **forgé** wrought iron

formalité *f.* formality

formation *f.* education, training

forme *f.* form; shape; figure; **en (bonne, pleine) forme** physically fit; **en forme de** in the form of; **sous forme de** in the form of

formel(le) *adj.* formal

formellement *adv.* positively, categorically

former to form, shape; to train

formidable terrific, great

formule *f.* formula; plan

formuler to formulate, make up

fort *adj.* strong; heavy; *adv.* strongly; loudly; very (14); **parler fort** to speak loudly

fortifier to fortify

fou (fol, folle) *adj.* crazy, mad; **fou (folle)** *m., f.* insane (crazy) person

foudre *f.* lightning; **coup** (*m.*) **de foudre** flash of lightning (13); love at first sight (13)

foulard *m.* scarf

foule *f.* crowd (15)

fourchette *f.* fork (6)

fournir to furnish, supply

foyer *m.* hearth; home; student residence; **femme** (*f.*) **au foyer** homemaker

fracturation (*f.*) **hydraulique** fracking (16)

frais *m., pl.* expenses, costs (14); **frais de scolarité** school, university (tuition) fees

frais (fraîche) *adj.* cool; fresh (6); **crème fraîche** clotted cream, crème fraîche; **faire frais (il fait frais)** to be cool (out) (it's cool) (5); **produits** (*m.*) **frais** fresh products (6)

fraise *f.* strawberry (6)

framboise *f.* raspberry

franc(he) *adj.* frank; fruitful; honest

français *adj.* French; *m.* French (*language*); **Français(e)** *m., f.* Frenchman (-woman) (2)

France *f.* France (2, 8)

franchement *adv.* frankly (12)

francophile *m., f.* Francophile (*person who admires France or the French*)

francophone *adj.* French-speaking

francophonie *f.* French-speaking world

frangin(e) *m., f., fam.* brother (sister)

frapper to strike

fraternité *f.* brotherhood, fraternity

fréquemment *adv.* frequently, often

fréquent *adj.* frequent, common

fréquenter to go to often

frère *m.* brother (5); **beau-frère** brother-in-law (5); **demi-frère** half brother; stepbrother (5)

fric *m., fam.* money

frigidaire *m.* refrigerator, fridge

frigo *m., fam.* fridge, refrigerator

fringue *f., fam.* clothes

frisé *adj.* curly

frites *f. pl.* French fries (6); **moules** (*f.*)**-frites** mussels with French fries; **steak** (*m.*)**-frites** steak with French fries

froid *adj.* cold; *m.* cold; **avoir froid** to be cold (3); **faire froid (il fait froid)** to be cold (out) (it's cold) (5)

fromage *m.* cheese (6)

front *m.* forehead

frontière *f.* border

frotter to rub

fruit *m.* fruit (6); **jus** (*m.*) **de fruit** fruit juice

fumé *adj.* smoked

fumée *f.* smoke

fumer to smoke (2)

fumeur/euse *m., f.* smoker; **zone** (*f.*) **fumeurs (non-fumeurs)** smoking (nonsmoking) section

furax *adj., fam.* angry, furious

furieux/euse *adj.* furious (16)

fusée *f.* rocket

futur *m., Gram.* future (*tense*); *adj.* future

futuriste *adj.* futuristic

gagnant(e) *m., f.* winner

gagner to win; to earn (14); **gagner du temps** to save time

gai *adj.* cheerful

galère: C'était la galère! *fam.* It was hell!

galerie *f.* gallery; roof rack (*auto*)

galette *f.* pancake; tart, pie

gamos *m., fam.* large luxury car

gant *m.* glove (3)

garagiste *m., f.* mechanic, garage owner

garant(e) *m., f.* guarantor, security

garanti *adj.* guaranteed

garantie *f.* guarantee

garçon *m.* boy (3); café waiter

garder to keep, retain; **garder la ligne** to keep one's figure

gardien(ne) *m., f.* guard

gare *f.* station; train station (9); **buffet** (*m.*) **de la gare** train station restaurant (9); **gare de chargement** loading dock

garer to park; **se garer** to be parked

gaspillage *m.* wasting, waste (16)

gaspiller to waste (16)

gastronome *m., f.* gourmet

gastronomie *f.* gastronomy, good food

gastronomique *adj.* gastronomic

gâteau *m.* cake (6)

gâter to spoil

gauche *adj.* left; *f.* left; **à gauche (de)** *prep.* on the (to the) left (of) (4); **Rive** (*f.*) **gauche** Left Bank (*in Paris*) (11); **se lever du pied gauche** to get up on the wrong side of the bed

gaz *m.* gas

gazeux/euse: boisson (*f.*) **gazeuse** soft drink (6)

géant(e) *m., f.* giant

gênant *adj.* bothersome, annoying

gendre *m.* son-in-law (5)

généalogique *adj.* genealogical; family

général *m., adj.* general; **en général** generally (2); **quartier** (*m.*) **général** headquarters

généraliste *m., f.* general practitioner (MD)

générer (je génère) to generate

généreux/euse *adj.* generous

génétique *adj.* genetic

Genève Geneva

génial *adj.* brilliant, inspired; *fam.* neat, delightful, cool

génie *m.* genius; engineering (2)

genou (*pl.* **genoux**) *m.* knee (13)

genre *m.* type, style, kind

gens *m. pl.* people; **jeunes gens** young men; young people

gentil(le) *adj.* nice, pleasant; kind (3)

gentillesse *f.* kindness, niceness

gentiment *adv.* nicely

géographe *m., f.* geographer

géographie (*fam.* **géo**) *f.* geography (2)

géographique *adj.* geographical

géologie *f.* geology (2)

géométrie *f.* geometry

Géorgie *f.* Georgia (*country*)

gérer (je gère) to manage (14)

geste *m.* gesture

gestion *f.* management

gigantesque *adj.* gigantic

gingembre *m.* ginger

girofle *m.* cloves

glace *f.* ice cream (6); ice; mirror; **patin** (*m.*) **à glace** ice-skating

glacé: crème (*f.*) **glacée** *Q.* ice cream

glissade: faire des glissades *Q.* to go tobogganing

glisser: faire glisser to scroll, to swipe (10); **se glisser** to slip into

gloire *f.* glory

glorieux/euse *adj.* glorious

glorifier to glorify

golfe *m.* gulf

gomme *f.* eraser

gommier *m.* gum tree

googler *fam.* to search online

googliser *fam.* to search online

gorge *f.* throat (13); gorge; **avoir mal à la gorge** to have a sore throat (13)

gosse *m., f., fam.* kid, child

gothique *adj.* Gothic (12)

gourmand(e) *adj.* gluttonous, greedy; *m., f.* glutton, gourmand

gousse (*m.*): **gousse d'ail** clove of garlic

goût *m.* taste; **avant-goût** *m.* foretaste

goûter *m.* afternoon snack (6); *v.* to taste; to eat (7)

goutte *f.* drop (*liquid*)

gouvernement *m.* government (16)

gouverner to rule; to govern

gouverneur *m.* governor

grâce *f.* grace; pardon; **jour** (*m.*) **d'action de grâce** Thanksgiving Day; **grâce à** thanks to

gramme *m.* gram

grammaire *f.* grammar

grand *adj.* great; large, tall; big (3); **arrière-grand-parent** *m.* great-grandparent; **grand magasin** *m.* department store; **grand-maman** *f.* grandma, granny; **grand-mère** *f.* grandmother (5); **grand-parent** (*pl.* **grands-parents**) *m.* grandparent (5); **grand-père** *m.* grandfather (5); **grande surface** *f.* mall; superstore; **grandes écoles** *f. pl.* French government graduate schools; **grandes vacances** *f. pl.* summer vacation (from school); **train** (*m.*) **à grande vitesse (TGV)** high-speed rail service (9)

grandeur *f.* size

grandir to grow; to grow up

gras(se) *adj.* fat; oily; rich; **en caractères gras** in boldface print; **pâté** (*m.*) **de foie gras** goose liver pâté

gratin *m.* gratin, cheese-topped dish

gratte-ciel *m. inv.* skyscraper
gratuit *adj.* free (*of charge*) (11)
grave *adj.* grave, serious; **accent** (*m.*) **grave** grave accent (**è**)
gravure *f.* printing, engraving
Grèce *f.* Greece (8)
grec(que) *adj.* Greek
grève *f.* strike, walkout (16); **faire grève** to strike (16)
griffe *f.* claw
grille *f.* grid
grillé *adj.* toasted; grilled; broiled
griller: faire griller to broil; to toast
grippe *f.* flu, influenza
gris *adj.* gray (3)
gros(se) *adj.* large; fat; thick (4); **grosses bises (gros bisous)** *fam.* hugs and kisses (*closing of letter*)
grossir to gain weight
guéri *adj.* cured, healed (13)
guérison *f.* recovery
guerre *f.* war (16); **Première (Deuxième [Seconde]) Guerre mondiale** First (Second) World War
guichet *m.* (ticket) window (9); counter, booth; **guichet automatique** automatic teller machine (ATM) (14)
guide *m., f.* guide; *m.* guidebook; instructions
Guinée *f.* Guinea
guitare *f.* guitar (4); **jouer de la guitare** to play the guitar
Guyane *f.* Guyana
gym (*ab.* **gymnastique**) *f.* fitness training
gymnase *m.* gymnasium (2)

habilement *adv.* skillfully
habileté *f.* skill
s'habiller to get dressed (13)
habit *m.* clothing, dress
habitant(e) *m., f.* inhabitant; resident
habitation *f.* lodging, housing; **habitations à loyer modéré (H.L.M.)** *publicly subsidized apartment blocks (France)*
habiter to live (2)
habitude *f.* habit; **d'habitude** *adv.* usually, habitually (5)
habitué (à) *adj.* accustomed (to)
habituel(le) *adj.* usual
*****hacher** to chop (up)
haïr to hate
Haïti *m.* Haiti (8)
*****harceler** to harass, torment
*****hardi** *adj.* bold, daring
*****haricot** *m.* bean; **haricots verts** green beans (6)
*****harissa** *m., f.* hot chili sauce
*****hasard** *m.* chance, luck; **jeux** (*m. pl.*) **de hasard** games of chance (15); **par hasard** by accident, by chance
*****hasardeux/euse** *adj.* dangerous, hazardous
*****hâte** *f.* haste; **à la hâte** hastily
*****haut** *adj.* high; higher; tall; upper; *m.* top; height; **à voix haute** *adv.* in a loud voice, aloud; **de haut** high (*in measuring*); **du haut de** from the top of; **haute couture** *f.* high fashion; **là-haut** *adv.* up there
*****hauteur** *f.* height
hébergement *m.* lodging, accommodations; shelter
héberger (nous hébergeons) to shelter
hectare *m.* hectare (*slightly less than 2.5 acres*)
hein? *interj.* eh?
hélas *interj.* alas
herbe *f.* herb

héritage *m.* legacy, inheritance
héritier *m.* heir
*****héros** *m.* (*f.* **héroïne**) hero, heroine
hésiter (à) to hesitate (to)
heure *f.* hour; time; **à l'heure** on time (8); per hour; **à n'importe quelle heure** at any time; **à quelle heure... ?** (at) what time . . . ? (6); **à tout à l'heure** see you soon; **dans une heure** in one hour; **de bonne heure** early (6); **de l'heure** an hour, per hour; **demi-heure** *f.* half hour; **il est... heure(s)** it is . . . o'clock (6); **il est l'heure de** + *inf.* it's time to . . . ; **quelle heure est-il?** what time is it? (6); **tout à l'heure** in a while (5)
heureusement *adv.* fortunately, luckily
heureux/euse *adj.* happy; fortunate (3)
Hexagone *m.* (metropolitan) France
hier *adv.* yesterday (7); **avant-hier** day before yesterday (7); **hier matin** yesterday morning; **hier soir** last night (7)
histoire *f.* history (2); story
historien(ne) *m., f.* historian
historique *adj.* historical (12)
hiver *m.* winter; **en hiver** in the winter (5)
H.L.M. (habitations à loyer modéré) *f. pl. publicly subsidized apartment blocks (France)*
hollandais *adj.* Dutch
*****homard** *m.* lobster
hommage *m.* homage, respects; **en hommage à** in recognition of
homme *m.* man (2); **homme d'affaires** businessman; **homme politique** politician; **jeune homme** young man (3)
honnête *adj.* honest
honorer to honor
*****honte** *f.* shame; **avoir honte (de)** to be ashamed (of) (3)
hop: et hop! *interj.* bingo!
hôpital *m.* hospital (11)
horaire *m.* schedule (12)
horreur *f.* horror; **avoir horreur de** to hate, detest; **j'ai horreur de...** I can't stand . . .
*****hors de** *prep.* outside, beyond
*****hors-d'œuvre** *m. inv.* appetizer (7)
hospitalier/ière *adj.* hospitable
hôtel *m.* hotel (11); **hôtel de ville** town hall, city hall
hôtellerie *f.* hotel business or management
hôtesse *f.* hostess; **hôtesse de l'air** flight attendant (9)
huile *f.* oil; **huile de tournesol** sunflower seed oil; **huile d'olive** olive oil (7); **sardines** (*f. pl.*) **à l'huile** sardines in oil (7)
*****huit** *adj.* eight (1)
*****huitième** *m.* one-eighth; *adj.* eighth (11)
huître *f.* oyster (7)
humain *adj.* human; *m.* human being; **corps** (*m.*) **humain** human body; **sciences** (*f. pl.*) **humaines** social sciences
humanitaire *adj.* humanitarian
humeur *f.* mood; temperament
humidité *f.* humidity, dampness
humoriste *m., f.* comedian
humour *m.* humor
hybride *adj.* hybrid; **voiture** (*f.*) **hybride** hybrid car (16)
s'hydrater to become hydrated
hymne *m.* hymn
hypocrisie *f.* hypocrisy
hypocrite *adj.* hypocritical (3)

ici *adv.* here (2)
icône *f.* icon (10)

idéal *m.* ideal; *adj.* ideal (3)

idéaliste *m., f.* idealist; *adj.* idealistic (3)

idée *f.* idea; **idées extrémistes** extremist ideas (16)

identifiant *m.* username (10)

identifier to identify

identité *f.* identity; **carte** (*f.*) **d'identité** ID card (8)

idiome *m.* language

ignorer to not know; to have no experience of

il *pron., m. s.* he; it; there; **il faut** + *inf.* it is necessary to; one needs (8); **il n'y a pas de quoi** *interj.* you're welcome (7); **il y a** there is/are (1); ago (8); **il y a... que** for (*period of time*); it's been . . . since; **y a-t-il... ?** is/are there . . . ? (1)

île *f.* island (11)

illimité *adj.* unlimited

illuminer to light up

illustrer to illustrate

ils *pron., m. pl.* they

image *f.* picture, image

imaginer to imagine

imiter to imitate

immédiatement *adv.* immediately

s'immerger to dive

immeuble *m.* apartment or office building (4)

immigré(e) *m., f.* immigrant

imparfait *m., Gram.* imperfect (*verb tense*)

impatience *f.* impatience; **avec impatience** impatiently

impératif *m., Gram.* imperative, command

impératrice *f.* empress

imperméable *m.* raincoat (3)

impersonnel(le) *adj.* impersonal

s'implanter to take hold

impliqué *adj.* implicated, involved

important *adj.* important (3); large, great; **il est important que** + *subj.* it's important that (16)

importer to import; to matter; **n'importe (où)** any(where)

imposer to impose

impossible *adj.* impossible; **il est impossible que** + *subj.* it's impossible that (16)

impôts *m. pl.* (*direct*) taxes (16)

impressionnant *adj.* impressive

impressionné *adj.* impressed

impressionnisme *m.* impressionism (*art*)

impressionniste *m., f., adj.* impressionist (*art*)

imprévisible *adj.* unpredictable

imprimante *f.* (*computer*) printer (10)

imprimer to print

improviste: à l'improviste unexpectedly, without warning

inacceptable *adj.* unacceptable

inaugurer to unveil

incarner to embody

incendie *f.* blaze, fire

incertitude *f.* uncertainty

inclure (*p.p.* **inclus**) *irreg.* to include

inconcevable *adj.* inconceivable, unthinkable

inconfortable *adj.* uncomfortable

inconnu *adj.* unknown

incontestablement *adv.* unquestionably

inconvénient *m.* disadvantage

incorporer to incorporate

incroyable *adj.* unbelievable, incredible

Inde *f.* India

indéfini *adj.* indefinite; **pronom** (*m.*) **indéfini** *Gram.* indefinite pronoun

indemnité *f.* allowance, compensation

indéniable *adj.* undeniable

indépendance *f.* independence; **fête** (*f.*) **de l'Indépendance** Independence Day

indépendant *adj.* independent; **travailleur/euse** (*m., f.*) **indépendant(e)** self-employed worker (14)

indicatif *m., Gram.* indicative

indication *f.* instruction(s)

indice *m.* indication, sign

indicible *adj.* inexpressible

indiquer to show, point out (7)

indirect *adj.* indirect; **pronom** (*m.*) **d'objet indirect** *Gram.* indirect object pronoun

indiscrèt *adj.* indiscreet

indispensable *adj.* indispensable; **il est indispensable que** + *subj.* it's indispensable that (16)

individu *m.* individual

individualisé *adj.* individualized

individualiste *adj.* individualistic, nonconformist (3)

industrialisé *adj.* industrialized

industrie *f.* industry

industriel(le) *adj.* industrial (16); *m.* manufacturer; **déchets** (*m. pl.*) **industriels** toxic waste (16)

inédit *adj.* original

inégalité *f.* inequality

inertie *f.* inertia

inexact *adj.* incorrect

inférer (**j'infère**) to infer

infernal *adj.* terrible

infini *adj.* infinite

infinitif *m., Gram.* infinitive

infirmier/ière *m., f.* (hospital) nurse

influencer (**nous influençons**) to influence

infographie *f.* computer graphics

informaticien(ne) *m., f.* computer scientist

information *f.* (*fam.* **info**) information; *pl.* (*fam.* **infos**) news (broadcast) (10); **flash** (*m.*) **d'informations** newsbrief

informatique *f., adj.* computer science (2)

informé *adj.* informed; **bien (mal) informé** well (badly) informed

informel(le) *adj.* informal

informer to inform

ingénieur *m.* engineer (14)

ingrédient *m.* ingredient

inhabituel(le) *adj.* unusual

initiateur/trice *m., f.* innovator, pioneer

initiation *f.* initiation, introduction

initiative: syndicat (*m.*) **d'initiative** (local) chamber of commerce; tourist information bureau (11)

initier (à) to introduce (*s.o.*) (to) (*activity, sport, cuisine, etc.*)

injure *f.* insult

injuste *adj.* unjust, unfair; **il est injuste que** + *subj.* it's unfair that (16)

innovant *adj.* innovative

inondation *f.* flood

inoubliable *adj.* unforgettable

inquiéter (**j'inquiète**) to trouble, concern, worry; to threaten

inquiétude *f.* worry

inscription *f.* inscription; matriculation; registration

inscrire (*like* **écrire**) *irreg.* to inscribe; **s'inscrire (à)** to join; to enroll; to register

insister to insist; **insister sur** to stress; to emphasize

inspirer to inspire; **s'inspirer de** to be inspired by

installation *f.* moving in; installation

installer to install; to set up; **s'installer** to settle down, settle in (13); to settle in (*to a new house*)

instant *m.* moment

instantané *adj.* instant

instituer to institute, set up

instituteur/trice *m., f.* elementary (primary) school teacher

instructeur/trice *m., f.* instructor

instrument *m.* instrument; **jouer d'un instrument** to play a musical instrument (3)

insuffisant *adj.* insufficient

insupportable *adj.* unbearable, insufferable

intègre *adj.* honest, upright

s'intégrer (je m'intègre) (à) to integrate oneself, get assimilated (into)

intégrisme *m.* fundamentalism (16)

intellectuel(le) *adj.* intellectual (3); *m., f.* intellectual (*person*)

intelligemment *adv.* intelligently

intention *f.* intention; meaning; **avoir l'intention de** to intend to

interdiction *f.* prohibition

interdire (*like* **dire, vous interdisez**) *irreg.* to forbid; to prohibit

interdit *adj.* forbidden; prohibited

intéressant *adj.* interesting (3)

intéresser to interest (14); **s'intéresser à** to be interested in

intérêt *m.* interest, concern

intérieur *adj.* inner, inside

interlocuteur/trice *m., f.* speaker, interlocutor

internaute *m., f.* Internet user

Internet *m.* Internet (10); **sur Internet** on the Internet (10)

interphone *m.* intercom, security phone

interprète *m., f.* singer, performer

interrogatif/ive *adj., Gram.* interrogative

interroger (sur) (nous interrogeons) to question, ask (about)

intervenir (*like* **venir**) *irreg.* to intervene

intervention *f.* intervention; speech; operation

interview *f.* interview (*journalism*)

interviewé(e) *m., f.* interviewee

interviewer to interview

intime *adj.* intimate; private; **journal** (*m.*) **intime** private diary

intimité *f.* intimacy

intouchable *adj.* untouchable

introduire to introduce

intrus(e) *m., f.* intruder

inutile *adj.* useless; **il est inutile que** + *subj.* it's useless that (16)

inventaire *m.* inventory

inventer to invent

inverser to reverse

investir to invest; **s'investir** to invest oneself

invité(e) *m., f.* guest, invitee

inviter to invite

iPod *m.* iPod (4)

ironie *f.* irony

irrégulier/ière *adj.* irregular

irrésistible *adj.* compelling

irrité *adj.* irritated, sore

islamiste *m., f.* Islamist, Muslim

isolé *adj.* isolated, alone

isolement *m.* isolation, loneliness

issu *adj.* stemming from

Italie *f.* Italy (2, 8)

italien *adj.* Italian; *m.* Italian (*language*) (2); **Italien(ne)** *m., f.* Italian (*person*) (2)

italique *m.* italic; **en italique** in italics

itinéraire *m.* itinerary; **tracer un itinéraire** to map out an itinerary

ivoire *m.* ivory; **Côte d'Ivoire** *f.* Cote d'Ivoire

ivoirien(ne) *adj.* of (from) the Ivory Coast Republic; **Ivoirien(ne)** *m., f.* native (inhabitant) of the Ivory Coast Republic

jamais *adv.* ever; **ne... jamais** *adv.* never (9)

jambe *f.* leg (13)

jambon *m.* ham (6)

janvier January (1)

Japon *m.* Japan (2, 8)

japonais *adj.* Japanese; *m.* Japanese (*language*) (2); **Japonais(e)** *m., f.* Japanese person (2)

jardin *m.* garden (5)

jardinage *m.* gardening (15); **faire du jardinage** to garden

jaune *adj.* yellow (3)

je (j') *pron., s.* I

jean(s) *m.* (*blue*) jeans (3)

jeter (je jette) to throw, throw away; **ne jetez plus** don't throw away any more

jeu (*pl.* **jeux**) *m.* game; game show; **jeu de mots** pun, play on words (15); **jeu télévisé** game show (10); **jeux de hasard** games of chance (15); **jeux de société** board games, group games (15); **jeux vidéo** video games

jeudi *m.* Thursday (1); **le jeudi** on Thursdays (5)

jeune *adj.* young (4); *m. pl.* young people, youth; **jeune femme** *f.* young woman (3); **jeune fille** *f.* girl, young lady; **jeune homme** *m.* young man (3); **jeunes gens** *m. pl.* young men; young people; **jeunes mariés** *m. pl.* newlyweds, newly married couple

jeunesse *f.* youth, young people; **auberge** (*f.*) **de jeunesse** youth hostel (9)

job *m.* job; odd job; **job d'été** summer job

Joconde: la Joconde *Mona Lisa*

jogging *m.* jogging; **faire du jogging** to run, jog (5)

joie *f.* joy

joindre (*p.p.* **joint**) *irreg.* to join; to reach; to attach; to add

joint *adj.* connected, reachable

joli *adj.* pretty (4)

jouer to play (3); **jouer à** to play (*a sport or game*) (3); to play at (*being*); **jouer de** to play (*a musical instrument*) (3); **jouer un rôle** to play a role

jouet *m.* toy

joueur/euse *m., f.* player

jour *m.* day (1); **au jour le jour** from day to day; **chaque jour** every day; **dans quatre jours** in four days (5); **de nos jours** these days, nowadays, currently; **du jour** today's (*menu, exchange rate*); **jour d'action de grâce** Thanksgiving Day; **par jour** per day, each day; **plat** (*m.*) **du jour** today's special (*restaurant*); **quel jour on est (aujourd'hui)?** what day is it today? (1); **quel jour sommes-nous?** what day is it? (1); **quinze jours** two weeks; **tous les jours** every day (5); **un jour** someday (14)

journal (*pl.* **journaux**) *m.* newspaper (2); **journal intime**
private journal, diary; **journal télévisé** television news
program (10)

journaliste *m., f.* reporter, journalist (2)

journée *f.* (*whole*) day (6)

joyau *m.* jewel

joyeux *adj.* joyful, merry

jugement *m.* judgment

juger to judge

Juif/Juive *m., f.* Jewish person

juillet July (1)

juin June (1)

jupe *f.* skirt (3); **minijupe** *f.* miniskirt

jurer to swear

jus *m.* juice; *fam.* coffee; **jus de fruit** fruit juice; **jus d'orange**
orange juice (6)

jusqu'à (jusqu'en) *prep.* up to, as far as (11); until

juste *adj.* just; right, exact; *adv.* just, precisely; accurately;
il est juste que + *subj.* it's fair (equitable) that (16)

justifier to justify

kabyle *m.* Kabylian (*language*)

kaki *adj. inv.* khaki

kasbah *m.* casbah (walled citadel of some Arab cities)

kif-kif: c'est kif-kif *fam.* (it's) all the same

kiffant *adj., fam.* likeable, pleasing

kiffer *fam.* to like

kilo(gramme) (kg) *m.* kilogram (7)

kilomètre (km) *m.* kilometer

kiosque *m.* kiosk; newsstand (10)

KO *adj. inv.* exhausted

la (l') *art., f. s.* the; *pron., f. s.* it, her

là *adv.* there; **là-bas** *adv.* over there (10); **oh, là, là** *interj.* good
heavens, my goodness

laboratoire (*fam.* **labo**) *m.* laboratory; **laboratoire de langues**
language lab (2)

labyrinthe *m.* labyrinth, maze

lac *m.* lake (8); **au bord du lac** on the lakeshore

lâcher to let go

laisser to let; to leave (*behind*) (7); **laisser** + *inf.* to let, allow

laine *f.* wool

lait *m.* milk (6); **café** (*m.*) **au lait** coffee with hot milk

laitier/ière *adj.* dairy, milk

laitue *f.* lettuce (6)

lampe *f.* lamp (4); flashlight; **lampe torche** flashlight

lancer (nous lançons) to launch; to start up; **se lancer dans**
to take on, embark on

langage *m.* language (system of symbols)

langue *f.* language; tongue; **apprentissage** (*m.*) **des langues**
language learning; **laboratoire** (*m.*) **de langues** language
lab (2); **langue étrangère** foreign language; **langue
maternelle** native language; **langues vivantes** modern
languages

lapin *m.* rabbit

large *adj.* wide; extensive; **au large de Dakar** off (of) Dakar

larme *f.* tear (drop)

las(se) weary (16)

latin: Quartier (*m.*) **latin** Latin Quarter (*in Paris*)

lauréat(e) *m., f.* (award) winner

laurier *m.* laurel, bay; **feuille** (*f.*) **de laurier** bay leaf

lavabo *m.* bathroom sink (4)

lavande *f.* lavender

lave-vaisselle *m.* (*automatic*) dishwasher

laver to wash; **se laver** to wash (*oneself*) (13); **se laver les
mains** to wash one's hands

laveuse *f.* washing machine

le (l') *art., m. s.* the; *pron., m. s.* it, him

leçon *f.* lesson

lecteur/trice *m., f.* reader; *m.* disk drive; **lecteur de DVD**
DVD player

lecture *f.* reading (15)

légalisation *f.* legalization (16)

légendaire *adj.* legendary

légende *f.* legend

léger/ère *adj.* light; lightweight; slight; mild

légume *m.* vegetable (6)

lendemain *m.* day after

lent *adj.* slow

lequel (laquelle, lesquels, lesquelles) *pron.* which one, who,
whom, which (15)

les *art., pl., m., f.* the; *pron., pl., m., f.* them

lessive *f.* laundry; **faire la lessive** to do the laundry (5)

lettre *f.* letter (10); *pl.* literature; humanities; **arts** (*m.*) **et lettres**
humanities; **boîte** (*f.*) **aux lettres** mailbox (10); **faculté** (*f.*)
des lettres School of Arts and Letters; **mettre une lettre
à la poste** to mail a letter (10); **poster une lettre** to mail
a letter

leur *adj., m., f.* their; *pron., m., f.* to them; **le/la/les leur(s)**
pron. theirs

lever (je lève) to raise, lift; **levez la main** raise your hand;
se lever to get up; to get out of bed (13)

levier *m.* lever

lèvres *f. pl.* lips; **rouge** (*m.*) **à lèvres** lipstick (13)

lexique *m.* lexicon, vocabulary

liaison *f.* liaison; love affair

Liban *m.* Lebanon (2, 8)

libanais *adj.* Lebanese; **Libanais(e)** *m., f.* Lebanese person (2)

libéral *adj.* liberal; **professions** (*f. pl.*) **libérales** professions
(*private practice*)

libérer (je libère) to free

liberté *f.* freedom; **liberté d'expression** freedom of
expression

librairie *f.* bookstore (2)

libre *adj.* free; available; vacant; **plongée** (*f.*) **libre** snorkeling
(8); **temps** (*m.*) **libre** leisure time (15); **union** (*f.*) **libre**
cohabitation, common-law marriage

libre-service *m. inv.* self-service

Libye *f.* Libya

licence *f.* French university degree (*U.S. bachelor's degree*)

lien *m.* tie, bond; link (10)

lier to link (10)

lieu *m.* place (2); **au lieu de** *prep.* instead of, in the place of;
avoir lieu to take place

ligne *f.* line; bus line; figure; **couper la ligne** to cut off (*phone
call*); **en ligne** online; **garder la ligne** to keep one's figure;
ligne de but goal, goal line; **ligne fixe** (telephone) landline

lilas *m. inv.* lilac

limite *f.* limit, deadline; **limite de vitesse** speed limit

limiter to limit

limonade *f.* lemonade; soft drink

linge *m.* laundry

linguiste *m., f.* linguist

linguistique *f.* linguistics (2)

liqueur *f.* liquor; liqueur

liquide *m., adj.* liquid; cash; **argent** (*m.*) **liquide** cash (14)

lire (*p.p.* **lu**) *irreg.* to read (10)

liseuse *f.* e-reader (10)

lisible *adj.* legible

liste *f.* list

lit *m.* bed (4); **faire son lit** to make one's bed; **wagon-lit** *m.* sleeping car

litre *m.* liter

littéraire *adj.* literary

littérature *f.* literature (2)

livraison *f.* delivery

livre *m.* book (1); **livre numérique** e-book (10); **livre papier** print book (10)

locataire *m., f.* renter

location *f.* rental; rent (4)

logement *m.* lodging(s), place of residence (4)

loger to reside, live

logiciel *m.* software (program) (10); **logiciel de navigation** browser

logique *m.* logic; *adj.* logical

loi *f.* law

loin *adv.* far; **loin de** *prep.* far from (4)

loisir *m.* leisure; *pl.* leisure activities (15)

Londres London

long(ue) *adj.* long (3); **le long de** (all) along; **tout au long de** throughout

longtemps *adv.* (for) a long time; **il y a longtemps** a long time ago

lors de at the time of

lorsque *conj.* when

loterie *f.* lottery

loto *m.* lottery

louer to rent (4); to reserve; **à louer** for rent

Louisiane *f.* Louisiana

loup *m.* wolf

lourd *adj.* heavy

loyer *m.* rent (*payment*)

ludique *adj.* playful

lui *pron., m., f.* he; it; to him; to her; to it; **lui-même** *pron., m. s.* himself (12)

lumière *f.* light; **Siècle** (*m.*) **des lumières** Age of Enlightenment

lumineux: voyant lumineux *m.* indicator light

lundi *m.* Monday (1); **le lundi** on Mondays (5)

lune *f.* moon

lunettes *f. pl.* (eye)glasses (8); **lunettes de ski** ski goggles (8); **lunettes de soleil** sunglasses (8)

lutter to fight

luxe *m.* luxury

luxueux/euse *adj.* luxurious

lycée *m.* lycée (*French secondary school*)

lycéen(ne) *m., f.* secondary school student

lyonnais *adj.* of (from) Lyon

lyrique *adj.* lyrical

lys: fleur (*f.*) **de lys** fleur de lis, trefoil

ma *adj., f. s.* my; **pour ma part** in my opinion, as for me (16)

machine *f.* machine; **machine à café** coffeemaker; **machine à calculer** calculator; **machine à coudre** sewing machine

madame (Mme) (*pl.* **mesdames**) *f.* Madam, Mrs. (ma'am) (1)

mademoiselle (Mlle) (*pl.* **mesdemoiselles**) *f.* Miss (1)

magasin *m.* store, shop (3); **grand magasin** department store; **magasin d'alimentation** food store

magasinage *m., Q.* shopping; **faire du magasinage** to go shopping

magazine *m.* (*illustrated*) magazine (4)

Maghreb *m.* Maghreb, North Africa

maghrébin *adj.* from the Maghreb; North African

magie *f.* magic

magique *adj.* magic, magical

magnifique *adj.* magnificent (12)

mai May (1)

maillot *m.* jersey, T-shirt; **maillot de bain** swimsuit (3); **maillot jaune** yellow jersey (*worn by current leader in the Tour de France*)

main *f.* hand (13); **sac** (*m.*) **à main** handbag, purse (3); **se laver les mains** to wash one's hands; **se serrer la main** to shake hands

maintenant *adv.* now (2); **à partir de maintenant** from now on (14)

maintenir to maintain

maintien *m.* keeping, upholding

maire *m.* mayor

mairie *f.* town (city) hall (11)

mais *conj.* but (2); **mais non** (but) of course not; **mais si** of course (*affirmative answer to negative question*)

maison *f.* house, home (4); company, firm; **à la maison** at home; **fait maison** *adj. inv.* homemade; **Maison-Blanche** *f.* White House; **maison d'édition** publishing company

maître (maîtresse) *m., f.* master (mistress)

maîtriser to master, have a command of (14)

majestueux/euse adj. majestic, stately

majeur *adj.* major

majoritairement *adv.* mostly, in the majority

majorité *f.* majority

mal *adv.* badly (1); *m.* evil; pain (*pl.* **maux**); **aller mal** to feel bad (ill); **avoir du mal à** to have trouble (difficulty); **avoir mal (à)** to hurt, have a pain; **avoir mal à la tête (au ventre)** to have a headache (stomachache) (13); **ça va mal** bad(ly) (things are going badly) (1); **(le) plus mal** worse (worst); **pas mal** not bad(ly) (1); **pas mal de** a lot of

malade *m., f.* sick person; patient; *adj.* sick (13)

maladie *f.* illness, disease; **assurances** (*f. pl.*) **maladie** health insurance

malaise *m.* uneasiness

malchance *f.* bad luck, misfortune

mâle *adj.* male

malgré *prep.* in spite of

malheur *m.* unhappiness

malheureusement *adv.* unfortunately; sadly

malheureux/euse *adj.* unhappy; miserable

maltraité *adj.* mistreated

maman *f., fam.* mom, mommy

mamie *f., fam.* grandma

mandat *m.* mandate, term in office

manger (nous mangeons) to eat (2); *n. m.* food; **salle** (*f.*) **à manger** dining room (5)

mangeur/euse *m., f.* eater

mangue *f.* mango

maniable *adj.* easy to handle, manageable

manier to wield; to handle

manière *f.* manner, way; **bonnes manières** good manners

manifestation (*fam.* **manif**) *f.* (*political*) demonstration; **manifestation sportive** sporting event (15)

manifester (pour, contre) to demonstrate (for, against) (16)

mannequin *m.* fashion model

manque *m.* lack, shortage

manquer to lack; **manquer à** to be missed by

manteau *m.* coat, overcoat (3)

se maquiller to put on makeup (13)

marais *m.* marsh, swamp

marbre *m.* marble

marchand(e) *m., f.* merchant, shopkeeper; **marchand(e) de vin** wine merchant (14)

marchander to bargain

marche *f.* walking (15); step (*stair*)

marché *m.* market; deal, transaction; **bon marché** *adj. inv.* cheap, inexpensive; **faire le marché** to do the shopping, go to the market (5); **marché aux puces** flea market; **marché de l'emploi** job market (14); **marché en plein air** outdoor market (11)

marcher to walk (13); to work (*machine, object*)

mardi *m.* Tuesday (1); **le mardi** on Tuesdays (5)

mari *m.* husband (5)

mariage *m.* marriage; wedding (13); **mariage à l'essai** trial marriage

marié *adj.* married (5); **nouveaux mariés** *m. pl.* newlyweds, newly married couple (13)

se marier (avec) to get married (to) (13)

marin *adj.* maritime, of the sea; **plongée** (*f.*) **sous-marine** scuba diving (8); **sous-marin** (*m.*) submarine

Maroc *m.* Morocco (2, 8)

marocain *adj.* Moroccan; **Marocain(e)** *m., f.* Moroccan (*person*) (2)

marque *f.* trade name, brand, make

marquer to mark; to indicate

marrant *adj., fam.* funny, hilarious

marre: avoir marre de *fam.* to be fed up with

se marrer to have a good time

marron *adj. inv.* brown (3); *m.* chestnut; **dinde** (*f.*) **aux marrons** turkey with chestnuts

mars March (1)

martiniquais *adj.* Martinican; **Martiniquais(e)** *m., f.* Martinican (*person*)

masculin *adj.* masculine

masque *m.* mask

masqué *adj.* masked

master *m.* masters degree (*in France*)

mât *m.* pole, climbing pole

match *m.* game (15); **match de foot(ball) (de rugby)** soccer game (rugby match)

matérialiste *adj.* materialistic

matériau (*pl.* **matériaux**) *m.* material; building material

matériel *m.* material(s); **matériel(le)** *adj.* material

maternel(le) *adj.* maternal; (**école**) (*f.*) **maternelle** nursery school, preschool; **langue** (*f.*) **maternelle** native language

maternité *f.* maternity, childbearing

mathématiques (*fam.* **maths**) *f. pl.* mathematics (2)

matière *f.* academic subject (2); material; **en matière de** in the matter of, as far as . . . is concerned

matin *m.* morning; **ce matin** this morning (5); **du matin** in the morning (6); **petit matin** early morning; **tous les matins** every morning (9)

matinal *adj.* morning

matinée *f.* morning (*duration*) (7)

mauvais *adj.* bad (4); **il fait mauvais** it's bad (weather) out (5); **le/la plus mauvais(e)** the worst; **plus mauvais(e)** worse

me (m') *pron., s.* me, to me, for me

mec *m., fam.* guy

mécanicien(ne) *m., f.* mechanic

mécanisme *m.* mechanism

médaille *f.* medal

médecin (femme médecin) *m., f.* doctor, physician (14); **médecin généraliste** general practitioner

médias *m. pl.* (mass) media (10)

médicament *m.* medication; drug

médiéval *adj.* medieval (12)

médina *f.* medina (old part of city in Morocco)

méditer to meditate

meilleur *adj.* better (14); **le/la/les meilleur(e)(s)** the best

mél *m.* e-mail (10)

mélange *m.* mixture

mélanger (nous mélangeons) to mix

mêlée *f.* scrum (*rugby*)

se mêler to mingle

membre *m.* member

même *adj.* same (8); itself; very same; *adv.* even (8); **de même** *adv.* likewise; **en même temps** at the same time; **le/la/les même(s)** the same one(s) (15); **moi-même** *pron.* myself (12); **quand même** anyway, even so

mémoire *m.* memory; *pl.* memoirs

ménage *m.* housekeeping; household; **faire le ménage** to do the housework (5); **scène** (*f.*) **de ménage** domestic squabble

ménager/ère *adj.* household; **tâches** (*f. pl.*) **ménagères** household tasks

mener (je mène) (à) to lead (to)

mensuel(le) *adj.* monthly

menthe *f.* mint (*leaves*)

mentionner to mention

menton *m.* chin

menu *m.* menu; fixed-price menu (7)

mer *f.* sea, ocean (8); **au bord de la mer** at the seashore

merci *interj.* thank you (1); **merci beaucoup** thank you very much (1)

mercredi *m.* Wednesday (1); **le mercredi** on Wednesdays (5)

mère *f.* mother (5); **belle-mère** mother-in-law; stepmother (5); **grand-mère** grandmother (5)

méridien *m.* meridian

mérite *m.* merit, worth

mériter to deserve, be worth

merveille *f.* marvel; **à merveille** *adv.* marvelously

merveilleux/euse *adj.* wonderful

mes *adj., m., f., pl.* my

mesdames *f., pl.* ladies

message (*m.*) **électronique** e-mail message

messager/ère *m., f.* messenger

messe *f.* (*Catholic*) Mass

messieurs dames ladies and gentlemen

mesure *f.* measure; **dans une moindre mesure** to a lesser extent; **prendre des mesures** to take measures; **sur mesure** custom-made

météo *f., fam.* weather forecast (5)

méthode *f.* method

métier *m.* trade, profession (14); **armée** (*f.*) **de métier** professional army

métissage *m.* mixing of races

mètre *m.* meter

métro *m.* subway (*train, system*) (9); **station** (*f.*) **de métro** metro station (11)

métropole *m.* metropolis

métropolitain *adj.* metropolitan; from (of) mainland France

mets *m. s.* food, dish

metteur/euse (*m., f.*) **en scène** producer; film or theater director

mettre (*p.p.* **mis**) *irreg.* to place, put (10); to put on (10); to turn on; to take (*time*); to admit, grant; **mettre à mort** to put to death; **mettre en valeur** to emphasize; **mettre la table (le couvert)** to set the table (10); **mettre ses vêtements** to get dressed; **mettre une lettre à la poste** to mail a letter (10); **se mettre à** to begin to (*do s.th.*) (13)

meuble *m.* piece of furniture (5); **meubles d'époque** antique furniture

meublé *adj.* furnished

meuf *f., fam.* chick, woman, girl

meule *f., fam.* moped

meurs, meurt (see **mourir**)

mexicain *adj.* Mexican; **Mexicain(e)** *m., f.* Mexican (*person*) (2)

Mexico Mexico City

Mexique *m.* Mexico (2, 8)

mi-: **(à la) mi-juin** (in) mid-June

micro-trottoir *m.* street interview

midi noon; **Midi** *m. south-central region of France*; **après-midi** *m. or f.* afternoon; **de l'après-midi** in the afternoon (6); **il est midi** it's noon (6)

miel *m.* honey

mien(ne)(s) (le/la/les) *pron., m., f.,* mine

mieux *adv.* better (15); **aimer mieux** to prefer (2); **il vaut mieux que** + *subj.* it's better that (16); **mieux (le mieux)** better (the best) (15); **tant mieux** so much the better (15)

mijoter to simmer

milieu *m.* environment; milieu, setting; middle; **au milieu de** in the middle of

militaire *adj.* military

militairement *adv.* militarily

militer pour (contre) to militate, argue for (against)

mille *adj.* thousand (7)

millénaire *m.* one thousand; millennium; *adj.* millennial

milliard *m.* billion (7)

milliardaire *m., f.* billionaire

millier *m.* (around) a thousand

million *m.* million (7)

mince *adj.* thin; slender

minceur *f.* leanness, slenderness

mine *f.* appearance, demeanor; mine; **vous n'avez pas bonne mine** you don't look well

minéral: eau (*f.*) **minérale** mineral water (6)

minier/ière *adj.* mining

ministre *m.* minister; **premier ministre** prime minister

minuit midnight; **il est minuit** it's midnight (6)

minute *f.* minute; **dans dix minutes** in ten minutes

miraculeux/euse *adj.* miraculous

miroir *m.* mirror (4)

mise *f.* placement; **mise à distance** separating; **mise en circulation** putting into circulation; **mise en place** placement

misère *f.* misery, poverty

missionnaire *m., f.* missionary

mitaine *f.* mitten

mixeur *m.* mixer

mixité *f.* diversity

mixte *adj.* mixed

mobile *m.* cell phone (10)

mobiliser to mobilize

mobilité *f.* mobility

mobylette *f.* moped

mode *f.* fashion, style; *m.* form, mode; *adj.* fashionable; **à la mode** in style; **créateur/trice** (*m., f.*) **de mode** fashion designer

modèle *m.* model; pattern

modéré *adj.* moderate; **habitations** (*f. pl.*) **à loyer modéré (H.L.M.)** *publicly subsidized apartment blocks (France)*

moderniser to modernize, to bring up to date

modernité *f.* modernity

modeste *adj.* modest, humble (3)

modifié *adj.* modified

moi *pron. s.* I, me; **c'est moi** it's me; **chez moi** at my place; **excusez-moi** excuse me; **moi aussi** me too (3); **moi-même** *pron.* myself (12); **moi non plus** me neither (3); **selon moi** in my view

moindre *adj.* less, lesser; **dans une moindre mesure** to a lesser extent; **le/la/les moindre(s)** the least

moine *m.* monk

moins *adv.* less; minus; **au moins** at least; **le moins** the least; **moins de...** fewer than (*with numbers*); **moins le quart** quarter to (the hour) (6); **moins... que** less . . . than (14); **plus ou moins** more or less

mois *m.* month (1); **par mois** per month

moitié *f.* half

môme *m.,f., fam.* kid

moment *m.* moment; **au dernier moment** at the last moment; **au moment de partir** upon leaving; **en ce moment** now, currently; **pour le moment** for the moment

momie *f.* mummy

mon *adj., m. s.* my

monde *m.* world (8); people; society; **Coupe** (*f.*) **du Monde** World Cup (*soccer*); **tiers-monde** *m.* Third World; **tour** (*m.*) **du monde** trip around the world; **tout le monde** everybody, everyone (7)

mondial *adj.* world; worldwide; **Première (Deuxième [Seconde]) Guerre** (*f.*) **mondiale** First (Second) World War

mondialement *adv.* throughout the world

mondialisation *f.* globalization (16)

monétaire *adj.* monetary

moniteur *m.* monitor; screen

monnaie *f.* coins, change (14); currency (*units*) (14)

monopole *m.* monopoly

monsieur (M.) (*pl.* **messieurs**) *m.* Mister; gentleman; sir (1); **croque-monsieur** *m. grilled ham and cheese sandwich*

montagne *f.* mountain (8); **à la montagne** in the mountains; **chaussures** (*f.*) **de montagne** hiking boots (8); **faire du vélo de montagne** to go mountain biking

montant *m.* sum, amount (14); total

monter (dans) to set up, organize; to put on; to carry up; to go up; to climb (into) (8); **en montant à bord** embarking, getting on board

montre *f.* watch; wristwatch

montre connectée smartwatch (10)

montrer to show (3)

monument *m.* monument

monumental *adj.* huge

moquer: se moquer de to make fun of (14)

moral *m.* morale, spirits

morale *f.* moral philosophy

moralement in one's morale; morally

moralité *f.* morals, morality

morceau *m.* piece (7); **morceau de gâteau** piece of cake

mordre to bite

mort *f.* death; *adj.* dead; **mettre à mort** to put to death; **mort de fatigue** dead-tired; **nature** (*f.*) **morte** still life

mosaïque *f.* mosaic

mosquée *f.* mosque

mot *m.* word (1); **jeu** (*m.*) **de mots** pun, play on words (15); **mot apparenté** related word, cognate; **mot clé** key word; **mot de passe** password (10)

moteur (*m.*) **de recherche** search engine (10)

motivation *f.* motive; **lettre** (*f.*) **de motivation** cover letter, letter in support of one's application

motivé *adj.* motivated

motocyclette (*fam.* **moto**) *f.* motorcycle (9)

mouche *f.* fly, housefly; **bateau-mouche** (*pl.* **bateaux-mouches**) *m. tourist boat on the Seine*

moufle *f.* mitt, mitten

moule *f.* mussel (*seafood*)

mourant *adj.* dying

mourir (*p.p.* **mort**) *irreg.* to die (8); **s'ennuyer à mourir** to be bored to death

mousse (*f.*) **au chocolat** chocolate mousse

mousser to bubble; to sparkle

mouton *m.* sheep

mouvement *m.* movement

moyen *m.* mean(s); way; **moyen de transport** means of transportation (9); **un bon (meilleur) moyen** a good (better) way

moyen(ne) *adj.* average; all right (*in response to* **comment vas-tu?**) **cadre** (*m.*) **moyen** middle manager; **des classes** (*f.*) **moyennes** middle classes; **de taille moyenne** of medium height (3); **Moyen Âge** *m. s.* Middle Ages (12)

moyennant *prep.* in return for (which)

moyenne *f.* average; **en moyenne** on (an) average

muet(te) *adj.* mute

multinationale *f.* multinational (corporation)

multiplier to multiply

mur *m.* wall (4)

muraille *f.* wall

musée *m.* museum (11)

musical (*pl.* **musicaux**) *adj.* musical

Musicien(ne) *m., f.* musician (12)

musique (*fam.* **zik**) *f.* music (2); **musique classique** classical music

Musulman(e) *m., f.* Muslim

mutation *f.* change, alteration

mystère *m.* mystery

mystérieux/euse *adj.* mysterious, strange

nager (**nous nageons**) to swim (8)

naïf/ïve *adj.* naive (3); simple

naissance *f.* birth

naissant *adj.* emerging

naître (*p.p.* **né**) *irreg.* to be born (8)

nana *f., fam.* babe (pretty girl)

nappe *f.* tablecloth (6)

narrateur/trice *m., f.* narrator

natal *adj.* native

natation *f.* swimming

nation *f.* nation; **Organisation des Nations Unies (ONU)** United Nations (UN)

nationaliste *m., f.* nationalist; *adj.* nationalistic, nationalist

nationalité *f.* nationality (2)

nature *f.* nature (16); **nature morte** still life

naturel(le) *adj.* natural; **ressources** (*f. pl.*) **naturelles** natural resources (16); **sciences** (*f. pl.*) **naturelles** natural sciences (2)

nautique *adj.* nautical; **ski** (*m.*) **nautique** water-skiing (8)

navet *m., fam.* bad film, flop

navigateur *m.* browser (10)

navigation: logiciel (*m.*) **de navigation** browser (*Internet*)

naviguer to navigate, to browse (10)

n'dolé *m.* hearty soup of Cameroon

ne (n') *adv.* no; not; **ne... aucun(e)** none, not one; **ne... jamais** never, not ever (9); **ne... ni... ni** neither . . . nor; **ne... pas** no; not; **ne... pas du tout** not at all (9); **ne... pas encore** not yet (9); **ne... personne** no one, nobody (9); **ne... plus** no more, no longer (9); **ne... que** only (9); **ne... rien** nothing (9); **n'est-ce pas?** isn't it (so)?, isn't that right? (3)

néanmoins *adv.* nevertheless

nécessaire *adj.* necessary; **il est nécessaire que** + *subj.* it's necessary that (16)

nécessité *f.* need

nécessiter to require, necessitate

né(e) (see **naître**)

négatif/ive *adj.* negative

négativement *adv.* negatively

négociateur/trice *m., f.* negotiator

négocier to negotiate

négrier/ière: traite (*f.*) **négrière** slave trade

négritude *f.* Negritude (*1930s Black consciousness movement*)

neige *f.* snow; **surf** (*m.*) **des neiges** snowboarding

neiger (**il neigeait**) to snow; **il neige** it's snowing (5)

nénuphar *m.* water lily

nerveux/euse *adj.* nervous (3)

net(te) *adj.* clear; net (*price*)

nettoyer (**je nettoie**) to clean

neuf *adj.* nine (1)

neuf (neuve) *adj.* new, brand-new; **quoi de neuf?** what's new?; **remettre à neuf** to restore; **Terre-Neuve** *f.* Newfoundland

neutre *adj.* neutral

neuvième *adj.* ninth (11)

neveu *m.* nephew (5)

nez *m.* nose (13)

ni *conj.* neither; nor; **ne... ni... ni** neither . . . nor

niçois(e) *adj.* of/from Nice

nièce *f.* niece (5)

niveau *m.* level; **niveau de vie** standard of living

noces: repas (*m.*) **de noces** wedding meal/party; **voyage** (*m.*) **de noces** honeymoon trip

Noël *m.* Christmas; **bûche** (*f.*) **de Noël** Yule log (*pastry*); **père** (*m.*) **Noël** Santa Claus; **réveillon** (*m.*) **de Noël** midnight Christmas dinner

noir *adj.* black (3)

noisette *f.* hazel nut

noix *f.* nut; **noix de coco** coconut

nom *m.* noun; name; **au nom de** in the name of

nombre *m.* number (1); quantity; **nombres** (*pl.*) **ordinaux** ordinal numbers

nombreux/euse *adj.* numerous; **famille** (*f.*) **nombreuse** large family

nommer to name; to appoint

non *interj.* no; not (1); **moi non plus** me neither (3); **non plus** neither, not . . . either

nord *m.* north (8); **Amérique** (*f.*) **du Nord** North America; **au nord** to the north (8); **Nord-américain(e)** *m., f.* North American (*person*); **nord-est** *m.* northeast (8); **nord-ouest** *m.* northwest (8)

normal *adj.* normal; **il est normal que** + *subj.* it's normal that (16)

normalement *adv.* usually

normand *adj.* Norman; **à la normande** in the Norman style

Normandie *f.* Normandy

Norvège *f.* Norway

nos *adj., m., f., pl.* our

notamment *adv.* notably; especially

note *f.* note; grade (*academic*); **bonnes (mauvaises) notes** good (bad) grades; **prendre des notes** to take notes

noter to notice; to note, write down

notre *adj., m., f., s.* our

nôtre(s): le/la/les nôtre(s) *pron., m., f.* ours; our own

nourrir to nourish

nourrissant *adj.* nourishing

nourriture *f.* food (6)

nous *pron., pl.* we; us; **nous-mêmes** *pron., pl.* ourselves (12); **nous sommes lundi (mardi...)** it's Monday (Tuesday . . .) (1); **quel jour sommes-nous?** what day is it? (1)

nouveau (nouvel, nouvelle [nouveaux, nouvelles]) *adj.* new (3); **à nouveau** once more; **de nouveau** again (11); **nouveaux mariés** *m. pl.* newlyweds, newly married couple (13); **la nouvelle cuisine** *lighter, low-fat cooking style;* **La Nouvelle-Orléans** New Orleans; **Nouveau-Brunswick** *m.* New Brunswick; **Nouveau-Mexique** *m.* New Mexico; **Nouvel An** *m.* New Year's; **Nouvelle-Écosse** *f.* Nova Scotia

nouveauté *f.* novelty

nouvelle *f.* piece of news; short story; *pl.* news, current events; **bonne (mauvaise) nouvelle** good (bad) news

novembre November (1)

nu *adj.* naked

nuage *m.* cloud

nuageux/euse *adj.* cloudy; **le temps est nuageux** it's cloudy (5)

nucléaire *adj.* nuclear; **armes** (*f. pl.*) **nucléaires** nuclear weapons; **centrale** (*f.*) **nucléaire** nuclear power plant; **déchets** (*m. pl.*) **nucléaires** nuclear waste (16); **énergie** (*f.*) **nucléaire** nuclear power (16)

nuit *f.* night (7); **boîte** (*f.*) **de nuit** nightclub, club; **de nuit** at night

nul(le) *adj.,* null; worthless; *fam.* no good

numérique digital; **appareil** (*m.*) **(photo) numérique** digital camera (10); **livre** (*m.*) **numérique** e-book (10)

numéro *m.* number (10); **numéro de téléphone** telephone number (10)

numéroter to number

nymphéa *m.* white water lily

obéir to obey

objectif *m.* goal, objective

objet *m.* object; objective; **pronom** (*m.*) **complément d'objet direct (indirect)** *Gram.* direct (indirect) object pronoun

obligatoire *adj.* obligatory; mandatory; **service** (*m.*) **(militaire) obligatoire** mandatory military service

obligatoirement *adv.* necessarily, obligatorily

obligé *adj.* obliged, required; **être obligé de** to be obliged to

observateur/trice *m., f.* observer

observer to observe

obsolète *adj.* obsolete, outdated

obtenir (*like* **tenir**) *irreg.* to obtain, get (8)

obtention *f.* obtaining; achieving

occasion *f.* opportunity; occasion; bargain

occident *m.* the west

occidental *adj.* (*pl.* **occidentaux**) western, occidental; **Afrique** (*f.*) **occidentale** western Africa; **Virginie-Occidentale** *f.* West Virginia

occupé *adj.* occupied; busy

occuper to occupy; **s'occuper de** to look after, take care of

océan *m.* ocean, sea; **océan Atlantique** Atlantic Ocean

Océanie *f.* Oceania, the South Sea Islands

ocre *adj.* ochre (yellow-earth color)

octobre October (1)

odeur *f.* odor, smell

odorat *m.* sense of smell

œil (*pl.* **yeux**) *m.* eye (13); **coup** (*m.*) **d'œil** glance, quick look

œnologue *m., f.* oenologist, wine expert

œuf *m.* egg (6)

œuvre *f.* work; artistic work; **chef-d'œuvre** (*pl.* **chefs-d'œuvre**) *m.* masterpiece (12); *****hors-d'œuvre** *m. inv.* appetizer (7); **œuvre d'art** work of art (12)

officiel(le) *adj.* official

offre *f.* offer; **offre d'emploi** job offer

offrir (*like* **ouvrir**) *irreg.* to offer (14)

oignon *m.* onion (7); **soupe** (*f.*) **à l'oignon** (French) onion soup

oiseau *m.* bird

olive *f.* olive; **huile** (*f.*) **d'olive** olive oil (7)

olivier *m.* olive tree

ombre *f.* shadow; shade

ombrelle *f.* parasol

omelette *f.* omelet

on *pron. s.* one, they, we

oncle *m.* uncle (5)

onze *adj.* eleven (1)

onzième *adj.* eleventh (11)

opéra *m.* opera (15)

opérateur *m.* operator **opérateur de téléphonie mobile** cell phone service provider

opinion *f.* opinion; **exprimer une opinion** to express an opinion (16); **opinion publique** public opinion (16)

opposé *m.* the opposite

optimiste *m., f.* optimist; *adj.* optimistic (3)

or *m.* gold

orage *m.* storm

orageux/euse *adj.* stormy; **le temps est orageux** it's stormy (5)

orange *adj. inv.* orange (3); *m.* orange (*color*); *f.* orange (*fruit*) (6); **jus** (*m.*) **d'orange** orange juice (6)

orchestre *m.* orchestra; band

ordinaire *adj.* ordinary, regular (3)

ordinal *adj.* ordinal; **nombres** (*m. pl.*) **ordinaux** ordinal numbers

ordinateur (*fam.* **ordi**) *m.* computer (1); **ordinateur portable** (*fam.* **portable** *m.*) laptop computer (1)

ordonner to order (*s.o. to do s.th.*)

ordre *m.* order; command; **dans le bon ordre** in the right order; **dans l'ordre chronologique** in chronological order; **en ordre** orderly, neat (4)

oreille *f.* ear (13)

organe *m.* organ

organique *adj.* organic

organiser to organize

organisme *m.* organization, institution; organism

oriental (*pl.* **orientaux**) *adj.* Oriental

orientation *f.* orientation; direction; **conseiller/ère** (*m., f.*) **d'orientation** guidance counselor

orienté *adj.* facing

s'orienter to orient oneself, get one's bearings

originaire (*adj.*) **de** native to

original (*pl.* **originaux**) *adj.* original; eccentric

originalité *f.* originality, imagination

origine *f.* origin; **d'origine algérienne** of Algerian origin (background); **pays** (*m.*) **d'origine** native country, nationality

ornement *m.* ornament; embellishment, adornment

orteil *m.* toe

orthographe *f.* spelling

os *m.* bone

ou *conj.* or; either (2); **ou bien** or else

où *adv.* where (4); *pron.* where, in which, when (14); **où est... ?** where is . . . ?

ouah ouah! bow-wow!, woof!

oublier (de) to forget (to) (8)

ouest *m.* west (8); **à l'ouest** to the west (8); **Afrique** (*f.*) **de l'ouest** West Africa; **nord-ouest** *m.* northwest (8); **ouest-africain** *adj.* West African; **sud-ouest** *m.* southwest (8)

ouf *interj.* phew, whew

oui *interj.* yes (1); **oui, mais...** yes, but . . . (10)

ouïe *f.* sense of hearing

ouragan *m.* hurricane

outil *m.* tool

ouvert *adj.* open; frank

ouverture *f.* opening

ouvrier/ière *m., f.* (*manual*) worker, laborer (14)

ouvrir (*p.p.* **ouvert**) *irreg.* to open (14)

pacifiste *adj.* pacifistic

pacsé *adj.* legally joined by a PACS

page (*f.*) **d'accueil** homepage (10)

pager *m.* pager

pain *m.* bread (6); **baguette** (*f.*) **de pain** (French) bread, baguette; **pain au chocolat** chocolate croissant; **pain de campagne** country-style bread, wheat bread (7)

pair: au pair au pair (*child care by foreign student*)

paix *f.* peace

palais *m.* palace (12)

palmarès *m.* record of achievement

palmeraie *f.* palm grove

palmier *m.* palm tree

pamplemousse *m.* grapefruit

Paname *m., fam.* Paris

pané *adj.* fried in breadcrumbs

panier *m.* basket

panne *f.* (*mechanical*) breakdown; **en panne** broken down

panneau *m.* billboard, sign

panoramique *adj.* with a panoramic view

pantalon *m.* (pair of) pants (3)

pantoufle *f.* slipper (13)

papa *m., fam.* dad, daddy

papier *m.* paper; **livre** (*m.*) **papier** print book (10)

Pâques *f. pl.* Easter

paquet *m.* package

par *prep.* by, through, with (4, 12); **commencer (finir) par** to begin (end up) by; **par avion** air-mail; **par cœur** by heart (12); **par exemple** for example (16); **par *hasard** by chance; **par jour (semaine, etc.)** per day (week, etc.); **par ordre chronologique** in chronological order; **par rapport à** in comparison with, in relation to; **par terre** on the ground (4); **une fois par semaine** once a week (5)

paradis *m.* paradise

paradoxalement *adv.* paradoxically

paradoxe *m.* paradox

paragraphe *m.* paragraph

paraître (*like* **connaître**) *irreg.* to appear

paralysé *adj.* paralyzed; strike-bound

parapluie *m.* umbrella (8)

parasol *m.* beach umbrella; parasol

parc *m.* park (11); **parc d'attraction** theme park

parce que *conj.* because (4)

parcourir (*like* **courir**) *irreg.* to cover, travel; to skim

parcours *m. s.* distance, journey, course

pardon *interj.* pardon (me) (1)

pareil(le) *adj.* the same, similar

parent(e) *m., f.* parent; relative (5); **arrière-grand-parent** *m.* great-grandparent (5); **grand-parent** grandparent (5); **parent(e) proche** close relative

parenthèse *f.* parenthesis; **entre parenthèses** in parentheses

paresseux/euse *adj.* lazy (3)

parfait *adj.* perfect

parfaitement *adv.* perfectly (14)

parfois *adv.* sometimes (9)

parfum *m.* perfume; flavor

parfumé *adj.* fragrant; flavorful

pari *m.* bet, wager; **pari perdu** lost bet

parisien(ne) *adj.* Parisian (3); **Parisien(ne)** *m., f.* Parisian (*person*)

parking *m.* parking lot

parlement *m.* parliament

parler (à, de) to speak (to, of) (2); to talk (2); *m.* speech

parmi *prep.* among

parole *f.* word; *pl.* lyrics

parquet *m.* wooden (parquet) floor

part *f.* share, portion; **à part** besides; separately; **c'est de la part de X** X is calling; **de ma part** for me, on my behalf; **pour ma part** in my opinion, as for me (16); **quelque part** somewhere

partager (**nous partageons**) to share

partenaire *m., f.* partner

partenariat *m.* partnership

parti *m.* (*political*) party (16)

participant(e) *m., f.* participant

participe *m., Gram.* participle

participer à to participate in

particulier/ière *adj.* particular, special; **en particulier** in particular

partie *f.* part; **faire partie de** to be part of

partir (*like* **dormir**) (**à, pour, de**) *irreg.* to leave (for, from) (0); **à partir de** *prep.* starting from; **à partir de maintenant** from now on (14); **partir à l'aventure** to leave with no itinerary; **partir en vacances** to leave on vacation

partisan(e) *m., f.* supporter, advocate

partitif/ive *adj., Gram.* partitive

partout *adv.* everywhere (11)

parvenir (*like* **venir**) **à** *irreg.* to succeed in

pas (ne... pas) not; **ne... pas du tout** not at all (9); **ne... pas encore** not yet (9); **n'est-ce pas?** isn't it (so)?, isn't that right? (3); **pas à pas** step-by-step; **pas du tout** not at all; **pas mal** not bad(ly) (1)

passage *m.* passage; passing; **lieu** (*m.*) **de passage** crossing point, passageway

passager/ère *m., f.* passenger (9)

passant(e) *m., f.* passerby

passé *m.* past; *adj.* past, gone, last (7); **l'année** (*f.*) **passée** last year; **participe** (*m.*) **passé** *Gram.* past participle; **passé composé** *Gram.* compound past tense; **passé simple** *Gram.* past tense (*literary*)

passeport *m.* passport (8)

passer to pass, spend (*time*) (6); to put through to (*by phone*); to show, play (*a film, record*); **passer crème** *fam.* to go well; to have no worries; **passer (par)** to pass (by, through) (8); **passer sur** to go over; **passer les vacances** to spend one's vacation; **passer un examen** to take an exam (4); **qu'est-ce qui se passe?** what's happening?, what's going on? (15); **se passer** to happen, take place (15); to go

passe-temps *m. inv.* pastime, hobby (15)

passionné(e) *m., f.* enthusiast; *adj.* enthusiastic; passionate

se passionner pour to be excited about

pasteur *m.* (*Protestant*) minister

pastilla *f.* pastilla (*Moroccan pastry and meat dish*)

pâté *m.* liver paste, pâté; **pâté de campagne** (country-style) pâté (7); **pâté de foie gras** goose liver pâté

paternel(le) *adj.* paternal

pâtes *f. pl.* pasta, noodles (7)

patience *f.* patience; **avoir de la patience** to be patient; **perdre patience** to lose patience

patient *m., f.* (*hospital*) patient; *adj.* patient (3)

patienter to wait (patiently)

patin *m.* skate, ice skate; **faire du patin à glace** to go ice-skating

patiner to skate

pâtisserie *f.* pastry; pastry shop (7); **boulangerie-pâtisserie** *f.* bakery-pastry shop

pâtissier/ière *m., f.* pastry shop owner; pastry chef

patrie *f.* native land

patrimoine *m.* legacy; heritage (12)

patron(ne) *m., f.* boss, employer; **fête** (*f.*) **des patrons** saint's day

pause *f.* pause, break

pauvre *adj.* poor; unfortunate (3)

payé *adj.* paid, paying

payer (je paie) to pay, pay for

pays *m.* country, nation (2); **pays en voie de développement** developing nation; **Pays-Bas** *m. pl.* Netherlands, Holland; **pays d'origine** native country

paysage *m.* landscape; scenery

paysan(ne) *m., f.* peasant, farmworker

peau *f.* skin

pêche *f.* peach; fishing (8); **aller à la pêche** to go fishing (8); **avoir la pêche** *fam.* to feel great, like a million bucks

pêcheur/euse *m., f.* fisherman (woman)

pédagogique *adj.* pedagogical, teaching

pédaler to pedal

pédestre *adj.* pedestrian; **randonnée** (*f.*) **pédestre** hike; hiking

peigne *m.* comb (13)

se peigner to comb one's hair (13)

peindre (*like* **craindre**) *irreg.* to paint (12)

peintre *m.* painter (12)

peinture *f.* painting (12); paint(s); **faire de la peinture** to paint

peler to peel

peloton: en peloton *m.* in a pack (*of people*)

pendant *prep.* for, during (9); **pendant combien de temps... ?** (for) how long . . . ? (9); **pendant les vacances** during vacation; **pendant que** *conj.* while

péniche *f.* barge

Pennsylvanie *f.* Pennsylvania

pensée *f.* thought; idea

penser to think (10); to reflect; to expect, intend; **je ne pense pas** I don't think so; **penser** + *inf.* to plan on (*doing s.th.*); **penser à** to think of, think about (11); **penser de** to think of, have an opinion about (11); **qu'en penses-tu?** what do you think about it? (11); **que pensez-vous de... ?** what do you think of . . . ? (11)

penseur/euse *m., f.* thinker

perception (*f.*) **extrasensorielle** extra-sensory perception (ESP)

perché *adj.* perched, sitting (on)

perdre to lose; to waste (5); **perdre patience** to lose patience; **se perdre** to get lost (13)

père *m.* father (5); **beau-père** father-in-law; stepfather (5); **grand-père** grandfather (5)

perfectionner to perfect

performant *adj.* competitive; highly capable

période *f.* period (*of time*)

perle *f.* pearl

permanence: en permanence *adv.* permanently

permettre (*like* **mettre**) **(de)** *irreg.* to permit, allow (to), let (12)

permis *m.* permit, license; **permis de conduire** driver's license; **permis de travail** work permit

persévérant *adj.* persevering, dogged (3)

persil *m.* parsley

personnage *m.* (*fictional*) character; personality, celebrity

personnalisé *adj.* personalized

personnalité *f.* personality

personne *f.* person (3); **ne... personne** nobody, no one (9)

personnel(le) *adj.* personal

personnellement *adv.* personally (16)

perspective *f.* view; perspective

persuader to persuade, convince

perte *f.* loss

peser to weigh

pessimiste *adj.* pessimistic (3)

pétanque *f.* bocce ball, lawn bowling (*southern France*) (15)

petit *adj.* little; short (3); very young; *m. pl.* young ones; little ones; **petit(e) ami(e)** *m., f.* boyfriend, girlfriend; **petit déjeuner** *m.* breakfast (6); **petit écran** *m.* television; **petit matin** *m.* early morning; **petit-enfant** *m.* grandchild (5); **petit-fils** *m.* grandson (5); **petite cuillère** *f.* teaspoon; **petite-fille** *f.* granddaughter (5); **petites annonces** *f. pl.* classified ads (10); **petits pois** *m. pl.* peas; **un petit peu** a little (bit)

pétrole *m.* oil, petroleum

peu *adv.* little; few; not very; hardly (3); **à peu près** *adv.* nearly; **encore un peu** a little more; **il est peu probable que** + *subj.* it's doubtful that (16); **peu à peu** little by little; **peu calorique** low in calories; **peu de** few (6); **un peu** a little (3); **un peu (de)** a little (of) (6)

peuple *m.* nation; people (*of a country*)

peuplé (de) *adj.* filled (with), full (of); populated

peur *f.* fear; **avoir peur (de)** to be afraid (of) (3)

peut-être *adv.* perhaps, maybe (5)

pharaon *m.* Pharaoh

phare *m.* beacon

pharmacie *f.* pharmacy, drugstore (11)

pharmacien(ne) *m., f.* pharmacist (14)

phénomène *m.* phenomenon

philanthrope *m., f.* philanthropist

philosophe *m., f.* philosopher

philosophie (*fam.* **philo**) *f.* philosophy (2)

philosophique *adj.* philosophical

photocopieur *m.* photocopy machine

photographe *m., f.* photographer

photo(graphie) *f.* picture, photograph; **appareil (photo) numérique** *m.* digital camera (10); **prendre des photos** to take photos

photographique *adj.* photographic

phrase *f.* sentence

physique *f.* physics (2); *adj.* physical

piano *m.* piano; **jouer du piano** to play the piano

pianoter to tap away on

piaule *f., fam.* digs, place (*residence*)

pièce *f.* piece; room (*of a house*) (5); coin; **monter une pièce** to put on a play; **pièce de collection** collector's item; **pièce de monnaie** coin; **pièce de théâtre** (*theatrical*) play (12)

pied *m.* foot (13); **à pied** on foot (9); **se lever du pied gauche** to get up on the wrong side of the bed

piège *f.* trap, trick

pierre *f.* stone

pieu *m., fam.* bed

pile *f.* battery; stack; support

pilote *m., f.* pilot (9); driver

piment *m.* chili, pepper

pinard *m., fam.* wine

pincée *f.* pinch, dash (*cooking*)

pique-nique *m.* picnic (15); **faire un pique-nique** to go on a picnic

pique-niquer to have a picnic

piqûre *f.* injection, shot (13)

pire *adj.* worse (14); **le/la/les pire(s)** the worst

pis *adv.* worse; **le pis** the worst; **tant pis** too bad (15)

piscine *f.* swimming pool (11)

piste *f.* path, trail; course; slope; lead (14); **piste cyclable** bicycle path

pittoresque *adj.* picturesque

placard *m.* closet (4); cabinet

place *f.* place; position; (public) square (11); seat (12); **à votre (ta) place** in your place, if I were you (15); **mise** (*f.*) **en place** placement

placer (nous plaçons) to place, put

plafond *m.* ceiling

plage *f.* beach (8); **serviette** (*f.*) **de plage** beach towel (8)

plaidoyer *m.* defense, plea

se plaindre (de) (*like* **craindre**) *irreg.* to complain (about)

plaine *f.* plain

plaire (*p.p.* **plu**) **à** *irreg.* to please; **en français, s'il vous plaît** in French, please; **s'il te (vous) plaît** *interj.* please (1)

plaisir *m.* pleasure

plan *m.* plan; diagram; map (*of a city*) (11); **sur le plan économique** economically speaking

planche *f.* board; **faire de la planche à voile** to windsurf; **planche à voile** windsurfer (8)

plancher *m.* floor

planète *f.* planet

planifier to plan

plante *f.* plant

planter to plant

plat *m.* dish (*type of food*); course (*meal*) (7); *adj.* flat; **plat de résistance** main course, dish; **plat du jour** today's special (*restaurant*); **plat principal** main course, main dish (7)

plein (de) *adj.* full (of); complete; **activités** (*f. pl.*) **de plein air** outdoor activities (15); **faire le plein** to fill it up (*gas tank*) (9); **marché** (*m.*) **en plein air** outdoor market; **plein de** a lot of

pleurer to cry, weep

pleuvoir (*p.p.* **plu**) *irreg.* to rain (7); **il pleut** it's raining (5)

plier to fold

plombier *m.* plumber (14)

plongée *f.* diving; **faire de la plongée libre** to go snorkeling (8); **faire de la plongée sous-marine** to go scuba diving (8)

plonger (nous plongeons) to dive, plunge

pluie *f.* rain

plumard *m., fam.* bed

plupart: la plupart (de) most (of), the majority (of) (12)

pluriel *m., Gram.* plural

plus (de) *adv.* more; plus; **de plus en plus** more and more; **en plus** in addition; **le plus** + *adv.* most; **le/la/les plus** + *adj.* most; **moi non plus** me neither; **ne... plus** no longer, no more (9); **plus... que** more . . . than (14); **plus tard** later

plusieurs (de) *adj., pron.* several (of) (6)

plussoyer *fam.* to add one's vote; to agree

plutôt *adv.* instead; rather

poche *f.* pocket (10)

poème *m.* poem (12)

poésie *f.* poetry (12)

poète *m.* poet (12)

poétesse *f.* poet (12)

poétique *adj.* poetic, poetry

poids *m.* weight

poignée (*f.*) **de main** handshake

poing *m.* fist

point *m.* point; spot; **être sur le point de** + *inf.* to be on the verge of; **point cardinal** compass point (8); **point de départ** starting point; **point de rencontre** meeting point; **point de vue** point of view; **point fort** strong point; *adv.* **ne... point** not at all

pointe *f.* point, tip; *pl.* headlands

pointu *adj.* pointed, sharp

pointure *f.* (shoe) size

poire *f.* pear (6)

pois *m. pl.* peas; dots; **à pois** polka-dotted; **petits pois** peas

poisson *m.* fish (6)

poissonnerie *f.* fish market (7)

poivre *m.* pepper (6); **steak** (*m.*) **au poivre** pepper steak

poivrer to pepper

poivron *m.* bell pepper

Lexique français-anglais

polaire *adj.* polar

poli *adj.* polite (12); polished

police *f.* police; **agent** (*m.*) **de police** police officer (14); **poste** (*m.*) **de police** police station (11)

policier/ière *adj.* pertaining to the police; *m.* police officer; **roman** (*m.*) **policier** detective novel

politicien(ne) *m., f.* politician

politique *f.* politics; policy (16); *adj.* political; **faire de la politique** to go in for politics; **homme (femme) politique** *m., f.* politician (16)

Polononais(e) *m., f.* Polish person

polonais *adj.* Polish

polluant *adj.* polluting

polluer to pollute (16)

Polynésie (*f.*) **française** French Polynesia

pomme *f.* apple (6); **jus** (*m.*) **de pomme** apple juice; **pomme de terre** potato (6); **tarte** (*f.*) **aux pommes** apple tart

pompier *m.* fire fighter

ponctuation *f.* punctuation

ponctuel *adj.* punctual

pont *m.* bridge

populaire *adj.* popular; common; of the people

popularité *f.* popularity

porc *m.* pork (6); **côte** (*f.*) **de porc** pork chop

portable *m.* laptop computer (1); **téléphone portable** cell phone (4)

porte *f.* door (1); stop, exit (*metro*); gate

porter to wear; to carry (3); **prêt-à-porter** *m.* ready-to-wear (*clothing*)

porto *m.* port (*wine*)

portugais *adj.* Portuguese

Portugal *m.* Portugal (8)

poser to put (down); to state, pose; to ask; **poser sa candidature** to apply; to run (*for office*) (14); **poser une question** to ask a question (11)

positif/ive *adj.* positive

positionnement *m.* positioning

posséder (je possède) to possess

possessif/ive *adj.* possessive

possession *f.* possession; **prendre possession de** to take possession of

possibilité *f.* possibility

possible *adj.* possible; **aussi souvent que possible** as often as possible; **faire son possible** to do one's best; **il est possible que** + *subj.* it's possible that (16)

postal *adj.* postal, post; **carte** (*f.*) **postale** postcard (10); **code** (*m.*) **postal** postal code, zip code

poste *m.* position; employment; *f.* mail (10); **bureau** (*m.*) **de poste** post office (10); **La Poste** post office; postal service (10); **poste** (*m.*) **de police** police station (11)

poster to mail (10)

postuler to apply (*for a job*)

pote *m., fam.* buddy

poterie *f.* pottery

poubelle *f.* garbage can

pouce *m.* thumb; inch; **coup** (*m.*) **de pouce** little push (in the right direction)

poudre: en poudre *f.* powdered

poule *f.* hen

poulet *m.* chicken (6)

pour *prep.* for, in order to (2); **le pour et le contre** the pros and cons; **manifester pour** to demonstrate for (16); **pour**

ma part in my opinion, as for me (16); **pour que** + *subj.* in order to

pourboire *m.* tip, gratuity (7)

pourcentage *m.* percentage

pourquoi *adv., conj.* why (4)

pourri: faire un temps pourri *fam.* to be rotten weather

poursuivre (*like* **suivre**) *irreg.* to pursue (12)

pourtant *adv.* yet, nevertheless

pousser to push; to grow; to move (*s.o. to do s.th.*)

poutine *f.* poutine (Quebec dish of French fries with cheese and gravy)

pouvoir (*p.p.* **pu**) *irreg.* to be able to, can (7); *m.* power, strength; **ça peut aller** all right, pretty well (1); **il se peut que** + *subj.* it's possible that (16); **je pourrais** I could (7); **pouvoir** (*m.*) **d'achat** purchasing power (16)

pratique *adj.* practical; *f.* practice; use; **travaux** (*m. pl.*) **pratiques** hands-on learning

pratiquer to play, perform (*sport, activity*)

préalablement *adv.* beforehand

précaire fragile, precarious

précédent *adj.* preceding

précéder (je précède) to precede

précieusement *adv.* preciously

précipiter to rush, hurry

précieux/euse *adj.* precious

précis *adj.* precise, accurate (3)

préciser to clarify, specify

précision *f.* precision; piece of information

prédiction *f.* prediction, forecast

prédire (*like* **dire, vous prédisez**) *irreg.* to predict, foretell

préférable *adj.* preferable, more advisable; **il est préférable que** + *subj.* it's preferable that (16)

préféré *adj.* favorite, preferred (5)

préférence *f.* preference; **de préférence** preferably

préférer (je préfère) to prefer, like better (6)

préjugé *m.* prejudice

prélèvement (*m.*) **automatique** automatic payment/withdrawal (14)

premier/ière *adj.* first (4); *f.* opening night, premiere; **le premier janvier** the first of January; **premier étage** *m.* second floor (*in the U.S.*) (5); **premier ministre** *m.* prime minister; **première classe** *f.* first class (9)

prendre (*p.p.* **pris**) *irreg.* to take (6); to have (to eat, to drink) (6); to order (6); **prendre au sérieux** to take seriously; **prendre conscience de** to realize, become aware of; **prendre des notes** to take notes; **prendre des vacances** to take vacation; **prendre du temps** to take a long time (6); **prendre l'avion** to take a plane; **prendre possession de** to take possession of; **prendre rendez-vous** to make an appointment (date); **prendre son temps** to take one's time (6); **prendre un repas** to have a meal (6); **prendre un verre** *fam.* to have a drink (*with s.o.*) (6); **prendre une douche** to take a shower; **prendre une photo** to take a photo; **se prendre pour** to believe oneself to be

prénom *m.* first name, Christian name

préoccupé *adj.* worried, preoccupied (16)

préoccuper to concern; **se préoccuper de** to concern, preoccupy oneself with; to worry about

préparatifs *m. pl.* preparations

préparer to prepare (5); **préparer un examen** to study for an exam; **se préparer (à)** to prepare oneself, get ready (for) (13)

près (de) *adv.* near, close to (4); **à peu près** nearly; **tout près** very near

présence *f.* presence; attendance

présent *m.* present (*time*); *adj.* present; **à présent** now, at the present time

présentement *adv.* presently, currently

présenter to present; to introduce; to put on (*a performance*); **je vous (te) présente...** I want you to meet . . . ; **se présenter** to run for office; to introduce oneself

préserver to preserve

président(e) *m., f.* president

présidentiel(le) *adj.* presidential

présider to preside

presque *adv.* almost, nearly

presse *f.* press (*media*)

pressé *adj.* in a hurry, rushed; **citron** (*m.*) **pressé** fresh lemon juice

prestigieux/ieuse *adj.* prestigious

prêt *adj.* ready (3); **prêt-à-porter** *m.* ready-to-wear clothing

prétendre to claim (to be); **prétendre à** to lay claim to

prétentieux/euse *adj.* pretentious

prêter (à) to lend (to) (11)

prétexte *m.* pretext, excuse

prévision *f.* prediction

prévoir (*like* **voir**) *irreg.* to foresee, anticipate

prévu *adj.* expected, anticipated; **comme prévu** as planned

prier to pray; to beg, entreat; to ask (*s.o.*); **je vous (t')en prie** please; you're welcome (7)

primaire *adj.* primary; **école** (*f.*) **primaire** primary school

principal *adj.* principal, main, most important; **plat** (*m.*) **principal** main course (7)

principe *m.* principle

printemps *m.* spring; **au printemps** in the spring (5)

priorité *f.* priority

pris (see **prendre**)

prise *f.* taking

prisonnier/ière *m., f.* prisoner

privé *adj.* private

privilégié *adj.* privileged

privilégier to favor

prix *m.* price (7); prize

probabilité *f.* probability

probable *adj.* probable; **il est peu probable que** + *subj.* it's doubtful that (16); **il est probable que** + *indic.* it's probable that (16)

problématique *f.* problem, issue

problème *m.* problem (16)

procédé *m.* process, method

procéder (je procède) to proceed

processus *m.* process

prochain *adj.* next; coming; **à la prochaine** until next time; **la rentrée prochaine** beginning of next academic year; **la semaine prochaine** next week (5)

prochainement *adv.* soon, shortly

proche (de) *adj., adv.* near, close; *m. pl.* close relatives; **futur** (*m.*) **proche** *Gram.* immediate (near) future

producteur/trice *m., f.* producer

produire (*like* **conduire**) *irreg.* to produce (9)

produit *m.* product (6); **produit chimique** chemical; **produits frais** fresh products (6)

professeur (*fam.* **prof**) *m.* professor, instructor (*male or female*) (1); **professeur des écoles** *m.* primary school teacher (14)

professionnel(le) *adj.* professional

profil *m.* profile; outline; cross section

profiter de to take advantage of, profit from; **profitez-en donc** take advantage of it

profond *adj.* deep

profondément *adv.* deeply, profoundly

profondeur: en profondeur in depth

programme *m.* program; agenda

programmer to program; to plan

progrès *m. s.* progress

progresser to advance, make progress

projection *f.* projection, showing

projet *m.* project; *pl.* plans (5); **projets d'avenir** future plans

prolifération *f.* proliferation

promenade *f.* walk; ride; **faire une promenade** to take a walk (5)

promener (je promène) to take out walking, take for a walk; **se promener** to go for a walk (drive, ride), take a walk (13)

promesse *f.* promise

promettre (*like* **mettre**) **(de)** *irreg.* to promise (to)

promotion *f.* promotion; sale, store special; **en promotion** on special

promouvoir (*p.p.* **promu**) *irreg.* to promote

pronom *m., Gram.* pronoun; **pronom accentué (indéfini, interrogatif, personnel, relatif)** *Gram.* disjunctive, stressed (indefinite, interrogative, personal, relative) pronoun; **pronom complément d'objet direct (indirect)** *Gram.* direct (indirect) object pronoun

pronominal *adj., Gram.* pronominal; **verbe** (*m.*) **pronominal** *Gram.* pronominal (reflexive) verb

prononcé *adj.* pronounced

prononcer to pronounce

prononciation *f.* pronunciation

propos *m.* talk; utterance; **à propos** by the way; **à propos de** about

proposer to propose; to offer (14)

proposition *f.* proposal; offer

propre *adj.* own; clean; **propre à** characteristic of

propriétaire (*fam.* **proprio**) *m., f.* owner; landlord

propriété *f.* property

prospectus *m.* handbill, leaflet

protéger (je protège, nous protégeons) to protect (16)

prouver to prove

provenir (*like* **venir**) *irreg.* to come (descend) from

province *f.* province; **ville** (*f.*) **de province** country town

provincial *adj.* small-town; *n. m.* small-town person

provision *f.* supply; *pl.* groceries

provoquer to provoke

proximité *f.* proximity, closeness; **à proximité de** near

prudent *adj.* careful; cautious

prune *f.* plum

pseudonyme *m.* pseudonym, username

psychiatre *m., f.* psychiatrist

psychologie (*fam.* **psycho**) *f.* psychology (2)

psychologique *adj.* psychological

psychologue *m., f.* psychologist

public (publique) *adj.* public; *m.* public; audience; **opinion** (*f.*) **publique** public opinion (16); **télévision** (*f.*) **publique** government-owned television (10)

publicité (*fam.* **pub**) *f.* commercial, advertisement; advertising (10)
publier to publish
puce *f.* flea; **marché** (*m.*) **aux puces** flea market; **excité comme une puce** as excited as a flea (at a cat show)
puis *adv.* then, next (11); besides (7); **et puis** and then; and besides (7)
puissance *f.* power, strength
puissant *adj.* powerful; **tout-puissant** *adj.* all-powerful
puit *m.* well
pull-over (*fam.* **pull**) *m.* sweater (3)
pulpeux/euse *adj.* fleshy
pur *adj.* pure
purée *f.* purée (*e.g., mashed potatoes*)
pureté *f.* purity
puzzle *m.* puzzle
pyjama *m. s.* pajamas

quai *m.* quay; platform (*train station*) (9)
qualificatif/ive *adj.* qualifying
qualité *f.* quality; characteristic
quand *adv., conj.* when (4); **depuis quand** since when (9); **quand même** even so; anyway
quant à *adv.* as for; regarding
quantité *f.* quantity
quarantaine *f.* quarantine
quarante *adj.* forty (1)
quart *m.* quarter; fourth; quarter of an hour; **et quart** quarter past (the hour) (6); **moins le quart** quarter to (the hour) (6); **un quart de vin** a quarter liter carafe of wine
quartier *m.* quarter, neighborhood (2); **quartier général** headquarters; **Quartier latin** Latin Quarter (district) (*in Paris*)
quatorze *adj.* fourteen (1)
quatorzième *adj.* fourteenth
quatre *adj.* four (1)
quatre-vingts *adj.* eighty
quatrième *adj.* fourth
que (**qu'**) what (4); that, which; whom (14); **ne... que** *adv.* only (9); **parce que** because (4); **que pensez-vous de... ?** what do you think about . . . ? (11); **que veut dire... ?** what does . . . mean?; **qu'en penses-tu?** what do you think of that? (11); **qu'est-ce que** what (*object*) (4); **qu'est-ce que c'est?** what is it? (1); **qu'est-ce qui** what (*subject*) (15); **qu-est-ce qui se passe?** what's happening?, what's going on? (15)
Québec *m.* Quebec (*province*); (2, 8); **Québec** Quebec (*city*)
québécois *m.* Quebecois (*language*); *adj.* from (of) Quebec; **Québécois(e)** *m., f.* Quebecois (*person*)
quel(le)(s) *interr. adj.* what, which (7); what a; **à quelle heure... ?** (at) what time . . . ? (6); **quel âge avez-vous?** how old are you?; **quel jour sommes-nous (on est)?** what day is it? (1); **quel temps fait-il?** how's the weather? (5); **quelle est la date?** what is the date? (1); **quelle heure est-il?** what time is it? (6)
quelque(s) *adj.* some, any; a few (15); **quelque chose** *pron.* something (7); **quelque chose de** + *adj.* something + *adj.* (15); **quelque part** *adv.* somewhere
quelquefois *adv.* sometimes (2)
quelques-uns/unes *pron., pl.* some, a few (15)
quelqu'un *pron., neu.* someone, somebody (9)
question *f.* question; **poser une question (à)** to ask a question (11)

quête *f.* quest, search
queue *f.* line (*of people*); **faire la queue** to stand in line (5); **queue de cheval** ponytail
qui *pron.* who, whom (4); who, that, which (14); **qu'est-ce qui** what (*subject*); **qui est-ce?** who is it? (1); **qui est-ce que** whom (*object*) (15); **qui est-ce qui** who (*subject*)
quinze *adj.* fifteen (1); **quinze jours** two weeks
quinzième *adj.* fifteenth
quitter to leave (*s.o. or someplace*) (8); **se quitter** to separate, leave one another
quoi (**à quoi, de quoi**) *pron.* which; what; **à quoi sert-il?** what is it for?; **il n'y a pas de quoi** you're welcome (7); **j'aurai droit à quoi** I'll be entitled to what; **n'importe quoi** anything; no matter what
quotidien(ne) *adj.* daily, everyday (13); *n. m.* daily life; **dépenses** (*f. pl.*) **du quotidien** everyday living expenses

raccrocher to hang up (the telephone)
racine *f.* root
racisme *m.* racism
raconter to tell, relate (a story) (10); **qu'est-ce que tu racontes / vous racontez?** what are you talking about? (15)
rage: faire rage to rage; to be fierce
rageux/euse *m., f., fam.* someone on the Internet who critiques everything
ragoût *m.* meat stew, ragout
raï *m.* raï (type of Moroccan music)
raid *m.* long-distance race
raide *adj.* stiff; straight (*hair*) (3)
raisin *m.* grape
raison *f.* reason; **avoir raison** to be right (3)
raisonnable *adj.* reasonable; rational (3)
raisonnement *m.* (logical) argument, reasoning
raisonneur/euse *adj.* argumentative; reasoning
râler *fam.* to complain
ralliement *m.* rallying
rallonger (**nous rallongeons**) to prolong, lengthen
rame *f.* oar; paddle
ramener (**je ramène**) to bring back
ramer to row
randonnée *f.* hike; **faire une randonnée (pédestre)** to go hiking (8)
rang *m.* rank, ranking; row
ranger to put away, tidy up
rapatriement *m.* repatriation
raper to grate
rapide *adj.* rapid, fast; **restauration** (*f.*) **rapide** fast food
rapidement *adv.* quickly
rappeler (**je rappelle**) to remind; **se rappeler** to recall, remember (13)
rapport *m.* relation; **rapports familiaux** family relationships; **par rapport à** in comparison with, in relation to
rapporter to bring back; to return; to report
rapprocher to relate; **se rapprocher (de)** to draw nearer (to)
rarement *adv.* rarely (2)
raser to raze, demolish; **se raser** to shave (oneself) (13)
rasoir *m.* razor (13)
rassembler to put back together, reassemble; to gather together, assemble
rassurant *adj.* reassuring
rassurer to reassure
rater to miss, not find

rattraper to recapture
ravi *adj.* delighted
ravissant *adj.* charming, delightful; beautiful
réactionnaire *adj.* reactionary, very conservative
réagir to react
réaliser to carry out, fulfill; to create (14)
réaliste *adj.* realistic (3)
réalité *f.* reality; **en réalité** actually
récemment *adv.* recently, lately (12)
récent *adj.* recent, new, late
réception *f.* hotel (lobby) desk; receiving, receipt
recette *f.* recipe
recevoir (*p.p.* **reçu**) *irreg.* to receive (10)
rechargement *m.* recharging; refilling
réchauffement (*m.*) **de la planète** global warming (16)
recherche *f.* (*piece of*) research; search; **à la recherche de** in search of; **faire des recherches** to do research; **moteur** (*m.*) **de recherche** search engine
rechercher to research; to seek out; to strive for; **recherché** *adj.* sought after
réciproque *adj.* mutual, reciprocal
réclamer to call for, demand
réclusion *f.* confinement
recommandation *f.* recommendation
recommander to recommend
recommencer (**nous recommençons**) to start again
récompenser to reward
réconcilier to reconcile; **se réconcilier** to make up (*with somebody*)
reconnaître (*like* **connaître**) *irreg.* to recognize
reconnu *adj.* known, recognized
recruter to recruit (14)
reçu *m.* receipt (14); (*see* **recevoir**)
recueil *m.* collection (12)
reculer to move backward; to recoil; to delay
recyclage *m.* recycling (16)
recycler to recycle (16)
rédacteur/trice *m., f.* writer; editor (14)
rédaction *f.* writing, preparing (*documents*)
rédiger (**nous rédigeons**) to write, write up, compose
redoutable *adj.* formidable, fearsome
réduction *f.* reduction; discount
réduire (*like* **conduire**) *irreg.* to reduce (9)
réduit *adj.* reduced; discounted
rééducation *f.* rehabilitation
réel(le) *adj.* real, actual
référence *f.* reference
réfléchir (**à**) to reflect (upon); to think (about) (4)
reflet *m.* reflection
refléter (**je reflète**) to reflect, mirror
réflexe *m.* reaction, reflex
réflexion *f.* reflection, thought
réforme *f.* reform (16)
réformer to reform
reformuler to reformulate
refrain *m.* chorus, refrain
refus *m.* refusal
refuser (**de**) to refuse (to) (12)
se régaler to feast on, treat oneself
regard: porter un regard (**sur**) to have a viewpoint (about)
regarder to look at, watch (2); **se regarder** to look at oneself, look at each other (13)

régime *m.* diet; régime (7)
régional (*pl.* **régionaux**) *adj.* local, of the district
règle *f.* rule
règlement *m.* rules, regulations
régler (**je règle**) to regulate, adjust; to settle
règne *m.* reign
regretter to regret, be sorry (16)
regrouper to regroup
régulier/ière *adj.* regular
régulièrement *adv.* regularly
reine *f.* queen (12)
rejoindre (*like* **craindre**) *irreg.* to (re)join
relatif/ive *adj.* relative; **pronom** (*m.*) **relatif** *Gram.* relative pronoun
relation *f.* relation; relationship; **en relation avec** in contact with
relativement *adv.* relatively
relevé *m.* bank statment
se relaxer to relax
relier to tie, link (10)
religieux/euse *adj.* religious
reliure *f.* bookbinding
remarquable *adj.* remarkable, outstanding
remarquer to notice
remède *m.* remedy; treatment
remercier (**de**) to thank (for); (**je ne sais pas**) **comment vous** (**te**) **remercier** I don't know how to thank you
remerciements *m. pl.* thanks
remettre (*like* **mettre**) *irreg.* to hand in; to replace; to deliver; **remettre à neuf** to restore
rempart *m.* wall (of a city)
remplacer (**nous remplaçons**) to replace
rempli *adj.* filled, full
remplir to fill (in, out, up)
remporter to win
rémunéré *adj.* compensated, paid
Renaissance *f.* Renaissance (12)
rencard *m.* date; appointment
rencontre *f.* meeting, encounter (13); **point** (*m.*) **de rencontre** meeting point
rencontrer to meet, encounter; **se rencontrer** to meet; to get together (13)
rendez-vous *m.* meeting, appointment; date (13); meeting place; **avoir rendez-vous avec** to have a meeting (date) with (3); **donner rendez-vous à** to make an appointment with
rendre to give (back), return; to hand in (5); to render, make; **rendre visite à** to visit (*s.o.*) (5); **se rendre à** to go to
rénommé *adj.* famous
renouveler (**je renouvelle**) to renew
rénover to renew
renseignement *m.* (*piece of*) information
se renseigner sur to make inquiries about
rentrée *f.* going back to school; **rentrée prochaine** beginning of next academic year
rentrer to return, go home (8)
réparation *f.* repair
réparer to repair
réparti *adj.* spread out
repartir (*like* **partir**) *irreg.* to leave (again)
répartition *f.* dividing up; distribution
repas *m.* meal (6); **repas fait maison** homemade meal

repeindre (*like* **craindre**) *irreg.* to repaint
repérer (**je repère**) to spot, locate, find
répertoire *m.* directory (*Internet*)
répéter (**je répète**) to repeat; **répétez** (**répète**) repeat (1)
réplique *f.* replica
répondre (à) to answer, respond (5)
réponse *f.* answer, response
reportage *m.* reporting; commentary
repos *m.* rest
reposant *adj.* restful
reposer to put down, set down; **se reposer** to rest (13)
reprendre (*like* **prendre**) *irreg.* to take (up) again; to have more (*food*)
représentant(e) *m., f.* representative
représentatif/ive *adj.* representative
représenter to represent
reprise: à plusieurs reprises several times
reprocher to reproach (*s.o. for s.th.*)
reproduire (*like* **conduire**) *irreg.* to reproduce, copy
république *f.* republic; **République Démocratique du Congo** Democratic Republic of Congo (2, 8)
répudié *adj.* repudiated, renounced
réputé *adj.* famous
réseau *m.* network; **réseau social** social network (10)
réservation *f.* reservation; **faire une réservation** to make a reservation
réservé (à) *adj.* reserved (for)
réserver to reserve, to keep in store
résidence *f.* residence; apartment building; **résidence universitaire** dormitory building
résider to reside
résistance: plat (*m.*) **de résistance** main dish, course
résister à to resist
résolument *adv.* resolutely, steadfastly
résonner to resonate, reverberate, resound
résoudre (*p.p.* **résolu**) *irreg.* to solve, resolve
respecter to respect, have regard for
respectueux/euse *adj.* respectful
respirer to breathe
responsabilité *f.* responsibility
responsable *m., f.* supervisor; staff member; *adj.* responsible
ressemblance *f.* resemblance
ressembler à to resemble; **se ressembler** to look alike, be similar
ressentir (*like* **dormir**) *irreg.* to feel
ressource *f.* resource; **ressources naturelles** natural resources (16)
restaurant (*fam.* **resto**) *m.* restaurant (2); **restaurant universitaire** (*fam.* **resto-U**) university cafeteria (2)
restaurateur/trice *m., f.* restaurant owner
restauration *f.* restoration; restaurant business; **restauration rapide** fast food
reste *m.* rest, remainder
rester to stay, remain (5); to be remaining; **il nous reste encore...** we still have . . .
restituer to return, restore
résultat *m.* result
résulter de to stem from, result from
résumé *m.* summary, résumé
rétablir to reestablish
retard *m.* delay; **en retard** late (6)
retirer to withdraw (14); to derive, gain

retour *m.* return; **au retour** upon returning; **billet** (*m.*) **aller-retour** round-trip ticket
retourner to return; to go back (8)
retraite *f.* retirement; pension (16)
retraité(e) *m., f.* retiree, retired person
retransmission *f.* broadcast; rebroadcast (10); **retransmission sportive** sports broadcast (10)
retrouver to find (again); to regain; **se retrouver** to meet (again)
réunion *f.* meeting; reunion
réunir to collect, gather together; **se réunir** to get together; to hold a meeting
réussir (à) to succeed (at), be successful (in); to pass (*a test*) (4)
réussite *f.* success, accomplishment
revanche *f.* revenge
rêve *m.* dream; **un emploi** (*m.*) **de rêve** a "dream" job
réveil *m.* alarm clock (4)
réveiller to wake, awaken (*s.o.*); **se réveiller** to awaken, wake up (13)
Réveillon *m.* Christmas Eve (New Year's Eve) dinner
révéler to reveal
revendication *f.* demand; claim
revenir (*like* **venir**) *irreg.* to return; to come back (*someplace*) (8)
revenus *m. pl.* personal income
rêver (de, à) to dream; to dream (about, of) (2)
réviser to review, revise
révision *f.* review; revising
revivre (*like* **vivre**) *irreg.* to relive
revoir (*like* **voir**) *irreg.* to see again (10); **au revoir** good-bye (1)
révolte *f.* rebellion, revolt
révolutionnaire *adj.* revolutionary
révolutionner to revolutionize
revue *f.* magazine; review; journal (10)
rez-de-chaussée *m.* ground floor, first floor (5)
rhume *m.* (head) cold
riad (*see* **ryad**)
riche *adj.* rich (3)
richesse *f.* wealth; blessing
rideau (*pl.* **rideaux**) *m.* curtain (4)
ridicule *adj.* ridiculous
rien (ne... rien) *pron.* nothing (9); **de rien** *interj.* not at all, don't mention it; you're welcome (1)
rigoler *fam.* to amuse, entertain; to be kidding
rire (*p.p.* **ri**) *irreg.* to laugh (15); *m.* laughter
risque *m.* risk
risquer to risk
rivage *m.* shore, beach coast
rivaliser avec to rival, compete with
rive *f.* (river)bank; **Rive gauche (droite)** the Left (Right) Bank (*in Paris*) (11)
rivière *f.* river, tributary
riz *m.* rice
robe *f.* dress (3)
robinet *m.* faucet, tap
rocheux/euse *adj.* rocky
roi *m.* king (12); **fête** (*f.*) **des Rois** Feast of the Magi, Epiphany
rôle *m.* part, character, role; **à tour de rôle** in turn, by turns; **jouer le rôle de** to play the part of
romain *adj.* Roman (12)

roman *m.* novel (10); **roman de science-fiction** science fiction novel; **roman policier** detective novel

romancier/ière *m., f.* novelist

romantique *m., f., adj.* romantic

romantisme *m.* romanticism

rompre (avec) (*p.p.* **rompu**) *irreg.* to break (with)

rond *adj.* round; *m.* (smoke) ring

rondelle *f.* round slices

rose *adj.* pink (3); *f.* rose

rôti *m.* roast (7)

roue *f.* wheel

rouge *adj.* red (3); **rouge** (*m.*) **à lèvres** lipstick (13)

roulé *adj.* rolled (up)

rouler to travel (*in a car, on a bike*) (9); to roll (along)

route *f.* road, highway (8); **en route** on the way, en route

routier/ière *adj.* (pertaining to the) road; **carte** (*f.*) **routière** road map; **sécurité** (*f.*) **routière** highway safety

routinier/ière *adj.* routine, following a routine

roux (rousse) *m., f.* redhead; *adj.* redheaded; red (*hair*) (3)

royaume *m.* kingdom

rubrique *f.* headline; section

rue *f.* street (4)

ruelle *f.* alley; narrow street; lane

ruine *f.* ruin; decay; collapse

ruiné *adj.* ruined

russe *adj.* Russian; *m.* Russian (*language*); **Russe** *m., f.* Russian (*person*) (2)

Russie *f.* Russia (2, 8)

ryad *m.* Moroccan villa

rythme *m.* rhythm

sa *adj., f. s.* his; her; its; one's

sable *m.* sand

sac *m.* sack; bag; handbag; **sac à dos** backpack (3); **sac à main** handbag (3); **sac de couchage** sleeping bag (8)

sachet *m.* packet

sacré *adj.* sacred; *fam.* darn

sacrifier to sacrifice

safran *m.* saffron

saharien(ne) *adj.* saharan

sage *m.* wise man; *adj.* good, well-behaved

saignant *adj.* rare (*meat*)

Saint-Sylvestre *f.* New Year's Eve

saison *f.* season

saisonnier/ière *adj.* seasonal

salade *f.* salad; lettuce (6)

salaire *m.* salary (14); **augmentation** (*f.*) **de salaire** salary raise (14)

salarié(e) *m., f.* salaried employee; **travailleur/euse** (*m., f.*) **salarié(e)** salaried worker (14)

saler to salt

salle *f.* room; auditorium; **salle à manger** dining room (5); **salle de bains** bathroom (5); **salle de classe** classroom (1, 5); **salle de sports** gymnasium

salon *m.* salon; living room; **salon de coiffure** hairdresser, beauty salon

saluer to greet; **se saluer** to greet each other

salut *m.* health; *interj.* hi; bye (1)

salutation *f.* greeting

samedi *m.* Saturday (1); **le samedi** on Saturdays (5)

sandales *f. pl.* sandals (3)

sans *prep.* without; **sans-abri (sans-domicile)** *m., f. inv.* homeless (*person, people*) (16); **sans doute** probably

santé *f.* health (13); **à votre (ta) santé** *interj.* cheers, to your health

sardines (*f. pl.*) (**à l'huile**) sardines (in oil) (7)

satellite: télévision (*f.*) **satellite** satellite television (10)

satisfaisant *adj.* satisfying

satisfait *adj.* satisfied; pleased

sauce *f.* sauce; gravy; salad dressing

saucisse *f.* sausage (7)

saucisson *m.* (hard) salami

sauf *prep.* except

saumon *m.* salmon (7)

sauté *adj.* pan-fried, sautéed

sauter to jump

sauver to save, rescue (16)

saveur *f.* flavor

savoir (*p.p.* **su**) *irreg.* to know (how, a fact) (11)

savon *m.* soap

scandaleux/euse *adj.* scandalous

scanner *m.* scanner

scénario *m.* screenplay, script

scène *f.* stage; scenery; scene; **scène de ménage** domestic squabble

science *f.* science; **faculté** (*f.*) **des sciences** School of Science; **science-fiction** science fiction; **sciences humaines** humanities; **sciences naturelles** natural sciences (2)

scientifique *m., f.* scientist; *adj.* scientific

scolaire *adj.* pertaining to schools, school, academic; **frais** (*m. pl.*) **scolaires** tuition, fees; **zone** (*f.*) **scolaire** school zone

scolarité: frais (*m. pl.*) **de scolarité** tuition, fees

scotché (à) *adj., fam.* glued (to)

sculpté *adj.* sculpted

sculpteur *m.* sculptor (12)

se (s') *pron.* oneself; himself; herself; itself; themselves; to oneself, etc.; each other

sec (sèche) *adj.* dry; **biscuit** (*m.*) **sec** cookie, wafer

séché *adj.* dried

second *adj.* second; **seconde classe** second class; **Seconde Guerre** (*f.*) **mondiale** Second World War

secondaire *adj.* secondary; **école** (*f.*) **secondaire** secondary school

secours *m. s.* help, assistance, aid; *pl.* rescue services; **trousse** (*f.*) **de secours** first-aid kit

secrétaire *m., f.* secretary (14)

section *f.* section; division

sécurité *f.* safety; sense of security; **ceinture** (*f.*) **de sécurité** seat belt; **sécurité routière** highway safety; **sécurité sociale** Social Security

séducteur/trice *m., f.* charmer; seducer/seductress

séduire (*like* **conduire**) *irreg.* to charm, win over; to seduce

sein: au sein de within

seize *adj.* sixteen (1)

seizième *adj.* sixteenth

séjour *m.* living room (5); stay, sojourn

sel *m.* salt (6)

sélectionner to select

selon *prep.* according to (6); **selon moi** according to me, in my opinion

semaine *f.* week (1); **la semaine prochaine (passée)** next (last) week (5); **toutes les semaines** every week (9); **une fois par semaine** once a week (5)

semblable (à) *adj.* like, similar (to)

sembler to seem; to appear; **il semble que** + *subj.* it seems that (16)

semestre *m.* semester

semoule *f.* semolina

sénateur *m.* senator

Sénégal *m.* Senegal (2, 8)

sénégalais *adj.* Senegalese; **Sénégalais(e)** *m., f.* Senegalese person (2)

senior *m., f.* senior citizen

sens *m.* meaning; sense; way, direction; **bon sens** common sense; **dans ce sens** to that end (effect)

sensibiliser (à) to make (*s.o.*) sensitive (to)

sensoriel(le) *adj.* sensory; **perception** (*f.*) **extrasensorielle** extra-sensory perception

sentiment *m.* feeling

sentir (*like* **dormir**) *irreg.* to feel, sense; to smell (8); **se sentir** to feel; **sentir bon (mauvais)** to smell good (bad)

séparé *adj.* separated

sept *adj.* seven (1)

septembre September (1)

septième *adj.* seventh

sera (see **être**)

sereine *adj.* clear; serene

série *f.* series (10); **série télévisée** serial drama (10)

sérieusement *adv.* seriously

sérieux/euse *adj.* serious (3); **prendre au sérieux** to take seriously

serpent *m.* snake

serré *adj.* tight, snug

serrer to hug, embrace; **se serrer la main** to shake hands

serveur/euse *m., f.* bartender; waiter, waitress (7)

service *m.* favor; service; military service; serve (*tennis*); **station-service** *f.* gas station (9)

serviette *f.* napkin (6); towel; briefcase; **serviette de plage** beach towel (8)

servir (*like* **dormir**) *irreg.* to serve (8); **à quoi sert-il?** what is it for?; **servir à** to be of use in, be used for

ses *adj. m., f. pl.* his; her; its; one's

seuil *m.* threshold; doorstep

seul *adj.* alone; single

seulement *adv.* only (9)

sexisme *m.* sexism (16)

short *m.* (pair of) shorts (3)

si *adv.* so (very); so much; yes (*response to negative question*) (9); **si (s')** *conj.* if; whether (4); **même si** even if; **s'il vous (te) plaît** please (1)

siècle *m.* century (12); **Siècle des lumières** Age of Enlightenment

siège *m.* seat (9); place; headquarters

sien: le/la/les sien(ne)(s) *pron., m., f.* his/hers

sieste *f.* nap; **faire la sieste** to take a nap

signe *m.* sign, gesture

signer to sign

signifier to mean

significatif/ive *adj.* significant

silencieux/euse *adj.* silent

simplement *adv.* simply

simplicité *f.* simplicity

sincère *adj.* sincere (3)

sincérité *f.* sincerity

se singulariser to distinguish oneself

singularité *f.* peculiarity

singulier/ière *adj.* singular; *m., Gram.* singular (*form*)

sinon *prep.* if not; otherwise

site *m.* site (10)

situer to situate, find; **se situer** to be situated; to be located

six *adj.* six (1)

sixième *adj.* sixth

ski *m.* skiing; ski (8); **chaussures** (*f. pl.*) **de ski** ski boots (8); **faire du ski** to ski (5); **lunettes** (*f. pl.*) **de ski** ski goggles (8); **ski alpin** downhill skiing (8); **ski de fond** cross-country skiing (8); **ski nautique** water-skiing (8); **station** (*f.*) **de ski** ski resort

skier to ski (2)

skieur/euse *m., f.* skier

smartphone *m.* smartphone (1)

SMS *m.* text message (10)

SNCF (Société nationale des chemins de fer français) *f.* *French national train system*

snob *adj. inv.* snobbish (3)

snowboard: faire du snowboard to go snowboarding

sociabilité *f.* sociability

sociable *adj.* sociable (3)

social *adj.* social; **logement** (*m.*) **social** housing project; **réseau** (*m.*) **social** social network (10); **sécurité** (*f.*) **sociale** Social Security; **siège** (*m.*) **social** head office, headquarters

société *f.* society; organization; company (14); **jeux** (*m. pl.*) **de société** board games, group games (15)

sociologie (*fam.* **socio**) *f.* sociology (2)

sœur *f.* sister (5); **belle-sœur** sister-in-law (5); **demi-sœur** half sister; stepsister

soi (soi-même) *pron., neu.* oneself (12); **chez soi** at one's own place, home

soie *f.* silk

soif *f.* thirst; **avoir soif** to be thirsty (3)

soigner to take care of; to treat (14)

soin *m.* care; **avec soin** carefully

soir *m.* evening; **ce soir** tonight, this evening (5); **ce soir-là** that evening; **demain soir** tomorrow evening; **du soir** in the evening, at night (6); **hier soir** last night; **le lundi (le vendredi) soir** on Monday (Friday) evenings (5); **tous les soirs** every evening (9)

soirée *f.* party (3); evening (7)

soit: quel(le)(s) que soit (soient)... whatever may be . . .

soixante *adj.* sixty (1)

sol: sous-sol *m.* basement, cellar (5)

solaire *adj.* solar; **crème** (*f.*) **solaire** suntan lotion (8); **écran** (*m.*) **solaire** sunblock (8); **énergie** (*f.*) **solaire** solar energy (16)

soldat *m.* soldier

solde *f.* (soldier's) pay, wages; **en solde** *m.* on sale

sole *f.* sole (*fish*) (7)

soleil *m.* sun; **faire du soleil (il fait du soleil)** to be sunny (out) (it's sunny) (5); **le roi Soleil** the Sun King (Louis XIV); **lunettes** (*f. pl.*) **de soleil** sunglasses (8)

solidaire *adj.* showing solidarity, loyal

solidarité *f.* solidarity; interdependence

solide *adj.* solid, sturdy

solitaire *adj.* solitary; single; alone (3)

solitude *f.* loneliness; solitude

sombre *adj.* dark; gloomy

sommeil *m.* sleep; **avoir sommeil** to be sleepy (3); **le plein sommeil** deep in sleep

sommet *m.* summit, top

somnambule *m. f.* sleepwalker

somptueux/euse *adj.* sumptuous

son *adj., m. s.* his; her; its; one's; *n. m.* sound

sonate *f.* sonata

sondage *m.* opinion poll, survey (2)

sonner to ring (*telephone*)

sonnette *f.* bell; doorbell

sonore *adj.* sound

sophistiqué *adj.* sophisticated

sorte *f.* sort, kind; manner

sortie *f.* exit; going out; evening out

sortir (*like* **dormir**) *irreg.* to leave; to take out; to go out (8)

sot(te) *adj.* stupid, foolish

souci *m.* care, worry

se soucier de to worry about

soudain *adv.* suddenly (11)

souffle *m.* breath of air; puff of wind

souffler to blow

souffrance *f.* suffering

souffrir (*like* **ouvrir**) *irreg.* to suffer (14)

souhait *m.* wish, desire

souhaiter to wish, desire (16)

souk *m. North African market*

soulager (nous soulageons) to relieve

soulever (je soulève) to excite; to bring up

souligner to underline, emphasize

soumission *f.* subservience, submissiveness

soupe *f.* soup; **cuillère** (*f.*) **à soupe** tablespoon, soup spoon (6)

sourcil *m.* eyebrow

sourd *adj.* deaf

souriant *adj.* smiling

sourire (*like* **rire**) *irreg.* to smile; *m.* smile

souris *f.* mouse (1)

sous *prep.* under, beneath (4); in (*rain, sun*); **sous (la) forme de** in the form of

sous-marin *adj.* underwater; *m.* submarine; **plongée** (*f.*) **sous-marine** scuba diving (8)

sous-sol *m.* basement, cellar (5)

soutenir (*like* **tenir**) *irreg.* to support (16); to assert

soutien *m.* support

souvenir *m.* memory, recollection; souvenir

se souvenir (*like* **venir**) **de** *irreg.* to remember (13)

souvent *adv.* often (2)

spécial (*pl.* **spéciaux**) *adj.* special

spécialisé *adj.* specialized

spécialiste (en) *m., f.* specialist (in)

spécialité *f.* specialty (*in cooking*)

spectacle *m.* show; performance (15)

spectaculaire *adj.* spectacular

spectateur/trice *m., f.* viewer, spectator

speed *adj., fam.* stressed, excited

spirituel(le) *adj.* spiritual; witty

splendeur *f.* splendor

spontané *adj.* spontaneous

sport *m.* sport(s) (2); **faire du sport** to do (participate in) sports (5); **magasin** (*m.*) **de sports** sporting goods store; **salle** (*f.*) **de sport** gymnasium

sportif/ive *adj.* athletic; sports-minded (3); **manifestation** (*f.*) **sportive** sporting event (15); *m., f.* athlete; **retransmission** (*f.*) **sportive** sports broadcast (10)

stable *adj.* stable; **emploi** (*m.*) **stable** steady job

stade *m.* stadium

stage *m.* training course; practicum, internship (14)

station *f.* resort (*vacation*); station; **station de métro** subway station (11); **station de ski** ski resort; **station-service** *f.* gas station, garage (9)

stationnement *m.* parking

statut *m.* status

steak *m.* (*beef*) steak; **steak au poivre** pepper steak; **steak frites** steak with French fries

stéréotypé *adj.* stereotyped

steward *m.* flight attendant, steward (9)

stimuler to stimulate

stipuler to stipulate

stratégie *f.* strategy

streaming *m.* streaming; **streaming en direct** live streaming (10)

stricte *adj.* strict

studette *f.* small studio (apartment) with shared bathroom (4)

studieux/ieuse *adj.* studious

studio *m.* studio (apartment) (4)

stupide *adj.* stupid; foolish; **il est stupide que** + *subj.* it's idiotic that (16)

style *m.* style; **style de vie** lifestyle

styliste *m., f.* fashion designer

stylo *m.* pen (1)

subir to undergo, be subjected to

subjonctif *m., Gram.* subjunctive (*mood*)

substantif *m., Gram.* noun, substantive

substituer to substitute

subtil *adj.* subtle

se succéder (ils se succèdent) to follow one another

succès *m.* success; **à succès** successful

successeur *m.* successor

succession *f.* series, succession

sucre *m.* sugar (6); **canne** (*f.*) **à sucre** sugarcane

sucré *adj.* sweetened

sud *m.* south (8); **Amérique** (*f.*) **du Sud** South America; **au sud** to the south (8); **sud-est (-ouest)** southeast (-west) (8)

Suède *f.* Sweden

suffire (*p.p.* **suffi**) to be enough

suggérer (je suggère) to suggest

se suicider to commit suicide

Suisse *f.* Switzerland (2, 8); **suisse** *adj.* Swiss; **Suisse** *m., f.* Swiss person (2)

suite: et ainsi de suite and so on; **tout de suite** immediately (5)

suivant *adj.* following

suivi (de) *adj.* followed (by)

suivre (*p.p.* **suivi**) *irreg.* to follow; to take (*a class, a course*) (12)

sujet *m.* subject; topic

super *adj. inv., fam.* super, fantastic

superbe *adj.* magnificent, superb

supérieur *adj.* superior; upper

supermarché *m.* supermarket

supplément *m.* supplement, addition; supplementary charge

supplémentaire *adj.* supplementary, additional

supportable *adj.* bearable, tolerable

supporter to bear, tolerate; **supporter** *m.* fan (sports)

supposer to suppose

supprimer to abolish, suppress

sur *prep.* on, on top (of) (4); over; out of; about; **donner sur** to overlook

sûr *adj.* sure, certain (16); safe; **bien sûr** of course; **il est sûr que** + *indic.* it is certain that (16)

surchargé *adj.* overloaded

surchauffé *adj.* overheated

surclasser to outclass

surdoué *adj.* gifted

sûrement *adv.* definitely, certainly

surf (*m.*) **des neiges** snowboarding

surface *f.* surface; **grande surface** shopping mall, superstore

surfer to surf; **surfer sur le Web** to surf the web (10)

surgelé *adj.* frozen

surkiffer *fam.* to really like; to be crazy about

surnom *m.* name, family name

surnommer to nickname

surpopulation *f.* overpopulation (16)

surprenant *adj.* surprising

surpris *adj.* surprised (16)

surtout *adv.* especially; above all (10)

survenir (*like* **venir**) *irreg.* to happen

survêtement *m.* track suit, sweat suit

survivre (*like* **vivre**) *irreg.* to survive

susceptible (de) *adj.* capable of, likely to

suspect(e) *m., f.* suspect

symbole *m.* symbol

symboliser to symbolize

symétrique *adj.* symmetrical

sympathique (*fam., inv.* **sympa**) *adj.* nice, friendly (3)

symphonie *f.* symphony

syndicat (*m.*) **d'initiative** (local) chamber of commerce, tourist information bureau (11)

synonyme *m.* synonym; *adj.* synonymous

système *m.* system

ta *adj., f. s., fam.* your

tabac *m.* tobacco; **bureau** (*m.*) **de tabac** (*licensed*) tobacco store; **café-tabac** *m.* bar-tobacconist (11)

table *f.* table (1); **à table** at (to) the table

tableau *m.* (chalk)board (1); painting (12); chart

tablée *f.* party, tableful

tablette *f.* bar (*of chocolate*); a tablet computer, an iPad (1)

tâche *f.* task; **tâches ménagères** household tasks

taille *f.* waist; build; size; **de taille moyenne** of medium height (3)

tailleur *m.* (*woman's*) suit (3)

tailleuse *f.* tailoress

tajine *m.* tajine (a Moroccan stew)

tandis que *conj.* while, whereas

tannage *m.* tanning (process)

tant *adj.* so much; so many; **tant de** so many, so much; **tant mieux** so much the better (15); **tant pis** too bad (15)

tante *f.* aunt (5)

taper to type (10); to be scorching; **se taper la cloche** to have a good meal

tapis *m.* rug (4)

tapisserie *f.* tapestry

tard *adv.* late; **il est tard** it's late; **plus tard** later

tarif *m.* tariff; fare, price

tarte *f.* tart; pie (6); **tarte aux pommes** apple tart; **tarte tatin** upside-down apple tart

tartine *f.* bread and butter sandwich

tas: des tas de lots of, piles of

tasse *f.* cup (6)

tatouage *m.* tattoo

tatoueur *m.* tatooer

taux *m.* rate; **taux de change** exchange rate (14); **taux de chômage** unemployment rate (14)

taxe *f.* indirect tax

taxi *m.* taxi; **chauffeur/euse** (*m., f.*) **de taxi** cab driver

tchao *interj.* good-bye

tchat *m.* chat; chat session (10)

tchater to chat, have a chat session (10)

te (t') *pron., s., fam.* you; to you, for you; **s'il te plaît** *interj.* please (1)

technicien(ne) *m., f.* technician

technique *f.* technique; *adj.* technical

techno *adj.* synthesized (music)

technologie *f.* technology

tee-shirt (*pl.* **tee-shirts**) *m.* T-shirt (3)

tel(le) *adj.* such; **tel père, tel fils** like father, like son; **tel que** such as

télécharger (nous téléchargeons) to download (10)

télécommande *f.* remote control (10)

téléphone *m.* telephone (4); **numéro** (*m.*) **de téléphone** telephone number; **téléphone portable** cell phone (4)

téléphoner (à) to phone, telephone (3); **se téléphoner** to call one another

téléphonique: répondeur (*m.*) **téléphonique** (telephone) answering machine

télé-réalité *f.* reality television (10)

téléspectateur/trice *m., f.* television viewer

télévisé *adj.* televised; **jeu** (*m.*) **télévisé** game show (10); **journal** (*m.*) **télévisé** television news program (10)

téléviseur (*fam.* **télé**) *m.* television set (10)

télévision (*fam.* **télé**) *f.* television (1); **télévision haute définition** high-definition television (10); **télévision par câble (le câble)** cable television (10); **télévision publique** government-owned television; **télévision satellite** satellite television (10)

tellement *adv.* so; so much (11)

témoin *m.* witness; **être témoin de** to witness

tempérament *m.* temperament, personality

température *f.* temperature

tempête *f.* storm

temporaire *adj.* temporary

temporel(le) *adj.* temporal, pertaining to time

temps *m.* time; weather (5); *Gram.* tense; **avoir le temps de** to have time to; **de temps en temps** from time to time (2); **depuis combien de temps... ?** since when . . . ?, (for) how long . . . ? (9); **en même temps** at the same time; **en temps de pluie** in rainy weather; **faire un temps pourri** to be rotten weather; **gagner du temps** to save time; **il est temps de** it's time to; **le temps est nuageux** it's cloudy (5); **le temps est orageux** it's stormy (5); **passer du temps** to spend time; **pendant combien de temps... ?** (for) how long . . . ? (9); **perdre du temps** to waste time; **prendre le temps (de)** to take the time (to); **quel temps fait-il?** how's the weather? (5); **temps libre** leisure time (15); **tout le temps** always, the whole time

tendance *f.* tendency; trend; **avoir tendance à** to have a tendency to

tendinite *f.* tendonitis

tendre adj. tender, sensitive; soft

tenir (p.p. **tenu**) irreg. to hold; to keep; **tenir à** to be keen about; **tenir au courant** to keep up to date; **tenir un journal** to keep a diary

tennis m. tennis; pl. tennis shoes, sneakers (3); **court** (m.) **de tennis** tennis court; **jouer au tennis** to play tennis

tentant adj. tempting

tentation f. temptation

tente f. tent (8)

tenter (de) to try, attempt (to)

terme m. term; expression; **à court (long) terme** in the short (long) run

terminer (qqch) to finish (s.th.); to end (s.th.); **se terminer** to end

terrain m. field; ground; **terrain** (m.) **de camping** campground; **tout-terrain** adj. all-terrain (vehicle)

terrasse f. terrace, patio (5)

terre f. land; earth; **Terre** the planet Earth; **Terre Neuve** f. Newfoundland; **par terre** on the ground (4); **pomme** (f.) **de terre** potato (6)

terrine f. (type of) pâté, terrine

territoire m. territory

terrorisme m. terrorism (16)

tes adj., m., f. pl., fam. your

tête f. head (13); **avoir mal à la tête** to have a headache (13); **casse-tête** m. puzzle; **tête-à-tête** tête-à-tête, intimate conversation

texte m. text; passage; **traitement** (m.) **de texte** word processing (10)

texto m. text message (10)

textoter to text

TGV (train à grande vitesse) m. high-speed rail service (9)

thé m. tea (6)

théâtre m. theater (12); **faire du théâtre** to act, do theater; **pièce** (f.) **de théâtre** (theatrical) play (12)

théorie f. theory

thermes m. pl. thermal baths

thermique adj. thermal

thon m. tuna

thym m. thyme

tiède adj. lukewarm, tepid

tiens interj. well, well (expresses surprise); you don't say; **ah, tiens...** oh, there's . . .

tiers m. one-third; adj. third; **tiers-monde** m. Third World

tigre m. tiger

timbre m. stamp; postage stamp (10)

timide adj. shy; timid

tiré (de) adj. drawn, adapted (from)

tirer to pull, draw (out); **tirer avantage de** to take advantage of

tissu m. cloth, fabric

titre m. title; degree

toi pron., s., fam. you; **et toi?** and you?, how about you? (1); **toi-même** pron. yourself (12)

toilettes f. pl. bathroom, toilet (4); **faire sa toilette** to wash up

toit m. roof

tolérance f. tolerance

tolérer to tolerate, stand for

tomate f. tomato (6)

tombe f. tomb, grave

tomber to fall (8); **tomber amoureux/euse (de)** to fall in love (with) (13)

ton adj., m. s., fam. your; **à ton avis** in your opinion (11)

tonton m., fam. uncle

tort m. wrong; **avoir tort** to be wrong (3)

tortueux/euse adj. twisting

tôt adv. early; **il est tôt** it's early

totalement adv. totally, completely

totalité f. totality, entire amount

touche f. key (keyboard); stroke

toucher (à) to touch (14); to concern; to receive, to get (money) (14)

toujours adv. always (2); still

tour f. tower (11); m. walk, ride; turn; tour; trick; **à tour de rôle** in turn, by turns; **faire le tour de** to go around, take a tour of; **faire un tour (en voiture)** to take a walk (ride) (5)

tourisme m. tourism; **faire du tourisme** to go sightseeing

touriste m., f. tourist

touristique adj. tourist

tourmenté adj. uneasy; tortured

tourné (adj.) **vers** facing

tourner (à) to turn (11); to film (a movie)

tousser to cough

tout(e) (pl. **tous, toutes**) adj., pron. all; every (9); everything (9); each; any; **tout** adv. wholly, entirely, quite, very, all; **à tout à l'heure** see you soon; **avant tout** prep. above all; **en tout** altogether, in all; **en tout cas** in any case, at any rate; **haricots** (m. pl.) **mange-tout** green beans; sugar peas; **je n'aime pas du tout...** I don't like . . . at all; **ne... pas du tout** not at all (9); **pas du tout** not at all; **tous ensemble** all together; **tous les après-midi** every afternoon (9); **tous (toutes) les deux** both (of them); **tous les jours** every day (5, 9); **tous les matins** every morning (9); **tous les soirs** every evening (9); **tout à coup** suddenly (11); **tout à fait** completely, entirely; **tout à l'heure** in a while (5); **tout au long de** throughout; **tout de suite** immediately (5); **tout droit** adv. straight ahead (11); **tout le monde** everybody, everyone (7); **tout le temps** always, the whole time; **tout va bien** everything is going well; **tout-puissant** adj. all-powerful; **tout-terrain** adj. all-terrain (vehicle); **toute la matinée (la journée, la soirée, la nuit)** all morning (day, evening, night) (7); **toutes les deux heures** every two hours; **toutes les semaines** every week (9)

toutefois adv. however

tracer (nous traçons) to draw; to trace out; **tracer un itinéraire** to map out an itinerary

traditionnel(le) adj. traditional

traduction f. translation

traduire (like **conduire**) irreg. to translate (9)

trafic m. traffic

train m. train (9); **billet** (m.) **de train** train ticket; **en train** by train; **être en train de** to be in the process of (15); **prendre le train** to take the train; **train à grande vitesse (TGV)** high-speed rail service (9); **train-train** (m.) **quotidien** daily grind, routine

trait m. feature, trait

traite f. trade; **traite négrière** slave trade

traité adj. treated, dealt with

traitement m. treatment; **traitement de texte** word processing (10)

traiter to treat; **traiter de** to deal with

traiteur m. caterer, deli owner; delicatessen

trajet m. trip; distance

tranche f. slice (7); block, slab

trancher to slice, cut up

tranquille *adj.* quiet, calm

transformer to transform, change; **se transformer** to change

transmettre (*like* **mettre**) *irreg.* to transmit, convey (10)

transport(s) *m.* transportation; **moyen** (*m.*) **de transport** means of transportation (9); **transports en commun** public transportation

transporter to carry, transport

travail (*pl.* **travaux**) *m.* work (2); project; job; employment; **langue** (*f.*) **de travail** working language; **travail d'équipe** teamwork; **travaux** (*pl.*) **pratiques** hands-on (practical) work

travaillé *adj.* finely worked; intricate; polished

travailler to work (2); **travailler à (pour) son compte** to be self-employed (14)

travailleur/euse *m., f.* worker (14); *adj.* hardworking (3); **travailleur/euse indépendant(e)** self-employed worker (14); **travailleur/euse salarié(e)** salaried worker (14)

travers: à travers *prep.* through

traversée *f.* crossing

traverser to cross (9)

treize *adj.* thirteen (1)

treizième *adj.* thirteenth

tréma *m.* dieresis, umlaut (**ë**)

trentaine *f.* about thirty

trente *adj.* thirty (1)

très *adv.* very; most; very much; **très bien** *interj.* very well (good) (1), **très bien, merci** *interj.* very well, thank you; **très (peu) calorique** high (low) in calories

trésor *m.* treasure

trésorier/ière *m., f.* treasurer

tribu *f.* tribe

tricolore *m.* French flag (*blue, white, red*)

trimestre *m.* trimester; quarter (*academic*)

triomphe *m.* triumph, success

triompher to triumph

triste *adj.* sad (3)

trois *adj.* three (1)

troisième *adj.* third

troll *m., fam.* someone on the Internet who seeks to provoke

tromper to deceive; **se tromper (de)** to make a mistake; to be wrong (13)

trompette *f.* trumpet

trop (de) *adv.* too; too much (of); *fam.* very; too many (of) (6)

troquet *m., fam.* bar

trottoir *m.* sidewalk

troubler to trouble, disturb

trouver to find (2); to deem; to like; **se trouver** to be located (situated, found) (13)

truffe *f.* truffle

truite *f.* trout

tu *pron., s., fam.* you

tube *m., fam.* hit (song)

tuer to kill

Tunisie *f.* Tunisia (2, 8)

tunisien *adj.* Tunisian; **Tunisien(ne)** *m., f.* Tunisian (*person*) (2)

turc (turque) *adj.* Turkish

tweet *m.* tweet (10)

type *m.* type, kind; *fam.* guy, fellow

typique *adj.* typical

un(e) (*pl.* **des**) *art.*, a, an; *adj., pron.* one (1); **à la une** on the front page; in the headlines (10); **un(e) autre** another (15); **un jour** someday (14); **un peu** a little (3); **un peu (de)** a little (of) (6); **une fois** once (11); **une fois par semaine** once a week (5)

unanime *adj.* unanimous

uni *adj.* united; plain, solid (*color*); **États-Unis** *m. pl.* United States; **Organisation** (*f.*) **des Nations Unies (ONU)** United Nations (UN)

uniformiser to make uniform

union *f.* union; marriage; **Union européenne (UE)** European Union (EU); **union libre** living together, common-law marriage

unique *adj.* only, sole; single; singular

uniquement *adv.* only

s'unir to unite

unité *f.* unity; unit; department

univers *m. s.* universe

universel(le) *adj.* universal

universitaire *adj.* (of or belonging to the) university; **cité** (*f.*) **universitaire** (*fam.* **cité-U**) university dormitory; **résidence** (*f.*) **universitaire** dormitory; **restaurant** (*m.*) **universitaire** (*fam.* **resto-U**) university cafeteria (2)

université *f.* university (2)

urbain *adj.* urban, city

urgent *adj.* urgent

usage *m.* use; custom

utile *adj.* useful; **il est utile que** + *subj.* it's useful that (16)

utilisateur/trice *m., f.* user

utilisation *f.* use

utiliser to use, utilize

utilité *f.* use; utility, usefulness

vacances *f. pl.* vacation (5); **grandes vacances** summer vacation; **partir (aller) en vacances** to leave on vacation; **passer les vacances** to spend one's vacation; **pendant les vacances** during vacation

vacancier/ère *m., f.* vacationer

vache *f.* cow

vague *f.* (*ocean*) wave; **nouvelle vague** new wave (*trend*)

vaincre (*p.p.* **vaincu**) *irreg.* to win; to triumph

vaisselle *f. s.* dishes; **faire la vaisselle** to wash (do) the dishes (5)

valable *adj.* valid

valeur *f.* value; worth

valise (*fam.* **valoche**) *f.* suitcase (8); **faire sa valise** to pack one's bag

vallée *f.* valley

valoir (*p.p.* **valu**) *irreg.* to be worth (16); **il vaut mieux que** + *subj.* it is better that (16)

vanille *f.* vanilla

vaniteux/euse *adj.* vain

varier to vary; to change

variété *f.* variety, type; **chanson** (*f.*) **de variété** popular song (15); **spectacle** (*m.*) **de variétés** variety show; floor show (in a restaurant) (15)

Varsovie *f.* Warsaw

vaste *adj.* vast; wide, broad

va-t'en! *interj., fam.* get going!, go away! (13)

vaut (see **valoir**)

veau *m.* veal (7); calf; **escalope** (*f.*) **de veau** veal scaloppini

vedette *f.* star, celebrity (*male or female*)

végétarien(ne) *m., f., adj.* vegetarian

véhicule *m.* vehicle

veille *f.* the day (evening) before; eve

Veinard! *interj., fam.* Lucky you!

vélo *m., fam.* bike; **à/en vélo** by bike; **faire du vélo** to go cycling (5)

vendanges *m. pl.* grape harvest

vendeur/euse *m., f.* salesperson

vendre to sell (5); **à vendre** for sale

vendredi *m.* Friday (1); **le vendredi** on Fridays (5); **le vendredi soir** on Friday evenings (5)

se venger (nous nous vengeons) to avenge oneself; to take revenge

venir (*p.p.* **venu**) *irreg.* to come (8); **venir de** + *inf.* to have just (*done s.th.*) (8)

vent *m.* wind; **faire du vent (il fait du vent, il y a du vent)** to be windy (it's windy) (5); **vent alizé** trade wind

vente *f.* sale; sales; **vente aux enchères** auction

venter to be windy; **il vente** it's windy (5)

ventre *m.* abdomen, belly; stomach (13)

verbe *m.* verb; language

vérifier to verify

véritable *adj.* true; real

vérité *f.* truth

verlan *m. French form of slang that reverses syllables* (**l'envers→verlan**)

verre *m.* glass (6); **prendre un verre** *fam.* to have a drink (*with s.o.*) (6); **un verre de** a glass of

vers *prep.* around, about (*with time expressions*); toward, to; about; **tourné** (*adj.*) **vers** facing

verser to pour

version *f.* version; **en version originale** original version, not dubbed (*movie*)

vert *adj.* green (3); (*politically*) "green"; **citron** (*m.*) **vert** lime (*fruit*); **espace** (*m.*) **vert** open space, greenbelt; ***haricots** (*m. pl.*) **verts** green beans (6); **poivron** (*m.*) **vert** green (bell) pepper; **tourisme** (*m.*) **vert** ecotourism

veste *f.* sports coat, blazer (3); **veste de montagne** hiking (ski) jacket

veston *m.* suit jacket (3)

vêtement *m.* garment; *pl.* clothes, clothing

viande *f.* meat (6)

victime *f.* victim (*male or female*)

victoire *f.* victory

vide *adj.* empty; **vide-grenier** *m.* garage sale

vidéo *f., fam.* video(cassette); *adj. inv.* video; **caméra** (*f.*) **vidéo** video camera; **cassette** (*f.*) **vidéo** videocassette; **jeux** (*m. pl.*) **vidéo** video games

vidéothèque *f.* video store

vie *f.* life (2); **coût** (*m.*) **de la vie** cost of living (14); **niveau** (*m.*) **de vie** standard of living

Vietnam *m.* Vietnam (2, 8)

vietnamien *adj.* Vietnamese; **Vietnamien(ne)** *m., f.* Vietnamese person (2)

vieux (vieil, vieille) *adj.* old (4); **mon vieux (ma vieille)** old friend, buddy

vif (vive) *adj.* lively; bright

vigne *f.* vine; vineyard

vignoble *m.* vineyard

villa *f.* bungalow; single-family house; villa

villageois *adj.* village style

ville *f.* city (1); **centre-ville** *m.* downtown (11); **en ville** in town, downtown

vin *m.* wine (6); **coq** (*m.*) **au vin** coq au vin (*chicken prepared with red wine*); **marchand(e)** (*m., f.*) **de vin** wine merchant (14)

vingt *adj.* twenty (1); **vingt et un (vingt-deux...)** *adj.* twenty-one (twenty-two . . .) (1)

vingtaine *f.* about twenty

vingtième *adj.* twentieth

violet(te) *adj.* purple, violet (3); *m.* violet (*color*)

violon *m.* violin

violoncelle *m.* cello

virelangue *m.* tongue twister

virement *m.* transfer (money) (14)

Virginie *f.* Virginia; **Virginie-Occidentale** West Virginia

visa *m.* visa (8); signature

visage *m.* face (13)

vis-à-vis (de) *adv.* opposite, facing; toward

viser à to aim to; to set out to

visionner to watch, view

visite *f.* visit (2); **faire une visite** to pay a visit; **rendre visite à** to visit (*s.o.*) (11)

visiter to visit (*a place*) (2); **je peux la visiter** I may visit it

visiteur/euse *m., f.* visitor

vitæ: curriculum (*m.*) **vitæ** résumé (14)

vite *adv.* quickly, fast, rapidly; **il faut faire vite** we have to move fast; **venez vite** come quickly

vitesse *f.* speed; **limite** (*f.*) **de vitesse** speed limit; **train** (*m.*) **à grande vitesse (TGV)** high-speed rail service (9)

vitres *f. pl.* windows

vitrine *f.* display window, store window

vivant *adj.* living; **langues** (*f. pl.*) **vivantes** modern languages

vive... *interj.* long live . . .

vivre (*p.p.* **vécu**) *irreg.* to live (12); **facile (difficile) à vivre** easy (hard) to live with; **vive...** *interj.* long live (hurrah for) . . .

vocabulaire *m.* vocabulary

vocation *f.* mission

vœu (*pl.* **vœux**) *m.* wish

voici *prep.* here is/are (2)

voie *f.* way, road; course; lane; railroad track; **pays** (*m.*) **en voie de développement** developing nation

voilà *prep.* there is/are (2)

voile *m.* veil; *f.* sail; **bateau** (*m.*) **à voile** sailboat (8); **faire de la voile** to go sailing (5); **planche** (*f.*) **à voile** windsurfer

voir (*p.p.* **vu**) *irreg.* to see (10)

voisin(e) *m., f.* neighbor; **voisin(e) de palier** neighbor living on the same landing

voiture *f.* car, automobile (4); train car; **faire un tour en voiture** to take a ride (5); **voiture hybride** hybrid car (16)

voix *f.* voice; **à voix haute** *adv.* in a loud voice; aloud

vol *m.* flight (9)

volaille *f.* poultry

volant: objet (*m.*) **volant non identifié (O.V.N.I.)** unidentified flying object (UFO); **soucoupe** (*f.*) **volante** flying saucer

volcan *m.* volcano

voler to fly; to steal; **qui vole un œuf vole un bœuf** once a thief always a thief

volley-ball (*fam.* **volley**) *m.* volleyball; **jouer au volley** to play volleyball

volontaire *m., f., adj.* volunteer

volontiers *adv.* gladly

vos *adj., m., f. pl.* your

voter to vote

votre *adj., m., f.* your; **à votre avis** in your opinion (11)

vôtre(s): le/la/les vôtre(s) *pron., m., f.* yours; *pl.* your close friends, relatives

vouloir (*p.p.* **voulu**) *irreg.* to wish, want (7); **je voudrais** I would like (6); **que veut dire... ?** what does . . . mean?; **vouloir bien** to be willing; to agree (7); **vouloir dire** to mean (7)

vous *pron.* you; yourself; to you; **chez vous** where you live, your place; **et vous?** and you?, how about you? (1); **s'il vous plaît** please (1); **vous-même** *pron.* yourself (12)

voyage *m.* trip; **agence** (*f.*) **de voyages** travel agency; **bon voyage** *interj.* have a good trip; **chèque** (*m.*) **de voyage** traveler's check; **faire un voyage** to take a trip (5); **partir (s'en aller) en voyage** to leave on a trip; **projets** (*m. pl.*) **de voyage** travel plans

voyager (nous voyageons) to travel (8)

voyageur/euse *m., f.* traveler

voyant(e) *m., f.* fortune-teller, medium; **voyant** (*m.*) **lumineux** indicator light

voyelle *f.* vowel

voyons,... let's see, . . . (10)

vrai *adj.* true, real (4); **il est vrai que** + *indic.* it's true that (16)

VTT (*ab.* **vélo tout-terrain**) *m.* mountain bike

vue *f.* view; panorama; sight; **en vue de** with a view toward; **point** (*m.*) **de vue** point of view

wagon *m.* train car (9); **wagon-lit** *m.* sleeping car; **wagon-restaurant** *m.* dining car

Wallonie *f.* Wallonia (*French-speaking Belgium*)

W.-C. *f. pl.* restroom, toilet (4)

Web *m.* (World Wide) Web (10)

week-end *m.* weekend; **ce week-end** this weekend (5); **le week-end** on weekends (5)

wesh *fam.* hi; what's up

Wi-Fi *m.* Wi-Fi (wireless) connection (10)

xénophobie *f.* xenophobia

y *pron.* there (11); **il n'y a pas de...** there isn't (aren't) . . .; **il y a** there is (are) (1); ago (8); **qu'est-ce qu'il y a dans... ?** what's in . . . ?; **y a-t-il... ?** is (are) there . . . ?

yeux (*pl.* of **œil**) *m.* eyes (13)

yoga *m.* yoga

zèbre *m.* zebra

zéro *m.* zero

zik *f., fam.* music

zone *f.* zone, area

zouk *m.* zouk music (of Guadeloupe, Martinique, Haiti)

Lexique anglais-français

This English-French end vocabulary contains the words in the active vocabulary lists of all chapters. See the introduction to the *Lexique français-anglais* for a list of abbreviations used.

abdomen ventre *m.* (13)
able: to be able pouvoir *irreg.* (7)
about (*with time expressions*) vers (6)
abroad à l'étranger (8)
accept accepter (de) (12)
accomplish réussir (4)
according to selon (6)
account compte *m.* (14); **checking account** compte-chèques *m.* (14); **online account** compte en ligne (10); **savings account** compte d'épargne (14)
accountant comptable *m., f.* (14)
acquaintance: to make the acquaintance (of) faire la connaissance (de) (5)
across from en face de (4)
act *v.* agir (4)
activities (leisure) loisirs *m. pl.* (15); **outdoor activities** activités (*f.*) de plein air (15)
activity tracker bracelet (*m.*) connecté (10)
actor acteur/trice *m., f.* (12)
add *v.* ajouter (10)
address adresse *f.* (10)
adore adorer (2)
ads (classified) petites annonces *f. pl.* (10)
advertisement, advertising publicité *f.* (10)
advise conseiller (à, de) (15)
aerobics aérobic *f.* (5); **to do aerobics** faire de l'aérobic (5)
afraid: to be afraid of avoir peur de (3)
after après (2, 5)
afternoon après-midi *m.* (5); **afternoon snack** goûter *m.* (6); **this afternoon** cet après-midi (5)
afterward après (5)
again de nouveau (11)
age âge *n. m.*; **Middle Ages** le Moyen Âge (12)
ago il y a (8)
agree vouloir (*irreg.*) bien (7)
agreeable agréable (3)
agreed d'accord (2)
ahead: straight ahead tout droit (11)
airplane avion *m.* (9)
airport aéroport *m.* (9)
alarm clock réveil *m.* (4)
Algeria Algérie *f.* (2, 8)
Algerian (*person*) Algérien(ne) *m., f.* (2)
all *adj.,* tout, toute, tous, toutes (9); *pron.* tout(e); **all right** ça peut aller (1); moyen (1); **not at all** ne... pas du tout (9)
allow (to) permettre (de) (12)
almost presque (6)
already déjà (9)
also aussi
always toujours (2)
American (*person*) Américain(e) *m., f.* (2)
amount montant *m.* (14)
amusing amusant(e) (3)
and et (2); **and you?** et vous? (et toi?) (1)
angry fâché(e) (16); **to get angry** se fâcher (13)

animation: animated series dessin (*m.*) animé (10)
another un(e) autre (15)
answer *v.* répondre à (5)
antique *adj.* ancien(ne) (4)
any en *pron.* (11)
apartment appartement *m.* (4); **apartment building** immeuble *m.* (4); **studio apartment** studio *m.* (4)
apologize s'excuser (13)
apparatus appareil *m.* (10)
appear avoir l'air (3)
appetizer *hors-d'œuvre *m. inv.* (7)
apple pomme *f.* (7)
application (app) application (appli) *f.* (10); **(job)** demande (*f.*) d'emploi (14)
apply (*for a job*) poser sa candidature (14)
appointment: to have an appointment avoir (*irreg.*) rendez-vous (3)
April avril (1)
architect architecte *m., f.* (14)
arena arènes *f. pl.* (12)
argue se disputer (13)
arm bras *m. s., pl.* (13)
around (*with time expressions*) vers (6); **to get around** se déplacer (13)
arrival arrivée *f.* (9)
arrive arriver (3)
art art (*m.*); **work of art** œuvre (*f.*) d'art (12)
artisan artisan(e) *m., f.* (14)
artist artiste *m., f.* (14)
as . . . as aussi... que (14); **as far as** jusqu'à (11); **as for me** pour ma part (16); **as much (many) . . . as** autant (de)... que (15); **as soon as** dès que (14), aussitôt que (14)
ashamed: to be ashamed avoir (*irreg.*) honte (3)
ask (for) demander (2); **to ask a question** poser une question (12)
asleep: to fall asleep s'endormir *irreg.* (13)
at à (2)
athletic sportif/ive (3)
attend assister à (15)
attendant (flight) hôtesse (*f.*) de l'air (9), steward *m.* (9)
attention: to pay attention (to) faire (*irreg.*) attention (à) (5)
August août (1)
aunt tante *f.* (5)
automatic teller (ATM) guichet (*m.*) automatique (14)
automobile voiture *f.* (4)
autumn automne *m.* (5); **in autumn** en automne (5)
awaken se réveiller (13)

back dos *m. s., pl.* (13)
backpack sac (*m.*) à dos (3)
bad mauvais(e) *adj.* (4); **bad(ly)** mal *adv.*; **it's bad (out)** il fait mauvais (5); **not bad(ly)** pas mal (1); **things are going badly** ça va mal (1); **to feel bad (ill)** aller (*irreg.*) mal (5); **too bad!** dommage! *interj.* (16)
badly *adv.* mal (1)

bag: sleeping bag sac (*m.*) de couchage (8)
baguette baguette (*f.*) (de pain) (6)
bakery boulangerie *f.* (7)
balcony balcon *m.* (5)
ball: bocce ball pétanque *f.* (15)
bank banque *f.* (11); bank (ATM/credit) card carte (*f.*) bancaire (14); bank statment *m.* relevé (14) the Left Bank (*in Paris*) Rive (*f.*) gauche (11); the Right Bank (*in Paris*) Rive (*f.*) droite (11)
bar-tobacconist café-tabac *m.* (11)
basement sous-sol *m.* (5)
bathe se baigner (13)
bathroom salle (*f.*) de bains (5); bathroom sink lavabo *m.* (4)
battery batterie *f.* (10)
be être (*irreg.*) (2); here is/are voici (2); how are you? comment allez-vous? (comment vas-tu?) (1); it's a . . . c'est un (une)... (1); there is/are il y a (1); voilà; to be in the middle (the process) of être en train de (15)
beach plage *f.* (8); beach towel serviette (*f.*) de plage (8)
beans: green beans *haricots (*m. pl.*) verts (6)
beautiful beau, bel, belle (beaux, belles) (3)
because parce que (4)
become devenir *irreg.* (8)
bed lit *m.* (4); to go to bed se coucher (13)
bedroom chambre *f.* (4)
beef bœuf *m.* (6)
beer bière *f.* (6)
begin commencer (2); to begin to (*do s.th.*) se mettre (*irreg.*) à (+ *inf.*) (13)
beginning in dès (14)
behind derrière (4)
Belgian (*person*) Belge *m., f.* (2)
Belgium Belgique *f.* (2, 8)
believe croire *irreg.* (10); estimer (16); to believe in (that) croire à/en (que)
beret béret *m.* (3)
berth couchette *f.* (9)
beside à côté de (4)
best le mieux *adv.* (15); le/la/les meilleur(e)(s) *adj.*
better meilleur(e) *adj.*; mieux *adv.* (15); it is better that il vaut mieux que + *subj.* (16); so much the better tant mieux (15)
between entre (4)
bicycle bicyclette *f.* (8), vélo *m.*; by bike à vélo (9); to go bicycling faire (*irreg.*) de la bicyclette, du vélo (5)
big grand(e) (3)
bill (*in a restaurant*) addition *f.* (7); (*currency*) billet *m.*
biology biologie *f.* (2)
black noir(e) (3)
blackboard tableau (noir) *m.* (1)
blazer veste *f.* (3)
blond(e) blond(e) (3)
blouse chemisier *m.* (3)
blue bleu(e) (3)
board games jeux (*m. pl.*) de société (15)
boarding pass carte (*f.*) d'embarquement (9)
boat bateau *m.* (8); sailboat bateau à voile (8)
boating: to go boating faire du bateau (8)
bocce ball pétanque *f.* (15)
body corps *m.* (13)
book livre *m.* (1); comic book bande (*f.*) dessinée (10); e-book livre (*m.*) numérique (10); print book livre (*m.*) papier (10)
bookstore librairie *f.* (2)

boots bottes *f. pl.* (3); hiking boots chaussures (*f. pl.*) de montagne (8); ski boots chaussures (*f. pl.*) de ski (8)
bore: to be bored s'ennuyer (13)
born: to be born naître *irreg.* (8)
borrow (from) emprunter (à) (11)
boss chef (*m.*) d'entreprise (14)
bottle bouteille *n. f.* (6)
boulevard boulevard *m.* (11)
bowling (lawn) pétanque *f.* (15)
boy garçon *m.* (3)
boyfriend copain *m.* (7)
brave courageux/euse (3)
Brazil Brésil *m.* (8)
bread pain *m.* (6); country-style wheat bread pain de campagne (7)
breakfast petit déjeuner *m.* (6)
bring apporter (6); to bring (*s.o. somewhere*) amener
broadcast émission *n. f.* (10); sports broadcast retransmission (*f.*) sportive (10); to broadcast émettre (*irreg.*)
brother frère *m.* (5); brother-in-law beau-frère *m.* (5)
brown (*hair*) châtain(e) (3); marron *inv.* (3)
browse naviguer (10)
browser navigateur *m.* (10)
brush (*one's hair, teeth*) se brosser (les cheveux, les dents) (13); brosse *f.* (13)
budget budget *m.* (14)
build bâtir (6)
building bâtiment *m.* (1); immeuble (*office, apartment*) *m.* (4)
bus (*city*) autobus *m.* (5); (*interurban*) autocar *m.* (9)
business commerce *m.* (2); business class classe (*f.*) affaires (9); business manager directeur/trice commercial(e) (14)
but mais (2)
butcher boucher/ère *m., f.* (14); butcher shop boucherie *f.* (7); pork butcher's shop charcuterie *f.* (7)
butter beurre *m.* (6)
buy *v.* acheter (8)
by à (2); en (2); par (12); by (train, plane, bus) en (9); by bike à velo (9)

cable TV câble *m.* (10)
café café *m.* (2)
cafeteria (*university*) restaurant (*m.*) universitaire (resto-U) (2)
cake gâteau *m.* (6)
call *v.* appeler (10); telephone call coup (*m.*) de fil (13)
calm calme (3)
camera (digital) appareil (*m.*) (photo) numérique (10)
camping camping *m.* (8); to go camping faire (*irreg.*) du camping
can (*to be able*) pouvoir *irreg.* (7)
can (of food) boîte (*f.*) (de conserve) (7)
Canada Canada *m.* (2, 8)
Canadian (*person*) Canadien(ne) *m., f.* (2)
cancel annuler (11)
canned goods conserves *f. pl.* (7)
cap casquette *f.* (3)
car voiture *f.* (4); train car wagon *m.* (9)
carpooling covoiturage *m.* (16)
carafe carafe *f.* (6)
card carte *f.* (3); bank (ATM/credit) card carte bancaire (14); credit card carte de crédit (14); debit card carte de débit (14); to play cards jouer aux cartes (3)

careful: to be careful faire (*irreg.*) attention (à) (5)

Caribbean Islands Antilles *f. pl.* (1)

carrier (letter) facteur/trice *m., f.* (14)

carrot carotte *f.* (6)

carry apporter (7); porter (3)

cartoon bande (*f.*) dessinée (10); dessin (*m.*) animé (10)

case: in that case alors (4)

cash argent (*m.*) liquide (14); **to cash** (*a check*) encaisser (14)

castle château *m.* (11)

cathedral cathédrale *f.* (12)

celebrate fêter, célébrer (6)

celebration fête *f.* (7)

cell phone mobile *m.* (10); téléphone portable *m.* (10)

century siècle *m.* (12)

ceremony cérémonie *f.* (13)

certain certain(e) (16); sûr(e) (16)

chair chaise *f.* (1)

chalkboard tableau (noir) *m.* (1)

challenge défi *n. m.* (16)

chance: games of chance jeux (*m. pl.*) de hasard (15)

change monnaie *n. f.* (14); *v.* changer (14); **climate change** changement (*m.*) climatique (16)

channel (*television*) chaîne *f.* (10)

charger chargeur *m.* (10)

chat tchat *m.* (10); **to chat** *v.* tchater (10)

chateau château *m.* (11)

check (*in a restaurant*) addition *f.* (7); (*bank*) chèque *m.* (14); **to cash a check** encaisser un chèque (14); **to write a check** faire (*irreg.*) un chèque (14)

check *v.* contrôler

cheese fromage *m.* (6)

chemistry chimie *f.* (2)

chess échecs *m. pl.* (3)

chest (of drawers) commode *f.* (4)

chestnut (*hair color*) châtain (3)

chicken poulet *m.* (6)

child enfant *m., f.* (5)

China Chine *f.* (2, 8)

Chinese (*person*) Chinois(e) *m., f.* (2); (*language*) chinois *m.* (2)

chocolate chocolat *m.* (6)

choose choisir (4)

chop (*meat*) côte *n. f.* (7)

church (*Catholic*) église *f.* (11)

citizen citoyen(ne) *m., f.* (16)

city ville *f.* (2)

civil civil(e); **civil rights** droits (*m. pl.*) civils (16); **civil servant** fonctionnaire *m., f.* (14)

class (business) classe (*f.*) affaires (9); **first class** première classe (9); **second class** deuxième classe (9); **tourist class** classe économique (9)

classical classique

classified ads petites annonces *f. pl.* (10)

classroom salle (*f.*) de classe (1)

clear *adj.* clair(e) (16)

clerk (sales) employé(e) (14)

click (on) cliquer (sur) (10)

climate change changement (*m.*) climatique (16)

climb *v.* monter (8)

clock (alarm) réveil *m.* (4)

close to près de (4)

closet armoire *f.* (4); placard *m.* (4)

cloudy: it's cloudy le temps est nuageux (5)

clubbing: to go clubbing aller en boîte (15)

coat manteau *m.* (3); **puffer coat** doudoune *f.* (3); **sports coat** veste *f.* (3)

coffee (cup of) un café *m.* (2)

cold froid *m.*; **it's cold** il fait froid (5); **to be cold** avoir (*irreg.*) froid (3)

collection collection *f.* (15); recueil *m.* (12)

comb peigne *n. m.* (13); **to comb one's hair** se peigner (13)

come venir *irreg.* (8); **to come back to** (*someplace*) revenir *irreg.* (8)

comics: comic book bande (*f.*) dessinée (10)

command: to have a command of maîtriser (14)

commercial publicité *n. f.* (10)

compact disc (CD) player lecteur (*m.*) de CD (4)

company entreprise *f.* (14); société *f.* (14); **company head** chef (*m.*) d'entreprise (14)

compartment (*train*) compartiment *m.* (9)

composer compositeur/trice *m. f.* (12)

computer ordinateur *m.* (1); **computer science** informatique *f.* (2); **laptop computer** ordinateur (*m.*) portable (portable *m.*) (1)

concern *v.* toucher (14)

conflict conflit *n. m.* (16)

conformist conformiste (3)

Congo (Democratic Republic of) République (*f.*) Démocratique du Congo (2, 8)

connection connexion *f.* (10)

conservation conservation *f.* (16)

conserve conserver (16)

consider estimer (16)

constantly constamment (12)

construct construire *irreg.* (9)

consume consommer (16)

continue continuer (11)

cooking cuisine *f.* (6); **to cook** faire (*irreg.*) la cuisine (5)

cool *adj.* frais (fraîche); **it's cool** il fait frais (5)

corner coin *m.* (11)

cost of living coût (*m.*) de la vie (14)

costs frais *m. pl.* (14)

Cote d'Ivoire Côte d'Ivoire *f.* (2, 8)

country (*nation*) pays *m.* (2); **country(side)** campagne *f.* (8)

couple (*engaged, married*) couple *m.* (13)

courageous courageux/euse (3)

course (*academic*) cours *m.* (2); **course** (*meal*) plat *m.* (7); **first course** entrée *f.* (7); **main course** plat (*m.*) principal (7)

cousin cousin(e) *m., f.* (5)

cover *v.* couvrir *irreg.* (14)

craftsperson artisan(e) *m., f.* (14)

crayfish écrevisse *f.* (7)

cream crème *f.* (6); **ice cream** glace *f.* (6)

credit card carte (*f.*) de crédit (14)

croissant croissant *m.* (6)

cross *v.* traverser (9); **cross-country skiing** ski (*m.*) de fond (8)

crowd foule *n. f.* (15)

cup tasse *f.* (6); **cup of coffee** un café *m.* (2); **wide cup** bol *m.* (6)

cured guéri(e) (13)

current events actualité *f.* (14)

curtain rideau *m.* (4)

cycling cyclisme *m.* (15); vélo *m.*, **to go cycling** faire (*irreg.*) du vélo (5)

daily quotidien(ne) (13)

dance *v.* danser (2)

date (from) *v.* dater (de) (12); **to have a date** avoir (*irreg.*) rendez-vous (3); **what is the date?** quelle est la date? (1)

daughter fille *f.* (5); **daughter-in-law** bru *f.* (5)

day jour *m.* (1); **all day** toute la journée (7); **every day** tous les jours (5); **the day before yesterday** avant-hier (7); **what day is it?** quel jour sommes-nous? (1); **whole day** journée *f.* (7)

dear cher/ère (3)

debit card carte de débit (14)

decade: the decade of (the fifties) les années (cinquante) *f. pl.* (7)

December décembre (1)

decide décider (de) (12)

delay retard *n. m.* (6)

delicatessen charcuterie *f.* (7)

demand *v.* exiger (16)

demonstrate (for/against) manifester (pour/contre) (16)

dentist dentiste *m., f.* (14)

departure départ *m.* (9)

deposit (change) *v.* déposer (14)

describe décrire *irreg.* (10)

desire *v.* désirer (7); souhaiter (16)

desk bureau *m.* (1)

dessert dessert *m.* (6)

destroy détruire *irreg.* (9)

detest détester (2)

develop développer (16)

development développement *m.* (16)

dice dés *m. pl.* (4)

dictionary dictionnaire *m.* (2)

die *v.* mourir *irreg.* (8)

diet régime *n. m.* (7)

different différent(e) (3)

difficult difficile (3)

digital camera appareil (*m.*) numérique (10)

dine dîner (6)

dining room salle (*f.*) à manger (5)

dinner dîner *m.* (6); **to have dinner** dîner (6)

direct *v.* diriger (14)

disagreeable désagréable (3)

discover découvrir *irreg.* (14)

dishes vaisselle *f. s.*; **to wash (do) the dishes** faire (*irreg.*) la vaisselle (5)

district quartier *m.* (2); arrondissement *m.* (11)

division (*academic*) faculté *f.* (2)

divorced divorcé(e) (5)

do faire *irreg.* (5); **do-it-yourself work** bricolage *m.* (15)

doctor médecin *m.*, femme médecin *f.* (14); **doctor's office** cabinet (*m.*) medical (13)

documentary documentaire *n. m.* (10)

dog chien(ne) *m., f.* (4)

door porte *f.* (1)

dormitory cité (*f.*) universitaire (cité-U) (2)

doubt *v.* douter (16)

down jacket doudoune *f.* (3)

downhill skiing ski (*m.*) alpin (8)

download *v.* télécharger (10)

downtown centre-ville *m.* (11)

draw dessiner (10)

drawers (chest of) commode *f.* (4)

dream (of) *v.* rêver (de) (2)

dress robe *f.* (3); **to get dressed** s'habiller (13)

drink (soft) boisson (*f.*) (gazeuse) (6); **to drink** boire *irreg.* (6)

drive *v.* conduire *irreg.* (9)

driver conducteur/trice *m., f.* (9)

drugstore pharmacie *f.* (11)

during pendant (9)

dynamic dynamique (3)

each (one) chacun(e) *pron.* (15); chaque *adj.* (4)

ear oreille *f.* (13)

early de bonne heure (6); tôt (6); en avance (6)

earn gagner (14)

east est *m.* (8); **to the east** à l'est (8)

easy facile (3)

eat manger (2); **eat a meal** prendre un repas (6)

e-book livre (*m.*) numérique (10)

eccentric excentrique (3)

eclair éclair (*pastry*) *m.* (7)

economics économie *f.* (2)

editor rédacteur/trice *m., f.* (14)

egg œuf *m.* (6)

eight *huit (1)

eighteen dix-huit (1)

eighth le/la *huitième (11)

elect élire *irreg.* (16)

elevator ascenseur *m.* (4)

eleven onze (1)

eleventh le/la onzième (11)

else (s.th.) autre chose (7)

e-mail message mél *m.* (10); courriel *m.* (10)

employee employé(e) *m., f.* (14); **s.o. employed (by)** employé(e) (de) (14)

encounter rencontre *n. f.* (13); **to encounter** rencontrer (13)

end by (*doing s.th.*) finir par (12)

energy énergie *f.* (16); **nuclear/solar energy** énergie (*f.*) nucléaire/solaire (16); **renewable energy** énergies (*f. pl.*) renouvelables (16)

engage: to get engaged se fiancer (13)

engagement fiançailles *f. pl.* (13)

engine: search engine moteur (*m.*) de recherche (10)

engineer ingénieur *m.* (14)

engineering génie *m.* (2)

England Angleterre *f.* (2, 8)

English (*person*) Anglais(e) *m., f.* (2); (*language*) anglais *m.* (2)

enough (of) assez de (6)

enter entrer (8)

enthusiastic enthousiaste (3)

envelope enveloppe *f.* (10)

environment environnement *m.* (16)

environmentalist écologiste *m., f.* (16)

equal égal(e) (16)

era: the era of (the fifties) les années (cinquante) *f. pl.* (7)

e-reader liseuse *f.* (10)

errands courses *f. pl.*; **to do errands** faire (*irreg.*) les courses (5)

especially surtout (10)

essential essentiel(le) (16)

establish établir (16)

establishment: at the establishment of chez (5)

estimate *v.* estimer (16)

evening soir *m.* (6); **all evening** toute la soirée (7); **entire evening** soirée *f.* (7); **good evening** bonsoir (1); **in the**

evening du soir (6); **Monday/Friday evenings** le lundi/le vendredi soir (5); **this evening** ce soir (5)

event événement m. (12); **sporting event** manifestation (f.) sportive (15)

ever: have you ever . . . ? avez-vous (as-tu) déjà... ? (9)

every tout, toute, tous, toutes (9); **every day (afternoon, morning, evening)** tous les jours (après-midi, matins, soirs) (5); **every week** toutes les semaines (9)

everybody tout le monde (7)

everyday quotidien(ne) adj. (13)

everyone tout le monde (9)

everything tout (9)

everywhere partout (11)

evidently évidemment (12)

exam examen m. (2); **to take an exam** passer un examen (4); **to pass (an exam)** réussir à (4)

example: for example par exemple (16)

exchange v. échanger (10); **exchange rate** cours (m.) (14), taux (m.) de change (14); **money exchange (office)** bureau (m.) de change (14)

excuse (oneself) s'excuser (13); **excuse me** excusez-moi (1)

exhaust v. épuiser (16)

exhibit exposition n. f. (12)

expense dépense f. (14); **expenses** frais m. pl. (14)

expensive cher/ère (3)

express an opinion exprimer une opinion (16)

extremist ideas idées (f.) extrémistes

eye œil m. (13) (pl. yeux) (3)

face visage n. m. (13)

fair adj. juste (16)

fall automne n. m. (5); **in fall** en automne (5)

fall v. tomber (8); **to fall in love (with)** tomber amoureux/euse (de) (13)

false faux (fausse) (4)

familiar: to be familiar with connaître irreg. (11)

family famille f. (5)

far from loin de (4)

farm: wind farm ferme (f.) éolienne (16)

farmer agriculteur/trice m., f. (14)

fat adj. gros(se) (4)

father père m. (5); **father-in-law** beau-père m. (5); **stepfather** beau-père m. (5)

favorite préféré(e) (5)

fax fax m. (10)

February février (1)

feel sentir irreg. (8); **to feel bad** aller (irreg.) mal (5); **to feel like** avoir (irreg.) envie de (3)

few: a few adj. quelques; quelques-uns/unes pron. (9)

fifteen quinze (1)

fifth le/la cinquième m., f. (11)

fifty cinquante (1)

file fichier m. (10)

fill it up faire (irreg.) le plein (9)

fillet (beef, fish, etc.) filet m. (7)

film film m. (2)

filmmaker cinéaste m., f. (12)

finally enfin (11)

find v. trouver (2)

fine bien (15); ça va bien (1)

finger doigt m. (13)

finish finir (de + inf.) (4); **to finish by** (doing s.th.) finir par (+ inf.) (4)

first d'abord adv. (11); premier/ière adj. (4); **first of all (at first)** d'abord (11)

fish poisson m. (6); **fish store** poissonnerie f. (7); **fishing** pêche f. (8); **to go fishing** aller (irreg.) à la pêche (8)

five cinq (1)

fixed-price menu menu m. (7)

flash: flash drive clé (f.) USB (10)

flash of lightning coup (m.) de foudre (13)

flight vol m. (9); **flight attendant** hôtesse (f.) de l'air (9); steward m. (9)

floor: ground floor rez-de-chaussée m. (5); **second floor** (in the U.S.) premier étage m. (5); **third floor** (in the U.S.) deuxième étage m. (5)

flower fleur f. (4)

fluently couramment (12)

follow suivre irreg. (12)

food nourriture f. (6)

foot pied m. (13); **on foot** à pied (9)

for pour (2); (time) depuis (9), pendant (9); (flight) à destination de (9); **for example** par exemple (16); **for oneself** à son compte (14)

foreign étranger/ère (2); **in a foreign country** à l'étranger (8); **foreign language** langue (f.) étrangère (2)

forest bois m. (11); forêt f. (8)

forget (to) oublier (de) (8)

fork fourchette f. (6)

former ancien(ne) (4)

formerly autrefois (11)

fortunate heureux/euse (3)

forty quarante (1)

fossil fuels énergies (f. pl.) fossiles (16)

found: to be found se trouver (13)

four quatre (1)

fourteen quatorze (1)

fourth le/la quatrième (11); **one-fourth** quart m. (6)

fracking fracturation (f.) hydraulique (16)

France France f. (2, 8)

free gratuit(e) (11); **free time** temps (m.) libre (15)

French (person) Français(e) m., f. (2); (language) français m.; **French fries** frites f. pl. (6); **in French, please** en français, s'il vous plaît (1)

fresh frais (fraîche) (5)

Friday vendredi m. (1)

friend ami(e) m., f. (2); copain/copine (7); **best friend** besta f.

friendship amitié f. (13)

fries frites f. pl. (6)

from de (2); **from time to time** de temps en temps (2); **from now on** à l'avenir (14), à partir de maintenant (14); **from (then on)** dès (14)

front: in front of devant (4); **on the front page** à la une (10)

fruit fruit m. (6); **fruit juice** jus (m.) de fruit (6)

fuel: fossil fuels énergies (f. pl.) fossiles (16)

fun adj. amusant(e) (3); **to have fun** s'amuser (à) (13)

fundamentalism intégrisme m. (16)

funny drôle (3)

furious furieux/euse (16)

furniture (piece of) meuble m. (5)

future avenir m. (14); **in the future** à l'avenir (14)

game (*sport*) match (15); **games of chance** jeux (*m. pl.*) de
*hasard (15); **group, social games** jeux (*m. pl.*) de société (15)

garden jardin *n. m.* (5)

gardening jardinage *m.* (15)

garlic ail *m.* (15)

garret chambre (*f.*) de bonne (4)

gas station station-service *f.* (9)

gasoline essence *f.* (9)

generally en général (2)

geography géographie *f.* (2)

geology géologie *f.* (2)

German (*person*) Allemand(e) *m., f.* (2); (*language*)
allemand *m.* (2)

Germany Allemagne *f.* (2, 8)

get obtenir *irreg.* (8); **to get (money)** toucher (14); **get going!**
va-t'en! (13); **to get along (with)** s'entendre (avec) (13); **to get
around** se déplacer (13); **to get off, down from** descendre
(de) (5); **to get up** se lever (13)

gift cadeau *m.* (10)

girl fille *f.* (3)

girlfriend copine *f.* (7)

give donner (2); **to give back** rendre (5)

glass verre *m.* (6); **(eye)glasses** lunettes *f. pl.* (8)

global warming réchauffement (*m.*) de la planète (16)

globalization mondialisation *f.* (16)

glove gant *m.* (3)

go: to go aller *irreg.* (5); **go away!/get going!** allez-vous-en!
(va-t'en!) (13); **how's it going?** ça va? (1); **things are going
well** ça va (1); **to be going** (*to do s.th.*) aller + *inf.* (5); **to go
back** retourner (8); **to go clubbing** aller en boîte (15); **to go
down** (*a street, a river*) descendre (5); **to go fishing** aller à la
pêche (8); **to go home** rentrer (8); **to go off, go away** (*to
work*) s'en aller *irreg.* (13); **to go out** sortir *irreg.* (de) (8);
to go up monter (8); **what's going on?** qu'est-ce qui se
passe? (15)

goggles: ski goggles lunettes (*f. pl.*) de ski (8)

good bien *adv.* (15); bon(ne) *adj.* (4); **good-bye** au revoir (1);
good day bonjour (1); **good evening** bonsoir (1); **that's good**
tant mieux (15)

Gothic gothique (12)

government gouvernement *m.* (16)

grandchild petit-enfant *m.* (5)

granddaughter petite-fille *f.* (5)

grandfather grand-père *m.* (5)

grandmother grand-mère *f.* (5)

grandparent grand-parent *m.* (5)

grandson petit-fils *m.* (5)

graphic: graphic novel bande (*f.*) dessinée (10)

gray gris(e) (3)

great-grandparent arrière-grand-parent *m.* (5)

Greece Grèce *f.* (8)

green vert(e) (3); **green beans** *haricots (*m. pl.*) verts (6)

grocery store épicerie *f.* (7)

ground: on the ground par terre (4); **ground floor** rez-de-
chaussée *m.* (5)

group games jeux (*m. pl.*) de société (15)

guess *v.* deviner (12)

guitar guitare *f.* (4)

gymnasium gymnase *m.* (2)

habitually d'habitude (5)

hair cheveux *m. pl.* (3)

hairdresser coiffeur/euse *m., f.* (14)

Haiti Haïti *m.* (8)

half demi(e) (6); **half brother** demi-frère *m.* (5); **half past
(the hour)** et demi(e) (6); **half sister** demi-sœur *f.* (5)

hall couloir *m.* (4); **lecture hall** amphithéâtre *m.* (2); **town hall**
mairie *f.* (11)

ham jambon *m.* (6)

hand main *f.* (13); **to hand in** rendre (5)

handbag sac (*m.*) à main (3)

handsome beau, bel, belle (beaux, belles) (3)

happen se passer (15); **what's happening?** qu'est-ce qui se
passe? (15)

happy heureux/euse (3)

hardly peu (3)

hardworking travailleur/euse (3)

hat chapeau *m.* (3)

have avoir *irreg.* (3); **to have** (*to eat; to order*) prendre *irreg.*
(6); **to have a drink** (*with s.o.*) prendre un verre (6); **to have
breakfast** prendre le petit déjeuner (6); **to have to** devoir
irreg. (7)

head tête *f.* (13); directeur/trice *m., f.* (14); **company head**
chef (*m.*) d'entreprise (14)

headline: in the headlines à la une (10)

headphones écouteurs *m. pl.* (10); **wireless headphones**
écouteurs sans fil (10)

healed guéri(e) (13)

health santé *f.* (13)

hear entendre (5)

heart cœur *m.* (13); **by heart** par cœur (12)

height: medium height de taille moyenne (3)

hello bonjour (1)

helmet casque *m.* (8)

help *v.* aider (14)

here ici (1); **here is/are** voici (2)

heritage patrimoine *m.* (12)

hi salut (1)

high-definition television télévision (*f.*) haute définition (10)

high-speed rail service TGV (train à grande vitesse) *m.* (9)

highway autoroute *f.* (9)

hike randonnée *n. f.* (8); **hiking boots** chaussures (*f. pl.*) de
montagne (8); **to go hiking** faire (*irreg.*) une randonnée
(pédestre) (8)

hire embaucher (14)

historical historique *f.* (13)

history histoire *f.* (2)

hobby passe-temps *m.* (15)

holiday fête *f.* (1)

home maison *f.* (4); **at the home of** chez (5); **to go home**
rentrer (8); **home page** page (*m.*) d'accueil (10); **home
screen** écran (*m.*) d'accueil (10)

homeless sans-abri *m., f. inv.* (16)

homework devoirs *m. pl.*; **to do homework** faire (*irreg.*)
ses devoirs (5)

hope *v.* espérer (6)

horse cheval *m.* (8); **to go horseback riding** faire (*irreg.*)
du cheval (8)

hospital hôpital *m.* (11)

hostel: youth hostel auberge (*f.*) de jeunesse (9)

hot chaud; **it's hot** il fait chaud (5); **to be hot** avoir (*irreg.*)
chaud (3)

hotel hôtel *m.* (11)

hour heure *f.* (6); **quarter before the hour** moins le quart (6)

house maison *f.* (4)

housework: to do the housework faire (*irreg.*) le ménage (5)

how comment (1); **how are you?** comment allez-vous? (comment vas-tu?) (1); **how much is it?** c'est combien? (1); **how many?** combien (de)? (4); **how much?** combien (de)? (1); **how's it going?** ça va? (1)

hungry: to be hungry avoir (*irreg.*) faim (4)

hurry *v.* se dépêcher (13); **hurry up!** dépêche-toi! (6)

hurt *v.* avoir (*irreg.*) mal (à) (13)

husband mari *m.* (5)

hybrid voiture (*f.*) hybride (16)

ice cream glace *f.* (6)

icon icône *f.* (10)

ID card carte (*f.*) d'identité (8)

idealistic idéaliste (3)

if si; **if I were you** à ta (votre) place (15)

immediately tout de suite (5)

impatient impatient(e) (3)

important important(e) (3)

impossible: it is impossible that il est impossible que + *subj.* (16)

in à (2); en (2); dans; **in four days (from now)** dans quatre jours (5); **in order to** pour (4); **in the afternoon** de l'après-midi (6)

include comprendre *irreg.* (6)

increase augmentation *n. f.* (14)

indispensable indispensable (16)

individualistic individualiste (3)

industrial industriel(le) (16)

inflation inflation *f.* (16)

information: tourist information bureau syndicat (*m.*) d'initiative (11)

injection piqûre *f.* (13)

inspect contrôler (16)

instructor professeur *m., f.* (1)

intellectual intellectuel(le) (3)

intelligent intelligent(e) (3)

interest *v.* intéresser (14)

interesting intéressant(e) (3)

Internet Internet (10); **on the Internet** sur Internet (10)

internship stage *m.* (14)

intersection carrefour *m.* (11)

interview (job) entretien *m.* (14)

involve: to get involved (in) (*a public issue, cause*) s'engager (dans) (16)

iPad tablette *f.* (1)

iPod iPod *m.* (4)

island île *f.* (11)

isn't it so? n'est-ce pas? (3)

it's a/an . . . c'est un(e)... (1)

Italian (*person*) Italien(ne) *m., f.* (2); (*language*) italien *m.* (2)

Italy Italie *f.* (2, 8)

Ivory Coast See Côte d'Ivoire

jacket (ski) anorak *m.* (8); **down jacket** doudoune *f.* (3); **suit jacket** veston *m.* (3)

January janvier (1)

Japan Japon *m.* (2, 8)

Japanese (*person*) Japonais(e) *m., f.* (2); (*language*) japonais *m.* (2)

jeans jean *m.* (3)

jewel bijou *m.* (14)

job boulot *m., fam.* (14), **job market** marché (*m.*) de l'emploi (14)

jog faire (*irreg.*) du jogging (5)

joke blague *n. f.* (15)

juice (orange) jus (*m.*) (d'orange) (6)

July juillet (1)

June juin (1)

just: to have just done s.th. venir (*irreg.*) de + *inf.* (8)

key clé, clef *f.* (5)

keyboard clavier *m.* (1)

kilo kilo(gramme) *m.* (7)

kiosk kiosque *m.* (10)

kiss *v.* s'embrasser (13)

kitchen cuisine *f.* (5); **kitchen sink** évier *m.* (4)

knee genou *m.* (*pl.* genoux) (13)

knife couteau *m.* (6)

know connaître *irreg.* (11); **to know (how)** savoir *irreg.* (11)

lake lac *m.* (8)

lamb agneau *m.* (7)

lamp lampe *f.* (4)

language (foreign) langue (*f.*) (étrangère) (2)

laptop computer portable *m.* (1)

large gros(se) (4)

last dernier/ière (4, 7); passé(e) (7); **last night** hier soir (7)

late en retard (6)

laugh *v.* rire *irreg.* (15)

laundry: to do the laundry faire (*irreg.*) la lessive (5)

law droit *m.* (2)

lawn bowling pétanque *f.* (15)

lawyer avocat(e) *m., f.* (14)

lazy paresseux/euse (3)

lead (clue) *n.* piste *f.* (14)

learn apprendre *irreg.* (à) (6)

leave (for, from) partir *irreg.* (à, de) (8); **to leave** (*behind*) laisser (7); **to leave** (*go out*) sortir *irreg.* (8); **to leave** (*s.o. or someplace*) quitter (8)

Lebanon *m.* Liban (2, 8)

Lebanese (*person*) Libanais(e) *m., f.* (2)

lecture conférence *f.* (12); **lecture hall** amphithéâtre *m.* (2)

left: on the left à gauche (4); **the Left Bank** (*in Paris*) Rive (*f.*) gauche (11)

leg jambe *f.* (13)

legacy patrimoine *m.* (12)

legalization légalisation *f.* (16)

leisure activities loisirs *m. pl.* (15)

lend (to) prêter (à) (11)

less . . . than moins... que (14)

let's see, . . . voyons,... (10)

letter lettre *f.* (10); **letter carrier** facteur/trice *m., f.* (14)

lettuce laitue *f.* (6), salade *f.* (6)

library bibliothèque *f.* (2)

life vie *f.* (2)

lightning: flash of lightning coup (*m.*) de foudre (13)

like aimer (2); **I would like** (*to do s.th.*) je voudrais (+ *inf.*) (6); **to like better** aimer mieux (2)

likeable sympa(thique) (13)

likely probable (16)

line: to stand in line faire (*irreg.*) la queue (5)

linguistics linguistique *f.* (2)

link lien *m.* (10); *v.* lier (10); **to link (together)** *v.* relier (10)

lipstick rouge (*m.*) à lèvres (13)

listen écouter (2)

literature littérature *f.* (2)

little: a little (of) un peu (de) (3)

live habiter (2); vivre *irreg.* (12); **live streaming** streaming en direct *m.* (10)

living: cost of living coût (*m.*) de la vie (14); **living room** séjour *m.* (5)

loaf (of bread) baguette (*f.*) (de pain) (6)

loan emprunt *m.* (14)

locate: to be located se trouver (13)

lodging logement *m.* (4)

long long(ue) (3)

longer: no longer ne... plus (9)

look (at) regarder (8); **to look (like)** avoir (*irreg.*) l'air (de) (3); **to look at oneself, look at each other** se regarder (13); **to look for** chercher (2)

lose perdre (5); **to get lost** se perdre (13)

lot: a lot (of) beaucoup (de) (1, 6)

lotion, suntan crème (*f.*) solaire (8)

love *v.* adorer (2); aimer (2); amour *n. m.* (13); **love at first sight** coup (*m.*) de foudre (13); **lover; loving** amoureux/euse (13); **to fall in love (with)** tomber amoureux/euse (de) (13)

lucky: to be lucky avoir (*irreg.*) de la chance (8)

lunch déjeuner *m.* (6); **to have lunch** déjeuner (6)

ma'am Madame (Mme) (1)

magazine (*illustrated*) magazine *m.* (4); (*journal*) revue *f.* (10)

magnificent magnifique (12)

maid's room chambre (*f.*) de bonne (4)

mail *v.* poster (10); **mail (a letter)** *v.* mettre (une lettre) à la poste (10); *n.* courrier *m.*; poste *f.*

mailbox boîte (*f.*) aux lettres (10)

main dish plat (*m.*) principal (7)

majority: the majority of la plupart de (12)

make faire *irreg.* (5); **make fun of** se moquer de (14); **to make (happen)** réaliser (14)

makeup: to put on makeup se maquiller (13)

man homme *m.* (2); **young man** jeune homme *m.* (13)

manage gérer (14)

manager directeur/trice *m., f.* (14); **middle/senior manager** cadre *m.* (14); **top manager** chef (*m.*) d'entreprise (14)

many: how many? combien (de)? (4)

map plan (*city*) *m.* (11); carte (*of a region, country*) *f.* (11)

March mars (1)

market marché *m.*; **to go to the market** faire (*irreg.*) le marché (5); **job market** marché (*m.*) de l'emploi (14); **outdoor market** marché (*m.*) en plein air (11)

marriage mariage *m.* (13)

married marié(e) (5); **to get married** se marier (avec) (13)

Martinique Martinique *f.* (1)

mass media médias *m. pl.* (10)

master *v.* maîtriser (14)

masterpiece chef-d'œuvre *m.* (*pl.* chefs-d'œuvre) (12)

mathematics (math) mathématiques (maths) *f. pl.* (2)

May mai (1)

maybe peut-être (5)

me: as for me pour ma part (16); **me neither** moi non plus (3); **me too** moi aussi (3)

meal repas *m.* (6)

mean *v.* vouloir (*irreg.*) dire (7); **I mean . . .** c'est-à-dire... (10)

meat viande *f.* (6)

media médias *m. pl.* (10)

medieval médiéval(e) (12)

medium: of medium height de taille moyenne (3)

meet se rencontrer (13); **to meet (for the first time)** faire (*irreg.*) la connaissance (de) (5)

meeting rencontre *f.* (13); **to have a meeting** avoir (*irreg.*) rendez-vous (3)

mention: don't mention it de rien (1)

menu carte *f.* (7); **fixed-price menu** menu *m.* (7)

merchant (wine) marchand(e) (de vin) (14)

messy en désordre (4)

metro station station (*f.*) de métro (11)

Mexican (*person*) Mexicain(e) *m., f.* (2)

Mexico Mexique *m.* (2, 8)

middle: Middle Ages Moyen Âge *m. s.* (12); **to be in the middle of** être (*irreg.*) en train de (15)

midnight: it is midnight il est minuit (6)

milk lait *m.* (6)

mirror miroir *m.* (4)

Miss Mademoiselle (Mlle) (1)

mixture mélange *m.* (7)

Monday lundi *m.* (1); **it's Monday** nous sommes lundi

money argent *m.* (7); **money exchange (office)** bureau (*m.*) de change (14)

monitor (computer) écran *m.* (10); *v.* contrôler (14)

month mois *m.* (1)

monument monument *m.* (11)

more . . . than plus... que (14); **no more** ne... plus (9)

morning matin *m.* (5); **all morning** matinée toute la matinée (7); **entire morning** matinée *f.* (7); **in the morning** du matin (6); **this morning** ce matin (5)

Moroccan (*person*) Marocain(e) *m., f.* (2)

Morocco Maroc *m.* (2, 8)

most (of) la plupart (de) (12)

mother mère *f.* (5)

mother-in-law belle-mère *f.* (5)

motorcycle motocyclette, moto *f.* (9)

mountain montagne *f.* (8); **to go mountain climbing** faire (*irreg.*) de l'alpinisme (8)

mouse souris *f.* (1, 10)

mouth bouche *f.* (13)

move in emménager (4)

move out déménager (4)

movie film *m.* (2); **movie theater; movies** cinéma *m.* (2)

mp3 player lecteur mp3 *m.* (10)

Mr. Monsieur (M.) (1)

Mrs. Madame (Mme) (1)

much bien *adv.*; **as much/many . . . as** autant (de)... que (15); **how much?** combien (de)? (1); **so much the better** tant mieux (15); **too much** trop de (6); **very much** beaucoup (1)

museum musée *m.* (11)

mushroom champignon *m.* (6)

music musique *f.* (2)

musician musicien(ne) *m., f.* (12)

must: one must (not) il (ne) faut (pas) + *inf.* (8)

myself moi-même (12)

naive naïf/ive (3)

name(d): my name is . . . je m'appelle... (10); **to be named** s'appeler (13); **what's your name?** comment vous appelez-vous? (comment t'appelles-tu?) (10)

napkin serviette *f.* (6)

natural naturel(le); **natural resources** ressources (*f. pl.*) naturelles (16)

nature nature *f.* (16)

navigate naviguer (10)

necessary: it is necessary that il est nécessaire que + *subj.* (16); **it is necessary to** il faut + *inf.* (8); **to be necessary** falloir *irreg.* (8)

neck cou *m.* (13)

necktie cravate *f.* (3)

need *v.* avoir (*irreg.*) besoin de (3); **one needs** il faut (8); il est nécessaire de (16)

neighbor voisin(e) *m., f.* (4)

neighborhood quartier *m.* (2)

nephew neveu *m.* (5)

nervous nerveux/euse (3)

network (*television*) chaîne *f.* (10); **social network** réseau (*m.*) social (10)

never ne... jamais (9)

new nouveau, nouvel, nouvelle (nouveaux, nouvelles) (3)

newlyweds nouveaux mariés *m. pl.* (13)

news (*TV program*) informations *f. pl.* (10)

newspaper (news [on television]) journal *m.* (*pl.* journaux) (2)

newsstand kiosque *m.* (10)

next ensuite, puis *adv.* (11); prochain(e) *adj.*; **next to** à côté de (4); **next week** la semaine prochaine (5)

nice beau (*weather*) (5); gentil(le) (3); agréable (3); sympathique (sympa *inv.*) (3); **it's nice (out)** il fait beau (5)

niece nièce *f.* (5)

night nuit *f.* (7); **all night** toute la nuit (7); **at night** du soir (6); **last night** hier soir (7)

nine neuf (1)

nineteen dix-neuf (1)

ninth le/la neuvième (11)

no non (1); **no longer, no more** ne... plus (9); **no one, nobody** ne... personne (9)

noise bruit *m.* (5)

noon midi (6)

normal normal(e) (16)

north nord *m.* (8); **to the north** au nord (8)

nose nez *m.* (13)

not (at all) ne... pas (du tout) (9); **not bad(ly)** pas mal (1); **not very** peu (3); **not yet** ne... pas encore (9)

notebook cahier *m.* (1)

nothing ne... rien (9)

novel roman *m.* (10); **graphic novel** bande (*f.*) dessinée (10)

November novembre (1)

now maintenant (2); **from now on** à l'avenir (14), à partir de maintenant (14)

nuclear: nuclear energy énergie (*f.*) nucléaire (16); **nuclear power plant** centrale (*f.*) nucléaire (16)

number (telephone) numéro *m.* (de téléphone) (10)

obliged: to be obliged to devoir *irreg.* (7)

obtain obtenir *irreg.* (8)

ocean mer *f.* (8)

o'clock: it is . . . o'clock il est... heures (6)

October octobre (1)

odd drôle (3)

of de (2); **of which** dont (14)

offer *v.* offrir *irreg.* (14)

office bureau *m.* (2); **doctor's office** cabinet (*m.*) medical (13)

officer (police) agent (*m.*) de police (14)

often souvent (2)

oil (olive) huile *f.* (d'olive) (7)

okay d'accord (2)

old ancien(ne) (4); vieux, vieil, vieille (4)

on (top of) sur (4); **on the ground** par terre (4); **on** (*bicycle, horseback, foot*) à (9)

once une fois (11); **all at once** tout d'un coup (11); **once a week** une fois par semaine (5)

one un(e) (1)

onion oignon *m.* (7)

online: online account compte (*m.*) en ligne (10)

only ne . . . que (9); seulement (9)

open *v.* ouvrir *irreg.* (14)

opera opéra *m.* (15)

opinion: in my opinion pour ma part (16); à mon avis (11); **in your opinion** à votre (ton) avis (11); **public opinion** opinion (*f.*) publique (16); **to express an opinion** exprimer une opinion (16); **to have an opinion about** penser de (11)

optimistic optimiste (13)

or ou (2)

orange orange *inv.* (3); (*fruit*) orange *f.* (6); **orange juice** jus (*m.*) d'orange (6)

order: in order/orderly en ordre (4); **in order to** pour (2); **to order** commander (6), prendre *irreg.* (*in a restaurant*) (6)

other autre (4); **others** d'autres (15); **the other(s)** l'/les autre(s) (15)

outdoors de plein air; **outdoor activities** activités (*f.*) de plein air (15); **outdoor market** marché (*m.*) en plein air (11)

over there là-bas (10)

overpopulation surpopulation *f.* (16)

owe devoir *irreg.* (7)

oyster huître *f.* (7)

package colis *m.* (10)

page: home page page (*f.*) d'accueil (10); **on the front page** à la une (10)

pain douleur *f.* (13); **to have pain** avoir (*irreg.*) mal (à) (3)

paint *v.* peindre *irreg.* (12)

painter artiste *m., f.* (14); peintre *m.* (12)

painting peinture *f.* (12); tableau *m.* (12)

palace palais *m.* (12)

pants pantalon *m. s.* (3)

pardon (me) pardon (1)

Parisian *adj.* parisien(ne) (3)

park parc *n. m.* (11)

parka anorak *m.* (8)

party soirée *f.* (3); fête *f.* (7); **political party** parti *m.* (16)

pass (*time*) passer (6); **boarding pass** carte (*f.*) d'embarquement (9); **to pass** (*a test*) réussir à (4); **to pass by** passer par (8); **to pass on** *v.* transmettre (10)

passenger passager/ère *m., f.* (9)

passport passeport *m.* (8)

password mot (*m.*) de passe (10)

past passé *n. m.* (8)

pasta pâtes *f. pl.* (7)

pastry, pastry shop pâtisserie *f.* (7)

pâté (country-style) pâté *m.* (de campagne) (7)

patient *adj.* patient(e) (3)

patrimony patrimoine *m.* (12)

pay: to pay attention (to) faire (*irreg.*) attention (à) (5)

payment: automatic payment/withdrawal prélèvement automatique (14)

pear poire *f.* (6)

pen stylo *m.* (1)

pencil crayon *m.* (1)

pension retraite *f.* (16)

pepper poivre *m.* (6)

perfectly parfaitement (14)

performance spectacle *m.* (15)

period (*of history*) époque *f.* (12)

permit (to) *v.* permettre *irreg.* (de) (12)

person personne *f.* (3)

personally personnellement (16)

pessimistic pessimiste (3)

pharmacist pharmacien(ne) *m., f.* (14)

pharmacy pharmacie *f.* (11)

philosophy philosophie *f.* (2)

phone See **telephone.**

physics physique *f.* (2)

picnic pique-nique *m.* (15)

pie tarte *f.* (6)

piece morceau *m.* (7); **piece of furniture** meuble *m.* (5)

pilot pilote *n. m., f.* (9)

pink rose (3)

place endroit *n. m.* (8); lieu *n. m.* (2); **place of residence** logement *m.* (4); **to place (put)** mettre *irreg.* (10)

plans projets *m. pl.* (5)

plate assiette *f.* (6)

platform (*train station*) quai *m.* (9)

play (*theater*) pièce (*f.*) de théâtre (12); *v.* jouer (3); **to play** (*a musical instrument*) jouer de (3); **to play** (*a sport or game*) jouer à (3); faire de (5)

player (mp3) lecteur *m.* mp3 (10)

playwright auteur(e) dramatique *m., f.* (12)

pleasant gentil(le) (3); agréable (3)

please *interj.* s'il vous (te) plaît (1)

plumber plombier *m.* (14)

pocket poche *f.* (10)

poem poème *m.* (12)

poet poète *m.*, poétesse *f.* (12)

poetry poésie *f.* (12)

point out indiquer (7)

police officer agent (*m.*) de police (14); **police station** commissariat *m.* (11), poste (*m.*) de police (11)

policy politique *f.* (16)

polite poli(e) (12)

politely poliment (12)

political party parti *m.* (16)

politician homme politique *m.*, femme politique *f.* (16)

politics politique *f.* (16)

pollute polluer (16)

pollution pollution *f.* (16)

pool (*swimming*) piscine *f.* (11)

poor pauvre (3)

popular song chanson (*f.*) de variété (15)

pork porc *m.* (6); **pork butcher's shop (delicatessen)** charcuterie *f.* (7)

Portugal Portugal *m.* (8)

possible possible; **it is possible that** il est possible que + *subj.* (16), il se peut que + *subj.* (16)

post office bureau (*m.*) de poste (10); La Poste (10)

postcard carte (*f.*) postale (10)

poster affiche *f.* (4)

potato pomme (*f.*) de terre (6)

power: purchasing power pouvoir (*m.*) d'achat (16)

prefer aimer mieux (2); préférer (6)

preferable préférable (16)

preferred préféré(e) (5)

preoccupied préoccupé(e) (16)

prepare préparer (5)

press *v.* appuyer (sur) (10)

pretty joli(e) (4)

prevent (from) empêcher (de) (12)

price prix *m.* (7); **fixed-price menu** menu *m.* (7)

primary school teacher professeur (*m.*) des écoles (14)

print book livre (*m.*) papier (10)

printer (computer) imprimante *f.* (10)

problem ennui *m.* (9); problème *m.* (16)

process: to be in the process of être (*irreg.*) en train de (15)

produce *v.* produire *irreg.* (9)

product produit *m.* (6); **fresh products** les produits frais (6)

professor professeur *m., f.* (1)

program (*TV, radio*) émission *f.* (10)

propose *v.* proposer (14)

protect protéger (16)

protection protection *f.* (16)

proud fier/ère (3)

psychology psychologie *f.* (2)

public: public opinion opinion (*f.*) publique (16)

puffer coat doudoune *f.* (3)

pun jeu (*m.*) de mots (15)

purchasing: purchasing power pouvoir (*m.*) d'achat (16)

pursue poursuivre *irreg.* (12)

put (on) mettre *irreg.* (8)

putter (around) bricoler (15); **puttering (around)** bricolage *m.* (15)

quarter (*one-fourth*) quart *m.* (6); **quarter** (*district*) quartier *m.* (2); **quarter past (the hour)** et quart (6); **quarter to (the hour)** moins le quart (6)

Quebec (*province*) Québec *m.* (2, 8); (*city*) Québec *m.*

queen reine *f.* (12)

question: to ask a question poser une question (à) (11)

quiet tranquille *adj.* (4)

radio radio *f.* (2)

rain *v.* pleuvoir *irreg.* (7); **it's raining** il pleut (5)

raincoat imperméable *m.* (3)

raise *v.* augmenter (16); *n.* augmentation (*f.*) de salaire (14)

rarely rarement (2)

rate (of exchange) cours *m.* (14), taux (*m.*) de change (14); **(of unemployment)** taux de chômage (14)

razor rasoir *m.* (13)

read lire *irreg.* (10)

reading lecture *f.* (15)

ready prêt(e) (3); **to get ready** se préparer (13)

realistic réaliste (3)

reality television télé-réalité *f.* (10)

really vraiment (12)

reasonable raisonnable (3)

receipt reçu *m.* (14)

receive recevoir *irreg.* (10); **to receive (money)** toucher (14)

recruit *v.* recruter (14)

recycle recycler (16)

recycling recyclage *m.* (16)

red rouge (3); **red** (*hair*) roux (rousse) (3)

redheaded roux (rousse) (3)

reform réforme *f.* (16)

refuse (to) refuser (de) (12)

regret *v.* regretter (16)
relate (*tell*) raconter (1)
relax se détendre (13)
relay *v.* transmettre (10)
relieved soulagé(e) (16)
remain rester (5)
remember se rappeler (13); se souvenir *irreg.* (de) (13)
remote control télécommande *f.* (10)
Renaissance Renaissance *f.* (12)
renewable energy énergies (*f. pl.*) renouvelables (16)
rent *v.* louer (4); location *f.* (3)
repeat répéter (1)
reporter journaliste *m., f.* (2)
require exiger (16)
rescue *v.* sauver (16)
residence: university residence complex cité (*f.*) universitaire (cité-U) (2)
resource: natural resources ressources (*f. pl.*) naturelles (16)
rest *v.* se reposer (13)
restaurant restaurant *m.* (2)
résumé curriculum (*m.*) vitæ (C.V.) (14)
return (give back) rendre (5); (*go home*) rentrer (8); (*go back*) retourner (8); (*come back to someplace*) revenir *irreg.* (8)
review revue *n. f.* (10)
ride: to take a ride faire (*irreg.*) un tour (en voiture) (5)
right *n.* droit *m.* (16); **civil rights** droits civils (16); **on (to) the right** à droite (4); **the Right Bank** (*in Paris*) Rive (*f.*) droite (11); **to be right** avoir (*irreg.*) raison (3)
river fleuve *m.* (8)
road route *f.* (8)
roast rôti *m.* (7)
roll *v.* rouler (9)
Roman romain(e) (12)
room pièce *f.* (5); (*bedroom*) chambre *f.* (4, 5)
roommate camarade (*m., f.*) de chambre (3); colocataire (*m. f.*) (4)
rug tapis *m.* (4)
run courir *irreg.* (13); faire (*irreg.*) du jogging (5)
Russia Russie *f.* (2, 8)
Russian (*person*) Russe *m., f.* (2)

sad triste (3)
sailboat bateau (*m.*) à voile (8)
sailing voile *f.*; **to go sailing** faire (*irreg.*) de la voile (5)
salad salade *f.* (6)
salami saucisson *m.* (7)
salaried worker travailleur/euse (*m., f.*) salarié(e) (14)
salary salaire *m.* (14)
salmon saumon *m.* (7)
salt sel *m.* (6)
same même; **the same one(s)** le/la/les même(s) (15)
sandals sandales *f. pl.* (3)
sardines (in oil) sardines *f. pl.* (à l'huile) (7)
satellite TV télévision (*f.*) satellite (10)
Saturday samedi *m.* (1)
sausage saucisse *f.* (7)
save (*rescue*) sauver (16); **savings account** compte (*m.*) d'épargne (14); **to save (up) money** faire (*irreg.*) des économies (14)
say dire *irreg.* (10)
schedule horaire *m.* (12)

school école *f.* (10); **primary school teacher** professeur des écoles *m.* (14)
screen écran *m.* (1, 10); **home screen** écran (*m.*) d'accueil (10)
scroll *v.* faire glisser (10)
scuba diving plongée (*f.*) sous-marine (8); **to go scuba driving** faire (*irreg.*) de la plongée sous-marine (8)
sculptor sculpteur *m.* (12)
sculpture sculpture *f.* (14)
sea mer *f.* (8)
search engine moteur (*m.*) de recherche (10)
season saison *f.* (5)
seat siège *m.* (9); (*theater*) place *f.* (12)
second deuxième *m., f.* (11); **second class** (*in a train*) deuxième classe (9); **second floor** (*in the U.S.*) premier étage *m.* (5)
secretary secrétaire *m., f.* (14)
section (*of Paris*) arrondissement *m.* (11)
see voir *irreg.* (10); **let's see, . . .** voyons... (10); **see you soon** à bientôt (5); **to see again** revoir *irreg.* (10)
seems: it seems that il semble que + *subj.* (16); **to seem** avoir (*irreg.*) l'air de (3)
self-employed: self-employed worker travailleur/euse (*m., f.*) indépendant(e) (14); **to be self-employed** travailler à son compte (14)
sell vendre (5)
send envoyer (10)
Senegal Sénégal *m.* (2, 8)
Senegalese (*person*) Sénégalais(e) *m., f.* (2)
sense *v.* sentir *irreg.* (8)
September septembre (1)
series série *f.* (10); **animated series** dessin (*m.*) animé (10); **drama series** (*on TV*) série télévisée (10)
serious sérieux/euse (3)
serve servir *irreg.* (8)
set the table mettre le couvert (10)
settle (down, in) s'installer (13)
seven sept (1)
seventeen dix-sept (1)
several plusieurs (6)
sexism sexisme *m.* (16)
shave *v.* se raser (13)
shelf étagère *f.* (4)
shirt chemise *f.* (3)
shoes chaussures *f. pl.* (3); **tennis shoes** tennis *m. pl.* (3)
shop (*store*) magasin *m.* (3); **butcher shop** boucherie *f.* (7); **pastry shop** pâtisserie *f.* (7)
shopkeeper commerçant(e) *m., f.* (14)
shopping: to do the shopping faire (*irreg.*) le marché (5)
short court(e) (*hair*) (3); petit(e) (*person*) (3)
shorts short *m. s.* (3)
shot (injection) piqûre *f.* (13)
show spectacle *n. m.* (15); **TV show** émission *f.* (10); **game show** jeu (*m.*) télévisé (10); **variety/floor show** spectacle de variétés (15); **to show** indiquer (7); montrer (3)
shower douche *f.* (4); **to take a shower** prendre une douche, se doucher (13)
sick malade (13)
since depuis (9); **since when** depuis quand (9)
sincere sincère (3)
sing chanter
single (*person*) *adj.* célibataire (5); *n. m., f.* célibataire (13)
sink: bathroom sink lavabo *m.* (4); **kitchen sink** évier *m.* (4)

sir Monsieur (M.) (1)

sister sœur *f.* (5); **sister-in-law** belle-sœur *f.* (5)

site site *m.* (10)

situate: to be situated se trouver (11)

six six (1)

sixteen seize (1)

sixty soixante (1)

ski ski *n. m.* (8); **ski boots** chaussures (*f. pl.*) de ski (8); **ski goggles** lunettes (*f. pl.*) de ski (8); **ski jacket** anorak *m.* (8); **to ski** faire (*irreg.*) du ski (5), skier (2)

skiing ski *m.*; **cross-country skiing** ski de fond (8); **downhill skiing** ski alpin (8); **to go skiing** faire (*irreg.*) du ski (5); **waterskiing** ski nautique (8)

skirt jupe *f.* (3)

sleep *v.* dormir *irreg.* (8)

sleeping bag sac (*m.*) de couchage (8)

sleepy: to be sleepy avoir (*irreg.*) sommeil (3)

slice tranche *f.* (7)

slipper pantoufle *f.* (13)

small petit(e) (3)

smartphone smartphone *m.* (1)

smartwatch montre (*f.*) connectée (10)

smell *v.* sentir *irreg.* (8)

smoke *v.* fumer (2)

smoker fumeur/euse *m., f.*

snack: afternoon snack goûter *m.* (6)

sneakers tennis *m. pl.* (3)

snobbish *adj.* snob (3)

snorkeling plongée (*f.*) libre (8)

snow neige *n. f.*; **to snow** neiger; **it's snowing** il neige (5)

so alors (4); *adv.* tellement (11); **so much the better** tant mieux (15); **so-so** comme ci, comme ça (1)

soap opera feuilleton *m.* (10)

sociable sociable (3)

social network réseau (*m.*) social (10)

sociology sociologie *f.* (2)

socks chaussettes *f. pl.* (3)

sofa canapé *m.* (4)

software program logiciel *m.* (10)

solar energy énergie (*f.*) solaire (16)

sole (*fish*) sole *f.* (7)

some en *pron.* (11); quelques-uns/unes *pron.* (15); quelques *adj.* (15)

someday un jour (14)

someone quelqu'un (de) (15)

something quelque chose (de) (7); **something else** autre chose (7)

sometimes parfois (9); quelquefois (2)

somewhat assez (3)

son fils *m.* (5); **son-in-law** gendre *m.* (5)

song chanson *f.* (15); **popular song** chanson de variété (15)

soon bientôt (5); **as soon as** aussitôt que (14); dès que (14); **see you soon** à bientôt (1)

sorry désolé(e) (16); **to be sorry** regretter (16)

south sud *m.* (8); **to the south** au sud (8)

Spain Espagne *f.* (2, 8)

Spaniard Espagnol(e) *m., f.* (2); (*language*) espagnol *m.* (2)

speak parler (2)

spend (*money*) dépenser (10); (*time*) passer (6)

spoon (soup) cuillère *f.* (à soupe) (6)

sport(s) sport *m.* (2); **sporting event** manifestation (*f.*) sportive (15); **sports coat** veste *f.* (3); **sports-minded** sportif/ive (3); **to do sports** faire (*irreg.*) du sport (5)

spring printemps *m.* (5); **in spring** au printemps (5)

square (*in city*) place *f.* (11)

stairway escalier *m.* (5)

stamp timbre *m.* (10)

stand: to stand in line faire (*irreg.*) la queue (5)

state état *m.* (8); **United States** États-Unis *m. pl.* (8)

station (subway) station (*f.*) de métro (11); **police station** commissariat *m.* (11); poste (*m.*) de police (11); **service station** station-service *f.* (9); **train station** gare *f.* (9)

stay *v.* rester (5)

steak bifteck *m.* (6)

stepbrother demi-frère *m.* (5)

stepfather beau-père *m.* (5)

stepmother belle-mère *f.* (5)

stepsister demi-sœur *f.* (5)

steward, stewardess steward *m.* (9), hôtesse (*f.*) de l'air (9)

still encore (9)

stomach ventre *m.* (13)

stop *v.* arrêter (de) (12); s'arrêter (13)

store magasin *m.* (3); **fish store** poissonnerie *f.* (7); **grocery store** épicerie *f.* (7)

stormy: it's stormy le temps est orageux (5)

straight (*hair*) raide (3); **straight ahead** tout droit (11)

strawberry fraise *f.* (6)

streaming: live streaming streaming en direct *m.* (10)

street rue *f.* (4)

strike *n.* grève *f.* (16); **to strike** faire (*irreg.*) grève (16)

stroll *v.* flâner (12)

student étudiant(e) *m., f.* (1)

studio (apartment) studio *m.* (4)

study étudier (2)

stylish chic *inv.* (3)

suburbs banlieue *f.* (11)

subway métro *m.* (9); **subway station** station (*f.*) de métro (11)

succeed réussir (à) (4)

success réussite *f.*

suddenly soudain (11); tout à coup (11)

suffer souffrir *irreg.* (14)

sugar sucre *m.* (6)

suit (*man's*) costume *m.* (3); (*woman's*) tailleur *m.* (3); **suit jacket** veston *m.* (3)

suitcase valise *f.* (8)

sum montant *m.* (14)

summer été *m.* (5); **in summer** en été (5)

sun soleil *m.*; **it's sunny** il fait du soleil (5)

sunblock écran (*m.*) solaire (8)

Sunday dimanche *m.* (1)

sunglasses lunettes (*f. pl.*) de soleil (8)

suntan: to get a suntan bronzer (8)

suntan lotion crème (*f.*) solaire (8)

support *v.* soutenir *irreg.* (16)

sure sûr(e) (16)

surf the web surfer sur le Web (10)

surprised étonné(e) (16); surpris(e) (16)

survey sondage *n. m.* (2)

sweater pull-over *m.* (3)

sweetheart amoureux/euse *m., f.* (13)

swim *v.* nager (8); se baigner (13)

swimming pool piscine *f.* (11)

swimsuit maillot (*m.*) de bain (3)
swipe *v.* faire glisser (10)
Swiss (*person*) Suisse *m., f.* (2)
Switzerland Suisse *f.* (2, 8)

table table *f.* (1); **set the table** mettre le couvert (10)
tablet (computer) tablette *f.* (1)
take prendre *irreg.* (6); **to take** (*a course*) suivre *irreg.* (12); **to take** (*s.o. somewhere*) emmener (12); **to take a ride** faire (*irreg.*) un tour (5); **to take a shower** se doucher (13); **to take a trip** faire (*irreg.*) un voyage (5); **to take a walk** faire (*irreg.*) un tour (5) faire (*irreg.*) une promenade (5); se promener (13); **to take an exam** passer un examen (4); **to take place** se passer (15); **to take one's time** prendre son temps (6); **to take (a long) time** prendre du temps (6)
tall grand(e) (3)
talk: what are you talking about? qu'est-ce que tu racontes / vous racontez? (15)
tap *v.* appuyer (sur) (10)
taste *v.* goûter (7)
taxes impôts *m. pl.* (16)
tea thé *m.* (6)
teach enseigner (à) (12); apprendre (à) (6)
teacher professeur *m., f.* (1); **primary school teacher** professeur des écoles *m.* (14)
team équipe *f.* (15)
telephone téléphone *n. m.* (4); (*receiver*) appareil *n. m.* (10); **cell phone** mobile *m.* (10), téléphone (*m.*) portable (4, 10); **telephone call** coup (*m.*) de fil (13); **telephone number** numéro (*m.*) de téléphone (10); **to telephone** téléphoner (à) (3)
television télévision *f.* (1); **cable television** câble *m.* (10); **television channel/network** chaîne *f.* (10); **high-definition television** télévision haute définition *f.* (10); **reality television** télé-réalité *f.* (10); **satellite television** télévision satellite (10); **television news program** journal (*m.*) télévisé (10) (See also **broadcast, program, series, show.**)
tell dire *irreg.* (10); raconter (10)
teller: automatic teller machine (ATM) guichet (*m.*) automatique (14)
ten dix (1)
tennis shoes tennis *m. pl.* (3)
tent tente *f.* (8)
terrace terrasse *f.* (5)
terrorism terrorisme *m.* (16)
test examen *m.* (2); **to pass a test** réussir à un examen (4); **to take a test** passer un examen (4)
text message SMS *m.* (10); texto *m.* (10)
thank you (very much) merci (beaucoup) (1); **to thank** remercier
that cela (ça) *pron.*; que *conj.* (4, 14); qui *rel. pron.* (4, 14); ce, cet, cette, ces *demonstrative adj.* (7); **that is** c'est-à-dire (10)
theater théâtre *m.* (12); (*movie*) cinéma *m.* (2)
then (and) (et) alors (4); ensuite; puis (11)
there là *adv.*; y *pron.* (11); **is/are there . . . ?** il y a... ? (1); **over there** là-bas (10); **there is/are** voilà (2) il y a (1)
therefore alors (4); donc (4)
thick gros(se) (4)
think (about) réfléchir (à) (4); **to think (of, about)** penser (à) (10); **to think (have an opinion) about** penser de (11); **what do you think about . . . ?** que pensez-vous (penses-tu) de... ? (11); **what do you think of that?** qu'en pensez-vous (penses-tu)? (11)

third floor (*in the U.S.*) deuxième étage *m.* (5)
thirsty: to be thirsty avoir (*irreg.*) soif (3)
thirteen treize (1)
thirty trente (1)
this cela (ça) *pron.*; ce, cet, cette, ces *adj.* (7)
three trois (1)
throat gorge *f.* (13)
through par (12)
Thursday jeudi *m.* (1)
ticket billet *m.* (6); **ticket window** guichet *m.* (9)
tidy en ordre (4)
tie (*necktie*) cravate *f.* (3)
tights collant *m.* (3)
time fois *f.* (5); heure *f.* (9); temps *m.* (5); **at what time . . . ?** à quelle heure... ? (6); **free time** temps libre (15); **from time to time** de temps en temps (2); **not on time** en retard (6); **on time** à l'heure (8); **the time is . . . o'clock** il est... heures (6); **to pass, spend time** passer du temps (6); **what time is it?** quelle heure est-il? (6)
tip pourboire *n. m.* (7)
tired fatigué(e) (3)
to à (3); (*flight*) à destination de (9)
tobacconist (bar) café-tabac *m.* (11)
today aujourd'hui (1)
together ensemble (8)
tomato tomate *f.* (6)
tomorrow demain (5)
too: me too moi aussi (3); **too bad!** dommage! *interj.* (16); **too much of, too many of** trop de (6)
tooth dent *f.* (13)
top: on top of sur (4)
tourist class classe (*f.*) économique (9); **tourist information bureau** syndicat (*m.*) d'initiative (11)
towel: beach towel serviette (*f.*) de plage (8)
tower tour *f.* (11)
town hall mairie *f.* (11)
tracker: activity tracker bracelet (*m.*) connecté (10)
trade métier *n. m.* (14)
train train *m.* (9); **train car** wagon *m.* (9); **train station** gare *f.* (9)
transfer (money) virement *m.* (*14*)
translate traduire *irreg.* (9)
transmit *v.* transmettre (10)
transportation: means of transportation moyen (*m.*) de transport (9)
travel *v.* voyager (8); (*in a car, on a bike*) rouler (9); se déplacer (13)
treat *v.* soigner (14)
tree arbre *m.* (5)
trip: to take a trip faire (*irreg.*) un voyage (5)
trouble ennui *m.* (9)
truck camion *m.* (9)
true vrai(e) (4); **it's true that . . .** il est vrai que... (16)
trunk coffre *m.* (9)
try (to) essayer (de) (14); chercher (à) (12)
T-shirt tee-shirt *m.* (3)
Tuesday mardi *m.* (1)
Tunisia Tunisie *f.* (2, 8)
Tunisian (*person*) Tunisien(ne) *m., f.* (2)
turn *v.* tourner (11); **turn off** *v.* éteindre (10); **turn on** *v.* allumer (10)
TV télévision *f.* (5)

tweet tweet *m.* (10)

twelve douze (1)

twenty vingt (1): **twenty-one** vingt et un (1); **twenty-two** vingt-deux (1)

two deux (1)

type *v.* taper (10)

ugly laid(e) (4)

uhmm . . . euh... *interj.* (10)

umbrella parapluie *m.* (8)

uncle oncle *m.* (5)

under sous (4)

understand comprendre *irreg.* (6); **I don't understand** je ne comprends pas (1)

unemployment chômage *m.* (14); **unemployed person** chômeur/euse (14); **unemployment rate** taux (*m.*) de chômage (14)

unfair: it is unfair that il est injuste que + *subj.* (16)

unfortunate pauvre (3)

United States États-Unis *m. pl.* (2, 8)

university université *f.* (2); **university cafeteria** restaurant (*m.*) universitaire (resto-U) (2); **university dormitory** cité (*f.*) universitaire (cité-U) (2)

unjust injuste (16)

unlikely peu probable (16)

until jusqu'à (11)

up to jusqu'à (11)

useful utile (16)

username identifiant *m.* (10); pseudonyme *m.*

use up épuiser (16)

usually d'habitude (5)

vacation vacances *f. pl.* (5)

variety show spectacle (*m.*) de variétés (15)

veal veau *m.* (7)

vegetable légume *m.* (6)

very très (1); fort *adv.* (14); **not very** peu (3); **very much** beaucoup (1); **very well, good** très bien (1)

Vietnam Vietnam *m.* (2, 8)

violet violet(te) (3)

visa visa *m.* (8)

visit visite *n. f.* (2); **to visit** (*a place*) visiter (2); **to visit** (*s.o.*) rendre visite à (11)

voter électeur/trice *m., f.* (16)

wait (for) attendre (5)

waiter, waitress serveur/euse *m., f.* (7)

wake up se réveiller (13)

walk *v.* **marcher (13); to take a walk** se promener (15); faire (*irreg.*) un tour (5); faire (*irreg.*) une promenade (5); **walking** marche *f.* (15)

wall mur *m.* (4)

want avoir (*irreg.*) envie de (3); désirer (7); vouloir *irreg.* (7)

war guerre *f.* (16)

wardrobe armoire *f.* (4)

warm: to be warm avoir (*irreg.*) chaud (3)

wash (*oneself*) se laver (13)

waste gaspillage *n. m.* (16); (*material*) déchet *n. m.* (16); **to waste** perdre (5); gaspiller (16)

watch *v.* regarder (2); **to watch out (for)** faire (*irreg.*) attention (à) (5)

water (mineral) eau (*f.*) (minérale) (6)

waterskiing ski (*m.*) nautique (8)

way (*road*) chemin *m.* (11)

wear porter (3)

weather temps *m.* (5); **how's the weather?** quel temps fait-il? (5); **it's bad (nice) weather** il fait mauvais (beau) (5); **weather forecast** météo *f.* (5)

Web Web *m.* (10)

Wednesday mercredi *m.* (1)

weary las(se) (16)

week semaine *f.* (1); **every week** toutes les semaines (9); **next week** la semaine prochaine (5); **once a week** une fois par semaine (5)

weekend: on weekends le week-end (6); **this weekend** ce week-end (5)

welcome: you're welcome de rien (1); il n'y a pas de quoi (7); je vous en prie (7)

well bien *adv.* (1); *interj.* eh bien,... (10); **pretty well** ça peut aller (1); **things are going well** ça va bien (1); **very well** très bien (1)

west ouest *m.* (8); **to the west** à l'ouest (8)

what que (4); qu'est-ce que (1); qu'est-ce qui (15); quel(le) (7); **what?** comment? (1); **what is it?** qu'est-ce que c'est? (4)

when quand (4); lorsque; où *relative pron.* (4); **since when** depuis quand (9)

where où (4)

which lequel, laquelle, lesquels, lesquelles (15); que, qui *relative pron.* (4); quel, quelle, quels, quelles *interr. adj.* (7); **of which** dont (14)

while: in a while tout à l'heure (5)

white blanc(he) (3); **white-collar worker** employé(e) *m., f.* (14)

who qui (4); qui est-ce qui (14); **who is it?** qui est-ce? (1)

whom qui (4); qui est-ce que; que (14); **of whom** dont (14)

whose dont (14)

why pourquoi (4)

wife femme *f.* (5)

Wi-Fi (wireless) connection Wi-Fi *m.* (10)

willing: to be willing vouloir (*irreg.*) bien (7)

win *v.* gagner (14)

wind vent *m.*; **it's windy** il fait du vent, il y a du vent (5); **wind farm** ferme (*f.*) éolienne (16)

windbreaker blouson *m.* (3)

window fenêtre *f.* (1); **(ticket) window** guichet *m.* (9)

windsurfing planche (*f.*) à voile (8); **to go windsurfing** faire (*irreg.*) de la planche à voile

wine vin *m.* (6); **wine merchant** marchand(e) (*m., f.*) de vin (14)

winter hiver *m.* (5); **in winter** en hiver (5)

wireless: wireless headphones écouteurs (*m. pl.*) sans fil (10)

wish *v.* souhaiter (16)

with avec (2); par (12)

withdraw retirer (14)

withdrawal: automatic withdrawal/payment prélèvement automatique (14)

woman femme *f.* (2); **young woman** jeune femme *f.* (3)

wonder se demander (13)

wood(s) bois *m.* (11); forêt *f.* (8)

word mot *m.* (1); **word processing** traitement (*m.*) de texte (10)

work travail *n. m.* (2); boulot *m. fam.* (14); **do-it-yourself work** bricolage *m.* (15); **work (of art)** œuvre *f.* (d'art) (12); **to work** travailler (2); (*machine or object*) marcher

worker travailleur/euse *m., f.* (14); (*manual*) ouvrier/ière *m., f.* (14); **salaried worker** travailleur/euse *m., f.* salarié(e) (14); **self-employed worker** travailleur/euse (*m., f.*) indépendant(e) (14); **white-collar worker** employé(e) *m., f.* (14)

world monde *m.* (8); **World Wide Web** Web *m.* (10)
worse pire (14)
worth: to be worth valoir *irreg.* (16)
write (to) écrire *irreg.* (à) (10)
writer écrivain(e) *m., f.* (12)
wrong: to be wrong avoir (*irreg.*) tort (3); se tromper (13)

year an *m.* (1); **entire year** année *f.*; **to be (vingt) years old** avoir (*irreg.*) (twenty) ans (3)

yellow jaune (3)
yes oui (1); si (*response to negative question*) (9); **yes, but . . .** oui, mais... (10)
yesterday hier (8), **the day before yesterday** avant-hier (8)
yet: not yet ne... pas encore (9)
you: and you et vous (et toi) (1)
young *adj.* jeune (4); **young lady** jeune fille *f.* (3); **young man** jeune homme *m.* (3)
youth: youth hostel auberge (*f.*) de jeunesse (9)

Index

devoir, 188–189, 192, 337, 385, 417, 459, A-7, A-10
dire, 265–266, A-7, A-12
direct objects
    agreement with, 269, 274–275
    pronouns as, 268–270, 330–332
    after verbs conjugated with **avoir**, 212
dont, 390–392
dormir, 206–207, A-5
to drive, 235–236
duration, expressions of, 194, 199, 237–238

écrire, 265–266, 444, A-7
elision, A-2
emmener vs. **apporter**, 333
emprunter, 300n
en
    with geographical nouns, 218–219
    with means of transportation, 236
    preposition, 218–219, 236
    as pronoun, 309–310, 330–332
envoyer, 262n, 385, A-6
-er verbs, 41–43, 58, 69, 104, 137, 161, 191–192, A-5, A-6 (App. B: *See specific verbs*)
espérer, 337, 449, 459, A-6
est-ce que, 76–77, 99, 182
être, 48–49, A-7, A-12
    as auxiliary verb, 210–212, 368–369, A-7n
    vs. **avoir**, 212
    + descriptive adjectives, 49, 62, 66, 70
    future of, 385
    imparfait of, 240–242 A-7
    imperative of, 161–162, A-7
    + nationality, religion, profession, 49
    negation of, 96–97, 155
    past participle of, 192
    present of, 48–49
    quel(le) +, 183
    subjunctive of, 445
    telling time, 163–164
étudier, 241

faire, 134–135, 142–143, 167, 192, 202, 240, 385, 445, A-7, A-12
falloir, 216–217, 337, 385, 449, 449n, 459, A-7
    See also **il faut**
finir (+ de/par), 104–105, 337, 383, 416, 444, A-5, A-12
formal discourse, 450
future perfect, A-9–10
future tense, simple, 382–386, A-5 (App. B: *See specific verbs*)
futur proche (aller + infinitive), 130, 216, 337

gender, 21–22, 42, 71, 218, 376n, 377n, A-2
    nationalities, 35
geographical nouns, 218–219
grand(e), 108, 108n

habiter vs. **vivre**, 325

if-clauses, 385, 417, A-10
il/elle est vs. **c'est**, 49, 455n, 458n
il est, time, 163–164, 172–173, 242
il faut, 216–217, 337, 385, 449, 449n, 459, A-7
il y a, 20, 96–97, 212, 310
imparfait, 240–242, 294–296, 417, A-2, A-5 (App. B: *See specific verbs*)
imperative mood, 160–162, 443, A-2, A-5 (App. B: *See specific verbs*)
    negation of, 161, 331, 369
    object pronouns with, 330–332, 369
    of pronominal verbs, 369
impersonal expressions, 449–450, 455, 458, 461–462, 466–467
impersonal verbs, A-4
indefinite adjectives and pronouns, 49, 249–251, 426–427, 433, A-13
indefinite articles **(un/une/des)**, 21–23, A-1
    être +, 49, 96–97
    ne... pas +, 96–97, 155–156
    vs. partitive, 155–156, 176
    singular vs. plural, 21, 23
indicative mood, 443, 449, 449n, 458–459, A-2
indirect objects, 80, 299–300, 369
infinitive, 43, A-2
    with negation, 51, 270
    pronouns with, 270, 331, 359
    vs. subjunctive, 449, 459
    verb +, 43, 51, 105, 129–130, 152, 188–189, 216–217, 270, 331, 336–337, 348, 449, 459
informal speech, 9, 42, 51, 108n, 455n, 458, 458n
    See also youth speech
information questions, 99–100
interrogative
    adjectives, 182–183, A-1
    adverbs, 98–100, 115, A-1
    expressions, 98–100, 115
    inversion with, 77, 98–100, 182, 192
    form of **passé composé**, 192, 212
    pronouns, 100, 115, 411–413, 433, A-3
intonation questions, 76
invariable
    adjective, 66n, 72, 179
    pronoun **ce/c'**, 49, 139
inversion, 77, 98–100, 182, 192, 411–413

-ir verbs, 104–105, 161, 192, 206–208, A-5 (App. B: *See specific verbs*)
    irregular, 207, A-6

je/J', 42, 77
jouer (+ à/de), 81

-là, 185
laisser, 167
se laver, A-5
lequel (laquelle), 391, 391n, 411, 413, A-14
lire, 265–266, 444, A-7
literal vs. figurative meaning, 108
location, prepositions of, 36, 80, 92–93, 115, 218–219, 291n
lorsque, 385

main clause, A-3
mal, 340, 423
manger, 43n, 155, 241, A-6
mauvais(e), 397
meilleur(e), 397
même, 328, 349, 426–427
-ment, adverbs with, 339–341, 348–349
mettre, 265–267, 444, A-7
midi/minuit, 163
mieux, 423
moi aussi/non plus, 78
mood, A-2
mourir, 385, A-7

naître, A-8
nationalities, 35–36, 49, 58, 58n
ne.. aucun(e), 325n
negation, 51
    articles following, 96–97, 155–156, 247
    with **en**, 309n
    and the **futur proche**, 130
    of **il faut**, 217
    of imperative, 161, 331
    of the **passé composé**, 192, 212, 247, 250
    and word order, 130, 156, 192, 249–251, 270, 300, 331, 340–341, 359, 369
negative
    adjectives and pronouns, 249–251, 257
    adverbs, 247–248, 257
ne... jamais, 246
ne... pas, 51, 96–97, 130, 155, 192, 217, 246n, 247
ne... pas du tout, 247
ne... pas encore, 247
ne.. personne, 249–251
ne.. plus, 156, 247
ne.. que, 248
ne.. rien, 249–251

LES AMÉRIQUES^f

LES AMÉRIQUES^f

Le français est la langue maternelle majoritaire et/ou officielle.

Le français est la langue officielle ou administrative.

Présence importante de la langue française, sans statut particulier

Minorité francophone dans la région

Fr. Lié à la France administrativement

m = masculin   f = féminin

L'OCÉAN^m ARCTIQUE

LE GROENLAND

L'ALASKA^m

LE YUKON

LES TERRITOIRES^m DU NORD-OUEST

LE NUNAVUT

LE CANADA

LA BAIE D'HUDSON

TERRE-NEUVE^f-ET-LABRADOR^m

L'OCÉAN^m ATLANTIQUE

LA COLOMBIE-BRITANNIQUE

L'ALBERTA^f

LE MANITOBA

LA SASKATCHEWAN

LE QUÉBEC

Saint-Pierre et Miquelon (Fr.)

le fleuve Saint-Laurent

L'ÎLE^f-DU-PRINCE-ÉDOUARD

L'AMÉRIQUE^f

L'ONTARIO^m

Québec

Montréal

LA NOUVELLE-ÉCOSSE

LE NOUVEAU-BRUNSWICK

DU NORD

LES MONTAGNES^f ROCHEUSES

LA NOUVELLE-ANGLETERRE

LES ÉTATS-UNIS^m

LES ANTILLES^f FRANÇAISES

LA GUADELOUPE (Fr.)

Pointe-à-Pitre

LA LOUISIANE

Baton-Rouge   La Nouvelle-Orléans

Roseau   LA DOMINIQUE

LE MEXIQUE

LA MARTINIQUE (Fr.)

Fort-de-France

L'OCÉAN^m PACIFIQUE

HAÏTI^m

Cap-Haïtien

Port-au-Prince

LES ANTILLES^f FRANÇAISES

LA MER DES CARAÏBES

LE GUYANA

LE SURINAME

L'AMÉRIQUE^f

CENTRALE

LE VENEZUELA

Cayenne

LA COLOMBIE

LA GUYANE FRANÇAISE (Fr.)

0   250   500 milles
0   250   500 kilomètres

L'AMÉRIQUE^f

DU SUD

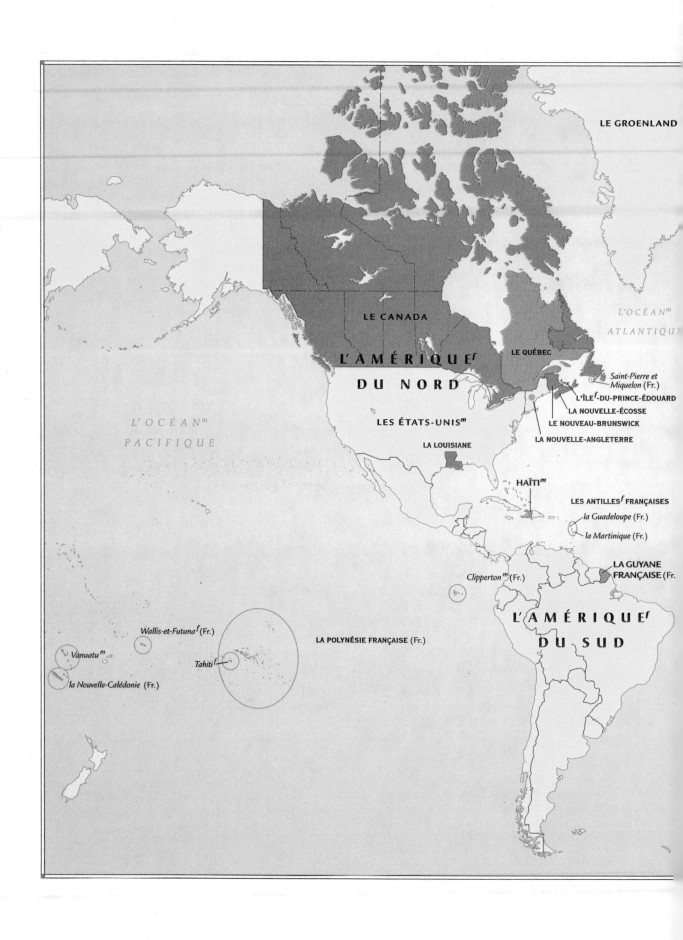

LE GROENLAND

L'OCÉAN^m
ATLANTIQU

LE CANADA

LE QUÉBEC

L'AMÉRIQUE^f
DU NORD

Saint-Pierre et
Miquelon (Fr.)

L'ÎLE^f-DU-PRINCE-ÉDOUARD

LA NOUVELLE-ÉCOSSE

LE NOUVEAU-BRUNSWICK

LES ÉTATS-UNIS^m

LA NOUVELLE-ANGLETERRE

L'OCÉAN^m
PACIFIQUE

LA LOUISIANE

HAÏTI^m

LES ANTILLES^f FRANÇAISES

la Guadeloupe (Fr.)

la Martinique (Fr.)

Clipperton^m (Fr.)

LA GUYANE
FRANÇAISE (Fr.

L'AMÉRIQUE^f
DU SUD

Wallis-et-Futuna^f (Fr.)

LA POLYNÉSIE FRANÇAISE (Fr.)

Vanuatu^m

Tahiti^f

la Nouvelle-Calédonie (Fr.)